U0904991

党校名师

中央党校大讲堂

赵曜讲稿

ZHONGYANGDANGXIAODAJIANGTANG

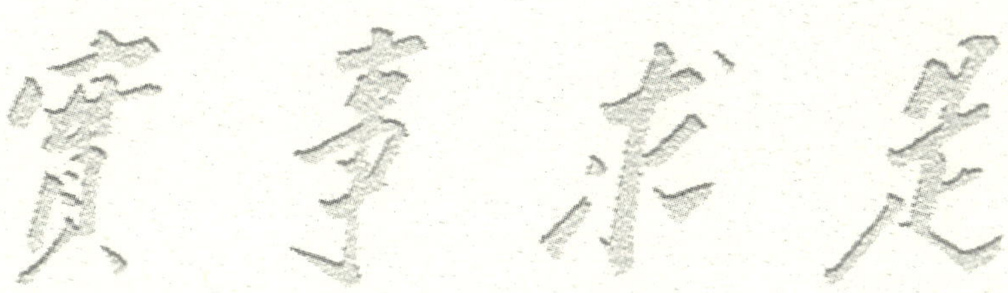

中共中央党校出版社
The Central Party School Publishing House

图书在版编目（CIP）数据

赵曜讲稿/赵曜著．—北京：中共中央党校出版社，2013.12

（中央党校大讲堂系列）

ISBN 978-7-5035-5168-0

Ⅰ．赵…　Ⅱ．赵…　Ⅲ．社会科学-文集　Ⅳ．C53

中国版本图书馆 CIP 数据核字（2013）第 271443 号

赵曜讲稿

责任编辑　曲　炜　琪　媚
版式设计　尉红民
责任校对　李素英
责任印制　王洪霞

出版发行　中共中央党校出版社
（北京市海淀区大有庄 100 号）
邮　　编　100091
网　　址　www. dxcbs. net
电　　话　（010）62805800（办公室）（010）62805824（发行部）
经　　销　新华书店
印　　刷　北京四季青印刷厂
字　　数　556 千字
版　　次　2013 年 12 月第 1 版　　2013 年 12 月第 1 次印刷
开　　本　700 毫米×1000 毫米　1/16
印　　张　34. 25
定　　价　87. 00 元

编者说明

历经80年的风雨，中央党校作为培训轮训党员领导干部，培养党的理论队伍，学习、研究、宣传马列主义、毛泽东思想和中国特色社会主义理论体系的重要阵地和干部加强党性锻炼的熔炉，在党的干部教育方面一直发挥着重要作用。中央党校的教师们以他们独特的学术视角、深厚的理论功底和紧跟时代发展的观念意识，在讲堂上传播智慧，启迪思想，其中一些教师还为中央政治局集体学习做过讲解，他们多年的研究成果和授课经验是十分难得的珍贵教学研究资料。

因此，我们选取了在中央党校有代表性的教授，将他们的讲稿进行精选和编辑整理，形成《中央党校大讲堂》丛书。丛书中收录了各位中央党校著名教师为中央党校各班次学员、地方党校学员以及政府机关和企事业单位培训授课的讲稿。这些讲稿在一定程度上展示了中央党校的教学风貌，反映了中央党校教学的高度，也体现了中央党校在中高级党政领导干部教育方面所作的努力和贡献。

丛书第一辑共收录了10位名师的讲稿，讲稿的每一位作者均为学界一流的专家，内容涉及马克思主义理论、中国特色社会主义理论体系、哲学、经济、党史、党建、文化等各个领域。

希望通过这些讲稿的公开出版，可以使更多的读者受益，在感受各位大家学理智慧的同时，承续厚重的历史，提升知识和文化涵养。

2013年7月

前　言

我于1948年上大学，就读于东北行政学院（今吉林大学）行政系，1952年从教，至今整整61年。这61年，又可分为前期和后期。前期从1952年至1979年4月，在吉林大学从事国民教育；后期从1979年5月至今，在中央党校从事教育工作。

我的经历很单一，从5岁上小学，就没离开过学校，不是读书就是教书，几乎当了一辈子教书匠。教师的职责，就是教书育人，基本功有两项，即教学与科研。教学也好，科研也好，都离不开读、写、讲。"读"就是读书和思考；"写"就是写讲稿或文章；"讲"就是备课和讲课。这几个环节都需要多投入，投入和质量成正比。

我从事的教学是马克思主义理论教育，专业是科学社会主义。我对理论教学和理论研究很感兴趣，因为它和我国的社会主义事业有直接、紧密的联系。我在吉林大学和中央党校的61年，讲了不少课，写了不少讲稿和教材，也发表了一些文章。这里选编的是党的十一届三中全会以后我在中央党校期间的一部分讲稿和文章，大体上分为三个方面：马克思主义、科学社会主义的基本理论和著作；世界社会主义的回顾和前瞻；中国特色社会主义的理论与实践。

经典著作引文的出处，都是最新版的，尽量用《选集》的，《选集》中没有的则用《全集》的。

这本讲稿的时间跨度很长，有30多年。随着社会主义实践的发展和变化，对社会主义认识的不断深化，讲稿中的某些提法显然过时了，甚至也会有不妥之处。在讲稿出版之际，诚恳地希望读者、同行专家们批评指正。

赵　曜

2013年9月

目　录

上篇　马克思主义、科学社会主义的基本理论和著作

目　录　CONTENTS

目　录

目　录　　CONTENTS

上篇

马克思主义、科学社会主义的基本理论和著作

千年最伟大的思想家马克思

在千年交替之际，西方媒体于1999年末推出千年伟人和千年风云人物的评选活动。在英国广播公司（BBC）用几周时间进行的网上民意测验中，马克思高居榜首，得票率遥遥领先于排名二、三、四位的爱因斯坦、牛顿和达尔文。不久路透社又邀请政界、商界和学术界的名人评选“千年伟人”，对39名候选者的投票比较平均，爱因斯坦名列第一，马克思和印度的国父“圣雄”甘地仅以一票之差名列第二，牛顿和英国前首相丘吉尔并列第四。这两次投票显示，马克思是千年最伟大的思想家，爱因斯坦是千年最伟大的科学家。在这不平凡的1000年里，出现了许许多多的大思想家，但是就对人类社会的影响来说没有哪一位能够和马克思相比。路透社在报道评选结果时，特别提出马克思的《共产党宣言》和《资本论》这两本巨著对过去一个多世纪全球的政治和经济思想产生了巨大和深刻的影响。

一、两大发现

1883年3月14日，马克思这位伟大哲人与世长辞了。三天以后，恩格斯在伦敦海格特公墓的马克思墓前发表了讲话。他说，马克思首先是一位革命家，但同时也是一位科学家。作为科学家，“马克思在他所研究的每一个领域，甚至在数学领域，都有独到的发现，这样的领域是很多的，而且其中任何一个领域他都不是浅尝辄止”。但是，马克思的最大发现有两个，一个是唯物史观，一个是剩余价值学说。恩格斯还说：“一生中能够有这样的两个发现，该是很够了。即使只能作出一个这样的发现，也已经是幸福的了。”

马克思的第一个发现，是唯物史观。哲学是时代精神的精华。青年马克思作为哲学博士，他的理论活动是从研究哲学开始的。马克思、恩格斯都曾经是青年黑格尔派。他们在批判地继承前人成果的基础上，实现了哲学的根本变革。他们一方面，吸取了黑格尔的“合理的内核”，即辩证法，并把它向前发展了；另一方面，又看到黑格尔的“唯心主义的荒谬”，于是用费尔巴哈的唯物主义代替它，从而创立了辩证唯物主义。马克思的辩证法是唯物辩证法，他的唯物论是辩证唯物论。马克思运用辩证唯物主义研究人类历史，创立了历史唯物主义。历史唯物主义科学地揭示了社会存在决定社会意识，揭示了生产力与生产关系、经济基础与上层建筑的社会基本矛盾运动推动人类历史的发展，揭示了阶级斗争是阶级社会发展的动力，揭示了人民群众是历史的创造者。唯物史观的创立，首先，标志着唯物主义的最后完成。以往的唯物主义，正如列宁所说，是下半截的唯物主义，上半截的唯心主义，即自然观是唯物主义的，社会观是唯心主义的。现在不同了，自然观和社会观都是唯物主义的，这是“彻底的唯物主义”，从而使“唯心主义从它的最后的避难所即历史观中驱逐出去了”。其次，解开了人类“历史之谜”。人们明白了社会发展的动因，既不是所谓杰出的个人，也不是所谓的政治斗争和政治变革，而是由生产力发展引起的社会基本矛盾运动。第一个伟大发现是马克思、恩格斯于 1845—1846 年合著的《德意志意识形态》实现的。唯物史观揭示了人类社会发展的最一般规律，是整个社会科学的理论基础。

马克思的第二个发现是剩余价值学说。马克思运用唯物史观去研究资本主义社会的特殊规律，研究资本主义的经济运动，进而发现了剩余价值学说。马克思指出，资本主义生产是以雇佣劳动为基础的商品生产，其生产过程具有两重性：一方面，是生产使用价值的劳动过程；另一方面，是生产剩余价值的价值增殖过程。所以，资本主义生产过程是劳动过程和价值增殖过程的统一。实际上，雇佣工人的劳动分为两部分：一部分是必要劳动时间，用于再生产劳动力的价值；另一部分是剩余劳动时间，用于无偿地为资本家生产剩余价值。因此，剩余价值就是雇佣工人所创造的并被资本家无偿占有的超过劳动力价值的那部分价值。这就揭露了资本家剥削的秘密，揭露了资本主义生产方式的对抗性和历史局限性，揭示了资本主义一定要被更进步的生产方式所代替。第二个伟大发现是马克思于 1867 年所发表的《资本论》完成的，而在这之前发表的《1844 年经济学哲学手稿》、《哲学的贫困》、《雇佣劳动与资本》等只能说有了萌芽。剩余价值学说揭示了资本主义社会的规律尤其是经济运动的规律。列宁指出："剩余价值学说是马克思经济理论的基础。"

恩格斯指出，马克思是科学巨匠，他的两大发现的最重大的理论意义，是使社会主义从空想发展成为科学。唯物史观是从人类社会的一般发展规律，剩余价值学说是从资本主义社会发展规律，指明社会主义一定要取代资本主义，从而把社会主义置于现实的基础之上，使社会主义从空想发展成为科学。唯物史观和剩余价值学说是科学社会主义的两大理论基石；科学社会主义就是在这两大基石之上耸立的一座宏伟大厦。科学社会主义的创立，是社会主义思想史上一次真正革命，它推动了人类从资本主义向社会主义的变革进程。

二、理论核心

恩格斯在 1885 年《反杜林论》的序言中说：本书第三编第二章《理论》，"这里所涉及的仅仅是我主张的观点的一个核心问题"。这个"核心"包括两层涵义：一是科学社会主义是马克思主义的核心；二是社会主义代替资本主义的历史必然性是科学社会主义的核心。这个论断，说明社会主义的历史必然性是马克思主义核心的核心。这个核心也可以被称为主题，整个科学社会主义都是围绕着这个"核心"论证这个"主题"的。如同马克思主义哲学是从"哲学的基本问题"出发一样，科学社会主义是围绕一个"核心"展开，并在这个基础上形成若干基本理论。科学社会主义之所以是科学，就在于它令人信服地揭示和阐明了人类社会发展的这个总趋势。

马克思、恩格斯在不同著作中，是从不同角度来论证这个理论核心的。马克思、恩格斯在《共产党宣言》中，是从无产阶级和资产阶级两大对立阶级的阶级斗争中，论证资本主义必然灭亡、社会主义必然胜利的“两个必然”；马克思在《资本论》中，则是从阐述剩余价值学说，揭露资本家剥削的秘密和资本主义生产方式的对抗性，来论证社会主义一定要取代资本主义；恩格斯在《反杜林论》中进一步从分析资本主义的基本矛盾得出社会主义代替资本主义的历史必然性。在资本主义社会错综复杂、扑朔迷离的矛盾冲突中，起决定作用的是社会基本矛盾，即生产的社会化和资本主义私人占有制的矛盾。生产的社会化包括生产资料使用的社会化、生产过程的社会化和产品的社会化，这无疑是人类社会物质文明的空前巨大进步，它要求占有也社会化。但是，这是在资本主义私人占有制的框架内实现的。这个基本矛盾“包含着现代的一切冲突的萌芽”。资本主义基本矛盾的发展，资本主义生产方式内部的冲突，迫使资本家“把生产力当做社会生产力看待”。资产阶级为了在资本主义生产方式不变的前提下，承认生产力的社会性，从 19 世纪后半期起，相应地建立了社会化占有形式，包括各种股份公司、垄断组织、某些部门和企业的国有化。但是，所有这些都是资本主义私人占有的变换形态，不可能解决资本主义的矛盾，根除经济危机。因为这些社会化占有形式带有资本的属性。国有化不等于公有制，不能把资本主义的国有企业当作公有制。恩格斯指出：“自从俾斯麦致力于国有化以来，出现了一种冒牌的社会主义，它有时甚至堕落为某些奴才气，无条件地把任何一种国有化，甚至俾斯麦的国有化，都说成社会主义的。显然，如果烟草国营是社会主义的，那么拿破仑和梅特涅也应该算入社会主义创始人之列了。”“现代国家，不管它的形式如何，本质上都是资本主义的机器，资本家的国家，理想的总资本家。”社会化占有形式的出现虽然不能解决资本主义的矛盾，“但是它包含着解决冲突的形式上的手段，解决冲突的线索”。后来列宁说：“国家垄断资本主义是社会主义的最充分的物质准备，是社会主义的前阶，是历史阶梯上的一级，在这一级和叫做社会主义的那一级之间，没有任何中间级。”资本主义基本矛盾在资本主义制度范围内，只能缓解，不能解决。这就要求用社会主义公有制代替资本主义私有制。

“两个必然”只是揭示了社会主义的历史必然性，并未回答社会主义何时取代资本主义。鉴于 19 世纪资本主义还有很大的潜力，还在发展，马克思在 1859 年所写的《〈政治经济学批判〉序言》中又提出“两个决不会”，即“无论哪一种社会形态，在它所能容纳的全部生产力发挥出来以前，是决不会灭亡的；而新的更高的生产关系，在它的物质存在条件在旧社会胎胞里成熟以前，是决不会出现的”。一个多世纪的历史说明，社会主义的必然性是通过长期性、曲折性实现的。

三、理想信念

现在是世纪和千年之交。以江泽民为核心的党中央，高举邓小平理论的伟大旗帜，带领全国各族人民，把建设有中国特色社会主义的伟大事业全面推向21世纪，我们的最终目的是在中国实现共产主义。实现这一目标，要求全党全民都应当有实现这一目标的信心。列宁说：对于觉悟的工人来说，社会主义是一个庄严的信念。任何一个国家和民族，都需要有精神支柱。理想信念是最重要的精神支柱。过去我们一个传统优势，就是精神力量强大。科学社会主义创始人马克思、恩格斯在《共产党宣言》中，在分析资本主义的发生发展和无产阶级反对资产阶级的阶级斗争的基础上，庄严宣告：资本主义必然灭亡，社会主义必然胜利！同时提出，共产主义革命必须对传统所有制和传统观念实行最彻底的决裂。“两个必然”和“两个决裂”武装了一代又一代共产党人和革命者，他们就是凭着解放全人类这个大目标，打败一个又一个敌人，夺取了革命的胜利。邓小平指出：光靠物质条件，我们的革命和建设都不可能胜利。过去我们党无论怎样弱小，无论遇到什么困难，一直有强大的战斗力，因为我们有马克思主义和共产主义的信念。……无论过去、现在和将来，这都是我们的真正优势。我们党过去有重视思想政治工作，重视理想信念教育的好传统。在革命战争年代和社会主义建设时期，我们党培养了一批又一批坚持马克思主义世界观、共产主义人生观、全心全意为人民服务的干部队伍，涌现了像张思德、雷锋、焦裕禄式的英雄人物。就是在那个年代，思想政治工作抓得那么紧，在个别人中也还存在这样那样的思想问题。这说明实现同“传统观念”决裂，决不是一朝一夕的事情。

现在的情况不同了，我们面临着两个大潮的挑战。一个是“西潮”。对外开放以后，国门打开了，我们和西方的交往多了。西方的社会思潮、价值观念和生活方式乘虚而入，在一部分干部和青年学生中产生了影响。另一个是“商潮”。我们通过改革实践，选择社会主义市场经济的路子是正确的，它有力地促进了生产力的发展，我国的经济发展速度明显加快。同时，也为社会主义精神文明建设提供了新的契机，注入新的活力。但是，也必须看到，受市场经济求利原则、等价交换原则和自主原则的影响，在一部分人中，拜金主义、享乐主义、利己主义大有蔓延和泛滥之势。在两个大潮的强烈冲击下，理想信念淡化了。现在社会上讲理想的人少了，讲“实惠”、“捞钱”的人多起来了；苏东剧变后，在社会主义低潮的形势下，少数人的理想信念发生动摇。这种状况如得不到扭转，发展下去，由老一辈无产阶级革命家所开创的社会主义事业将后继无人，有夭折的可能。

江泽民和胡锦涛曾在一系列讲话中，特别强调加强思想政治工作，并把理想信念教育作为思想政治工作的核心内容。思想信念得不到解决，“三观”、“四信”就无从谈起。解决人们理想和信念问题，要靠多种途径和多方面的工作，如发展经济，搞好党建，加强思想政治工作等等。但是，无论哪项工作都不能起到科学社会主义理论武装在解决人们理想和信念问题中的特殊作用。因为人们只有用科学社会主义武装自己的头脑，才能通晓社会主义代替资本主义的必然性，从而在思想上牢固地树立起共产主义的理想和信念来。列宁指出：“理论只是人们采取行动的依据，理论使我们对这种行动具有信心。”我们党老一辈无产阶级革命家很多都是从学习科学社会主义原著以后，树立起共产主义的信念的。例如，毛泽东和斯诺谈话时谈道：“我第二次一九二〇年到北京期间读了许多关于俄国情况的书。我热心地搜寻那时候能找到的为数不多的用中文写的共产主义书籍。有三本特别铭刻在我心中，建立了我对马克思主义的信仰。我一旦接受了马克思主义对历史的正确解释以后，我对马克思主义的信仰就没有动摇过。”毛主席当时谈的三本书中，第一本就是《共产党宣言》。另外两本是柯尔的《社会主义史》和考茨基的《阶级斗争》。他一生对共产主义的理想和信念，就是从读了《共产党宣言》这本科学社会主义的纲领性文献开始树立的。邓小平经历了和毛泽东同样的过程。他说：“我的入门老师是《共产党宣言》和《共产主义ABC》。”

马克思列宁主义的产生和发展

任何一种崭新的思想理论，都是一定时代和历史条件的产物。马克思主义作为工人阶级的科学世界观和社会革命论，产生于 19 世纪 40 年代的德国。俄国是列宁主义的故乡。列宁在 20 世纪初，在新的历史条件下把马克思主义发展到一个新的阶段即列宁主义阶段。自从马克思列宁主义诞生以后，整个世界发生了重大变化。毛泽东指出："中国人找到马克思主义，是经过俄国人介绍的。在十月革命以前，中国人不但不知道列宁、斯大林，也不知道马克思、恩格斯。十月革命一声炮响，给我们送来了马克思列宁主义。十月革命帮助了全世界的也帮助了中国的先进分子，用无产阶级的宇宙观作为观察国家命运的工具，重新考虑自己的问题。走俄国人的路——这就是结论。"① 他还说，自从找到马克思主义，中国人民在精神上就从被动转入主动，中国革命面貌就为之一新。中国共产党人从建党那一天开始，就举起马克思列宁主义的旗帜，坚持以马克思列宁主义作为指导思想和行动指南，从此中国的面目发生了翻天覆地的变化。

---

① 《毛泽东著作选读》下册，人民出版社 1986 年版，第 677 页。

一、马克思主义的创立和发展

1. 一个崭新的思想理论的孕育和诞生

历史上，任何一种具有重要价值的思想学说，都不是个人的凭空创造，而有其借以产生的源和流。所谓源，指的是这种思想学说的源泉，即一定时期的社会历史条件。舍此，无异于无源之水、无本之木，也就无法说明这种思想学说的事实根据和社会内容。所谓流，指的是在这种思想学说之前社会上已有的思想材料和思想成就。舍此，又不足以说明这种思想学说的理论内容和形式以及它与前人之间的继承和发展关系。

马克思主义也不例外。马克思主义的源，是 19 世纪 40 年代西欧的社会历史条件。首先，是欧洲资本主义大工业得到迅速发展。当时，资本主义在西欧许多国家已经从简单协作、工场手工业阶段跨入大机器工业阶段。以蒸汽机为动力的大机器代替了手工劳动，工厂制度代替了手工工场制度，使生产力得到迅速发展。这时英国已经基本上完成了产业革命，号称为“世界工厂”；法国在英国工业革命的推动下，资本主义大工业也迅速发展起来，成为仅次于英国的第二号资本主义国家；德国尾随其后也开始了产业革命，柏林等大城市先后建立起机械制造厂。资本主义商品经济的发展，生产技术的革新，生产规模的扩大，海陆交通的发达，世界市场的建立，打开了人们的眼界，使之有可能对经济在社会生活中的作用和社会历史的规律性获得科学的认识。其次，是资本主义弊病的暴露和经济危机的发生。随着大工业的发展，资本主义生产越来越社会化了，可是生产资料却为少数私人资本家所占有。资本家为了追逐高额利润，提高竞争能力，一方面，必须不断改善技术装备，扩大生产规模，增加产品数量，实现“资本积累”；另一方面，必然竭力压低在业工人工资，排挤工人，形成产业后备军，从而导致降低工资水平和群众购买力水平，缩小国内市场，实现“贫困积累”。这两方面的结果，必然造成生产过剩的经济危机。1825 年，在英国爆发首次经济危机，以后每隔 8—10 年就周期性地爆发一次；继 1836 年英法经济危机之后，1847 年的经济危机几乎涉及欧洲各国。在危机期间，商品生产过剩，企业大量倒闭，失业增长，工资下降，资产阶级力图把危机带来的损害转嫁给工人，从而给工人带来新的巨大灾难。所有这一切，都迫使工人起来进行反对雇佣奴隶制度的坚决斗争。经济危机，暴露了资本主义生产方式的历史局限性，敲响了资本主义的丧钟，提出了变革资本主义制度的历史任务。再次，是工人运动的兴起。产业革命不仅是技术革命，而且也是一场社会革命。产业革命以后，出现了现代资产阶级和现代无产阶级。在19世纪三四十年代，现代无产阶级已作为一支反对资产阶级的独立的政治力量出现在历史舞台上，这就表现为当时的三大工人运动。即1831年和1834年法国里昂工人两次举行起义；1836—1848年英国宪章派开展的持续12年之久的宪章运动；1844年爆发的德国西里西亚纺织工人的起义。这才有条件使人们认识到无产阶级是彻底革命的阶级，只有它才能承担推翻资产阶级旧世界、建设社会主义新世界、解放全人类的伟大历史使命。综上所述，无论是变革资本主义社会的历史任务，还是工人运动的发展，都迫切要求一个崭新的思想理论的诞生和指导。在成熟的历史条件面前，马克思主义应运而生。马克思、恩格斯指出：我们的“理论原理，决不是以这个或那个世界改革家所发明或发现的思想、原则为根据的。这些原理不过是现存的阶级斗争、我们眼前的历史运动的真实关系的一般表述”①。

马克思主义的流，是19世纪初西欧德、英、法三国最先进的思想理论。马克思主义的根源虽然深藏在资本主义的物质和经济事实之中，但是，它和任何一种新的学说一样，必须从前人的优秀思想材料出发。这种思想材料，既包括社会科学的优秀成果，也包括自然科学的优秀成果。在自然科学方面，19世纪30—50年代，自然科学实现了巨大的飞跃，产生了“三大发现”，即能量守恒和转化的发现，细胞的发现和生物进化的发现。这“三大发现”大大地加速了整个科学技术的发展，为科学的认识论和方法论的形成，为马克思主义世界观的建立奠定了坚实的基础。在社会科学方面，19世纪初，人类的思想理论达到了新的境界，出现了黑格尔、费尔巴哈的德国古典哲学，亚当·斯密、大卫·李嘉图的英国古典政治经济学和圣西门、傅立叶、欧文三大空想家的社会主义。马克思、恩格斯把上述优秀成果都加以吸收和改造，在这个基础上创造了他们的新理论。列宁指出：“马克思是19世纪人类三个最先进国家中的三种主要思潮——德国古典哲学、英国古典政治经济学以及同法国所

① 《马克思恩格斯选集》第1卷，人民出版社1995年版，第285页。

有革命学说相联系的法国社会主义——的继承者和天才的完成者。”①

2. 马克思、恩格斯与马克思主义

马克思于1818年5月5日生于德国莱茵省特利尔城，父亲是犹太人，从事律师职业，很有教养。马克思在特利尔中学毕业后，先后入波恩大学和柏林大学攻读法学。恩格斯1820年生于莱茵省巴门市，父亲是工场主。恩格斯只读过中学，但他勤奋好学，知识渊博，在服兵役期间经常到柏林大学听课，并会多种外语。马克思、恩格斯都曾经是激进的青年黑格尔派，在哲学上信奉唯心主义。在1842—1844年期间，马克思主要是通过研究哲学和办《莱茵报》期间同广大劳苦群众的接触，恩格斯则主要是通过在曼彻斯特期间深入到工人群众中去，实现了世界观的“两大转变”，即从唯心主义向唯物主义、从革命民主主义向共产主义的转变。1844年8月，恩格斯从英国回德国途中路过巴黎，同马克思会见，他们在交谈中认识完全一致，从此开始结成友谊，并共同创造他们的新理论。马克思主义的创立和发展经历了四个阶段：一是孕育和准备阶段（从1842—1844年实现“两个转变”到1847年《哲学的贫困》的发表）。二是正式形成和走向成熟阶段（从1848年《共产党宣言》问世到1871年巴黎公社）。三是理论体系最终完成阶段（从1871年巴黎公社失败到1883年马克思逝世）。四是恩格斯对马克思主义的捍卫和发展阶段（从马克思逝世到1895年恩格斯逝世）。

马克思、恩格斯是从哲学着手研究理论的。在1844—1846年期间，他们合作先后写出两本论战性的大部头著作，即《神圣家族》和《德意志意识形态》。前一本主要是清算黑格尔的弟子鲍威尔的唯心主义体系；后一本的重点是批判和清算费尔巴哈的机械唯物主义观点和这种观点在社会历史观中的表现，在这里马克思的第一个发现即唯物史观已经完成了。马克思在1844—1847年的笔记中，写出了《关于费尔巴哈的提纲》，他的新的哲学观点在《提纲》的十一条中以高度浓缩的语言表现出来。多年以后恩格斯高度评价了这个《提纲》，说它是“包含着新世界观的天才萌芽的第一个文件”②。马克思还在1847年写出《哲学的贫困》，这是第一部成熟的马克思主义的著作。

① 《列宁选集》第2卷，人民出版社1995年版，第418页。

② 《马克思恩格斯选集》第4卷，人民出版社1995年版，第213页。

马克思、恩格斯认识到无产阶级要实现推翻资本主义、建设社会主义、解放全人类的伟大历史使命，必须建立独立的工人阶级政党，并为此奋斗了一生。马克思、恩格斯建党的第一个步骤，是在1846年春于比利时的布鲁塞尔成立了共产主义通讯委员会这个宣传性的团体；第二个步骤，是在1847年改组正义者同盟为共产主义者同盟。同盟是国际性的无产阶级政党的雏形。受同盟的信任和委托，马克思、恩格斯为《同盟》起草纲领，名曰《共产党宣言》，于1848年2月发表。《宣言》既是国际共产主义运动第一个纲领性文献，又是马克思主义这个崭新思想理论正式诞生的标志。列宁说："马克思恩格斯合著的，于1848年问世的《共产党宣言》，已对这个学说作了完整的、系统的、至今仍然是最好的阐述。"[①]《宣言》是全部社会主义文献中传播最广和最具有国际性的著作，是所有国家的千百万工人共同的纲领。《宣言》中关于"两个必然"和"两个决裂"的思想武装了各国一代又一代革命者和共产党人。

《共产党宣言》刚刚问世，欧洲就爆发了1848年资产阶级民主革命。马克思、恩格斯立即投入革命。马克思创建了《新莱茵报》并任主编。这场革命由于资产阶级在强大的工人运动面前向封建势力妥协而遭到失败。马克思、恩格斯及时写出了《共产主义者同盟中央委员会告同盟书》和《1848年至1850年的法兰西阶级斗争》、《德国的革命和反革命》、《路易·波拿巴的雾月十八日》等著作，总结了这次革命的经验，提出了"不断革命"论、农民是无产阶级的天然同盟军、必须打碎资产阶级国家机器等一系列新原理，从而丰富和发展了无产阶级革命和无产阶级专政的理论。

为了彻底批判资本主义，从19世纪50年代开始，马克思把他的研究重点从哲学转向经济学领域。他用了20年时间，通宵达旦工作，阅读了大量文献资料，写出了无数笔记，其主要成果是两个手稿和两本著作，即《1857—1858年经济学手稿》、《1861—1863年经济学手稿》、1859年发表的《政治经济学批判》第一分册、1867年发表的被称之为"工人阶级圣经"的《资本论》第一卷。《资本论》从分析商品入手，发现了剩余价值理论，揭露了资本家剥削工人的秘密，揭示了资本主义的

① 《列宁选集》第2卷，人民出版社1995年版，第305页。

历史局限性和被社会主义代替的历史必然性。恩格斯说："自从世界上有资本家和工人以来，没有一本书像我们面前这本书那样，对于工人具有如此重要的意义。"①

马克思、恩格斯为了加强各国工人阶级的团结，于1864年创立了第一国际。第一国际是无产阶级群众性的国际组织。马克思是第一国际的灵魂，他根据《共产党宣言》的思想，起草了《国际工人协会成立宣言》和《国际工人协会共同章程》两个重要文件。在第一国际存在的整个时期中，马克思、恩格斯先后同国际内部的各种机会主义派别——蒲鲁东主义、英国工联主义、拉萨尔主义和巴枯宁主义进行了原则性的毫不妥协的斗争。这一斗争的胜利确立了马克思主义在国际工人运动中的指导地位。当1876年第一国际结束时，"马克思以前的社会主义已奄奄一息，……马克思学说获得了完全的胜利，并且广泛传播开来"②。

1871年，以普法战争为导火线，爆发了法国巴黎公社革命。巴黎公社是人类历史上出现的第一个无产阶级政权，是无产阶级推翻资产阶级、建立无产阶级专政的第一次伟大尝试。巴黎公社经过72天的战斗，虽然失败了，但公社谋求劳动人民解放的事业是永垂不朽的。巴黎公社失败以后，马克思为了总结公社的历史经验和痛斥资产阶级对公社的诽谤和诬蔑，以第一国际总委员会的名义，发表了《法兰西内战》这篇光辉著作。20年后，恩格斯指出："这一著作揭示了巴黎公社的历史意义，并且写得简洁有力而又那样尖锐鲜明，尤其是那样真实，是后来关于这个问题的全部浩繁文献都望尘莫及的。"③

19世纪70年代以后，在马克思主义的影响下，欧美地区在民族国家范围内建立起社会主义政党。这个期间，马克思、恩格斯极其关注各国党的建设，担任起不倦的党内顾问。1875年，马克思针对充满拉萨尔机会主义观点的《德国工人党纲领草案》，用党内通信的形式，写出《哥达纲领批判》。这部著作在对纲领草案中的拉萨尔机会主义观点严厉批判的基础上，首次提出从资本主义向共产主义的过渡时期和共产主义社会发展阶段的理论，从而进一步丰富和发展了科学社会主义。在马克

① 《马克思恩格斯选集》第2卷，人民出版社1995年版，第589页。

② 《列宁选集》第2卷，人民出版社1995年版，第306—307页。

③ 《马克思恩格斯选集》第3卷，人民出版社1995年版，第3页。

思的支持下，恩格斯为清除在德国党内颇有影响的杜林主义，“收拾无聊的杜林”，从1876年5月至1878年7月写作《反杜林论》。这部著作，第一次全面、系统地论述了马克思主义的三个组成部分——哲学、政治经济学和科学社会主义的基本原理，是一部马克思主义的百科全书。它的问世，标志马克思主义科学体系的最终形成。列宁指出，它如同《共产党宣言》一样，是每个觉悟工人必读的书籍。1879年，在法国工人党建党过程中，由法国社会主义者拉法格出面，请恩格斯写一本宣传科学社会主义的读物，以帮助法国社会党的党员掌握科学社会主义，并同流行于法国工人运动中的小资产阶级社会主义思潮进行斗争。恩格斯应允，把《反杜林论》中的部分内容加以改写成为独立的著作《社会主义从空想到科学的发展》，于1880年在法国发表。这部著作，在分析资本主义基本矛盾的基础上，进一步论述了社会主义代替资本主义的历史必然性，并在分析资本主义的发展趋势时，对未来社会的基本特征作出科学预测。马克思赞誉这部著作是“科学社会主义的入门”。

同一时期，马克思、恩格斯还广泛地研究了自然科学、社会科学的一些重大问题。马克思写出了具有重大学术价值的《数学手稿》、《人类学笔记》和《历史学笔记》。19世纪70年代中期以后，马克思、恩格斯的视线从西往东移，通过对俄国社会问题的深入研究，提出了在俄国这个东方国家有可能跨越资本主义制度的“卡夫丁峡谷”直接过渡到社会主义的理论。为了用自然科学新成就丰富马克思主义，恩格斯用了20年时间，撰写了《自然辩证法》。这部著作，对19世纪中叶自然科学的最重要成就作了辩证唯物主义的概括，进一步发展了唯物主义辩证法，并批判了自然科学中的形而上学和唯心主义观点，是一部阐述马克思主义自然观和科学观的力作。

1883年3月14日，马克思与世长辞。三天以后，3月17日，恩格斯在伦敦海格特公墓发表了《在马克思墓前的讲话》。他说：马克思在他所研究的每一个领域，甚至在数学领域，都有独到的发现。但是，他最大的贡献是发现了唯物史观和剩余价值学说，由于这两大发现，使社会主义从空想发展成为科学。他指出：“这个人的逝世，对于欧美战斗的无产阶级，对于历史科学，都是不可估量的损失。这位巨人逝世以后所形成的空白，不久就会使人感觉到。”①

“马克思逝世以后，恩格斯一个人继续担任欧洲社会党人的顾问和领导者”，各国的社会主义者经常向恩格斯请教，“他们都从年老恩格斯的知识和经验的丰富宝库中得到教益”②。

摆在恩格斯面前的首要任务，不是个人著书立说，而是继续亡友的未竟事业——整理和出版《资本论》第二、三卷。这是一项十分艰难的创造性劳动。恩格斯用了两年多时间整理《资本论》第二卷，于 1885 年 7 月出版；接着又花费了近 10 年时间把第三卷的手稿编辑整理成书，于 1894 年 11 月出版。可以说，这两卷《资本论》是马克思和恩格斯两个人的共同著作。列宁十分赞赏奥地利社会民主党领导人阿德勒对恩格斯所做工作的评价：“恩格斯出版《资本论》第二卷和第三卷，就是替他的天才朋友建立了一座庄严宏伟的纪念碑，无意中也把自己的名字不可磨灭地铭刻在上面了。”

恩格斯在他的晚年，以顽强的毅力，继续进行理论创造，不断撰写新的著作。他在整理马克思的遗稿时，发现了马克思对摩尔根《古代社会》一书所作的摘要，在这个基础上，仅用两个半月的时间就写出《家庭、私有制和国家的起源》这本名著，于 1884 年出版。这本著作，科学地分析了原始社会发生、发展和衰亡的历史，探讨了家庭、私有制发生和发展的规律，揭示了作为阶级统治工具的国家的起源和本质，指出了私有制、阶级和国家的历史过渡性质，论证了社会主义代替资本主义的必然性。由于这本著作涉及的历史很长，从原始社会一直到共产主义社会，这就使唯物史观更加完整了。1886 年，恩格斯又撰写和发表了《路德维希·费尔巴哈和德国古典哲学的终结》这部重要哲学著作。这是他应德国社会民主党理论刊物《新时代》杂志编辑部的请求，为施达克的《路德维希·费尔巴哈》一书所写的书评，这是萦绕于他心头达 40 年之久的一个心愿也是必须偿还的一笔“信誉债”。恩格斯在这本著作中，全面地阐明了马克思主义哲学与德国古典哲学的关系，科学地阐述了马克思主义哲学产生和发展的过程，系统地论述了历史唯物主义的基本原理，是马克思《关于费尔巴哈的提纲》的进一步深化和展开。

---

① 《马克思恩格斯选集》第 3 卷，人民出版社 1995 年版，第 776 页。

② 《列宁选集》第 1 卷，人民出版社 1995 年版，第 96 页。

在恩格斯的关心和支持下，1889 年第二国际建立了。在这以后，老年的恩格斯又不知疲倦地写出卡尔·马克思《法兰西内战》一书的导言、《1891 年社会民主党纲领草案批判》、《法德农民问题》、卡尔·马克思《1848 年至 1850 年的法兰西阶级斗争》一书的导言。恩格斯在这些著作中，一方面，无情地批判了第二国际特别是德国社会民主党内日益滋长的右倾机会主义；另一方面，又不断地探讨和研究资本主义的新变化，提出和论述了关于社会主义的一系列新认识。

1895 年 8 月 5 日，恩格斯在长期患病之后于伦敦离开了人世。8 月 10 日，恩格斯的追悼会在滑铁卢车站大厅举行。德国党的领导人倍倍尔称颂恩格斯是“全世界有阶级觉悟的无产者信任的国际伟人”。根据恩格斯的遗嘱，遗体火化后，要把他的骨灰撒入大海，并将其浩瀚的藏书赠给德国社会民主党，遗产留给马克思的后代。列宁说：“他对在世时的马克思无限热爱，对死后的马克思无限敬仰。这位严峻的战士和严正的思想家，具有一颗深情挚爱的心。”①

3. 马克思主义的理论体系

马克思、恩格斯是人类最伟大的天才思想家，他们所共同创立的马克思主义是一个博大精深的科学体系。这个科学体系包括三个基本组成部分，即马克思主义哲学、政治经济学和科学社会主义。每一个组成部分又都有自己特定的研究对象和相对独立的学科体系。马克思主义哲学是无产阶级的科学世界观和方法论，是研究自然、社会、思维一般发展规律的科学，它是整个马克思主义的理论基础。马克思、恩格斯从思维和存在的相互关系这个哲学的基本问题出发，构建起马克思主义哲学体系的框架。马克思所发现的唯物史观，是研究历史和整个社会科学的理论基础。政治经济学是研究资本主义社会的生产关系和经济运动规律的科学，它对资本主义的发生、发展和灭亡做了最全面、最详细、最深刻的理论论证，因而是“马克思主义的主要内容”。马克思所发现的“剩余价值学说是马克思经济理论的基石”②。科学社会主义是以马克思主义哲学和政治经济学尤其是唯物史观和剩余价值学说为理论基础，研究无产阶级解放运动，研究人类从资本主义到共产主义这个特定历史阶段

① 《列宁选集》第 1 卷，人民出版社 1995 年版，第 95 页。

② 《列宁选集》第 2 卷，人民出版社 1995 年版，第 312 页。

的发展规律，从而得出了社会主义必然要代替资本主义。恩格斯指出：“现代的唯物主义，它和过去相比，是以科学社会主义为其理论终结的。”①

马克思主义的三个组成部分是一个统一的不可分割的科学体系。从马克思创立马克思主义的过程看，充分说明了三个组成部分的有机联系。马克思在大学是学法律的，但他的志趣是哲学和历史。他最早的研究领域是哲学。他从黑格尔那里学到了辩证法，从费尔巴哈那里学到了唯物论，并且把二者结合，创立了辩证唯物主义。尔后，他运用辩证唯物主义去研究人类历史，其中包括借助他丰富历史知识的底蕴，又创造了历史唯物主义。当马克思把研究重点从哲学转移到经济学领域以后，他得力于从黑格尔那里学到的辩证法。《资本论》就是马克思把唯物辩证法用于分析一个社会经济形态的光辉典范。马克思研究政治经济学所使用的最基本方法，一个是个别上升到一般的方法，一个是一分为二的方法，从分析商品的矛盾入手，一层一层地揭示资本主义的一系列矛盾，从中发现剩余价值学说，从而揭示了资本主义生产方式的历史局限性和暂时性，得出资本主义必然要被社会主义取代的科学结论。由此就进入科学社会主义领域。列宁说：“资本主义社会必然要转变为社会主义社会这个结论，马克思完全是从现代社会的经济的运动规律得出的。”②

必须准确地把握马克思主义的科学体系。列宁指出：“马克思主义的全部精神，它的整个体系要求人们对每一个原理只是（α）历史地，（β）只是同其他原理联系起来，（γ）只是同具体的历史经验联系起来加以考察。”③ 这就是说，对马克思主义每一个原理的理解，不能离开当时的历史条件和背景，不能割裂各原理之间的联系，不能忽视具体的历史经验。

4. 对马克思主义的科学界定

什么是马克思主义，怎样认识和理解马克思主义，这是人们关注和必须回答的一个问题。马克思主义的创始人及其继承者在他们的著作中

① 《马克思恩格斯全集》第20卷，人民出版社1965年版，第673页。

② 《列宁选集》第2卷，人民出版社1995年版，第439页。

③ 《列宁全集》第47卷，人民出版社1990年版，第464页。

科学地回答了这个问题，并对马克思主义作出如下的科学界定：

首先，是马克思、恩格斯的观点和学说体系。这就是说，马克思、恩格斯是马克思主义的创立者，这个学说是他们两个人经过长期学术研究共同创造的。马克思在世的时候，他们把自己的学说称为“新理论”，有时也叫“科学社会主义”；马克思逝世之后，才正式命名为马克思主义。1886年，当欧美有一些人提出恩格斯也对这个理论作出重大贡献，为什么不把他的名字也写上时，恩格斯以虚怀若谷的态度对这个问题做了如下回答和说明：“我不能否认，我和马克思共同工作40年，在这以前和这个期间，我在一定程度上独立地参加了这一理论的创立，特别是对这一理论的阐发。但是，绝大部分基本指导思想（特别是在经济和历史领域内），尤其是对这些指导思想的最后的明确的表述，都是属于马克思的。我所提供的，马克思没有我也能够做到，至多有几个专门的领域除外。至于马克思所做到的，我却做不到。马克思比我们大家都站得高些，看得远些，观察得多些和快些。马克思是天才，我们至多是能手。没有马克思，我们的理论远不会是现在这个样子。所以，这个理论用他的名字命名是理所当然的。”① 这个说明是实事求是的，是有说服力的。

其次，是工人阶级的意识形态和科学世界观。在阶级社会，任何一种思想理论都是有阶级性的，马克思主义也不例外。马克思、恩格斯是工人阶级的理论家，他们的理论是工人阶级的理论，是工人阶级利益和愿望的理论表现。恩格斯指出：“现代社会主义不过是这种实际冲突在思想上的反映，是它在头脑中、首先是在那个直接吃到它的苦头的阶级即工人阶级的头脑中的观念的反映。”② 马克思主义不只是工人阶级的意识形态，而且是工人阶级的科学世界观，因而它具有认识世界和改造世界的功能。马克思主义作为工人阶级的意识形态，在资本主义社会属于被统治阶级的思想，是工人阶级和广大劳动群众反对资产阶级和资本主义的思想武器；在社会主义社会属于统治阶级的思想，是工人阶级维护阶级统治的思想武器。《共产党宣言》指出：“任何一个时代的统治思

---

① 《马克思恩格斯选集》第4卷，人民出版社1995年版，第242页。

② 《马克思恩格斯选集》第3卷，人民出版社1995年版，第742页。

想始终都不过是统治阶级的思想。”① 这就是说，任何一个社会的思想领域，总是由那个社会的统治阶级的思想占统治地位的。如果不是这样，统治阶级在经济、政治领域的统治就难以坚持住。在社会主义国家，所以必须坚持以马克思主义为指导，坚持指导思想一元化，是因为这是关系工人阶级实现经济、政治、思想统治的重大问题。

再次，是全人类精神文明的伟大成果。工人阶级是人类历史上最伟大的阶级，它不仅要解放自己而且还要解放全人类。因此，作为工人阶级意识形态的马克思主义，绝不是维护工人阶级一己私利和离开人类文明发展大道的狭隘宗派学说。马克思主义所以伟大，就在于它把全人类的精神文明成果，包括前人和同时代人一切好的东西都吸纳了。正如列宁所指出的：“马克思主义同‘宗派主义’毫无相似之处，它绝不是离开世界文明发展大道而产生的一种故步自封、僵化不变的学说。恰恰相反，马克思的全部天才正是在于他回答了人类先进思想已经提出的种种问题。他的学说的产生正是哲学、政治经济学和社会主义极伟大的代表人物的学说的直接继续。”②

最后，是认识世界、改造世界的强大思想武器。马克思说：“哲学家们只是用不同的方式解释世界，而问题在于改变世界。”③ 这是马克思主义的一个重要特征，是马克思主义区别于其他学说的根本标志。马克思主义不仅是工人阶级及其政党正确地认识世界、更重要的是革命地改造世界的强大思想武器。马克思主义一经和实践相结合，就会变成改造世界的强大物质力量。一个多世纪以来全球的经济政治思想和经济政治形势所发生的巨大变化，充分说明了马克思主义创始人这个论断的无比正确。

二、列宁主义的诞生和发展

1. 俄国是列宁主义的故乡

马克思、恩格斯逝世以后，世界革命的中心和马克思主义发展的主

---

① 《马克思恩格斯选集》第1卷，人民出版社1995年版，第292页。

② 《列宁选集》第2卷，人民出版社1995年版，第309页。

③ 《马克思恩格斯选集》第1卷，人民出版社1995年版，第61页。

线从西往东移。19世纪末、20世纪初，马克思主义发展到一个新的阶段，即列宁主义阶段。列宁是俄国人。俄国成为列宁主义的故乡，这是由当时俄国的国内外环境所决定的。

国际环境是：19世纪末、20世纪初，资本主义由自由资本主义发展到垄断资本主义即帝国主义阶段。列宁指出："帝国主义，作为美洲和欧洲然后是亚洲的资本主义的最高阶段，截至1898—1914年这一时期已完全形成。美西战争（1898年），英布战争（1899—1902年），日俄战争（1904—1905年）以及欧洲1900年的经济危机，——这就是世界历史新时代的主要历史里程碑。"①

帝国主义的最主要特征是垄断。自由竞争必然引起生产集中，生产和资本的高度集中发展到一定阶段必然形成垄断。19世纪末就出现了许多垄断组织。20世纪初，少数大垄断组织已经控制了资本主义各国整个工业部门和银行系统。在这个基础上，形成了金融寡头，或称财团、财阀。例如，美国出现了摩根、洛克菲勒等八大财团。这一小撮人掌握了美国绝大部分大银行和大公司，完全控制了美国的经济命脉。经济上的垄断造成政治上金融寡头的统治。一小撮金融寡头把国家机器掌握在手中，对内加紧剥削和镇压人民，对外疯狂推行侵略和掠夺政策，以保证他们攫取最大限度的利润。帝国主义各国的总统、总理、部长等一伙人，都不过是金融寡头的代理人和奴仆而已。帝国主义时期，资本主义所固有的三大基本矛盾达到空前尖锐的程度。

第一，无产阶级和资本主义的矛盾加深了。在帝国主义阶段，垄断资本主义为了维护自己摇摇欲坠的统治和榨取最大限度的利润，以抬高物价、降低工资、增加捐税、扩大军事预算等手段来加强对工人阶级的剥削，使工人阶级贫困到了极点，生活在死亡线上；在政治上大大加强暴力统治，使工人阶级处于毫无权利的地位。这样，就把无产阶级逼上梁山，并和农民结成联盟，进行反对垄断资产阶级的政治革命。

第二，殖民地半殖民地与帝国主义的矛盾极其尖锐。一小撮金融寡头为了追逐最大限度的利润，疯狂向外扩张，拼命抢夺殖民地半殖民地，争夺资本输出场所、原料产地和商品销售市场。19世纪末，英、法、俄、德、美、日等帝国主义国家掀起了瓜分世界的狂潮。到20世

① 《列宁选集》第2卷，人民出版社1995年版，第705页。

纪初，世界已被瓜分完毕。这6个帝国主义强盗抢占的殖民地总面积共达6500万平方公里，等于他们本国面积的4倍半。其中，抢得最多的是英、法两国。号称“日不落帝国”的英国，1914年，拥有3350万平方公里、3.9亿多万人口的殖民地，比它自己的面积大100多倍，人口多80多倍。在瓜分世界的狂潮中，殖民地半殖民地成千上万的人民在万恶的殖民战争中被屠杀。帝国主义就这样用血腥的手段建立了少数金融寡头统治世界绝大多数人的罪恶的野蛮的殖民制度。但是，帝国主义的侵略却为它自己造成了新的掘墓人。帝国主义的压迫和奴役激起了殖民地半殖民地人民对帝国主义的深仇大恨，促使十几亿人民起来进行反对帝国主义的斗争。特别是殖民地半殖民地无产阶级登上政治舞台，成为革命领导阶级，这就预示着一个世界范围的反帝斗争风暴即将兴起。殖民地半殖民地的民族解放运动，大大援助了帝国主义国家的无产阶级革命运动，并使自己成为世界无产阶级革命的伟大同盟军。

第三，帝国主义国家之间的矛盾大大激化。帝国主义各国在抢夺势力范围、分割世界时，彼此间发生了激烈的争斗。各国军事和经济实力不一样，造成了争夺结果的不均衡。由于资本主义政治经济发展的不平衡，重新瓜分世界是不可避免的，这就必然导致帝国主义国家之间重新分割世界的战争。而这种战争削弱了帝国主义国家的力量，造成帝国主义链条上的薄弱环节，为世界无产阶级革命准备了有利条件。

总之，在帝国主义时期，资本主义三大矛盾的发展，使得无产阶级革命成为直接实践的问题，并造成了直接冲击资本主义的良好条件。实现社会主义革命的客观条件已经成熟，无产阶级起来进行夺取政权的伟大斗争提到日程上来了。

国内环境是：俄国正孕育着一场革命风暴。俄国走上资本主义发展的道路，比西欧其他国家要晚。19世纪60年代以前，俄国还是一个封建的农奴制的国家。1861年，沙皇自上而下地废除农奴制以后，俄国走上了资本主义发展的普鲁士道路，资本主义经济在俄国得到了迅速的发展。到了20世纪初，俄国的资本主义也由自由资本主义发展到垄断资本主义阶段，俄国成为一个资本主义有了一定和相当发展的封建专制制度的国家。当时，俄国的社会矛盾很多，而且特别突出和尖锐。主要表现为：

第一，无产阶级和垄断资本、沙皇专制制度的矛盾。俄国无产阶级身受国内外资本主义和沙皇的双重压迫和剥削，劳动时间很长，工资极其低微，还被资本家经常克扣工资和罚款，政治上毫无权利，过着牛马不如的生活。19 世纪末，俄国无产阶级开始觉醒，兴起工人运动，坚持同沙皇专制制度和资本家进行斗争。

第二，农民和封建地主阶级、资产阶级的矛盾。俄国农民身受封建主义和资本主义的双重压迫，生活极端痛苦。为了推翻压在头上的这两座大山，农民的反抗斗争不断发生，迫切要求废除封建土地所有制，推翻沙皇政府。

第三，民族矛盾。俄国是一个有 100 多个民族的多民族国家，沙皇政府是“各族人民的牢狱”①。非俄罗斯民族的劳动人民，除了受本民族内部的地主、资产阶级压迫外，还受着沙皇政府推行的大俄罗斯主义的民族压迫。因此，他们的苦难更加深重。

第四，俄国人民和西方帝国主义的矛盾。沙皇政府无论在政治上、经济上都依附于西方帝国主义，是它们在东方的看门狗和代理人。一方面，西方帝国主义控制了俄国最重要的经济部门，沙皇政府每年要从人民身上榨取 1.3 亿卢布向外国资本家缴付利息；另一方面，沙皇政府又给西方帝国主义在瓜分土耳其、波斯和中国等掠夺战争中，提供大量炮灰，为它们卖命。因此，俄国无产阶级和劳动人民反对沙皇专制制度的斗争，也就是对整个帝国主义体系的打击。

综上所述，20 世纪初的俄国已成为帝国主义矛盾的集中点。马克思、恩格斯在 1848 年所写的《共产党宣言》中指出：“共产党人把自己的主要注意力集中在德国，因为德国还处在资产阶级革命的前夜”，在整个欧洲文明更加进步和德国拥有更加强大的工人阶级的条件下，“德国的资产阶级革命只能是无产阶级革命的直接序幕”②。那时世界革命的中心在德国，现在已到俄国了。俄国不仅是帝国主义矛盾的集中点，而且还具有用革命手段来解决这些矛盾的社会力量，这就是日益增长和集中的战斗无产阶级和迫切要求消灭农奴制残余而得到土地的农民。19 世纪末和 20 世纪初，俄国兴起了声势浩大的工人、农民运动，正像高尔基在《海燕》中所写的：“暴风雨、暴风雨快要爆发了！”

---

① 《列宁全集》第 27 卷，人民出版社 1990 年版，第 85 页。

② 《马克思恩格斯选集》第 1 卷，人民出版社 1995 年版，第 307 页。

上述情况说明，当时俄国孕育着的革命程度，比任何其他国家都要大些，而且即将爆发的俄国革命，也必然会给世界革命以巨大影响。正如列宁所说："历史现在向我们提出的当前任务，是比其他任何一个国家的无产阶级的一切当前任务都更革命的任务。实现这个任务，即摧毁这个不仅是欧洲的同时也是（我们现在可以这样说）亚洲的反动势力的最强大的堡垒，就会使俄国无产阶级成为国际革命无产阶级的先锋队。"① 解决这样的革命任务，就需要寻求正确的革命理论。列宁后来在《共产主义运动中的"左派"幼稚病》一书中，十分形象地描绘了俄国进步的思想界从 19 世纪 40 年代到 90 年代的半个世纪里如饥似渴地寻求革命真理的情况。他说："俄国在半个世纪里，经受了闻所未闻的痛苦和牺牲，表现了空前未有的革命英雄气概，以难以置信的毅力和舍身忘我的精神去探索、学习和实验，经受了失望，进行了验证，参照了欧洲的经验，真是饱经苦难才找到了马克思主义这个唯一正确的革命理论。"② 列宁是找到这个理论并能正确运用这个理论指导俄国革命实践的代表。

2. 列宁把马克思主义发展到一个新的阶段

列宁于 1870 年 4 月 22 日生于俄国伏尔加河畔西姆比尔斯克城。父亲是省国民教育厅巡视员，母亲是教师，哥哥是民意党人，因谋刺沙皇被判处死刑。列宁是通过普列汉诺夫于 1883 年在瑞士日内瓦建立的"劳动解放社"对马克思主义的传播，阅读马克思、恩格斯的著作之后而成为马克思主义者和走上革命道路的。1887 年，列宁在喀山大学法律系学习期间，因反对沙皇专制制度，被捕流放。从那时起，列宁就把自己的整个生命贡献给反对沙皇专制制度和反对资本主义的事业，贡献给使劳动者获得彻底解放的事业。

列宁走上革命征途的第一件事，就是在俄国创建新型无产阶级政党。这是因为恩格斯逝世以后，第二国际大多数党由于受伯恩斯坦修正主义思潮的侵蚀，已经从主张社会革命的党变成主张社会改良的党。这样的党，显然不能适应新的历史时期无产阶级革命事业的需要。列宁在建立新型无产阶级政党过程中，遇到了几个障碍。第一个障碍是民粹

① 《列宁选集》第 1 卷，人民出版社 1995 年版，第 315 页。

② 《列宁选集》第 4 卷，人民出版社 1995 年版，第 136—137 页。

派。19 世纪 70 年代，一些革命知识分子穿起农民服装，跑到农村去工作，即当时所谓“到民间去”，由此就有“民粹派”这一名称。但是，他们的观点是错误和有害的。他们否认社会发展的客观规律性，抹煞资本主义在俄国发展的必然性；否认无产阶级是最先进最革命的阶级，认为知识分子领导的农民是革命的主要力量；以所谓“群氓无能”观点蔑视人民群众的伟大力量，在“英雄万能”观点支配下采取个人恐怖的策略。民粹主义的实质是一种小资产阶级社会主义思潮或农业社会主义思潮。19 世纪 80 年代，俄国的一些马克思主义者给了民粹派以严重打击，但是远没有完成从思想上彻底粉碎民粹派的任务。为了从思想上彻底粉碎民粹派，列宁在 1894 年写出第一部名著《什么是“人民之友”以及他们如何攻击社会民主主义者?》。在这部著作中，列宁在彻底批判民粹派的理论观点和政治纲领的基础上，提出了建立无产阶级政党、工人阶级是最革命的阶级和工农联盟是推翻沙皇专制制度的主要力量的思想，并指出 90 年代的民粹派已经放弃了反对沙皇专制制度的革命斗争，转而主张同沙皇政府妥协，他们根本不是什么“人民之友”，而是富农阶级的代言人，即“人民之敌”。列宁在建党道路上遇到的第二个也是最大的障碍是经济派。经济派是伯恩斯坦主义在俄国的变种，是“合法马克思主义”的后裔。经济派有一整套机会主义观点和路线，概括起来就是否定马克思主义对工人运动的指导作用、反对党对工人运动的领导作用和把工人阶级的阶级斗争限定在经济领域。

列宁的建党实践，分几个步骤：第一步，列宁于 1889 年在萨马拉建立了全俄第一个马克思主义小组。第二步，列宁于 1895 年去首都，建立了彼得堡“工人阶级解放斗争协会”。它比普列汉诺夫所建立的“劳动解放社”前进了一大步，已不是单纯地传播马克思主义，而是把马克思主义和工人运动结合起来；它是俄国第一个依靠工人运动的马克思主义组织，是俄国无产阶级政党的萌芽。第三步，正式建党。1898 年，彼得堡、莫斯科、基辅等地的“解放斗争协会”作了建党的尝试，召开了俄国社会民主工党第一次代表大会。这次大会虽然宣告了党的成立，但是由于没有制定党纲和党章，在会上所选举的中央机关不久便被破获，实际上党并没有建立起来。这个期间，经济派十分嚣张，造成了刚刚宣告成立的俄国社会民主工党政治上的动摇、思想上的涣散和组织上的瓦解，给建党工作带来严重阻碍。在这种情况下，列宁主张在二大召开之前，必须首先划清马克思主义同经济主义的界限，从思想上把各地党组织和党员统一到马克思主义的路线上，才能把党建设成功。列宁说："在统一以前，并且为了统一，我们首先必须坚决而明确地划清界限。"① 为此，列宁于1900年从流放地回来以后，立即到国外创办全俄政治报《火星报》，并于1902年发表《怎么办?》这部建党名著。列宁在这部著作中，严厉地批判了经济派的自发主义、经济主义、尾巴主义的思想体系，论证了党是工人运动同马克思主义相结合的产物，从而奠定了新型无产阶级政党的思想基础。经过积极筹备，1903年7—8月，俄国社会民主工党先后在布鲁塞尔和伦敦召开第二次代表大会。大会的主要任务就是根据《火星报》制定的纲领原则和组织原则来建立新型的无产阶级政党。大会讨论和通过了党纲和党章。在讨论党章第一条什么人可以入党时，发生了列宁和马尔托夫之间两个不同条文的激烈争论。在选举中央机关时，列宁和他的支持者获得了多数票，取得了胜利。从此，俄国党内出现了两个政派：多数派（布尔什维克）与少数派（孟什维克）。列宁指出："布尔什维主义作为一种政治思潮，作为一个政党而存在，是从1903年开始的。"② 会后，两派的斗争更加激烈。第二国际提出成立一个"仲裁委员会"，以"调停"两派的争论，求得"统一"，但遭到列宁的拒绝。为了粉碎孟什维克和第二国际机会主义的组织路线，列宁于1904年写出《进一步，退两步》一书，第一次系统地论证了新型无产阶级政党的组织原则，这是列宁对马克思主义建党学说的重大发展。关于党的组织结构与成分，列宁主张由两部分组成：一部分是人数不多的职业革命家组成的领导人员，另一部分是由同群众有着密切联系并受群众支持的党员所组成的广泛的地方党组织。列宁非常重视前一部分人。他说：给我们一个革命家组织，我们就能把俄国翻转过来。

1905年1月9日发生了沙皇军队枪杀彼得堡和平请愿工人的"一九事变"。从这一天爆发了俄国1905年第一次资产阶级民主革命。到夏季，革命运动进一步高涨，向纵深发展。在蓬勃发展的革命形势下，各个阶级和政党都在考虑和制定自己对这次革命的行动路线。同样的，社

---

① 《列宁全集》第4卷，人民出版社1984年版，第316页。

② 《列宁选集》第4卷，人民出版社1995年版，第135页。

会民主党也必须确定自己的策略。但是，俄国党内的两个派别却提出两个截然不同的策略原则。布尔什维克的策略路线是：无产阶级必须争取资产阶级民主革命的领导权，结成巩固的工农联盟，孤立资产阶级，用暴力革命推翻专制制度，建立工农民主专政，立即把民主革命转变为社会主义革命。孟什维克的策略路线是：资产阶级民主革命应由资产阶级领导，用立宪会议和平取代专制制度，无产阶级等到资本主义发展到工人占人口多数时才能实行社会主义革命。为了彻底批判孟什维克的机会主义策略路线，全面阐明布尔什维克的革命策略路线，把俄国革命引向胜利，列宁于1905年7月写作《社会民主党在民主革命中的两种策略》一书。这部著作所阐述的无产阶级在资产阶级民主革命中的策略原理是马克思恩格斯关于无产阶级在欧洲1848年革命中的策略思想的具体运用和进一步发展。俄国1905年革命虽然以莫斯科武装起义的失败而宣告结束，但是它在俄国历史上写下了光辉的一页。正如列宁所说："没有1905年的'总演习'，就不可能有1917年十月革命的胜利。"① 在国外，它"使整个亚洲动起来了"，并"间接地影响了西方各国"②。它结束了自1871年巴黎公社失败以来欧洲社会的"和平"发展时期，揭开了世界无产阶级革命和民族解放运动伟大风暴的序幕。在它的影响下，伊朗、土耳其和中国都先后爆发了资产阶级革命。

1905年革命失败以后，开始了俄国历史上的"斯托雷平反动时期"。在沙皇大臣斯托雷平的指挥下，一切反动势力结成同盟，在政治战线和思想战线上向革命人民猖狂进攻。在反革命势力的高压政策下，俄国社会民主党内发生动摇与混乱，出现了主张取消"秘密党"、"为公开党而斗争"的"取消派"和主张召回在杜马中的社会民主党人的"召回派"。列宁坚持同这两种错误倾向进行斗争。思想战线上的斗争也反映到哲学领域。以波格丹诺夫为首的一批冒牌马克思主义著作家，打着"马克思主义"的旗号，向马克思主义哲学"讨伐"。他们妄图以马赫主义、贝克莱主义代替马克思主义哲学。列宁说，他们简直是"跪着造反"，"这是典型的哲学上的修正主义"③。为了捍卫马克思主义哲学的

---

① 《列宁选集》第4卷，人民出版社1995年版，第138页。

② 《列宁全集》第28卷，人民出版社1990年版，第331页。

③ 《列宁选集》第2卷，人民出版社1995年版，第13页。

纯洁性，列宁用8个月的时间，写作了《唯物主义和经验批判主义》这部哲学专著，于1909年出版。在这部著作中，列宁用辩证唯物主义和历史唯物主义观点，概括了从恩格斯逝世以来整个历史时期哲学和自然科学发展的最新成就，对当时冒充马克思主义的反动哲学思潮，进行了毁灭性的批判。这部著作连同列宁后来所写的《哲学笔记》，成为列宁的宝贵哲学遗产。写完哲学著作以后，列宁又把注意力转向党内实际。1912年在布拉格召开党的第六次全俄代表会议，在列宁的坚持下，将孟什维克开除出党。从此，布尔什维克正式成为独立的无产阶级政党。

1914年爆发的第一次世界大战，使俄国工人运动和农民运动重新高涨。战争爆发以后，第二国际的大多数领袖，背叛了战前的诺言，在"保卫祖国"的幌子下，公开投向资产阶级怀抱，狂热地支持本国资产阶级政府进行战争，堕落为社会沙文主义者，于是这个国际就分解成为各个互相厮杀的社会沙文主义党，作为"发臭的死尸"而被埋葬，第二国际已名存实亡。在新的形势下，列宁坚持同第二国际的社会沙文主义进行斗争，并针对考茨基的"超帝国主义"论，于1916年写出《帝国主义是资本主义的最高阶段》一书。列宁在这部著作中，总结了《资本论》第一卷出版以后资本主义在半个世纪的发展，科学地揭示了帝国主义的本质、各种矛盾及其必然灭亡的规律。列宁的《帝国主义论》，是马克思的《资本论》在帝国主义时期的新发展。帝国主义时代把无产阶级革命提到日程。列宁在1915—1916年所写的《论欧洲联邦口号》、《无产阶级革命的军事纲领》两篇文章中，根据对资本主义经济政治发展不平衡规律的科学分析，得出社会主义将首先在一国或数国取得胜利的新论断。列宁指出："资本主义的发展在各个国家是极不平衡的。而且在商品生产下也只能是这样。由此就得出一个必然的结论：社会主义不能在所有国家内同时获得胜利。它将首先在一个或者几个国家内获得胜利，而其余的国家在一段时间内将仍然是资产阶级的或资产阶级以前的国家。"① 列宁的"一国胜利"论，是列宁对马克思主义的重大发展，是列宁主义的重要标志。这个理论给各国无产阶级指出了争取革命胜利的前途，极大地鼓舞了他们加强对本国资产阶级的主动进攻，积极争取社会主义的胜利。列宁在关注无产阶级革命的同时，也必然关注民族解

① 《列宁选集》第2卷，人民出版社1995年版，第722页。

放运动这个无产阶级革命同盟军问题。世界进入帝国主义时代以后，殖民地半殖民地与帝国主义的矛盾十分尖锐，民族解放运动蓬勃兴起。新的形势把如何对待帝国主义的殖民政策和被压迫民族的民族解放运动提到日程上。列宁在这个时期所写的《关于民族问题的批评意见》、《论民族自决权》等论文中，把马克思主义民族问题的理论发展为民族殖民地问题的理论，提出和论证了关于民族解放运动的纲领。

1917 年 2 月，俄国爆发了第二次资产阶级民主革命并取得胜利。二月革命胜利以后，俄国出现了两个政权并存的特殊局面。在新的形势下，俄国向何处去？当时党的领导人认识很不一致也很不清楚，全党需要有一个明确的方针。1917 年 4 月列宁从瑞士回国后，立即发表了《无产阶级在我国革命中的任务》即著名的“四月提纲”，明确地用从资产阶级革命向社会主义革命过渡的新方针武装了全党。在新的形势下，国家问题无论在理论方面或政治实践方面都具有重大的意义。为了回答在无产阶级革命中无产阶级应当怎样对待资产阶级国家机器和建立一个什么样的国家机器这个迫切问题，肃清第二国际考茨基在这方面的“偏见”和流毒，列宁在白色恐怖的匿居环境中，写出《国家与革命》这部光辉著作。列宁在这部著作中，总结了历次革命的历史经验，强调无产阶级要用暴力打碎资产阶级的国家机器和建立自己的崭新国家机器，从而成为无产阶级夺取政权、建立无产阶级专政的伟大纲领。但是这本书的意义还不只如此，列宁看得更远，他进一步探讨了从资本主义向共产主义的过渡时期和共产主义的发展阶段等重大理论问题。“七月事变”和科尔尼洛夫叛乱以后，布尔什维克开始在苏维埃中居多数，武装起义的条件日益成熟。列宁运用唯物论的反映论，准确地抓住了起义时机。他在《危机成熟了》这封给党中央的信中指出：“9 月底是俄国革命史上，显然也是世界革命史上的一个最伟大的转折点。”“俄国革命的整个前途已处在决定关头。布尔什维克党的全部荣誉正在受到考验。争取社会主义的国际工人革命的整个前途都在此一举。”① 在列宁的领导下，十月革命取得了胜利。十月革命是人类历史上最广泛最深刻的社会革命，它推翻了人剥削人、人压迫人的社会制度，在世界 1/6 的土地上破天荒第一次建立起工人阶级的政治统治，实现了从资本主义旧世界向社

① 《列宁全集》第 32 卷，人民出版社 1985 年版，第 267、275 页。

会主义新世界的转变，开创了人类历史的新纪元。

十月革命胜利以后，苏维埃政权经过半年“喘息时机”，从1918年下半年开始进行了三年反对帝国主义武装侵略和白卫反革命的国内战争。这个时期，苏维埃政权实行了一种特殊的政策即战时共产主义政策。为了巩固年轻的苏维埃政权、批驳第二国际的思想领袖考茨基在《无产阶级专政》一书中对十月革命道路的攻击，列宁在被刺后的养病期间用一个月时间写下《无产阶级革命和叛徒考茨基》一书，并于1918年10月发表。在这本著作中，列宁从无产阶级专政（国体）苏维埃共和国（政体）和苏维埃宪法三个方面批驳了考茨基的谬论，从而光辉地捍卫了十月革命道路。这本著作和十月革命前所写的《国家与革命》，对布尔什维克党夺取政权和巩固政权起了重大的作用。在欧洲革命形势迅速发展，迫切要求无产阶级加强国际团结的形势下，在列宁的领导下，1919年3月于莫斯科建立了第三国际。第三国际建立以后，世界许多国家的无产阶级以布尔什维克党为榜样，建立起新型的无产阶级政党。在革命高涨的形势下，西欧新建的一些共产党由于缺乏经验，犯了不少“左”的错误。为了医治这些年轻的共产党所犯的“左派”幼稚病，列宁于1920年4月写作《共产主义运动中的“左派”幼稚病》一书，分发给参加共产国际第二次代表大会的代表。列宁在这本著作中，全面系统地总结了布尔什维克党的历史经验，批评了西欧“左派”在如何对待妥协、资产阶级议会和反动工会等问题上“左”的错误，成为医治“左派”幼稚病的最好良药。《共产主义运动中的“左派”幼稚病》和《社会民主党在民主革命中的两种策略》这两本书，成为后来中国共产党在新民主主义革命时期反对“左”右倾机会主义的强大思想武器。

1920年末和1921年初，俄国国内战争结束，进入和平建设年代，苏维埃政权的工作重心向经济建设方面转移。列宁和俄共（布）其他领导人通过总结经验，毅然改变政策，以1921年3月召开的俄共（布）十大为标志，从战时共产主义政策向新经济政策过渡。大会闭幕后不久列宁所写的《论粮食税》，对新经济政策做了最好的论证和说明。这个时期，列宁还写了许多关于社会主义建设的精彩文章。1921年10月，列宁在俄国共产主义青年团大会上关于《青年团的任务》的讲话，是半个世纪以来所有社会主义国家社会主义精神文明建设的纲领。1922年末至1923年初，列宁在病中所写的《日记摘录》等最后五篇论文和三封信件，在总结新经济政策初步经验的基础上，进一步提出了有科学根据的在苏联建设社会主义的崭新构想。从列宁提出新经济政策到提出建设社会主义的构想，证明他的思路好，一切都从俄国经济文化比较落后的国情出发，力求把马克思主义基本原理同俄国的具体实际相结合，理论上前进了一大步。

综上所述，列宁在20世纪新的历史条件下，把马克思主义基本原理同俄国的具体实践和时代特征相结合，科学地回答了一系列新课题，在无产阶级政党、无产阶级革命、无产阶级专政、民族殖民地问题、帝国主义的历史地位、过渡时期和社会主义建设等问题上提出了许多新观点、新论断，极大地丰富和发展了马克思主义，把马克思主义发展到一个新的阶段即列宁主义阶段。

1924年1月21日，列宁的心脏停止了跳动。1月23日，列宁的遗体从歌尔克村被运回莫斯科，安放在工会大厦的圆柱大厅内。无数的人们冒着刺骨的严寒，排着长队在这里瞻仰列宁的遗容。1月26日举行追悼会。斯大林代表联共（布）中央致悼词。斯大林说："列宁不仅是俄国无产阶级的领袖，不仅是欧洲工人阶级的领袖，不仅是殖民地东方的领袖，而且是全球整个劳动世界的领袖。"① 列宁逝世以后，联共（布）中央将布尔什维主义郑重命名为列宁主义。

三、马克思列宁主义的特征和品格

马克思列宁主义的特点是什么？它和其他学说有什么不同之处？这是学习和研究马克思主义的人们所关注的问题，也是应该和必须回答的问题。根据马克思主义经典作家的论述，马克思列宁主义具有如下特征和品格：

1. 革命性和科学性的结合

马克思主义是无产阶级的科学理论。无产阶级的历史使命是：推翻资本主义，建设社会主义和共产主义，解放全人类。作为代表和反映无产阶级利益和愿望的马克思主义，它不但无情地批判资本主义，批判一

① 《斯大林全集》第6卷，人民出版社1956年版，第46页。

切腐朽丑恶现象，批判形形色色的错误思潮，而且公开宣告要推翻资本主义和一切剥削压迫制度。马克思指出：我们的理论“按其本质来说，它是批判的和革命的”。[①] 列宁指出：“马克思认为他的理论的全部价值在于这个理论‘按其本质来说，它是批判的和革命的’。后一性质的确完全地和无条件地是马克思主义所固有的，因为这个理论公开认为自己的任务就是揭露现代社会的一切对抗和剥削形式，考察它们的演变，证明它们的暂时性和转变为另一种形式的必然性。”[②] 马克思主义不仅是革命的，而且是科学的。因为马克思主义的每一个原理和论断，都不是马克思、恩格斯凭空设想的，而是他们从分析资本主义和工人运动的发展规律中得出的。列宁高度评价了马克思主义兼有革命性和科学性的品格。他说：马克思主义“理论对世界各国社会主义者所具有的不可遏止的吸引力，就在于它把严格的和高度的科学性（它是社会科学的最新成就）同革命性结合起来”。[③]

马克思主义具有科学性和革命性的品格，是与马克思主义创始人“兼有学者和革命家品质”[④] 相联系的。恩格斯在谈到马克思时指出：“马克思首先是一个革命家。他毕生的真正使命，就是以这种或那种方式参加推翻资本主义社会及其所建立的国家设施的事业，参加现代无产阶级的解放事业。……斗争是他的生命要素。”[⑤] 斯大林在评论列宁时说：“列宁是为革命而诞生的。他真正是组织革命爆发的天才和领导革命的伟大能手。他在革命动荡时代觉得比任何时候都自在、愉快。……在革命的转折关头，他真是才华毕露，洞察一切。……难怪我们党内常说‘伊里奇在革命波浪里游泳，就像鱼在水里一样。’”[⑥] 但同时，他们又都是学识渊博和著述甚丰的学者、理论家、思想家。马克思列宁主义像一盏明灯，照亮了人类解放的光明前程。

斯大林在《列宁是俄国共产党的组织者和领袖》一文中指出：国际共产主义运动中出现过三种类型领袖。第一种是风暴时期的领袖，实践

---

① 《马克思恩格斯全集》第 23 卷，人民出版社 1972 年版，第 24 页。

② 《列宁选集》第 1 卷，人民出版社 1995 年版，第 82 页。

③ 《列宁选集》第 1 卷，人民出版社 1995 年版，第 83 页。

④ 《列宁选集》第 1 卷，人民出版社 1995 年版，第 83 页。

⑤ 《马克思恩格斯选集》第 3 卷，人民出版社 1995 年版，第 777 页。

⑥ 《斯大林全集》第 6 卷，人民出版社 1956 年版，第 55 页。

家领袖，如法国的布朗基和德国的拉萨尔，他们和广大群众有密切联系，有自我牺牲精神，但是在理论上很弱，不能指导运动前进。第二种是和平时期的领袖，如德国的考茨基和俄国的普列汉诺夫，他们只在无产阶级的上层中间有威信，理论上很强，但是在组织工作和实际工作方面却很弱，革命时期一到来，他们就退出舞台，让位给新人物了。第三种是“一身兼备理论力量和无产阶级运动的实际组织经验”的领袖，列宁就是这种类型的领袖。俄国的早期马克思主义者阿克雪里罗得评价列宁时说：他“成功地把实践家的经验同理论修养和广阔的政治眼界集于一身”。

2. 与时俱进的发展理论

恩格斯说：“我们的理论是发展着的理论。”① 这是马克思主义和一切科学理论的本质特征和必然要求。马克思主义作为时代发展的产物和精华，它不是僵化不变的学说，而是与时俱进的发展理论，因而永不过时。这个特征和品格有其深刻内涵。

第一，在革命实践中的丰富和发展。马克思主义是无产阶级革命实践经验的科学总结。理论来自实践，指导实践，经受实践检验，随着实践的发展而发展。马克思通过总结欧洲 1848 年革命和巴黎公社的经验，写出《1848 年至 1850 年的法兰西阶级斗争》、《路易·波拿巴的雾月十八日》和《法兰西内战》等重要著作。列宁在总结俄国 1905 年革命经验的基础上，写出《社会民主党在民主革命中的两种策略》一书，提出无产阶级在资产阶级民主革命中的理论和策略。

第二，在吸收人类精神文明成果中的丰富和发展。马克思主义是一种开放的学说，它是在吸收人类一切精神文明成果，特别是德国古典哲学、英国古典政治经济学和法国空想社会主义学说的基础上创立的。列宁在继承和发展马克思主义的过程中，也吸收了当时的许多优秀精神文明成果尤其是俄国革命民主主义者的思想遗产。

第三，在同各种错误思潮斗争中的丰富和发展。正确的东西总是在同错误的东西作斗争的过程中发展起来的。马克思主义是在斗争中创立的，也是在斗争中发展的。马克思、恩格斯的许多著作，如《神圣家族》、《德意志意识形态》、《哥达纲领批判》、《反杜林论》、《1891 年社

---

① 《马克思恩格斯选集》第 4 卷，人民出版社 1995 年版，第 681 页。

会民主党纲领草案批判》等，都是在同各种错误思潮斗争中写出的。列宁时期，国内外形势严峻，党内斗争更加激烈，他写的论战性著作就更多了。

第四，在潜心研究中的丰富和发展。马克思、恩格斯、列宁的所有著作都是他们长期思考和研究的理论成果。马克思的鸿篇巨著《资本论》是他用毕生精力刻苦研究的成果。《资本论》的问世，丰富和发展了马克思的经济学说，奠定了马克思主义政治经济学的基础。

理论的与时俱进是和理论创新不可分割的。理论创新是马克思主义的强大生命力。列宁在领导俄国革命中，不断地进行理论创新。例如，列宁通过对资本主义经济政治发展不平衡规律的深刻分析，提出社会主义革命将首先在一国或数国胜利的新论断，从而突破了马克思恩格斯在19世纪所作出的社会主义革命只有在大多数资本主义国家同时发生才能取得胜利的结论。而这个结论是当时很多马克思主义者视为天经地义之事。毫不夸张地说，没有列宁的“一国胜利论”，就没有十月革命的胜利。

3. 不是教条而是行动的指南

马克思主义创始人反复告诫人们，我们的理论不是教条而是行动的指南，它所提供的不是现成的教条和让人们背诵的教义，而是进一步研究的出发点和供这种研究使用的方法。马克思、恩格斯在《共产党宣言》1872年德文版序言中指出：“这个《宣言》中所阐述的一般原理整个说来直到现在还是完全正确的。”但是，“这些原理的实际运用，正如《宣言》中所说的，随时随地都要以当时的历史条件为转移”①。1872年9月，马克思在阿姆斯特丹群众大会上发表演说，在谈到工人总有一天必须夺取政权时说：“我们从来没有断言，为了达到这一目的，到处都应该采取同样的手段。我们知道，必须考虑到各国的制度、风俗和传统。”② 1881年2月，马克思在回答荷兰社会民主党创始人之一纽文胡斯的提问时指出：社会党人在夺取政权之后，“在将来某个特定的时刻应该做些什么，应该马上做些什么，这当然完全取决于人们将不得不在

① 《马克思恩格斯选集》第1卷，人民出版社1995年版，第248页。

② 《马克思恩格斯全集》第18卷，人民出版社1964年版，第179页。

其中活动的那个既定的历史环境"①。

列宁继承和发挥了马克思、恩格斯的思想。他说："我们完全以马克思的理论为依据。"但是，"我们决不把马克思的理论看作某种一成不变的和神圣不可侵犯的东西。……对于俄国社会党人来说，尤其需要独立地探讨马克思的理论，因为它所提供的只是总的指导原理，而这些原理的应用具体地说，在英国不同于法国，在法国不同于德国，在德国又不同于俄国。"② 列宁在批判考茨基时指出："马克思和恩格斯说过，我们的理论不是教条，而是行动的指南；卡尔·考茨基、奥托·鲍威尔这类'正宗的'马克思主义者的最大错误和最大罪恶，就是他们不懂得这一点，不善于在无产阶级革命最紧要的关头按此行事。"③

毛泽东在新的历史条件下，坚持和发展了马克思、列宁的思想。毛泽东的一个重要历史功绩，就是在中国民主革命时期，在同党内三次"左"倾机会主义的斗争中，即同中国共产党内把马克思主义教条化倾向的斗争中，创造性地提出了"把马列主义的普遍真理同中国革命的具体实际相结合"的思想原则。这是他对马克思主义的独创性贡献。实践证明，什么时候坚持了"相结合"的思想原则，中国革命和建设事业就发展和胜利；什么时候离开了这个思想原则，中国革命和建设事业就将遭到挫折和失败。

---

① 《马克思恩格斯选集》第4卷，人民出版社1995年版，第643页。

② 《列宁选集》第1卷，人民出版社1995年版，第273、274—275页。

③ 《列宁选集》第4卷，人民出版社1995年版，第180页。

马克思列宁主义基本问题简介

一、引　　言

（一）什么是马克思列宁主义

任何一种崭新的社会理论，都是一定时代和历史条件的产物。马克思主义作为工人阶级的科学世界观和社会革命论，产生于 19 世纪 40 年代。当时，欧洲正经历一场社会大变动，产生这种新的社会理论的历史条件成熟了。①西欧英、法、德先后进行了产业革命，产业革命既是工业革命也是社会革命，产业革命后出现了现代资产阶级和现代无产阶级。②继 1825 年英国第一次经济危机后，每隔 10 年左右就要再发生一次经济危机，资本主义生产方式的矛盾和弊病进一步暴露了。③三四十年代发生了英、法、德三大工人运动，无产阶级已经作为一支独立的政治力量走上历史舞台。④提供了优越的思想资料，有自然科学的“三大发现”，即能量守恒和转化、细胞和生物进化的发现，有社会科学的“三大来源”，即德国古典哲学、英国古典政治经济学和法国的空想社会主义。在历史条件已经成熟了的条件下，创立一种变革社会的崭新思想理论，由人类最伟大的两位思想家马克思、恩格斯完成了。马克思主义是马克思、恩格斯的观点和学说体系，是工人阶级的意识形态和科学世界观，是全人类精神文明的伟大成果，是工人阶级政党认识世界、改造世界的强大思想武器。

19世纪末、20世纪初，自由竞争的资本主义发展为垄断的资本主义，世界进入帝国主义和无产阶级革命的新时代。列宁在新的时代和新的历史条件下，把马克思主义的基本原理同俄国的具体实际和时代特征相结合，提出了一系列新思想、新观点、新论断，从而把马克思主义推进到一个新的阶段，即列宁主义阶段。列宁主义是在新的时代和新的历史条件下对马克思主义的继承和发展。

（二）马克思列宁主义的科学体系和特点

马克思主义是一个内容非常丰富、博大精深的科学体系。马克思主义的创始人恩格斯在批判社会主义“新体系”的创立者杜林时，对他和马克思所创立的新理论的科学体系作了最准确的说明。马克思主义有三个组成部分：哲学、政治经济学、科学社会主义；每个组成部分又包括若干具体学科和原理。哲学是世界观和理论基础，政治经济学是主要内容，科学社会主义是核心和必然归宿。

列宁指出：马克思主义“以人类知识的一切材料为基础，以科学的高度发展为先决条件，要求科学地对待”。所谓科学地对待，就是“马克思主义的全部精神，它的整个体系要求人们对每一个原理只是（α）历史地，（β）只是同其他原理联系起来，（γ）只是同具体的历史经验联系起来加以考察”。这就是说，对马克思主义每个原理的理解，不能离开当时的历史条件和背景，不能割裂各原理之间的联系，不能忽视具体的历史经验。

马克思列宁主义具有如下一些特点：①它是反映与表达工人阶级利益与愿望、谋求工人阶级和全人类解放的科学理论。②它是在实践中不断发展和创新、具有强大生命力的科学。③它是在世界文明大道上产生和发展的开放性科学，而绝不是离开世界文明大道的狭隘宗派学说。④它是一面伟大的旗帜和行动的指南，不是教义和教条，它只是提出总的原理原则，这些原理原则的运用要随时随地以各国具体的历史条件为转移。

（三）为什么要学习马克思列宁主义

毛泽东曾指出：“十月革命一声炮响，给我们送来了马克思列宁主义。十月革命帮助了全世界的也帮助了中国的先进分子，用无产阶级的宇宙观作为观察国家命运的工具，重新考虑自己的问题。走俄国人的路——这就是结论。”《马克思列宁主义的基本问题》强调的不是人们熟知的现成的马克思主义基本原理，而是在不同的历史时期，马克思主义大师们怎样运用马克思主义世界观去分析问题和解决问题的。这样，有助于我们学习马克思主义的立场、观点、方法，有助于我们学会用马克思主义世界观去分析和解决本部门、本地区、本单位的工作，有助于提高“结合”的能力。这是一生受用无穷的。

党的高中级干部为什么必须学习马克思列宁主义？一是它是我们认识世界和改造世界，治党、治国的强大思想武器，是无产阶级起家和传家的法宝。我们许多高中级干部并不熟悉马克思列宁主义。二是有助于深入学习和深刻理解邓小平理论。我们要学习马列主义、毛泽东思想特别是邓小平理论，因为邓小平理论是当代中国的马克思主义，是马克思主义在中国发展的新阶段。要把学习邓小平理论深入下去，除了要认真读邓小平的著作外，还必须学习马列主义、毛泽东思想，因为邓小平理论是从那里来的，它们之间是源头和活水的关系。在当代，马列主义、毛泽东思想、邓小平理论是一脉相承、不可分割的科学体系。三是树立和坚定共产主义理想信念的需要。解决人们特别是高中级干部的理想信念问题，要靠多种途径和多方面的工作，如发展经济，搞好党建，加强思想政治工作等等。但是，无论哪项工作都不能起到马克思主义理论学习在解决人们理想信念中的特殊作用。

二、哲学的根本变革和唯物史观的创立

（一）辩证唯物主义世界观

哲学是时代精神的精华。青年马克思作为哲学博士，他的理论活动是从研究哲学开始的。马克思、恩格斯都曾经是青年黑格尔派。他们在批判地继承前人成果的基础上，实现了哲学的根本变革。马克思的辩证法是唯物辩证法，他的唯物论是辩证唯物论。恩格斯对马克思主义哲学的一个重大贡献，是提出了哲学的基本问题。他指出：“全部哲学，特别是近代哲学的重大的基本问题，是思维和存在的关系问题。”哲学家们依照他们如何回答这个问题而分成两大阵营。凡是断定精神对自然界来说是本原的，组成唯心主义阵营。凡是认为自然界是本原的，则属于

唯物主义的各种学派。他还继承和发展了黑格尔的辩证法，科学地阐述了唯物辩证法的三大规律，即质量互变、对立统一、否定之否定规律；阐述了唯物辩证法的基本范畴，包括本质与现象、内容与形式、原因与结果、必然性与偶然性、自由与必然等。这样，辩证唯物主义就成为一个完备的科学体系。

（二）唯物史观的创立及其重大意义

马克思运用辩证唯物主义研究人类历史，创立了历史唯物主义。马克思、恩格斯早在1845—1846年合著的《德意志意识形态》一书中，就提出了历史唯物主义的基本思想和基本概念，唯物史观的创立：①解开了人类“历史之谜”，社会发展的动因，既不是杰出的个人，也不是政治斗争和政治变革，而是生产力与生产关系、经济基础与上层建筑的社会基本矛盾运动。②标志着唯物主义的最后完成，这是彻底的唯物主义，即自然观和社会观都是唯物主义，从而把唯心主义从它的最后的避难所即历史观中驱逐出去了。正如列宁所说：“马克思的哲学是完备的唯物主义，它把伟大的认识工具给了人类，特别是给了无产阶级。”

三、对资本主义的批判和剩余价值学说的创立

马克思、恩格斯在共同的理论创造中有一种自然分工。马克思更侧重于研究经济，从经济这个最重要的领域剖析资本主义。马克思为写作《资本论》这部巨著，翻阅了大量资料，写出和留下许多手稿，耗尽了他一生的精力。被称为工人阶级圣经的《资本论》共分三卷，依次分析了资本主义的生产过程、流通过程和总过程。马克思在世时，只在1867年发表了第一卷，第二、三卷是在他逝世后，由恩格斯整理并发表的。此外，马克思还有一个以《政治经济学批判》为名的写作计划，包括6个分册：①资本。②竞争、信用、股份资本。③雇佣劳动。④国家。⑤对外贸易。⑥世界市场。这部分只留下大量手稿，没有来得及整理和出版。值得欣慰的是，世界各国马克思主义经济学家，经过多年的努力，已经完成了马克思的这一宏愿。这里仅就《资本论》第一卷，我们应重点学习和把握如下几个问题：

（一）商品生产论

马克思认为人类社会就经济发展过程来说，将经历从自然经济—商品经济—产品经济这样三个发展阶段。商品经济是一个不可逾越的发展阶段。但是，资本主义商品生产和前资本主义的简单商品生产又有很大不同。简单商品生产的公式是“商品—货币—商品”，而资本主义商品生产的公式是“货币—商品—货币”。这说明，资本家生产商品是以赚钱为日的的。在商品经济条件下，价值规律在发挥作用。价值规律体现为：商品的价值量由生产商品的社会必要劳动时间决定，不同商品的交换按照等价原则进行。价值规律既有优胜劣汰、激励创新的作用，又有分配社会劳动、调节资源配置的作用。

（二）劳动价值论

英国古典经济学家已经揭示了劳动创造价值。马克思在这个基础上，创造性地提出了劳动二重性（抽象劳动和具体劳动），正确地揭示了价值的源泉和价值运动的规律，从而建立了科学的劳动价值论。这就为揭露资本家剥削的秘密，创立剩余价值学说，揭示资本主义的对抗本质和必然灭亡趋势，奠定了坚实的基础。

当今，在新的科技革命和知识经济的大潮下，有人宣扬科技创造价值，并以此为由否定马克思的劳动价值论。这是站不住脚的。须知，劳动是价值的现实源，科技只是价值的潜在力，它只有通过劳动、原材料、生产工具等生产三要素，才能创造价值。价值的现实源不能有两个，否则必然导致二元论。

（三）剩余价值论

马克思指出，资本主义生产是以雇佣劳动为基础的商品生产，其生产过程具有两重性：一方面，是生产使用价值的劳动过程；另一方面，是生产剩余价值的价值增殖过程。所以，资本主义生产过程是劳动过程和价值增殖过程的统一。实际上，雇佣工人的劳动分为两部分：一部分是必要劳动时间，用于再生产劳动力的价值；另一部分是剩余劳动时间，用于无偿地为资本家生产剩余价值。因此，剩余价值就是雇佣工人所创造的并被资本家无偿占有的超过劳动力价值的那部分价值。这就揭露了资本家剥削的秘密。列宁说："剩余价值学说是马克思经济理论的基石。"

（四）商品和货币拜物教

马克思提出："劳动产品一旦作为商品来生产，就带上拜物教性质，因此拜物教是同商品生产分不开的。"在资本主义社会，物欲横流，人们把某种物当作神来崇拜，带有一种宗教迷信性质，这就是商品拜物教。货币产生以后，商品拜物教又发展为货币拜物教，认为金钱万能，拜金主义盛行。货币转化为资本后，又进一步发展为资本拜物教，追求拥有更多的资本。这些拜物教现象，表明了商品经济的历史局限性和最终要被新的生产方式所代替的历史必然性。

四、科学社会主义的创立和理论体系的形成

（一）社会主义从空想发展成为科学

资本主义取代封建主义是历史一大进步。但是，资本主义从它诞生时起就暴露出许多社会弊病。从 16 世纪初到 19 世纪初，欧洲出现了一种代表早期无产者和劳动人民利益和愿望的否定资本主义，幻想建立一个理想社会的空想社会主义思潮。当时，这股思潮和工人运动没有结合，是两股道上跑的车。空想社会主义是一种社会进步思潮，它尖锐地批评了资本主义社会，并对未来社会提出一些有价值的预想。但受历史条件限制，它很不成熟，是不成熟的社会主义理论，是社会主义理论的原始形态，它不能正确指明人类社会前进的方向和道路。

恩格斯指出，马克思是科学巨匠，他一生有无数发明发现。但是最重大的是发现了唯物史观和剩余价值学说。这两大发现，使社会主义从空想发展成为科学。唯物史观是以人类社会的一般发展规律，剩余价值学说是以资本主义社会发展规律，指出社会主义一定要取代资本主义，从而把社会主义置于现实的基础之上，使社会主义从空想发展成为科学。科学社会主义的创立，是社会主义思想史上一次真正革命，它推动了人类从资本主义向社会主义的变革进程。

（二）科学社会主义的核心和主题

科学社会主义的形成和发展有个过程。一般说来，从 1842—1844 年马克思、恩格斯实现“两个转变”到 1847 年《哲学的贫困》的发表，是科学社会主义孕育和准备阶段；从 1848 年《共产党宣言》发表到 1871 年巴黎公社，是科学社会主义正式诞生和走向成熟的阶段；从 1871 年巴黎公社失败到 1895 年恩格斯逝世，是科学社会主义理论体系最后形成的阶段。

马克思、恩格斯在《共产党宣言》中，是从无产阶级和资产阶级两大对立阶级的阶级斗争中，论证资本主义必然灭亡、社会主义必然胜利的“两个必然”；恩格斯在《反杜林论》中进一步从分析资本主义的基本矛盾得出社会主义代替资本主义的历史必然性。生产的社会化具有一种“革命的本性”，它要求占有也社会化。

恩格斯在 1885 年《反杜林论》的序言中说：“本书第三编第二章《理论》，这里所涉及的仅仅是我主张的观点的一个核心问题。”这个“核心”包括两层涵义：一是科学社会主义是马克思主义的核心；一是社会主义代替资本主义的历史必然性是科学社会主义的核心。这个论断，说明社会主义的历史必然性是马克思主义核心的核心。这个核心也可以被称为主题，整个科学社会主义都是围绕这个“核心”论证这个“主题”的。如同马克思主义哲学是从“哲学的基本问题”出发一样，科学社会主义是围绕一个“核心”展开，并在这个基础上形成若干层次的原理的，科学社会主义之所以是科学，就在于它令人信服地揭示和阐明了人类社会发展的这个总趋势。

（三）科学社会主义的基本理论

1. 关于无产阶级的历史使命的理论

社会规律和自然规律不同，它的实现需要一定的社会力量。马克思、恩格斯从工人阶级同大生产相联系，从他们处在社会最底层，认为工人阶级是最革命、最有前途的阶级，承担着推翻资本主义旧世界、建设社会主义新世界、解放全人类的伟大历史使命。

无论革命和建设都要全心全意依靠工人阶级，这是科学社会主义的一个重要原理。随着无产阶级解放运动的发展，工人阶级队伍在扩大，依靠力量在扩大。在我国社会主义建设新时期，知识分子已成为工人阶级的一部分。第二次世界大战以后，西方发达资本主义国家的阶级结构发生很大变化。有些国家的共产党人提出，除了要坚决依靠工人阶级（包括蓝领和白领工人）外，还要依靠教师、医生、工程技术人员、文艺工作者、学者、工会积极分子、合作社工作者等等。

2. 关于无产阶级革命的理论

马克思在总结 1848 年欧洲资产阶级民主革命和 1871 年法国巴黎公社无产阶级革命经验的基础上，阐述了无产阶级革命的一般理论。①在无产阶级革命的根本问题上，论证了革命的根本问题是政权问题，无产阶级革命的根本问题是无产阶级专政问题，强调必须打碎资本主义的国家机器，代之以崭新的无产阶级的国家机器。②在无产阶级夺取政权的方式上，既强调暴力革命，又不排除特殊条件下革命和平发展的可能。③在无产阶级革命取得胜利的条件上，既把注意力和着眼点始终放在西方发达资本主义国家，也不排除尾随其后像俄国这样的东方国家有可能跨越资本主义的“卡夫丁峡谷”，直接过渡到社会主义。

3. 关于无产阶级专政的理论

马克思指出，无论是发现现代社会中有阶级存在或发现各阶级间的斗争，都不是他的功劳。其所加上的新内容是证明了下列几点：①阶级的存在仅仅同生产发展的一定历史阶段相联系。②阶级斗争必然导致无产阶级专政。③这个专政不过是达到消灭一切阶级和进入无阶级社会的过渡。

列宁认为，无产阶级专政学说是马克思主义的主要之点和真假马克思主义的试金石。

4. 关于过渡时期的理论

马克思经过长期理论探索，在 1875 年所写的《哥达纲领批判》中，首次提出从一个私有制社会不可能直接转变为公有制社会，必须经历一个从资本主义到共产主义的过渡时期。列宁通过总结 20 世纪无产阶级解放运动的新经验，发展了马克思关于过渡时期的理论。他提出，过渡时期要划分阶段，“一个国家经济文化越落后，过渡时期的时间越长”。

马克思认为，无产阶级专政是过渡时期的国家政权，到共产主义的第一阶段，国家就将逐步消亡。列宁在 20 世纪初，总结了无产阶级革命斗争的新经验，认为在共产主义第一阶段，国家还不能消亡。这是列宁对马克思主义国家学说的创造性发展。

5. 关于共产主义发展阶段的科学论述

马克思在探讨无产阶级和全人类怎样从资本主义制度及其所造成的后果束缚下获得彻底解放的途径时，提出未来社会要划分第一阶段和高级阶段。他认为，在第一阶段，私有制消灭了，但私有制的影响还存在；到高级阶段，私有制的影响也将消失。列宁把第一阶段称之为社会主义社会，高级阶段称之为共产主义社会，提出每一个大的发展阶段都有一个多级发展过程，即大阶段中有小阶段。

6. 对未来社会的科学预测

马克思、恩格斯运用唯物辩证法在分析发达资本主义国家，特别是英国的发展趋势时，对未来社会作出科学预测。共产主义社会第一阶段的基本特征是：①生产力发展水平很高。②实行生产资料全社会占有。③个人消费品实行按劳分配。④对社会生产进行有计划的指导和调节。⑤用产品经济代替商品经济。⑥在消灭阶级和阶级差别的基础上国家开始消亡。⑦每个人都将得到全面自由发展。这个科学预测，是奠定在严密的科学论证的基础之上，其中第一条是前提，第二条是关键。在马克思看来，用公有制代替私有制，必然导致用按劳分配代替按资分配，用计划经济代替生产无政府状态，用产品经济代替商品经济，用社会公共管理机关代替国家。

五、帝国主义和无产阶级革命的新课题

（一）关于“帝国主义论”

19 世纪 70 年代以后，资本主义从自由竞争阶段发展到垄断阶段，从此以后“帝国主义”一词流行开来。列宁在 1916 年发表的《帝国主义是资本主义的最高阶段》即“帝国主义论”，是众多研究帝国主义的著作中最权威的一部著作。列宁在三个方面的分析十分深刻。①帝国主义的五大经济特征指明，在国内，垄断组织在经济生活中的作用越来越大，金融资本的形成和金融寡头的统治，政治上走向反动，以后出现法西斯；在国外，资本输出，列强把世界领土瓜分完毕。②帝国主义的实质就是垄断、侵略、掠夺、争霸，“最不爱和平，最不爱自由，最大限度地发展军阀制度”。③帝国主义使资本主义固有的三大矛盾激化起来，

其结果，垄断资本同人民大众的矛盾导致无产阶级革命，宗主国同殖民地的矛盾导致民族解放运动，帝国主义之间的矛盾导致列强之间的战争以致世界大战。列宁对帝国主义的分析，坚持了从经济基础出发，使经济基础和上层建筑、经济和政治相统一。

关于帝国主义的历史地位，普遍使用了列宁表述的“特殊阶段”而没用“最高阶段”，这较为确切。①是垄断的资本主义。大家对此有共识。②是腐朽的资本主义。列宁的意思是：一方面，是生产和技术的发展出现了停滞趋势，食利者阶层在增长，政治上趋向反动，工人贵族开始形成；另一方面，并不排除资本主义的迅速发展，“整个说来，资本主义的发展比以前要快得多。”腐朽的资本主义是指前一种趋势。③是垂死的资本主义。列宁把垂死理解为帝国主义是资本主义向社会主义的过渡阶段，是垂死状态的资本主义。这个概括，同本世纪上半叶一系列社会主义国家的诞生好理解；同本世纪下半叶资本主义通过调整继续发展，则不好理解。

科索沃事件和中国大使馆被炸后，列宁的“帝国主义论”再现光芒。列宁关于帝国主义本质和帝国主义是现代战争根源的论述仍具有强大的生命力。

（二）关于“一国胜利论”

社会主义将在世界资本主义范围内怎样突破和哪里突破，马克思和列宁在不同历史时期做出不同答案。马克思、恩格斯在 19 世纪，从分析资本主义发展现状出发，认为社会主义革命将在西欧北美主要发达资本主义国家同时发动并同时取得胜利。列宁是创造性的马克思主义者，他不拘泥于马克思主义的词句而忠实于马克思主义精神，从资本主义经济政治发展不平衡规律和资本主义体系的薄弱环节出发，在 1915 年所写的《论欧洲联邦口号》一文，首次得出社会主义将在一国或数国首先取得胜利的理论。这是列宁对无产阶级革命理论的新发展，是列宁主义的重要标志。

正是在这个理论的指引下，取得了 1917 年俄国十月革命的伟大胜利。列宁是十月革命的旗手，是最杰出的无产阶级革命家和马克思主义理论家。十月革命开辟了人类历史的新纪元。

（三）关于民族与殖民地问题的理论

1. 马克思的民族问题的理论

马克思、恩格斯在19世纪中后期，适应工人阶级革命斗争的需要，主要研究了欧洲爱尔兰人、匈牙利人、波兰人、塞尔维亚人等文明国家的民族问题，并在这个基础上形成了马克思主义关于民族问题的理论。

（1）民族理论。民族是人类社会发展到一定阶段的产物，是个共同体，有共同语言、地域、历史和经济条件。

（2）民族观。世界上的民族无优劣之分，无历史民族和非历史民族之分，一切民族都是历史民族，都创造历史。基于这种认识，必须坚持各民族一律平等。

（3）民族问题的实质。在阶级社会，民族问题的实质是阶级压迫问题。马克思、恩格斯提出了任何民族当他还在压迫别的民族时，就不能成为自由的民族，就不能获得解放的著名论断。

2. 列宁的民族与殖民地问题的理论

列宁在帝国主义时代，通过总结新的历史经验，把马克思关于民族问题的理论发展为民族与殖民地问题的理论。

（1）帝国主义时代的民族殖民地问题。

①民族问题扩大为民族殖民地问题。帝国主义时代，西方列强已把殖民地瓜分完毕，世界上出现了压迫民族和被压迫民族两大营垒，于是民族问题就由一国内部问题扩大到世界范围的民族殖民地问题。

殖民主义是资本主义的派生物和附属品，是资本主义生产方式的一部分。与资本主义从原始资本积累—自由竞争的资本主义—垄断的资本主义相适应，殖民主义也经历了开端时期—扩张时期—瓜分时期。

②民族解放运动是世界无产阶级革命的一部分。民族解放革命和社会主义革命是20世纪的两大潮流。列宁根据马克思恩格斯关于民族问题是社会革命问题一部分的原理，主张把无产阶级的革命斗争同民族解放斗争联系起来。他认为，殖民地民族解放运动，按其性质来说虽然是资产阶级的民主主义革命，但其斗争锋芒直接指向帝国主义，因而不能不最终卷入世界革命运动的总潮流，成为世界无产阶级

革命的一部分。民族解放运动在本世纪取得决定性的胜利，它已从反抗时期，经过觉醒时期，步入解放时期。资本主义的殖民主义体系已彻底崩溃了。

③全世界无产者和被压迫民族联合起来。列宁发展了《共产党宣言》的“全世界无产者联合起来”的思想，赞同和倡导“全世界无产者同被压迫民族联合起来”的战斗口号。列宁在十月革命后，曾寄希望于西欧，期望那里出现第二个、第三个十月革命，以后又转而寄希望于亚洲的民族解放运动。他指出：“斗争的结局归根到底取决于如下这一点：俄国、印度、中国等等构成世界人口的绝大多数。……在这个意义上说，社会主义的最终胜利是完全和绝对有保证的。”

（2）社会主义条件下的民族问题。在社会主义条件下，民族问题出现了新特点和新的历史任务。

①消除民族间事实上的不平等。在社会主义条件下，民族问题的实质已不是阶级压迫问题，而是历史上遗留下来的各民族间事实的不平等。为了消除这种事实上的不平等，苏维埃政权做了大量工作，使俄罗斯同一些落后民族在经济文化发展上的差距逐步缩小。

②选择有利于解决本国民族问题的国家结构。俄国是一个拥有 100 多个民族的多民族国家，民族关系十分复杂，采取什么样的国家结构去解决本国民族问题，是一个重大的理论和实践问题。能够解决民族问题的国家结构无非如下几种形式：一是单一的民主共和国。二是联邦制。三是在单一共和国内实行民族区域自治。列宁在 1916 年以前，倾向于单一的民主共和国，后来由于一些民族在 2 月革命以后已经分裂出去，在不得已的情况下转而选择了联邦制。在列宁、斯大林的领导下，1922 年 12 月，俄罗斯、乌克兰、白俄罗斯、外高加索等四个苏维埃共和国统一为苏维埃联盟共和国，即苏联。

③既反对大民族主义，也反对狭隘民族主义。在处理民族关系上，列宁坚持国际主义原则，强调各民族一律平等，既侧重反对大民族主义，其主要表现是俄罗斯化，强制性同化，对各少数民族粗暴干涉；又反对狭隘民族主义，主要表现是小民族的民族分立主义倾向。斯大林时期助长了大俄罗斯民族主义倾向。戈尔巴乔夫执政后又支持和纵容民族分裂主义势力，最后导致苏联解体。

六、关于无产阶级政党建设的理论

马克思、恩格斯认为，无产阶级为实现自己的历史使命必须建立无产阶级政党。他们在理论上科学地阐述了党的性质、党的纲领和党的策略；并在实践上先从国际范围内建党，到70年代条件成熟以后又在欧美民族国家范围内建立社会主义政党。这些党起初是好的，在恩格斯逝世以后，受伯恩斯坦修正主义、考茨基机会主义的影响，从主张社会革命蜕化为主张社会改良的机会主义政党。他们已不能适应20世纪新的革命形势的需要。列宁在新的历史条件下，把马恩建党学说创造性地运用于俄国，建立了不同于第二国际的新型无产阶级政党。党执政以后，列宁、斯大林又积极探索工人阶级执政党的建设。

（一）列宁的新型无产阶级政党建设理论

列宁所建立的新型无产阶级政党的主要特点，同以前社会主义政党不同之处主要在于：

1. 坚持入党有严格的程序和标准

在1903年俄国社会民主工党第二次代表大会讨论党章第一条什么人可以入党时，列宁和马尔托夫有一场争论。马尔托夫的条文是，凡是在经济上资助党，缴纳党费的，可自行宣布为党员。列宁的条文是，凡是承认党纲党章，缴纳党费，由党组织吸收并在组织中活动，才能成为党员。争论的实质，是建设什么样的党的问题。

2. 坚持建设一个以职业革命家为核心的先进的广大群众性的无产阶级政党

列宁特别重视党要有一批职业革命家，并以它为核心组成一个先进的群众性的组织。列宁说："给我们一个革命家组织，我们就能把俄国翻转过来。"没有一大批职业革命家，就不可能取得革命的胜利。

3. 坚持实行民主集中制的组织原则

列宁坚持新型无产阶级政党实行民主集中制组织原则，在沙皇专制统治下，强调集中制和纪律；夺取政权以后，更重视民主制，发扬党内民主。列宁指出："无产阶级实现无条件的集中制和极严格的纪律，是战胜资产阶级的基本条件之一。"

4. 坚持党对国家政权和群众组织的领导作用

列宁在建党活动中，坚持党领导工人阶级及其他群众性组织，确立党是无产阶级组织的最高形式。执政以后，党领导国家政权。列宁说："我们共和国的任何一个国家机关没有党中央的指导，都不得决定任何一个重大的政治问题和组织问题。"

5. 坚持进行两条战线的斗争

列宁指出，党是在两条战线斗争中发展起来的，既反对右倾机会主义，如第二国际、孟什维克、取消派，又反对"左"倾机会主义，如召回派、"左"派共产主义者。不坚持反对党内这两种错误倾向，正确的路线就确立不起来。

（二）工人阶级执政党建设的探索

党执政以后，面临着执政的严峻考验。执政党建设的主要问题是：

1. 坚持党的领导和正确处理党政关系

党执政以后，要领导国家政权，但不能包办一切，以党代政。在列宁时期就出现了党政不分、以党代政现象。列宁指出："必须十分明确地划分党（及其中央）和苏维埃的职责，提高苏维埃工作人员和苏维埃机关的责任心和主动性。"党政不分，以党代政，以后成为社会主义国家的通病。

2. 密切党和群众的联系

党是依靠群众夺取政权的。在白色恐怖下，党离开群众便无法生存。党执政以后，情况发生重大变化。列宁指出，执政党最大的危险就在于脱离群众。为此，列宁坚持反对党和国家机关的官僚主义，以密切党和群众的血肉联系。

3. 加强党内民主和健全党内监督机制

社会主义民主建设，关键在于党内民主建设。列宁时期，党内民主生活是很活跃的。但是，党内监督机制不健全。为加强党内监督，列宁提出提高中央监察委员会的地位和作用，与中央委员会并列。后来，社会主义民主与党内民主、社会监督和党内监督，社会主义国家普遍没有解决好。

4. 坚持集体领导和实行科学决策

列宁是党公认的领袖。但是，他从不搞一言堂和家长制、一个人说了算，而是按照党的组织原则，在民主集中制和集体领导的基础上作出科学决策。列宁逝世以后，斯大林大权独揽，个人凌驾于党中央之上，从而作出一些错误决策，使社会主义事业遭到许多不应有的损失。这是一个严重教训。

5. 坚持党员标准和提高党员质量

列宁一向重视党员质量问题，尤其在执政以后。他指出："徒有虚名的党员，就是白给，我们也不要。世界上只有我们这样的执政党，即革命工人阶级的党，才不追求党员数量的增加，而注意党员质量的提高和清洗'混进党里来的人'。"俄共（布）在执政后，严格入党条件，加强对党员的思想理论教育，注意提高党员质量，并在适当时机进行清党。

七、苏联一国建设社会主义的探索

十月革命使社会主义从理论变成现实。列宁、斯大林作为苏共的两代主要领导人，领导党和人民在苏联这个经济文化比较落后的国家，先后进行20世纪最早的两次建设社会主义的探索。

（一）列宁时期建设社会主义的最初探索

列宁在探索中遇到前所未有的困难。①这是前无古人的崭新事业。②俄国的实践与理论有巨大反差。③国内敌对势力的强大和国际帝国主义的包围。④双重的历史任务与经济文化落后的困扰。列宁认识到，俄国同西方国家"开始困难，继续比较容易"相反，是"开始容易，继续比较困难"。

邓小平总结了20世纪社会主义正反两方面的历史经验，充分肯定了列宁的新经济政策特别是其建设社会主义的思路。他说："社会主义究竟是个什么样子，苏联搞了许多年，也没有完全搞清楚。可能列宁的思路比较好，搞了个新经济政策。但是后来苏联的模式僵化了。"列宁在实行新经济政策过程中逐步形成的建设社会主义崭新构想是：①通过合作化实现对农业的社会主义改造。②实行工业化和电气化。③坚持社会主义民主政治建设。④开展文化建设和文化革命。⑤加强执政党的建设。

列宁建设社会主义的基本思路可以归结为：①把建设社会主义作为一个长期探索过程。②建设社会主义同时也是对社会主义的重新认识过程。③在小农占优势的国家里向社会主义不能直接过渡而只能迂回过渡。④始终把大力发展生产力和提高劳动生产率摆在首位。⑤坚持利用资本主义特别是国家资本主义，建设社会主义。⑥夺取政权后必须及时把改革提到日程上。

新经济政策实施以后，苏联在各方面都得到恢复和很大发展。遗憾的是，斯大林在 1928 年从“左”的方面将其终止了。

（二）斯大林时期苏联的社会主义理论与实践

斯大林作为第二代主要领导人，有 29 年的社会主义实践。他对苏联社会主义事业作出不可磨灭的贡献。①在世界 1/6 的土地上第一个建立起社会主义制度和模式。②实现了社会主义工业化，苏联从落后的农业国变为先进的工业国。③领导苏联人民取得反法西斯战争的伟大胜利。苏联是在斯大林时期强大起来，成为世界一流强国的。但是，斯大林在社会主义理论和实践中也有重大失误。毛泽东指出：“斯大林有许多形而上学，并且教会许多人搞形而上学。”他“只讲对立面的斗争，不讲对立面的统一”。斯大林在实践上的错误是和他理论上的失误分不开的。例如，①基洛夫事件后，斯大林从一个极端走向另一个极端，从大讲“苏联人民政治上道义上的一致”到提出“社会主义建设越发展，阶级斗争越尖锐化”的错误论断，导致肃反扩大化，360 万人受迫害，后遗症极其严重。②关于工业化的资金来源，斯大林强调内部积累是对的，但过多取之于农民，导致农业长期落后。③关于社会主义社会基本矛盾问题，斯大林作出社会主义社会“生产关系完全适应生产力的性质”的论断，这就堵塞了改革之路，使苏联模式成为僵化模式。④在第二次世界大战后出现两个阵营的形势下，斯大林提出“两个世界，两个平行市场”的论断，导致后来组成“经互会”。只在社会主义市场范围内交流，不同资本主义国家交流，不能吸取资本主义文明成果。上述这些又为苏联后来的剧变留下伏笔。

马克思主义第一个纲领性文献

2008 年 2 月 23 日，是人类最伟大的思想家马克思、恩格斯合著的《共产党宣言》发表 160 周年。一个半多世纪以来，在《共产党宣言》的指引下，世界的经济政治形势和经济政治思想发生了巨大而深刻的变化，世界社会主义从无到有、从小到大，在坎坷和曲折中不断前进。重温《宣言》的思想，坚持把《宣言》的思想和各国的具体实践相结合，对中国特色社会主义的发展和世界社会主义的复兴，具有重大的意义。

一、伟大纲领的诞生

19 世纪 40 年代的西欧，一些国家先后进行了产业革命，资本主义在发展进程中爆发了周期性的经济危机，社会弊病开始暴露，在这个基础上发生了英、法、德三国声势浩大的工人运动，社会正处在大变动时期。马克思、恩格斯认识到，要使无产阶级在决定关头强大到足以取得胜利，必须建立一个在先进理论指导下的自觉的阶级政党。马克思、恩格斯的建党活动有步骤地进行：第一个步骤是在 1846 年于比利时的布鲁塞尔成立共产主义通讯委员会，这是一个宣传性的团体；第二步骤是在 1847 年改组正义者同盟。他们之所以选中正义者同盟，是因为法国的秘密团体家族社、四季社虽有巴贝夫的革命传统，但内部四分五裂；英国的宪章派规模很大，但组织松散；而“同盟”具有组织严密、理论开通、富有国际性等优点，因而影响较大。选择是双向的，一方面，马克思、恩格斯选中了“同盟”；另一方面，“同盟”也选中了马克思、恩格斯，接受了他们的理论，邀请他们参加“同盟”。1847 年先后召开的“同盟”两次代表大会实现了“同盟”的重大转变。一是改变了党的名称，将“正义者同盟”改名为“共产主义者同盟”。二是改变了党的口号，用“全世界无产者，联合起来!”的口号代替了“人人皆兄弟”这一陈旧的“同盟”格言。三是制定和通过了党的章程，即《共产主义者同盟章程》。同盟章程的制定为组织统一奠定了基础。但思想统一更为重要。恩格斯后来回忆说，在同盟第二次代表大会上，马克思在长时间的辩论中，澄清了同盟内部的各种混乱思想，捍卫了他的新理论。所有的分歧和怀疑都被消除了，同盟委托马克思、恩格斯起草一个用新理论指导的周详的理论与实践的党纲。大会以后，马克思、恩格斯在起草《共产党宣言》过程中，充分利用了此前恩格斯所写的《共产主义信条草案》(22 条) 和《共产主义原理》(25 条)，但没有采用这时盛行的教义问答形式，而是采用历史体裁形式。从《宣言》的内容看，有许多恩格斯的《信条草案》和《原理》的痕迹，但从思想和文字看更多的是马克思的，这是他们二人合作的结晶，两人是同等权利的作者。同盟于 1848 年 2 月 23 日，在伦敦首先用德文发表，接着陆续用法文、英文、波兰文、意大利文等发表。但都没有署上作者马克思、恩格斯的名字，是最纯粹意义上的委托之作。1850 年，英国宪章派机关刊物《红色共和党人》杂志登载的《宣言》英译本，杂志的编辑乔·哈尼在序言中第一次指出了作者的名字。

《共产党宣言》在国际共产主义运动和马克思主义发展史中具有极为重要、不可替代的原创的地位和作用。首先，它是共产主义政党的第一个纲领，以后各国马克思主义政党制定的党纲都以它为指导和依据，“它无疑是全部社会主义文献中传播最广和最具有国际性的著作，是从西伯利亚到加利福尼亚的所有国家的千百万工人共同的纲领”(恩格斯语)。其次，它是马克思主义正式诞生的标志，西方把它称为“马克思主义的出生证”，是马克思主义创始人所有著作中最权威的代表作。列宁指出：“马克思首次提出这个学说是在 1844 年。马克思、恩格斯合著的，于 1848 年问世的《共产党宣言》，已经对这个学说作了完整的、至今仍然是最好的阐述。”“这本书篇幅不多，价值却相当于多部巨著；它的精神至今还鼓舞着、推动着文明世界全体有组织的正在进行斗争的无产阶级。”我们党的许多老一辈无产阶级革命家，都是通过学习《共产党宣言》，接受了马克思主义，树立起共产主义理想信念的。毛泽东十分重视干部学习马克思主义，在他规定的干部必读书中，每一次都有《共产党宣言》，而且摆在首位。我们党在不同时期的一些重要文献，都是依据《宣言》的思想并结合中国的具体实践写出的，在理论和实践上都具有重大意义。但是，我们也应认识到文献的局限性，要不断与时俱进，不仅要营造好的党风、政风，还要有好的学风和文风。

二、基本原理原则

《共产党宣言》发表已经160年了。这160年的历史，就是《宣言》的思想广泛传播和不断取得胜利的历史。马克思、恩格斯在《共产党宣言》1872年德文版序言中指出：“不管最近25年来的情况发生了多大的变化，这个《宣言》中所阐述的一般原理整个说来直到现在还是完全正确的”。但是，“这些原理的实际运用，正如《宣言》中所说的，随时随地都要以当时的历史条件为转移”。这是科学社会主义基本原理必须同各国的实际情况相结合的第一次经典表述。

恩格斯在《宣言》1883年德文版的序言中指出：“贯穿《宣言》的基本思想：每一个历史时代的经济生产以及必然由此产生的社会结构，是该时代政治的和精神的历史的基础”。这就是说，《共产党宣言》的基本思想是唯物史观。但是，《共产党宣言》不是哲学著作，而是马克思、恩格斯运用唯物史观去研究人类社会，剖析资本主义社会，并预测未来共产主义社会的一部科学社会主义经典著作。唯物史观的发现，使人们能够正确地认识人类的历史，它是整个哲学社会科学的理论基础。马克思、恩格斯在《宣言》中运用唯物史观所阐述的科学社会主义的基本原理和原则是：

（一）社会主义的历史必然性

《宣言》运用唯物史观，分析了资本主义的发生发展，充分肯定了“资产阶级在历史上曾经起过非常革命的作用”。它推翻了封建主义的统治，建立了现代资本主义制度；它掀起了产业革命，创造了社会化大生产；它开拓了世界市场，使一切国家的生产和消费都成为世界性的；它创立了巨大的城市，使农村屈服于城市；它在“不到一百年的阶级统治中所创造的生产力比过去一切世代创造的生产力还要多，还要大”。但是，资本主义并不是理想的社会制度，它有很多难以克服的弊病，不可能永存。随着资本主义的发生发展，社会基本矛盾的激化，无产阶级反对资产阶级斗争的加强，“资产阶级的灭亡和无产阶级的胜利是同样不可避免的”。恩格斯后来在《反杜林论》1885 年的序言中，将社会主义代替资本主义的历史必然性称为“我所主张的观点的一个核心问题”，即科学社会主义的核心。科学社会主义之所以是科学，就在于它令人信服地揭示和阐明了人类历史发展的这个总趋势。

（二）无产阶级的历史使命

社会规律的实现，一种社会制度代替另一种社会制度，需要有代表先进生产力的革命阶级的推动。马克思、恩格斯的伟大历史功绩就在于，他们不仅揭示了社会主义代替资本主义的历史必然性，而且发现了实现这一历史任务的社会力量，即现代无产阶级。《宣言》在对无产阶级以及当时的中间等级即小工业家、小商人、手工业者、农民和流氓无产阶级进行阶级分析后，指出：“在当前同资产阶级对立的一切阶级中，只有无产阶级是真正革命的阶级”，它承担着推翻资本主义、建设社会主义、解放全人类的伟大历史使命。不论当代资本主义国家的阶级结构和阶级关系发生多大变化，也不论社会主义国家的阶级结构和阶级关系与过去多么不同，一个真正的马克思主义政党都必须始终坚持依靠工人阶级，依靠农民阶级，并尽可能多地团结一切可以团结的其他阶级和阶层。

（三）阶级斗争和无产阶级专政

《宣言》开篇就指出：“至今一切社会的历史都是阶级斗争的历史”。恩格斯在 1888 年英文版上加注：“这是指有文字记载的全部历史”。而人类在奴隶社会以后，才发明了文字，有文字记载。在封建社会，社会划分为地位不同的等级，等级掩盖了阶级。资本主义社会的一个重要特点，就是取消了等级，阶级关系明朗化了。马克思、恩格斯认为，有阶级存在就必然有阶级斗争，阶级斗争是阶级社会发展的直接动力，无产阶级和资产阶级之间的斗争是现代社会变革的巨大杠杆。恩格斯指出，阶级斗争理论是社会科学所取得的巨大成就，是马克思主义最根本的问题之一。这个理论是了解全部阶级社会历史的一条指导性线索和钥匙。马克思在1852年致魏德迈的信中指出："无论是发现现代社会中有阶级存在或发现各阶级间的斗争，都不是我的功劳。……我所加上的新内容就是证明了下列几点：①阶级的存在仅仅同生产发展的一定历史阶段相联系；②阶级斗争必然导致无产阶级专政；③这个专政不过是达到消灭一切阶级和进入无阶级社会的过渡。"以毛泽东为主要代表的中国共产党人，坚持以马克思主义为指导，通过新民主主义革命，建立了人民民主专政。人民民主专政的实质就是具有中国特色的无产阶级专政，但它更适合中国的国情。毛泽东形象地说它是一个"传家的法宝"、"护身的法宝"。新中国成立以后，阶级关系发生重大变化，工人阶级已由被剥削被统治阶级变为统治阶级、领导阶级，农民阶级是重要依靠力量。改革开放后出现了一些新的社会阶层，也是社会主义的建设者。在新的形势下，已不宜强调阶级斗争，而应提倡社会和谐。但是，这并不等于不存在阶级斗争。十七大的党章指出："由于国内的因素和国际的影响，阶级斗争还在一定范围内长期存在，在某种条件下还可能激化。"那种只讲阶层不讲阶级，认为阶级斗争已不存在，阶级分析方法已经过时的观点，是不符合现实且违背马克思主义的。

（四）对未来社会的科学预测

马克思、恩格斯在《宣言》的第二章，在同资产阶级的论战中，对未来社会作出科学预测。①大力发展社会生产力。"无产阶级将利用自己的政治统治，……尽可能快地增加生产力的总量"。②实行生产资料公有制。"共产党人可以把自己的理论概括为一句话：消灭私有制"。③发展社会主义民主。"工人革命的第一步就是使无产阶级上升为统治阶级，争得民主"。④坚持以无产阶级的意识形态作为社会的统治思想。"任何一个时代的统治思想始终不过是统治阶级的思想"。⑤努力实现社会和谐。马克思、恩格斯在批判空想社会主义的同时，也充分肯定了他们关于未来社会的积极的主张，其中包括"提倡社会和谐"。我们党在建设中国特色社会主义的实践中，创造性地运用和发展了《宣言》中的上述思想。

（五）党的先进性

马克思、恩格斯建党思想的核心是党的先进性。《宣言》指出："在实践方面，共产党人是各国工人政党中最坚决的、始终起推动作用的部分；在理论方面，他们胜过其余无产阶级群众的地方在于他们了解无产阶级运动的条件、进程和一般结果。"《宣言》强调党的先进性，主要体现在三个方面：一是阶级的先进，无产阶级是现代社会中最先进的阶级，而党又是这个阶级中的先进分子所组成的。二是理论的先进，共产党人以人类历史上最先进的理论——马克思主义作为指导思想和行动指南。三是纲领的先进，党以实现人类最美好的共产主义社会为最高纲领。我们党一贯坚持马克思、恩格斯的建党思想，重视党的先进性建设，不断加强对党员的先进性教育。能否坚持党的先进性，关系党的生死存亡。

（六）划清同形形色色社会主义的界限

19 世纪 40 年代，资本主义虽然还处在上升时期，但是由于资本主义社会的矛盾和弊端的充分暴露，资本主义这个庞然大物在人们的心目中已失去了吸引力。当时除无产阶级举起社会主义旗帜外，社会上的其他阶级也打起了"社会主义"的招牌。社会主义已经成为一种时髦。为扫除传播科学社会主义的障碍，《宣言》的第三章以"社会主义和共产主义的文献"为题，批判了形形色色的社会主义，划清了科学社会主义同其他社会主义的界限。科学社会主义与其他社会主义的根本区别，就是恩格斯此前在巴黎集会上在辩论中所提出的共产主义的三个原则：①维护同资产者相反的无产者的利益；②用消灭私有制代之以公有制的手段来实现这点；③除了进行暴力革命以外，不承认有实现这些目的的其他手段。这三条在《宣言》中得到了充分体现。在划清科学与非科学社会主义界限的问题上，马克思、恩格斯为我们提供了重要的方法论原则。一是以维护何种生产关系为标准，确定其阶级属性，区分为封建社会主义、小资产阶级社会主义或资产阶级社会主义。二是以其在历史上所起的作用为标准，将其归类为反动的社会主义或保守的社会主义。在当代，各种牌号的社会主义更加繁多，有民主社会主义、民族社会主义、无政府主义的社会主义、生态社会主义等等。这些社会主义既有非科学杂质的一面，也有某些社会主义的因素。对其在政策层面和操作层面可取之处，可以借鉴，但在意识形态上不能混淆，更不能代替。近来有些人竭力鼓吹和美化民主社会主义，贬低和丑化科学社会主义，主张用民主社会主义取代科学社会主义，把共产党改名和改造为社会民主党，这在理论上是错误的，实践上是有害的，背离和背叛了《共产党宣言》的基本精神。

（七）人的自由全面发展

《宣言》第二章的结尾在叙述党的最终奋斗目标时指出："代替那存在着阶级和阶级对立的资产阶级旧社会的，将是这样一个联合体，在那里，每个人的自由发展是一切人自由发展的条件。"后来人们将其称为"自由人的联合体"，也就是共产主义高级阶段。1894 年，恩格斯在回答意大利友人卡内帕的提问时指出，未来社会最本质的特征就是《宣言》中的这句话，此外再找不出能够作为社会主义纪元的格言和题词了。我们党坚持和发展了《宣言》的这一思想，先后提出了切实推进人的全面发展和以人为本的科学发展观，坚持把人作为最高价值目标。以人为本就是把人的发展作为根本，发展不只是经济社会的发展，更重要的是人的发展，发展为了人民，发展依靠人民，发展成果由人民共享。这是我国社会主义现代化建设指导思想的重大转变。

（八）国际主义原则

马克思、恩格斯在《宣言》中提出了无产阶级国际主义的战斗口号："全世界无产者，联合起来！"它要求各国无产者相互联合，相互团结，相互支援，共同战斗，反对国际资本主义。马克思在 1864 年为第一国际起草的《国际工人协会共同章程》中在强调国际主义的意义时指出：各国无产者分散的努力，只能遭到共同的失败。列宁在新的历史条件下，坚持和发展了国际主义思想，进一步提出了"全世界无产者和被压迫民族联合起来"的口号。坚持国际主义，是无产阶级革命斗争取得胜利的重要条件和保证。

上述八条就是《宣言》中所阐述的基本原理原则。我们党在 80 多年的奋斗历程中，坚持把这些原理原则与中国的具体实践相结合，付诸实施，从而取得革命和建设的胜利。正如胡锦涛在党的十七大报告中所指出的："中国特色社会主义道路之所以正确，之所以能够引领中国发展进步，关键在于我们既坚持了科学社会主义的基本原则，又根据我国实际和时代特征赋予其鲜明的中国特色。"

三、世界形势的巨大变化

从对推动人类历史的发展角度说，没有任何一种思想理论可以和马克思主义相提并论。在马克思主义的指引和影响下，一个多世纪的人类历史发生了巨变。

（一）社会主义的建立和发展

1848 年《共产党宣言》发表时，资本主义在全球几乎独占统治。在马克思主义旗帜下，社会主义从一种思想理论发展为社会运动，再发展为社会制度，从一国实践发展为多国实践，开创了人类社会最伟大变革的历史进程。尽管苏东剧变使社会主义遭受重大挫折和陷入低潮，但中国社会主义大发展，拉美的社会主义形势也非常好。可以设想，如果没有马克思主义，这种局面是不可能出现的。

（二）殖民主义被埋葬

殖民主义是资本主义的附属品和派生物。有资本主义和殖民主义，必然有被压迫民族的民族解放运动。第二次世界大战以后，在马克思主义的影响和社会主义国家的支援下，亚非拉三大洲 90 多个国家通过斗争，宣告了民族独立，资本主义经营了几百年的殖民主义体系彻底崩溃了。这是改变世界面貌的具有划时代意义的事件。

（三）法西斯主义被消灭

20 世纪 30 年代之后，资本主义为了摆脱经济大危机，各国纷纷寻找出路，德国、意大利、日本三国选择了法西斯主义。法西斯主义是资本主义最野蛮的统治。法西斯主义就意味着战争。在第二次世界大战中，苏联红军和中国共产党领导的人民武装，在反法西斯主义的战斗中，作出了不可磨灭的重大贡献。资本主义的两个最野蛮的产物——殖民主义和法西斯主义，都在 20 世纪猖獗一时而后崩溃。

（四）资本主义寿命在延长

资本主义经过几百年的曲折发展，到 20 世纪上半叶由于出现了 1929—1933 年的经济大危机和发生两次世界大战，几乎走到了尽头。马克思、恩格斯在《共产党宣言》中指出："资产阶级除非对生产工具，从而对生产关系，从而对全部社会关系进行革命，否则就不能生存下去。"资产阶级在困境中不断反思和总结，同时从马克思主义中吸取养料，以美国罗斯福的"新政"为标志，资本主义各国在二战后不断地对它的生产关系和上层建筑的一些环节进行改革和调整，不仅有力地推动了生产力的发展，而且自我调节的能力也大大增强了。当代资本主义比以前更富有活力和弹性。改革，延长了资本主义的生存期和寿命，推迟了社会主义取代资本主义的时间。

综上所述，一个多世纪的历史充分证明了《宣言》所阐述的科学社会主义的基本原理原则是正确的。在它的指引和影响下，社会主义破土而出，在曲折中不断前进；资本主义经过调整改革，变得进步和文明；最野蛮的殖民主义和法西斯主义被埋葬和消灭，正义战胜了邪恶，光明代替了黑暗；科学技术和生产力一日千里的大发展，社会生活的各个领域在瞬息万变。我们是认识论和历史的乐观主义者。展望 21 世纪，马克思主义和社会主义必将获得更大的发展和胜利。

《共产党宣言》与中国特色社会主义

2008年是《共产党宣言》(以下简称《宣言》)发表160周年。《宣言》是具有世界历史意义的伟大文献，它的历史地位极为重要，既是马克思主义诞生的标志，又是共产主义政党的第一个党纲，以后各国马克思主义政党制定的党纲都以它为依据。1848年2月《宣言》发表时，只用6种文字印刷发行。一个多世纪以来，它在70多个国家，用100多种文字出版了1100多个版本，印数在3000万册以上，武装了世界各国共产党人和一代又一代革命者。《宣言》的第一个中文全译本于1920年8月出版，是陈望道翻译的。我们党的许多老一辈无产阶级革命家，如毛泽东、周恩来、邓小平等都是通过学习《宣言》接受马克思主义、走上革命道路的。毛泽东十分重视干部学习马克思主义，在他规定的干部必读书中，每一次都有《宣言》，而且摆在首位。《宣言》发表后的一个多世纪，尽管世界形势发生了巨大变化，但直至今天仍然是享誉全球、魅力四射的宝贵经典，人们读起来总会感到常读常新，终身受益。

恩格斯在《宣言》1883年德文版的序言中指出："贯穿《宣言》的基本思想：每一历史时代的经济生产以及必然由此产生的社会结构，是该时代政治的和精神的历史的基础。"① 这就是说，《宣言》的基本思想是唯物史观。但是，《宣言》不是阐述唯物史观的哲学著作，而是马克

① 《马克思恩格斯选集》第1卷，人民出版社1995年版，第252页。

思、恩格斯运用唯物史观去研究人类社会，特别是剖析资本主义的发生、发展及其必然灭亡，预测未来共产主义社会的一般特征，并在这个基础上提出共产主义政党的纲领、路线和策略的一部科学社会主义的经典著作。

在《宣言》1872年德文版序言中，马克思、恩格斯指出："不管最近25年来的情况发生了多大的变化，这个《宣言》中所阐述的一般原理整个说来直到现在还是完全正确的。"① 但是，"这些原理的实际运用，正如《宣言》中所说的，随时随地都要以当时的历史条件为转移"②。这是科学社会主义的基本原理必须同各国的实际情况相结合的最早经典表述，是中国共产党在各个不同历史时期一贯坚持的指导思想，也是中国革命和建设事业不断取得胜利的根本原因之一。党的十一届三中全会以后，我们党领导人民在建设中国特色社会主义进程中，结合现阶段的具体实践，更加重视《宣言》所阐述的如下基本原理：

第一，大力发展生产力。历史唯物主义揭示，每一个历史时代的经济关系是整个社会的基础，生产力的发展是社会变革和进步的终极原因。《宣言》的一个重要理论贡献就是强调，无产阶级夺取政权以后，要把发展生产力摆在首位，尽可能快地增加生产力的总量。后来，马克思、恩格斯又把生产力的巨大增长和高度发展作为未来社会的重要特征和向共产主义社会高级阶段过渡的前提条件。我们党一贯重视《宣言》的这一思想。毛泽东早在1945年党的七大报告中就指出：中国一切政党的政策及其实践在中国人民中所表现的作用的好坏、大小，归根到底，要看它是束缚生产力的还是解放生产力的。1956年，党的八大明确提出，在我国社会主义改造基本完成以后，国内的主要矛盾已不是工人阶级和资产阶级的矛盾，而是人民对于经济文化迅速发展的需要同目前经济文化不能满足人民需要的状况之间的矛盾，因而今后的主要任务是大力发展生产力，以满足人民日益增长的物质文化需要。但是，后来在这个问题上受到一些干扰，走了一些弯路。党的十一届三中全会以后，邓小平精辟地指出：马克思主义最重视发展生产力，社会主义阶段的最根本任务就是发展生产力，并把经济建设摆在中心的位置上，实现

① 《马克思恩格斯选集》第1卷，人民出版社1995年版，第248页。

② 《马克思恩格斯选集》第1卷，人民出版社1995年版，第248页。

了党和国家工作重点的历史性转移。

第二，实行生产资料公有制。马克思、恩格斯不是从阶级感情或道德原则出发，而是从分析资本主义的经济运动出发，认为资本主义社会的基本矛盾必然导致社会主义公有制代替资本主义私有制。《宣言》说："共产党人可以把自己的理论概括为一句话：消灭私有制。"① 这种公有制与空想社会主义主张的财产公有不同，具有科学意义，即社会占有生产资料，个人占有生活资料。我们党坚持《宣言》的思想，新中国成立以后，经过社会主义改造，实现了生产资料公有制，从而奠定了社会主义的经济基础。十一届三中全会以后，通过总结历史经验，适应社会主义初级阶段生产力多层次的情况，我们既不坚持传统的纯粹公有制，也不搞西方的私有化，而是实行以公有制为主体、多种所有制经济共同发展的基本经济制度，坚持两个"毫不动摇"。党的十七大重申十五大关于坚持和完善基本经济制度的论述，具有重大现实意义和深远历史意义。

第三，发展社会主义民主。民主是一个古老而常新的话题。马克思、恩格斯的一个重大贡献，就是把争得民主同推翻资本主义私有制、建立无产阶级政治统治联系起来。《宣言》指出："工人革命的第一步就是使无产阶级上升为统治阶级，争得民主。"② 显然，这个民主已不是资产阶级民主，而是无产阶级民主或社会主义民主。无疑，这里是社会主义民主的起点。过去，我国和苏东社会主义国家虽然在民主政治建设上做了大量工作，取得一些成绩，但也发生过失误。实践证明，社会主义民主政治建设比社会主义经济建设更为艰难。十一届三中全会以后，通过拨乱反正，我们党对民主有了新的认识，认为民主是手段，又是目的，而首先是目的，把民主作为我国社会主义现代化的重要目标之一，并从如下几个方面向前推进了民主政治建设：一是加强民主制度的建设。二是切实保障人民的权利。三是加强法制建设和建设法治国家。四是搞好党内民主和基层民主。

第四，坚持以社会主义意识形态作为社会的统治思想。历史唯物主义认为，任何一种社会形态，都有一个与一定生产力相适应的社会经济

① 《马克思恩格斯选集》第1卷，人民出版社1995年版，第286页。

② 《马克思恩格斯选集》第1卷，人民出版社1995年版，第293页。

结构，在这个经济结构上树立起政治的法律的上层建筑，以及与这些经济、政治相适应的意识形态。马克思、恩格斯在《宣言》中有一句名言："任何一个时代的统治思想始终都不过是统治阶级的思想。"① 工人阶级和任何统治阶级一样，要维护自己的阶级统治，不仅在经济上、政治上，而且要在文化上即意识形态领域实现自己的统治，否则就维持不住统治地位。马克思主义首先是马克思、恩格斯的观点和学说体系，但同时也是工人阶级的意识形态和科学世界观。我们党坚持《宣言》的思想，一贯重视坚持和巩固马克思主义在意识形态领域的指导地位，即以工人阶级的意识形态作为社会的统治思想。在新的历史条件下，我们党坚持用社会主义核心价值体系引领各种社会思潮，既尊重差异、包容多样，又有力地抵制各种错误和腐朽思想的影响，以巩固和加强马克思主义在意识形态领域的指导地位。

第五，努力实现社会和谐。社会和谐是人类长期孜孜以求的一个社会理想。古今中外不少思想家都曾提出过有关社会和谐的思想。中国传统文化的核心思想和价值就包含有和谐思想。19 世纪的一些空想社会主义者把这个思想提得更高，提出建立和谐社会。傅立叶将代替资本主义的未来社会称为"和谐制度"；欧文把在美国印第安纳州建立的共产主义劳动公社称为"新和谐村"；魏特林把取代资本主义制度的未来社会称为"和谐、自由和共有共享的制度"。马克思、恩格斯在《宣言》中批判空想社会主义的同时，也充分肯定了他们关于未来社会的积极主张，其中包括"提倡社会和谐"。以胡锦涛为总书记的党中央，在新世纪新阶段，立足现实，面向长远，创造性地提出了构建社会主义和谐社会的战略思想，强调按照民主法治、公平正义、诚信友爱、充满活力、安定有序、人与自然和谐相处的总要求，推动建设和谐社会，努力形成全体人民各尽所能、各得其所而又和谐相处的局面，这是对《宣言》思想的创造性运用和发展。

第六，坚持党的先进性。马克思、恩格斯建党思想的核心是坚持党的先进性。《宣言》指出："在实践方面，共产党人是各国工人政党中最坚决的、始终起推动作用的部分；在理论方面，他们胜过其余无产阶级

---

① 《马克思恩格斯选集》第 1 卷，人民出版社 1995 年版，第 292 页。

群众的地方在于他们了解无产阶级运动的条件、进程和一般结果。”①《宣言》强调党的先进性，主要体现在三个方面：一是阶级的先进，无产阶级是现代社会中最先进的阶级，而党又是由这个阶级中的先进分子所组成。二是理论的先进，共产党人以人类历史上最先进的理论——科学社会主义作为指导思想和行动指南。三是纲领的先进，党以实现人类最美好的共产主义社会作为最终奋斗目标。我们党依据《宣言》的思想，一贯坚持党的先进性。以胡锦涛为总书记的党中央，依据十六大精神，提出并实施在全党范围内普遍进行一次保持共产党员先进性教育活动，以发挥党员的先锋模范作用。这是党的建设的一个新举措，是党的先进性建设的一个新创造。能否坚持党的先进性，关系到党的生死存亡和社会主义的兴衰成败。

第七，为绝大多数人谋利益。《宣言》指出：“过去的一切运动都是少数人的或者为少数人谋利益的运动。无产阶级的运动是绝大多数人的、为绝大多数人谋利益的独立的运动。”② 这里所说的“绝大多数人”，指的是被剥削被压迫的广大劳动群众。这是马克思、恩格斯所确立的共产党人的根本宗旨和历史使命。我们党一贯坚持《宣言》的这一思想。早在延安时期，为纪念张思德，毛泽东发表了《为人民服务》这篇重要文章。从此，“为人民服务”成为我们党的宗旨的经典表述和每一个共产党员的座右铭。他还指出：“我们这个队伍完全是为着解放人民的，是彻底地为人民的利益工作的。”③ 我们党把始终代表中国先进生产力的发展要求，代表中国先进文化的前进方向，代表中国最广大人民的根本利益，坚持立党为公、执政为民作为执政理念，这些都是在新的历史条件下对《宣言》思想的创造性运用和发展。

第八，推进人的全面发展。《宣言》第二章的结尾在叙述党的最高纲领时指出：“代替那存在着阶级和阶级对立的资产阶级旧社会的，将是这样一个联合体，在那里，每个人的自由发展是一切人的自由发展的条件。”④ 我们党坚持和发展了《宣言》的这一思想，先后提出了切实

① 《马克思恩格斯选集》第1卷，人民出版社1995年版，第285页。

② 《马克思恩格斯选集》第1卷，人民出版社1995年版，第283页。

③ 《毛泽东选集》第3卷，人民出版社1991年版，第1004页。

④ 《马克思恩格斯选集》第1卷，人民出版社1995年版，第294页。

推进人的全面发展和以人为本的科学发展观，坚持把人作为最高价值目标。以人为本，就是把人的发展作为根本。发展不只是经济社会的发展，更重要的是人的发展，发展为了人民，发展依靠人民，发展成果由人民共享。这是对我国社会主义现代化建设指导思想的进一步丰富和发展。

从以上分析可以看出，尽管《共产党宣言》发表已经 160 年，尽管其间中国和世界的形势都发生了重大变化，但从中国特色社会主义的实践看，我们离《宣言》不是更远而是更近了。可以这样说，在 30 年改革开放进程中所开辟的中国特色社会主义道路和所形成的中国特色社会主义理论体系，在很多重要方面都来自于《宣言》这个源头，它们之间既一脉相承又与时俱进。

马克思、恩格斯的社会主义思想

马克思、恩格斯的社会主义思想，即他们所创立的科学社会主义理论。对科学社会主义理论，需要从如下几个方面把握：

一、科学社会主义的理论来源

任何一种具有重要价值的思想学说，都有其借以产生的源和流。所谓源，即一定时期的社会历史条件，它是这种学说的事实根据和社会内容。所谓流，即这种学说之前社会上已有的思想材料和思想成就，它是这种思想学说产生的思想理论来源。科学社会主义的理论来源是此前欧洲最先进的政治学说法国的空想社会主义。

社会主义最早是作为一种社会思潮出现的，这就是空想社会主义。它的起点如果从1516年托马斯·莫尔《乌托邦》一书的出版算起，至今有486年的历史。空想社会主义产生于资本主义社会发生发展的初期。欧洲是资本主义的发源地。在欧洲，16—19世纪是资本主义生产方式发生发展的时期，是资本主义逐步取代封建主义的时期。资本主义代替封建主义是历史上一大进步。但是，资本主义是在对内残酷剥削、压榨劳动人民，对外推行殖民主义、疯狂掠夺落后国家人民的条件下发展起来的。实践表明，资本主义代替封建主义并不像启蒙学者所说的是什么“理性和永恒正义的王国”，而是“一幅令人极度失望的讽刺画”。

劳动群众的贫困和苦难，激起了资产阶级知识分子的优秀代表人物的同情。先进的思想家和哲学家开始研究造成劳动者痛苦生活的原因，探索消除社会混乱和弊病的途径。于是，反映对资本主义社会不满情绪并幻想建立一个消除贫富对立的美好社会的思潮应运而生。这就是从16世纪中期到19世纪初期的空想社会主义思潮。

空想社会主义在欧洲整整传播了三个世纪，它大体上经历了三个发展阶段：

第一阶段是16和17世纪以莫尔和康帕内拉为代表的早期空想社会主义。莫尔（1478—1535年）是英国人，出身富人家庭，大学毕业后担任律师、国会议员、伦敦市法官、下议院议长，直至当时英国政界最显赫的大法官。他深受柏拉图《理想国》的影响，同情当时英国在原始资本积累时期圈地运动中流离失所的劳动人民。他在1516年写成并发表了《关于最完美的国家制度和以乌托邦新岛既有益又有趣的金书》，即著名的《乌托邦》一书。该书以文学游记的形式出现，第一部分是对现实社会的批判，第二部分是对理想社会的空想的描写。书中描写大洋彼岸有一个虚构的岛，岛上有54座城市，首都叫阿莫罗脱。在这里没有人剥削人、人压迫人，人们过着美好幸福的生活。这是人类思想史上第一部比较完整的空想社会主义著作，对后来空想社会主义的发展产生了深远的影响。康帕内拉（1568—1639年）是意大利人，出身贫苦农民家庭，曾在修道院当过僧侣，知识渊博，思想深刻，因参加反对西班牙占领者的斗争而被捕，在狱中度过了27个春秋，受过7次酷刑。他在1602年于狱中写成《太阳城》一书。该书以对话形式，虚构了热那亚航海家在遥远的海岛上看到光明的社会制度的故事。在这个太阳城里，没有私有财产制度，也没有偷窃、抢劫等资本主义的罪恶，实行的是财产公有、普遍义务劳动、按需分配的制度。人们每天劳动4小时，主要职业是农业、畜牧业、军事和航海。这反映了当时生产力发展的状况，还有明显的小生产平均主义色彩。

第二阶段是18世纪以摩莱里、马布利为代表的中期空想社会主义。这时资本主义已由简单协作进入手工工场阶段。摩莱里是法国人，平民出身，当过教员，生卒年代不详。他在1775年发表《自然法典》一书。这部著作猛烈地抨击了私有制，认为它是造成贪欲、敌对、贫富差别和不平等的根源，是一切罪恶之母，万恶之源。同时论证了公有制是符合人类天性的制度，规定了财产公有，主张平均主义和禁欲主义，规定节制饮食和不得穿着华美。《自然法典》是一部建设新社会的法典。这部论证共产主义原理的著作是匿名发表的，一直到19世纪很长一段时期内人们都把这部著作归在百科全书派的思想家狄德罗的名下。狄德罗的辩护人一心要给狄除去共产主义的罪名，收集到一切能够收集到的材料，替狄恢复了“名誉”，并找到了真正的作者。1841年《自然法典》才首次以摩莱里的名字发表。马布利（1709—1785年）也是法国人，与摩莱里同时生活在法国大革命前，贵族出身，受过高等教育，著有《论公有的权利和义务》、《论法制或法律原则》等书。他不仅批判了专制政体，而且抨击了议会制度，揭露了资本主义民主的虚伪和欺骗性。和摩莱里一样，他也把私有财产看成是一切罪恶的根源。摩莱里和马布利都是法国大革命前夜出现的与资产阶级启蒙学者相区别的空想社会主义思想家。他们的空想共产主义的特点，是以比较严密的法理论证代替童话般的文学游记对话的形式，主张用公证的法律条文的形式废除财产私有制，建立一个“人人都是富人、人人都是穷人”的平等理想社会。由于他们幻想在生产力低下的手工工场的基础上实现公有制和平等，因而他们的学说都带有平均主义和禁欲主义的色彩。

第三阶段是19世纪初期以圣西门、傅立叶、欧文为代表的晚期空想社会主义。从18世纪后半期以后，法国进行了资产阶级政治大革命，英国、法国先后进行了产业革命。三大空想家的社会主义学说就是在这种历史背景下出现的。圣西门（1760—1825年）出身于法国巴黎城一个封建贵族家庭，青年时代经历过法国大革命，作为青年军官投身过北美独立战争，对资本主义制度带来的种种罪恶有比较深切的了解。他的一生经历了两次大转变：第一次从封建贵族转向第三等级，参加资产阶级革命；第二次退出资产阶级革命，转变为社会主义者。他的主要著作都是在他最后20年生活极度困难的环境中写出的。如《一个日内瓦居民给当代人的信》、《论实业制度》、《新基督教》等。他在这些著作中，提出了法国大革命不仅是封建贵族和市民等级之间的政治斗争，而且是封建贵族、市民等级同无产阶级之间的阶级斗争，论述了实业制度必然要代替资本主义制度，并以工人阶级代言人的身份提出了他所努力的最终目的是工人阶级的解放。傅立叶（1772—1837年）生于法国一个富商家庭，受过中等教育，当过长达30多年的店员，因而对资本主义工商业的欺骗性了解得透彻，揭露批判得深刻。他的主要著作是《新世界》、《新的工业世界和协作世界》等。傅立叶著作的特点是对资本主义内幕的揭露和批判十分深刻、辛辣而精彩。他猛烈抨击资本主义，指出资本主义制度是“复活的奴隶制”，资本主义工厂是“温和的地狱”和“贫困的温床”，认为资本主义的分散性、竞争、投机，不可避免地导致经济危机。恩格斯高度评价说，在马克思主义以前，对资本主义社会能够进行这种批判的只有傅立叶一人。他预言资本主义社会必然为“和谐制度”及其社会基层组织“法朗吉”所代替。欧文（1771—1858 年）是英国人，出身于手工业家庭，读书不多，当过一段学徒和雇员，从 1880 年起担任苏格兰的新拉纳克大棉纺厂的经理。他在这个工厂中实行一系列改革：缩短劳动工时，改善劳动条件，限制童工劳动，提高工资，设立公共食堂，开办工厂商店，发放抚恤金，建立模范小学，创立世界上第一个幼儿园，等等。实行这些改革，使欧文在欧洲的声誉大震，得到慈善家的称号。通过商业计算，他认识到资本主义的剥削，于是就从慈善家转变为共产主义者。他的主要著作是《新社会观》、《人类思想和实践中的革命》等。他认为私有制、宗教、资本主义婚姻制度是妨碍社会改造的三大障碍，指出“私有制使人变成魔鬼，使世界变成地狱”，主张劳动果实应当属于劳动阶级，作为社会财富为共同福利服务；设想未来社会实行劳动公社制度。为了实践这种共产主义理想，欧文于 1824 年到美国，购买了 8 万英亩土地，建立了共产主义劳动公社，称为“新和谐村”，有 1000 多人参加。但只办了 4 年就垮台了。资本主义的汪洋大海吞没了共产主义劳动公社孤岛。欧文倾家荡产，于 1829 年返回英国，此时已年近 6 旬。此后，他就直接转向工人运动，受到工人的爱戴。他是英国合作社运动的创始人，英国职业工会最早的组织者之一。1833 年，他主持了英国工会第一次代表大会，并被选为英国总工会第一任主席。恩格斯说：当时英国的有利于工人的一切社会活动，一切实际成就，都是和欧文的名字联系在一起的。总之，三大空想家继承了前辈空想社会主义的思想成果，吸收了 18 世纪法国启蒙学者的理论形式来表达自己的学说，无情地揭露和批判了资本主义制度的罪恶，提出了关于未来社会的许多合理设想，有的还进行了典型示范，在社会主义思想史上取得了前所未有的成就。因此，马克思、恩格斯把他们称之为“第一批社会主义者”、“社会主义的创始人”，而把他们的学说称之为"本来意义上的社会主义和共产主义体系"。他们是社会主义的先驱者。恩格斯说："虽然这三个人的学说含有十分虚幻和空想的性质，但他们终究是属于一切时代最伟大的智士之列的，他们天才地预示了我们现在已经科学地证明了其正确性的无数真理。"

空想社会主义有两种不同的类型：莫尔式的空想社会主义和闵采尔式的空想社会主义。他们二人在16世纪初期驰名整个欧洲，共同享有揭开空想社会主义史第一页的荣誉。属于闵采尔式的空想社会主义的代表人物，有16世纪的闵采尔、17世纪的温斯坦莱、18世纪的巴具夫、19世纪初的布朗基。他们大都出身于底层劳动群众，除个别外，大多主张通过革命暴力推翻旧制度建立新政权来改造社会，是现代无产阶级先驱的群众运动的直接产物，属于少数派，非主流派。属于莫尔式的空想社会主义的代表人物，有16世纪的莫尔，17世纪的维拉斯，18世纪的摩莱里、马布利，19世纪初的圣西门、傅立叶、欧文。他们多数出身于社会上层，一般都否认阶级斗争，拒绝一切社会活动，特别是一切革命行动，企图通过示范活动和平改造社会，是现代无产阶级先驱的群众运动的间接产物，属于多数派、主流派。

三大空想家的学说的历史作用和积极贡献是：

第一，对资本主义制度深刻的揭露和批判，提供了启发工人觉悟的极为宝贵的材料。他们深刻地揭露和批判了资本主义的经济制度，指出资本主义私有制是一切罪恶之源；猛烈地抨击了资本主义政治制度，指出资产阶级所宣扬的"自由、平等、博爱"是骗人的，"三权分立"的政治形式和原则并不能改变人民的无权地位；尖锐地批判了资产阶级的利己主义思想和虚伪的道德观念。这些对人们认识资本主义的本质和提高工人的觉悟，起了不可磨灭的作用。

第二，对未来社会提出许多积极的主张和天才的预测，为科学社会主义的创立提供了有益的思想材料。三大空想家都设想了未来的理想社会，提出在未来社会里必须实行共同劳动，有计划地组织生产，实行合理的分配原则，坚持教育和劳动相结合，消灭三大差别，等等。欧文特别强调要消灭私有制，实行公有制。

但是，由于历史条件的限制，他们的学说也有不少重大的缺陷。

第一，他们不了解资本主义雇佣奴隶制的本质和发展的规律。不论是对资本主义的批判，还是对未来社会的设想，都是从"人类理性"、

“永恒正义”出发，而不是从分析资本主义生产方式的辩证运动作为客观依据的。

第二，他们不了解无产阶级的真正的社会地位和历史使命，找不到变革资本主义制度的社会力量。他们把无产阶级仅仅看成是一个值得同情的劳动阶级，看不到它是埋葬资本主义，实现社会主义的伟大社会力量，而把实现理想社会的希望寄托在个别统治者和开明富豪的支持上面。

第三，他们不了解阶级斗争是阶级社会发展的直接动力，找不到实现社会主义的正确道路。他们反对无产阶级的革命斗争，拒绝一切革命行动，幻想通过宣传、示范，向统治者呼吁等和平途径，实现他们的社会改革方案。

三大空想家的社会主义学说存在的这些根本缺陷，主要是由当时社会经济、政治条件的局限造成的。因为这时，法国还没有大机器工业，英国尚未完成产业革命，资本主义生产方式的发展还不够充分，资本主义的基本矛盾也没有得到充分暴露；同时，无产阶级也刚刚从劳动群众中分离出来，尚无力采取独立的政治行动。这就注定了他们的学说必然陷于空想。“不成熟的理论，是同不成熟的资本主义生产状况、不成熟的阶级状况相适应。”

人类历史上一种新学说的产生，必须借助于以往优秀文化遗产的思想材料。科学社会主义“同任何新的学说一样，它必须首先从已有的思想材料出发”。科学社会主义创立的思想条件，从广义上说是人类几千年优秀思想文化遗产，从狭义上说是空想社会主义，尤其是 19 世纪初期圣西门、傅立叶、欧文的三大空想社会主义。马克思、恩格斯的科学社会主义学说是在吸取三大空想家社会主义思想成果的基础上创立的。正如恩格斯所说：“德国的理论上的社会主义永远不会忘记，它是站在圣西门、傅立叶和欧文这三个人的肩上的。”

二、科学社会主义的理论基础

马克思主义哲学和政治经济学是科学社会主义的理论基础，它的全部内容都是为社会主义做论证的，这是必然归宿。没有马克思主义哲学和政治经济学，就不可能产生科学社会主义。其中的唯物史观和剩余价值学说是科学社会主义的两大理论基石。

科学社会主义第一个理论基石是唯物史观。马克思在大学攻读的是法律，但他的志趣在哲学和历史，他的理论活动是从研究哲学开始的，这对他后来的理论成就有重大作用。马克思、恩格斯都曾经是青年黑格尔派。他们在批判地继承前人成果的基础上，实现了哲学的根本变革。他们一方面，吸取了黑格尔的“合理的内核”，即辩证法，并把它向前发展了；另一方面，又看到黑格尔的“唯心主义的荒谬”，于是用费尔巴哈的唯物主义代替它，从而创立了辩证唯物主义。马克思运用辩证唯物主义研究人类历史，创立了历史唯物主义。历史唯物主义科学地揭示了社会存在决定社会意识，揭示了生产力与生产关系、经济基础与上层建筑的社会基本矛盾运动推动人类历史的发展，揭示了阶级斗争是阶级社会发展的直接动力，揭示了人民群众是历史的创造者。唯物史观的创立，①标志着唯物主义的最后完成。以往的唯物主义，自然观是唯物主义的，社会观是唯心主义的。现在不同了，自然观和社会观都是唯物主义的，这是“彻底的唯物主义”，从而使“唯心主义从它的最后的避难所即历史观中驱逐出去了”。②解开了人类“历史之谜”。人们明白了社会发展的动因，既不是所谓杰出的个人，也不是所谓的政治斗争和政治变革，而是由生产力发展引起的社会基本矛盾运动。第一个伟大发现是马克思、恩格斯于 1845—1846 年合著的《德意志意识形态》实现的。唯物史观揭示了人类社会发展的最一般规律。

第二个理论基石是剩余价值学说。马克思运用唯物史观去研究资本主义社会的特殊规律，进而发现了剩余价值学说。马克思指出，资本主义生产是以雇佣劳动为基础的商品生产，其生产过程具有两重性：一方面，是生产使用价值的劳动过程；另一方面，是生产剩余价值的价值增殖过程。所以，资本主义生产过程是劳动过程和价值增殖过程的统一。实际上，雇佣工人的劳动分为两部分：一部分是必要劳动时间，用于再生产劳动力的价值；另一部分是剩余劳动时间，用于无偿地为资本家生产剩余价值。因此，剩余价值就是雇佣工人所创造的并被资本家无偿占有的超过劳动力价值的那部分价值。这就揭露了资本家剥削的秘密，揭露了资本主义生产方式的对抗性和历史局限性，揭示了资本主义一定要被更进步的生产方式所代替。第二个伟大发现，是马克思于 1867 年发表的《资本论》时完成的，而在这之前的《1844 年经济学哲学手稿》、

《哲学的贫困》、《雇佣劳动与资本》等只能说有了萌芽。剩余价值学说揭示了资本主义社会的规律尤其是经济运动的规律。

唯物史观和剩余价值学说是科学社会主义的两大理论基石；科学社会主义就是在这两大基石之上耸立的一座宏伟大厦。科学社会主义的创立，是社会主义思想史上一次真正革命，它推动了人类从资本主义向社会主义的变革进程。

三、科学社会主义的理论体系

学习任何一门科学的一个重要要求，是把握它的科学体系。科学社会主义的理论体系包括如下几个不同层次的结构：

（一）理论基石（略）

（二）核心内容

这个“核心”包括两层涵义：一是科学社会主义是马克思主义的核心；二是社会主义代替资本主义的历史必然性是科学社会主义的核心。这个论断，说明社会主义的历史必然性是马克思主义核心的核心。如同马克思主义哲学是从“哲学的基本问题”出发一样，科学社会主义是围绕一个“核心”展开，并在这个基础上形成若干基本理论。科学社会主义所以是科学，就在于它令人信服地揭示和阐明了人类社会发展的这个总趋势。

马克思、恩格斯在《共产党宣言》中，是从无产阶级和资产阶级两大对立阶级的阶级斗争中，论证资本主义必然灭亡、社会主义必然胜利的“两个必然”；恩格斯在《反杜林论》中进一步从分析资本主义的基本矛盾得出社会主义代替资本主义的历史必然性。在资本主义社会错综复杂、扑朔迷离的矛盾冲突中，起决定作用的是社会基本矛盾，即生产的社会化和资本主义私人占有制的矛盾。生产的社会化包括生产资料使用的社会化、生产过程的社会化和产品的社会化，这无疑是人类社会物质文明的空前巨大进步，它要求占有也社会化。但是，这是在资本主义私人占有制的框架内实现的。这个基本矛盾“包含着现代的一切冲突的萌芽”。资本主义基本矛盾的发展，资本主义生产方式内部的冲突，迫使资本家“把生产力当做社会生产力看待”。资产阶级为了在资本主义生产方式不变的前提下，承认生产力的社会性，从 19 世纪后半期起，相应地建立了社会化占有形式，包括各种股份公司、垄断组织、某些部门和企业的国有化。但是，所有这些都是资本主义私人占有的变换形态，不可能解决资本主义的矛盾，根除经济危机。因为这些社会化占有形式带有资本的属性。国有化不等于公有制，不能把资本主义的国有企业当做公有制。恩格斯指出："自从俾斯麦致力于国有化以来，出现了一种冒牌的社会主义，它有时甚至堕落为某些奴才气，无条件地把任何一种国有化，甚至俾斯麦的国有化，都说成社会主义的。显然，如果烟草国营是社会主义的，那么拿破仑和梅特涅也应该算入社会主义创始人之列了。""现代国家，不管它的形式如何，本质上都是资本主义的机器，资本家的国家，理想的总资本家。"社会化占有形式的出现虽然不能解决资本主义的矛盾，"但是它包含着解决冲突的形式上的手段，解决冲突的线索。"后来列宁说："国家垄断资本主义是社会主义的最充分的物质准备，是社会主义的前阶，是历史阶梯上的一级，在这一级和叫做社会主义的那一级之间，没有任何中间级。"资本主义基本矛盾在资本主义制度范围内，只能缓解，不能解决。这就要求用社会主义公有制代替资本主义私有制。

（三）一般理论

1. 关于无产阶级历史使命的理论

社会规律和自然规律不同，它的实现需要一定的社会力量。马克思、恩格斯从工人阶级同大生产相联系，从他们处在社会最底层，认为工人阶级是最有前途、最革命的阶级，承担着推翻资本主义旧世界、建设社会主义新世界、解放全人类的伟大历史使命。

无论革命和建设都要全心全意依靠工人阶级，这是科学社会主义的一个重要原理。随着无产阶级解放运动的发展，工人阶级队伍在扩大，依靠力量在扩大。在我国社会主义建设新时期，知识分子已成为工人阶级的一部分。第二次世界大战以后，西方发达资本主义国家的阶级结构发生很大变化。有些国家的共产党人提出，除了要坚决依靠工人阶级（包括蓝领和白领工人）外，还要依靠教师、医生、工程技术人员、文艺工作者、学者、工会积极分子、合作社工作者等等。

2. 关于无产阶级政党的理论

马克思、恩格斯认为，无产阶级要实现推翻资本主义，建设社会主义和共产主义，解放全人类的伟大历史使命，必须建立一个独立的无产阶级政党。马克思、恩格斯科学地阐述了无产阶级政党建设的理论，包括党的性质、党的纲领和党的策略，并为建立这样的政党奋斗了一生。

列宁在20世纪新的历史条件下，发展了马克思主义的建党学说，在俄国建立起一个新型的无产阶级革命政党。

3. 关于无产阶级革命的理论

马克思、恩格斯阐述了无产阶级革命的一般理论。①无产阶级革命的历史必然性。革命发生和发展的最深刻根源在于社会内部生产力和生产关系、经济基础和上层建筑之间的矛盾。无产阶级革命是解决资本主义矛盾的决定性手段，是推动资本主义转变为共产主义的强大动力和杠杆。②无产阶级夺取政权的两种方式。一切革命的根本问题是国家政权问题，无产阶级革命也不例外，无产阶级从资产阶级手里夺取国家政权，上升为统治阶级，这是无产阶级革命取得胜利的最根本的标志。马克思、恩格斯认为，无产阶级取得政权有两种方式，暴力革命是无产阶级夺取政权的一般规律，但在一定条件下也可以用和平的方式取得政权。③无产阶级革命的同盟军问题。马克思、恩格斯指出，无产阶级在革命斗争中不能孤军奋战，而且必须有可靠的同盟军。农民是无产阶级的天然同盟者，民族解放斗争是无产阶级革命的间接同盟军。④无产阶级革命取得胜利的条件。马克思、恩格斯设想，共产主义革命是个世界性的历史过程，提出共产主义革命将在西欧北美的发达资本国家同时发生并同时取得胜利。后来，列宁在新的历史条件下，创造性地提出一国数国首先取得胜利的理论。

4. 关于无产阶级专政的理论

马克思指出，无论是发现现代社会中有阶级存在或发现各阶级间的斗争，都不是他的功劳。他所加上的新内容就是证明了下列几点：①阶级的存在仅仅同生产发展的一定历史阶段相联系；②阶级斗争必然导致无产阶级专政；③这个专政不过是达到消灭一切阶级和进入无阶级社会的过渡。

列宁认为，无产阶级专政学说是马克思主义的主要之点和真假马克思主义的试金石。

5. 关于过渡时期的理论

马克思经过长期理论探索，在1875年所写的《哥达纲领批判》中，首次提出从一个私有制社会不可能直接转变为公有制社会，必须经历一个从资本主义到共产主义的过渡时期。列宁通过总结20世纪无产阶级解放运动的新经验，发展了马克思关于过渡时期的理论。他提出，过渡时期要划分阶段，“一个国家经济文化越落后，过渡时期的时期越长”。

马克思认为，无产阶级专政是过渡时期的国家政权，到共产主义的第一阶段，国家就将逐步消亡。列宁在20世纪初，总结了无产阶级革命斗争的新经验，认为在共产主义第一阶段，国家还不能消亡。这是列宁对马克思主义国家学说的创造性发展。在整个社会主义历史阶段，必须始终坚持无产阶级专政，用以保卫新生的社会主义制度。中国的人民民主专政实质上是无产阶级专政，但它更适合中国国情。

6. 关于共产主义发展阶段的理论

马克思在探索无产阶级和全人类怎样从资本主义制度及其所造成的后果束缚下获得彻底解放的途径时，提出未来社会要划分第一阶段和高级阶段。他认为，在第一阶段，私有制消灭了，但私有制的影响还存在；到高级阶段，私有制的影响也将消失。列宁把第一阶段称之为社会主义社会，高级阶段称之为共产主义社会；提出每一个大的发展阶段都有一个多级发展过程，即大阶段中有小阶段。

7. 关于共产主义社会第一阶段基本特征的理论

马克思、恩格斯运用唯物辩证法在分析发达资本主义国家，特别是英国的发展趋势时，对未来社会作出科学预测。共产主义第一阶段的基本特征是：①生产力发展水平很高。②实行生产资料全社会占有。③个人消费品，实行按劳分配。④对社会生产进行有计划的指导和调节。⑤用产品经济代替商品经济。⑥在消灭阶级和阶级差别的基础上国家开始消亡。⑦每个人都将得到全面自由发展。这个科学预测，是奠定在严密的科学论证的基础之上，其中第一条是前提，第二条是关键。在马克思看来，用公有制代替私有制，必然导致用按劳分配代替按资分配，用计划经济代替生产无政府状态，用产品经济代替商品经济，用社会公共管理机关代替国家。

上述是马克思、恩格斯在一个世纪以前对社会主义社会基本特征的预测，它只适用于西方发达资本主义国家。经济文化比较落后的国家走上社会主义道路以后，不能教条主义地进行照搬，必须结合本国实际创造性地运用和发展。由于一个多世纪以来社会主义实践的发展，社会主义概念、用词的增多，现在社会主义特征已不再是一个无所不包的概念，而是社会主义基本制度的理论概括，是社会主义区别于资本主义以及其他一切社会形态的主要标志。

马克思、恩格斯在他们一生中始终把注意力放在西方发达国家，但是从70年代中期以后，视线逐渐从西往东移，并在研究俄国社会问题的基础上，提出了落后国家在一定历史条件下可以跨越资本主义“卡夫丁峡谷”的理论。

综上所述，都是围绕社会主义代替资本主义的历史规律而展开的。由于历史条件的限制，当时还不可能提出社会主义建设和社会主义改革的理论。

四、科学社会主义的理论经典

任何一门科学都有它的代表作，经典著作。如中国历史的《春秋》、《左传》、《资治通鉴》、《二十四史》；中国古典文学的《诗经》、《楚辞》、《唐诗》、《宋词》、明清小说（四大名著）等。科学社会主义的基本经典著作是：

（一）《共产党宣言》

这是马克思、恩格斯受共产主义者同盟的委托，为“同盟”所写的纲领。发表于1848年2月。《宣言》既是国际共产主义运动的第一个纲领性文献，又是马克思主义诞生的标志。列宁说：“马克思恩格斯合著的于1848年问世的《共产党宣言》，已对这个学说作了完整的、系统的、至今仍然是最好的阐述。”还说：“这本书篇幅不多，但价值却相当于多部巨著，它的精神至今仍鼓舞着，推动着文明世界全体有组织的正在斗争的无产阶级。”《宣言》当中关于“自由人的联合体”和“两个必然”、“两个决不会”的思想武装了各国一代又一代的革命者和共产党人。

（二）《哥达纲领批判》

马克思于1875年，针对充满拉萨尔机会主义观点的《德国工人党纲领草案》，用党内通信的形式，写出《哥达纲领批判》。这部著作在对纲领草案中的拉萨尔机会主义观点严厉批判的基础上，首次提出从资本主义向共产主义的过渡时期和共产主义社会发展阶段的理论，从而进一步丰富和发展了科学社会主义。

（三）《社会主义从空想到科学的发展》

1879 年，恩格斯应法国社会主义者拉法格的要求，为法国工人和群众写作一本宣传科学社会主义的读物。他把《反杜林论》中的部分内容加以改写成为独立的著作《社会主义从空想到科学的发展》，于 1880 年在法国发表。这部著作，在分析资本主义基本矛盾的基础上，进 步论述了社会主义代替资本主义的历史必然性；并在分析资本主义的发展趋势时，对未来社会的基本特征作出科学预测。马克思赞誉这本著作是“科学社会主义的入门”。

恩格斯对科学社会主义的重大历史贡献

马克思、恩格斯这两位人类最伟大的思想家在创立马克思主义过程中有一种自然分工：马克思重视哲学和历史，一生中的大部分时间和精力用在研究经济理论，曾写出被世人称为“工人阶级圣经”这样的政治经济学巨著——《资本论》，这个学说的最基本指导思想主要是由他最后表述的；恩格斯致力于对这一理论的梳理和阐发，他的知识和志趣很广，在军事学、自然辩证法等几个“专门领域”做出了独创性的贡献。此外，对马克思主义的核心内容——科学社会主义，恩格斯与马克思同样做出了重大历史贡献。恩格斯的名著《社会主义从空想到科学的发展》、《家庭、私有制和国家的起源》同《共产党宣言》一样，都是科学社会主义的经典代表作、奠基作。恩格斯对科学社会主义的主要贡献是：

一、坚实地奠定了科学社会主义的理论基础

1883 年 3 月 14 日马克思逝世以后，恩格斯为他的亡友做出盖棺论定的评价。他说，马克思首先是位革命家，但同时也是一位科学家。作为科学家，“马克思在他所研究的每一个领域，甚至在数学领域，都有独到的发现，这样的领域是很多的，而且其中任何一个领域他都不是浅尝辄止”。但是，马克思的最大发现有两个，一个是唯物史观，一个是

剩余价值学说。恩格斯还说：“一生中能够有这样的两个发现，该是很够了。即使只能作出一个这样的发现，也已经是幸福的了。”恩格斯把两个发现都归功于马克思，其实恩格斯也有份，第一个伟大发现就是马克思、恩格斯于1845—1846年合著的《德意志意识形态》这本著作中共同完成的。第二个伟大发现，则是马克思于1867年所发表的《资本论》第1卷中个人独自完成的，而在这之前所写的《1844年经济学哲学手稿》、《哲学的贫困》、《雇佣劳动与资本》等只能说是萌芽。

恩格斯指出，两大发现的最重大的理论价值，是使社会主义从空想发展成为科学。唯物史观是从人类社会的一般发展规律，剩余价值学说是从资本主义社会的经济运动规律，指明社会主义一定要取代资本主义，从而把社会主义置于现实的基础之上。唯物史观和剩余价值学说是科学社会主义的两大理论基石。科学社会主义所以是科学的，就是因为它是以两大发现作为理论基础的。两大发现任何时候也不能动摇，动摇了它就等于动摇了科学社会主义的根基，这座大厦就将摇晃。

二、深刻地揭示了社会主义代替资本主义的历史必然性

建立在资本主义私有制基础上的资本主义社会，虽然极大地促进了生产力的发展，但却是一个贫富两极分化和病态的社会。怎样用一个理想社会来代替资本主义社会以消除社会弊病和贫富对立，这是很长一个时期先进的思想家和哲学家们所探索的重大课题或者说是主题。但是，空想社会主义思想家们多是从伦理道德的视角论述这种取代，因而不能不陷于空想。马克思、恩格斯紧紧抓住这个主题，在不同著作中，从不同角度进行了论证。马克思、恩格斯在《共产党宣言》中，是从无产阶级和资产阶级两大对立阶级的阶级斗争，论证资本主义必然灭亡、社会主义必然胜利的“两个必然”；马克思在《资本论》中，则是从阐述剩余价值学说，揭露资本家剥削的秘密和资本主义生产方式的对抗性，来论证资本主义将被社会主义所取代。恩格斯在《反杜林论》和《社会主义从空想到科学的发展》中进一步从分析资本主义的基本矛盾，得出社会主义代替资本主义的历史必然性。在资本主义社会错综复杂、扑朔迷离的矛盾冲突中，起决定作用的是社会基本矛盾，即生产的社会化和生产

资料私人资本主义占有的矛盾。生产的社会化包括生产资料使用的社会化、生产过程的社会化和产品的社会化，这无疑是人类社会物质文明的空前进步，它要求占有也社会化。但是，它是在资本主义私人占有制的框架内实现的。因而“包含着现代的一切冲突的萌芽”。这个基本矛盾在资本主义生产方式不变的前提下，通过承认生产力的社会性，建立社会化占有形式，虽然使矛盾得到一定缓解，但不能根本解决。这就要求用社会主义公有制代替资本主义私有制。第二次世界大战以后，资本主义出现很多新情况和发生很多新变化，但万变不离其宗，资本主义的基本制度和基本矛盾没有改变，因而资本主义仍然摆脱不了必然灭亡的历史命运。

三、辩证地提出了无产阶级革命斗争的策略

马克思、恩格斯在19世纪40—70年代，依据当时欧洲资本主义的经济政治发展状况，特别强调无产阶级要通过暴力革命夺取政权。1846年，恩格斯在巴黎参加“正义者同盟”的活动时提出了著名的共产主义三原则：①维护同资产者相反的无产者的利益。②用消灭私有制代之以公有制的手段来实现这点。③除了进行暴力革命以外，不承认有实现这些目的的其他手段。1848年，马克思、恩格斯在《共产党宣言》中这样写道：共产党人“只有用暴力推翻全部现存的社会制度”才能达到自己的目的。他们把暴力革命视为无产阶级革命的一般规律。

1871年，巴黎公社失败以后，欧洲资本主义进入了一个相对“和平”发展的时期。这时欧洲多数国家完成了工业革命和资产阶级民主革命，资本主义的经济实力有很大增长，资本主义政治民主逐步形成，社会冲突和阶级矛盾相对趋于缓和。面对资本主义的新变化，恩格斯通过深层思考，提出了无产阶级革命斗争的新策略。首先，认为阶级斗争的形势发生重大变化。恩格斯认为，过去由少数人带领多数群众以起义和街垒巷战实现革命的做法，现在已经过时。其次，主张利用普选权和议会，广泛开展合法斗争。他强调必须改变过去把普选权视为政府的“欺骗工具”和对于工人只是“陷阱”的看法，而应当把它看作是“一件新的武器——最锐利的武器中的一件武器”，是工人阶级“解放的手段”之一。这些论述绝不意味着把议会斗争作为唯一手段，更不等于认同通

过选举取得议会多数，实现“和平夺取政权”与“和平长入社会主义”。完整准确地理解恩格斯关于无产阶级革命斗争策略的论述，对于后来各国的无产阶级革命斗争具有重要指导意义。

四、科学地预测了未来社会的基本特征

当时荷兰、法国有一些社会主义者，希望在马克思、恩格斯的著作和由其所起草的党的文献中看到有关无产阶级夺取政权后未来社会的详细描绘。马克思、恩格斯对此慎之又慎，他们不愿意做“未来学家”，认为像空想社会主义者一样对未来社会描绘得愈细，学说就愈陷入空想。1893 年，恩格斯在回答法国《费加罗报》记者关于德国社会民主党对未来社会组织方面详细情况的预定看法时说：“您在我们这里连它们的影子也找不到”。

但是，这并不是说在马克思、恩格斯的著作中没有从宏观上对未来社会作出某些预测。这种预测集中表现在恩格斯所著《社会主义从空想到科学的发展》一书的第三章中。在这里，恩格斯运用唯物辩证法的发展观，在分析发达资本主义国家（特别是英国）的发展趋势时，对未来社会的基本特征作出科学预测。这种预测没有实践依据，完全是通过严密的逻辑推理得出的。①生产力高度发展。②实行生产资料公有制。③对社会产品进行有计划的指导与调节。④实行产品经济。⑤工人阶级和劳动人民的政权。⑥在消灭阶级和阶级差别的基础上国家自行消亡。⑦每个人都得到自由而全面的发展。经过实践检验，这些预测的基本点是正确的，对后来的社会主义实践具有重大指导意义。当然，也应指出，由于历史条件所限，恩格斯的个别论断，如在未来社会的第一阶段，商品和货币就将退出历史舞台，国家开始消亡等，有些为时过早，应当通过实践有所修正。

五、清晰地指明了东方落后国家的发展道路

如前所述，恩格斯关于科学社会主义的论述，主要是针对西方发达资本主义国家的。他在整个一生中，在提出“两个必然”的基础上，思索未来的社会主义将在哪里突破时，始终把注意力和着眼点放在西方发

达资本主义国家。他曾经设想，社会主义革命将首先在西欧北美那些资本主义比较发达的国家发生。恩格斯认为："共产主义革命将不是仅仅一个国家的革命，而是将在一切文明国家里，至少在英国、美国、法国、德国同时发生的革命。"

但是，马克思、恩格斯从未把他们的理论置于一端，束缚住自己的手脚。从19世纪70年代中期以后，通过和俄国革命家查苏利奇的频繁通信来往，特别是对俄国等东方国家的深入了解与思考，他们逐渐把视线从西往东移，并进而在马克思《给查苏利奇的复信》和恩格斯《〈论俄国社会问题〉跋》中提出了革命运动方兴未艾的俄国等东方国家有可能跨越资本主义的"卡夫丁峡谷"，直接过渡到社会主义。但是，跨越这个"峡谷"有前提条件：一是保留和利用农村公社。二是西方资本主义国家无产阶级革命胜利的引发和推动。三是吸收资本主义文明的一切成果。总之，避开资本主义制度及其灾难，不经过资本主义发展的完整阶段，充分吸收资本主义创造的文明成果，落后国家可以直接过渡到社会主义，这就是跨越"卡夫丁峡谷"的实质。后来20世纪的社会主义实践，充分证明了恩格斯这个论断和设想的正确性。经济文化落后国家在一定条件下不仅可以直接向社会主义过渡，而且突破了马克思、恩格斯的设想，先于西方发达国家走上社会主义道路。这是20世纪社会主义运动伟大创举。

六、从理论上论证了社会主义和文明是不可分割的

恩格斯在1884年所写的《家庭、私有制和国家的起源》这部名著中，第一次系统地阐述了马克思主义的文明观，从理论上论证了文明和社会主义的辩证关系。他参考和吸取了摩尔根《古代社会》一书的观点，认为文明是个历史概念，是和蒙昧、野蛮相对立的人类社会发展到一定阶段的进步状态，并以人类改造世界的实践活动为依据，把人类社会的发展大体上分为三个时代，即原始社会的蒙昧时代和野蛮时代，从奴隶社会开始进入文明时代。恩格斯依据马克思关于社会形态的学说，认为生产方式决定文明的性质。从人类进入文明时代以后，相继出现了奴隶社会的文明、封建社会的文明和资本主义社会的文明。恩格斯把它称之为文明时代的三大时期。这三个阶级对抗社会的文明，尤其是资本主义文明，对自己的时代作出了巨大贡献。

恩格斯指出，资本主义文明的发展，必然要求消灭束缚它发展的阶级剥削和压迫，要求以新的文明制度来代替它。只有以新的社会主义制度代替资本主义制度，才能使文明在新的基础上得到发展。社会主义是人类历史上更高的社会制度，这样的社会制度没有高度发展的文明是建立不起来的，建立起来也是不能巩固的。总之，文明的发展需要社会主义，社会主义的建立和完善需要高度的文明。恩格斯在这本著作的结语部分特意引证了摩尔根在《古代社会》中所写的那一段话：文明的发展“将揭开社会的下一个更高的阶段”。马克思在《摩尔根〈古代社会〉一书摘要》中，把这个“更高的阶段”，注明为“高级社会形态”，即社会主义和共产主义社会制度。恩格斯关于社会主义和文明的辩证关系的论述，关于社会主义不能离开世界文明大道的思想，具有极其重要的理论和实践意义。我们党坚持和发展了恩格斯的思想，通过长期探索，把社会主义现代化建设归结为建设社会主义物质文明、政治文明、精神文明和社会文明，把社会主义现代化建设和社会主义文明建设相统一，这表明我们党对人类社会发展规律、对社会主义建设规律的认识在不断深化。

七、有力地指导了无产阶级革命政党的建立和发展

恩格斯认为，无产阶级要实现推翻资本主义、建设社会主义与共产主义、解放全人类的历史使命，必须建立无产阶级革命政党。他说：“要使无产阶级在决定关头强大到足以取得胜利，无产阶级必须（马克思和我从 1847 年以来就坚持这种立场）组成一个不同于其他所有政党并与它们对立的特殊政党，一个自觉的阶级政党。”① 为建立这样的政党，马克思和恩格斯奋斗了一生。1847 年，“正义者同盟”改组为“共产主义者同盟”，是他们建党的最初重大步骤。《共产党宣言》就是受“同盟”的委托，马克思、恩格斯为“同盟”所写的党纲，它以科学理论和明确建党思想武装了“同盟”及其成员。恩格斯指出：“我们党有个很大的优点，就是有一个新的科学的观点作为理论的基础。”② 通过马克思主义的广泛宣传，19 世纪 70 年代以后欧美各国普遍建立了无产

① 《马克思恩格斯选集》第 4 卷，人民出版社 1995 年版，第 685 页。

② 《马克思恩格斯选集》第 2 卷，人民出版社 1995 年版，第 39—40 页。

阶级革命政党。1883 年马克思逝世以后，恩格斯“一个人继续担任欧洲社会党人的顾问和领导者”①。他以异乎寻常的毅力，一方面，整理和出版《资本论》第二、三卷，完成亡友的未竟事业；另一方面，著书立说，撰写著作和文章，并同各国党的领导人保持联系，帮助一些大党制定正确的纲领和策略，指导各国的革命斗争。根据恩格斯的倡议，1889 年第二国际建立了。在恩格斯的指导下，第二国际前期坚持了无产阶级革命路线。1895 年恩格斯逝世以后，受伯恩斯坦修正主义和考茨基右倾机会主义的腐蚀和影响，第二国际及其所属的各国社会民主党逐渐蜕化变质。但是，在马克思、恩格斯思想熏陶下成长起来的左翼，后来从第二国际各国党中分离出去，组建共产党——新型的无产阶级革命政党。列宁、卢森堡等就是其中的最杰出代表。

上述七条，就是恩格斯对科学社会主义的重大历史贡献。当然，这七条只是主要的，远不是全部。自从科学社会主义诞生以后，一个半世纪以来，在它的影响下，世界经济政治形势和经济政治思想发生巨大而深刻的变化。在人类历史上还从未有过哪种思想理论产生过如此巨大的作用和影响。科学社会主义对人类历史发展进程所以能够产生如此重大影响，归根结底是因为它是科学真理。任何一个思想理论要想长盛不衰，具有强大的生命力，必须具备三个条件：一是科学性，这是学说的生命线。是科学，才有人相信，才会在社会上产生影响。二是信徒。没有信奉者执着地追求和实践它，学说就会停滞和窒息，不可能继续向前发展。三是实践。要通过新的实践，对原有学说有所补充，有所创新，有所修正，有所发展。列宁说，科学社会主义“理论对世界各国社会主义者所具有的不可遏止的吸引力，就在于它把严格的和高度的科学性（它是社会科学的最新成就）同革命性结合起来。”② 总的来说，恩格斯同马克思一样，是科学社会主义的创立者和奠基人。用列宁的话来说，他是“科学社会主义之父”。恩格斯对社会主义学说的最大贡献，就是把它从空想变成科学，为科学社会主义的创立和发展奠定了科学基础。我们怀念在这个学说发展历程中做过重大贡献的思想家，但更怀念这个伟大学说的创始人和奠基者。

---

① 《列宁选集》第 1 卷，人民出版社 1995 年版，第 46 页。

② 《列宁选集》第 1 卷，人民出版社 1995 年版，第 83 页。

马克思、恩格斯的文明观

每一个时代都有自己的重大课题。从理论和实践上解决了它，就能把人类历史向前推进一步。从19世纪40年代马克思、恩格斯创立科学社会主义，使社会主义从空想变成科学以来，时代的总的课题是社会主义。社会主义已经和全世界亿万群众的切身利益和愿望密切联系在一起。科学社会主义成为我们时代无产阶级和劳动群众争取解放的伟大旗帜。

我们党从十一届三中全会以来，通过拨乱反正，总结历史经验，提出了建设高度文明、高度民主、现代化的社会主义强国的伟大目标。我们不仅要建设高度的物质文明，而且要建设高度的社会主义精神文明。这是建设社会主义的重大战略方针，也是对科学社会主义的发展。提出这个重大战略方针，不仅有我国社会主义实践经验的依据，而且也有充分的马克思主义的理论依据。科学社会主义的创始人，在他们的一系列著作中，特别是在马克思的《1844年经济学哲学手稿》、《摩尔根〈古代社会〉一书摘要》，恩格斯的《家庭、私有制和国家的起源》等著作中，科学地阐明了他们的文明理论，即马克思主义的文明观。

怎样评价马克思、恩格斯的文明观，要有一个准绳。列宁指出："判断历史的功绩，不是根据历史活动家没有提供现代所要求的东西，而是根据他们比他们的前辈提供了新的东西。"① 这是唯一正确的历史

① 《列宁全集》第2卷，人民出版社1984年版，第150页。

唯物主义的态度。在马克思、恩格斯文明理论方面所涉及的“前辈”，主要是指资产阶级启蒙学者和空想社会主义者。

“文明”一词，在古今中外的文献中都曾使用过，但并无统一和确定的含义。近代以来，资产阶级启蒙学者伏尔泰、孟德斯鸠、卢梭等人在研究人类进化史的基础上，大量使用了这个概念。从此文明一词才在社会上广泛传播开来，并对人类历史产生了深远的影响。在西方，“文明”这个词最早是在 18 世纪中叶启蒙运动开始以后，狄德罗主编的《百科全书》问世时，在 1756 年米拉波侯爵所写的《人类之友》一书中提出来的，到 1835 年第一次把它收入到法兰西学院的字典中。当时的欧洲正处在封建社会向资本主义社会转变的大变革年代。这时资产阶级还是一个进步的阶级。启蒙学者把文明作为人类历史进步的信息提出来，它的意思就是表示整个人类向着一个从未达到过的高级状态发展。从这个意义上来讲，文明是一个同未开化和野蛮状态相对立的概念。但是，启蒙学者在使用这个概念的时候，表现了它的阶级局限性。他们在把文明和野蛮对置起来的时候，实际上是把文明与中世纪的反动黑暗相对立，有意使文明这个词含有从封建社会向资本主义社会转变的意思。法国启蒙学者将建立在理性和公正基础上的资本主义社会称为文明社会。这是启蒙学者文明观的实质所在。总之，把资产阶级启蒙学者的文明概念概括起来说就是：文明的含义就是在社会进步，社会进步的标志就是资本主义。可见，这种文明理论是为资本主义做论证的，是资产阶级反对封建主义的思想武器。

空想社会主义者的文明观比资产阶级启蒙学者前进了一大步。他们生活的时代和启蒙学者差不多。资本主义生产方式还在萌芽状态和诞生初期就暴露了它的弊病。资本主义社会对资产阶级说来是天堂，而对于无产阶级和劳动群众却是地狱。空想社会主义者站在劳动人民和早期无产者的立场上，批判和否定资本主义，幻想建立一个美好的新的社会制度。他们当中的大部分思想家是肯定文明的。例如，空想社会主义的创始人莫尔，认为未来社会就是个文化问题。当然，把社会主义仅仅看成是个文化问题是远远不够的。社会主义是经济运动的必然结果，它首先是个经济制度问题。圣西门研究了人类整个“文明发展”的进程，认为奴隶制度、封建制度都是文明发展的一个级数，真正的文明是在未来。他把自己设计的“实业制度”称为“是我们十四个世纪以来的整个文明发展史的自然继续和必然结果。”在傅立叶的著作中，使用文明概念最多，他说有 20 种文明。他考察了近代文明史，指出：“文明在科学和工业方面的策源地是英国，在艺术方面的策源地是意大利。”他一方面，针对那些对资本主义制度的讴歌，痛斥了资本主义文明带来的灾难；另一方面，又充分肯定人类文明的优秀成果，指出资本主义文明制度与人类文明事业之间存在着矛盾。他说：“伟大文明事业中，有两个事实——社会生活的发展和个人生活的发展。这两种东西恰恰是文明制度中所没有的。”德萨米明确肯定公有制和“文明”是一致的。他说：公有制“不仅毫不需要驱逐和破坏科学和艺术，而且它在把科学和艺术的光辉和恩惠同自己的最高道德结合起来之后，总有一天会把现在还生活在化外的六亿野蛮人和未开化的人都吸收到文明方面来的”。总之，把空想社会主义者的文明理论概括起来说，他们一方面，揭露了号称高度文明的资本主义文明的虚伪性和野蛮性；另一方面，又论证了在未来的社会里才可能实现真正的高度文明。这正是他们超过启蒙学者的地方。毋庸讳言，在空想社会主义者中的巴贝夫派受了卢梭思想的影响，把科学艺术同社会进步对立起来，从而提出了为了实现社会的真正平等把科学艺术统统消灭的荒谬主张。一个由巴贝夫主义者起草的《平等派宣言》公开宣布：“如果需要的话，就让一切艺术都尽灭绝吧，只要能把真正的平等留给我们。”马克思曾说过，巴贝夫主义是粗鲁的，不文明的。恩格斯在 19 世纪 40 年代在批判这种粗陋的共产主义时指出：他们是一些相当粗暴的人，他们想“把文明中间一切精致的东西——科学、美术等等，都当做有害的危险的东西，当作贵族的奢侈品来消灭掉”①。这是一种偏见，是他们完全不懂历史和政治经济学的必然结果。当然，一个巴贝夫派不可能磨灭整个空想社会主义者关于文明的光辉思想。

思想理论既有创造性又有继承性。马克思主义关于文明的理论，它的创立和形成同任何理论一样，离不开当时的社会历史条件，离不开历史遗留的思想资料。马克思、恩格斯生活在资本主义的矛盾和弊病得到充分暴露，无产阶级作为一个独立的政治力量走上历史舞台并不断向资本主义进行冲击的年代。他们在 19 世纪 40 年代以后，在总结工人运动的历史经验，吸取前人——启蒙学者和空想社会主义者的思想资料并加

① 《马克思恩格斯全集》第 1 卷，人民出版社 1957 年版，第 580 页。

以改造的基础上，在创立科学社会主义的同时，也阐明了他们的文明理论。马克思主义关于文明的理论是科学社会主义的重要组成部分和重要内容。

一、科学地阐明了文明和文明时代

考古学者依据技术工具的变化，把古代划分为“石器时代”、“青铜时代”、“铁器时代”。空想社会主义者傅立叶则从进化论出发，把人类社会划分为四个时期，即蒙昧时期、宗法时期、野蛮时期和文明时期。他把这比喻为人类社会的幼年时代、青年时代、壮年时代和老年时代。继傅立叶之后，美国考古学家、进步历史学家、民族学家摩尔根，通过广泛深入的社会调查和学术研究，于1877年写成了《古代社会》一书。这部巨著，运用唯物史观，科学地论述了文明的起源和实质。恩格斯对摩尔根和他的这部著作评价极高，他指出：“摩尔根在美国，以他自己的方式，重新发现了40年前马克思所发现的唯物主义历史观，并且以此为指导，在把野蛮时代和文明时代加以对比的时候，在主要点上得出了与马克思相同的结果。”① 恩格斯在1884年所写的《家庭、私有制和国家的起源》这部名著中，根据摩尔根《古代社会》一书的观点，认为文明是个历史概念，是和蒙昧、野蛮相对立的，它是人类社会发展到一定阶段的进步状态，并按照他关于历史的分期法，把人类社会的发展大体上分为三个时代，即原始社会的蒙昧时代和野蛮时代，从奴隶社会开始进入文明时代。恩格斯从实践论的角度，以人类改造世界的实践活动为依据，对这三个时代作了如下的科学概括：“蒙昧时代是以采集现成的天然产物为主的时期”，这时人们靠吃树上的果实、地上的草籽生活，这说明人类改造世界的实践能力还微乎其微；“野蛮时代是学会经营畜牧业和农业的时期”，这时人们经过长期的实践，学会了经营畜牧业和种庄稼，这虽然还是自然生产过程，但比起采集，人类改造世界的能力提高了一大步；“文明时代是学会对天然产物进一步加工的时期，是真正的工业和艺术的时期”②，这时人们把自然的物质资料经过加工改造

① 《马克思恩格斯选集》第4卷，人民出版社1995年版，第1页。

② 《马克思恩格斯选集》第4卷，人民出版社1995年版，第24页。

成产品，来供应生活，艺术是思想的加工，工业是一种物质产品的加工，进入到以加工过程为主，这个时期人类就进入文明时代。比起以前，此时人类改造世界的能力大大提高了。

马克思主义认为，生产力的发展是人类历史前进的终极原因。人类进入文明时代的决定性条件是生产力的发展，它的主要标志是手工业的出现，文字的发明和广泛使用，国家的诞生等等。恩格斯指出："弓箭对于蒙昧时代，正如铁剑对于野蛮时代和火器对于文明时代一样，乃是决定性的武器。""从铁矿石的冶炼开始，并由于拼音的发明及其应用于文献记录而过渡到文明时代。"① 文字的发明及其广泛应用，对于人类进入文明时代有特殊的作用。可以想象，如果没有文字这个记录语言的符号，就无法广泛交流生产经验，生产力和科学文化的发展仍将处于缓慢状态。

二、深刻地揭露了资本主义文明的两重性

文明是从私有制出现以后产生的。恩格斯依据马克思关于社会形态的学说，认为文明的性质取决于生产方式。从人类进入文明时代以后，相继出现了奴隶社会的文明、封建社会的文明和资本主义社会的文明。恩格斯把它称之为文明时代的三大时期。这三个阶级对抗社会的文明都曾放射出灿烂的光辉，对自己的时代作出了贡献。奴隶社会和封建社会作为文明时代的头两个时期，对人类文明的发展起着开拓的作用。尤其是古代中国、古代印度、古代希腊、古代罗马、古代埃及、古代巴比伦的文明，对人类历史曾作出卓越的贡献。接着出现的资本主义文明在人类历史上起了更大的作用。资产阶级在它统治的几百年中，在物质文明方面，实现了生产的社会化、迅速发展了生产力，增加了社会物质财富，它所创造的生产力比过去一切世纪创造的全部生产力的总和还要多得多；在精神文明方面，创造了高度发达的文化科学技术，在客观上为人类摆脱愚昧落后，进一步征服和改造自然创造了条件；在社会政治生活方面，废除了封建等级和专制制度，实现了资产阶级的民主共和制度。总之，资本主义所建立的物质文明和精神文明，都远远地超过了以

① 《马克思恩格斯选集》第 4 卷，人民出版社 1995 年版，第 20、22 页。

往的时代。马克思、恩格斯对资本主义在发展文明方面的贡献给以充分的肯定，把它称之为“文明国家”、“文明社会”。

但是，无论奴隶制的、封建主义的和资本主义的文明，都是奴役制的文明，都是建筑在一个阶级对另一个阶级的剥削和压迫的基础之上的，因而它是在持续不断地对抗性矛盾中发展的，具有很大的局限性和弊病。

有些空想社会主义者已经看到了这一点。例如，傅立叶提出了“文明究竟是祸呢，还是福呢?”的疑问，指出：“在文明制度下，贫困是由富裕产生的”，“称为文明制度的社会制度就是建筑在这种弊端之上的”。魏特林指出：“在我们这个号称高度文明的社会里，尽管有无数发明，有艺术和科学上的飞跃发展，人民却不能享受繁荣，因为每一个新的发明人们不是用来减轻我们的劳苦或是增加我们的享受，而是用来愈益增加游手好闲的人而减少劳动者的数量。”马克思、恩格斯对资本主义文明的剖析和批判，比空想社会主义者前进了一大步。马克思早在1847年所写的《哲学的贫困》一书中就指出：“当文明一开始的时候，生产就开始建立在级别、等级和阶级的对抗上，最后建立在积累的劳动和直接的劳动的对抗上。没有对抗就没有进步。这是文明直到今天所遵循的规律。”① 恩格斯在《家庭、私有制和国家的起源》一书中一针见血地指出：“鄙俗的贪欲是文明时代从它存在的第一日起直至今日的起推动作用的灵魂”，“因为它几乎把一切权利赋予一个阶级，另方面却几乎把一切义务推给另一个阶级”②。资本主义和一切剥削制度下的文明都具有两重性：既推动社会的进步，又产生和扩大社会对抗。马克思在1853年所写的《不列颠在印度统治的未来结果》一文中，在揭露资本主义文明的虚伪性时指出：“当我们把目光从资产阶级文明的故乡转向殖民地的时候，资产阶级文明的极端伪善和它的野蛮本性就赤裸裸地呈现在我们面前，它在故乡还装出一副体面的样子，而在殖民地它就丝毫不加掩饰了。”③ 对此，无论是启蒙学者，还是空想社会主义者，甚至是摩尔根，他们都不可能做到。

---

① 《马克思恩格斯全集》第4卷，人民出版社1953年版，第104页。

② 《马克思恩格斯选集》第4卷，人民出版社1995年版，第177、178页。

③ 《马克思恩格斯选集》第1卷，人民出版社1995年版，第772页。

资本主义文明的发展，必然要求消灭阶级剥削和压迫，要求以新的文明来代替它。马克思指出："为了不致丧失已经取得的成果，为了不致失掉文明的果实，人们在他们的交往（commerce）方式不再适合于既得的生产力时，就不得不改变他们继承下来的一切社会形式。"① 只有以新的社会主义的社会制度代替已经过了时的资本主义的社会制度，才能使文明在新的基础上得到发展。

三、从理论上论证了文明和社会主义是不可分割的

文明和社会主义是一种什么样的关系？空想社会主义者布朗基对这个问题有过非常精彩的论述。他指出："共产主义的发展和文明的发展是并行不悖的，这两个观念是统一的。""无知和共产社会是不相容的。没有共产社会的普遍教育和没有普遍教育的共产社会都是同样不可能的。"又说："文明的最高峰必然是共产社会。""共产主义是一个文化极高和完全平等的社会可能采取的唯一组织形式。"但是，他的弱点是缺乏理论上的深刻论证。

马克思、恩格斯的一个重大历史功绩是，他们在分析资本主义种种矛盾的基础上，发现了资本主义的基本矛盾，这就是生产的社会化和私人资本主义占有的矛盾。资本主义基本矛盾的发展，即资本主义经济运动的规律，要求废除的不是社会化大生产，而是资本主义的私有制。社会化大生产不仅不能废除，而且还要大力发展。社会化大生产本身就是资本主义文明的重大成果。马克思在《1844 年经济学哲学手稿》一书中指出，他所主张的共产主义是私有财产的积极的扬弃。就是说，废除私有制，同时又自觉地保存在私有制基础上产生和发展的以往文明的全部丰富成果。就这个意义也可以说，共产主义是公有制加文明。

社会主义和文明是不可分割的。社会主义社会是人类历史上更高的社会制度，这样的社会制度没有高度发展的文明是建立不起来的，建立起来也是不能巩固的。文明的发展需要社会主义，社会主义的建立和完善也需要高度的文明。文明和公有制、民主一样，对于社会主义，都是不可以须臾离开的东西。如果说没有民主就没有社会主义，同样，没有

① 《马克思恩格斯选集》第 4 卷，人民出版社 1995 年版，第 532—533 页。

文明也没有社会主义。社会主义一方面，要求继承以往文明发展的全部成果；另一方面，则需要在新的社会主义公有制的基础上创造更高的文明。因此，社会主义文明是以往人类文明的高度发展，是新的更高类型的文明。恩格斯在《家庭、私有制和国家的起源》一书的结语部分特意引证了摩尔根在《古代社会》中所写的那一段话：文明的发展“将揭开社会的下一个更高的阶段”①。马克思在《摩尔根〈古代社会〉一书摘要》中，把这个“更高的阶级”，注明为“高级社会形态”，即社会主义和共产主义社会制度。

① 《马克思恩格斯选集》第4卷，人民出版社1995年版，第179页。

马克思主义战略和策略的通俗讲话

一、写作的历史背景

《共产主义运动中的“左派”幼稚病》是列宁在1920年4月写成的，5月12日又增补了一部分。同年6月首先用俄文出版，7月又以法、英等国文字出版。该书曾发给1920年7月19日至8月7日召开的共产国际第二次代表大会的全体代表。

1920年4月，正是苏维埃政权诞生两年半的时候。十月革命的伟大胜利以及年轻的苏维埃共和国在反对外国武装干涉和国内白卫反革命势力的斗争中所取得的胜利，对于资本主义国家的无产阶级革命运动和殖民地附属国的民族解放运动产生了巨大的影响。当时在欧洲一些国家出现了革命形势，1919年在匈牙利和德国的巴伐利亚省一度建立起苏维埃政权。与此同时，东方被压迫民族的民族解放斗争迅猛发展，中国、印度、朝鲜、土耳其、阿富汗等国家都发生了轰轰烈烈的民族解放运动。标志着中国民主革命新阶段的五四运动就是在这个时候发生的。

资本主义国家的无产阶级革命运动和殖民地民族解放运动的日益高涨，迫切地提出了为进一步发展革命而建立共产主义政党和争取群众、建立革命政治大军两大任务。第一项任务，即建立不同于第二国际机会主义政党的新型的无产阶级革命政党的任务，在十月革命的推动下，

1919年3月建立了共产国际即第三国际，在它的领导和推动下，许多国家的先进分子从社会民主党中分化出来，以俄共“布”为榜样，建立了独立的共产党，这项任务已获得初步解决。第二项任务是把群众争取到共产主义方面来，建立冲击资本主义的政治大军的任务。完成这项任务比前一项任务要复杂和困难得多。在解决这两项任务过程中，国际共产主义运动出现了两种阻力和危险。一种阻力是右倾机会主义，它妨碍第一项任务，即把先进分子争取到共产主义方面来，建立新型的无产阶级政党任务的解决。这是当时国际共产主义运动中最主要的危险。另一种阻力是“左”倾机会主义，它妨碍把群众也争取到共产主义方面来的任务的完成。“左派”也就是一些极左分子，是在革命高潮的形势下，反映了小资产阶级的革命狂热，他们不了解争取群众的意义和艺术，提出退出反动的职工会、抵制资产阶级议会、拒绝一切妥协等有害于事、幼稚可笑的口号，从而把自己变成了脱离群众的宗派主义、冒险主义的小团体。当时，列宁之所以把这些“左派”所犯的错误称之为“左派”幼稚病，是因为这些病症是在各国共产党成立初期，即在幼年时期由于缺乏经验而产生的。列宁在估计“左派”的错误时说：“目前共产主义运动中左倾学理主义错误同右倾学理主义（即社会沙文主义和考茨基主义）错误比较起来，其危害性和严重性不及后者的千分之一，然而这只不过是由于‘左’倾共产主义是一种刚刚产生的还很年轻的思潮。只是因为这个缘故，这种病症在一定条件下容易治好，但是必须用最大的努力去医治。”①

既然“左”倾不是主要危险，为什么还要重点反“左”？一是不反“左”就不能争取群众，建立革命的政治大军。二是不反“左”会助长右倾发展。那么，如何来医治“左派”幼稚病呢？列宁认为，最好的办法，就是把布尔什维克党战略与策略的基本经验介绍给年轻的各国共产党，以克服共产主义运动中的“左派”幼稚病。这就是列宁写作此书的目的。所以列宁在此书的手稿上有一个副标题——马克思主义战略和策略通俗讲话的尝试。列宁指出：“本文的目的就是要把布尔什维主义历史上和当今策略上普遍适用的、具有普遍意义的和必须遵循的原则应用

---

① 《列宁选集》第4卷，人民出版社1995年版，第210页。

到西欧去。”①

全书共十章，另增补五章。列宁在书中重点总结了布尔什维克党在党的建设方面的基本经验，论证了为争取群众而斗争的理论与策略，以及无产阶级政党战略策略的基本原则，内容十分丰富。

二、俄国共产党（布）关于党的建设的基本经验

列宁是俄国共产党（布）的创始人。在 1903 年召开的俄国社会民主工党第二次代表大会上，根据列宁的建党思想，制订了党纲和党章，在选举中央机关时，列宁和他的支持者获得了多数票，取得了胜利。从此，俄国党内出现了两个政派：多数派（布尔什维克）与少数派（孟什维克）。列宁说：“布尔什维主义作为一种政治思潮，作为一个政党而存在，是从 1903 年开始的。”② 列宁指出，布尔什维克党建立以后，在夺取政权和巩固政权的斗争中在党的建设方面积累了极其丰富的经验。

1. 党的组织纪律建设

列宁在第二章中，针对西欧“左派”否定党的领导和党的纪律的无政府主义倾向，从无产阶级夺取和巩固政权的高度，深刻地阐述了无产阶级政党组织纪律建设的重大意义。列宁认为，无产阶级政党在夺取和巩固政权斗争中，都需要有极严格的铁的纪律。这不仅仅因为被推翻的资产阶级是强大的，时刻企图反扑，而且还因为革命队伍中存在着小资产阶级的涣散性。列宁指出：“如果我们党没有极严格的真正铁的纪律，……那么布尔什维克别说把政权保持两年半，就是两个半月也保持不住。”③

那么，党的纪律又是靠什么来维持和巩固呢？列宁从党员、党与群众的关系、党的领导机关三个方面来论证无产阶级政党的纪律赖以维持和巩固的条件。一是靠党员的觉悟，对革命的忠诚，自觉遵守。二是靠党与群众的密切关系，首先是同无产阶级劳动群众，但同样也同非无产阶级劳动群众的联系、接近，甚至可以说在某种程度上同他们打成一

---

① 《列宁选集》第 4 卷，人民出版社 1995 年版，第 157 页。
② 《列宁选集》第 4 卷，人民出版社 1995 年版，第 135 页。
③ 《列宁选集》第 4 卷，人民出版社 1995 年版，第 135 页。

片。党必须全心全意为群众服务，并接受广大群众的监督，才能维护和加强党的纪律。三是靠党的正确的政治路线。维护党的纪律要靠党所实行的政治领导正确，靠党的政治战略与策略正确，而最广大的群众根据切身经验也确信其正确。如果党的政治路线出了偏差，就很难取得党员和群众的信任和支持，从而也难以维护党的纪律。列宁指出，没有这三条，“建立纪律的企图，就必然会成为空谈，成为漂亮话，成为装模作样”①。

列宁所强调的党的组织纪律建设，不仅在夺取和巩固政权年代是重要的，在改革和建设的新时期同样重要。在我们这样一个拥有 13 亿多人口的大国，怎样才能使大家团结起来奔向一个目标呢？邓小平强调，一靠理想，二靠纪律。否则，就会像旧中国那样一盘散沙，革命和建设都难以成功。

2. 党的思想理论建设

列宁在第二章中，重点阐述了党的思想理论建设及其重大意义。他形象地描述了俄国人寻求革命理论的经过。俄国进步的思想界，曾如饥似渴地寻求正确的革命理论，在 19 世纪 40 至 90 年代的“半个世纪里，经受了闻所未闻的痛苦和牺牲，表现了空前未有的革命气概，以难以置信的毅力和舍身忘我的精神去探索、学习和实验，经受了失望，进行了验证，参照了欧洲的经验，真是饱经苦难才找到了马克思主义这个唯一正确的革命理论”。列宁说，布尔什维克党之所以有力量，能够取得革命斗争的胜利，就在于它不仅具有坚固的马克思主义理论，而且还善于结合俄国的实际运用这个理论，并用极其丰富的斗争经验充实和发展了这个理论。他指出：“在这个坚如磐石的理论基础上产生的布尔什维主义，有了 15 年（1903—1917 年）实践的历史，这段历史的经验之丰富是举世无比的。”他在强调运用理论必须结合本国实际时指出：“马克思和恩格斯说过，我们的理论不是教条，而是行动的指南；卡尔·考茨基、奥托·鲍威尔这类（正宗的）马克思主义者的最大错误和最大罪恶，就是他们不懂得这一点，不善于在无产阶级革命最紧要的关头按此行事。”②

---

① 《列宁选集》第 4 卷，人民出版社 1995 年版，第 136 页。

② 《列宁选集》第 4 卷，人民出版社 1995 年版，第 136—137、137、180 页。

中国经历了同俄国相似的历程。毛泽东在《论人民民主专政》一文中指出，先进的中国人，为了寻求革命真理，同俄国人一样，也是经历了千辛万苦，付出了极大的痛苦和牺牲才从各种各样的主义中选择了马克思主义。中国人找到了马克思主义以后，中国革命的面目便为之一新。中国一个多世纪的历史表明，只有马克思主义才能解决中国的社会问题，无论革命、建设和改革，都需要马克思主义的指导。

3. 党的政治路线建设

无产阶级政党的建设，除了组织纪律、思想理论建设以外，还有一个政治路线建设的问题。列宁在该书第四章着力阐述了这个问题。列宁指出，无产阶级政党必须制定一条正确的政治路线；在执行这条政治路线过程中经常遇到来自右的方面和“左”的方面的干扰，因而进行两条战线的斗争是新型无产阶级政党的主要标志。列宁指出，布尔什维克党首先是在和右倾机会主义斗争中成长和发展起来的。右倾机会主义是帝国主义时期的一个国际现象。第二国际大多数党都受到右倾机会主义的严重腐蚀。列宁认定右倾机会主义是当时工人运动内部的主要敌人。以列宁为首的布尔什维克党为反对右倾机会主义，曾同第二国际机会主义、俄国的经济派、孟什维克、取消派、社会沙文主义进行了几十年艰苦的不可调和的斗争，并最终战胜他们。列宁说，布尔什维克党反对右倾机会主义的斗争，这是国外各国党所熟知的。

列宁指出，布尔什维克党同时还反对了工人运动中的“左”倾机会主义，“布尔什维主义是在同小资产阶级的革命性作长期斗争中成长、成熟和得到锻炼的”①。列宁说，这种小资产阶级的半无政府主义的“革命狂热”在俄国工人运动内部的标本代表者便是社会革命党，而在布尔什维克党队伍中的标本代表者则是“召回派”和“左派共产主义者”。布尔什维克党在党内反对“左”倾的重大斗争有两次，一次是在1908年在是否参加杜马（议会）问题上同“召回派”的斗争，一次是1918年在签订布列斯特和约问题上同“左派共产主义者”的斗争。列宁说，布尔什维克党同“左”倾机会主义的斗争，在国外还鲜为人知。

列宁还进一步揭露了“左”、右倾机会主义的阶级根源和理论根源。列宁认为，“左”、右倾机会主义的产生，既有共同的又有不同的阶级根

---

① 《列宁选集》第4卷，人民出版社1995年版，第142页。

源。共同的，是指它们都是工人阶级内部非血统工人的产物；不同的，是指它们代表和反映了不同的非血统工人的利益和要求。即右倾是工人贵族阶层的产物，“左”倾是昨天的小有产者阶层的产物。上升到小资产阶级生活水平的工人贵族，主张改良，反对革命；下降到工人生活水平的昨天的小有产者，只主张革命，反对改良和其他斗争形式。列宁指出，工人运动内部的机会主义派别，除了阶级基础以外，还有理论根源，形而上学就是机会主义的认识论和方法论的基础。众所周知，历史进程是进化和革命的辩证的统一，把历史进程某一因素绝对化，就必然在理论上陷入形而上学的片面性，在政治上成为机会主义。右倾机会主义把运动的进化方面绝对化而否定革命方面；“左”倾机会主义把运动的革命方面绝对化而否定进化，而没有进化和长期的革命准备，也不可能取得革命的胜利。

列宁关于无产阶级政党是在反对“左”、右倾机会主义斗争中成长壮大和得到锻炼的论述，具有普遍的指导意义。但是，在不同国家的共产党内，有的可能是右是主要危险，有的可能是“左”是主要危险。就我们党来说，在民主革命时期曾出现过两次右倾错误，三次“左”倾错误，对比起来，“左”的错误造成的损失更大，几乎葬送了中国革命事业；在社会主义时期，从 1957 年后的 20 年中发生的失误，都是“左”的失误。总的来说，在我们党的历史上，右的和“左”的失误都有，但“左”的失误是主要的，这一点同列宁当时所讲的俄共（布）历史情况有所不同。

三、马克思主义关于争取群众的理论与策略

列宁指出，无产阶级要想在斗争中取得胜利，必须把广大群众，首先是工人阶级，而后是非无产阶级劳动群众争取到自己方面来。他在批判西欧“左派”的一些错误观点时，系统地阐述了马克思主义关于争取群众的理论与策略。

1. 关于领袖、政党、阶级、群众的相互关系

西欧特别是德国“左派”共产党人，不了解领袖、政党、阶级、群众之间的辩证依赖关系，否认党的领导作用，否认党的领袖的作用，把党和阶级对立起来，把领袖和群众对立起来，提出了“打倒领袖专政，

群众专政万岁”的无政府主义的口号，在否定第二国际机会主义的党及其叛变的领袖的同时，把新型无产阶级政党及其领袖也一起否定了。

列宁在批判“左派”错误观点的基础上，科学地阐述了马克思主义关于群众、阶级、政党、领袖相互关系的论断。列宁说：“群众是划分为阶级的；……阶级是由政党来领导的；政党通常是由最有威信、最有影响、最有经验、被选出担任最重要职务而称为领袖的人们所组成的比较稳定的集团来主持的。”他还指出，“从共产主义的观点看来，否定政党就意味着从资本主义崩溃的前夜（在德国）跳到共产主义的最高阶段而不是进到它的低级阶段和中级阶段。我们在俄国（推翻资产阶级后的第三年）还刚处在从资本主义向社会主义即向共产主义低级阶段过渡的最初阶段。”①

2. 革命家应否在反动工会中工作

德、法、英、荷等国共产党的“左派”，借口职工会的反动色彩，借口职工会受社会民主党右翼领袖的影响，拒绝在职工会中进行工作，主张另创一种清一色的不受资产阶级偏见沾染的以承认苏维埃制度和无产阶级专政为原则的新的职工会组织。

列宁严厉地批判了“左派”不在反动工会中工作的思想。他指出，职工会是党联系本阶级群众的基本群众组织，是党对工人阶级进行共产主义教育的学校。在西欧各国的职工会诞生在政党之前，在资本主义发展初期，职工会在维护工人阶级的经济利益方面做了很多有益的工作，因而在广大工人群众中享有很高的威信。借口职工会的反动色彩而退出并另建清一色的红色工会，这就表明了“左派”把职工会的少数上层官僚分子与广大工人群众混为一谈，表明了他们实际上把职工会和党混为一谈，抛弃了广大工人群众。列宁说，“这无异是共产党人给资产阶级帮大忙”，“如果没有同工会的极密切的联系，没有工会的热烈支持，没有工会不仅在经济建设方面，而且在军事建设方面奋不顾身的工作，那么别说我们能管理国家和实行专政两年半，就是两个半月也不成”。列宁在批判“左派”时已远远地超过了仅仅用职工会争取群众的范围，他阐明了一个极其重要的马克思主义原理：“哪里有群众，就一定到那里去工作。应该善于作出一切牺牲，克服极大的障碍，在一切有无产阶级

① 《列宁选集》第4卷，人民出版社1995年版，第151、154页。

群众或半无产阶级群众的机关、社团和协会（哪怕这些组织是最反动不过的）里有步骤地、顽强地、坚定地、耐心地进行宣传和鼓动。而工会和工人合作社，恰恰就是（后者至少有时是）这种有群众的组织。”①

列宁的这个重要思想同样适用于中国。关于应否在反动工会内工作，在我们党内也曾发生过争论。第二次国内革命战争时期，“左”倾机会主义者们，拒绝参加国民党所控制的黄色工会，并另建了清一色的“赤色工会”与之抗衡，“赤色工会”实际上是第二党，由于表现十分鲜红，因而群众普遍不敢参加，这样就使党脱离了群众而陷于非常孤立的地位。在确定了毛泽东在全党的领导地位之后，才纠正了这个错误。

3. 共产党人应否参加资产阶级议会

德、英、荷、意等国的“左派”，宣扬议会制在政治、历史上已经过时，并为了用“革命精神”反抗第二国际领袖在议会中的卑鄙行为，拒绝参加资产阶级议会。列宁批驳了这种轻浮和有害的策略，强调共产党人正确地利用资产阶级议会，是争取群众的重要策略手段。列宁指出，把议会制在政治上过时与历史上过时混为一谈是错误的：议会制在历史上确已过时，因为从俄国十月革命时起，资产阶级议会制度的时代即已终结，一个新的时代，即苏维埃无产阶级专政的时代到来了。但议会制在政治上并未过时，因为资本主义国家工人阶级中的大多数人仍然信任议会，还没有准备在马克思主义的旗帜下去进行推翻资本主义政权和建立无产阶级专政的斗争，而只有当最广大的群众认识到资产阶级议会是资产阶级欺骗人民的工具，认识到资产阶级借助议会掩盖自己的专政时，议会才会在政治上过时。议会制对党来说是过时的，但对阶级来说并未过时。“可是问题恰恰在于不能认为对于我们已经过时的东西，对于阶级、对于群众也已经过时。”②

列宁认为，共产党人原则上是可以参加资产阶级议会的。共产党人参加资产阶级议会的目的不是像第二国际各国党一样去进行正常的立法，把议会斗争看成是阶级斗争唯一和主要形式，而是把议会斗争看作是配合议会外阶级斗争的一种手段，把议会作为讲坛，通过议会去揭露资产阶级的反动政策和争取教育广大群众，这就是共产党议会党团的任

① 《列宁选集》第4卷，人民出版社1995年版，第163页。

② 《列宁选集》第4卷，人民出版社1995年版，第168页。

务。所谓共产党人原则上可以参加资产阶级议会，并不是说任何时候都应参加，决定参加资产阶级议会是否适应的最高标准是：参加议会能否为巩固党和争取群众的事业服务。在列宁的领导下，布尔什维克党对杜马（议会）采取了高潮时抵制、低潮时参加的灵活策略，夺取政权后召开又解散了立宪会议，都是成功地利用资产阶级议会的典范。

4. 共产党人应当如何正确对待妥协

西欧一些共产党“左派”反对妥协的策略，宣称妥协是机会主义的，说承认妥协就玷污了马克思主义的纯洁性，就抹煞了马克思主义同机会主义的界限。“左派”否认一切妥协，说明他们不了解争取群众的重要，暴露了他们是一批宗派主义者。

列宁指出，共产党人不能一概拒绝妥协，有些妥协是容许的。妥协之所以必要，首先，是因为敌人既是强大的又是矛盾重重的，要想战胜敌人，就必须利用暂时同路人，以集中一切力量打击当前主要敌人，由此就产生了同暂时同路人的妥协策略。其次，还由于在无产阶级和劳动群众中有中间阶层和小生产者存在，它们动摇于无产阶级和资产阶级之间，为了战胜资产阶级和改造这些半无产阶层，由此就产生了对同盟者的妥协问题。此外，有时也由于被客观环境所迫，为保存革命实力，赢得时间，不得不直接和敌人妥协。

列宁强调，是否妥协要以妥协的性质为转移。列宁说，有两种不同性质的妥协。一种是放弃无产阶级的目的和任务的机会主义的叛卖性的妥协。第二国际机会主义者和俄国孟什维克在第一次世界大战期间同本国帝国主义政府的妥协就属于这种性质。共产党人必须坚决反对这种妥协。另一种是为了发展革命事业在某种困难条件下不得不实行的必要的妥协，这种妥协是可以容许的。列宁用一个通俗的例子说明两种不同性质的妥协。他说：“应当学习区分这样的两种人：一种人把钱和武器交给强盗，为的是要减少强盗所能加予的祸害和便于后来捕获、枪毙强盗；另一种人把钱和武器交给强盗，为的是要入伙分赃。”[①]“左派”不了解有两种不同性质的妥协，因而在反对机会主义妥协的同时，从根本上否认了一切妥协、通融和机动的必要。列宁认为：“‘原则上’反对妥

---

① 《列宁选集》第4卷，人民出版社1995年版，第148页。

协，不论什么妥协都一概加以反对，这简直是难于当真对待的孩子气。”①

妥协的实质，从战略意义上讲，是利用暂时同路人和联合同盟者的问题；从策略意义上讲，是实行迂回进攻的策略。列宁引证俄国伟大的革命民主主义者车尔尼雪夫斯基的话说：“政治活动并不是涅瓦大街的人行道。”共产党人要取得共产主义事业的胜利，不仅要有直接进攻的策略，也要有迂回包围的策略。在通向共产主义的道路上，事先就拒绝一切通融和妥协，正如列宁所说：“这岂不是可笑到了极点了吗？这岂不是正像我们千辛万苦攀登一座未经勘察、人迹未到的高山，却预先拒绝有时要迂回前进，有时要向后折转，放弃已经选定的方向而试探着从不同的方向走吗？”② 列宁说，自车尔尼雪夫斯基以来，俄国革命家由于忽视或忘记了这个真理，遭受了无数牺牲。我们无论如何要使“左派”共产党人以及西欧和美国忠于工人阶级的革命家，不至于像落后的俄国人一样，付出那样昂贵的代价来领会这个真理。

列宁指出，布尔什维克党在自己的历史上有过许多为发展革命事业而实行的成功的妥协。例如，早期为战胜民粹派同合法马克思主义者的妥协；从1903—1912年同孟什维克维持在一个党内的妥协；十月革命胜利初期在组织政府上同“左派”社会革命党人的妥协；1918年为保存年轻的苏维埃共和国在布列斯特和约问题上同德国帝国主义的妥协，等等。列宁关于正确对待妥协的策略思想，已被世界各国共产党，包括我们党在内，创造性地运用和发展。

四、理论和实践意义

列宁所著《左派幼稚病》一书的内容极其丰富，它充实、丰富和发展了马克思主义的战略策略思想，是世界各国共产党人反对“左”倾机会主义的强大思想武器。在民主革命时期，毛泽东特别重视读列宁的《社会民主党在民主革命中的两种策略》和《共产主义运动中的“左派”幼稚病》两本书。他用前一本书反对党内的右倾机会主义，用后一本书

① 《列宁选集》第4卷，人民出版社1995年版，第148页。

② 《列宁选集》第4卷，人民出版社1995年版，第179页。

反对党内的“左”倾机会主义。彭德怀回忆说：“1933年，接到毛主席寄给我的一本《两个策略》，上面用铅笔写着：此书要在大革命时读着，就不会犯错误。在这以后不久，他又寄给一本《‘左派’幼稚病》，这两本书都是在打漳州时得到的，他又在书上面写着：你看了以前送的那一本书，叫做知其一而不知其二；你看了《‘左派’幼稚病》才会知道‘左’与右同样有危险性。”1948年4月，在人民解放军即将转为战略反攻的重要时刻，毛泽东又重读了《“左派”幼稚病》的第二章，并在书的封面上写了一个批语：“请同志们看此书的第二章，使同志们懂得，必须消灭现在我们工作中的某些严重的无纪律状态或无政府状态。”中宣部及时发出毛泽东这一指示，要求全党认真学习这本书的第二章。在我国改革开放和社会主义现代化的新时期，认真学习此书，对于排除“左”和右的干扰，必将起着重大的作用。根据我们党的历史经验，“左”和右哪一种倾向是主要危险不是固定不变的；应当有“左”反“左”、有右反右；反“左”时注意防止右，反右时注意防止“左”，一种倾向掩盖着另一种倾向，对一种倾向反过了头，会助长另一种倾向。在当前，“左”和右都是指围绕“一个中心、两个基本点”的基本路线上出现的倾向问题，即从两个极端偏离了党的基本路线。不能把思想认识问题和工作中的不同意见，随意上纲为政治倾向的“左”和右，以防止乱扣帽子、乱打棍子，影响党内团结。

关于列宁的《论我国革命》

——不发达国家建设社会主义的宝贵精神财富

《论我国革命》是列宁 1923 年 1 月于病中所写的一篇极为重要的论文。该文通过批判考茨基、普列汉诺夫、苏汉诺夫之流的错误观点，坚持和捍卫了十月革命道路，论证了不发达国家在一定条件下能够先于发达国家夺取政权和建设社会主义。它是指导一切走上社会主义道路的经济文化比较落后的国家建设社会主义的纲领性文献和强大思想武器。这篇论文虽短，但其价值却不亚于许多巨著。今天，学习和研究这篇文章，对于我们自觉地建设有中国特色的社会主义，具有极其重要的现实意义。

一、历 史 背 景

（一）俄国无产阶级和劳动群众夺取与巩固政权的胜利和西欧无产阶级革命的失败

在列宁和俄国共产党的领导下，俄国无产阶级和广大劳动群众取得了 1917 年十月社会主义革命的伟大胜利。从 1917 年 10 月至 1918 年上半年，革命从大城市向中小城市和广大农村推进。但是，国内外反革命势力并不甘心自己的失败，他们通过相互勾结和酝酿准备，从 1918 年下半年开始发动了 14 个帝国主义国家的武装干涉和国内白卫反革命叛乱。在这个关系到党和国家生死存亡的紧要历史关头，列宁和俄国共产党领导英勇的红军和广大群众，经过三年浴血奋战，粉碎了帝国主义的武装干涉和白卫反革命的武装叛乱，取得了军事上的重大胜利，巩固了年轻的苏维埃政权。但与此同时，西欧一些国家的无产阶级革命相继失败。列宁曾寄希望于西欧，期望在俄国十月革命之后，在西欧出现第 2 个、第 3 个十月革命，以支援俄国的社会主义事业和推动世界革命。在十月革命的影响和列宁的号召下，从 1818—1920 年，芬兰、匈牙利、德国巴伐利亚地区的无产阶级曾一度夺取了政权。但是由于阶级力量对比悬殊，在反革命资产阶级的镇压和社会民主党右翼领袖的叛卖下，这些国家的无产阶级革命最终遭到失败。在西方国家无产阶级没有取得政权的条件下，俄国这个经济文化比较落后的国家能不能一国建设和建成社会主义，这是实践提出的必须从理论上给予回答的问题。

（二）实行新经济政策的初步成果和俄国社会主义的前途

十月革命以后，在苏维埃政权的“凯歌行进”年代，列宁在《苏维埃政权的当前任务》一文，强调必须把工作重心转移到经济建设上来，要从“夺取俄国”过渡到“管理俄国”。后来，由于爆发了国内战争，也由于受直接过渡的影响，列宁宣布实行以余粮征集制、“赤卫队进攻资本”和“不劳动者不得食”为特征的战时共产主义政策。这一政策的实行，对取得国内战争的胜利起了重要的保证作用。但是，经过四年帝国主义战争和三年国内战争，俄国的国民经济遭到巨大的破坏。1920 年，农业生产仅及战前 1913 年的 1/2，工业仅及战前的 1/7。当时，除了经济上的困难，还发生了政治上的严重困难。农民对战争结束以后继续实行余粮征集制表示严重不满，如不及时改变政策，工农联盟就有破裂的危险。由于工厂开工不足，一些工人为了生活，变成小商小贩，正在日益丧失产业工人的阶级性。在这个紧急关头，1921 年俄共（布）第十次代表大会，根据列宁的倡议，果断地以新经济政策代替战时共产主义政策。这个战略决策的实行，很快就改变了俄国的经济和政治形势。到 1923 年，工农业生产已有很大的恢复。随着经济上的迅速恢复，政治上也出现了安定的局面。粮食税的实行，农民情绪的稳定，把工农联盟奠定在新的经济基础之上。在实行新经济政策过程中，不可避免地出现了一些“耐普曼”，即新的资产阶级分子，但是在无产阶级掌握政权和国家经济命脉的条件下，这并不可怕。在实行新经济政策并取得初步成果后，很有必要反思和总结过去，展望和策划未来，沿着社会主义道路继续前进。列宁坚信，新经济政策的俄罗斯一定会变成社会主义的俄罗斯。

（三）列宁健康状况的恶化和他对党和国家前途命运的深刻思考

十月革命以后，反革命分子把仇恨集中在革命领袖身上，多次阴谋杀害列宁。列宁三次遇险。列宁从 1918 年 8 月 30 日在前米赫里工厂被社会革命党女匪徒卡普兰击伤，经过医生的精心抢救，虽然保住了生命并逐渐恢复了健康，但是从此以后身体受到很大损伤。加上三年国内战争期间，列宁为党和国家的前途和命运的过度操劳，在战争结束以后身体已每况愈下。从 1922 年夏天起，列宁的病情日益恶化，在 5 月 22 日、12 月 15 日，连续发生两次中风。在第二次中风以后，列宁经常头痛。右手右脚不灵，右半身几乎全部瘫痪，语言有时不清。他意识到自己能够活着的时间不多了，也深知病情的危险性。他曾对医生说过，他的病可能会突然导致生命的终结。列宁于 1922 年 12 月 24 日在病中借阅了苏汉诺夫的《革命札记》第三、四卷。苏汉诺夫是俄国的经济学家，1903 年参加社会革命党，1917 年起是孟什维克。二月革命以后任彼得格勒和全俄苏维埃执行委员会委员，孟什维克《新生活报》的编辑，是资产阶级临时政府的支持者，反对十月革命。十月革命以后，他以经济学家的身份在苏俄经济机构中工作，曾任共产主义科学院院士。苏汉诺夫从 1918 年 7 月至 1921 年 8 月，用三年时间写了七卷本《革命札记》，以回忆录形式记述了俄国从二月革命至十月革命的历史。苏汉诺夫在《革命札记》中，追随叛徒考茨基对俄国革命的攻击，不仅肆意歪曲俄国革命的历史，而且大肆散布俄国不具备进行社会主义革命和建设社会主义条件的错误论调。列宁读后，以高度的革命责任感，从关心党和国家的前途命运出发，经过深刻思索，在已经不能执笔的情况下，用口授和秘书整理的办法，于 1923 年 1 月 16—17 日写出《论我国革命》这篇批评苏汉诺夫《革命札记》的重要文章。这个期间，列宁用同样方法，先后写成五篇文章（包括《论我国革命》）和三篇给党中央的信件。因为这些论文和信件内容非常重要，所以被称之为列宁的“最后遗嘱”或“政治遗嘱”。

列宁作为伟大的马克思主义理论家，对革命斗争中所提出的重大问题，总是站在战略高度，从理论上进行探讨。因为只有理论才能对现实所提出的问题做出透彻的说明。列宁在谈到理论对社会主义建设的指导意义时指出："迈出最勇敢的前进步伐的是早就成为理论研究对象的那个领域，是主要从理论上、甚至几乎完全从理论上耕耘过的那个领域。"① 任何理论都是由实践提出，并且人们只能根据实践经验进行论证的。当时苏联国内外形势所提出的问题，集中到一点，就是在苏联这样不发达的国家，国内无产阶级不占人口中的多数，国际没有西方社会主义国家的直接援助，在这种情况下，面对的是能不能建设社会主义和怎样建设社会主义等问题。如果说，在1917年提出的是俄国能不能进行社会主义革命和怎样进行社会主义革命的问题，那么，现在提出的则是苏维埃俄国能不能进行社会主义建设以及怎样进行社会主义建设的问题。这是一个新的重大的课题。所谓"新"就是说，过去马克思、恩格斯设想的主要在发达资本主义国家如何走向社会主义的问题，而现在革命却首先发生在不发达国家，这类国家如何走向社会主义，并没有现成的答案。所谓"重大"就是说，马克思、恩格斯当时只是一种理论上的预测，不带有实践性质，而现在则不同，它直接涉及国家的实际建设，关系到社会主义的兴衰成败。回答和解决这个问题，不仅需要有巨大的理论勇气，而且也必须有足够的历史经验。这个历史重任落到了列宁的肩上。

二、基本内容

（一）对第二国际和俄国孟什维克教条主义思想路线的批判

列宁在文章的开头，以思想路线为武器，尖锐地批判了苏汉诸夫之流也就是所有孟什维克和第二国际的那种思想状态。列宁指出：特别引人注目的是他们的"学究气"，"对过去的盲目模仿"，一点也不敢哪怕是"稍微离开一下德国这个榜样"。这里说的"德国"是指德国社会民主党。列宁说："他们都自称马克思主义者，但是对马克思主义的理解却迂腐到无以复加的程度。马克思主义中有决定意义的东西，即马克思主义的革命辩证法，他们一点也不理解。"② 用今天的术语说，他们的

① 《列宁选集》第4卷，人民出版社1995年版，第793页。

② 《列宁选集》第4卷，人民出版社1995年版，第775页。

思想路线，不是坚持理论和实践相结合，从本国的实际出发，实事求是，而是盲目崇拜德国社会民主党，以德国社会民主党的言行为准绳，跟随德国社会民主党的指挥棒转，对解决现实问题缺乏创造性，思想僵化，教条主义。

俄国孟什维克苏汉诺夫的观点完全是从第二国际理论权威考茨基那里照搬过来的。考茨基死抱着社会主义革命只能在发达资本主义国家发生的教条不放，于 1918 年发表了《无产阶级专政》一书，大肆攻击十月革命道路，诽谤在经济文化比较落后的俄国，布尔什维克党用暴力夺取政权，就像一个怀孕的妇女疯狂万分地猛跳而引起早产，并诅咒“这样生下来的孩子，通常是活不成的”。为捍卫十月革命道路，列宁于 1918 年发表了《无产阶级革命和叛徒考茨基》，批驳考茨基的谬论。理论脱离实际，教条主义，是他们在政治上犯错误的思想根源。

（二）不发达国家先于发达国家走上社会主义道路的新论断

关于政治上的分歧，列宁指出同苏汉诺夫的争论不是社会主义是否需要一定的客观经济前提，即一定的生产力发展水平的问题。就这方面，苏汉诺夫说：“俄国生产力还没有发展到可以实行社会主义的高度。”列宁说：这是“无可争辩的论点”。问题是：不应以此为借口，去否定社会主义革命。社会主义革命和实现社会主义是既有联系又有区别的两个问题。当时俄国存在的特殊形势，使它具备社会主义革命的条件。这就是：在国际上，发生了帝国主义大战，这种战争削弱了整个帝国主义力量，并使它们没有联合起来共同镇压无产阶级革命的可能；在国内，俄国虽然资本主义发展水平不高，但是在俄国存在着两种矛盾，即人民大众同封建主义、无产阶级和资产阶级之间的矛盾。这样，俄国既具备资产阶级革命的前提条件，也存在从资产阶级民主革命转变为社会主义革命的前提条件。列宁指出：在这种情况下，俄国可把历史顺序颠倒一下，即它不应像西欧国家那样，先发展生产力，发展经济和文化，而后去进行社会主义革命，实现社会主义，而是要先进行社会主义革命，夺取政权，建立无产阶级专政，然后去利用这个优势，大力发展生产力，在这个基础上实现社会主义。列宁指出：“既然建立社会主义需要有一定的文化水平（虽然谁也说不出这个一定的‘文化水平’究竟是什么样的，因为这在各个西欧国家都是不同的），我们为什么不能首先用革命手段取得达到这个一定水平的前提，然后在工农政权和苏维埃制度的基础上赶上别国人民呢?”① 列宁在这里说的“文化水平”是个广义的概念，既包括物质文化，又包括精神文化，但更主要的是指物质文化。列宁把这种改变叫做在坚持一般规律、共同路线条件下个别发展阶段在发展的形式或顺序上的改变。

（三）20 世纪社会主义的历史难题

列宁指出：经济文化落后的国家先于发达国家走上社会主义道路，这一方面，异乎寻常地加快了历史前进的步伐，实现了人类社会发展史上空前未有的飞跃；另一方面，它与西方发达国家“开始困难，继续比较容易”相反，是“开始容易，继续比较困难”②。这种困难必然带来社会主义发展的复杂性和艰难性，并在一个很长历史阶段内出现如下一些后果：①这些国家脱离资本主义体系，虽然给世界资本主义体系以沉重的打击，但还不是致命的打击，因为这些国家的社会主义革命不是发生在世界资本主义体系的心脏部位（西欧、北美），而是边远部位。②这些国家面临着双重繁重任务，其中既有社会主义的自身任务，还有发展商品经济，实现民主化和反对封建主义思想余毒的民主主义任务。③这些国家走上社会主义道路，确立社会主义制度以后，虽然在社会制度上高于资本主义，但是在经济文化、科学技术的发展上仍远远落后于发达资本主义国家。因此，社会主义优越性的充分发挥需要一个很长的历史过程，特别是在经济发展和人民生活这个主要方面很难在短时期内体现出令人信服的优越性。④在“一个世界，两种制度”的并存和对立这个大格局中，资本主义在很长一段时间内实力上占优势，并形成了对社会主义国家的包围。资本主义国家从其阶级本能出发，凭借其经济、科技和军事优势，必然要向社会主义国家推行“扼杀”战略、“遏制”战略、“和平演变”战略和“超越遏制”战略（即更大规模的和平演变），企图结束东西两大对立体系的这场“历史性较量”，重建资本主义的一统天下。社会主义国家面对这种形势，一方面，要在和平共处原则的基础上，建立和发展同资本主义国家的正常外交关系和开展经济文化

① 《列宁选集》第 4 卷，人民出版社 1995 年版，第 777 页。

② 《列宁全集》第 34 卷，人民出版社 1985 年版，第 343 页。

交流与合作，以发展自己的经济文化和综合国力，缩小同发达资本主义国家的差距；另一方面，还必须百倍警惕和坚持反对资本主义的干涉、渗透和演变。由于外有帝国主义的压力，内有资产阶级思想的影响和面临着困难，在社会主义国家中，不仅必然会有一些人羡慕、甚至追随资本主义，而且执政的共产党内也存在产生各种机会主义的条件和土壤。实践证明，国际共产主义运动和社会主义国家，一旦机会主义思潮泛滥，必将给社会主义事业带来巨大危害和灾难。苏东的社会主义就是在这种困境中因为没有闯出正确的路子而失败的。这是20世纪社会主义的历史难题。解决这个难题就需要在马克思主义指导下，通过长期艰辛探索，找到一条正确路子，以便使社会主义摆脱困惑和困境。

（四）不发达的俄国具有建成社会主义所必需而且足够的一切

列宁对在不发达的俄国建设社会主义充满了信心。在没有西方社会主义国家的援助下，这种信心主要来自于无产阶级的领导权和建立巩固的工农联盟上。列宁在《论合作社》一文中指出："情况确实如此，国家支配着一切大的生产资料，无产阶级掌握着国家政权，这种无产阶级和千百万小农及极小农结成了联盟，这种无产阶级对农民的领导得到了保证，如此等等——难道这不是我们所需要的一切，……这还不是建成社会主义社会，但这已是建成社会主义社会所必需而且足够的一切。"①

列宁认为，由于国情不同，各国的革命和建设道路也应有所不同。列宁根据经济、文化发展水平，把俄国看成是介于西欧和东方之间类型的国家。他强调，俄国在革命和建设上必须有自己的"特色"。他还进一步预见到，在东方那些人口无比众多、社会情况无比复杂的国家里，今后的革命无疑会比俄国的革命带有更多的"特色"。历史证明，列宁的这个思想是完全正确的。各国共产党只有依据和发展列宁的这个思想，把马克思主义普遍真理同本国的具体实践相结合，走出一条具有本国特色的革命和建设道路，才能取得革命和建设的胜利。

---

① 《列宁选集》第4卷，人民出版社1995年版，第768页。

三、重大意义

（一）发展了马克思的东方理论

马克思、恩格斯在他们的一生中，从没有把他们的理论置于一端，束缚住自己的手脚，还曾经提出过向社会主义过渡的两种设想和方案。诚然，在很长一个阶段，他们的着眼点集中在西方发达资本主义国家，认为这里资本主义的基本矛盾已经达到激化的程度，因而社会主义革命将首先在这些国家发生，实现向社会主义的过渡。他们甚至点出了英、法、德、美四国首先和同时过渡。但是，他们从 70 年代后期开始，通过对东方社会的观察与思考，逐渐把视线从西往东移，进而提出了革命运动方兴未艾的俄国等东方国家有可能跨越艰险的资本主义“卡夫丁峡谷”，在吸收资本主义文明成果的基础上和西方国家无产阶级革命的支援下，直接过渡到社会主义。这就是常常被人遗忘、鲜为人知的马克思的东方理论。列宁的《论俄国革命》一文，关于经济文化比较落后的国家先于发达国家进入社会主义的论断，是在新的历史条件下对马克思的东方理论的具体化和进一步发展。

（二）提供了不发达国家建设社会主义的最初经验

列宁在 20 世纪，根据资本主义经济政治发展不平衡规律和资本主义体系的薄弱环节，提出社会主义革命将首先在一国或数国取得胜利的新论断，并在这个理论的指导下，夺取了十月革命的胜利。十月革命以后，特别是 1920 年在战胜帝国主义武装干涉和国内白卫军后，苏维埃俄国开始进行在不发达国家建设社会主义的探索。列宁提出并实行的新经济政策是这种探索的最初尝试。邓小平指出：“社会主义究竟是个什么样子，苏联搞了很多年，也并没有完全搞清楚。可能列宁的思路比较好，搞了个新经济政策，但是后来苏联的模式僵化了。”① 这里说“列宁的思路比较好”，明确指的就是新经济政策。新经济政策，关于重视农业，用粮食税代替余粮征集制，以调动农民的生产积极性，关于充分

① 《邓小平文选》第 3 卷，人民出版社 1993 年版，第 139 页。

利用商品货币关系，搞活商业这个中间环节，恢复和发展工农业生产，关于实行国家资本主义，以租让制租赁制等形式，吸引外资，发展经济等等，提供了不发达国家建设社会主义的最初经验和步骤。列宁逝世以后，斯大林实际上中断了新经济政策，这对苏联建设社会主义很不利，是个严重的教训。我国在十一届三中全会以后所实行的路线和政策，借鉴、吸收并进一步发展了新经济政策。

（三）为我国建设具有中国特色的社会主义奠定了理论基础

列宁认为，社会主义是统一性和多样性的结合。他早在十月革命前夕就曾提出社会主义多样化的思想，指出："在人类从今天的帝国主义走向明天的社会主义革命的道路上，同样会表现出这种多样性。一切民族都将走向社会主义，这是不可避免的，但是一切民族的走法却不会完全一样，在民主的这种或那种形式上，在无产阶级专政的这种或那种形态上，在社会生活各方面的社会主义改造的速度上，每个民族都会有自己的特点。"① 按照列宁所揭示的社会发展规律，一切民族、一切国家都将走向社会主义，但是由于各国情况与历史条件的特殊性，必然会在循着共同规律发展的过程中，表现出各自不同的特点。社会主义不能只有一个模式或类型，建设社会主义的道路必然是多种多样和丰富多彩的。

我国在十一届三中全会以后的十几年，在邓小平建设有中国特色的社会主义理论指引下，搞清了"什么是社会主义，以及怎样建设社会主义"这个社会主义首要的基本理论问题，初步地但是比较系统地回答了在经济文化比较落后的国家建立社会主义制度以后怎样建设、巩固和发展社会主义的一系列重大问题，在实践中探索出一条振兴社会主义的成功之路。这就是：①必须坚持解放思想、实事求是的马克思主义思想路线。②必须坚持以经济建设为中心，促进社会全面进步，实现社会主义现代化。③必须坚持"两手抓、两手都要硬"的指导方针，使两个文明建设相互配合、相互促进。④必须坚持改革开放，不断解放和发展生产力，完善社会主义制度。⑤必须为改革开放和现代化建设提供强有力的政治思想和制度上的保证。⑥必须把执政的共产党建设好。这些反过来又丰富和发展了列宁的思想。

---

① 《列宁全集》第 28 卷，人民出版社 1990 年版，第 163 页。

列宁晚年的社会主义思想

建设社会主义是前无古人的崭新事业，是一个长期探索过程。20世纪大规模的社会主义探索主要有四次；列宁时期，斯大林时期，毛泽东时期，邓小平时期。邓小平在总结20世纪社会主义正反两方面历史经验的基础上深刻指出："社会主义究竟是个什么样子，苏联搞了很多年，也并没有完全搞清楚。可能列宁的思路比较好，搞了个新经济政策，但是后来苏联的模式僵化了。"① 从这段话里可以看出邓小平是比较肯定列宁晚年那一段探索的。列宁是在1924年1月逝世的，当时他只有54岁。因此，列宁没有年龄意义上的晚年，只有思想发展阶段意义上的晚年。他通过总结历史经验，在1921年3月实行新经济政策以后，社会主义思想有一个飞跃和升华，这是列宁社会主义思想发展的高峰。列宁晚年的社会主义思想有三重涵义，包括三个层次的内容，即：新经济政策；建设社会主义的构想；建设社会主义的基本思路。

一、新经济政策

列宁晚年社会主义思想的第一个层次内容体现为政策，实行新经济政策。新经济政策是列宁、布哈林和俄共（布）其他领导人通过总结历

① 《邓小平文选》第3卷，人民出版社1993年版，第139页。

史经验，反思战时共产主义政策，从 1921 年 3 月俄共（布）十大为标志实行的新政策。之所以强调“新”，是针对旧的战时共产主义政策；之所以突出“经济”，出台的政策主要是经济方面的。新经济政策的主要内容是：

1. 用粮食税代替余粮征集制，粮食税的税额比余粮征集制低得多

税额在春耕前公布，以刺激农民提高农业产量。农民有权支配纳税后的余粮，用来交换必要的工业品和其他物资。列宁指出，余粮征集制是单纯从国家方面着眼，而现在的实物税则是“不但要从保证国家方面着眼，而且要从保证小农户方面着眼。”① 粮食税的实行，极大地调动了农民的生产积极性，有力地促进了农业生产的恢复与发展，并从经济上巩固了工农联盟。

2. 工业企业非国有化

在所有制方面，新经济政策改变了国内战争时期关于工业企业普遍国有化的做法，允许私人经营企业，并且将一部分国有化了的企业退还给原企业主，由私人经营。国家还采取了租赁制等措施，将一部分企业出租给私人经营。在农业方面，国家允许并支持小农经济发展。在商业方面，国家支持和鼓励私人经营中小型商业企业。在实践中，列宁阐述了多种经济成分存在的思想。

3. 大力发展商业，包括国营商业机构和私商，建立工业和农业的结合点

列宁坚持马克思、恩格斯的思想，认为社会主义是没有商品和货币关系的社会，并试图在战时共产主义政策时期取消商品和货币。但是此举在实践中碰了壁，于是转而采取灵活措施，主张在从资本主义向社会主义的过渡时期，充分利用市场和商品货币关系，促进工农业生产品的流通，以满足城乡居民的生活需要。列宁指出：“在 1921—1922 年我国社会主义建设的各种过渡形式中，商业正是我们无产阶级国家政权、我们居于领导地位的共产党‘必须全力抓住的环节’。如果我们现在能紧紧‘抓住’这个环节，那么不久的将来我们一定能够掌握整个链条。否则我们就掌握不了整个链条，建不成社会主义社会经济关系的基础。”②

① 《列宁全集》第 41 卷，人民出版社 1986 年版，第 22 页。

② 《列宁选集》第 4 卷，人民出版社 1995 年版，第 614 页。

为此，列宁号召共产党人要学会管理经济，学会文明经商。

4. 加强同资本主义国家的经济交往与合作

列宁特别重视苏俄同资本主义国家的经济交往，强调："社会主义共和国不同世界发生联系是生存不下去的，在目前情况下应当把自己的生存同资本主义的关系联系起来。"① 同资本主义交往的最主要形式就是实行租让制。所谓租让制，就是指国家将一些自己暂时无力恢复生产的企业，根据一定的条件同外国资本家签订合同，租让给他们经营。实行租让制的好处是，可以利用外国资金，引进西方的先进技术，学习科学管理经验，这对恢复和发展苏俄的国民经济有重大作用。列宁认为，实行租让制不仅是必要的，而且也是可能的。苏维埃政权的巩固，资本家对利润的贪欲同各垄断组织之间的倾轧，使实行这一政策成为可能。实行租让制既有正面作用又有负面作用。列宁指出："租让制在经济上对我们有很大好处。当然，它们在建设一些工人村时，将带来资本主义习气，腐蚀农民。但是应该加以注意，应该处处用自己的共产主义影响加以抵制。"② 可以把租让制看作是社会主义国家最早最初步的对外开放形式。

上述四项内容，从农业开始，包括农业、工业、商业、对外经济关系等方面，就是列宁时期实施新经济政策的基本内容。新经济政策的实质是在小农占优势的国家里从资本主义向社会主义过渡和建设社会主义的正确政策，是最终能把社会主义工业化和小农结合起来的正确政策。新经济政策实施的效果异常显著，苏联经济发展，政治稳定，民族团结，文化繁荣。遗憾的是，列宁逝世没过几年，斯大林把这一政策看作权宜之计，到 1928 年从"左"的方面将其中止了。如果这一政策能够再持续一个时期，苏联的情况就会好很多。这是一个严重教训。

二、建设社会主义的崭新构想

列宁于 1922 年 5 月和 12 月，连续两次中风，被党中央送到莫斯科郊区哥尔科村休养。在这种情况下，他一方面，以顽强的毅力同疾病作

① 《列宁全集》第 41 卷，人民出版社 1986 年版，第 167 页。

② 《列宁全集》第 40 卷，人民出版社 1986 年版，第 77 页。

斗争；另一方面，以高度的责任感，关心党和国家的前途命运，思索着社会主义一系列重大理论问题。在不能执笔的情况下，他通过口授由秘书整理的办法，从1922年12月24日到1923年2月9日，先后写成了《日记摘录》等五篇有关理论和政策方面的论文和《给代表大会的信》等三篇有关党的领导方面的信件，也被称为列宁的“最后遗嘱”。列宁在“遗嘱”中，通过总结5年多社会主义的实践经验，特别是一年多新经济政策的经验，提出了有科学依据的在苏联建设社会主义的崭新构想。

1. 进行农业合作化

列宁依据马克思、恩格斯关于农业社会主义改造的思想，结合俄国农民小商品经济像汪洋大海一般存在的实际，在《论合作社》一文中，提出了通过合作社用社会主义原则改造农业，把农民引上社会主义道路的合作社计划。列宁经过长期考察，终于发现合作社这种组织是在农民个人利益服从国家利益的前提下，把个人利益和国家利益结合起来的最好形式。

列宁认为，合作社的性质不是一成不变的。它取决于政权和基本生产资料掌握在哪个阶级手里。在资本主义制度下，由于政权和基本生产资料（包括土地）掌握在资产阶级手里，因而它是集体的资本主义组织。无产阶级夺取政权以后，由于政权和基本生产资料掌握在工人阶级手里，合作社就是社会主义组织。列宁说：“在我国，既然国家政权操在工人阶级手里，既然全部生产资料又属于这个国家政权，我们要解决的任务的确就是剩下实现居民合作化了。”① 列宁指出，为什么说罗伯特·欧文以来所有旧日合作社会主义者的计划都是幻想呢？主要是因为他们低估了阶级斗争、工人阶级夺取政权、推翻剥削者的统治这样的根本问题，幻想在资本主义条件下通过合作社改造社会。

列宁所倡导的农业合作化与后来斯大林所推行的农业集体化不是一回事。集体化的形式是集体农庄，它包括共耕社、劳动组合和农业公社。共耕社是初级形式，在这里，共同使用土地，集体劳动，但牲畜、生产工具仍为私有，一部分产品集中分配。劳动组合是中级形式，土地和生产资料公有，集中劳动，按劳分配，同时允许农民有少量的副业。

① 《列宁选集》第4卷，人民出版社1995年版，第767页。

农业公社是高级形式，实行共产主义原则，一切生产资料和生活资料统统公有，产品按人平均分配，设立食堂免费进餐。从总体上说，集体农庄的基本特征是土地、农具和牲畜都公有，共同耕作，集中经营，统一分配。而合作社则不同。合作社是早在十月革命前就在俄国城乡出现的联合小商品生产者的集体经济组织，其形式包括消费合作社、信贷合作社、产品采购、加工与销售合作社、生产合作社，等等。就生产合作社来说，它是以一家一户的家庭生产为基础，实行农民自主经营，保持着参加者很大的独立性和自主性，只是在生产的不同环节，以不同形式的联合，而决不是集中劳动，统一经营和统一分配。列宁认为，这是吸引小农参加社会主义建设、实现社会主义改造的最好形式。

列宁深刻认识到，实行合作化不仅需要国家在财政上的支持与帮助，还需要有一定的思想和文化条件。他把合作化和文化革命联系起来，强调没有整个的文化革命，要完全合作化是不可能的。列宁考虑到合作化必须坚持自愿原则，同时又要经历一次“文化革命”，因此需要一二十年，甚至更长一点时间。他说：“为了通过新经济政策使全体居民人人参加合作社，这就需要整整一个历史时代，在最好的情况下，我们度过这个时代也要一二十年。”①

列宁在论述农业合作化的重大意义时指出：“在生产资料公有制的条件下，在无产阶级对资产阶级取得了阶级胜利的条件下，文明的合作社工作者的制度就是社会主义的制度。”

2. 实现工业化和电气化

列宁认为，大工业是社会主义赖以建立的物质基础。他指出：建立社会主义社会的真正的唯一的基础只有一个，这就是大工业。如果没有资本主义的大工厂，没有高度发达的大工业，那就根本谈不上社会主义，而对一个农民国家来说就更谈不上社会主义了。列宁把复兴和发展工业和电气化联系起来。早在 1918 年，在他的倡议和主持下，集中了全国 200 多名优秀科学家，制定了为期 10—15 年的全国电气化计划。列宁高度评价了这个计划，称之为“第二个党纲”，并提出“共产主义就是苏维埃政权加全国电气化”的著名公式。列宁指出，只有当国家实现了电气化，为工业、农业和运输业打下了现代大工业的技术基础的时

① 《列宁选集》第 4 卷，人民出版社 1995 年版，第 770 页。

候，我们才能彻底取得胜利，并使苏维埃的经济建设成为未来的欧洲和亚洲的榜样。

新经济政策的实行，从根本上改变了发展大工业、实现工业化和电气化的方法和途径。这就是坚持从农民居多数的国家和小农经济占优势的国情出发，尽可能地向农民让步，允许农民自由贸易，在最大限度地支持和适应小农生产力提高的基础上来恢复和发展大工业，实现工业化和电气化。列宁在《宁肯少些，但要好些》一文中，在论及俄国从落后的农业国转变为先进的工业国时形象地比喻为："从农民的、庄稼汉的、穷苦的马上，从指靠破产的农民国家实行节约的马上，跨到无产阶级所寻求的而且不能不寻求的马上，跨到大机器工业、电气化、沃尔霍夫水电站工程等等的马上。接着又以加重的语气说，我们的希望就在这里，而且仅仅在这里。"①

3. 加强国家政权建设和执政党建设

十月革命以后，世界上第一个无产阶级专政的国家——苏维埃政权成立了。列宁为保卫社会主义制度，采取了许多加强政权建设的重大举措。首先，加强国家的专政职能，镇压国内外敌对势力的破坏和反抗，以巩固年轻的苏维埃政权。其次，发扬民主，最大限度地发挥人民群众的积极性和创造性。列宁指出："没有民主，就不可能有社会主义"，"胜利了的社会主义如果不实行充分的民主，就不能保持它所取得的胜利，并且引导人类走向国家的消亡。"② 列宁认为，从实质上来说，无产阶级民主比资产阶级民主高出百万倍。列宁时期，社会民主和党内民主都很正常和活跃。再次，改革国家机关，精简机构，反对官僚主义。列宁认为，苏维埃政权从旧俄继承下来的遗产之一就是官僚主义。官僚主义，不仅苏维埃机关里有，党的机关也有，甚至越往上越严重。如果说有什么能够把我们毁掉的，那就是官僚主义。改革国家机关，当时的焦点是改革工农检查院。

与加强政权建设相联系的是加强执政党的建设。列宁十分关心和重视执政党的建设。他清醒地看到，由于执政党地位的变化，使党脱离群众的危险比过去增大了。他说，对于一个人数不多的共产党来说，"最

① 《列宁选集》第4卷，人民出版社1995年版，第797页。

② 《列宁全集》第28卷，人民出版社1990年版，第168页。

严重最可怕的危险之一，就是脱离群众”[1]。列宁强调执政党要重视党员质量，指出：“徒有其名的党员，就是白给，我们也不要。世界上只有我们这样的执政党，即革命工人阶级政党，才不追求党员数量的增加，而注意党员质量的提高和清洗‘混进党里来的人’。”[2] 列宁还特别强调增强党的团结，尤其是党中央的团结，防止党内分裂。

4. 开展文化建设和文化革命

十月革命前的俄国，文化异常落后，城乡居民多数是文盲和半文盲，在少数民族中尤为严重。十月革命后的俄国无论是在经济建设上还是民主政治建设上，都遇到了由于文化落后而带来的一系列困难。所以，列宁在最后几篇论文中，提出了“文化革命”这一概念，作为社会主义思想文化建设的纲领。重视文化建设，提出在文化领域里实现一场革命，这是列宁建设社会主义的一个很重要的特点。它反映了不发达国家建设社会主义的规律性。

文化革命的内容很多，包括扫除文盲，提高全体人民的文化水平；培养和造就各方面的专门人才；进行共产主义的思想道德教育等等。但是，最重要的是发展国民教育，一切都取决于教育事业的发展。

为加快发展教育事业，列宁强调，一要大力增加教育经费，提高智力投资；二要提高教师的社会地位和改善教师的物质生活条件。列宁严厉地批评了不关心提高教师地位的错误倾向，要求“把我国国民教师的地位提到在资产阶级社会里从来没有、也不可能有的高度。……而最最重要的是提高他们的物质生活水平”。

列宁对文化建设和文化革命以高度评价。他说：“只要实现了这个文化革命，我们的国家就能成为完全社会主义的国家了。”[3]

列宁对在俄国建设社会主义充满了信心。十月革命以后，列宁寄希望于西欧出现第二个、第三个十月革命，但是这种期望没有实现。在没有西方社会主义国家的援助下，这种信心主要来自于无产阶级的领导权和建立巩固的工农联盟上。列宁在《论合作社》一文中指出：“情况确实如此，国家支配着一切大的生产资料，无产阶级掌握着国家政权，这

---

① 《列宁全集》第 42 卷，人民出版社 1987 年版，第 372 页。

② 《列宁选集》第 4 卷，人民出版社 1995 年版，第 51 页。

③ 《列宁选集》第 4 卷，人民出版社 1995 年版，第 774 页。

种无产阶级和千百万小农及极小农结成了联盟，这种无产阶级对农民的领导得到了保证，如此等等——难道这不是我们所需要的一切”吗？“这还不是建成社会主义社会，但这已是建成社会主义社会所必需而且足够的一切。”①

三、建设社会主义的基本思路

列宁从1921年以后，在实行新经济政策和提出建设社会主义构想过程中，对在苏俄如何建设社会主义进行了深刻的理论思考，逐步形成了他的建设社会主义的思路，这里从许多方面已开始接触和摸索了向社会主义过渡和社会主义建设的规律。列宁建设社会主义的基本思路是：

1. 把建设社会主义作为一个长期探索过程

马克思、恩格斯生活在资本主义社会，他们只能用辩证唯物主义和历史唯物主义世界观，分析资本主义社会的矛盾及其发展趋势，在批判旧世界中发现新世界。马克思主义创始人关于未来社会的科学预测，对后人无疑具有重要指导意义。但是，社会主义绝不是伟大思想家预言的简单塑造，而是广大群众在实践基础上的伟大创造。列宁在十月革命以后，即有了社会主义实践之后，特别强调实践对认识和建设社会主义的意义。他认为，生气勃勃的创造性的社会主义是由人民群众自觉创造的。他还说，我们所向往的社会主义社会，是需要很长时期才能建设起来的。列宁的新经济政策就是把社会主义当作人民群众在实践的基础上长期探索和试验的过程。

既然是探索和试验过程，就要不断提出各种措施和方案，通过实践检验，对了就坚持，错了就改正。列宁说：“我们初次从事新的事业，聪明才智从哪里来呢？我们这样试试，那样试试。我们曾随波逐流，因为那时区分不出正确的东西和不正确的东西，要做到能够区分是需要时间的。”又说：为了建设社会主义，“我们准备作几千次尝试，而且，我们在作了一千次尝试以后，准备去作一千零一次尝试”②。

① 《列宁选集》第4卷，人民出版社1995年版，第778页。

② 《列宁全集》第35卷，人民出版社1985年版，第283页。

既然建设社会主义是个长期探索和试验过程，就会既有成功又有失误，而且这两方面往往是相互伴随、相互交织的。对探索提出“只许成功，不许失败”的要求，是不切实际的。列宁指出：在这样崭新、艰难和伟大的事业中，缺点、错误和失误是不可避免的。他又说：“如果我们的敌人责难我们说，列宁也承认布尔什维克干了许多蠢事，那我们回答说：是的，但是你们知道不知道，我们干的蠢事跟你们干的蠢事毕竟是全然不同的。”①

2. 怎样建设社会主义也是对社会主义重新认识的过程

列宁在十月革命以前，对社会主义的认识和理解主要来源于科学社会主义创始人对社会主义的论述。列宁在十月革命以后，即有了社会主义实践的条件下，发现现实的社会主义有不少和经典论述不一致的地方。在这种情况下，他强调一定要以实践而不是以书本作为认识社会主义的标准。他有两句至理名言：“现在一切都在于实践，现在已经到了这样一个历史关头：理论在变为实践，理论由实践赋予活力，由实践来修正，由实践来检验。”② “对俄国来说，根据书本争论社会主义纲领的时代已经过去了，我深信已经一去不复返了。今天只能根据经验来谈论社会主义。”③ 这里所说的“理论”或“书本”指的是马克思主义；所说的“实践”或“经验”指的是十月革命后苏俄的社会主义实践。

列宁在《论合作社》一文中，谈到了他在十月革命以后经历了一次对社会主义的深刻再认识过程。他说：“我们不得不承认我们对社会主义的整个看法根本改变了。”④ 列宁说的根本改变，主要涉及三个问题：一是工作重心的转变。列宁说，“从前我们是把重心放在而且也应该放在政治斗争、革命、夺取政权等方面，而现在重心转变了，转到和平的‘文化’组织工作上去了。”⑤ 这里说的文化是广义的文化概念，既包括物质文化又包括精神文化，但重点是指物质文化，即经济建设。二是对合作社性质的认识。列宁认为，合作社在资本主义社会是集体的资本主

① 《列宁全集》第 43 卷，人民出版社 1987 年版，第 285 页。
② 《列宁全集》第 33 卷，人民出版社 1985 年版，第 208 页。
③ 《列宁全集》第 34 卷，人民出版社 1985 年版，第 466 页。
④ 《列宁选集》第 4 卷，人民出版社 1995 年版，第 773 页。
⑤ 《列宁选集》第 4 卷，人民出版社 1995 年版，第 773 页。

义；在政权和主要生产资料掌握在工人阶级手里以后，合作社的性质发生了变化。列宁在做《论粮食税》的报告时，认为合作社的性质是国家资本主义，到写作《论合作社》时已进一步认识到它属于社会主义性质。列宁说：对我们来说，合作社的发展也就等于社会主义的发展。“要是完全实现了合作化，我们也就在社会主义基地上站稳了脚跟。”①三是革命和改良的关系。列宁认为，在无产阶级夺取政权以前，革命是无产阶级阶级斗争的主要手段，而改良只不过是无产阶级的革命阶级斗争的副产品；但是在夺取政权以后，改革（或改良）则上升为推进社会主义事业的主要手段。

马克思主义之所以要求人们自觉地实现对社会主义的再认识，是因为人们对任何一个事物要取得比较完全和比较正确的认识，都要通过实践、认识、再实践、再认识，循环往复，逐步深化。这就是说，人们对客观事物的认识，要有一个过程。正确的认识，不可能一次完成，而要经过多次反复才能实现。对社会主义社会这个崭新而复杂的事物的认识，特别是对社会主义社会发展规律性的认识，更是如此。对社会主义再认识的目的和意义，是要改变和破除那些不适合实际情况的传统观念，以加深对社会主义的科学理解。社会主义社会是人类社会发展中一个很长的历史阶段。只要社会主义的客观历史进程没有完结，人们对社会主义再认识的过程也不会完结。

3. 从俄国小农占优势出发，向社会主义不能直接过渡而只能迂回过渡

根据马克思、恩格斯的传统社会主义思想，列宁在战时共产主义政策时期坚持直接向社会主义过渡。“直接过渡”的主要内容是：无产阶级夺取政权以后，不需要通过一系列的过渡形式和环节，而用无产阶级的国家法令，取消商品交换和贸易，按共产主义原则来组织产品的生产和分配；在改造小农问题上，依靠行政命令，组织大规模农业，即国营农场和农业公社。

到1921年，列宁经过反思，认识到在一个小农占优势的国家里，不能直接过渡，而只能迂回过渡。所谓迂回过渡，就是允许农民在交纳粮食税后剩下的余粮到市场上自由周转，通过发展商品经济，实行商品

---

① 《列宁选集》第4卷，人民出版社1995年版，第773页。

交换、货币流通和一定限度的自由贸易，来活跃经济，并培植国家资本主义，把它作为中间环节迂回向社会主义过渡；对小农的改造，要根据自愿互利原则，引导农民先办比较低级的劳动组合和共耕社，逐步由低级向高级发展。列宁指出："从资本主义向社会主义过渡可以有各种不同的形式。这要取决于国内大资本主义关系占优势，还是小经济占优势。"① 这里说的"不同形式"就是指"直接过渡"或"迂回过渡"。如果一个国家大工业占优势，或者即使不占优势，但是十分发达，而且农业中的大生产也很发达，那么直接向社会主义过渡是可能的。否则，就不可能。如果硬要过渡，只能碰得头破血流。

4. 把大力发展生产力和提高劳动生产率摆在首位

列宁认为，建设社会主义最重要的任务就是大力发展生产力。他指出："无产阶级取得国家政权以后，它的最主要最根本的需要就是增加产品数量，大大提高社会生产力。"② 为了大力发展生产力，必须发展大工业，并用大工业改造农业。如果没有高度发达的大工业，那就根本谈不上社会主义。列宁提出了实现工业化和电气化的宏伟设想。

十月革命以后，俄国就社会制度来说已高于资本主义，但是在经济、文化、科学技术等方面还远远落后于西方发达资本主义国家。列宁从长远和战略的高度，提出了社会主义最终一定要创造比资本主义更高的劳动生产率。否则，社会主义就没有资格取代资本主义。他深刻指出："劳动生产率，归根到底是使新社会制度取得胜利的最重要最主要的东西。资本主义创造了在农奴制度下所没有过的劳动生产率。资本主义可以被最终战胜，而且一定会被最终战胜，因为社会主义能创造新的高得多的劳动生产率。"接着他又说："这是很困难很长期的事业，但这个事业已经开始，这是最主要的。"③

5. 允许多种经济成分存在，利用和发展商品交换

十月革命前后，列宁在如何对待资本主义问题上发生很大变化。开始，列宁主张对资本主义企业实行工人监督。但是，当工人监督遭到资本家的拼死反抗以后，列宁在战时共产主义政策时期，坚持用"赤卫队

---

① 《列宁全集》第 41 卷，人民出版社 1986 年版，第 70 页。

② 《列宁选集》第 4 卷，人民出版社 1995 年版，第 623 页。

③ 《列宁选集》第 4 卷，人民出版社 1995 年版，第 16 页。

进攻资本”的方式，先是没收大企业，而后没收中小企业。国内战争结束以后，为了恢复濒于破产的农业经济，列宁主张用粮食税代替余粮征集制。实行粮食税以后，农民可以把余粮拿到市场出售，这就不可避免地发生商品交换，并自发产生资本主义。因而在实行粮食税以后，列宁放宽了对资本主义的政策，把一些国有企业退回原主经营。列宁分析了俄国过渡时期的经济结构，认为存在着自然经济、小商品经济、私人资本主义经济、国家资本主义经济和社会主义经济五种经济成分。此时他已经有了在一定时期内多种经济成分并存的思想。

与这个问题相联系的是如何对待商品经济。科学社会主义创始人马克思恩格斯认为商品生产的根源是私有制。因而私有制一旦废除，就可用产品经济代替商品经济。恩格斯说：“社会一旦占有了生产资料，商品生产就将被消除，而产品对生产者的统治也将随之消除。”[①] 列宁坚持马克思、恩格斯的思想，认为“只要存在着市场经济，只要还保持着货币权力和资本力量，世界上任何法律都无法消灭不平等和剥削。只有建立起大规模的社会化的计划经济，一切土地、工厂、工具都转归工人阶级所有，才可能消灭一切剥削。”[②] 这就是说，列宁是把市场经济与资本主义私有制和剥削联系在一起，把计划经济与社会主义公有制联系在一起，作为两个对立的概念提出的。基于这种认识，列宁在1919年制定俄共（布）八大的新党纲时，坚持社会主义社会是非商品经济的社会，并曾做过试验，结果行不通。通过总结经验，他的认识有很大转变，在实行新经济政策时，采取了灵活政策，强调要发展商品交换。他特别强调，在一个小农经济占优势的国家里建设社会主义，关键在于找到社会主义经济与小农经济的结合点。这个结合点就是商业。为此必须大力发展商品交换，发展商品经济。但列宁去世过早，没有来得及对社会主义经济的性质做出概括。

6. 利用资本主义，建设社会主义

列宁认为，经济文化落后的国家建设社会主义，必须充分利用资本主义为社会主义服务。利用资本主义包括几个不同层次的内容：

第一，利用资本主义，特别是国家资本主义。列宁新经济政策实行

---

① 《马克思恩格斯选集》第3卷，人民出版社1995年版，第757页。

② 《列宁全集》第13卷，人民出版社1987年版，第124页。

以后，资本主义经济有了一定的发展。当时，党内有一些人惧怕资本主义的发展，叫嚷“资本主义是祸害，社会主义是幸福”。列宁认为这种议论是不正确的，因为它忘记了现存的各种社会经济结构的总和，而只从中抽出了两种结构来看。列宁在把握各种经济结构的基础上，提出一个极为深刻的观点：“同社会主义比较，资本主义是祸害。但同中世纪制度、同小生产、同小生产者涣散性引起的官僚主义相比，资本主义则是幸福。既然我们还不能实现从小生产到社会主义的直接过渡，所以作为小生产和交换的自发产物的资本主义，在一定程度上是不可避免的，所以我们应该利用资本主义（特别是把它纳入国家资本主义的轨道）作为小生产和社会主义之间的中间环节，作为提高生产力的手段、途径、方法和方式。”① 这里列宁明确地提出了利用资本主义，特别是国家资本主义。列宁在1921年把国家资本主义的形式概括为四种，即租让制、租借制、合作制和代销代购制。所谓国家资本主义就是国家能够控制和监督的资本主义。这里的关键是“国家”变了，它已不是资产阶级的国家，而是无产阶级的国家，这种国家控制和监督的资本主义就能为社会主义服务。列宁指出：“政权属于资本的社会里的国家资本主义和无产阶级国家里的国家资本主义是两个不同的概念。在资本主义国家里，所谓国家资本主义，就是资本主义得到国家的认可并受国家的监督，从而有利于资产阶级而不利于无产阶级。在无产阶级国家里，做法相同，但是这有利于工人阶级，目的是为了和依然很强大的资产阶级抗衡和斗争。”②

第二，借鉴和吸收资本主义的文明成果和一切有益的东西。资本主义在它发生发展的几百年中，创造了极其丰富的文明成果。经济文化落后的国家走上社会主义道路以后，要使社会主义顺利发展，必须大胆地吸收和借鉴资本主义所创造的一切优秀成果拿来为我所用，发展自己。列宁指出：要进行社会主义建设，必须充分利用资本主义俄国给我们留下来的一切东西。他说：“社会主义能否实现，就取决于我们把苏维埃政权和苏维埃管理组织同资本主义最新的进步的东西结合的好坏。”③

① 《列宁选集》第4卷，人民出版社1995年版，第510页。

② 《列宁全集》第42卷，人民出版社1987年版，第50页。

③ 《列宁全集》第34卷，人民出版社1985年版，第171页。

还说：我不知道别的什么社会主义，只知有一种社会主义，即接受了资本主义一切优秀成果的那样一种社会主义。他还使用这样的公式说明什么是社会主义："乐于吸收外国的好东西：苏维埃政权＋普鲁士的铁路秩序＋美国的技术和拖拉斯组织＋美国的国民教育等等等等＋＋＝总和＝社会主义。"①

第三，充分发挥资产阶级专家们的作用。要吸收资本主义的文明成果和优秀东西为社会主义服务，必须充分发挥资产阶级专家们的作用，因为科学、技术、艺术都在这些专家们的手中和头脑里。列宁强调，对旧知识分子和专家们要采取无产阶级的政策。这就是：政治上要团结他们，而不应排斥他们；工作上要信任和使用他们，以充分发挥他们在社会主义建设中的作用；生活上要关心他们，为其创造良好的工作和生活条件。列宁把那些具有丰富知识、学有专长的知识分子和专家当作宝贵财富。他要求党和国家的各级领导干部，既要领导和指导专家们工作，又要爱护和尊重专家，虚心向专家们学习。他严厉地批评了那些只会在办公室里发号施令而不与专家合作共事的领导者为"共产党员自大狂"。他认为，那些出身于资产阶级的"科学和技术专家"要比妄自尊大的共产党员宝贵十倍。

7. 在革命过后及时地把改革提到日程上来

列宁是人类历史上最伟大的无产阶级革命家。他领导俄国人民取得了开辟人类历史新纪元的十月革命的伟大胜利。他在十月事件中和战时共产主义政策时期所采取的革命措施和革命行动，对夺取政权和巩固政权起了决定性作用。他在革命实践中如鱼得水，以致人们说"伊里奇在革命浪潮中游泳"。但是，作为革命家的列宁并不像当时党内的"左派"共产主义者把革命视为医治百病的灵丹妙药。他在1921年为纪念十月革命四周年所写的《黄金在目前和社会主义完全胜利后作用》一文中指出，无产阶级夺取和巩固政权以后，"对于一个真正的革命者来说，最大的危险，甚至也许是唯一的危险，就是夸大革命作用，忘记了恰当地和有效地运用革命方法的限度和条件。真正的革命者如果开始把'革命'写成大写，把'革命'几乎奉为神明，丧失理智，不能极其冷静极其清醒地考虑、权衡和验证在什么时候、什么情况下、什么活动领域要

① 《列宁全集》第34卷，人民出版社1985年版，第520页。

善于采取革命行动，而在什么时候、什么情况下、什么活动领域要善于改用改良主义的行动，那他们就最容易为此而碰得头破血流”。这里所说的“改良主义的行动”，也就是改革。列宁及时地把改革提了出来，并把它称为“目前的新事物”。

列宁从理论上对革命和改革作了如下的界定：革命是一种自下而上的，急风暴雨式的，“最彻底、最根本地摧毁旧事物”，而改革则是自上而下的，“审慎地、缓慢地、逐渐地来改造旧事物，力求尽可能少加以破坏”①。这就是说，革命是广大群众自下而上兴起的；一般采取暴力革命手段；其结果是一种社会制度代替另一种社会制度。而改革则是自上而下，有领导、有组织地进行的，往往采取改良主义的方法，其结果是同一社会制度内部质的飞跃。列宁在他逝世前夕，还以政治遗嘱的形式，提出了改革国家机关的主张。

综上所述，列宁晚年的社会主义思想包括新经济政策、建设社会主义构想和建设社会主义思路三重涵义，体现在政策、构想和思路三个方面，三个层次的内容相互联系、密不可分，一个层次高过一个层次，建设社会主义的思路是其中的最精华部分。列宁晚年的社会主义思想在理论上发展了科学社会主义，在实践上为苏联建设社会主义指出了正确方向和道路，对走上社会主义道路的经济文化落后国家具有很大借鉴意义。我们党在新中国成立以后特别是十一届三中全会以后所实行的路线和政策，借鉴了并发展了列宁晚年的社会主义思想。

---

① 《列宁选集》第4卷，人民出版社1995年版，第610—612页。

马克思主义历史发展中的几个特点

2003年是人类最伟大的思想家马克思逝世120周年。120年前，1883年3月14日下午，马克思在安乐椅上离开了人世。三天以后，即3月17日，在伦敦的海格特公墓的马克思墓前，家人为了和马克思的一生相协调，免除了“一切仪式”，只有几位忠实的朋友站在墓旁：恩格斯，马克思早在共产主义者同盟时期的两位老同志列斯纳和罗赫纳，从德国来的李卜克内西，从法国来的拉法格和龙格，还有两位著名科学家肖莱马和郎凯斯特。恩格斯用英语向他的亡友致最后的告别词。他客观、真诚，用简短的语言评价了马克思的一生及其对人类的巨大贡献。他说：“当代最伟大的思想家停止思想了。……这个人的逝世，对于欧美战斗的无产阶级，对于历史科学，都是不可估量的损失。这位巨人逝世以后所形成的空白，不久就会使人感觉到。……正像达尔文发现有机界的发展规律一样，马克思发现了人类历史的发展规律。……不仅如此。马克思还发现了现代资本主义生产方式和它所产生的资本主义社会的特殊的运动规律。由于剩余价值的发现，这里就豁然开朗了，而先前无论资产阶级经济学家或者社会主义批评家所做的一切研究都只是在黑暗中摸索。……一生中能有这样两个发现该是很够了。即使只能做出一个这样的发现，也已经是幸福的了。但是马克思在他所研究的每一个领域，甚至在数学领域，都有独到的发现，这样的领域是很多的，而且其中任何一个领域他都不是浅尝辄止。……马克思首先是一个革命家。他毕生的真正使命，就是以这种或那种方式参加推翻资本主义社会及其所建立的国家设施的事业，参加现代无产阶级的解放事业。……斗争是他的生命要素。很少有人像他那样满腔热情、坚韧不拔和卓有成效地进行斗争。”①

在马克思逝世后 12 年，1895 年 8 月 5 日，恩格斯在伦敦也离开了人世。同年 9 月，列宁在《弗里德里希·恩格斯》一文中指出：“在他的朋友卡尔·马克思（1883 年逝世）之后，恩格斯是整个文明世界中最卓越的学者和现代无产阶级的导师。”②

马克思、恩格斯所创立的马克思主义，就其实质来说是一种大社会主义学，即变革社会的社会主义理论和思潮，这种社会主义理论和思潮与空想社会主义和其他社会主义理论和思潮的显著区别是它以社会主义为核心，把社会主义同哲学、政治经济学紧密地结合为一体。因而它能以科学的世界观为指导，以对资本主义社会的经济分析为依据，从而引出有关资本主义社会的变革和人类走向社会主义的科学结论。马克思主义本身就是一种多学科的体系结构。在这个科学体系中，哲学、政治经济学是理论基础，其最终归宿是社会主义。如果马克思主义和社会主义相分离或游离，也就不能称其为马克思主义。

从 1848 年发表《共产党宣言》马克思主义诞生以后，已有 155 年的历史；从 1895 年恩格斯逝世，至今也有 108 年的历史。马克思主义在这一个多世纪的发展中呈现出哪些特点，这是一个很值得探讨和研究的问题。当然，这也是一个有很大难度的问题。列宁在 1910 年写出《马克思主义历史发展中的几个特点》，1913 年写出《马克思学说的历史命运》。这两篇短文，为我们研究这个问题提供了重要的指导原则和线索。

一、先驱者们的辛勤耕耘

马克思和恩格斯于 1844 年在巴黎会见，在交谈中认识完全一致，从此他们共同为创造一个新理论而斗争。1848 年受“共产主义者同盟”

① 《马克思恩格斯选集》第 3 卷，人民出版社 1995 年版，第 776—777 页。

② 《列宁选集》第 1 卷，人民出版社 1995 年版，第 88 页。

的委托，为“同盟”所写的纲领《共产党宣言》的发表，标志着马克思主义的正式诞生。在创建这个新理论的过程中，马克思、恩格斯都独立地参与了制定这一理论的工作。但是，正如恩格斯所说，马克思的贡献更大，其中绝大部分基本指导思想的最后的明确表述，都是属于马克思的。“所以，这个理论用他的名字命名是理所当然的。”①

在马克思主义创立以后，需要有人接受、阐释、运用和传播这一理论。19 世纪后半期，欧洲一些国家出现了第一批马克思主义者，他们在阐释、传播马克思主义方面做了大量工作，辛勤耕耘这块处女地，功不可没。

马克思主义在德国最杰出的代表是：①狄慈根（1825—1888 年）。他未受过正规教育，是马克思的朋友，受马克思、恩格斯的影响，成为哲学家和最早的马克思主义者。他先后发表了《人脑活动的本质》、《一个社会主义者在认识论领域中的漫游》、《哲学的成就》等著作，并在美国纽约负责编辑党的机关报《社会主义者》，宣传马克思主义。②李卜克内西（1826—1900 年）。李卜克内西是国际工人运动的著名活动家，德国社会民主党和第二国际的创始人之一。他在移居伦敦期间，受到马克思、恩格斯多年的“亲口教育”，参加过马克思主讲的政治经济学讲座。他发表了一系列文章和著作，如《知识就是力量，力量就是知识》、《论土地问题》、《法国革命史》、《罗伯特·欧文》、《回忆卡尔·马克思》，积极宣传马克思主义。③倍倍尔（1840—1913 年）。倍倍尔是德国社会民主党的创始人和国际工人运动的杰出活动家，出色的演说家和坚定的革命家。1867 年当选为德意志工人协会联合会主席，并作为工人代表进入北德意志联邦议会，后又成为全德国会议员。他努力宣传马克思主义，先后发表了《基督教和社会主义》、《沙利·傅立叶》、《社会民主党和普选权》、《自传》等著作。1883 年，他发表了《妇女和社会主义》一书，全面探讨家庭、婚姻、妇女问题，是一部享有盛名的马克思主义著作。④梅林（1846—1919 年）。他是德国著名的马克思主义政论家和历史学家，在 19 世纪 80 年代末就参加了德国社会民主党机关刊物《新时代》的编辑工作。他把主要精力用在历史方面，而不是理论上。他以马克思主义为指导，在占有翔实资料的基础上，写出了多卷本

① 《马克思恩格斯选集》第 4 卷，人民出版社 1995 年版，第 242 页。

的《德国社会民主党史》、《马克思传》这些传世之作。尽管在这些著作中，还有一些偏差和错误，特别是受到拉萨尔偏见的影响，但是其基本方面是马克思主义的。恩格斯逝世以后，他同李卜克内西、倍倍尔一起，同伯恩斯坦修正主义作斗争。⑤考茨基（1854—1930 年）是德国社会民主党和第二国际的重要理论家。19 世纪 80 年代初，他在巴黎接触了许多著名的社会主义领袖，通过阅读《资本论》、《反杜林论》等著作，开始转向马克思主义。考茨基前期是一个马克思主义者，得到恩格斯的直接指导和帮助。1883 年起长期担任德国社会民主党理论刊物《新时代》主编，并以此身份参加德国党领导机构的活动，多次代表党参加第二国际的大会。考茨基以渊博的知识为基础，为马克思主义通俗化作了大量工作，并把它运用到许多学科领域，首先是历史和经济领域。他的著作《托马斯·莫尔及其乌托邦》、《卡尔·马克思的经济学说》、《法国革命时期的阶级斗争》、《爱尔福特纲领》，对在德国传播马克思主义起了重大作用。恩格斯逝世以后，他曾同倍倍尔、蔡特金、卢森堡等人一起，批判过伯恩斯坦修正主义，还先后出版了《土地问题》、《社会革命》、《取得政权的道路》等著作。列宁指出："考茨基在 1914—1916 年间的战争以前是马克思主义者，他的一系列极为重要的著作和言论将永远是马克思主义的典范。"① 但是，他没有保住晚节，后来倒向改良主义、机会主义，写出《无产阶级专政》、《恐怖主义和共产主义》，攻击十月革命道路。

马克思主义在法国的主要代表人物：①拉法格（1842—1911 年）是法国最早的马克思主义理论家。1866 年，他担任国际委员会委员，两年后同马克思的女儿劳拉结婚，在公社时期参加了革命活动，失败后流亡国外。拉法格是这一时期法国最有独到见解的马克思主义理论家。他的主要精力用于写作一些精辟的短论和论战性文章，也发表过一些论著，如《卡尔·马克思的经济唯物主义》、《共产主义的经济演变》、《革命前后的法国语言》、《唯心史观与唯物史观》、《财产的起源和发展》等。他为后人留下了第一部马克思主义语言学著作。②索列尔（1847—1922 年）在 19 世纪 90 年代初期成为马克思主义者，同拉法格等人一道参加编辑《新世纪》、《社会进步》杂志。他写作和发表了《论暴力》、

① 《列宁全集》第 28 卷，人民出版社 1990 年版，第 125 页。

《进步的幻想》、《马克思主义剖析》、《工团的社会主义前途》等著作，宣传他的马克思主义观，但在他的著作中具有明显的工团主义的倾向和错误。

马克思主义在俄国的主要代表人物：普列汉诺夫（1856—1918 年）是俄国马克思主义之父。他在流亡国外期间，通过阅读马克思恩格斯的著作，从民粹主义转变成杰出的马克思主义者。1883 年，他同查苏里奇、阿克雪里罗得等在瑞士日内瓦创办了俄国第一个马克思主义宣传团体“劳动解放社”。其主要任务就是把马克思、恩格斯的著作译成俄文，并著书立说，在俄国传播马克思主义。他撰写和发表了许多极为精彩的马克思主义著作，如《社会主义与政治斗争》、《我们的意见分歧》、《论个人在历史上的作用》、《论一元史观的发展问题》，成为最杰出的马克思主义理论宣传家。他的著作培育了整整一代俄国革命者。遗憾的是，普列汉诺夫晚年演变成孟什维克机会主义者。

综上所述，19 世纪下半期，在欧洲一些主要国家，都涌现了一批杰出的马克思主义者，他们对马克思主义的阐释和宣传，为后来马克思主义的广泛传播，奠定了良好的基础。尽管其中有些人的一些观点还有这种那种错误，但这不是主要的，也是难免的。马克思主义先驱者们在这块处女地上播下了最初的种子。

二、发展的无止境和传播的广泛性

马克思、恩格斯是有限的，但是他们所创立的马克思主义是无限的，它的后继者们在实践的基础上与时俱进地不断推进其发展，其发展是无止境的。列宁在 1913 年所写的《马克思学说的历史命运》一文中，把马克思主义诞生后的世界历史分为三个时期，并阐述了在这三个时期中马克思主义的发展情况。第一个时期，从 1848 年欧洲革命到 1871 年巴黎公社。“在第一个时期的开头，马克思学说决不是占统治地位的，它不过是无数社会主义派别或思潮中的一个而已。当时占统治地位的，是那些基本上同我国民粹主义相似的社会主义。”“1848 年革命给了马克思以前的所有这些喧嚣一时、五花八门的社会主义形式以致命的打击。”到这一时期的末尾，“马克思以前的社会主义已奄奄一息。”第二个时期，从 1872 年巴黎公社失败到 1905 年俄国革命。这时，在西欧工人运动中，“马克思学说获得了完全的胜利，并且广泛传播开来。”“马克思主义在理论上的胜利，逼得它的敌人装扮成马克思主义者，历史的辩证法就是如此。内里腐朽的自由派，试图在社会主义的机会主义形态下复活起来。”① 第三个时期，从 1905 年俄国革命至写作此文时。我们可将其延续到 1917 年俄国十月革命。马克思主义传播到俄国，通过和俄国工人运动相结合，建立了俄国社会民主工党。在党的领导下，经过三次革命，即 1905 年革命和 1917 年二月革命和十月革命，先后推翻了沙皇专制政府和资产阶级临时政府，建立了世界上第一个工人阶级政权。这是马克思主义在俄国的胜利。

参照列宁对历史时期的划分，在这三个时期以后，还可以划分出两个时期。第四个时期，是从 1917 年十月革命到 1945 年第二次世界大战结束。这时马克思主义成为苏维埃俄国的指导思想，并广泛传播到世界各大洲。马克思主义在中国的传播是在十月革命之后。毛泽东说：“中国人找到马克思主义，是经过俄国人介绍的。在十月革命以前，中国人不但不知道列宁、斯大林，也不知道马克思、恩格斯。十月革命一声炮响，给我们送来了马克思列宁主义。十月革命帮助了全世界的也帮助了中国的先进分子，用无产阶级的宇宙观作为观察国家命运的工具，重新考虑自己的问题。走俄国人的路——这就是结论。”② 第五个时期，1945 年第二次世界大战结束至今。在马克思主义旗帜下，在共产党领导下，战后出现了社会主义运动的新高潮，在欧洲、亚洲、拉丁美洲三大洲，先后有 15 个国家走上社会主义道路，形成世界社会主义体系。马克思主义成为社会主义国家的指导思想。但是，历史的发展既是前进的，又是在曲折中前进的，是前进性和曲折性的统一。20 世纪 90 年代的苏东剧变，使社会主义陷入低潮。与其相适应，马克思主义也是低潮。在总体低潮中，从 90 年代中期以后在西方发达国家由左翼学者掀起了一波又一波的“马克思热”。这种情况反映了，一方面，资本主义在冷战中虽然是赢家，但是资本主义的很多矛盾并未解决，资本主义制度无力解决它；另一方面，西方国家的众多群众对资本主义已经失望，期待用马克思的学说解决当代人类所面临的诸多问题。早在 10 多年前

---

① 《列宁选集》第 2 卷，人民出版社 1995 年版，第 305—308 页。

② 《毛泽东著作选读》下册，人民出版社 1986 年版，第 677 页。

苏东发生“政治地震”时，邓小平就曾指出：“不要认为马克思主义就消失了，没用了，失败了。哪有这回事！”“我坚信，世界上赞成马克思主义的人会多起来的，因为马克思主义是科学。”① 上述一切都证明了列宁早在1913年时所作的论述：“自马克思主义出现以后，世界历史的这三大时期中的每一个时期，都使它获得了新的证明和新的胜利。但是，即将来临的历史时期，定会使马克思主义这个无产阶级的学说获得更大的胜利。”②

三、发展主线从西往东移

马克思主义诞生于19世纪40年代的德国。在马克思主义发展历程中始终有一条主线，它和世界革命中心、社会主义运动中心紧密联系在一起，不断从西往东移。19世纪40年代，世界革命和社会主义运动的中心在德国。马克思、恩格斯指出：“共产党人把自己的主要注意力集中在德国，因为德国正处在资产阶级革命的前夜，因为同17世纪的英国和18世纪的法国相比，德国将在整个欧洲文明更进步的条件下，拥有发展得多的无产阶级去实现这个变革，因而德国的资产阶级革命只能是无产阶级革命的直接序幕。”③ 这是马克思主义在德国诞生和发展的前提条件。

19世纪末和20世纪初，世界革命和社会主义运动的中心，从西往东移，从德国移至俄国。当时的世界形势是，资本主义由自由资本主义发展为垄断资本主义，资本主义所固有的三大矛盾激化了。俄国的国内环境是，废除农奴制度以后，资本主义虽然有了一定的发展，但依然维持着沙皇专制制度的统治，各种矛盾在这里成为汇合点，俄国正孕育一场革命风暴。正如列宁所说：“历史现在向我们提出的当前任务，是比其他任何一个国家的无产阶级的一切当前任务都更革命的任务。实现这个任务，即摧毁这个不仅是欧洲的同时也是（我们现在可以这样说）亚洲的反动势力的最强大的堡垒，就会使俄国无产阶级成为国际革命无产

---

① 《邓小平文选》第3卷，人民出版社1993年版，第383、382页。

② 《列宁选集》第2卷，人民出版社1995年版，第308页。

③ 《马克思恩格斯选集》第1卷，人民出版社1995年版，第307页。

阶级的先锋队。”① 为了解决俄国的问题，俄国进步思想界从19世纪40年代到90年代如饥如渴地寻求革命真理。列宁后来写道：“俄国在半个世纪里，经受了闻所未闻的痛苦和牺牲，表现了空前未有的革命气概，以难以置信的毅力和舍身忘我的精神去探索、学习和实验，经受了失望，进行了验证，参照了欧洲的经验，真是饱经苦难才找到了马克思主义这个唯一正确的革命真理。”② 在俄国人找到马克思主义以后，列宁是正确运用和发展这个理论的典范。他在俄国条件下，把马克思推进到一个新的阶段，即列宁主义阶段。俄国成为列宁主义的故乡。

20年代以后，世界革命和社会主义运动的中心，继续向东移，由俄国移至中国。中国是一个古老的东方大国，曾对世界文明做过重大贡献。但是，从1840年鸦片战争以后，中国成为半殖民地半封建社会。帝国主义和封建主义的联合统治，导致近代中国的贫穷落后。中国成为世界各种矛盾的集中点。中国人民为了推翻帝国主义、封建主义的统治，拯救民族危亡，使中国成为一个独立富强的国家，曾前赴后继，进行了可歌可泣的斗争。其中包括太平天国农民运动和义和团反帝爱国运动、以康有为梁启超为代表的资产阶级改良派的“戊戌变法”、以孙中山为首的资产阶级革命派发动的辛亥革命，但都没有成功。中国的先进分子从各种各样的主义中经过比较选择了马克思列宁主义，这是中国人民所做出的郑重历史选择。马克思主义只有同各国的实际相结合，才能产生改造世界的巨大威力。毛泽东在中国革命斗争中，创造性地提出了把马克思主义的普遍真理和中国革命的具体实际相结合的原则。这是他对我们党和中国革命事业的独创性贡献。中国共产党在80多年的奋斗历程中，在探索中国这个经济文化落后的国家如何夺取政权和建设社会主义的艰难斗争中，坚持和发展了马克思主义，并使其中国化，产生和形成了毛泽东思想、邓小平理论和“三个代表”重要思想三大理论成果。这是马克思主义在中国的新胜利。

综上所述，正如毛泽东在读苏联《政治经济学教科书》下册谈话中所指出：“从过去的革命历史来看，世界革命的中心是从西方向东方逐步转移。18世纪末，革命的中心在法国。19世纪中叶，革命的中心转

① 《列宁选集》第1卷，人民出版社1995年版，第315页。

② 《列宁选集》第4卷，人民出版社1995年版，第136—137页。

到了德国，无产阶级走上了政治舞台，产生了马克思主义。20 世纪初，革命的中心又转到了俄国，产生了列宁主义，这是马克思主义的发展。随后，革命的中心又转到了中国。将来，世界革命的中心还会继续转移。”随着世界革命、社会主义运动的中心由西往东移，在这条主线上所形成的列宁主义、毛泽东思想、邓小平理论和“三个代表”重要思想，对马克思主义的发展做出了最卓越的贡献。

四、理论的不同方面被提到首要地位

马克思主义是一个统一的、完整的学说，它的基本结构有哲学、政治经济学和科学社会主义三大组成部分，每个组成部分又有许多基本原理。无产阶级政党在运用马克思主义指导实践时，随着形势和任务的变化，应当把不同方面提到首要地位。列宁在 1910 年末和 1911 年初所写的《论马克思主义历史发展中的几个特点》中阐述了这个问题。他指出：“马克思主义不是死的教条，不是什么一成不变的学说，而是活的行动指南，所以它就不能不反映社会生活条件的异常剧烈的变化。”又说：“因为具体的社会政治形势改变了，迫切的直接行动的任务也有了极大的改变，因此，马克思主义这一活的学说的各个不同方面也就不能不分别提到首要地位。”① 列宁在该文中将此前从 1905—1910 年分为两个时期。第一个时期是 1905—1907 年，这三年的特征是发生了 1905 年俄国第一次资产阶级民主革命，这是一个风暴的年代，上层建筑急剧发生变化，社会各阶级都在研究如何推翻沙皇专制制度，因此必然把策略问题提到首要地位。列宁在这个时期所写的大量论著都是围绕策略问题而展开的，他的名著《社会民主党在民主革命中的两种策略》是这一时期的代表作。第二个时期是从 1908—1910 年。这三年的特征是革命失败，形势急转直下，由高潮转向低潮，反动势力进行反扑，在政治战线和思想战线上对革命势力进行“围剿”，党内一些不坚定分子对马克思主义产生动摇。这一时期，无论从总结革命经验以利再战还是从捍卫马克思主义，都要求社会民主党把马克思主义哲学提到首要地位。为此，列宁在 1908 年用了 8 个月时间，写出《唯物主义和经验批判主义》这

① 《列宁选集》第 2 卷，人民出版社 1995 年版，第 281、279 页。

部哲学著作。

依据列宁的上述论述，我们可以清晰地看到，在我国民主革命时期，我们的主要任务是反对帝国主义、封建主义、官僚资本主义，推翻国民党反动统治，夺取和建立全国政权。因而我们党在这个时期把马克思主义关于阶级斗争、无产阶级革命和无产阶级专政的理论提到首要地位。毛泽东在这个时期为指导中国革命，写出了《中国革命和中国共产党》、《新民主主义论》、《论联合政府》等光辉著作，从而进一步丰富和发展了马克思主义。我们党在建国后特别是生产资料所有制的社会主义改造基本完成以后，形势和任务发生重大变化，主要任务已不是阶级斗争，而是集中力量发展生产力，实现社会主义现代化。在这个时期，我们党通过探索，逐渐把马克思主义关于社会主义经济理论和社会主义建设理论提到首要位置。以毛泽东、邓小平、江泽民为主要代表的三代中央领导集体在长达半个世纪的探索中，发表了很多论著，提出了很多新思想、新观点、新论断，形成了中国特色社会主义理论。在我国学术界，有的学者把马克思主义区分为革命的马克思主义和建设的马克思主义，强调前者已过时，后者有现实意义。笔者认为，这种区分不够科学，因为马克思主义只有一个，它是一个统一的完整的科学体系。列宁的提法是，在不同时期，随着形势和任务的变化，马克思主义的某一个方面将被提到首要地位。

五、在批判和斗争中发展

马克思主义是无产阶级认识世界、改造世界的科学理论。无产阶级的历史使命是：推翻资本主义，建设社会主义和共产主义，解放全人类。作为代表无产阶级利益和愿望，以变革社会为己任的马克思主义，它不但无情地批判资本主义和一切剥削制度，批判一切腐朽丑恶现象，批判形形色色的错误思潮，而且公开宣告要推翻资本主义和一切剥削压迫制度。马克思说：我们的理论“按其本质来说，它是批判的和革命的”①。列宁指出：“马克思认为他的理论的全部价值在于这个理论‘按其本质来说，它是批判的和革命的。’后一性质的确完全地和无条件地

① 《马克思恩格斯全集》第23卷，人民出版社1972年版，第24页。

是马克思主义所固有的，因为这个理论公开认为自己的任务就是揭露现代社会的一切对抗和剥削形式，考察它们的演变，证明它们的暂时性和转变为另一种形式的必然性。”①

马克思主义在发展过程中，批判过无数资产阶级、小资产阶级和其他剥削阶级的错误思潮，批判过工人运动内部形形色色的右的和“左”的错误思潮和路线。就后一方面来说，马克思、恩格斯在第一国际时期和以后，批判过普鲁东主义、工联主义、拉萨尔主义、巴枯宁主义和杜林主义；列宁批判过伯恩斯坦修正主义、考茨基的右倾机会主义、俄国党内的孟什维主义以及欧洲共产主义运动中的“左派”幼稚病；毛泽东批判过陈独秀、王明等的右倾和“左”倾机会主义路线和以赫鲁晓夫为代表的国际共产主义运动中的机会主义路线。列宁曾经说过，马克思主义“在其生命的途程中每走一步都得经过战斗”②。马克思主义是在批判和斗争中得到发展的。通过批判，分清了对错是非，为马克思主义的发展扫清了前进道路上的障碍。如果马克思主义“失去”批判的功能，那就意味着这种理论“变质”了。当然，这种批判要把握一定的度，也不能只批判，不吸纳。这里所说的“批判”，就是继承流行于德国古典哲学中的“扬弃”，既有对错误观点的抛弃和割舍，又有对有价值的因素的吸纳和发扬。

毛泽东于1957年在谈到这个问题时是这样说的：“马克思主义也是在斗争中发展起来的。马克思主义在开始的时候受过种种打击，被认为是毒草。现在它在世界上的许多地方还在继续受打击，还被认为是毒草。在社会主义国家里，马克思主义的地位不同了，但是就是在社会主义国家，还是有非马克思主义的思想存在，也有反马克思主义的思想存在。……马克思主义必须在斗争中才能发展，不但过去是这样，现在是这样，将来也必然还是这样。正确的东西总是在同错误的东西作斗争的过程中发展起来的。真的、善的、美的东西总是在同假的、恶的、丑的东西相比较而存在，相斗争而发展的。……这是真理发展的规律，当然也是马克思主义发展的规律。”③ 可以把这段话作为总结。

---

① 《列宁选集》第1卷，人民出版社1995年版，第82—83页。

② 《列宁选集》第2卷，人民出版社1995年版，第1页。

③ 《毛泽东著作选读》下册，人民出版社1986年版，第784—785页。

六、态度不同和理解各异

马克思主义诞生以后，在其发展过程中不仅步履艰难，而且纷繁复杂。不同的阶级、政党和个人，对它的态度和理解有很大的不同。具有代表性的，仅举如下几种：

（一）共产党与马克思主义

共产党和工人党是一种类型。这种类型的政党可追溯到列宁在1903年所创立的俄国社会民主工党。这个党的主流派——布尔什维克从一开始就坚持以马克思主义为指导，同第二国际的修正主义、机会主义以及党内的孟什维主义作斗争。十月革命以后，列宁于1919年建立第三国际，在第三国际的号召下，世界上许多国家都以俄共（布）为榜样，建立起共产党、工人党。其中有的是从第二国际社会民主党的“左派”中分化出来组建的，有的是新建的。中国共产党属于后一种情况。这类政党对马克思主义的态度，可从党组织和党员个人两方面论述。就党组织来说，把马克思主义作为党的指导思想，坚持指导思想的一元化。这就是说，要把马克思主义作为解决本国实际问题的行动指南。这里关键的问题是，要坚持把马克思主义的基本原理同本国的具体实际相结合。就党员个人来说，就是把马克思主义作为一种信仰和价值追求。毛泽东对美国记者斯诺曾说过：他第二次（1920年）到北京，读了三本马克思主义著作，从此树立了对马克思主义的信仰，再没有动摇过。我们党许多老一辈无产阶级革命家和老同志也大都如此。我们党大多数党员都信奉马克思主义。但是，在和平年代，后来的情况发生很大变化。例如，在苏东，由于受西方各种社会思潮的影响，意识形态在淡化，特别是党的一些高级干部和高层领导，信念动摇，有的甚至背叛马克思主义和社会主义。这是发生剧变的重要原因之一。在剧变后丧失政权的艰难岁月里，也有的高层领导干部经受了考验，仍然坚持马克思主义的信仰和共产党员的高风亮节。至于一般党员，则要做具体分析。

（二）社会民主党与马克思主义

这种类型政党包括社会民主党、社会党和工党。比资格，它们比共产党老，大体上产生于 19 世纪 70 年代以后。这些党从当时的主要任务是民主主义而不是共产主义出发，主张社会民主主义，并把党命名为社会民主党。后来这些党普遍参加了 1889 年创建的第二国际。由于马克思、恩格斯在工人运动中的巨大影响，当时他们是接受并信奉马克思主义的，有的明确称是马克思主义政党。当然也有一些党深受其他一些社会主义流派的影响。第一次世界大战以后，由于大多数社会民主党、社会党站在本国帝国主义政府一边，互相厮杀，第二国际就分崩离析，名存实亡了。第一次世界大战结束以后，建立社会主义工人国际，总部设在比利时的布鲁塞尔。1940 年德国法西斯军队侵占了比利时，社会主义工人国际被封，停止活动。第二次世界大战结束以后，1951 年重建社会党国际。战后，社会党国际的各国党，在反对资本主义制度方面是肯定的，但是对马克思主义的态度有很大变化。50 年代初，还有一些社会民主党、社会党称自己是马克思主义的党，称马克思、恩格斯是他们的导师。50 年代末以后，许多社会民主党、社会党主张意识形态多元化，实际上就是放弃了马克思主义的指导地位。1959 年德国社会民主党的哥德斯堡纲领把该党的思想根源归结为马克思主义、基督教伦理学、人道主义和古典哲学，不但四者并列，而且对马克思主义的解释也发生很大变化，认为它只是“分析社会的方法”。在这之后，几乎所有社会民主党、社会党的纲领都不再提马克思主义了。需要指出的是，不同国家的社会民主党、社会党对马克思主义的态度并不一致，有的党在纲领中还保留了一些马克思主义的论点和用语，有的党和马克思主义完全分道扬镳了。在同一党的内部对马克思主义的态度也有很大区别，左翼基本赞同，右翼反对。总体上说，社民党、社会党已经放弃马克思主义了。

（三）西方马克思主义

第一次世界大战以后，无产阶级革命在俄国取得了胜利，但是在西欧一些国家相继遭受失败。这个基本事实，引起一些国家共产党领导人和左翼学者的重视并深入进行理论思考。在这个背景下，从 20 年代以后出现了被人们称之为西方马克思主义的思潮和学派。这个思潮和学派的特征：在政治层面上，既憎恨和反对资本主义，又反对和否定苏联模式，政治色彩极其鲜明；在学术层面上，学术性很强，通过学术形式探讨政治层面的问题，学术色彩很浓。这个思潮和学派中又有很多流派，可以分类为：黑格尔主义的马克思主义，弗洛伊德主义的马克思主义，存在主义的马克思主义，结构主义的马克思主义，新实证主义的马克思主义。其代表人物都是一些知名政治家和学者，如卢卡奇、葛兰西、马尔库赛、萨特、阿尔都塞等。对于西方马克思主义要辩证地对待，半个多世纪的实践验证了在西方马克思主义中，有一些观点是正确的，对我们深入认识资本主义和社会主义有所启发和帮助；有一些是提出了在马克思主义发展过程中长期被忽略的问题，或者是揭示了在社会主义实践中遭到扭曲的问题；有的观点是片面的，甚至是错误的。

（四）西方马克思学

从 20 世纪 60 年代之后，西方国家出现“马克思学”。西方马克思学与西方马克思主义不同，它把马克思主义作为一种纯学术对待，主要是研究马克思、恩格斯的生平事迹和思想理论，为研究而研究，和政治没有多大关系。其中有一些人甚至站在对立的立场，制造马克思和恩格斯的对立、青年马克思和成熟马克思的对立，对马克思主义的批评多于肯定，而对马克思主义的肯定有一些又是建立在曲解马克思主义学说的基础之上。与此相适应，还出现了西方“列宁学”、西方“斯大林学”、西方“毛泽东学”。

七、世界形势的巨大变化

在人类历史上没有任何一种思想理论能够像马克思主义这样对人类历史产生重大而深远的影响。1999 年末，时逢世纪之交和千年之交，在英国广播公司（BBC）和路透社先后进行了两次千年伟人评选活动。结果，马克思分别列为第一、第二位。路透社在报道评选结果时，特别提出马克思的《共产党宣言》和《资本论》这两本巨著对过去一个多世纪全球的经济和政治形势与思想产生了巨大和深刻的影响。在马克思主义的指引和影响下，一个多世纪的人类历史发生巨大变化。

（一）社会主义的建立和发展

1848 年《共产党宣言》发表时，资本主义在全球几乎独占统治。

在马克思主义旗帜下，社会主义从一种思潮发展为社会运动，再发展为社会制度。20世纪社会主义破土而出，从一国实践发展为多国实践，在坎坷和曲折中不断前进，开创了人类社会最伟大变革的历史进程。可以设想，如果没有马克思主义，这种局面是绝不会出现的。

（二）殖民主义被埋葬

有资本主义必然有殖民主义，因为资产阶级为了获得高额利润，对内要残酷剥削劳动人民，对外要无偿掠夺落后国家的财富，推行殖民主义。殖民主义是资本主义的附属品和派生物，构成资本主义生产方式的一部分。有资本主义的殖民主义，必然有被压迫民族的民族解放运动。第二次世界大战以后，在社会主义国家的支持和影响下，亚非拉90多个国家通过各种不同方式的斗争，宣告了民族独立，资本主义经营了几百年的殖民主义体系彻底崩溃了。这是改变世界面貌的具有划时代意义的事件。

（三）法西斯主义被消灭

资本主义为了摆脱经济大危机，从20世纪30年代以后，各国都在寻找出路，德国、意大利、日本三国选择了法西斯主义。法西斯主义是资本主义最野蛮的统治。法西斯主义就意味着战争。在第二次世界大战中，社会主义的苏联和中国共产党领导的人民武装，在反法西斯主义的战斗中做出重大贡献。资本主义、帝国主义的两个最野蛮的产物——殖民主义和法西斯主义，都是在20世纪猖獗一时而后崩溃的。

（四）资本主义的寿命延长

资本主义经过几百年的曲折发展，到20世纪上半叶由于出现了1929—1933年的经济大危机和发生两次世界大战，几乎走到了尽头。马克思、恩格斯在《共产党宣言》中指出："资产阶级除非对生产工具，从而对生产关系，从而对全部社会关系不断地进行革命，否则就不能生存下去。"① 资产阶级在困境中不断地反思和总结，同时从马克思主义中吸取养料，以美国的罗斯福"新政"为标志，资本主义各国在第二次

① 《马克思恩格斯选集》第1卷，人民出版社1995年版，第275页。

世界大战之后不断地对它的生产关系和上层建筑的一些环节进行改革，不仅有力地推动了生产力的发展，而且自我调节的能力也大大增强了。当代资本主义比以前更富有活力和弹性。改革，延长了资本主义的生存期和寿命，推迟了社会主义取代资本主义的时间。

综上所述，马克思主义是被实践反复证明了的人类历史上最科学的理论。回顾过去，它在一个多世纪的历程中得到很大的发展；面向未来，它在变革世界的斗争中必将得到更大的发展。当然，这种发展不会是直线式而只能是螺旋式上升。马克思主义前途光明，它将永放光芒！

完整准确地理解和把握马克思主义的科学内涵和精神实质

党的十七届六中全会通过的《中共中央关于深化文化体制改革推动社会文化大发展大繁荣若干重大问题的决定》，在党的思想理论建设上提出了两个重要论断和战略举措。一个是，在长期坚持和推进马克思主义中国化的基础上，进一步提出马克思主义中国化、时代化、大众化，使之更加系统和完善，成为一个不可分割的整体。另一个是，为适应世情国情党情的深刻变化，把握知识创新和积累的加速，保持党的先进性，在提出建设学习型社会之后，进一步提出建设马克思主义学习型政党。无论是推进马克思主义中国化、时代化、大众化，还是建设马克思主义学习型政党，都与学习、研究和运用马克思主义有关。前者要求正确认识和理解马克思主义，然后要和中国的国情相结合，在这个基础上才能实现马克思主义中国化、时代化、大众化。后者要求党员特别是党的领导干部在学习内容上要把学习马克思主义摆在首位，其中包括经典马克思主义和中国化马克思主义。为适应新形势的需要，在党中央的高度重视和直接领导下，由中央编译局专家们精心编选和重新校译的 10 卷本《马克思恩格斯文集》和 5 卷本《列宁专题文集》已由人民出版社出版。这两部文集作为中央马克思主义理论研究和建设工程的重大成果，对于帮助我国广大干部和群众学习和运用马克思主义，推进马克思主义中国化、时代化、大众化，建设马克思主义学习型政党，具有重大意义。学习和研究马克思主义没有捷径可走，最佳途径是读原著。恩格斯 1890 年在给布洛赫的信中指出："我请您根据原著来研究这个理论，而不要根据第二手的材料来进行研究——这的确要容易得多。"① 两部文集，一部是马克思主义创始人的自述，一部是这个事业的继承者列宁对这个学说的权威性解释和在新的历史条件下的发展，都是最靠得住和令人信服的，是学习马克思主义的最好教材。学习两部文集，最重要的是把握如下四个方面的内容。

一、科学界定什么是马克思主义

什么是马克思主义，怎样认识和理解马克思主义，这是人们关注和必须回答的问题。马克思主义的创始人及其继承者列宁没有给这个学说下定义，但是对这个学说作出如下科学界定：

（一）马克思、恩格斯的观点和学说体系

列宁在 1914 年所写的《卡尔·马克思》一文中说："马克思主义是马克思的观点和学说的体系。"② 这里没提和省略了恩格斯，但应当包括恩格斯。马克思、恩格斯是人类历史上最伟大的思想家，他们都出生于德国发达省份莱茵省。青年马克思、恩格斯都曾经是激进的青年黑格尔派，哲学上信奉过唯心主义。在 1842—1844 年期间，他们通过不同途径，实现了世界观从唯心主义向唯物主义、从革命民主主义向共产主义的"两大转变"。1844 年 8 月，恩格斯在巴黎同马克思相见，在交谈中认识完全一致，从此结成深厚友谊，并共同著书立说，创造一个崭新的理论。所以，这个理论代表和反映的是马克思、恩格斯的观点和他们所创造的学说体系。马克思在世的时候，他们把自己的学说称为"新理论"，有时也叫"科学社会主义"；马克思逝世后，由于他在国际工人运动中具有崇高威信，一些人以他的名字将其命名为马克思主义。为什么两个人创造的理论只写一个人的名字，对此恩格斯于 1886 年以虚怀若谷的态度发表了一个声明。他说：这个理论的绝大部分指导思想的最后的

① 《马克思恩格斯文集》第 10 卷，人民出版社 2009 年版，第 593 页。

② 《列宁专题文集》论马克思主义卷，人民出版社 2009 年版，第 7 页。

明确的表述，都是属于马克思的。“我所提供的，马克思没有我也能够做到，至多有几个专门领域除外。至于马克思所做到的，我却做不到。……马克思是天才，我们至多是能手。没有马克思，我们的理论远不会是现在这个样子。所以，这个理论用他的名字命名是理所当然的。”①

（二）工人阶级的意识形态和科学理论

在阶级社会，任何一种思想理论都有阶级性。马克思、恩格斯是工人阶级的理论家，他们的理论是工人阶级的理论，是工人阶级利益和愿望的理论表现。恩格斯指出：“现代社会主义不过是这种实际冲突在思想上的反映，是它在头脑中，首先是在那个直接吃到它的苦头的阶级即工人阶级的头脑中的观念上的反映。”② 马克思主义作为工人阶级的意识形态，在资本主义社会属于被统治阶级的思想，是工人阶级和广大劳动群众反对资本主义的思想武器；在社会主义社会属于统治阶级的思想，是工人阶级维护阶级统治的思想武器。《共产党宣言》有一句名言：“任何一个时代的统治思想始终都不过是统治阶级的思想”。这就是说，任何一个社会的思想领域，总是由那个社会的统治阶级的思想占统治地位的，否则统治阶级在经济、政治领域的统治地位也难以维持住。当前我国，我们之所以强调必须坚持马克思主义在意识形态领域的指导地位，坚持指导思想只能一元不能多元，道理就在这里。

（三）一种社会主义理论和思潮

这是就马克思主义学说的性质而言的。所谓性质是指一种事物区别于其他事物的根本属性。19 世纪 40 年代的欧洲正处于从封建主义向资本主义的过渡，有的国家过渡完毕，有的正在过渡。那时社会思潮和思想理论五彩缤纷，但是就大的类别来说无非是封建主义的、资本主义的和社会主义的。而马克思主义就其性质来说是一种社会主义理论或学说。列宁指出：“在第一个时期的开头，马克思学说决不是占统治地位的。它不过是无数社会主义派别或思潮中的一个而已。当时占统治地位

① 《马克思恩格斯文集》第 4 卷，人民出版社 2009 年版，第 297 页。

② 《马克思恩格斯文集》第 3 卷，人民出版社 2009 年版，第 548 页。

的，是那些基本上同我国民粹主义相似的社会主义。”[①] 这里说的“统治地位”，指的不是在整个社会，而是在工人运动中；同俄国民粹主义相似的社会主义，指的是以法国西斯蒙第等为代表的小资产阶级社会主义。

二、准确把握马克思主义的理论品格

马克思主义作为人类最伟大的思想理论和认识工具，是在继承人类文化优秀成果的基础上所创立的真正科学的宇宙观和最彻底的社会革命论，是一个博大精深、高度严整的科学理论体系。它有许多不同于其他科学的特征和理论品格。

（一）革命性和科学性的高度统一

马克思说：我们的理论“按其本质来说，它是批判的和革命的”。它不但无情地批判资本主义，批判一切腐朽丑恶现象，批判形形色色的错误思潮，而且公开宣告要推翻资本主义和一切剥削压迫制度。列宁指出：“马克思认为他的理论的全部价值在于这个理论‘按其本质来说，它是批判的和革命的’。后一性质的确完全地和无条件地是马克思主义所固有的，因为这个理论公开认为自己的任务就是揭露现代社会的一切对抗和剥削形式，考察它们的演变，证明它们的暂时性和转变为另一种形式的必然性。”[②] 马克思与风暴时期的实践家领袖如法国的布朗基和德国的拉萨尔不同，他们虽然坚持革命斗争，和广大群众有密切联系，但理论上很弱，且缺乏科学性，不能指导运动前进。马克思主义则不同，它不仅是革命的，而且是科学的。因为马克思主义的每一个原理和论断，都不是马克思、恩格斯凭空设想的，而是他们从分析资本主义和工人运动的发展规律中得出的。列宁高度评价马克思主义兼有革命性和科学性的理论品格。他说：马克思主义理论“对世界各国社会主义者所具有的不可遏止的吸引力，就在于它把严格的和高度的科学性（它是社

---

① 《列宁专题文集》论马克思主义卷，人民出版社2009年版，第62页。

② 《列宁专题文集》论辩证唯物主义和历史唯物主义卷，人民出版社2009年版，第213页。

会科学的最新成就）同革命性结合起来”①。

（二）与时俱进的发展理论

恩格斯说：“我们的理论是发展着的理论。”又说：“我们的理论不是教条，而是对包含着一连串互相衔接的阶段的发展过程的阐明。”② 马克思主义就是在实践的基础上一步步充实和发展起来的，它的创立和发展经历了四个阶段：一是孕育和准备阶段（从 1842—1844 年实现“两个转变”到 1847 年《哲学的贫困》的发表）。二是正式形成和走向成熟阶段（从 1848 年《共产党宣言》问世到 1871 年巴黎公社）。三是理论体系最终完成阶段（从 1871 年巴黎公社失败到 1883 年马克思逝世）。四是恩格斯对马克思主义的捍卫和发展阶段（从马克思逝世到 1895 年恩格斯逝世）。马克思主义作为时代发展的产物和精华，是发展着的理论，是不断创新的科学体系，它不是僵化不变的，而是与时俱进的，因而具有强大的生命力，永不过时。马克思主义从诞生到现在已经有 160 多年了，它之所以经久不衰，能够一代一代传下去，超越国界和时空，表现出旺盛的生命力，一是科学真理。它的基本原理是完全正确的，不会过时。二是由此而来的不仅有众多的信奉者。更加可观的是全世界有 100 多个共产党信仰它，把它作为指导思想，执着实践它。三是实践在发展。马克思主义源于活生生的社会实践，必然要随着实践的发展而不断充实、发展和创新。今日的马克思主义比起经典的马克思主义，内容要丰富多了，理论形态也发生很大变化，已不可同日而语。

（三）全人类精神文明的结晶和伟大成果

工人阶级是人类历史上最伟大的阶级，它不仅要解放自己而且要解放全人类。因此，作为工人阶级意识形态的马克思主义，绝不是维护工人阶级一己私利而离开人类文明发展大道的狭隘宗派学说。马克思主义创始人把人类社会所创造的一切，人类思想所建树的一切，作为自己进一步探索的立足点和出发点，并放到工人运动中去检验，将其中的杂质

① 《列宁专题文集》论辩证唯物主义和历史唯物主义卷，人民出版社 2009 年版，第 213—214 页。

② 《马克思恩格斯文集》第 10 卷，人民出版社 2009 年版，第 562、560 页。

排泄出去，思想养分、真理内核统统汲取，融会贯通，并通过革命改造，进一步提高，发扬光大，使它们在新的历史高度上为人类服务，为共产主义的崇高目标服务。正如列宁所指出的："马克思主义同'宗派主义'毫无相似之处，它绝不是离开世界文明发展大道而产生的一种固步自封、僵化不变的学说。恰恰相反，马克思的全部天才正是在于他回答了人类先进思想已经提出的种种问题。他的学说的产生正是哲学、政治经济学和社会主义极伟大代表人物的学说的直接继续。"[①] 后来，列宁在俄国革命实践中将俄国革命民主主义者的优秀遗产、毛泽东在中国革命过程中将中国传统文化中的精华都吸纳了。在对待人类文化遗产问题上，要反对和防止两种错误倾向，既要反对全盘排斥，又要反对全盘吸收，而且要通过批判，排除杂质，吸收精华，并革命地加以改造。例如，毛泽东非常重视和熟悉中国传统文化，认为中国几千年的文化，是封建时代的文化，但其中既有封建主义的内容，也有反封建的人民性的内容。他创造性地提出并辩证地对待传统文化，将其分解为精华和糟粕两部分，"排泄其糟粕，吸收其精华"。

（四）博大精深、多学科的完整科学体系

这个科学体系包括三个基本组成部分，即马克思主义哲学、政治经济学和科学社会主义。马克思主义哲学是无产阶级的科学世界观和方法论，是研究自然、社会、思维一般发展规律的科学。它是整个马克思主义的理论基础。政治经济学是研究资本主义社会的生产关系和经济运动规律的科学，它对资本主义的发生、发展和灭亡作了最全面、最详细、最深刻的理论论证，因而是"马克思主义的主要内容"。科学社会主义是以马克思主义哲学和政治经济学尤其是唯物史观和剩余价值学说为理论基础，研究无产阶级解放运动，研究人类从资本主义到共产主义这个特定历史阶段的发展规律，从而得出了社会主义必然要代替资本主义的结论，是这个学说的"核心"内容。这三大组成部分既相对独立、自成体系又三位一体、相互贯通、不可分割，统一于为最终实现人类解放、达到理想的共产主义目标作理论论证。后来，随着马克思主义的发展又增添了历史学、政治学、法学、军事学、社会学、民族学、人类学、文

① 《列宁专题文集》论马克思主义卷，人民出版社2009年版，第66—67页。

艺学等有机组成部分。我们必须把马克思主义作为一个完整的理论体系来对待，着重把握在这个理论体系中具有重要地位的基本原理，而不要实用主义的“各取所需”，把个别论断加以绝对化、神圣化，割裂和歪曲马克思主义。

（五）不是教条而是行动的指南

马克思在1844—1847年的笔记中，有一个《关于费尔巴哈的提纲》，他的新的哲学观点在《提纲》的11条中，以高度浓缩的语言表现出来了。多年以后，恩格斯高度评价了这个《提纲》，说它是“包含着新世界观的天才萌芽的第一个文献”①。马克思在这个《提纲》的最后一条说：“哲学家们只是用不同的方式解释世界，而问题在于改变世界。”这是马克思主义的一个极为重要的理论品格，是马克思主义区别于其他学说的根本标志。马克思主义作为新的科学世界观，它不仅是工人阶级及其政党正确地认识世界，更重要的是革命地改造世界的强大思想武器。从马克思、列宁到毛泽东，都十分重视世界观，因为它具有认识世界、改造世界的功能。这个科学世界观，不是只涉及认识自然界的小世界观，而是包括自然观、社会观、历史观在内的大世界观。马克思主义哲学不仅能够给人们以智慧，而且能够帮助人们在观察问题时具有一种穿透力。恩格斯反复告诫人们：“马克思的整个世界观不是教义，而是方法。它提供的不是现成的教条，而是进一步研究的出发点和供这种研究使用的方法。”② 对马克思主义，既不应作为宗教的教义去背诵，也不应作为书本的教条去机械搬用，而要作为行动指南，去指导实践。但是，无论在国际共产主义运动还是中国共产党的历史上，都曾出现过教条式地对待马克思主义而导致革命事业遭到重大挫折的严重错误。例如，第二国际的理论权威考茨基，就是用教条主义对待马克思主义的反面教员。他在20世纪初，死抱着马克思关于社会主义革命将在西方发达国家首先发生和同时胜利的教条不放，宣扬经济文化落后的俄国不具备搞社会主义的条件。列宁在批判考茨基时指出：“马克思和恩格斯说过，我们的理论不是教条，而是行动的指南；卡尔·考茨基、奥托·鲍

① 《马克思恩格斯文集》第4卷，人民出版社2009年版，第266页。

② 《马克思恩格斯文集》第10卷，人民出版社2009年版，第691页。

威尔这类（正宗的）马克思主义者的最大错误和最大罪恶，就是他们不懂得这一点，不善于在无产阶级革命最紧要的关头按此行事。”① 在我国民主革命时期党的幼年阶段，由于政治上、理论上不成熟，曾发生过陈独秀右倾和瞿秋白、李立三、王明三次“左”倾错误，使我们党和中国革命事业遭到严重挫折，其思想根源就是主观主义特别是教条主义，理论脱离实际，不能创造性地运用马克思主义。陈独秀的右倾机会主义是照抄照搬俄国孟什维克的教条，认为资产阶级民主革命应由资产阶级领导，放弃无产阶级领导权。瞿秋白、李立三、王明等的“左”倾机会主义是照抄照搬俄国布尔什维克的教条，俄国是城市武装起义，中国亦步亦趋搞城市武装暴动。“不是教条”强调的是不要照抄照搬搞教条主义；“行动的指南”则是强调理论要结合实际指导实践。马克思、恩格斯在《共产党宣言》1872 年德文版序言中在肯定马克思主义一般原理的正确性时指出：“这些原理的实际运用……随时随地都要以当时的历史条件为转移。”列宁坚持和发展了这一思想，说：“我们完全以马克思的理论为依据”，但是，“我们决不把马克思的理论看作某种一成不变的和神圣不可侵犯的东西。……因为它所提供的只是总的指导原理，而这些原理的应用具体地说，在英国不同于法国，在法国不同于德国，在德国又不同于俄国。”② 毛泽东在民主革命时期在同党内教条主义斗争中，创造性地提出了把马克思主义的普遍真理同中国革命的具体实践相结合的思想原则，推进马克思主义中国化。这是他对我们党和中国革命的一个独创性贡献。

综上所述，马克思主义具有实践性、阶级性、批判性、革命性、科学性、开放性、发展性、整体性等特点和理论品格，它和资产阶级以及一切剥削阶级的学说和思潮有着本质的不同。

三、深刻领会马克思主义的基本原理

马克思主义既是学说又是真理。但是，不能把马克思主义经典著作中的每句话都视为绝对真理，要区分马克思主义的基本原理和个别论

① 《列宁选集》第 4 卷，人民出版社 1995 年版，第 180 页。

② 《列宁专题文集》论马克思主义卷，人民出版社 2009 年版，第 94、96 页。

断。基本原理反映了客观规律，在运用中结合具体实际就是放之四海而皆准的普遍真理。个别论断是针对当时某种具体情况讲的，离开了这个条件，在另外一种环境下就不适用。我们一贯强调和重视的是基本原理。马克思主义基本原理可作如下概括：

（一）世界观和方法论

哲学是时代精神的精华。马克思和恩格斯的理论活动是从研究哲学开始的。19 世纪 40 年代中期，他们通过合著《神圣家族》、《德意志意识形态》，在批判地继承德国古典哲学的基础上，实现了哲学的根本变革。他们一方面，吸取了德国古典哲学的最大成就——黑格尔的“合理的内核”，即辩证法，并且把它向前发展了；另一方面，又看到黑格尔的“唯心主义的荒谬”，于是用费尔巴哈的唯物主义代替它，并在实践的基础上使其更加全面和彻底。马克思的辩证法是唯物辩证法，他的唯物论是辩证唯物论，从而诞生了全新的辩证唯物主义的世界观和方法论。后来恩格斯在《反杜林论》和《费尔巴哈与德国古典哲学的终结》等著作中，进一步阐述了唯物辩证法的三大规律和基本范畴，并从思维和存在的相互关系这个哲学基本问题出发，构建起马克思主义哲学体系的框架。列宁说：“马克思的哲学是完备的哲学唯物主义，它把伟大的认识工具给了人类，特别是给了工人阶级。”① 这里说的“完备的哲学唯物主义”当然包括历史唯物主义。

（二）历史唯物论

马克思运用辩证唯物主义去研究人类历史，其中包括借助他丰富历史知识的底蕴，创造了历史唯物主义，在《德意志意识形态》中完成了第一个发现。马克思在 1859 年所写的《政治经济学批判》序言中对唯物史观作了如下经典表述：“人们在自己生活的社会生产中发生一定的、必然的、不以他们的意志为转移的关系，即同他们的物质生产力的一定发展阶段相适合的生产关系。这些生产关系的总和构成社会的经济结构，即有法律的和政治的上层建筑竖立其上并有一定的社会意识形态与之相适应的现实基础。物质生活的生产方式制约着整个社会生活、政治

① 《列宁专题文集》论马克思主义卷，人民出版社 2009 年版，第 68 页。

生活和精神生活的过程。不是人们的意识决定人们的存在，相反，是人们的社会存在决定人们的意识。”① 唯物史观创立的意义，一是解开了人类“历史之谜”，社会发展的动因，既不是前人所说的英雄豪杰，也不是政治斗争和政治变革，而是社会基本矛盾运动。二是标志着唯物主义的彻底完成，这是彻底的唯物主义，即自然观和社会观都是唯物主义，从而把唯心主义从它的最后的避难所即历史观中驱逐出去。

（三）剩余价值论

马克思实现了哲学变革后，就把他的研究重点转移到经济学领域。他通过潜心研究，1867 年发表了被称为“工人阶级圣经”的《资本论》第一卷，创立了剩余价值学说，完成了第二个发现。马克思在该书的第一版序言中指出：“本书的最终目的就是揭示现代社会的经济运动规律。”《资本论》第一卷，阐述的是整个资本主义的生产过程。资本和劳动的关系，这个资本主义社会“所依以旋转的轴心”问题，“在这里第一次作了科学的说明”。资本主义生产是以雇佣劳动为基础的商品生产。其生产过程具有两重性：一方面，是生产使用价值的劳动过程，另一方面，是生产剩余价值的价值增殖过程。雇佣工人的劳动分为两部分：一部分是必要劳动时间，用于再生产劳动力的价值；另一部分是剩余劳动时间，用于无偿地为资本家生产剩余价值。这就揭露了资本家剥削的秘密。“资本主义的丧钟就要响了。剥夺者就要被剥夺了。”剩余价值学说是马克思经济理论的基石。

（四）社会主义历史趋势论

马克思根据对资本主义的基本矛盾即社会化生产与资本主义私人占有之间的矛盾的分析，揭示了资产阶级必然灭亡、无产阶级必然胜利——“两个必然”的历史趋势，即社会主义代替资本主义的历史必然性。但是，“两个必然”只是揭示了社会主义的历史大趋势，并未回答社会主义何时取代资本主义。鉴于 19 世纪资本主义还在发展，还有很大潜力，马克思在 1859 年所写的《政治经济学批判》序言中又提出“两个决不会”，即“无论哪一个社会形态，在它所能容纳的全部生产力

① 《马克思恩格斯文集》第 2 卷，人民出版社 2009 年版，第 591 页。

发挥出来以前，是决不会灭亡的；而新的更高的生产关系，在它的物质存在条件在旧社会的胎胞里成熟以前，是决不会出现的”①。社会主义的必然性是通过长期性和曲折性实现的。

（五）无产阶级历史使命论

社会规律和自然规律不同，自然规律是自发实现的，社会规律的实现需要有一定的社会力量。与空想社会主义者把工人阶级只看作是一个受苦最深的阶级不同，马克思、恩格斯把变革社会的希望寄托在工人阶级身上。“资产阶级不仅锻造了置自身于死地的武器，它还产生了将要运用这种武器的人——现代的工人，即无产者。”“在当前同资产阶级对立的一切阶级中，只有无产阶级是真正革命的阶级，其余的阶级都随着大工业的发展而日趋没落和灭亡，无产阶级却是大工业本身的产物。”②无产阶级承担着推翻资本主义旧世界、建设社会主义新世界、解放全人类的伟大历史使命。

（六）无产阶级政党论

现代社会实行的是政党政治和政党领导。无产阶级要实现自己的历史使命，必须建立无产阶级政党。恩格斯指出：“无产阶级要在决定关头强大到足以取得胜利，就必须（马克思和我从 1847 年以来就坚持这种立场）组成一个不同于其他所有政党并与它们对立的特殊政党，一个自觉的阶级政党。”③ 这个党最重要的是保持先进性。“在实践方面，共产党人是各国工人政党中最坚决的、始终起推动作用的部分；在理论方面，他们胜过其余无产阶级群众的地方在于他们了解无产阶级运动的条件、进程和一般结果。”④ 马克思、恩格斯为建立这样的政党奋斗了一生。在他们的推动下，1847 年建立了“共产主义者同盟”这个无产阶级国际性政党组织；70 年代以后，欧美一些国家先后建立起民族国家的社会主义政党。此外，在 1864 年和 1889 年还先后建立了第一国际和

① 《马克思恩格斯文集》第 2 卷，人民出版社 2009 年版，第 592 页。
② 《马克思恩格斯文集》第 2 卷，人民出版社 2009 年版，第 38、41 页。
③ 《马克思恩格斯文集》第 10 卷，人民出版社 2009 年版，第 578 页。
④ 《马克思恩格斯文集》第 2 卷，人民出版社 2009 年版，第 44 页。

第二国际。坚持党的领导是无产阶级革命取得胜利的根本保证。坚持党的领导，必须加强党的建设。十月革命以后，列宁进行了马克思主义执政党建设的探索，并取得初步成果。坚持党的领导和加强党的建设，是革命、建设和改革取得胜利的根本保证。

（七）无产阶级革命论

在资本主义这个最后的阶级社会，无产阶级和资产阶级之间的阶级矛盾和阶级斗争是一种客观存在，激化了就必然发展为无产阶级革命。恩格斯从唯物史观的高度，论述了无产阶级革命的深刻根源。“社会的物质生产力发展到一定阶段，便同它们一直在其中运动的现存生产关系或财产关系（这只是生产关系的法律用语）发生矛盾。于是这些关系便由生产力的发展形式变成生产力的桎梏。那时社会革命的时代就到来了。随着经济基础的变更，全部庞大的上层建筑也或慢或快地发生变革。”① 马克思、恩格斯生活的年代，曾发生过 19 世纪三四十年代英、法、德三大工人运动，1848 年欧洲的资产阶级民主革命以及 1871 年法国的巴黎公社无产阶级革命。马克思、恩格斯以极大的热情，关心革命的进程和发展，并在革命失败后，为了及时总结经验，写出了像《路易·波拿巴的雾月十八日》、《法兰西内战》等伟大作品。在无产阶级革命的方式上，他们认为暴力革命是无产阶级革命的一般规律，公开宣布：共产党人的“目的只有用暴力推翻全部现存的社会制度才能达到。”但并没有把问题绝对化，认为远离欧洲大陆的海洋国家如英国具有和平取得政权的可能。

（八）无产阶级专政论

马克思、恩格斯在《共产党宣言》中指出：“工人革命的第一步就是无产阶级上升为统治阶级，争得民主。”经过总结欧洲 1848 年革命的经验，马克思在《1848 年至 1850 年的法兰西阶级斗争》中首次使用了“无产阶级专政”的概念。马克思在 1852 年致魏德迈的信中说：“无论是发现现代社会中有阶级存在或发现各阶级间的斗争，都不是我的功劳。……我所加的新内容就是证明了下列几点：①阶级的存在仅仅同生

---

① 《马克思恩格斯文集》第 2 卷，人民出版社 2009 年版，第 591—592 页。

产发展的一定历史阶段相联系；②阶级斗争必然导致无产阶级专政；③这个专政不过是达到消灭一切阶级和进入无阶级社会的过渡。”① 列宁在《国家与革命》中指出：无产阶级专政是马克思主义的主要之点和真假马克思主义的试金石。我国的人民民主专政是中国特色的无产阶级专政。

（九）过渡时期论

马克思经过长期理论探索，在1875年所写的《哥达纲领批判》中，首次提出过渡时期理论。马克思说：“在资本主义社会和共产主义社会之间，有一个从前者变为后者的革命转变时期。”② 意即从一个私有制社会不可能直接转变为公有制社会，中间要有一个过渡时期。列宁在十月革命后通过实践，提出“一个国家经济文化越落后，过渡时期的时间越长”的重要论断。我国没有经历资本主义的发展阶段，解放前是半殖民地半封建社会，建国后经过短暂的新民主主义社会向社会主义社会过渡。

（十）共产主义论

马克思始终把自己的理论置于现实的基础之上，其主要精力是用于对资本主义和工人运动规律的研究，丝毫不想制造乌托邦，醉心于描绘未来社会的蓝图，而只是在探求资本主义生产方式演变规律中，对未来社会发展作出某些预测，他在这方面始终涉笔很少，慎之又慎。其中具有重大意义的是如下几点：一是关于共产主义发展阶段的论断。马克思在《哥达纲领批判》中，首次提出共产主义社会将经历第一和高级两个发展阶段，这是同一生产方式内发展水平和成熟程度不同的两个阶段。后来列宁将前一阶段称为社会主义社会，后一阶段称为共产主义社会。二是对未来社会第一阶段基本特征的预测。恩格斯在《社会主义从空想到科学的发展》中，运用唯物辩证法的发展观，在分析资本主义的发展趋势时，用严格和严密的逻辑推理方法，对未来社会第一阶段的基本特征作出科学预测，认为这是一个生产力巨大增长和高度发展，实现了单

① 《马克思恩格斯文集》第10卷，人民出版社2009年版，第106页。

② 《马克思恩格斯文集》第3卷，人民出版社2009年版，第445页。

一的生产资料全社会占有，在整个社会范围内实行统一的计划调节和消费品按劳分配，阶级消灭和国家消亡的社会。显然，这是一种理论上的社会主义，具有预测性、抽象性、纯粹性、典型性等特点，不是为实践上的社会主义提供的现成固定模式。三是关于共产主义的最高价值目标。马克思恩格斯在《共产党宣言》中指出："代替那存在着阶级和阶级对立的资产阶级旧社会的，将是这样一个联合体，在那里，每个人的自由发展是一切人自由发展的条件。"① 这说明，在未来社会中，人是社会的主人，具有至高无上的地位，而个人的自由发展又列在一切人自由发展之前。后来马克思把这段话简称为"自由人的联合体"。1894年，意大利友人卡内帕给恩格斯写信，希望他为《新纪元》周刊找一段题词，用简短的字句来表达社会主义新纪元的基本思想，以别于但丁曾说的"一些人统治，另一些人受苦难"的旧纪元。恩格斯回答他，就是《宣言》中关于"自由人的联合体"这段话，此外再找不到合适的语言了。可见，实现人的自由全面发展是人类社会发展的必然趋势，是共产主义社会的本质特征和最高价值目标。

上述十论就是马克思主义的基本原理。我们党在中国革命和建设中，结合中国实际，将其创造性地运用和发展。我们在学习两部文集中应着力领会这些重要内容，并在实践中长期坚持。

四、自觉划清与反马克思主义的界限

一部马克思主义发展史，就是自觉划清与反马克思主义的界限，坚持同反马克思主义进行斗争，并在斗争中不断发展的历史。正确的东西总是在同错误的东西做斗争的过程中发展起来的。马克思主义是在斗争中创立的，也是在斗争中发展的。要严格区分和正确处理同非马克思主义和反马克思主义的关系。马克思主义以外的都是非马克思主义，对它要积极引领，支持其中正确进步的，改造其中消极落后的。反马克思主义的是指那些反对、攻击、诬蔑、诽谤、歪曲马克思主义的派别和思潮，对它必须划清界限，进行抵制、批判和斗争，筑牢思想防线。反马克思主义的派别和思潮，有的属于敌对营垒，有的来自工人运动内部；

① 《马克思恩格斯文集》第2卷，人民出版社2009年版，第53页。

有些是右的，有些是“左”的。

马克思、恩格斯在同反马克思主义划清界限方面为我们树立了光辉榜样。他们于1848年合著的《共产党宣言》是马克思主义第一个纲领性文献，是马克思主义诞生的重要标志。《宣言》共分四章，其中第三章“社会主义和共产主义的文献”，是专门和特意为划清科学社会主义和反科学社会主义界限而写的。《宣言》写作的历史背景是：19世纪40年代资本主义虽然还处于上升时期，但是它的深刻矛盾和社会弊病已经充分暴露出来，经济危机的爆发动摇了资本主义这座大厦的根基，资本主义这个庞然大物在人们心目中已经不再时行了，社会主义已成为一种时髦。除无产阶级举起社会主义旗帜外，社会上其他阶级也都打起了“社会主义”的招牌，妄图在这个招牌下，为本阶级大造舆论，达到鱼目混珠的目的。马克思、恩格斯为划清与反科学社会主义和非科学社会主义的界限，以维护何种所有制为准绳，指出有三种类型的社会主义。第一种的第一类是被推翻的封建贵族，不甘心于灭亡，他们挥舞着带有旧的封建纹章的“社会主义”旗号，去拉拢人民，妄图进行封建复辟活动，以夺回失去的天堂，由此产生封建社会主义。第二类是在农民占人口多数的国家，出现了一批用小资产阶级和小农尺度去批判资本主义制度，企图恢复宗法经济和行会制度的著作家，由此形成了小资产阶级的社会主义。以上两类，从当时的历史作用看，都是开历史倒车的，归类于反动社会主义。第二种是一些博爱主义者和改良主义者，他们也叫嚷实行社会主义，但他们并不想推翻资本主义，只是要对这个制度的弊病稍加修补而已。这就是资产阶级的社会主义，在当时属于保守的社会主义的范畴。第三种是在早期无产者和工人运动基础上出现的批判的空想社会主义。这种社会主义的创始人虽然尖锐地批判了资本主义，在许多方面是革命的，但是他们的信徒总是组成宗派，死抱着反对阶级斗争的幻想不放，随着科学社会主义深入工人运动，这种社会主义就“同历史的发展成反比”。通过上述批判，划清了科学社会主义与反科学社会主义的界线，为马克思主义在工人运动中的广泛传播扫清了道路。

马克思、恩格斯在其一生中，为划清界限，捍卫马克思主义的纯洁性，曾写了许多文章和著作。在第一国际期间，曾先后批判过法国的普鲁东主义、英国的工联主义、德国的拉萨尔主义，以及后期的巴枯宁无政府主义。特别值得注意的是，德国社会民主党爱森纳赫派同拉萨尔派合并以后，党内思想异常混乱。为澄清思想，划清界限，马克思和恩格斯都写了一些针对性很强的书，通过批判和斗争，推进了马克思主义的发展。例如，马克思在 1875 年所写的《哥达纲领批判》，原本是马克思给德国社会民主党爱森纳赫派的领导人过目、“然后退还马克思”的一封党内通信，其目的是为了表明马克思对这个“极其糟糕的、会使党堕落的纲领”的严正立场，无意公开发表。马克思逝世后，恩格斯为了打击德国党内的右倾机会主义，于 1891 年将其在党内刊物上发表。马克思在批判塞进哥达纲领中的拉萨尔的“不折不扣的劳动所得”、“公平分配”、“平等的权利”、“自由国家”等庸俗社会主义观点的过程中，阐述了过渡时期、共产主义的发展阶段、未来社会的分配原则，从而发展了他的共产主义学说。再如，德国社会民主党合并以后，党内成分不纯，柏林大学讲师杜林发表了好几本著作，鼓吹他的“新共产主义”，向马克思主义挑战。为划清与杜林主义的界限，从 1877 年起，恩格斯在马克思的关心和帮助下，用了两年时间，写了一系列批判文章，最后汇集成书，以《反杜林论》为名发表。杜林的反马克思主义观点，包括非常广泛的领域。因此，恩格斯的批判不得不涉及各种各样的问题，并且在批判中阐明自己的观点。恩格斯说：“因此消极的批判成为积极的批判；论战转变成对马克思和我所主张的辩证方法和共产主义世界观的比较连贯的阐述。”[①] 在《反杜林论》这部名著中，恩格斯第一次系统地论述了马克思主义的三个组成部分，即哲学、政治经济学和科学社会主义。《反杜林论》是一部马克思主义的百科全书。列宁说，它如同《共产党宣言》一样，是每个觉悟的工人必读的书籍。

列宁时期，因为国内外形势严峻，党内斗争更加激烈，他为划清界限而写的论战性著作就更多了。列宁刚刚走上革命征途，就同第二国际中的“左派”一起，集中力量批判伯恩斯坦修正主义。后来在大部分时间里，批判的重点转向第二国际的思想领袖考茨基和俄国孟什维克。这里特别值得提出的是，为划清与考茨基右倾机会主义的界限，列宁在极其艰难的环境下，以顽强的革命毅力，在十月革命前后完成了被称为姊妹篇的两本书。一本书是《国家与革命》。这本书是 1917 年“七月事变”后的白色恐怖日子里，列宁匿居拉兹里夫车站的草棚期间，在一块

① 《马克思恩格斯文集》第 9 卷，人民出版社 2009 年版，第 11 页。

树墩上写出的。这部著作写出后由于环境险恶，未能及时出版，到十月革命胜利后，1918 年才公之于世。另一本书是《无产阶级革命和叛徒考茨基》。这本书是列宁在 1918 年 8 月末被刺后，经过医生的抢救脱险，被党中央护送到莫斯科郊区哥尔克村疗养期间，看到考茨基恶毒攻击十月革命道路所写的《无产阶级专政》之后，在极为震怒的情况下，为回击叛徒考茨基，捍卫十月革命道路，以巨大的革命毅力，用一个月时间写出的。我们要高举旗帜，坚定立场，向列宁为“反潮流”、划清与反马克思主义的界限而写作的精神学习。

中篇

世界社会主义的回顾和前瞻

社会主义的四次历史性飞跃

科学社会主义是发展的科学。它随着无产阶级革命运动和社会主义实践的发展而发展。科学社会主义从19世纪40年代创立起，经历了从空想到科学、从理想变为现实、从一国实践到多国实践、从传统体制到现代体制四次历史性飞跃，经历了从马克思主义到列宁主义、再到毛泽东思想、邓小平理论的发展历程。

一、社会主义从空想到科学——马克思主义的诞生

（一）空想社会主义思想家对理想社会的追求

社会主义最早是作为一种社会思潮出现的，这就是空想社会主义。它的起点如果从1516年托马斯·莫尔《乌托邦》一书的出版算起，至今有482年的历史。空想社会主义产生于资本主义社会发生发展的初期。欧洲是资本主义的发源地。在欧洲，16—19世纪是资本主义生产方式发生发展的时期，是资本主义逐步取代封建主义的时期。资本主义代替封建主义是历史上一大进步。但是，资本主义是在对内残酷剥削、压榨劳动人民，对外推行殖民主义、疯狂掠夺落后国家人民的条件下发展起来的。实践表明，资本主义代替封建主义并不像启蒙学者所说的是什么“理性和永恒正义的王国”，而是“一幅令人极度失望的讽刺画”。劳动群众的贫困和苦难，激起了资产阶级知识分子的优秀代表人物的同

情。先进的思想家和哲学家开始研究造成劳动者痛苦生活的原因，探索消除社会混乱和弊病的途径。于是，反映对资本主义社会不满情绪并幻想建立一个消除贫富对立的美好社会的思潮应运而生。这就是从 16 世纪中期到 19 世纪初期的空想社会主义思潮。

空想社会主义在欧洲整整传播了三个世纪，它大体上经历了三个发展阶段。

第一阶段是 16 世纪和 17 世纪以莫尔和康帕内拉为代表的早期空想社会主义。莫尔（1478—1535 年）是英国人，出身富人家庭，大学毕业后担任律师、国会议员、伦敦市法官、下议院议长，直至当时英国政界最显赫的大法官。他在 1516 年写成并发表了《关于最完美的国家制度和以乌托邦新岛既有益又有趣的金书》，即著名的《乌托邦》一书。这是人类思想史上第一部比较完整的空想社会主义著作，对后来空想社会主义的发展产生了深远的影响。康帕内拉（1568—1639 年）是意大利人，出身贫苦农民家庭，曾在修道院当过僧侣，知识渊博，思想深刻，因参加反对西班牙占领者的斗争而被捕，在狱中度过了 27 个春秋，受过 7 次酷刑。他在 1602 年于狱中写成《太阳城》一书。该书以对话形式、虚构了热那亚航海家在遥远的海岛上看到光明的社会制度的故事。

第二阶段是 18 世纪以摩莱里、马布利为代表的中期空想社会主义。这时资本主义已由简单协作进入手工工场阶段。摩莱里是法国人，平民出身，当过教员，生卒年代不详。他在 1775 年发表《自然法典》一书。马布利（1709—1785 年）也是法国人，与摩莱里同时生活在法国大革命前，贵族出身，受过高等教育，著有《论公有的权利和义务》、《论法制或法律原则》等书。摩莱里和马布利都是法国大革命前夜出现的与资产阶级启蒙学者相区别的空想社会主义思想家。他们的空想共产主义的特点，是以比较严密的法理论证代替童话般的文学游记对话的形式，主张用公证的法律条文的形式废除财产私有制，建立一个“人人都是富人、人人都是穷人”的平等理想社会。由于他们幻想在生产力低下的手工工场的基础上实现公有制和平等，因而他们的学说都带有平均主义和禁欲主义的色彩。

第三阶段是 19 世纪初期以圣西门、傅立叶、欧文为代表的晚期空想社会主义。从 18 世纪后半期以后，法国进行了资产阶级政治大革命，英国、法国先后进行了产业革命。三大空想家的社会主义学说就是在这种历史背景下出现的。圣西门（1760—1825 年）出身于法国巴黎城一个封建贵族家庭，青年时代经历过法国大革命，作为青年军官投身过北美独立战争，对资本主义制度带来的种种罪恶有比较深切的了解。他的主要著作都是在他最后 20 年生活极度困难的环境中写出的。如《一个日内瓦居民给当代人的信》、《论实业制度》、《新基督教》等。他在这些著作中，提出了法国大革命不仅是封建贵族和市民等级之间的政治斗争，而且是封建贵族、市民等级同无产阶级之间的阶级斗争，论述了实业制度必然要代替资本主义制度，并以工人阶级代言人的身份提出了他所努力的最终目的是工人阶级的解放。傅立叶（1772—1837 年）生于法国一个富商家庭，受过中等教育，当过长达 30 多年的店员，因而对资本主义工商业的欺骗性了解得透彻，揭露批判得深刻。他的主要著作是《新世界》、《新的工业世界和协作世界》等。傅立叶著作的特点是对资本主义内幕的揭露和批判十分深刻、辛辣而精彩。他猛烈抨击资本主义，指出资本主义制度是"复活的奴隶制"，资本主义工厂是"温和的地狱"和"贫困的温床"，认为资本主义的分散性、竞争、投机，不可避免地导致经济危机。恩格斯高度评价说，在马克思主义以前，对资本主义社会能够进行这种批判的只有傅立叶一人。他预言资本主义社会必然为"和谐制度"及其社会基层组织"法朗吉"所代替。欧文（1771—1858 年）是英国人，出身于手工业家庭，读书不多，当过一段学徒和雇员，从 1880 年起担任苏格兰的新拉纳克大棉纺厂的经理。通过商业计算，他认识到资本主义的剥削，于是就从慈善家转变为共产主义者。他的主要著作是《新社会观》、《人类思想和实践中的革命》等。他认为私有制、宗教、资本主义婚姻制度是妨碍社会改造的三大障碍，指出："私有制使人变成魔鬼，使世界变成地狱"，主张劳动果实应当属于劳动阶级，作为社会财富为共同福利服务；设想未来社会实行劳动公社制度。欧文是英国合作社运动的创始人，英国职业工会最早的组织者之一。1833 年，他主持了英国工会第一次代表大会，并被选为英国总工会第一任主席。恩格斯说：当时英国的有利于工人的一切社会活动，一切实际成就，都是和欧文的名字联系在一起的。总之，三大空想家继承了前辈空想社会主义的思想成果，吸收了 18 世纪法国启蒙学者的理论形式来表达自己的学说，无情地揭露和批判了资本主义制度的罪恶，提出了关于未来社会的许多合理设想，有的还进行了典型示范，在社会主义思想史上取得了前所未有的成就。因此，马克思、恩格斯把他们称之为“第一批社会主义者”、“社会主义的创始人”，而把他们的学说称之为“本来意义上的社会主义和共产主义体系”。他们是社会主义的先驱者。恩格斯说：“虽然这三个人的学说含有十分虚幻和空想的性质，但他们终究是属于一切时代最伟大的智士之列的，他们天才地预示了我们现在已经科学地证明了其正确性的无数真理。”①

人类历史上一种新学说的产生，必须借助于以往优秀文化遗产的思想材料。科学社会主义“同任何新的学说一样，它必须首先从已有的思想材料出发”②。科学社会主义创立的思想条件，从广义上说是人类几千年优秀思想文化遗产，从狭义上说是空想社会主义，尤其是 19 世纪初期圣西门、傅立叶、欧文的三大空想社会主义。马克思、恩格斯的科学社会主义学说是在吸取三大空想家社会主义思想成果的基础上创立的。正如恩格斯所说：“德国的理论上的社会主义永远不会忘记，它是站在圣西门、傅立叶和欧文这三个人的肩上的。”③

（二）科学社会主义的产生是社会主义思想史上的伟大革命

科学社会主义产生于 19 世纪 40 年代，它的出现不仅有其思想来源，更重要的是具有其社会历史条件，而在此之前不具备产生科学形态的社会主义学说的社会历史条件。

首先，资本主义大工业的发展和资本主义社会矛盾的充分暴露是科学社会主义产生的经济条件。19 世纪 40 年代，资本主义在欧洲许多国家已经从简单协作、手工工场阶段跨入大机器工业阶段。以蒸汽机为动力的大机器代替了手工劳动，工厂制度代替了手工工场制度，使生产力得到迅速发展。这时英国已经基本上完成了产业革命，号称“世界工厂”；法国在英国工业革命的推动下，资本主义大工业也迅速发展起来，成为仅次于英国的第二号资本主义国家；德国从 19 世纪三四十年代也开始产业革命，柏林等大城市先后建立起机械制造厂，萨克森和西里西亚已成为纺织工业中心。

---

① 《马克思恩格斯选集》第 2 卷，人民出版社 1995 年版，第 635—636 页。
② 《马克思恩格斯选集》第 3 卷，人民出版社 1995 年版，第 719 页。
③ 《马克思恩格斯选集》第 3 卷，人民出版社 1995 年版，第 635 页。

随着机器大工业的迅速发展和工厂制度的普遍建立，资本主义生产愈来愈社会化。社会化生产既然已经不具有个体的私人生产的性质，因而也就否定了私人占有生产资料和产品的基础。但是，在资本主义制度下，由大批工人群众共同使用的生产资料，却属于资本家私人占有；生产过程已经变成众多人共同协作的社会行动，而组织和管理这种社会化生产的却是资本家及其代理人；由许多工人共同创造的产品，也为资本家私人占有。这就形成了生产社会化同资本主义私人占有之间不可调和的矛盾。资本主义社会的这一基本矛盾，在阶级关系方面，表现为无产阶级和资产阶级的根本对立，矛盾的激化必然导致无产阶级革命；在经济生活方面，表现为每个企业内部生产的有组织性和整个社会生产的无政府状态之间的矛盾，以及生产能力的巨大增长同劳动群众有支付能力的需求相对缩小之间的矛盾，这些矛盾发展到一定程度，势必酿成生产过剩的经济危机。生产过剩的经济危机是资本主义再生产过程中周期性爆发的一种社会经济现象。只要资本主义的基本矛盾依然存在，这种危机就会不可避免地重复出现。日益发展的生产力的社会化，要求生产关系社会化，与之相适应，即要求由社会来占有和支配生产资料。这就使科学社会主义的创始人有可能透过资本主义的弊病，从资本主义的经济运动中认识资本主义的本质及其发展规律，从而得出社会主义必然代替资本主义的科学结论。正是从这个意义上说，科学社会主义的“根源深藏在物质的经济的事实中”。列宁说：马克思和恩格斯在他们的科学著作中，最先说明了社会主义不是幻想家的臆造，而是现代生产力发展的最终目标和必然结果。资本主义社会必然要转变为社会主义社会这个结论，马克思是完全而且仅仅根据现代社会的经济运动规律得出的。

其次，西欧资本主义国家无产阶级作为一支独立的政治力量登上历史舞台是科学社会主义产生的阶级基础。有了资本主义经济，就有了资产者和无产者。与简单协作、工场手工业时期相适应的早期无产者，还没有作为一支独立的政治力量出现，而只是资产阶级反对封建阶级的同盟者。从产业革命以后，出现了现代无产阶级。到19世纪三四十年代，现代无产阶级已作为一支反对资产阶级的独立的政治力量出现在历史舞台上。这表现在三大工人运动上，即：1831年和1834年法国里昂工人两次举行起义，提出“工作不能生活，毋宁战斗而死”和“建立共和国”的口号，公开宣称：“资产阶级为自己举行了革命，现在我们也要进行自己的革命”；1836—1848 年，英国宪章派开展了持续 12 年之久的宪章运动，并在 1839 年、1842 年、1848 年形成三次高潮，要求按照民主原则改组下议院，让工人也有权参与管理国家，争取普选权；1844 年爆发的德国西里西亚纺织工人的起义，公开提出反对私有制社会的口号。三大运动虽然失败，但是它具有重大的历史意义。它表明：无产阶级不只为改善生活条件而斗争，而且为争取本阶级的政治权力而斗争，其矛头直接指向资产阶级和资本主义制度；无产阶级已彻底抛弃了破坏机器等原始斗争的手段，而采取群众性的罢工、政治性的示威游行，直至武装起义等方式；无产阶级的组织性也日益增强，适应斗争需要，建立了工会和其他政治组织，如英国的宪章协会（1830 年），法国的家族社（1835 年）、四季社（1837 年），德国的流亡者同盟（1834 年）、正义者同盟（1836 年）。这一切说明了，无产阶级已作为一支独立的政治力量登上历史舞台，无产阶级同资产阶级的斗争，在欧洲几个最发达的国家已上升到重要地位，这就使科学社会主义创始人发现，在当代同资产阶级对立的一切阶级中，只有无产阶级才是真正革命的阶级，从而找到了变革资本主义的社会力量。“现代社会主义不过是这种实际冲突在思想上的反映，是它在头脑中，首先是在那个直接吃到它的苦头的阶级即工人阶级的头脑中的观念的反映。”①

正是因为社会历史条件成熟了，人类最伟大的思想家马克思、恩格斯在 19 世纪 40 年代创立了科学社会主义。

科学社会主义是一个科学的理论体系，它包括一系列相互联系的理论原理，但其核心则是社会主义代替资本主义的历史必然性。如同马克思主义哲学是从“哲学基本问题”出发一样，科学社会主义是围绕一个“核心”展开，并在这个基础上形成若干层次的原理原则的。恩格斯在 1885 年《反杜林论》的序言中说：本书第三编第二章《理论》，“这里所涉及的仅仅是我所主张的观点的一个核心问题的表述”。② 这个“核心”包括双重含义：一是科学社会主义是马克思主义的核心；二是社会主义代替资本主义的历史必然性是科学社会主义的核心。这个论断，说明社会主义的历史必然性是马克思主义的核心。这个核心也可以称之为

① 《马克思恩格斯选集》第 3 卷，人民出版社 1995 年版，第 619 页。

② 《马克思恩格斯选集》第 3 卷，人民出版社 1995 年版，第 348 页。

主题，整个科学社会主义都是围绕这个“核心”论证这个“主题”的。科学社会主义所以是科学，就在于它令人信服地揭示和阐明了人类历史发展的这个总趋势。

（三）不同类型国家向社会主义的过渡道路

马克思、恩格斯在其整个一生中，在提出“两个必然”的基础上，思索未来的社会主义将在哪里突破时，把注意力和着眼点始终放在西欧发达资本主义国家。他们曾经设想，社会主义革命将首先在西欧北美那些资本主义比较发达的国家发生。因为那里生产力发展水平很高，狭隘的生产关系已经容纳不了它，从而使生产社会化和私人资本主义占有这个资本主义的基本矛盾激化起来，导致发生社会主义革命。恩格斯甚至点出了英、美、法、德四国首先和同时向社会主义过渡。“共产主义革命将不是仅仅一个国家的革命，而是将在一切文明国家里，至少在英国、美国、法国、德国同时发生的革命。”①

但是，马克思、恩格斯从未把他们的理论置于一端，束缚住自己的手脚。从 70 年代中期以后，通过和俄国革命家查苏利奇等的频繁通信联系，特别是对俄国等东方社会国家的了解与思考，他们逐渐把视线从西往东移，并进而在《给查苏利奇的复信初稿》和《论俄国的社会问题》中提出了革命运动方兴未艾的俄国等东方国家有可能跨越资本主义的“卡夫丁峡谷”，直接过渡到社会主义。“卡夫丁峡谷”指的是公元前 321 年第二次萨姆尼特战争时期，萨姆尼特人在古罗马卡夫丁城附近的卡夫丁峡谷打败了罗马军队，并强迫他们负着“牛轭”通过峡谷。这在当时被认为是最大的羞辱。马克思、恩格斯引用这个典故比喻是说，俄国等东方国家有可能跨越资本主义制度的卡夫丁峡谷，即避开资本主义制度及其灾难而吸收资本主义创造的文明成果和巨大成就，实现向社会主义过渡。跨越“卡夫丁峡谷”的前提，一是保留和利用农村公社。农村公社是俄国原始社会末期公有制的生产和社会组织，一直残存到 19 世纪末和 20 世纪初。“假如俄国革命将成为西方无产阶级革命的信号而双方互相补充的话，那末现今的俄国公共所有制便能成为共产主义发展

① 《马克思恩格斯选集》第 1 卷，人民出版社 1995 年版，第 241 页。

的起点。”[①] 二是吸收资本主义文明的一切成果。资本主义在几百年中所创造的物质和精神文明成果远远超过了以往一切世代的总和。社会主义是在吸收资本主义文明成果基础上所建立的更高的社会制度。三是西方资本主义国家无产阶级革命胜利的引发和推动。“只有当资本主义经济在自己故乡和在它达到繁荣昌盛的国家里被战胜的时候，只有当落后国家从这个实例中看到‘这是怎么回事’，看到怎样把现代工业的生产力作为社会财产来为整个社会服务的时候——只有到那个时候，这些落后的国家才能走上这种缩短的发展过程的道路。”[②] 这就是常常被人遗忘、鲜为人知的马克思、恩格斯的东方理论。这是不同于前一种方案的另一种方案，是一个重要的补充方案。发生在 1871 年的法国巴黎公社革命，是 19 世纪唯一向资本主义制度勇敢冲击的无产阶级革命，由于历史条件不成熟，只坚持了 72 天就失败了。

（四）对未来社会的科学预测

怎样科学认识和对待马克思主义创始人关于未来社会的某些预测，这不仅是研究 19 世纪社会主义思想史的重要课题，而且也是正确总结 20 世纪社会主义历史经验的前沿问题。从上个世纪到现在对此始终有两种截然不同的回答，一种认为是“空想”、“梦想”，不可能实现的“乌托邦”，另一种认为是科学。

恩格斯早在 1880 年所写的《社会主义从空想到科学的发展》这部名著中就曾明确指出：由于马克思的“两大发现”即发现了唯物史观和剩余价值学说，“社会主义变成了科学”[③]。恩格斯的这个论断，通过一个多世纪的实践证明，是完全正确的。我们在探讨科学社会主义创始人关于未来社会的预测时应当注意到：

第一，在他们的著作中对未来社会的预测极少。马克思、恩格斯为了给工人阶级一个新的世界观和理论武器，一生著作甚丰。他们总是把自己的理论“置于现实的基础之上”，著作的大部分是论述资本主义发生发展规律、社会主义代替资本主义的历史必然性和无产阶级的历史使

① 《马克思恩格斯全集》第 22 卷，人民出版社 1965 年版，第 503 页。
② 《马克思恩格斯全集》第 22 卷，人民出版社 1965 年版，第 502 页。
③ 《马克思恩格斯选集》第 3 卷，人民出版社 1995 年版，第 740 页。

命以及无产阶级革命问题，而对资本主义以后的未来社会始终慎之又慎，论述极少。他们不愿意做“未来学家”，认为空想社会主义大师们对未来社会描绘得愈细，他们的学说就愈陷入空想。他们还批评荷兰、法国的一些社会主义者热衷于在党的文献中提出“终极目标”，写上夺取政权后的具体经济、政治措施，认为那是“虚无缥缈”的“幻想”。1893年，恩格斯在回答法国《费加罗报》记者关于德国社会民主党对未来社会组织方面详细情况的预定看法时说：“您在我们这里连它们的影子也找不到。”①

但是，这并不是说在马恩著作中没有从宏观上对未来社会作出某些预测。这种预测主要反映在如下几本著作中：一本是《共产党宣言》第二章在同资产阶级进行论战时，渗透了他们对未来社会的某些特征的认识。第二本是《哥达纲领批判》，这是马克思所写的一封党内通信，主要是为了批判当时德国党内机会主义者鼓吹的“不折不扣的劳动所得”、“公平分配”、“平等的权利”、“自由国家”等拉萨尔的教条和“空洞的废话”，因而涉及的仅是未来社会“第一阶段”和“高级阶段”个人消费品分配制度的特征，并未全面论述未来社会。第三本是《社会主义从空想到科学的发展》，这本书的第三章在分析资本主义社会基本矛盾的基础上，对未来社会进行了比较全面的论述。除此之外，其他著作则很少涉笔。

第二，马恩关于未来社会预测的基本点是什么？基本内容主要是：①未来社会要划分阶段，即“第一阶段”和“高级阶段”（后来列宁称之为社会主义社会和共产主义社会）。②生产力将得到高度发展。③实行生产资料公有制，消灭私有制。④对个人消费品，第一阶段实行按劳分配，高级阶段实行按需分配。⑤必须对社会生产实行有计划的指导和调节。⑥在满足全体社会成员物质和精神方面合理要求的基础上实现人的全面发展。经过实践检验，这些基本内容、基本原理是正确的，至今能够站住脚。当然，也应指出，由于历史条件所限，他们的某些个别论断，如在未来社会的第一阶段，商品和货币就将退出历史舞台，国家也将消亡，以及将来要消灭社会分工等，这些应当通过实践有所修正。马克思、恩格斯是辩证唯物主义者，他们从来不把自己关于未来社会的预

① 《马克思恩格斯全集》第22卷，人民出版社1965年版，第629页。

测当作终极真理。恩格斯强调说："我们还差不多处在人类历史的开端，而将来会纠正我们的错误的后代，大概比我们有可能经常以十分轻蔑的态度纠正其认识错误的前代要多得多。"他们一旦发现自己的认识有误，便立即纠正。我们不能苛求前人，不能要求马克思主义创始人所讲的句句是真理。马克思主义创始人和他们的继承者著作中某些个别论断中的理想化的"空想因素"并不等于空想社会主义。空想社会主义是个特定的概念。

第三，马恩关于未来社会的预测带有前瞻性和典型性，要求我们辩证地理解和运用。前瞻性是指，在没有社会主义实践时，他们运用唯物辩证法的发展观，从分析资本主义的发展趋势出发，对未来社会主义作出科学预见。典型性是指，他们在分析未来社会时，并不是一般性的论述生产关系，而是紧紧抓住具有代表性的生产关系加以论证。如同他们在剖析资本主义社会时，着重分析资本主义私有制一样，他们在预见未来社会时则始终注意把握住社会主义公有制。他们这样做，并不意味着他们把未来社会看得那么纯而又纯。须知，在自然界和人类社会，纯粹的现象是没有的。任何社会都不会纯而又纯，除了占统治和主体地位的所有制外，一般说来还会有前一种社会形态所有制的残余和后一种社会形态所有制的萌芽。过去我们曾经搞过一段纯粹的公有制，这是出自我们对马列著作的教条化和苏联模式的神圣化，责任在我们，而不在马克思主义创始人，不应苛求前人，更不应责难前人。

二、社会主义从理想变为现实中的列宁主义

（一）科学社会主义划时代的新发展和新贡献

巴黎公社失败以后，无产阶级革命进入沉寂时期。到 20 世纪初，无产阶级革命又重新活跃起来。首先掀起无产阶级革命的是俄国，它揭开了世界无产阶级革命和民族解放运动伟大风暴的序幕。19 世纪末和 20 世纪初，俄国是个封建专制国家，但在 1861 年废除农奴制度以后，资本主义有了很大的发展。在俄国存在着各种矛盾：有全体人民同沙皇专制制度的矛盾，有无产阶级同资产阶级的矛盾，有各少数民族同俄罗斯民族的矛盾，有俄国同西方列强的矛盾。这里是一切矛盾的集中点，正孕育着一场革命。

列宁（1870—1924 年）诞生于俄国伏尔加河畔的西姆比尔斯克城。他从 19 世纪青年时代接受马克思主义，投身革命事业以后，就同俄国其他无产阶级革命家一起，为在俄国进行民主革命和社会主义革命，实现社会主义而奋斗一生。社会主义从理想变为现实，是和他的名字联系在一起的。社会主义发展进程中的第二次历史性飞跃，就是社会主义从理想变为现实，科学社会主义从一种科学理论发展为现实的社会主义制度并成为苏维埃国家占指导地位的意识形态的时期。这一时期，从 20 世纪初到 1945 年第二次世界大战结束。这个时期经历了三个阶段，第一阶段，从 20 世纪初到 1917 年俄国二月资产阶级民主革命。这是以列宁为首的俄国共产党人，进行建党和进行资产阶级民主革命时期。第二阶段，从 1917 年十月社会主义革命到 1924 年列宁逝世。这是俄国共产党人和劳动群众夺取政权和巩固政权并探索经济文化落后国家建设社会主义的阶段。第三阶段，从 1924 年列宁逝世到 1945 年第二次世界大战结束。这是社会主义制度在苏联一国建立和发展的阶段，是苏联社会主义模式形成的阶段。这一时期，最重要的理论成果是科学社会主义发展到列宁主义阶段；最伟大的事件是 1917 年列宁领导的十月革命取得胜利和在二三十年代斯大林领导苏联人民建立起世界上第一个社会主义制度和模式。这是 20 世纪社会主义的伟大创举。

列宁把马克思主义和俄国实践相结合，在帝国主义时代新的历史条件下，继承、捍卫和发展了马克思主义。列宁提出的关于帝国主义的理论，关于新型无产阶级政党的理论，关于资产阶级民主革命的理论，关于社会主义革命的理论，关于过渡时期的理论，关于无产阶级专政的理论，关于民族殖民地问题的理论，关于在不发达国家建设社会主义的理论，创造性地发展了马克思主义，把马克思主义推进到一个新的阶段，即列宁主义阶段。列宁对科学社会主义作出划时代的新发展和新贡献。需要指出的是，列宁在 1915 年所提出的社会主义革命在一国或数国可能首先胜利的科学新论断，极大地鼓舞了俄国工人阶级的革命主动精神。没有这个新论断，就不会有十月革命的发动和胜利。

（二）列宁和十月革命道路

为把俄国引上社会主义道路，列宁的思路，第一步是建立新型无产阶级政党。1895 年恩格斯逝世以后，伯恩斯坦公开打出了修正主义的旗帜，叫嚷要修正马克思主义。围绕对伯恩斯坦修正主义的态度，第二国际迅速分化为左、中、右三派。第二国际各国党在社会民主主义腐蚀下蜕化变质，从一个主张社会革命的政党变成迎合资产阶级需要的改良主义政党。这样的党已不能领导人民进行革命。20 世纪新的革命形势，迫切要求建立新型的无产阶级革命政党。根据列宁的建党思想，在 1903 年正式建立了俄国社会民主工党。这个党从成立那一天起就分化成两派，即布尔什维克革命派和孟什维克机会主义派。在 1912 年布拉格代表会议上，布尔什维克派把孟什维克派开除出党，从此成为统一的独立的马克思主义政党。这个党是真正的马克思主义政党，对资产阶级采取革命态度，对机会主义持不调和态度，是团结坚强和组织统一的，是坚持社会革命和无产阶级专政的政党。

第二步，党要领导广大群众积极参加资产阶级民主革命并实现革命转变。俄国在本世纪初发生了两次资产阶级革命，即 1905 年第一次俄国革命和 1917 年的二月革命。前一次革命失败了，后一次革命胜利了。二月革命胜利以后，俄国出现了一个特殊的局面，即两个政权并存，一个是资产阶级临时政府，一个是拥有部分武装的工农兵代表苏维埃。两个政权的并存，反映了俄国革命正处在一个过渡的、不稳定的阶段，这种局面不能长久维持下去。在新的形势下，俄国向何处去，全党没有一个明确的方针。列宁于 1917 年 4 月从瑞士回国后，立即提出了著名的“四月提纲”，明确地用从资产阶级民主革命向社会主义革命过渡新方针武装了全党。到 9 月份，由于苏维埃的布尔什维克化，武装起义的条件成熟了。列宁不断给党中央写信，建议立即武装起义，并直接主持中央委员会，作出武装起义的决定。列宁认为，武装起义的条件完全成熟了，这是一个难得的机会，机不可失，时不再来。他告诫全党，拖延起义“就等于自取灭亡”，“就是对革命犯罪”，“就等于葬送革命”，“就等于完全背弃革命无产阶级的国际主义”。在列宁的直接领导下，俄历 10 月 25 日（公历 11 月 7 日），彼得格勒工人赤卫队、革命军队推翻了资产阶级临时政府，十月革命胜利了。

十月革命是在马克思主义旗帜下，在共产党领导下，广大劳动群众所进行的消灭人剥削人、人压迫人的深刻的社会革命，它打碎了帝国主义的一统天下，在世界 1/6 的土地上推翻了资本主义制度，建立了社会主义制度。这就改变了整个世界历史的方向，开辟了人类历史的新纪元。列宁在回顾十月革命时指出："不仅同 1789 年和 1793 年相比，而且同 1871 年相比，俄国无产阶级在自己的革命中都达到了极高的高度。"① 列宁在谈到 1789 年法国大革命的意义时曾说过："整个 19 世纪，即给予全人类以文明和文化的世纪，都是在法国革命的标志下度过的。19 世纪在世界各地只是做了一件事情，就是实行了、分别地实现了、继续完成了伟大的法国资产阶级革命家们所开创的事业。"② 同样，从历史的趋势和方向上，我们也可以说，20 世纪在世界各个角落里所做的主要事情，就是继续完成十月革命以列宁为代表的俄国无产阶级革命家所开辟的事业。在本世纪，令人眼花缭乱、惊心动魄的历史事件、社会革命层出不穷，但是真正够得上"新纪元"标志的，无疑只能是约翰·里德所说的"震撼世界"的俄国十月革命。这个革命，在俄国土地上推翻了资本主义旧世界，建立了社会主义新世界，并对以后世界各国的无产阶级革命和民族解放革命产生了深远的影响。列宁在纪念十月革命四周年时深刻指出："我们已经开始了这一事业。至于哪一个国家的无产者在什么时候、在什么期间把这一事业进行到底，这个问题并不重要。重要的是，坚冰已经打破，航路已经开通，道路已经指明。"……"这个伟大的日子离开我们愈远，俄国无产阶级革命的意义就愈明显。"③ 苏东剧变前后，尽管有少数人跳出来，极力攻击、贬低和否定列宁和十月革命，说什么二月革命是"真正伟大的革命"，十月革命是列宁领导和组织的少数人的"军事政变"，是"法国大革命的回声"，但是，叫嚷并不能改变十月革命所开辟的人类历史发展的航向。

贬低、否定列宁和十月革命，归根结底，深层的问题是贬低、否定十月革命道路。所谓十月革命道路，主要是指 20 世纪经济文化落后的国家先于发达资本主义国家走上社会主义道路。这件事，是伟大的创举还是历史的误会，本世纪围绕这一问题的争论从未间断，其中比较集中的有三次：第一次发生在列宁和考茨基之间。第二国际的精神领袖和理论权威考茨基死抱着社会主义革命只能在发达资本主义国家发生的教条不放，于 1918 年发表了《无产阶级专政》一书，大肆攻击十月革命道

① 《列宁全集》第 42 卷，人民出版社 1987 年版，第 449 页。
② 《列宁全集》第 36 卷，人民出版社 1985 年版，第 354 页。
③ 《列宁选集》第 4 卷，人民出版社 1995 年版，第 568—569 页。

路，诽谤在经济文化比较落后的俄国，布尔什维克党用暴力夺取政权，就像一个怀孕的妇女疯狂万分地猛跳而引起早产，并诅咒“这样生下来的孩子，通常是活不成的”。为捍卫十月革命道路，列宁于同年发表了《无产阶级革命和叛徒考茨基》一书，批驳考茨基的谬论，而后又在1923年1月撰写《论我国革命》一文中，进一步批判孟什维克苏汉诺夫在《革命札记》中的错误观点。列宁认为，经济文化比较落后的国家先于发达资本主义国家走上社会主义道路，这种历史主动性和跳跃性并没有“越出世界发展的共同路线”，因为“世界历史发展的一般规律，不仅丝毫不排斥个别发展阶段在发展的形式或顺序上表现出特殊性，反而是以此为前提的”。他指出：“既然建立社会主义需要有一定的文化水平（虽然谁也说不出这个一定的‘文化水平’究竟是什么样的，因为这在各个西欧国家都是不同的），我们为什么不能首先用革命手段取得达到这个一定水平的前提，然后在工农政权和苏维埃制度的基础上赶上别国人民呢?”① 第二次争论发生在斯大林和托洛茨基之间。十月革命胜利后，列宁曾一度寄希望于西欧，期望出现第二个、第三个十月革命，但是落空了。在没有欧洲无产阶级国家的援助下，苏维埃俄国能不能坚持下去，一国能不能建成社会主义，斯大林和托洛茨基在列宁逝世之后发生了一次重大争论。在托洛茨基看来，“没有欧洲无产阶级直接的国家援助，俄国工人阶级就不能保持政权，就不能把现在暂时的统治变成长期的社会主义专政”，竭力散布悲观情绪。斯大林在争论中提出一个重要论断，即经济文化比较落后的俄国，依靠自己的力量，一国能够建成社会主义，但一国建成并不等于最终胜利。第三次争论发生在苏东剧变之后。现在有一些原苏东国家的共产党人认为，苏东社会主义“失败有主观和客观的原因。客观原因是十月革命后，苏联并不具备建成社会主义的条件，经济文化太落后，考茨基、普列汉诺夫、苏汉诺夫都指出过这一点。但列宁认为可以先夺取政权，利用苏维埃政权发展经济文化，创造建成社会主义的条件”。最近，保加利亚前党和国家最高领导人在反思苏东剧变时说：“为什么看起来十分强大和可靠的社会主义制度一下子就崩溃了呢？这首先是因为忘记了马列主义奠基者的结论，即只有在发达的资本主义国家里社会主义才能取得胜利。各个阶段都是不

① 《列宁选集》第4卷，人民出版社1995年版，第777页。

可逾越的。”如果这个论断能够成立的话，人们自然会提出这样的问题：早知如此，何必当初付出那么多无谓的代价和牺牲呢？

列宁在十月革命后对这个问题做出正确的回答。他指出：经济文化落后的国家先于发达国家走上社会主义道路，这一方面，异乎寻常地加快了历史前进的步伐，实现了人类社会发展史上空前未有的飞跃；另一方面，它与西方发达国家“开始困难，继续比较容易”相反，是“开始容易，继续比较困难”。[①] 经济文化比较落后的国家先于西方发达资本主义国家走上社会主义道路，建设社会主义，这是历史形成的20世纪社会主义的历史难题。

为了解决这个历史难题，列宁进行了艰辛的社会主义探索，并取得初步的可喜成果。成果之一，是实行新经济政策。1921年，国内战争刚刚结束，列宁就及时提出用新经济政策代替战时共产主义政策。实行战时共产主义政策，一方面是由于应付战时需要，另一方面也包含直接向共产主义过渡的错误认识。列宁及时觉察到，俄共原来设想的按共产主义原则来调整国家的生产和分配是行不通的。他在1921年这样说过：“我们计划（说我们计划欠周地设想也许较确切）用无产阶级国家直接下命令的办法在一个小农国家里按共产主义原则来调整国家的产品生产和分配。现实生活说明我们错了。为了作好向共产主义过渡的准备（通过多年的工作来准备），需要经过国家资本主义和社会主义这些过渡阶段。”[②] 新经济政策与战时共产主义政策不同，它是在无产阶级专政的国家掌握国家经济命脉的条件下，利用商品货币关系，利用市场，建立城乡之间的经济联系；同时，大力发展苏维埃商业，通过市场竞争，把资本家从商品流通中排挤出去。新经济政策开始实行时的主要标志是粮食税。所谓粮食税，就是国家允许农民按照规定纳税以后，余粮全部由自己支配，可以自由出卖，或用于交换工业品。这样，有利于农业的迅速恢复和发展，使农民生活得到改善，从而为振兴工业和建立强大的社会主义经济，提供可靠的基础。与此同时，列宁还主张利用外资和私人资本恢复和发展生产力，采用租让制、租赁制等国家资本主义形式，把某些国营企业租给外国资本家或私人经营，以便引进新的技术，吸收外

① 《列宁全集》第34卷，人民出版社1985年版，第343页。

② 《列宁选集》第4卷，人民出版社1995年版，第570页。

国资金和改善企业管理，以增强大生产的力量。但是，由于种种原因，租让制和租赁制企业在苏联并未得到多大发展。实行新经济政策的结果，重新建立了工业和农业之间正常的经济联系，巩固了工农联盟，促进了生产力的发展，为在苏联实现社会主义工业化和农业集体化，从资本主义向社会主义过渡，创造了有利条件。列宁于1922年11月20日，在他生前最后一次公开演说的结束语中这样说道：要使"新经济政策的俄国将变成社会主义的俄国"[①]。这深刻地说明了新经济政策的全部目的和意义。新经济政策的一些原则和经验，对于走上社会主义道路的经济文化落后的国家，具有普遍的意义。邓小平充分肯定了新经济政策，指出："社会主义究竟是个什么样子，苏联搞了很多年，也并没有完全搞清楚。可能列宁的思路比较好，搞了个新经济政策，但是后来苏联的模式僵化了。"[②] 这里说"列宁的思路比较好"，明确指的就是新经济政策。新经济政策，关于重视农业，用粮食税代替余粮征集制，以调动农民的生产积极性；关于利用商品货币关系，搞活商业这个中间环节，恢复和发展工农业生产；关于实行国家资本主义，以租让制租赁制等形式，吸引外资发展经济等等，提供了不发达国家建设社会主义的最初经验和步骤。列宁逝世以后，斯大林实际上中断了新经济政策，这对苏联建设社会主义很不利，是个严重的教训。我国在十一届三中全会以后所实行的路线和政策，借鉴、吸收并进一步发展了新经济政策。

成果之二，是列宁在他的晚年，在总结苏联6年多社会主义经验的基础上，在他所写的最后五篇论文中，提出了在苏联建设社会主义的理论与计划。这个理论与计划是作为社会主义的经济、政治、文化任务的总和而提出来的，它包括如下一些基本内容：

第一，发展社会主义大工业。列宁认为，建设社会主义，必须把工作重点转移到经济建设上。早在十月革命后初期，他就提出了要从"夺取俄国"过渡到"管理俄国"。列宁在《论合作社》一文中，从对社会主义社会的认识高度，提出了党和国家工作重心的转移问题。他说："我们不得不承认我们对社会主义的整个看法根本改变了。这种根本的改变表现在：从前我们是把重心放在而且也应该放在政治斗争、革命、

① 《列宁全集》第43卷，人民出版社1987年版，第302页。

② 《邓小平文选》第3卷，人民出版社1993年版，第139页。

夺取政权等等方面，而现在重心改变了，转到和平的‘文化’组织工作上去了。”① 这里所说的“文化”是指物质文化而言，也就是经济建设。

列宁特别强调发展大工业对经济落后国家建设社会主义的意义。他指出：建立社会主义社会的真正的和唯一的基础只有一个，这就是大工业。如果没有高度发达的大工业，那就根本谈不上社会主义，而对于一个农民国家来说就更谈不上社会主义了。列宁打个比喻说，俄国必须“从农民的、庄稼汉的、穷苦的马上”，“跨到大机器工业、电气化、沃尔霍夫水电站工程等等的马上”。他强调说：“我们的希望就在这里，而且仅仅在这里。”②

第二，进行农业合作化。俄国经济文化落后，农村是小农经济的汪洋大海。小农经济是站在十字路口的经济，它既可以走向资本主义，也可以走向社会主义。列宁依据马克思、恩格斯关于农业社会主义改造的思想，在《论合作制》一文中，提出了通过合作制用社会主义原则改造农业，把农民引上社会主义道路的合作社计划。列宁发现，合作社的性质不是一成不变的，它取决于政权和基本生产资料掌握在哪个阶级手里，在资本主义制度下，合作是“集体的资本主义组织”；在社会主义条件下，合作社的性质就是社会主义的。

列宁深刻认识到，实行合作化，集体经营管理农业生产，需要有一定的文化条件。因此，合作化要同“文化革命”联系起来。列宁从合作化必须坚持自愿原则，同时又考虑到必须经历一场“文化革命”，因此认为实现它，需要一二十年，甚至三四十年时间。列宁认为，有了完全合作化的条件，我们也就在社会主义的基地上站稳了。

第三，开展文化革命。革命前的俄国，文化十分落后，居民中3/4左右是文盲、半文盲。列宁说，在一个文盲充斥的国家里，是不能建成社会主义的。在不发达国家建设社会主义，实现工业化、合作化，都要求人民群众有较高的思想道德和科学文化水平。列宁在《论合作制》一文中提出了“文化革命”这一概念，作为社会主义思想文化建设的纲领，反映了不发达国家建设社会主义的重要特点和规律性。

文化革命的任务相当广泛，其中包括：发展国民教育，发展科学技

① 《列宁选集》第4卷，人民出版社1995年版，第773页。

② 《列宁选集》第4卷，人民出版社1995年版，第797页。

术，繁荣社会主义的文学和艺术，建立宏大的工人阶级知识分子队伍等等。

第四，改革国家机关。列宁在 1921 年实行新经济政策不久，就在为纪念十月革命四周年所写的《论黄金在目前和在社会主义完全胜利后的作用》一文中，及时地把改革问题提了出来。他指出："目前的新事物，就是我国革命在经济建设的根本问题上，必须采取'改良主义的'、逐渐的、审慎迂回的行动方法。"他还进一步指出：无产阶级夺取政权后，改良已不是革命和阶级斗争的副产品，而是一种解决任务的主要手段。这里，列宁突破了过去马克思主义者的传统观念。按照过去马克思主义者的观点，无产阶级在夺取政权时，主要手段是阶级斗争和革命，改良只不过是革命和阶级斗争的副产品。列宁认为，无产阶级夺取政权后，要改变这种观点，不能继续无休止地进行"革命和阶级斗争"，而要把改良作为解决社会主义建设任务的最主要、最根本的手段。他甚至对什么是革命和改良做了如下定义式的论述。他说：革命是一种"最彻底最根本地摧毁旧事物"，而改良则是"审慎地、缓慢地、逐渐地来改造旧事物，尽可能少加以破坏"。在俄文中，改良和改革是同义语。

列宁在 1923 年写给党中央的信件和论文中，提出"要对我们的政治制度实行一系列的改变"，并特别强调了改革国家机关。其一是因为国家机关除外交人民委员部以外，都是从旧国家机关接受下来的，由于战争环境等原因，没有经过认真的改造。其二是国家机关只有彻底改革，才能提高工作效率，适应社会主义建设的需要。

列宁提出的在苏联建设社会主义的理论与计划还没有来得及实施，他就于 1924 年 1 月逝世了。这个理论与计划实际上成为列宁留给苏联共产党的"政治遗嘱"。它不仅是苏联，而且是一切走上社会主义道路的不发达国家建设社会主义的宝贵精神财富。

（三）斯大林和苏联社会主义模式

从 20 世纪 50 年代到现在，世界上，首先是共产党内部出现了一股否定斯大林和苏联社会主义模式的潮流，赫鲁晓夫在苏共二十大所作的秘密报告，全盘否定斯大林。戈尔巴乔夫当上苏共总书记之后，对前任领导逐个否定，说苏联几十年搞的是"官僚专制"、"扭曲变形"的社会主义，必须彻底铲除"斯大林主义"、消除"斯大林现象"、抛弃"斯大林模式”。我国有些学者在评论苏东剧变时说：“失败的不是社会主义，而是苏联社会主义模式。”究竟应当如何科学评价斯大林和苏联社会主义模式，这是一个关系重大、众说纷纭、亟待探讨的课题。

列宁逝世以后，苏联共产党内，主要是在作为列宁事业继承者的斯大林和托洛茨基之间，发生了一场关于苏联一国能否建成社会主义的争论。托洛茨基从否认农民的革命作用出发，认为在西方发达国家无产阶级没有取得政权的条件下，苏联一国不能建成社会主义，竭力散布悲观情绪。斯大林在争论中，坚持和发展了列宁的思想，坚持一国能够建成社会主义，并把一国建成和最终胜利区别开来。斯大林认为，苏联有两种矛盾。一种是内部的矛盾，即无产阶级和农民之间的矛盾。这个矛盾完全可以用一个国家的努力来克服，因而一国可以建成社会主义。另一种是外部的矛盾，即社会主义苏联同其他一切资本主义国家之间的矛盾。这就是说，苏联受资本主义包围，资本主义国家企图通过武装干涉和其他手段在苏联复辟资本主义。这个矛盾单靠苏联一国的力量解决不了，因此一国建成不等于最终胜利。这个论断，在当时的历史条件下，既坚定了苏联人民建设社会主义的信心，又使人们对资本主义随时可能发动武装干涉保持警惕。

斯大林和苏联共产党在20世纪二三十年代，在内部经济文化落后、外部受资本主义包围的困难环境中，在前无古人足迹、无任何经验可资借鉴的条件下，进行了一国建设社会主义的伟大探索。这个探索包括如下几个方面：

1. 实现社会主义工业化

到1925年底，苏联的国民经济基本上恢复到战前水平。为了使苏联从落后的农业国变成先进的工业国，1925年12月联共（布）十四大确定了社会主义工业化的方针。苏联社会主义工业化的道路是：

第一，采取优先发展重工业的方针。资本主义工业化，一般是从轻工业开始的，它投资少，资本周转快，但花费的时间长，需要几十年甚至上百年。苏联当时由于内外环境所迫，不能走这条道路，而走了优先发展重工业的道路。如果苏联不走这条道路，当帝国主义把战争强加给苏联的时候，就难以提供足够的飞机、坦克、大炮，有效地进行自卫。

第二，采取高速度发展工业的方针。斯大林强调工业化必须实行高速度，这是关系苏联国家生死存亡的大问题。苏联要用10年左右的时间，跑完落后于先进资本主义国家 50 年到 100 年的距离。

第三，采取工业化资金来源内部积累的方法。资本主义国家工业化的资金来源，英国是靠掠夺殖民地，德国是靠普法战争后法国的赔款。苏联不能采用这些方法，只能靠内部积累，即增产节约的办法。实践是，很重要的一条是靠工农业产品的“剪刀差”，从农民那里获得的特别“贡税”。

在苏联共产党的领导下，苏联的社会主义工业化取得了重大成就。从 1928 年第一个五年计划开始到 1940 年，短短的 12 年内，苏联整个工业增长了 5.5 倍，年平均增长率高达 16.9%，其中重工业增长了 9 倍，年平均增长速度为 21.2%。苏联在短短的十几年时间内基本上实现了社会主义工业化。社会主义工业化的实现，增强了苏联的经济实力和国防力量，为以后取得反法西斯战争的胜利奠定了强大的物质基础。

2. 实现农业集体化

依据列宁的合作化思想，1927 年 12 月召开的联共（布）十五大确定了农业集体化的方针。1928—1933 年，苏联开展了农业集体化运动，完成了对农业的社会主义改造，把广大农村引上社会主义道路。

但是，在农业集体化中有一些重大失误和经验教训。一是规定的指标过高，速度过快，规模过大，在集体化前期主要是靠行政命令，违背了自愿原则。二是在阶级路线上，虽然提出了“依靠贫农、联合中农、由限制到消灭富农”的阶级政策，但是在实践上没有处理好社会主义改造时期的阶级关系，侵犯了中农，对富农没有执行列宁的非暴力原则，后遗症过多。三是在集体农庄的形式上，以农业劳动组合为基本形式，否定农业公社是对的，但过早取消共耕社则不适合当时苏联农村生产力的发展状况。由于这些失误，农业集体化的结果，农业产量不但没有提高，反而降低了。例如，集体化后的 1933 年比集体化前的 1928 年，农业总产值下降了 18.6%，畜牧业产值下降了 52.6%。

3. 建立了苏联社会主义制度和模式

苏联在 20 世纪二三十年代，在斯大林领导下，打破了第二国际的教条，把一个经济文化比较落后的俄国引上社会主义道路，在世界上建立起第一个社会主义模式，或称传统社会主义模式、斯大林模式。这种早期社会主义模式，是在特殊历史条件下形成的，它包括基本制度和体现基本制度的具体制度即体制，以及发展战略。首先，就基本制度和体制来说，经济方面：①所有制结构，实行纯粹的公有制，包括全民和集体两种公有制形式，不允许其他经济成分存在。②经济结构，实行产品经济，排斥商品和货币关系，试图超越商品经济充分发展阶段。③经济运行机制，实行单一的计划经济，并把指令性计划当成计划经济的唯一标志，排斥市场调节。④管理体制，实行所有权和经营权的统一，国家直接管理企业。政治方面：①在国家的本质属性上，强调专政和国家的镇压职能，忽视民主和法制。②在党和国家的关系上，强调党的领导，把党对国家的领导作用几乎变成党对国家直接发号施令，出现以党代政现象。③在权力结构上，各种权力较多地集中在各级党委手中，特别是党中央手里。总之，经济上的高度集中，政治上的高度集权，就是这种模式的主要特点。其次，就发展战略来说，主要是高速实现社会主义工业化，优先发展重工业。这种模式，就基本制度来说，坚持了社会主义是好的，就体现基本制度的具体制度来说，有许多弊端，需要在社会实践中不断改革。这种带有战时性质的高度集中的经济政治体制，在当时确实起了应有的历史作用。那时，苏联是世界上唯一的社会主义孤岛，不仅受资本主义包围，而且处于临战状态。这种高度集中的经济政治体制，使苏维埃国家能够把有限的人力、物力、财力用到最急需的建设和防务上来。同时，被压迫、剥削的无产阶级和劳动群众，由于获得解放而迸发出的革命热情，弥补了这种体制的缺陷，使它得以正常运转，并取得相当的成功和迅速发展。但是，在进入正常建设年代以后，在革命转变时期群众所特有的那种激情消失之后，这种体制的弊端就显露出来了，并酿成一系列社会经济政治危机，成为阻碍生产力发展的“僵化模式”。这种模式的形成有其客观原因和主观原因：客观原因，主要指苏联当时是唯一的社会主义国家，受资本主义包围，处在临战状态；主观原因，主要是指斯大林的思想理论和个人品质。两个原因都起作用，问题是哪种原因作用更大。无疑，客观原因是主要的。30 年代，东西方两个战争策源地已经形成，西方民主国家对法西斯国家实行绥靖政策，目的是把祸水引向苏联。在这种形势下，苏联不选择战时体制和优先发展重工业的战略，就难以生存下去，更谈不上战胜法西斯势力。问题是，苏联社会主义模式是在 20 世纪二三十年代苏联特殊的历史条件下的产物，不能把它视为社会主义唯一固定的模式，斯大林在战后不仅不对这种模式进行改革，反而要求其他国家照抄照搬，致使问题成堆，积重难返，这就大错特错了。

经过 1929—1933 年的经济危机，德国、意大利、日本三个国家走上法西斯主义道路。法西斯主义，对外就是战争。1939 年，德军侵略波兰，第二次世界大战全面展开。1941 年 4 月 22 日，德军撕毁苏德互不侵犯条约，背信弃义进攻苏联。苏联开始了伟大的卫国战争。从此以后，这场战争变成世界人民的反法西斯战争。在斯大林和苏共领导下，苏联红军和人民经过 4 年多浴血奋战，终于打败了法西斯强盗。苏联红军在打败德国法西斯军队中起了决定性的作用，做出了最大的牺牲和贡献。苏联在战争中共牺牲 2700 万人，占全国人口总数的 13%以上。苏联社会主义制度在战争中经受了严峻的考验。

综上所述，斯大林在列宁逝世以后，领导苏联人民进行了一国建设社会主义的伟大而艰难的探索。在探索中，既有成绩，又有失误。对斯大林应一分为二：在社会主义工业化、建立苏联社会主义制度和模式、卫国战争上有功；在农业集体化、党内斗争和国际共运中的一些问题上有错；在肃反扩大化、个人迷信等方面有扭曲。苏联这个时期历史的光明面和阴暗面都同斯大林有一定关系。斯大林在历史上是一个非常矛盾的人物，既有功，又有过。他所取得的成绩是历史性的，发生的错误及其后果也是十分严重的。对他既不能全盘肯定，更不能全盘否定。全盘否定斯大林，就等于否定以往社会主义历史，否定老一辈共产党人，自己把自己搞臭。正确总结斯大林时期的经验与教训，对于推进社会主义建设和社会主义改革事业是很有助益的。

三、社会主义从一国实践到多国实践中的毛泽东思想

（一）世界范围的社会主义胜利大进军

社会主义发展进程的第三次历史性飞跃，是社会主义从一国实践发展为多国实践，世界社会主义体系的形成，科学社会主义成为社会主义国家指导思想的时期。时间从 1945 年第二次世界大战结束到 60 年代末。这个时期可以划分为三个阶段。第一阶段，40 年代中期到后期，欧亚一系列国家走上社会主义道路，形成了以苏联为首的社会主义阵营。第二阶段是整个 50 年代，社会主义向世界继续推进，尤其是拉丁美洲，1959 年古巴革命成功，逐步形成了一个世界社会主义体系。第

三阶段是整个60年代，世界形势发生逆转，资本主义从动荡走向稳定与发展，社会主义从高潮走向低潮。资本主义通过新科技革命和自我调节，生产力得到很大发展。社会主义在探索中出现重大失误，走偏了方向，苏联竭力推行大国主义、霸权主义，同美国进行军备竞赛，国民经济军事化，中国热衷于阶级斗争扩大化，国际共产主义运动中的大争论导致大破裂，社会主义的形象受到损害，社会主义处在困难、困惑和徘徊的境地。

20世纪上半期，世界各种矛盾急剧激化，是战争与革命时期，其间发生了两次惨绝人寰的世界大战和无数次的无产阶级革命和民族解放革命。战争加速了社会主义的诞生。第一次世界大战的结果是出现了社会主义的苏联。第二次世界大战的结果是欧亚一系列国家走上了社会主义道路。社会主义已从一国实践发展为多国实践。第二次世界大战后期，随着苏联红军向德国推进，东欧大片地区被解放，在这个基础上，南斯拉夫、阿尔巴尼亚、波兰、罗马尼亚、匈牙利、保加利亚、捷克斯洛伐克、民主德国等8国相继建立了人民民主政权。其中，南斯拉夫和阿尔巴尼亚，在40年代就分别在铁托、霍查的领导下建立了民族解放军，英勇地抗击德寇，配合苏军，解放了本国领土。其余6国，波兰和捷克斯洛伐克是德国的交战国，罗马尼亚、匈牙利和保加利亚一度是德国的仆从，它们基本上是靠苏军解放的。因而在这几个国家中，社会主义的基础较为薄弱。与此同时，在东方，中国人民革命取得了伟大胜利；随着日本法西斯的节节溃败和最后投降，金日成领导下的朝鲜人民军配合红军，在朝鲜北部建立了人民民主政权；胡志明组织和发动的“八月革命”，解放了印度支那的大片国土。这个浪潮过去以后，1956年在西半球的古巴，卡斯特罗在墨西哥率领81名战士，乘“格拉玛”号船回到古巴，在东部的马埃斯特腊山区坚持了两年游击战争，起义军终于在1959年元旦凌晨进入首都哈瓦那，古巴革命胜利了。上述国家，大都经过民主改造，逐步走上社会主义道路。

综上所述，从20世纪初到50年代末，社会主义从无到有，从小到大，从少到多，从弱到强，波浪式地向前发展。世界上三大洲先后有15个国家在共产党的领导下走上社会主义道路。其中欧洲9个：苏联、民主德国、捷克斯洛伐克、波兰、南斯拉夫、罗马尼亚、保加利亚、匈牙利、阿尔巴尼亚；亚洲5个：中国、朝鲜、蒙古、越南、老挝；拉丁美洲1个：古巴。这15个国家形成了一个强大的世界社会主义体系，从力量上来说可以和世界资本主义体系相抗衡。20世纪四五十年代是社会主义胜利大进军的时期。当时，就形势而不是就实力来说，社会主义好于资本主义。有些西方政治家回忆那一段历史时说，当时出现了继30年代初资本主义大危机之后的第二个“资本主义末日”。

20世纪社会主义的产生和发展，对人类历史作出了巨大贡献。其中最主要的是：①开辟了社会主义新时期。十月革命开辟了人类由资本主义向社会主义逐步过渡的时代，社会主义同资本主义长期并存和历史性竞争的时期。②战胜了穷凶极恶的法西斯主义。30年代初，德国、意大利、日本等国的垄断资产阶级，在“大萧条”、“大恐慌”、“大崩溃”面前，为了寻找出路，实行法西斯主义。法西斯主义是资本主义公开的恐怖专政，是最反动、最黑暗、最野蛮的资本主义。法西斯主义对内就是血腥屠杀，对外就是残酷战争。在战胜德意日法西斯强盗的斗争中，苏联红军起了决定性的作用，中国共产党领导的人民武装也作出了巨大的贡献。法西斯主义的覆灭，标志着正义战胜了邪恶，光明代替了黑暗。③推动了民族解放运动的发展。社会主义革命和民族解放革命是我们时代的两大历史潮流。第二次世界大战以后，欧亚一系列国家走上社会主义道路，在它们的支持和影响下，被压迫民族的革命斗争从觉醒时期步入解放时期。国家要独立，民族要解放，已成为不可抗拒的历史潮流。通过各种不同方式的斗争，亚非拉先后有100多个国家宣告独立，帝国主义的殖民主义体系彻底崩溃了。这是改变20世纪面貌具有划时代意义的事件，是继十月革命、中国革命之后世界历史进程中具有决定意义的事件。资本主义、帝国主义的两个最野蛮的产物——殖民主义和法西斯主义，都是在20世纪猖獗一时而后崩溃的。这说明，在社会主义的推动下，人民在觉醒，历史在进步，这是不以任何人的意志为转移的。第三世界各国人民正以“历史民族”的崭新姿态出现在历史舞台上。④维护了世界和平。帝国主义是现代战争的根源，它在20世纪前半期的短短20年间，给人类带来两次史无前例的世界规模的战争惨祸。第二次世界大战结束后的近半个世纪，之所以没有发生新的世界大战，和平与发展之所以成为当代世界的主题，决定性的因素就是社会主义力量的发展和在其影响、支持下第三世界的兴起。世界和平已出现了现实的前景。

综上所述，20世纪，在马克思主义旗帜下，社会主义应运而生，社会制度发生巨大变革，社会主义和一切进步势力通过同资本主义和一切反动势力的反复搏斗而向前发展，并驱使最反动的法西斯主义、殖民主义退出历史舞台，光明战胜了黑暗，正义战胜了邪恶，人民赢得了胜利，赢得了进步，赢得了和平。这是迄今为止历史上最伟大的世纪。

（二）社会主义在东方大国的历史性胜利

20世纪的社会主义，不是发生在马克思主义创始人主要设想的发达资本主义国家，而是发生在他们也曾设想的东方国家，发生在列宁称之为的资本主义体系的薄弱环节。在这里，统治阶级的力量比较薄弱，被统治阶级的力量比较强大，由阶级力量对比的格局决定，易于突破。这里既不是资本主义高度发达的国家，也不是连大工业和现代无产阶级都没有的经济文化极端落后的国家，而是经济文化比较落后的国家。20世纪走上社会主义道路的几乎都是资本主义不发展或前资本主义的国家。中国就是从半殖民地半封建的旧社会跨入社会主义的新社会的。

明代末期，中国江南一带已经出现了工场手工业。如果没有外敌的入侵，中国会自行进入资本主义社会。西欧是资本主义的发源地。先于中国走上资本主义道路的西方列强，用洋枪大炮敲开了中国的大门。1840年鸦片战争以后，中国逐渐沦为半殖民地半封建社会。帝国主义和封建主义的联合统治，是近代中国长期贫困落后的总根源。中国人民为了推翻帝国主义和封建主义的统治，拯救民族危亡，使中国成为一个独立富强的国家，解决近代中国历史的这个主题，曾前赴后继，进行了可歌可泣的斗争，但都没有成功。其间有三次大的斗争：第一次是历时14年之久的太平天国农民革命运动和以后的义和团反帝爱国运动，它显示了中国农民阶级的反侵略、反强暴的英勇精神和巨大力量，但终因提不出彻底的民主革命纲领而失败。第二次是1898年，以康有为、梁启超、谭嗣同为代表的资产阶级改良派，在光绪皇帝的支持下所实行的“戊戌变法”，试图走日本“明治维新”君主立宪的道路，但不过百日就失败了。第三次是以孙中山为首的资产阶级革命派，在连续不断地发动反对清王朝武装起义的基础上，终于通过1911年的辛亥革命，推翻了清王朝，结束了中国两千多年的封建统治，但随后不久，革命果实被代表帝国主义和封建主义利益的北洋军阀头子袁世凯所篡夺，这场革命也失败了。此外，还有一些倡导“实业救国”、“教育救国”的爱国人士，在旧社会实现他们的理想时则是一筹莫展。其中第二次和第三次斗争，即戊戌变法和辛亥革命，都曾试图在中国走资本主义道路，但都没有成功。这说明，不仅洪秀全的“天朝田亩制”不能救中国，就是康有为的《大同书》和孙中山的“三民主义”也不能救中国。实践证明，在中国走资本主义道路是根本行不通的。

为什么在西方可以，在近代中国走资本主义道路行不通？一是帝国主义不允许，它们不愿意中国成为资本主义国家，成为他们的竞争对手。二是封建势力强大和顽抗，它们不甘心退出历史舞台，让资本主义取而代之。三是民族资本脆弱，民族资产阶级软弱，没有能力领导民主革命取得胜利。

历史重任落在中国无产阶级身上。中国无产阶级虽然人数不多，但却是先进生产力的代表，具有彻底的革命性；由于大多数来自农民，和广大农村有天然的联系，因此便于和农民结成亲密联盟。十月革命一声炮响，给中国人民送来了马克思列宁主义。中国的先进分子从各种各样的主义中选择了社会主义。这是中国人民做出的历史性的选择，而绝不是什么“历史的误会”。有了这个选择，在马克思主义和中国工人运动相结合的基础上，在共产国际的帮助下，于1921年建立了中国无产阶级政党——中国共产党。中国共产党建立以后，立即投入到轰轰烈烈新民主主义的伟大革命斗争中去。通过第一次和第二次国内战争，党和人民终于认识和找到了自己的领袖毛泽东，在长征路途的遵义会议上确立了毛泽东在全党的领导地位。毛泽东在长期革命实践中，坚持把马列主义基本原理同中国革命实践相结合，实现了马克思主义在中国的第一次历史性飞跃，形成了中国的马克思主义——毛泽东思想，形成了完整的新民主主义理论和党在新民主主义革命历史阶段的总路线。在中国共产党和毛泽东的领导下，在毛泽东思想和党在新民主主义革命时期总路线的指引下，中国人民依据农村包围城市的武装斗争道路，经过28年艰苦卓绝的斗争，终于在1949年推翻了代表帝国主义、封建主义、官僚资本主义利益的国民党反动政权，取得了新民主主义革命的彻底胜利，建立了中华人民共和国。中国人民革命的伟大胜利，在帝国主义东方战线上突破了一个大缺口，极大地改变了国际政治力量的对比。这是继十月革命之后又一曲响彻云霄的凯歌。中华人民共和国的成立，标志着

“资产阶级共和国”在中国土地上彻底破产了。

毛泽东早在民主革命时期就指出：中国共产党领导的中国革命，“是包括民主主义革命和社会主义革命两个阶段在内的全部革命运动；这是两个性质不同的革命过程，只有完成了前一个革命过程才有可能去完成后一个革命过程。民主主义革命是社会主义革命的必要准备，社会主义革命是民主主义革命的必然趋势。”① 在旧中国，存在人民大众同帝国主义、封建主义的矛盾和无产阶级同资产阶级的矛盾。因此，既存在着民主革命的条件，也具备从民主革命向社会主义革命转变的前提。无产阶级在民主革命中的领导权，没收官僚资本后所建立的国营经济，人民民主专政的国家政权，加上有利的国际环境，所有这一切就决定了我国在新民主主义革命胜利后，可以立刻着手向社会主义革命转变，中间不需要横着一个独立的资本主义发展阶段。

从中华人民共和国成立到所有制社会主义改造基本完成，这是我国由新民主主义向社会主义过渡的时期。马克思在《哥达纲领批判》中，提出了在资本主义和共产主义（第一阶段）之间有一个漫长而复杂的过渡时期的理论。但是，我国在解放前是一个半殖民地、半封建社会，全国解放后进入新民主主义社会。因此，我们不是从资本主义而是从新民主主义向社会主义过渡。这种特殊的过渡，反映了我国历史发展的特点。党中央和毛泽东在 1953 年提出了我国从新民主主义向社会主义过渡时期的总路线，就是要在一个相当长的时期里，逐步实现社会主义工业化，并逐步实现国家对农业、手工业和资本主义工商业的社会主义改造，即简称为“一化三改”的总路线。这是一条社会主义改造和社会主义建设并举的路线，使改造和建设互为条件，相互促进。从 1953 年到 1956 年，我国不是用暴力剥夺而是用和平赎买的方法实现对资本主义工商业的社会主义改造，这是社会主义发展史上的伟大创举，同时又提前胜利完成了第一个五年计划的建设任务，奠定了我国工业化的初步基础。同一期间，全国工业总产值每年递增 19.6%，农业总产值每年递增 4.8%，发展速度是相当快的。这说明党在过渡时期的总路线是符合中国国情的，社会主义改造是符合我国历史发展的趋势的。中国先于发达资本主义国家进入社会主义社会，这是中国所处的特殊历史条件、我

① 《毛泽东著作选读》上册，人民出版社 1986 年版，第 343—344 页。

们党的正确领导和全国人民艰苦奋斗的结果，是科学社会主义的重大发展，是社会主义东方大国的伟大胜利。

（三）毛泽东对中国建设社会主义道路的探索

毛泽东的一生是很不平凡的，他既是伟大的无产阶级革命家、政治家、战略家，又是马克思主义理论家，还是一位杰出的诗人。是他领导党和人民，经过长期斗争，取得了中国革命的伟大胜利，建立了中华人民共和国，但遗憾的是，他晚年在成绩面前骄傲自满，脱离实际，离开了他倡导的把马克思主义基本原理同中国具体实际相结合的原则，指导思想越来越“左”，发生重大失误。从50年代中期，毛泽东通过总结我国社会主义建设的初步经验，发现苏联模式的弊端，提出“以苏为鉴”的口号，领导党和人民进行中国建设社会主义道路的艰难探索。在探索中，他一方面在理论上提出许多有价值的观点，如社会主义社会的基本矛盾仍然是生产关系与生产力、上层建筑与经济基础的矛盾，正确处理人民内部矛盾是国家政治生活的主题，农轻重的建设安排，百花齐放、百家争鸣的方针等等；在实践上取得很大成绩，奠定了中国社会主义的基础。另一方面，他又发生了失误，特别是“大跃进”、“文化大革命”两个全局性的重大失误。“大跃进”就集中力量发展生产力、尽早摆脱贫穷落后的愿望而言是好的，但是高指标、瞎指挥，用大搞群众运动的方法发展生产力，严重违背了客观经济规律，结果事与愿违，欲速则不达。“文化大革命”是由于指导思想过“左”，对国内特别是国际发生的一些事件估计过重，在探索中走偏了方向，最终使国民经济达到崩溃的边缘。这两个重大失误，使中国社会主义事业遭到灾难性的损失。毛泽东逝世不久，南斯拉夫一位政治家在评价毛泽东时说，毛泽东如果在1949年前逝世，他是中国的马克思；如果在1956年前逝世，是中国的列宁；在1976年逝世，只能是中国的毛泽东。在邓小平的倡议和主持下通过的十一届六中全会《关于建国以来党的若干历史问题的决议》，对毛泽东的一生功过进行了评价。《决议》洋洋数万言，基本精神有两个：一是要把毛泽东的一生和晚年区别开来，一生伟大，晚年有重大失误，不能因晚年有重大失误而否定一生伟大，也不能因一生伟大而无视和不纠正他晚年的重大失误。二是把毛泽东和毛泽东思想区别开来。毛泽东思想主要是毛泽东的思想，它包括毛泽东的正确思想而不包括毛泽东的错误思想。同时，我们党其他老一辈无产阶级革命家的好的思想理论观点也包括在内。因此，毛泽东思想就成为以毛泽东为核心的包括其他老一辈无产阶级革命家的党的集体智慧的结晶，因此，要永远高举毛泽东思想这面旗帜。

胡绳为纪念毛泽东诞辰 100 周年所写的《毛泽东一生中所做的两件大事》一文指出，毛泽东一生干了两件大事：一是领导民主革命并取得胜利，二是探索中国社会主义建设道路。毛泽东在《论十大关系》中明确指出了探索的必要性和重大意义。后来在探索中取得成绩，又发生失误，甚至重大失误。他指出，从 1956 年我国进入社会主义社会以后，我们党内对这个问题有三种态度。第一种，主张和坚持探索，经过探索，取得成绩，也发生失误，甚至付出许多学费和代价，最后通过总结经验，终于走上十一届三中全会这条康庄大道，我们就是这么走过来的，这是现实。第二种，反对探索，主张吃现成饭，一切照抄照搬苏联的，成为它的“卫星国”，这种认识和态度过去还情有可原，在苏东剧变后仍然坚持就是危险的。第三种，有人主张从 50 年代中期以后就实行现在的路线和政策，这是理想主义的天真的想法，提出问题的方法就不对。结论是：毛泽东一生伟大，晚年虽有重大失误，但不失为社会主义探索事业的伟大开拓者。这个论述是很有说服力的。

社会主义、共产主义要消灭一切剥削和压迫，解放全人类，是前无古人的崭新事业，没有任何现成的经验和方案可资借鉴，只有依据前人的指引；在实践中不断探索，带有很大的探索性、开拓性。列宁把建设社会主义比作攀登一座崎岖险阻、未经勘察、人迹罕见的高山。波兰革命家卢森堡把社会主义视为一块有待人们奋力开拓和辛勤耕耘的“处女地”。建设社会主义既然是一个不断探索、反复实践的过程，就既会有成功和成就，又会有失误和付出代价，而且这两方面往往是互相伴随、相互交织的。可以说，取得的成绩是历史性的，发生的错误和挫折也是相当严重的。这种错综复杂和艰难曲折的探索历程，从正反两方面都留下深刻的历史经验。对前人的探索足迹，不能一味地评头论足，更不能简单否定，一棍子打死。

我们必须坚持用社会主义是一个长期艰难探索过程的观点，评价社会主义的历史和历史活动家，特别是要对 20 世纪的列宁和十月革命、斯大林和苏联社会主义模式、毛泽东和建设中国社会主义道路的探索这三大阶段的社会主义实践，作出积极的客观的实事求是的评价，而绝不能像戈尔巴乔夫那样，全盘否定以往社会主义历史，说什么几十年搞的是什么“扭曲变形”、“官僚专制”的社会主义，自己否定自己，自己给自己抹黑，使社会主义声誉扫地。社会主义是连续性和变革性的统一。不能只讲变革性，不要连续性。不能割断历史，没有社会主义的过去，就没有今天和未来，历史虚无主义，已给世界社会主义事业带来灾难性的后果。

四、社会主义从传统体制到现代体制的转变和邓小平理论的形成

（一）社会主义国家的改革潮流

第二次世界大战以后，西方发达资本主义国家在五六十年代先于社会主义国家干了两件大事。一是利用科技优势，掀起新的科技革命，即历史上第三次科技革命。这次科技革命是以微电子技术为核心，包括新能源技术、新材料技术、航天技术、海洋工程技术、生物工程技术等各个领域。现在人们认识自然的能力空前提高，改造自然的手段相当先进。新的科技革命，极大地促进了生产力的发展和社会生活的变化。二是适应新科技革命，对资本主义自身，从生产关系到上层建筑进行了一系列自我调节，使之适应社会化生产力的发展。战后，资本主义所容纳和创造的社会生产力以惊人的速度和规模扩展着。据统计，1945—1975年，即战后头30年，世界工业总产值累计额是人类历史全部工业总产值累计额的2倍左右。在世界经济比重中，24个发达资本主义国家占70%左右。这就是说，发达资本主义国家战后20多年生产的产品，超过了过去200多年产品的总和。通过西方发达国家的“输血”，我国周边国家和地区、中国香港、新加坡、中国台湾、朝鲜，在60—80年代，发展速度相当快。社会主义面临着现代资本主义的严峻挑战。当前，社会主义同资本主义处在历史性竞争之中。竞争同竞赛不同。竞赛是谁先谁后的问题，而竞争则是你死我活的性质。随着世界大潮从紧张趋向缓和，竞争的重点从军事领域转向经济、科技领域。社会主义国家如不进行改革，实现从传统社会主义体制向现代社会主义体制的转变，就难以同现代资本主义进行有力的竞争。

在现代资本主义挑战面前，社会主义国家70年代以来掀起了一股势不可挡的改革潮流。社会主义制度建立以后，采用什么样的发展机制，推动社会主义社会不断向前发展，这是很长时期没有解决好的重大课题。斯大林长期不进行改革，使社会主义失去生存和发展的大好时机。从50年代中期以后，一些社会主义国家的领导人和学者发现苏联模式的弊端，提出改革的主张。而进入60年代，旧的僵化的体制越来越束缚生产力的发展，社会主义国家的发展速度反而低于发达资本主义国家。在这种形势下，70年代以来，社会主义国家刮起了一股改革旋风，走在这个潮流前面的是改革的先驱者南斯拉夫，匈牙利、波兰、捷克斯洛伐克、保加利亚、民主德国接踵而至，到70年代末和80年代初，中国、苏联两个社会主义大国也相继进行改革。社会主义发展进程中的第四次历史性飞跃，是社会主义国家通过改革，从传统模式（体制）转变为现代模式（体制），科学社会主义在当代新发展的时期。时间从70年代初至今。社会主义的改革潮流，导致社会主义从上一时期的外延式横向推进转向内涵式的纵深发展。意想不到的是，在复杂的历史背景下，在这个过程中出现了两种不同性质、不同方向、不同结果的改革。一种是苏东一些国家在探索改革的道路上，逐步偏离了正确的方向，改革变成了“改向”、“改制”，最终断送了社会主义。另一种是中国的改革，在邓小平理论的指导下，通过改革，中华大地发生巨变，社会主义事业欣欣向荣，找到了一条社会主义再造辉煌、重振雄风的“新路”。实践证明，改革作为社会主义制度自我完善的必由之路，关系社会主义的生死存亡和兴衰成败。坚持改革，社会主义本身具有的生机和活力才能发挥出来，社会主义优越性才能体现出来。不改革，或在改革中不能坚持正确的方向和选择正确的路子，社会主义事业就会招致挫折和失败。“成于斯、败于斯”。这一时期，实践上具有重大历史意义的是十一届三中全会以后中国的改革开放；理论上的最大成就是在探索中形成了邓小平理论，它成为新时期科学社会主义发展的重要标志。

总括上述，第二次世界大战以后，以增强经济活力为核心的资本主义国家的调整和社会主义国家的改革，一前一后，相继出台，相互促进。五六十年代，西方发达国家普遍进行了调整，这不能不影响社会主义国家。社会主义国家的改革，起源于50年代初的南斯拉夫，到70年代后期形成改革大潮，反转过来，80年代中期以后，西方发达国家、拉美国家、南亚国家、部分非洲国家，都先后进行改革，出现了世界性的改革浪潮。可以说，改革已经成为一股遍及全球的世界大潮流，方兴未艾，势不可挡。

（二）邓小平理论的形成及其对“什么是社会主义”的回答

邓小平通过总结社会主义的历史经验和对社会主义的重新认识，在十二大开幕词中指出：“把马克思主义的普遍真理同我国的具体实际结合起来，走自己的道路，建设有中国特色的社会主义，这就是我们总结长期历史经验得出的基本结论。”① 所谓基本结论，就是历史经验中的最重要经验。邓小平的“走自己的道路”比列宁关于在走向社会主义道路上“每个民族都会有自己的特点”和毛泽东的“走俄国人的路——这就是结论”的提法，前进了一大步。中国特色社会主义的基本内涵包括两个方面：科学社会主义的基本原理和中国的基本国情。这二者有机结合就是中国特色社会主义。也可以说，中国特色社会主义就是科学社会主义基本原理在中国社会主义初级阶段的创造性运用和发展。因此，中国特色社会主义既具有社会主义的共性，又具有中国国情的个性，是共性和个性、普遍性和特殊性的统一。总结历史经验，搞社会主义要防止两种偏向。一种偏向是离开个性讲共性，即只坚持科学社会主义基本原理，忽视本国国情，这样做的结果，社会主义建设不仅难以成功，甚至要遭到严重挫折。因为社会主义从来不存在适用于不同历史条件和不同民族特点的统一方案和模式。科学社会主义基本原理的实际运用，“随时随地都要以当时的历史条件为转移”②。另一种偏向是离开共性讲个性，即只强调民族特点与本国国情，不遵循甚至背离科学社会主义基本原理，这样发展下去，就会迷失方向，走到邪路上去。邓小平建设有中国特色社会主义理论的实践，把科学社会主义的基本原理同中国基本国情辩证地有机地结合起来，这就为社会主义创造出新的实现形式，注入新的内容和活力，成为当代坚持和发展科学社会主义的新的范例。

邓小平理论，是在和平与发展成为时代主题的历史条件下，在我国改革开放和社会主义现代化的实践过程中，在总结我国社会主义胜利和

---

① 《邓小平文选》第3卷，人民出版社1993年版，第3页。

② 《马克思恩格斯选集》第1卷，人民出版社1995年版，第248页。

挫折的历史经验并借鉴其他社会主义国家兴衰成败历史经验的基础上，逐步形成的。这个理论是当代中国的马克思主义，是马克思主义在中国发展的新阶段，也是科学社会主义发展的新阶段。这个理论是以“什么是社会主义、怎样建设社会主义”为主线，其他一切问题都是由此而派生和展开的。这是邓小平的基本思路。邓小平指出：“问题是什么是社会主义，如何建设社会主义。我们的经验教训有许多条，最重要的一条，就是要搞清楚这个问题。”[①] 江泽民同志进一步指出：“总结历史经验，我们可以看到，坚持社会主义，首先要搞清楚什么是社会主义、怎样建设社会主义这个基本的理论问题。我国社会主义在改革开放前所经历的曲折和失误，归根到底就在于对这个问题没有完全搞清楚；改革开放以来在前进中遇到的一些犹疑和困惑，归根到底也在于这个问题没有完全搞清楚。”[②] 邓小平理论之所以是科学社会主义发展的新阶段，是因为它科学地把握了社会主义的本质，第一次比较系统地初步回答了经济文化比较落后的国家，在建立社会主义制度以后，如何建设、巩固、发展社会主义这个当代社会主义的新课题，特别是“什么是社会主义、怎样建设社会主义”这个当代社会主义的首要基本理论问题。他的回答和前人相比，第一，系统；第二，正确。首先必须搞清楚什么是社会主义，这个问题解决了，才能把握怎样建设社会主义。对于什么是社会主义，过去社会主义者们搞清楚的主要是如下四个问题：

1. 关于所有制问题

马克思、恩格斯指出，资本主义社会的基本矛盾，即生产社会化和资本主义私人占有矛盾的进一步发展，必然导致社会主义公有制代替资本主义私有制。生产资料公有制是消灭剥削和消除两极分化的决定性条件，是社会主义社会最基本的特征。

2. 关于政权问题

马克思认为，从资本主义到共产主义之间有一个从前者转变为后者的过渡时期。这个时期国家政权的实质是无产阶级专政。在共产主义的第一阶段，随着实行生产资料全社会占有，国家将逐渐消亡。列宁认

① 《邓小平文选》第3卷，人民出版社1993年版，第116页。

② 《在学习〈邓小平文选〉第三卷报告会上的讲话》，人民出版社1993年版，第6页。

为：国家在共产主义的第一阶段还不能消亡，这是他在20世纪初对马克思主义国家学说的重大发展。我们党总结了社会主义历史经验，坚持在整个社会主义历史阶段必须始终坚持无产阶级专政。人民民主专政是具有中国特色的无产阶级专政。

3. 关于工人阶级政党问题

马克思、恩格斯认为，无产阶级要推翻资本主义旧世界和建设社会主义新世界，必须建立工人阶级政党。共产党是工人阶级的先进部队，是社会主义国家的指导和领导力量，社会主义社会必须坚持共产党的领导。

4. 关于社会主义意识形态问题

马克思、恩格斯指出，任何社会的统治思想都是统治阶级的思想。马克思主义是马克思、恩格斯的观点和学说体系，是工人阶级的科学世界观和全人类精神文明的伟大成果。马克思主义是社会主义意识形态中最重要的一部分。社会主义国家必须坚持以马克思主义为指导。

上述四条，几乎所有社会主义国家都是比较清楚和清醒的。但是，也有一些问题不够清楚和清醒，致使工作中不断发生失误。邓小平一贯重视对社会主义基本理论问题的研究，在马克思主义于中国第二次历史性飞跃中，一方面坚持马克思主义基本原理，另一方面用许多新思想、新观点充实、丰富了马克思主义。总的来说，他在新的历史条件下，把继承、坚持同发展、创新辩证地统一起来，既没有“丢老祖宗”，又讲了一些老祖宗没有讲过的“新话”，使马克思主义、科学社会主义在中国进入新境界，达到新高度。过去没有搞清楚、现在搞清楚了的有如下五个问题：

1. 关于社会主义本质和根本任务

社会主义面临诸方面任务，但根本任务是什么，过去不清楚。马克思主义经典作家有过强调发展生产力的论述。在社会主义实践中，也有离开生产力，把完善生产关系（主要是所有制）作为首要任务，还有把巩固无产阶级专政摆在头等重要地位，甚至还有把追求社会公平、公正作为压倒一切的社会思潮。这些致使一些社会主义国家没有集中力量发展生产力。邓小平在总结历史经验的基础上指出：“社会主义的任务很多，但根本一条就是发展生产力，在发展生产力的基础上体现出优于资本主义。”① 邓小平作为伟大的无产阶级战略家，一向关注事物的本质，重视对社会主义本质的探讨。他在坚持社会主义特征即四项基本原则的基础上对社会主义本质的科学论述，从理论上进一步深化了对社会主义根本任务的理解。

2. 关于社会主义社会的发展阶段

马克思预测未来社会大体上划分为第一阶段和高级阶段，列宁后来将其称之为社会主义社会和共产主义社会。列宁由于有了初步的社会主义实践，对这个问题有了进一步的认识，指出社会主义社会有一个多级发展过程，即大阶段中有小阶段。他曾使用过“初级形式的社会主义”、“发达的社会主义”等概念。后来社会主义国家在实践中出现的带有普遍性的失误，一是把社会主义阶段看得短暂，因而不去划分阶段，急于向共产主义过渡。二是当认识到社会主义是一个很长历史阶段后，又对本国社会主义所处发展阶段估计偏高，从而导致搞高指标，做出一些超越阶段的事情。邓小平通过总结历史经验深刻指出，在我国这样经济文化比较落后的国家进入社会主义以后要有一个很长的初级阶段。这是对我国的基本国情和社会发展阶段最准确的认识和估计。

3. 关于社会主义经济的实质和经济体制

很长一段时期内，社会主义者们对商品经济和市场有一种偏见，把它视为资本主义的专利品和社会主义的异己物，在实践中坚持搞计划产品经济。我们党通过长期探索，提出两个重要论断：一是社会主义经济的实质是公有制基础上有计划的商品经济；二是社会制度在一定条件下可以逾越，但是商品经济的充分发展阶段不能逾越，否则生产力就发展不起来。既然要发展商品经济，就需要有完备的市场体系。邓小平以巨大的理论勇气指出，计划和市场不带有社会制度的属性，资本主义也有计划，社会主义也有市场。“社会主义和市场经济之间不存在根本矛盾。”② 在探索中，我们把建立社会主义市场经济体制作为经济体制改革的目标，这是选择了最佳的经济体制和经济运行机制，对加速发展生产力至关重要。

---

① 《邓小平文选》第 3 卷，人民出版社 1993 年版，第 137 页。

② 《邓小平文选》第 3 卷，人民出版社 1993 年版，第 148 页。

4. 关于社会主义社会的发展动力

社会主义制度建立以后，怎样不断解放和发展生产力，完善社会主义制度，是长期没有解决的历史性课题。苏联曾把刚刚建立的社会主义制度和模式看成是尽善尽美的，拒绝和讳言改革，致使问题成堆，积重难返。通过长期探索，邓小平作出“革命是解放生产力，改革也是解放生产力”，改革是社会主义社会强大动力的重要论断。社会主义就是在改革中不断前进的社会。

5. 关于社会主义和资本主义的相互关系

“一个世界、两种制度”是当代世界的重要格局。社会主义和资本主义既有相互矛盾、对立的一面，也有相互联系、协作的一面。社会主义是在吸取资本主义好的方面、扬弃资本主义坏的方面的基础上所建立的更高的社会形态。由于复杂的历史原因，以前许多社会主义国家没有处理好这个关系，过分强调社会主义同资本主义矛盾、对立的一面，甚至把二者看成是绝对对立的，从而忽略了借鉴、利用资本主义好的东西。特别是在西方发达国家具有资本、科学技术、对外贸易、产业结构应用能力强、劳动者素质较高等优势下，这样做对社会主义事业极为不利、极其有害。邓小平指出，现在的世界是开放的世界，中国的发展离不开世界，“社会主义要赢得与资本主义相比较的优势，就必须大胆吸收和借鉴人类社会创造的一切文明成果，吸收和借鉴当今世界各国包括资本主义发达国家的一切反映现代社会化生产规律的先进经营方式、管理方法。”[①] 上述五个问题，过去不够清楚，现在搞清楚了。这是邓小平对科学社会主义理论划时代的新贡献。

（三）邓小平理论开拓了社会主义发展的新道路

如果说，“什么是社会主义”可以归结为主要是社会主义本质和特征问题，那么，“怎样建设社会主义”则指的是社会主义发展道路问题。把马克思主义的基本原理同本国的具体实践相结合，探索出一条正确的发展道路，对社会主义的发展至关重要。毛泽东指出：“我们的任务是过河，但是没有桥或没有船就不能过。不解决桥或船的问题，过河就是

① 《邓小平文选》第3卷，人民出版社1993年版，第373页。

一句空话。”① 社会主义发展道路，就是社会主义发展进程中的目的、任务和途径。

过去的发展道路虽然取得一定成绩，但总的来说并不成功。十一届三中全会以后，我们党在邓小平领导下，认真总结了 20 世纪社会主义正反两方面的历史经验，在坚持解放思想、实事求是思想路线的基础上，继续进行探索，逐步形成了具有中国特色的社会主义发展新道路。可以说，社会主义究竟怎么搞，走什么发展道路，首先是个思想路线问题。解放思想、实事求是思想路线的确立，为全面纠正“左”的错误，正确总结社会主义的历史经验，重新探索和开拓建设有中国特色的社会主义发展新道路奠定了坚实的思想基础。这条道路始于毛泽东、成于邓小平。这条道路的基本内容是：

——坚持以经济建设为中心，实现国民经济的快速发展。社会主义的根本任务，决定了经济建设的中心地位。我们只能有一个中心，而不能搞两个中心或多个中心。一切工作都要服从和服务于这个中心。牢牢把握这个中心，实现国民经济持续、快速、健康发展，是推动各项社会主义事业加快发展和保障国家长治久安的基础性工程。

——坚持改革，实现社会主义现代化。改革是中国的第二次革命，其实质和目标，是要从根本上改变束缚我国生产力发展的经济体制，确立充满生机和活力的社会主义新经济体制，同时相应地改革政治体制和其他方面的体制，以实现中国的社会主义现代化。现代化是当今世界不可阻挡的历史潮流，顺者昌、逆者亡。中国的命运，社会主义的前途，系于现代化建设的成败。

——坚持对外开放，大胆吸收世界文明成果。对外开放是实现社会主义现代化的必要条件。当今世界，在各国经济一日千里地前进，科学技术突飞猛进地发展，各国之间经济和科学技术的交流越来越频繁的情况下，任何一个国家关起门来都不能实现现代化。对外开放的实质就是借鉴和吸收世界文明的一切成果，特别是现代资本主义的文明成果，拿来为我所用，发展自己。

——坚持两个文明建设协调发展，促进社会全面进步。社会主义社会有物质生产和精神生产、物质文明和精神文明两个方面、两大领域。

① 《毛泽东著作选读》上册，人民出版社 1986 年版，第 63 页。

邓小平指出，搞不好物质文明建设不是有中国特色的社会主义，搞不好精神文明建设也不是有中国特色的社会主义，只有两个文明建设都搞好才是具有中国特色的社会主义。社会主义精神文明建设最后要落实到人的建设上，它的根本任务是培育有理想、有道德、有文化、有纪律的“四有”公民，提高全民族的教育科学文化素质和思想道德素质。坚持两个文明协调发展，目的是促进社会全面进步，这是社会主义社会发展的鲜明特点和社会主义优越性的重要体现。世界上越来越多的人赞赏“综合发展观”、“社会全面进步论”。

——坚持四项基本原则，为改革开放和现代化建设提供强有力的思想政治保证。改革开放和现代化建设有两种，一种是资本主义的，一种是社会主义的。为使我国的改革开放和现代化建设沿着社会主义方向发展，必须为其提供强有力的思想政治保证。这就必须坚持四项基本原则，即坚持社会主义道路，坚持人民民主专政，坚持共产党的领导，坚持马列主义、毛泽东思想。四项基本原则是统一的不可分割的整体。在不同时期，可以侧重强调某一两项，但不能削弱和动摇任何一项。邓小平指出：“如果动摇了这四项基本原则中的任何一项，那就动摇了整个社会主义事业，整个现代化建设事业。”①

——坚持正确处理改革、发展、稳定的关系，为改革开放和现代化建设提供安定的社会环境。在现代化建设的长期过程中，必须处理好改革、发展、稳定的相互关系。改革是动力，发展是目的，稳定是前提。任何时候都要把握好改革的力度、发展的速度、稳定的程度，使三者之间相互配合、相互促进；中国的问题压倒一切的是需要稳定，没有稳定的环境什么都搞不成，已经取得的成果也会失去。我们搞改革开放，搞现代化建设，关键是稳定。中国不能乱，中国的最高利益是稳定。只有社会政治稳定，我们的改革开放和现代化建设的步伐才能迈得更快、更稳、更好。

——坚持正确估计国际形势与实行和平对外政策，为我国改革开放和现代化建设提供和平的国际环境。我国的改革开放和现代化建设，内部需要社会稳定条件，外部需要和平的国际环境。和平与发展是当代世界的两大主题。苏东剧变以后，世界格局发生重大变化，双极已被打

① 《邓小平文选》第2卷，人民出版社1994年版，第173页。

破，单极也不可能，多极是发展趋势。时代特征和世界格局的变化，对我国有利。我们必须坚持和平外交政策，调整对美、对日、对俄关系，发展同周边国家和第三世界国家的友好关系，打开对外关系的新局面。

——坚持自力更生、艰苦创业。我国是个发展中国家，又是世界第一人口大国，搞社会主义现代化建设，必须走自力更生、艰苦创业的道路。“自力更生”是坚持把立足点放在依靠自己力量的基础上，强调中国的事情主要靠自己的力量去解决；对外开放和争取外援也是为了增强自力更生的能力。“艰苦创业”是要求人们在我国创业时期具有一种艰苦创业的精神去干事业，不要热衷于讲排场、比阔气，搞超前消费。

——坚持中国共产党的领导和依靠全国各族人民。中国共产党是中国社会主义事业的领导核心。共产党的领导核心地位是历史形成的，是中国人民在长期斗争中的选择。中国的社会主义事业必须由共产党领导，这是建设有中国特色社会主义的一个很重要的特点。随着中国社会主义事业的发展，它的依靠力量越来越广泛。建设有中国特色的社会主义有三个层次的依靠力量：①依靠工人、农民、知识分子，充分发挥他们的历史主动精神。②依靠各族人民的团结，汉族和少数民族同呼吸，共命运，心连心，谁也离不开谁。③依靠全体社会主义劳动者、拥护社会主义的爱国者和拥护祖国统一的爱国者的最广泛的统一战线，团结一切可以团结的力量。

——坚持把执政的共产党建设好。共产党是社会主义国家的执政党，社会主义的兴旺或衰败，根源主要在共产党。在新的历史时期，我们党肩负着建设有中国特色社会主义的历史重任，必须加强自身建设，不断提高领导水平和执政水平。邓小平指出，中国问题的关键是把共产党建设好。振兴中华，振兴社会主义，必须在国内外新的历史条件下，坚持把中国共产党建设成为一个用建设有中国特色社会主义理论武装起来，全心全意为人民服务，思想上政治上组织上完全巩固，能够经受住各种风险考验，始终走在时代前列的马克思主义政党。这是新的历史时期的新的“伟大的工程”。

上述十条，就是邓小平开拓的有中国特色的社会主义发展新道路。邓小平探索中创立的建设有中国特色社会主义理论，党在社会主义初级阶段的基本路线，有中国特色社会主义发展道路，这些都是我们的无价之宝。

当代世界社会主义发展面临的八大课题

自从世界上出现社会主义思潮以来，已有 400 多年。社会主义在其发展过程中经历了 4 次飞跃。从空想到科学，由理想变现实，从一国到多国，社会主义国家兴起改革潮流。怎样从宏观上认识当代社会主义的历史地位，实事求是地评价社会主义 70 年的实践，从现实出发进行一系列的战略调整，这是当代世界社会主义发展的极为重要的问题。

怎样认识和评价社会主义 70 年的实践？笔者认为必须看到下面四个方面。

第一，社会主义有了很大的发展和取得了相当的成功。社会主义国家从无到有，从少到多。目前，世界上共产党执政的社会主义国家已有 15 个。几十年来，每个社会主义国家的经济、文化都有很大发展；社会主义在这些国家已深入人心，扎下了根。

第二，也要承认，社会主义遇到了困难和挫折。其主要表现是：各国共产党由于意识形态争论等原因，原来的“团结合作”已不复存在。在发达资本主义国家，新科技革命引起经济结构和阶级结构的变化，以及随着生产力的发展，广大劳动群众生活的改善和提高，《国际歌》中所说的“饥寒交迫的奴隶”越来越少，共产党的党员人数，议会席位也在减少，这就使得这些国家共产党和社会主义的“群众基础的性质”变弱了；在共产党执政的社会主义国家，由于过去的经济文化太落后，在主观指导方面出现很多失误，社会主义的吸引力变小了；社会主义国家之间发生了战争，它严重损害了社会主义在全世界人们中的威信。

这些困难和挫折，是人们没有预料到的。因为长期以来人们把社会主义理想化了。另外，战后几十年来，随着资本主义社会自我调节能力的增强，经济危机已不像过去那样给社会带来巨大震荡；资本主义国家通过实行福利主义政策，已使劳资矛盾大大缓和下来；发达资本主义国家之间存在的尖锐矛盾，已不用旧的战争而用新的竞争来解决；新的科技革命的兴起，极大地促进了资本主义经济的发展。这就在人们面前尖锐地提出一个问题：当代世界向何处去？

第三，社会主义和资本主义处于相持和均势状态。现在世界上存在着好几种社会制度，但最基本的是两种，一种是资本主义，一种是社会主义。一个世界，两种制度，这是当代世界最基本的格局。现时社会主义和资本主义相互关系总的趋势是逐步缓和。第二次世界大战后东西方关系的“冷战”时期已经过去。当前两种社会制度、两个世界体系的竞争，已由军事领域逐步转移到经济领域。今后，世界的形势将是：对话增多，对抗减少；经济和科学技术的因素增多，军事因素减少。当然，这并不排除以后仍有军事对抗。今后，世界社会主义的发展，首先要靠社会主义国家提高经济实力和综合国力。

第四，社会主义的发展出现了转机。社会主义的发展，要经历来潮和退潮、高潮和低潮的多次交替而取得最后的胜利。第二次世界大战以后，在50年代初期曾出现过社会主义的高潮，进入60年代以后，由于各种因素的影响，从高潮转向低潮。它的主要标志是：资本主义国家的工人运动处于沉寂状态，社会主义国家的经济发展缓慢，某些社会主义国家出现了经济政治危机，社会主义的吸引力在下降。但社会主义已经在困境中找到了出路，这就是改革。社会主义国家的改革从50年代开始，到80年代形成一股强大的改革浪潮。改革虽然有风险，但它给社会主义带来生机和希望。人们越来越认识到：改革是解决社会主义社会的矛盾、发展社会生产力、完善社会主义制度和振兴社会主义的必由之路。

目前，世界社会主义正处在一个转折时期。发展世界社会主义，必须以共产党为核心，以社会主义国家为中流砥柱。在这个历史转折时期，几乎所有的共产党和社会主义国家都在认真总结历史经验的基础上，进行一系列战略上政策上的调整。这个调整包括下列几个方面，即改革、探索、共处、发展、和平、团结、联合和合作。

一、推进和深化社会主义国家的改革

发展当代世界社会主义，首要任务是搞好社会主义国家的改革，办好我们自己的事情。列宁在十月革命之后曾经指出：要用俄国的经济政策来影响世界。现在，我们要用社会主义国家改革的成就来推动和影响当代世界社会主义。当代世界，尤其是社会主义国家，有两大潮流，一个是改革潮流，一个是民主潮流，这是两个不可逆转的历史潮流。

要使社会主义在人们心目中的形象重新变好，唯一的出路是坚持和推进改革。通过改革，社会主义模式正在转化，并趋于多样性。20 世纪二三十年代苏联建立了世界上第一个社会主义模式；第二次世界大战后，欧亚一些社会主义国家又模仿苏联模式建立了自己的经济政治体制，这叫传统社会主义模式。从 50 年代开始，各国在改革中，一方面，从本国国情出发，建立了具有本国特色的社会主义模式，如南斯拉夫模式、波兰模式、匈牙利模式、中国模式等；另一方面，又为了适应开放世界和新科技革命需要，正在更新社会主义，逐步实现从传统的社会主义模式向现代社会主义模式的转变。这种深刻变化，表明了社会主义正在获得新的生机和活力。但是，当前各社会主义国家的改革都遇到了不少问题和困难。改革是前无古人的伟大事业，没有任何经验可以借鉴，出现这种那种失误是不可避免的。重要的是，我们要加强对改革的理论指导，探索改革的规律，正视改革中出现的问题，采取有力措施加以解决，从而把改革事业不断推向前进。

二、探索发达资本主义国家走向社会主义的新道路

西欧发达资本主义国家的一些共产党正在探索走向社会主义的新道路，他们普遍放弃了以往的暴力革命的道路，而试图通过和平民主道路走向社会主义。

1975 年，一位流亡于意大利的原南斯拉夫记者弗拉内·巴尔别里把这种新探索称为“欧洲共产主义”。这个名称虽然不够确切，但由于

它反映了当代世界共运中一种新思维和一股重要政治力量，因而在70年代末80年代初被广泛使用。赞成“欧共”路线的，在西欧30个老党中只有14个党，但都是一些大党，其中以意共、法共、西共为主要代表，这些党的党员人数共达250万，约占西欧老党人数的9/10。“欧共”是在这样的历史条件下形成的：俄国十月革命用暴力“攻打冬宫”的道路，在西欧没有行得通；苏联的社会主义模式和国际共运的破裂等曲折，使社会主义形象在西欧人民中受到很大损害；战后新科技革命带来发达资本主义国家的新情况，由此而提出对社会主义道路的新探索。正如西共前领导人阿斯卡拉特所说的，“欧共”的出现首先是西欧党对西欧发达资本主义国家的新情况的反映，其次也是对苏联模式进行批判的反映。他们把这条道路称之为“第三条道路”，就是既不同于社会民主党的改良主义道路，也不同于苏联十月暴力革命的道路。近来，他们鉴于戈尔巴乔夫坚持在苏联进行改革，同时又认为19世纪和20世纪上半叶的革命和改良之争已不再适合当代发达资本主义国家现实，从而不再讲“第三条道路”了。最近几年，赞成“欧共”路线的党虽然不再使用“欧共”一词，但这种思潮和力量仍然存在，可以说是“名亡实存”。

战后，一些发达资本主义国家经济和社会结构发生了许多新变化。这些国家的共产党在探索社会主义新道路的过程中遇到很多新的问题。尽管处境不好，困难重重，但他们仍百折不挠地坚持探索社会主义的新道路。如意共先后提出各种探索方案：五六十年代的“结构改革论”，70年代的“历史性妥协”，80年代的“民主替代”，最近提出的“欧洲左翼联盟”，等等。我们相信，未取得政权的共产党，特别是发达资本主义国家共产党，只要他们认真总结经验，坚持不懈地进行探索，就一定能在理论和实践上取得新的突破，取得社会主义的胜利。

三、发展第三世界国家的民族经济和文化

到目前为止，第三世界先后宣告独立的90个国家，其中有42个国家自称为社会主义国家或以社会主义为发展方向。

这些国家独立以后，摆在它们面前的第一个任务应是发展民族经济和文化，而不是立即搞社会主义。这些国家由于长期遭受帝国主义、殖民主义的统治，经济文化十分落后。独立后，落后面貌并没有很大改

变。现在，发展中国家和发达国家之间的差距很大，穷国和富国在人均国民生产总值方面的差距相差几十倍，这是世界范围的一种不公平现象。人们把它称之为“发展问题”或“南北问题”。发展问题同社会主义问题有密切联系。因为社会主义是以一定的经济文化发展为前提的。发展中国家只有在民族经济文化发展的基础上，才能走向社会主义。在落后的经济文化基础上即使搞起了社会主义，也是畸形的、不合格的。当然，这并不排斥第三世界某些国家可以直接搞社会主义。

与发展问题相联系的还有一个抉择问题。第三世界带有社会主义色彩和倾向的国家，由于国内的因素和受国际上各种思潮的影响，一直处于动荡和分化之中。今后，有的国家受右的影响，可能放弃社会主义而公开搞资本主义；有的受西欧社会党的影响，可能走民主社会主义的老路；有的受共产党的影响，可能把民族民主革命进行到底，并进而实现社会主义。总之，第三世界国家的发展，对世界社会主义是有利的。

四、坚持社会主义国家和资本主义国家之间的和平共处

正确处理社会主义国家和资本主义国家的关系，是发展当代世界社会主义的重要条件。和平共处不是短期的策略性的，而是长期的战略性的，应用范围不限于社会主义和资本主义国家两种不同社会制度之间，它同样适用于社会主义国家之间。当前，已不能一概把它说成是阶级斗争的一种特殊形式。

社会主义国家和资本主义国家之间的和平共处，包括既相互斗争又相互依存、相互协作两个方面。相互斗争是客观存在的，但如果只讲斗争，只能导致关系紧张化，不利于和平共处。就相互协作方面来说，它是社会主义国家和资本主义国家发展的必要条件。这一点，对社会主义国家来说，尤为重要。因为，现实的社会主义并不是马克思、恩格斯原来设想的那样，是在充分发展的资本主义社会的基础上建立起来的在各方面都高于资本主义的那种社会主义，而是在经济文化落后的基础上建立的社会主义，因而就社会制度来说虽然已是社会主义的了，但在经济文化发展水平方面仍远远落后于发达资本主义国家。在这样的国度里，要使社会主义顺利发展，必须吸取资本主义所创造的一切优秀成果。在

当代，社会主义国家如果不实行对外开放、吸取资本主义所创造的文明成果，就不能顺利进行社会主义建设，就没有条件同发达资本主义国家进行历史性的竞争，并在竞争中取胜。资本主义已经向社会主义学了很多东西，如经济有计划地发展、避免分配不均、福利政策等等。现在到了社会主义国家认真吸取资本主义的优秀成果的时候了。社会主义和资本主义两种文明制度在发展道路上不可避免地要相互交叉，彼此发生影响，出现一些相似的现象，但这不是两种制度的趋同和融合，每一种制度都会继续按照自己的规律发展。

五、维护和争取世界和平

在当代，和平和社会主义有密切联系。能否维护世界和平，防止第三次世界大战，对世界社会主义的发展至关重要。在战争与和平问题上，我们在五六十年代曾认为："战争不可避免"、"世界战争迫在眉睫"；"当代世界的主要倾向是革命"、"用革命制止战争"。前一个论断夸大了战争的力量，后一个论断又夸大了革命力量，实际上战争力量和革命力量都没有那么强大。目前，战争的危险依然存在，但制约战争的和平力量在发展，制约战争的因素超过了战争因素。只要全世界人民与和平力量共同努力，世界大战是可以避免的，世界和平是可以维护的。

今天世界的形势已根本不同于前半个世纪，世界战争已不再是推动和促进社会主义革命胜利的条件和因素。过去讲第一次世界大战的结果，出现了苏联，第二次世界大战的结果，是欧亚一系列社会主义国家诞生，这大体符合实际；但是不能再讲第三次世界大战的结果将是社会主义在全世界的胜利。1988 年 13 国专家提交第 3 届裁军联大的报告中提到，世界上有 5 万多个核弹头，爆炸力比投在广岛的原子弹大 100 万倍。如果打起核大战，会有 10 亿以上人口当时死亡，并出现一个"核冬天"，许多地区成为如南极一样的冰雪世界，人们难以适应生存，这将是人类的浩劫。在这样的条件下，怎么能发展世界社会主义呢？在"核时代"的今天，通过巨大的国际冲突而实现和加速社会主义过渡不再是可以设想的了。在新的世界大战中埋葬帝国主义的认识，不符合"核时代"的实际。今天，和平已成为社会主义不可缺少的条件。因此，我们要高举和平的旗帜，支持和平运动，坚持主张裁军，为维护世界和平而奋斗。

六、恢复和增强各国共产党之间的团结合作

共产党是世界社会主义各种政治派别当中的中坚力量。从列宁于1919年创立共产国际，各国社会民主党的左派分化出来，组建共产党以来，这是一支团结战斗的组织。但是，从50年代后期、60年代初期发生的以中苏两党为核心的国际共产主义运动的大论战，导致了国际共产主义运动的分裂，各国共产党之间的团结已不复存在。

值得欣慰的是，从80年代以来，在各国党的关系上出现了转机。多数国家的共产党，在认真总结历史经验的基础上进行了反思，认识到党与党之间关系的破裂对双方都有害无益，并进而提出改善和恢复关系的愿望。我们党提出在遵守独立自主、完全平等、互相尊重、互不干涉内部事务的四项原则的基础上，发展同世界各国工人阶级政党的关系。根据上述原则，我们党先后同西共、意共、法共等资本主义国家的共产党（除日共外）恢复了关系，同东欧各国共产党在国家关系正常化的同时也恢复了关系，同苏联的关系也有所改善。苏共自戈尔巴乔夫担任总书记以后，强调各国共产党之间的关系“必须绝对平等”、“任何党也没有垄断真理的权利”，在中苏关系上也提出了新思维。其他国家的共产党在恢复和增强共产党的关系上也都采取了积极主动的态度。可以预期，各国共产党之间关系的正常化和团结的增强，必将有力地促进世界社会主义的发展。

七、联合世界上一切社会主义政党和组织

当代世界社会主义的力量和派别很多，除共产党、社会党、第三世界倾向社会主义的民族主义政党三大家外，还有西方马克思主义、托洛茨基主义、绿党等社会主义派别。共产党不能搞“唯我独社”，要联合世界上一切社会主义力量，组成浩浩荡荡的统一战线，以推动世界社会主义的发展。

首先，要加强同社会党、社民党的联系和交往。社会党、社会民主党和共产党本是同根生，后来分道扬镳。社会党、社民党是一支很大的队伍，从世界范围看，不如共产党力量大；但从西欧看，远远超过共产

党。西欧的社会党、社民党、工党党员1200多万人，共产党只有300多万人。在西欧国家中，除意大利共产党占优势外，其他国家都是社会党、社民党占优势。他们在议会议席方面的优势更为明显。特别是有不少社会党、社民党是资本主义国家的执政党、参政党和主要在野党，在国内和国际上都是一支有影响的政治力量。他们奉行民主社会主义，对内推行改良主义、福利主义，对外主张裁军，维护和平，推动南北合作，支持第三世界国家维护民族独立的斗争。从历史上看，西欧社会民主党实力有增无减，可以说是长盛不衰。我们必须重新认识社会民主党，正确对待社会民主党，再不能把他们视为工人阶级的叛徒和资产阶级的代理人。我们党改变了过去不同社会党、社民党建立党的关系的传统观念和做法，采取超越意识形态的差异，谋取相互了解和合作的方针。依据这个方针，我们党同联邦德国社会民主党以及其他不少国家的社会党、社民党、工党建立了友好关系。很多国家共产党也采取了类似的政策。我们党、苏共在改革中还注意研究和借鉴瑞典社会民主党的民主社会主义模式中一些有益的东西。建立和发展共产党和社会党的关系，对于维护世界和平、促进世界社会主义是有益的。

其次，还要积极发展同第三世界民族主义政党（特别是带有社会主义倾向的党）的关系。一般说来，第三世界各国的民族主义政党对社会主义国家是友好的，他们愿意了解和借鉴社会主义国家领导革命和建设的经验。我们同他们建立友好关系，既有利于国家关系的发展和人民友谊的加强，也有利于维护世界和平和世界社会主义事业。

八、在全人类面临的共同性问题上进行合作

当前有一些全人类面临的共同性问题，如：和平、人口、环境污染、老龄化、反恐怖主义等等问题。在这些问题上，各国政府和人民有着共同的利益。现在人们常常讲起“全球意识”。如果讲“全球观念”、“全球意识”，首先应该是在这些关系全人类共同利益的问题上。这些问题虽然不带有社会制度的属性，但和社会主义或资本主义的发展都有密切联系。发达资本主义国家的共产党人如果只讲社会主义，只搞工人运动，对这些问题漠不关心，就会脱离群众，失去群众的支持。执政的社会主义国家的共产党人如果不认真解决这些问题，就不能顺利地进行社

会主义建设。各国政府在这些问题上要进行全球性的合作。毫无疑问，把这些问题处理和解决好了，同样有利于世界社会主义事业。

上述八个方面的问题，就是目前世界各国共产党人为发展当代世界社会主义事业所进行的战略调整和政策调整的基本内容。我们有信心，经过调整，世界社会主义一定会取得新的胜利。

苏联剧变和演变的进程及历史教训

20 世纪 80 年代末 90 年代初，世界形势发生重大的变化。以美苏对峙为特征的世界格局已被打破，新的世界格局尚未形成。在国际形势的变化中，对今后世界影响最大的，就是苏联和东欧的剧变和演变。这是历史的大悲剧和大倒退。

一、苏联的剧变和演变进程

苏联在十月革命以后，靠优越的社会主义制度，几十年来取得了巨大的历史成就。苏联的发展速度，从 70 年的全过程来看是相当快的。如果以 1917 年的基数为 1，到 1986 年苏联的社会总产值已增加为 132，国民收入为 143。70 年代以后，苏联的钢、石油、天然气、焦炭、化肥、拖拉机等的产量均居世界首位。苏联已成为经济上、政治上、军事上几乎与美国并驾齐驱并能与其相抗衡的世界一流强国，实力上的“超级大国”。但是，进入 80 年代以后，苏联的问题也愈来愈明显地暴露出来：(1) 经济发展速度下降。经济增长率，50 年代为 10%以上，60 年代为 6.5%，70 年代为 4.3%，80 年代的开头三年约为 3%。(2) 科学技术落后。70 年代苏联在科学技术的发展方面落后于西方。例如，在计算机技术方面落后美国 8—10 年，劳动生产率不及美国的 1/3。(3) 国防建设开支过大。苏联同综合国力比自己强的美国进行了 40 多年的军备竞赛，到

80年代，国民经济几乎被拖垮了。

80年代初，苏联三位年迈的领导人——勃列日涅夫、安德罗波夫、契尔年科在三年中相继逝世，新一代领导人戈尔巴乔夫掌握了党和国家的最高领导权。他担任苏共中央总书记以后，看到苏联社会问题成堆，顺乎历史潮流，坚持搞改革是对的，但是，开错了方子。后来在外有压力、内有困难和资产阶级思潮的影响下，以他为代表的苏共领导集团一步步背离马克思列宁主义的基本原则，偏离改革的社会主义方向，最终导致苏联从社会主义向资本主义演变。苏联的演变过程大致经历了三个阶段：

1. 改革阶段：1985年3月至1988年6月

戈尔巴乔夫一上任，就在1985年4月中央全会上提出加速科技、经济发展和改革的主张。1986年2月召开苏共二十七大，通过党纲新修订本，制定“加速战略”，提出进行经济体制改革的任务和方针。苏联在这个时期侧重于经济发展和经济体制改革。“加速战略”有两重性：一方面通过科技发展促进经济增长是正确的，另一方面“加速”的重点放在重工业上，结果使本已严重畸形的经济结构更加不合理，使重、轻、农的比例更加失调。两年后，“加速战略”不再提了。

1987年9月，戈尔巴乔夫发表《改革与新思维》一书。这本书尽管对历史问题维持了一些传统社会主义理论观点，但已开始暴露出一些严重错误思想理论倾向。他把改革的动机归结为“一切都是为了人”，目的是“充分揭示我们制度的人道主义性质”；把起初提出的国际政治新思维扩展到各个领域，并形成作为改革指导方针的“改革新思维”；强调“新思维的核心是承认全人类的利益高于一切”、“高于阶级利益”。戈氏所谓的“全人类利益高于一切”是建立在当今时代是“核时代”的错误理论判断的基础上的，实质是在帝国主义核讹诈面前，奉行阶级投降主义，戈氏的抽象地强调“人”和“全人类利益高于一切”，后来逻辑地发展为“人道的民主的社会主义”。

2. 改向阶段：1988年6月至1991年8月

在经济体制改革遇到困难、未见明显成效的情况下，本应总结经验，调整政策，纠正失误，全力完善、健全经济体制和经济运行机制。可是戈氏却认为，经济改革之所以不顺利，是因为存在“阻碍机制”，即行政命令体制的阻碍，因此必须进行政治体制改革，“打碎这一体制”。1988 年 6 月，苏共第十九次全国代表会议确定把改革的重点转向政治体制改革，并把民主化、公开性和意识形态多元化并列为苏共三个“革命性倡议”。戈氏在报告中第一次提出“民主的、人道的社会主义”概念，并概括为七大特征：①真正的现实的人道主义制度。②有效而活跃的经济制度。③社会公正的制度。④具有高度文明和道德的制度。⑤真正的人民政权制度。⑥各民族真正平等的制度。⑦渴望和平、同各国建立正常的文明关系的制度。这种对社会主义的界定，是否定阶级斗争，反对无产阶级专政，放弃共产党的领导，根本抹煞社会主义制度同资本主义制度在经济、政治和思想文化上的本质区别，是对科学社会主义基本理论和社会主义本质特征的修正，其目的是从根本上否认现实社会主义。从此以后，苏联的改革指导方针发生变化，即由“完善社会主义”转向“更新”、“重建”社会主义，用“人道的民主的社会主义”取代所谓“扭曲变形的社会主义”，完全离开了马克思列宁主义指导和社会主义方向。戈氏的三大“革命性倡议”引发了苏联社会连续不断、无止无休、步步升级、愈演愈烈的动荡。

从苏共十九次党代表会议以后，戈尔巴乔夫的思想急剧从传统社会主义观念向民主社会主义演变。他经过长时间的准备，于 1989 年 11 月 26 日《真理报》上发表《社会主义思想与革命性改革》一文，全面阐述了“人道的民主的社会主义”的构想，声称过去几年只是要纠正社会机制的部分扭曲现象，完善几十年间形成的制度，那么现在则必须“从经济基础到上层建筑，根本改造我们整个社会的大厦”。该文与《改革与新思维》属于戈氏“新思维”的姊妹篇。但是，这篇文章走得要远多了。正像当时苏共中央一位工作人员所说：“戈尔巴乔夫的这篇文章如若在 5 年前发表，他不仅要被开除党籍，而且会被送进监狱。可是现在成了我们党和国家的指导方针。”从此，苏联党和国家在政策方向上发生根本转折，在社会、经济、政治、文化等方面自觉地向“人道的民主的社会主义”演变。

在戈尔巴乔夫的“新思维”和“人道的民主的社会主义”的诱发下，东欧各国民主社会主义思潮恶性泛滥，在这个基础上，发生 1989 年东欧六国的剧变，政权相继落入右派手中，出现了历史上前所未有的从社会主义向资本主义的演变。东欧成了戈尔巴乔夫推行人道的民主的社会主义的试验田和“投石问路”的场所。

戈尔巴乔夫推行民主化、公开性、意识形态多元化，导致了政治多元化、多党制。1990 年 3 月，苏联人代会对宪法作重大修改，取消了苏共领导地位的条文，确定实行多党制，决定并实行总统制。戈尔巴乔夫在这次会上当选为苏联第一任总统，也是最后一任总统。同年 7 月召开苏共二十八大，通过了“走向人道的、民主的社会主义”的纲领性声明和新的党章，正式把建立“人道的民主的社会主义”作为苏共的“战略目标”，宣称改革政策的实质就是要“从极权官僚制向人道的、民主的社会主义过渡”。过渡的道路：政治上，接受多党制和各政党竞争的原则，实行“三权分立”，建设“法治国家”；经济上，实行非国有化和私有化，发展多种的平等的所有制形式，“向市场经济过渡”；思想上，坚持意识形态多元化，“坚决摒弃对其他观点与思想的意识形态限制”；党建上，以“民主制”代替“民主集中制”，允许党内存在不同政治派别，使苏共成为“议会党”。

苏共二十八大之后，随着戈尔巴乔夫推行“新思维”，为实现“人道的民主的社会主义”目标模式所进行的无穷无尽的折腾，苏联的经济、政治、民族危机空前加剧。经济形势急剧恶化，罢工浪潮此起彼伏，经济秩序严重混乱，人民生活更加困苦不堪；右翼反共势力日益猖獗，不断向共产党和社会主义制度发起挑战，在一些加盟共和国，如立陶宛、爱沙尼亚、拉脱维亚、格鲁吉亚、乌克兰、俄罗斯联邦等以及莫斯科、列宁格勒、斯维尔德洛夫斯克等大城市夺取了政权；加盟共和国纷纷独立，联盟日益松散并趋于解体；党内派别林立的斗争激化，党组织几乎陷于“名存实亡”。正是在这种政治背景下，爆发了“8·19”事件。

3. 剧变阶段：1991 年 8 月以后

“8·19”事件是苏联一部分对现状感到忧虑的政治力量为挽救联盟解体、国家免于灾难和降为二等国而采取的非常行动。这个事变的发生和迅速失败，一方面，表明戈尔巴乔夫推行的政策在苏联党内、国内造成严重困难和危机，引起了强烈不满；另一方面，表明要扭转戈尔巴乔夫“新思维”和“人道的民主的社会主义”造成的严重混乱局面，挫败已成气候的反共反社会主义势力，绝非易事。“8·19”事件的失败，打破了长达数年之久的苏联政治舞台上左、中、右三派力量大致平衡、互相牵制的局面，使苏联社会的演变进入了一个以共产党和苏维埃国家全面瓦解为标志的新阶段，结束了从 1917 年开始的社会主义时期。

“8・19”事件失败之后，形势急转直下，出现剧变：

（1）右翼势力全面夺权。在“8・19”事件中，经过较量，以资本主义势力的暂时胜利而结束。叶利钦下令，在军队、国家机关、内务部、克格勃实行大清洗，凡参与紧急状态委员会活动的和执行该委员会命令的各级领导人一律撤职。苏联国内许多人认为，“8・19”事件后，右翼激进势力发动了一场真正的以反共夺权为目的的政变。

（2）反共浪潮甚嚣尘上。右翼势力借紧急状态委员会的八个成员都是共产党，诬蔑苏共参与了政变，是最大的黑手党，狂热叫嚣“审判苏共”、“打倒苏共”、“取缔苏共”。叶利钦签署命令，中止俄罗斯共产党活动。苏联最高苏维埃通过决议，“暂停苏共在苏联全境的活动”，“对苏共领导机关参与用暴力改变宪法制度的活动进行调查”。在苏共生死关头，戈尔巴乔夫辞去总书记职务，并迫使苏共中央自行解散。总书记解散党在国际共产主义运动历史上实属罕见，白劳德解散美共是第一次，这次是第二次。8 月 23 日，苏共中央大楼被查封，大楼顶上飘扬了多年的红旗落了地，与此同时升起了沙俄时的三色旗。就这样，短短几天内，由列宁亲手缔造的、具有 93 年光荣历史的、在苏联执政已达 74 年之久的苏共被摧垮了。

（3）经济形势更加恶化。“8・19”事件之后，苏联统一的经济体系全面瓦解，生产急剧下降，通货膨胀恶性发展，日用消费品奇缺，基本食品供应不足，人民生活水平大幅度下降，有 1/3 的人口降为贫困户，失业者达 2000 万～2500 万人，有近百万人无家可归。全年财政赤字达 3000 亿卢布，连对外机构工作人员都无外汇可支付工资。经济已近崩溃。

（4）进一步投靠西方。“8・19”事件后，戈、叶进一步向以美国为首的西方阵营靠拢，经济上乞求西方紧急援助、“输氧”，政治上、军事上更多地与西方妥协，迎合、满足西方的各种要求。布什的要价越来越高，不止一次地表示，现实只能给苏联以人道主义援助，只有苏联彻底改革，摧毁共产主义，美国才能给予大量的援助。很明显，西方对苏联的“援助”是要把苏联削弱到屈从于西方，对西方不构成任何危险的二、三流国家。

（5）全苏联盟彻底解体。“8・19”事件后，叶利钦超越职权，颁布了许多涉及全苏问题的法令和命令，夺了许多联盟部门的权力。叶利钦的大俄罗斯民族主义激起了各共和国民族主义思潮的抬头。波罗的海的立陶宛、爱沙尼亚、拉脱维亚三个共和国率先宣布独立，并得到各国承认。剩下的 12 个加盟共和国中，除俄罗斯外，也先后宣布独立。12 月 8 日，白俄罗斯、俄罗斯联邦和乌克兰三国领导人，抛开戈尔巴乔夫，签署明斯克协议，宣布成立独立国家联合体，并声称“苏联作为国际法主体和地缘政治现实正在停止自己的存在”。明斯克协议的签署，实际上宣告了苏联的解体和消失。12 月 25 日，戈尔巴乔夫无可奈何地宣布他“以不安的心情辞职”。12 月 26 日，苏联最高苏维埃共和国举行了最后一次会议，宣布苏联停止存在。就这样，一个曾叱咤国际风云数十年的大国——苏维埃社会主义共和国联盟消失了。

二、苏联剧变和演变的历史教训

苏联是列宁主义的故乡，十月革命的发源地，是世界上第一个也是最强大的社会主义国家，领导它的苏共是列宁缔造的世界上第一个无产阶级突击队。为什么在短短的七年内，苏联社会主义制度就演变了，国家解体了，党蜕化和消失了，这是摆在人们面前的头等重大的课题，需要我们认真研究总结，从中吸取经验教训。

苏联剧变和演变的历史教训是：

1. 党的问题

苏联演变，西方敌对势力推行“和平演变”战略固然是不可忽视的重要因素，但更重要的是苏共自身的蜕化、演变。如果自己不蜕化，不演变，谁也奈何不得它。所以苏联演变的首要原因是党的问题。

首先，是领导权问题。党的各级班子，尤其是中央一级的领导权掌握在什么人手里，对党和国家的前途命运具有决定的意义。1985 年以后，以戈尔巴乔夫为代表，包括雅科夫列夫、谢瓦尔德纳泽等人在内的苏共新一代领导人，大多是在战后和平时期成长的，在赫鲁晓夫“三和两全”、全盘否定斯大林的熏陶中一步步高升的。他们本来就不是马克思主义者，在当政期间，在外有西方压力、内有资产阶级思潮的影响下，放弃马克思列宁主义原则，日益蜕化变质，有的演变为民主社会主义者，有的蜕变为资产阶级自由主义者。他们掌握了党政最高领导权力，推行“新思维”、“人道的民主的社会主义”，把党和国家推向灾难的深渊。苏联的问题主要出在党内，特别是最高领导层中。

其次，是党的领导问题。党是社会主义事业的领导和指导力量，这是列宁主义的重要原则。戈尔巴乔夫背弃这个原则，先是以“党政职能分开”为名，歪曲和利用列宁“全部政权归苏维埃”的口号，在政治体制改革中，削弱党的领导，使大权旁落；继而鼓吹和实行政治多元化、多党制，修改宪法中关于共产党领导作用的条款，否定和取消党的领导。多党制这个闸门一开，各种政治组织便如潮水般涌来，反社会主义的政治势力急剧膨胀并取得合法地位，几年间苏联就出现了 50 个全国性政党，数千个政治派别，几万个形形色色的社会团体。他们打着“民主化”和“激进改革”的旗号，肆意攻击马克思列宁主义，反对社会主义制度，有的甚至打着沙皇时期的国旗军旗，叫嚣复辟君主立宪制，恢复“沙皇罗曼诺夫王朝后裔为国王的王朝”。实践证明，在社会主义国家，一经实行政治多元化、多党制，削弱和取消党的领导，几十年的社会主义成果就会毁于一旦。

再次，是党的性质问题。戈尔巴乔夫不相信党自身，认为改革的“主要障碍机制”在于党本身严重变形。因此，主张对党进行“革新”和“根本改革”，其目的是把苏联改造成西方式的社会民主党。苏共二十八大通过的《纲领性声明》和新《党章》等文件，改变了原来党的指导思想和奋斗目标，把苏联由政治先锋队改变为议会民主制条件下进行活动的议会党。在错误建党思想和建党路线的指导下，否定和取消了民主集中制原则，使党四分五裂。苏共“社会民主党化”的结果是党丧失了凝聚力和战斗力，逐步瓦解和消失。

2. 经济问题

经济问题是一个根本问题。社会主义的优越性，最主要应体现在不断发展生产力，提高人民的物质文化生活水平。苏联从 80 年代中期开始进行体制改革，目的是加快经济的发展。但是，由于戈尔巴乔夫的改革指导思想和路子不对头，结果经济不是越搞越好，而是越搞越糟。戈尔巴乔夫提出的“加速战略”，急于求成，举措不当，经济上没有取得明显成效；接着又错误地把原因归咎于政治体制，匆忙地将改革的重点转向政治领域，其结果是一方面放松了经济改革，另一方面又激起政治过热和政治动荡。再往后，急于向“市场经济”过渡，以摆脱经济危机，由于只破不立，结果旧的中央计划体制被打破，新的市场经济运行机制未能建立，造成了既无计划、又无市场的混乱局面。最后，一切失灵，不惜拜在西方脚下，丧失国格，乞求经济援助，开口就要 1500 亿美元，从一个超级大国变成一个“伸手大国”，这真是莫大的讽刺。经济长期没有搞好，动摇了群众的社会主义信念，这是苏联演变的一个重要历史教训。

在苏联经济发展中，还有一个如何正确处理经济建设与国防建设的关系问题。战后苏联在决策方面有一个重大失误，就是推行霸权主义。不从国力出发，同经济实力比自己强的美国进行了长达 40 多年水涨船高的军备竞赛，尤其是核军备竞赛，耗资过大。两个核大国者掌握了大量核武器，如果一旦发生冲突，都发射出去，可以毁灭对方 40～60 次。其实，没有必要发展这么多核武器。80 年代初，里根上任美国总统后，为重振美国国威，经过精心策划，抛出了一个“星球大战”计划，同苏联搞新的一轮军备竞赛，其目的就是利用美国的综合国力方面的优势，通过军备竞赛，把苏联经济拖垮。苏联不甘示弱，迎接挑战，果然上当了。这也是一个很大的教训。

3. 社会稳定问题

苏联在改革前，社会是相当稳定的。没有稳定的社会条件，什么大事都干不成。戈尔巴乔夫在改革中使用了一个致命的武器，既打破了“一潭死水”，也破坏了社会稳定。这个武器就是他入主克里姆林宫后叫得最响的“民主化”、“公开性”口号。最初，这两个口号是界定在社会主义制度范围内，基本含义是“让人民知道一切”，“公开讨论我国社会生活中最紧要的问题”，“进一步发扬社会主义民主”，以“避免政策和工作失误”和巩固与“发展社会主义制度”。后来随着改革重点转向政治领域，戈尔巴乔夫就提倡没有界定的“无条件”、“无保留”、“无限制”的民主化、公开性。戈氏这种无条件、无保留、无限制的“民主化”和“公开性”，使苏联政局急剧动荡，天下大乱，成为炸毁苏联社会稳定局面的两颗重磅炸弹。

4. 意识形态问题

戈尔巴乔夫重视意识形态，也善于“抓”意识形态。他上任后，是以在意识形态上宣扬“新思维”著名的。本来，“新思维”的发明权并非戈氏。早在 1984 年初，苏联前外长葛罗米柯的儿子阿·安·葛罗米柯就曾与人合作出版《时代与新思维》一书。戈尔巴乔夫于 1986 年 1

月，首次使用“新思维”一词，当时仅限于“新的政治思维”。后来“新思维”向各个领域推广和扩展，延伸出“新的外交思维”、“新的军事思维”、“新的经济思维”等等，统称之为“新思维”。但其主体仍是“新的政治思维”。新思维的基本内涵，一方面美化资本主义，积极主张重新评论资本主义；另一方面丑化社会主义，坚持根本改造社会主义；在这个基础上鼓吹社会主义和资本主义两种社会制度进行“历史性的妥协”。“新思维”的要害是“全人类利益高于一切”的价值观。戈尔巴乔夫鼓吹，现在“大家都在同一条船上，因而应当使自己的举动不致导致翻船”。这实际上是抹煞两种社会制度的矛盾和斗争，在西方的核讹诈面前，奉行阶级投降主义，是赫鲁晓夫的“诺亚方舟”论的翻版。

“新思维”的一个重要内容是主张意识形态多元化。戈尔巴乔夫在十九次党代表会议上最早提出的是“意见多元化”，后来发展为“舆论多元化”，又发展为“意识形态多元化”。戈尔巴乔夫坚持意识形态多元化，实质上就是放弃马列主义在意识形态领域的阵地，让反党反社会主义的资产阶级思想理论占领这块阵地。从此以后，舆论失控，报刊和新闻广播连篇累牍地发表攻击马克思列宁主义和社会主义的谬论。甚至党的机关报《真理报》不讲真理，政府机关报《消息报》专发反政府文章。在苏联，反马克思列宁主义、反社会主义成为一种时髦。世界共产主义中心成为世界反共产主义中心。“新思维”是否定马克思主义，颠覆社会主义，复辟资本主义的舆论。

5. 政权问题

在社会主义社会，由于国内的因素和国际的影响，阶级斗争在一定范围内长期存在，在某种条件下还可能激化。斗争的中心仍然是政权问题。从苏联的演变过程看，反社会主义势力为了复辟资本主义制度，经历了从造舆论攻心—夺权—改变所有制三个阶段。这同革命阶级进行革命的三个阶段大体相似。反社会主义的右翼势力，利用改革带来的动荡和混乱，猖狂进行夺权活动。前总理雷日科夫多次指出：苏联的改革早已变形，变成了夺权和反夺权的斗争。戈尔巴乔夫在政治体制改革过程中，以根除“官僚独裁体制”为名，在“建立文明社会和法治国家”的幌子下，照搬西方的政治模式，实行“立法、司法、行政”三权分立，实行议会制、总统制、多党制，客观上为右派夺权，复辟资本主义准备了条件。

军队是国家政权的重要组成部分，是捍卫社会主义的钢铁长城。共产党对军队的绝对领导，这是列宁建军的第一原则。右翼势力为了夺取军队，使军队脱离党的领导，竭力鼓吹军队非党化、非政治化。在右翼势力的煽动和影响下，逐渐动摇了党对军队绝对领导的原则。在“8·19”事件期间，苏军、内务部、克格勃内部意见和态度很不一致。有的部队拒不执行紧急状态委员会的命令，甚至倒戈，支持叶利钦。特别是克格勃的特种精锐部队“阿尔法小组”拒绝进攻俄罗斯议会大厦。这是“8·19”事件失败的一个重要原因。

6. 争取群众问题

共产党是工人阶级的先锋队。党就是依靠工人阶级和广大群众夺取政权并巩固了政权，建立起社会主义制度的。在社会主义制度下，工人阶级、农民和知识分子是三支基本社会力量。从道理上说，广大群众是拥护共产党和社会主义制度的。但是，实际生活要比理论复杂得多。苏联早在50年代，党的组织就很松弛，很少过组织生活，更不做群众工作，党群关系并不密切。以后随着党内腐败因素的滋长，党日益脱离群众。苏联在改革前后，群众对社会主义的态度发生很大变化。改革前，绝大部分群众是拥护社会主义的。改革后，由于工作频频失误，生活水平下降，以及西方思潮和“新思维”的影响，群众中意识形态在淡化，支持社会主义的人在减少，而与此同时，羡慕西方的青年人和知识分子在增多。戈尔巴乔夫推行“民主化”、“公开性”，骂倒一切，否定一切，群众从政治狂热转为政治冷淡，被极少数右翼势力利用夺取了政权。毋庸讳言，叶利钦之所以能比较顺利地当选俄罗斯总统并在“8·19”事件中取得胜利，一个重要的原因是他得到了一些青年人、技术知识分子和一部分工人的支持。广大群众的向背，对社会主义事业的前途和命运具有决定性的意义。苏共在这场争夺战中失利，是苏联发生历史性悲剧的一个不可忽视的因素。因此，把苏联的丢权、演变，仅仅看成是领导权问题是远远不够的。固然，领导权问题极为重要，但同时也还有一个广大群众站在哪一边的问题。

上述六条，就是苏联剧变和演变的基本历史教训。这六条，条条都和戈尔巴乔夫有联系。总括起来，苏联的演变是几年来戈尔巴乔夫背叛马克思列宁主义原则，背离社会主义道路，全盘否定苏共和苏联的历史成就，取消共产党的领导，实行西方的议会制、总统制、多党制，鼓吹

“新思维”，推行“人道的民主的社会主义”的结果。戈尔巴乔夫推行的错误路线，架起了一座从社会主义通向资本主义的桥梁。冰冻三尺，非一日之寒。苏联的演变过程并非从今天始，可以追溯到更远一点。早在50年代中期，赫鲁晓夫全盘否定斯大林，提出“三和两全”的政治路线，丢掉列宁主义这把刀子，苏共就开始解除马克思主义理论武装。从此，苏联社会上、党内形形色色的资产阶级自由化思潮沉渣泛起。戈尔巴乔夫继承并发展了赫鲁晓夫那一套，终于把苏联推向亡党亡国的道路。恰当一点说，赫鲁晓夫是搞偏了，戈尔巴乔夫是搞变了。马克思在《路易·波拿巴的雾月十八日》一书中指出，路易·波拿巴是法国历史上一个骗子，问题在于这个“骗子”为什么能够在一个时期里骗取法国各阶级、阶层，特别是农民的支持和拥护。同样的，戈尔巴乔夫的《新思维》也是一个骗局，问题是它在一个时期里为什么能蒙蔽、迷惑那么多的人。这是一个值得深思的问题。事实说明，苏联的演变并不是坚持马克思列宁主义原则和社会主义制度造成的，而恰恰是背离马克思列宁主义原则和社会主义道路，推行“人道的民主的社会主义”的必然结果。因此，苏联的演变并不意味着其他社会主义国家，特别是中国也要发生演变。苏联的演变是历史的大倒退，但它只不过是历史长河的暂时现象。我们相信，具有光荣革命传统的苏联人民一定会经过长期斗争，使苏联重新走上社会主义道路。

20 世纪末苏联剧变原因的深层次分析

20 世纪有两件震惊世界并改变世界格局的事件，都发生在苏联：一件是世纪初的俄国十月社会主义革命，另一件是世纪末的苏联剧变和解体。前者是历史的巨大进步，后者是历史的悲剧和大挫折。苏联剧变有三重涵义：共产党丧失执政地位；联盟解体；社会制度由社会主义演变为资本主义。一个经过三次革命（1905 年革命、1917 年 2 月革命和 10 月革命）的锻炼和两次战争（国内战争和卫国战争）的考验，拥有 90 多年党史、70 多年国史、2.8 亿人口的社会主义苏联，既无外敌入侵颠覆，又无内部人民揭竿造反，顷刻间坍塌解体，许多人百思不得其解，成为 20 世纪的“历史之谜”。

苏联剧变以后，世界上包括中国在内的很多国家都在对这一重大历史事件进行研究，发表了不少学术著作和论文；尤其是前苏共一些领导人也著书立说，阐述这一事件的过程和对这一事件的看法，提供了许多有价值的第一手资料。所有这些，都为今后进一步深入研究这一事件提供了有利条件。但是，要深刻理解和消化这一重大事件，仅用一二十年是不够的，一个世纪的时间也不为多。要真正地把发生这一事件的原因搞清，做出科学的判断和得出符合历史实际的结论，一要充分了解历史进程和占有翔实资料，二要有正确的世界观指导（必须坚持以马克思主义为指导），三要进行长期的缜密的科学研究和深刻的理论思考，三者缺一不可。

导致苏联剧变和演变的原因是多方面、错综复杂的：既有外因，又有内因；既有经济上的原因，又有思想、文化、民族方面的原因；既有历史遗留矛盾的远因，又有现实路线政策错误的近因；既有体制上的弊端，又有领袖们的个人品质和变节；有的属于一般性原因，有的是决定性原因。正是诸多因素综合作用，总的合力才导致最终剧变。恩格斯曾经指出：历史上任何一个重大事变的发生，都是“一个总的平均数，一个总的合力”的结果①。恩格斯的“历史合力论”的观点，应是我们研究苏联剧变的指导思想和原则。本文仅从历史和现实、远因和近因的历史纵向角度，分析和论证苏联剧变的一些深层次原因。

一、历史原因之一——斯大林时代

列宁是伟大的马克思主义理论家和无产阶级革命家，是俄国共产党和苏维埃国家的缔造者。他在 1917 年十月革命后的六年多时间里，开创了崭新的社会主义事业。他是马克思、恩格斯的忠实学生，但他从不把马克思主义当作僵死的教条，而总是能够在实践中创造地运用和发展，使理论不断创新和与时俱进。在 1921 年国内战争结束后，他果断地提出了新经济政策，用它代替战时共产主义政策，稍后又提出了在苏联建设社会主义的构想。它具有共产党人高度的自我批评精神，从不揽功诿过，文过饰非，总是把功劳归于党和人民，把过失归于自己，不断反思并改进工作。他在组织上严格遵守他所创立的民主集中制原则，坚持集体领导，从不突出个人，不搞家长制，一言堂，一个人说了算。在党内，他是公认的领袖，享有最崇高的威望，但是他只做政治局的一名成员，不主持政治局工作。在国家，他任人民委员会主席，但他从不以个人名义决定国家的重大问题。他坚决反对个人崇拜，厌恶任何歌功颂德。1920 年，莫斯科党组织为列宁 50 寿辰祝寿，颂扬他的功绩，列宁中途退场，并从办公室打来电话，严令尽快结束祝寿活动。所以，苏联剧变不能从列宁时期找原因。

寻找苏联剧变的历史原因，应从斯大林时期开始。斯大林从 1924

---

① 《马克思恩格斯选集》第 4 卷，人民出版社 1995 年版，第 697 页。

年1月到1953年3月他离开人世的近30年历程中，担任苏联党和国家的最高领导人。他在这29年时间里，一方面，领导党和人民取得了历史性的伟大成就；另一方面，在探索中又犯了许多严重的错误。历史性成就是指：①在20世纪的二三十年代，在苏联建立起世界上第一个社会主义制度和模式。尽管这个模式有不少弊端，但是怎么可能设想最早的社会主义模式是尽善尽美而没有缺点呢？②苏联从1925—1940年，仅用15年时间就基本上实现了社会主义工业化，从一个落后的农业国转变为先进的工业国。尽管苏联的工业化是低标准的，但是没有这个低标准的工业化，就不可能建立起社会主义的经济基础和打败德国法西斯。③从1941年开始，领导苏联人民进行伟大卫国战争，经过四年多殊死的战斗，终于打败了德意日法西斯，为世界反法西斯战争的胜利做出重大贡献。在这场战争中，苏联付出巨大的民族牺牲，仅死亡人数就达2500万～2700万人。④战后的重建工作取得很大成绩。大约3年时间就恢复了被战争破坏的国民经济以及城市和农村。⑤以国际主义精神，支持世界社会主义运动和民族解放运动，推动欧亚一大批国家走上社会主义道路，形成世界社会主义阵营。在斯大林时期，苏联一跃成为世界一流强国。苏联的真正强大是在斯大林时期实现的。

斯大林在取得巨大成绩的同时，又犯了几个严重的错误：

第一，大搞个人崇拜。斯大林在列宁逝世后，逐步地集党政军大权于一身，大权独揽，破坏民主集中制和集体领导原则，个人专断并大搞个人崇拜。他默许和鼓励别人对他的崇拜，党代表大会上的“党万岁”的口号被“斯大林万岁”的口号所代替。他纵容和支持一些人把一切成就都归功于斯大林，称“斯大林是人类最伟大的天才”，并于1949年举行规模巨大的70寿辰祝寿活动，颂扬斯大林达到顶峰。

第二，肃反扩大化。1934年12月，联共（布）中央政治局委员、中央书记、列宁格勒州委书记基洛夫在斯莫尔尼宫被刺。之后，斯大林在理论上提出随着社会主义建设的发展，“阶级斗争将越来越尖锐化”的错误论断。在这个论断的指导下，苏联开始肃反，并在大清洗中严重扩大化。在肃反中，将一些属于同斯大林有不同政见的老一辈革命家和一批党政军领导干部，戴上“人民敌人”的帽子，加以处理，或处决，或投入监狱，或流放。总人数达到360万左右，此举消灭了党政军一大批领导骨干，严重地破坏了社会主义民主和法制，制造了大量冤假错案，败坏了社会主义的形象，动摇了人们对社会主义的信念，留下了很严重的后遗症。

第三，农业落后。苏联实现工业化，关键是要有资金。资金从哪来？斯大林指出：苏联不能用资本主义的办法，从外部积累，即通过无偿掠夺殖民地或发动战争要求战败国赔偿的办法，而只能靠内部积累，即取之于民，用之于民的办法，实现工业化。但是，在实施过程中，通过"工农业剪刀差"的方法，从农民那里取之过多，而国家对农业的投入又很少，致使农业长期落后，不适应工业的发展，这是一个教训。

第四，对德国法西斯缺乏必要的警惕。斯大林过分相信苏德互不侵犯条约，对德国法西斯的警惕性不足，致使战争初期苏军在几个重大战役中惨遭失败。

第五，推广苏联社会主义模式。斯大林把在特定历史条件下所建立的苏联社会主义模式凝固化、绝对化、教条化，在战后要求其他社会主义国家照抄照搬，否则就认为"离经叛道"，"违背社会主义的共同规律性"。

第六，奉行大党大国主义和大俄罗斯民族主义。斯大林在国际共产主义运动中，以苏共是国际共产主义运动"第一个突击队"自居，推行大党主义，要求其他党服从苏共的指挥棒，并在国际共产主义运动中出了一些错误主意，影响了党与党的正常关系。在国家关系上，斯大林推行大国主义和大俄罗斯民族主义，在雅尔塔会议上，同美国划分势力范围，依仗大国地位去决定别国命运。

上述严重错误，特别是大搞个人迷信和肃反扩大化，严重败坏了社会主义形象，给社会主义抹黑，为苏联后来的剧变留下了"种子"和"伏笔"。

二、历史原因之二——后斯大林时代

苏东剧变的历史原因之二，是从1953年3月斯大林逝世到1985年3月戈尔巴乔夫上台，前后32年，从马林科夫—赫鲁晓夫—勃列日涅夫—安德罗波夫—契尔年科，可称为后斯大林时代。在斯大林逝世以后，苏共历届主要领导人，没有一个够得上理论家的。这5个人既有共同点又有相区别之处，个性和思想倾向有很大差异。马林科夫只有中央工作经验，缺乏地方工作经验，很快被赫鲁晓夫赶下台；赫鲁晓夫有改革意识，但作风鲁莽粗暴，缺乏教养，在国内外都捅了不少娄子；勃列日涅夫作风稳重，但开拓性不够，趋于保守，前后期有很大差别，后期处于停滞状态；安德罗波夫比较全面，既有坚定的共产主义信念，又有强烈的改革意识，虽然执政一年多就过世，但政绩明显，很多人都认为如果他在世，苏联不会剧变；契尔年科上台就是一个病夫，无所事事。后斯大林时代的32年，面临着诸多问题，有的问题解决了，有的问题没有解决，就成为后患。

——关于反对个人崇拜。这是后斯大林时代，尤其是赫鲁晓夫时期所面临的首要问题，是所有任务中的重中之重。因为不反对和克服个人崇拜，就无法恢复社会主义的民主和法制。苏共首先用特殊方式处决了党和国家的心腹大患，野心家阴谋家、内务部长贝利亚，扫除了前进道路上的障碍。接着，揭开了斯大林的盖子，通过了《苏共中央关于反对个人崇拜及其后果》的决议。毛泽东认为，赫鲁晓夫揭开了盖子，又捅了娄子。揭开盖子是说，揭开了斯大林的个人迷信；捅了娄子是指，反过了头，导致全盘否定斯大林。此后，为斯大林时代特别是肃反时期的冤假错案平反，除少数人以外，大部分人恢复了名义，包括恢复党籍。

——关于发展经济和文化。苏联历代领导人都重视在社会主义的基础上发展经济和文化。从1917—1936年，苏联只用了20年时间，国民生产总值就从世界第5位上升到第2位（欧洲第1位）；又经过战后的恢复和发展，到70年代已成为经济上、政治上、军事上与美国并驾齐驱和能与其抗衡的世界一流强国，实力上的“超级大国”，只是在综合国力上略逊于美国。苏联非常重视国民教育，经过几十年的坚持努力，已从一个文盲充斥的国家变成教育事业高度发达的国家，它所培养的高等人才居世界首位。苏联的科学技术，在五六十年代的发展也很迅速，1957年第一个把卫星送上天，此举震动了全世界，特别是美国。到70年代以后，由于体制僵化，观念落后，在高科技尤其是信息科学方面被美国抛在后面。随之经济发展速度也急剧下滑，到80年代初年增长率已降至3%左右。此外，经济结构不合理，农、轻、重的关系一直没有处理好。这种经济结构不能满足人民生活的需要，正在孕育着一场经济危机。

——关于改革。苏联在二三十年代所建立的社会主义体制，带有战时的性质，当时是适应并促进了生产力的发展。到战后和平建设年代，由于长期没有改革，已成为一种僵化模式和体制。在赫鲁晓夫年代，在反对和克服了个人崇拜之后，改革就成为当务之急和重中之重。在改革问题上，过多责难斯大林不够公允，因为那个年代都用到备战、战争和战后的重建工作中，几乎没时间搞改革。到 50 年代中期，赫鲁晓夫看到了苏联模式的弊端，大胆地进行大刀阔斧的改革，迈出了可喜的第一步。赫鲁晓夫改革的意义在于，它是对苏联模式的第一次冲击，说明这种模式有严重的弊端，动摇了它的神圣不可侵犯性。但是，由于传统意识形态的包袱太重，党内外对改革有阻力，改革只限在原有的计划经济的框架内进行。1962 年，在全苏范围内发起了对哈尔科夫工程学院教授利别尔曼计划的讨论。所谓利别尔曼计划，无非是强调企业要有自主权，要讲究经济效益，要赢利，对生产者要给予必要的物质刺激，以提高劳动者的积极性。这个计划，根本没有触动计划经济体制。赫鲁晓夫主张改革，但是由于缺乏经验和他本人作风鲁莽，他的改革是不成熟、不成功的。赫鲁晓夫下台以后，改革陷于停顿，以后虽然有启动，但是进进退退，始终没有超越原有高度集中的计划经济体制，因而从 70 年代以后经济发展速度越来越缓慢，并形成阻碍机制。所谓阻碍机制，就是说这种体制凝固了，不好改，改革有难度。但是，也不是说不能改。后斯大林时代，最大的失误是改革的步子小，没有突破原有的计划经济体制，致使经济发展速度越来越缓慢，社会主义的优越性没有很好地体现出来。

——关于民主政治建设。社会主义从实质上来说，就是人民管理国家、管理社会。列宁非常重视社会主义民主政治建设，指出：没有民主，就没有社会主义。在苏维埃政权和社会主义制度基础上所建立的社会主义民主，是大多数人和劳动者的民主，就实质上来说，远远高于资产阶级民主。但是，怎样建设社会主义民主政治，是一个崭新的课题和长期的历史任务，其艰难性绝不亚于发展经济和文化。苏联的民主政治建设，始终成效不大。斯大林时代，发生肃反扩大化，破坏了民主与法制，一批无辜群众蒙受不白之冤；后斯大林时代，虽然恢复了民主与法制，并推行人民自治，但进展不快，实效不大。人民虽然说是“当家做主”了，但没有主人翁的感觉，相反却有一种压抑感。党内外相当多的人不满意这种政治生活。

——关于意识形态和思想理论。列宁既是伟大的无产阶级革命家，又是伟大的马克思主义理论家，还是卓越的思想家。斯大林是马克思主义理论家，但有缺陷。正如列宁批评理论家布哈林时所指出的：布哈林不懂辩证法。同样，斯大林的理论有很多形而上学、绝对化的东西。毛泽东指出：斯大林有很多形而上学，而且他教会了许多苏联人搞形而上学。斯大林之后，苏联没再出现理论家，这是遗憾和悲剧。赫鲁晓夫是实践家，不懂理论，但又喜欢作理论概括，结果错误百出。针对战后国际形势的新情况、新变化，赫鲁晓夫作出一些新概括。其中，有的论断力求适应战后的新变化，但不够准确，如"三和"，即和平过渡、和平共处、和平竞赛；有的论断违背了马克思主义基本原理，如"两全"，即全民党、全民国家，党和国家都具有鲜明的阶级性，怎么可能是"全民"的呢？有的是一厢情愿，异想天开，如"三无世界"，即没有军队、没有武器、没有战争的世界，在帝国主义统治多半个地球的条件下，怎么可能出现"三无世界"呢？这是自己麻痹自己，自我解除思想武装。此外，赫鲁晓夫在反对个人崇拜中全盘否定斯大林，开了自我丑化、自我否定、自我毁灭的先河。总之，赫鲁晓夫的这些论断，不是什么理论创新，而把人们的思想搞乱了。在赫鲁晓夫之后，就没有再提出什么像样的理论，一切照抄照搬前人的，教条主义盛行，理论越来越僵化。

——关于民族关系。苏联是一个拥有 130 多个民族的多民族国家，沙俄时代被称为各民族人民的大监狱，留下沉重的历史包袱。怎样处理好复杂的民族关系，对苏联来说是一个重大课题。后斯大林时代基本上继承了斯大林时代的政策。一方面，在解决历史遗留的民族事实上的不平等问题上做了大量工作，取得了明显的成效。例如，在 20 年代初，各共和国的经济发展差异达 53 倍，而到了 80 年代，最大差距也只是两倍；但是，另一方面，俄罗斯民族主义猖獗，宣扬"俄罗斯是苏联各民族中最杰出的民族"，不尊重少数民族，不重视培养少数民族干部，甚至把地方民族主义视为主要危险，严重伤害了少数民族的感情。与此同时，联盟中央权力高度集中，各加盟共和国的权力有限，主权有名无实，使苏联实际上逐渐成为单一制国家。民族间的离心倾向在发展，正在酝酿一场民族矛盾、冲突和危机。

——关于对外关系。同样，后斯大林时代继承和发展了斯大林错误的方面。一是坚持大党主义，把自己的观点强加于人，挑起了国际共产主义运动的大论战，导致国际共产主义运动的大破裂。二是在社会主义和资本主义相互关系上的形而上学，把社会主义和资本主义绝对地对立起来。受斯大林“两个世界，两个平行市场”的影响，后斯大林时代成立了“经互会”组织，只在社会主义国家之间进行交流，不同资本主义国家发展经贸关系，从而不能吸收资本主义的最新文明成果，把自己封闭起来。三是在新的历史条件下，把斯大林的大国主义发展为霸权主义，为称霸世界，同美国进行了长达 40 多年的马拉松式的军备竞赛，尤其是核军备竞赛，最后把国力耗尽，成为大输家。四是把霸权主义当作国际主义，在世界各地到处插手，今天美洲的古巴，明天非洲的安哥拉，后天亚洲的阿富汗，尤其是在阿富汗陷入泥潭，5 万苏军丧命，把自己搞得筋疲力尽，狼狈不堪。总之，对外关系没有搞好，危机四伏，四面楚歌。

综上所述，对后斯大林时代的 32 年要作具体分析，有些问题解决得比较好，如反对和克服个人崇拜，恢复社会主义法制，发展经济和文化；有些问题解决得不够好，如民主政治建设、党的建设和民族关系等方面；有些问题则有很大失误，如对外关系，特别是经济体制改革处在一种停滞状态，始终没能突破原有的计划经济体制。这样，到 80 年代中期，正在孕育着一场经济危机、政治危机和民族危机。当然，也不应估计过重，比中国结束“文化大革命”的时候要好得多。关键是怎么对待和解决这些问题。

三、现实原因——戈尔巴乔夫时代

1985 年 3 月，契尔年科逝世。在三年多时间，三位年迈的总书记——勃列日涅夫、安德罗波夫、契尔年科相继去世，人们期盼苏联结束“老年政治”，让一位年富力强的人执掌帅印，给社会生活带来清新空气。在这种情况下，56 岁的戈尔巴乔夫脱颖而出，登上总书记的宝座。戈尔巴乔夫上台时，虽然苏联已内外交困，孕育着一场经济、政治、民族的全面危机，但并没有任何垮台和死亡的迹象。人们对于戈尔巴乔夫寄予很大希望，盼望他采取一些果断措施，解决社会所出现的一些重大问题，使社会主义重新走上健康的发展道路。可是谁也没有料到，经过戈尔巴乔夫大刀阔斧的改革，苏联的社会问题不但没有解决，反倒愈演愈烈，出现了全面的危机，前后只用了五年时间，一个强大的社会主义苏联就结束了生命，在地球上消失了。这是苏联剧变的现实原因，也是直接原因。那么，苏联剧变有哪些具体原因呢？笔者认为：

（一）改革的错误导向

戈尔巴乔夫上台以后，看到苏联社会问题成堆，顺乎历史潮流，坚持对社会的各个方面进行改革是对的。但是，在当时国内外各种政治势力和思潮的压力和影响下，改革逐渐偏离了社会主义方向，背离了原来“完善社会主义”的宗旨和轨道，导向都错了，最后改革变成改向，葬送了社会主义事业。

——经济体制改革的错误导向。苏联在二三十年代所建立的高度集中的计划经济体制运行了几十年，已成为一种僵化体制，并出现阻碍机制。戈尔巴乔夫上台后，首先抓的也是经济体制改革。但是，他先后出台的几项措施，几乎都是错误的。首先，实施“加速经济社会发展战略”。苏联的经济结构很不合理，农轻重的关系始终没有调整好。在超重型的经济结构没有调整的情况下，“加速”发展，只能使农轻重的关系越来越失调。其次，开展反酗酒运动。苏联人生活在寒带，长期养成了喜爱喝酒的习惯。反酗酒，脱离实际，脱离群众，导致人民对改革的不满，对党和政府的不信任。再次，向市场经济过渡。戈尔巴乔夫认识到原有的计划经济已不能适应新形势下发展经济的要求，坚持过渡到市场经济是对的，但急于求成，接受了沙塔林院士的“500天计划”，试图用一年多时间实现从计划经济向市场经济过渡，欲速则不达，结果把苏联的经济体制搞成既不是计划经济又不是市场经济，经济生活越来越混乱和困难。最后，实行经济私有化。苏联在向市场经济过渡的同时，实行私有化计划，确定头两年把80％的中小企业卖给个人，接着大型企业也由私人经营，用资本主义私有制代替社会主义公有制，从而摧毁了社会主义的经济基础。

——政治体制改革的错误导向。苏联原有的是高度集权的政治体制，权力过分集中，不利于实行民主。戈尔巴乔夫在改革初期提出“多一点民主”“多一点社会主义”的口号，在群众中产生好感。他还提出“建设社会主义法治国家”，也应予以肯定。问题主要发生在1988年19次党代表会议以后，他轻率地把改革重点从经济领域转向政治领域，全盘照搬西方的政治模式——总统制、议会制、多党制，并错误地提出“民主化”、“公开性”口号。开始，戈尔巴乔夫提出的是“有限制”的民主化、公开性，后来去掉了“有限制”。这样，“民主化”就变成无政府主义，谁想干什么就干什么，谁也管不了谁。“公开性”，则把赫鲁晓夫对前人的否定发展为历史虚无主义，否定社会主义历史，否定历史人物，诬蔑以往的社会主义是“扭曲变形的社会主义”、“官僚专制的社会主义”，给社会主义抹黑，自我丑化，自我否定，自我毁灭。民主化和公开性把两种势力释放出来，一种是反社会主义势力，一种是民族分裂主义势力，释放出来以后，谁也驾驭不了，于是政局动荡失控，最后从动荡失控走向崩溃解体。

——意识形态领域改革的错误导向。苏联在意识形态领域一直坚持马克思列宁主义的指导地位，但是教条主义严重，不重视理论创新，对理论和舆论的控制过严，形成一潭死水。戈尔巴乔夫上台后，把意识形态工作交给他的亲信雅科夫列夫、梅德韦杰夫，这个领域始终由党内的右翼势力把握。戈尔巴乔夫接受雅、梅的建议，先是提出“意见多元化”，接着发展为“舆论多元化”，最后毫不掩饰地提出“意识形态多元化”。意识形态多元化的实质，就是主动放弃马克思列宁主义在意识形态领域的指导地位，让反共反社会主义的资产阶级意识形态占领这块重要阵地。从此以后，苏联的理论混乱，舆论失控，报刊和新闻广播连篇累牍地发表反对马克思列宁主义、攻击社会主义的谬论，党的机关报——《真理报》不再讲真理，政府机关报《消息报》专发反政府文章。

戈尔巴乔夫在“意识形态多元化”中，带头否定和修正马克思列宁主义。1987 年，他应美国一家出版商的约请，用了 40 天时间，写作并出版《新思维》一书。新思维的基本内涵，一方面美化资本主义，主张重新评价资本主义，另一方面丑化社会主义，主张根本改造社会主义，在这个基础上鼓吹社会主义和资本主义两种社会制度进行“历史性妥协”。新思维的要害是“全人类利益高于一切”的价值观。戈尔巴乔夫鼓吹：现在“大家都在同一条船上”，因而自己的举动不能导致翻船。这实际上是在西方的核讹诈面前奉行阶级投降主义，是赫鲁晓夫“诺亚方舟”论的翻版。后来戈尔巴乔夫又将他的“全人类利益高于一切”的价值观进一步发展为“人道的民主的社会主义”。戈尔巴乔夫的人道的民主的社会主义是民主社会主义在苏联的翻版。戈尔巴乔夫的这一举动实质上是用民主社会主义取代马克思列宁主义，是在思想理论上的背叛。接着，戈尔巴乔夫又提出要按照人道的民主的社会主义的基本要求，根本改造苏联社会的经济基础和上层建筑，并且把党也改造成社会民主党。这又是对社会主义和共产党的背叛。这样，苏联的思想理论彻底混乱了。当时在苏联，反马克思列宁主义、反社会主义成为一种时髦，世界社会主义中心成了世界反社会主义的中心。西方反共政治家、美国卡特时期的国家安全助理布热津斯基指出：戈尔巴乔夫的人道的民主的社会主义架起了一座从社会主义演变为资本主义的桥梁。

——党自身改革的错误导向。社会生活的各个方面需要改革，领导改革的党自身也需要改革。苏共作为一个长期执政的党，是苏联社会主义的领导核心。社会主义改革不是要不要党的领导，而是怎样坚持和改善党的领导。苏共长期以来存在两个问题需要改善，一是不重视自身建设，党不管党的现象严重；二是在党政关系上，大权独揽，以党代政，未能很好发挥苏维埃的作用。戈氏在改革初期，似乎也认识到这个问题，曾经正确地提出过“党政职能分开”。但是，在他的思想深处，认为党是改革的阻力。为了搬走这块“绊脚石”，他一步步地向削弱和否定党的领导的方向推进。他采取了几个步骤。第一步，他借用和歪曲列宁“全部政权归苏维埃”的口号，把权力从党转到政府手中，使党大权旁落。第二步，待到条件成熟时，适应党内外、国内外反共势力的需要，动手修改宪法第六条，取消党的领导作用。对苏联来讲，这是致命的一招。戈尔巴乔夫放弃党的领导，苏联马上派别林立，组成几十个甚至上百个政党，群龙无首，社会分崩离析。戈尔巴乔夫的外交顾问法林认为，苏共放弃党的领导是后来发生苏联剧变的最主要原因。在这之后，俄罗斯总统叶利钦利用未遂的“8·19”事件颁布非党化命令之后，戈尔巴乔夫亦步亦趋宣布解散苏联共产党，说明他已彻底背叛了苏共，背叛了社会主义，走得更远了。总书记个人宣布解散共产党，这在国际共运史上是第二次，第一次是美共总书记白劳德。

——民族关系改革的错误导向。如前所述，苏联是一个多民族国家，民族矛盾由来已久，长时期地推行大俄罗斯民族主义，导致在各民族之间，特别是各少数民族和俄罗斯民族之间，各加盟共和国和联盟中央之间的矛盾已相当尖锐。戈尔巴乔夫上台以后，过分相信在民族问题上所取得的成就，对民族之间的矛盾和问题估计不足，对民族分裂主义势力缺乏警惕，对其迁就妥协，一让再让，最终酿成民族危机。带头闹独立的是立陶宛、爱沙尼亚、拉脱维亚等波罗的海国家，格鲁吉亚紧随其后。它们纷纷发表“独立宣言”和“主权宣言”。在这种气氛中，双方互相抱怨，一些少数民族说他们在经济上“受剥削”，已成为俄罗斯民族的“殖民地”，而俄罗斯民族则声称自己是“奶牛”、“输血者”，每年都要付出 200 亿卢布，大谈“莫斯科救了俄罗斯”、“俄罗斯救了全国”。民族间的裂痕发展到如此程度，但在群众中仍未失去对联盟的凝聚力。在 1991 年 3 月的全民公决中，76%的人仍赞成保留苏联。可是，在同年 12 月由叶利钦导演的俄、白、乌《别洛韦日协议》，不顾多数公民的意愿，宣告联盟已不复存在。总之，在民族政策上的一硬一软，最终导致联盟解体。一个强大的联盟国家在世界版图上消失了。

综合上述，戈尔巴乔夫上台时，鉴于当时苏联社会的停滞，社会各方面矛盾的加剧，以及正在孕育的一场危机，果断地进行各方面的改革是对的，而且改革是在“完善社会主义”的框架内进行的。但是，后来戈尔巴乔夫逐步离开改革的初衷，要求根本改变苏联社会主义的经济基础和上层建筑，也就是否定和摧毁社会主义制度，这种错误导向，导致苏联的剧变的演变。尽管当时苏联的体制僵化，出现和形成了阻碍机制，改革有相当难度，但并不是不能改以及改得好。关键是改革的指导方针。如果在社会主义框架内进行根本改革，如同中国这样，社会主义是会重新出现生机和活力的。如果偏离社会主义方向，一切照搬西方的经济政治模式，只能是死路一条，必死无疑。当时的苏联犹如一个人得了重病，但不是不治之症，如果遇上一个高明大夫，药方开得好，对症下药，就会把病人的病治好，重新恢复健康；如果遇上庸医，药方开错了，或药剂量过大，就会把病人治死。戈尔巴乔夫的改革药方，正是后一种情况。苏联剧变后，西方有一些学者认为，戈尔巴乔夫的改革方案对苏联社会主义制度是带有毁灭性的。

（二）共产党的蜕化和变质

任何一个革命政党，都有可能在发展过程中，特别是在执政以后，从成熟走向蜕变。苏联共产党是一个具有光辉历史，经历了夺取政权、巩固政权并长期执政的马克思主义政党，它在近一个世纪中积累了丰富的历史经验。但是，在执政以后，尤其是在第二次世界大战结束以后，由于长期不重视执政党自身的思想、组织和作风建设，在和平建设年代一步步蜕化变质。这种蜕化变质，一般不是表现在普通党员身上，而主要是表现在身居高位、拥有很大权力的各级领导干部身上。首先，党内出现和形成了一个特权阶层。共产党执政以后，拥有很大的权力。一些领导干部有权有势，高高在上，脱离群众，脱离实际，养尊处优，饱食终日，有特殊商店的特殊商品供应，对群众的疾苦漠不关心，不能执政为民，关心的只是如何维护既得利益。70年代以后，西方的一些政治家在接触中已察觉到，苏联的一些高层领导已不是无产阶级革命家，而是一批技术官僚。其次，共产主义理想信念的丧失。马克思、恩格斯用“两个必然”的思想，武装了全世界一代又一代共产党人和革命者。以列宁为代表的俄国共产党人就是以共产主义的理想信念打出社会主义江山的，这是共产党人的传统优势。但是，在和平建设年代，理想信念也在共产党员和人民群众中淡化。70年代，特别是80年代以后，由于受西方社会思潮以及其他因素的影响，在苏共一些领导干部中共产主义信念在丧失。美国学者、马萨诸塞州大学教授大卫·科茨在苏联剧变后写作并出版了《来自上层的革命》一书，充分说明了这个问题。书中指出：1990年前后，美国和西方的一些民意测验机构到苏联搞了一些民意测验，了解苏联人对社会主义和资本主义的态度。在广大群众中测验的结果是：只有5%～20%的人主张实行资本主义，而高达80%的人希望坚持社会主义。但在10万人左右的占据着党政机关重要领导岗位的“精英集团”，测验的结果却完全相反：只有9.6%的人主张坚持社会主义，12.3%的人主张搞民主社会主义，高达76.7%的人希望实行资本主义。科茨在书中指出：“作为一个在世界上存在最长、影响最大的社会主义苏联，党的干部队伍内竟有那么多的人主张实行资本主义，实在令人震惊。”他分析说：“据我研究，70年代苏共领导集团还是由理想主义的革命者组成的，到80年代就完全不同了，占据苏联党政机关要职的‘精英’们开始放弃社会主义意识形态，代之以典型的物质主义、实用主义。尽管这些‘精英们’还在不断重复官方的观点，但相信者是极少数。他们开始考虑实行什么改革方案对自己最有利。”“显然，实行资本主义最符合‘精英’集团的利益。这样，他们不仅是生产资料的管理者，而且可以成为生产资料的所有者；既可以实现个人财富更快地增长，又能合法地让子女继承权力和财富。”上述情况说明，到 80 年代，苏共党内有一大批领导干部已蜕化变质。他们已不再坚持社会主义，而走资本主义道路。这些人后来在苏联剧变中起了很坏的作用。其中一部分人杀出共产党，在社会上组建几十个政党，并且成为这些党的党魁或政要；另一部分人，主要是企业领导人，在私有化过程中，利用权力，化公为私，成为“暴发户”和“经济巨人”。而原来一批持不同政见的党外知识分子，几乎没有得到什么好处和实惠。有鉴于此，近年来国际上有一种说法，认为苏联剧变是苏共领导层所搞的一场自我政变。这种认识，不无道理，至少可作为一家之言，供研究参考。

（三）领袖们的背叛

在苏联政治体制中处在权力顶峰的是苏共中央政治局。政治局成员的状况如何，关系党和国家的命运。到 80 年代中期形成的以戈尔巴乔夫为首的苏共中央政治局中，只有个别人参加过卫国战争，绝大部分人是在战后和平年代成长和一步步高升的。在这个班子中，虽然有一些马克思主义者，敢于坚持原则，阐述个人意见，但由于戈尔巴乔夫身居总书记的最高权位，逐步在政治局中形成以戈尔巴乔夫为中心的包括雅科夫列夫、谢瓦尔德纳泽、梅德韦杰夫在内的右翼势力集团，他们主导了政治局。这些人本来就不是马克思主义者，后来在资产阶级意识形态的影响下，一步步蜕化，有的成为民主社会主义者，有的成为自由主义者。对他们来说，已不只是共产主义信念动摇和崩溃的问题，而是背叛社会主义、共产主义的问题。他们背叛了马克思主义，宣扬它是“新宗教”；背叛了共产党，自己下令解散党；背叛了社会主义，诬蔑它是“新乌托邦”。苏联改革的逆转，是他们一手策划和导演的，从而把苏联引向万丈深渊。现在俄罗斯人经常说的“领袖们的错误和背叛”就是这个意思。

苏联部长会议主席雷日科夫在他的反思著作《大动荡的十年》一书中指出：这伙人的罪恶目的，就是“给国家、社会——政治制度以沉重的打击，把它彻底摧毁。”他愤怒地说：“近年来与之共事的，竟是一帮背叛变节、使奸耍滑、两面三刀之徒。这帮昨天还信誓旦旦地要忠于我们共同的理想，今天却心怀虐待狂的满足践踏它们，抛弃自己昔日的信念，及时投入不久前的敌人营垒。”在谈到戈尔巴乔夫时，他指出：“此人身上同时还有一种魔鬼般喜欢背叛的特性。在我看来，这种特性是他性格中的组成部分。他不仅背叛我们和全国人民据以追随他、信赖他的理想，他还一次次奸诈狡猾地把与他志同道合的人都出卖掉了。只要一有机会，他就会像扔掉废物一样，把人们抛开的。”“经过若干年以后，戈尔巴乔夫‘早年’的所有战友都已被他一个个地赶出政界或国务活动的舞台，当他们离去的时候，还都被扣上各种政治‘帽子’……原来，总书记在他整个的历史的时期内，都是为了消灭党，消灭国家，并把那些反对这种目的和行为的活动家们一个个罢免掉。”他在谈到戈尔巴乔夫和叶利钦的历史责任时指出：“戈尔巴乔夫把国家引向资本主义，而叶利钦、盖达尔及其一伙则把国家引到了资本主义，而且是野蛮的资本主义。他们把我们大家拖进了半殖民国家才特有的社会制度。”“这就是两个领袖——改革领袖戈尔巴乔夫和后改革领袖叶利钦的主要的背叛。”他的看法和态度是：“可以原谅错误，但不能饶恕蓄谋的背叛。”曾任戈尔巴乔夫秘书，后任苏共中央书记的博尔金在《戈尔巴乔夫沉浮录》中指出：“无论是世界大战、革命，还是两大阵营的军事、经济对抗，都没能摧毁和肢解这个伟大的国家。苏联是被人从内部攻破的，是被一小撮有影响的党和国家领导人葬送的，是被反对派搞垮的。”实践证明，从个人在历史重要关头所起的作用来看，戈尔巴乔夫搞垮了苏共，叶利钦搞垮了苏联。叛徒们所起的作用，是公开的敌人起不到的。在摧毁苏共和苏联方面，身居党和国家权力顶峰的背叛者们起了西方政治家起不到的作用。

（四）国内外敌对势力的颠覆

少数最高层领导人的背叛，对苏联社会主义是重重一击，但仅靠此还不足以摧毁社会主义苏联，他们里应外合地同国内外敌对势力联手共同推翻和颠覆了苏联。所以，探讨苏联剧变的原因，不能回避阶级和阶级斗争。就国外因素来说，还存在着西方敌对势力。列宁在十月革命以后曾经多次指出：只要国际资本存在，资本主义就具有一种优势，苏联就存在着资本主义复辟的危险。斯大林曾经正确地提出过资本主义包围的论断。所谓资本主义包围，不是地理概念，而是一个政治概念，意即只要存在国际资本主义，苏联就有资本主义复辟的危险性。但这些正确论断，被后人遗忘和否定了。以美国为首的西方敌对势力一直敌视苏联，为了消灭社会主义苏联，它们先后和交替使用扼杀、遏制与和平演变战略。50 年代初的美国国务卿杜勒斯认识到，对社会主义国家，尤其是对苏联、中国这样的大国，用“扼杀”手段，从外部强攻是攻不破的，而且只能愈攻凝聚力愈强，必须变换策略，从内部攻，因为堡垒最容易从内部攻破。这就是所谓的“和平演变”战略。以美国为首的西方敌对势力在 80 年代，利用苏联的改革和困难，加大了“和平演变”的力度，对苏联软硬兼施，压力和诱惑并举。西方敌对势力对社会主义国家搞“和平演变”是不可能改变的，这也并不可怕，可怕的是戈尔巴乔夫奉行屈服政策，使其发挥作用。就国内因素来说，戈尔巴乔夫的民主化和公开性，把反共反社会主义势力释放出来，出现了反对派；反对派降生后，又利用民主化和公开性，势力像雪球一样越滚越大，夺权欲望急剧膨胀，最后利用两个事件，加速推翻了苏联社会主义制度。一个是 1991 年的“8・19”事件。这个事件是苏联一部分对现实感到忧虑的政治力量为挽救联盟解体、国家免于灾难和降为二等国而采取的非常行动。但是，“事件”很快失败，右翼势力全面夺权，并借机打击苏共，强令停止苏共活动。另一个是同年 12 月 8 日，俄、白、乌签署明斯克协议，宣布成立独联体，实际上宣告了苏联的解体和消失。

（五）缺乏法治的保障

苏联有 70 多年社会主义历史，在这个过程中建立了社会主义制度和体制，也制定了社会主义宪法和一系列法律，社会主义思想也深入人心。但是，为什么当最高领导层推行背叛性的改革，一步步摧毁社会主义制度时，制度、法律和群众束手无策，毫无办法，只能听之任之，这里的一个深层次问题是缺乏法治的保障。苏联是社会主义国家和社会，但是由于有很深的封建主义历史包袱，又未深入地反对封建主义，长期实行的是人治而非法治。人治和法治有很多区别，但最根本的区别不在于有没有法律和有多少法律条文，而在于权力和法律哪个大，权大于法是人治，法大于权是法治。法治意味着法律尤其是宪法在社会生活、国家生活的一切重要领域处于至高无上的地位。法律的权威性，要求国家机关、任何政党、社会团体和个人都必须服从法律，政府的权力来源于法律，必须以法律为依据，依法行使。如果苏联是法治国家，宪法和法律就会有效地保障社会主义制度，领导人如若脱离社会主义轨道，人民就会以法律为武器来制止他的行为，甚至弹劾他。但是，苏联实行的是人治，最高领导人的一句话，比任何法律都管用，他想干什么就能干什么，宪法等于虚设。这是苏联剧变的一个重要原因，也是剧变的一个重大教训。所以，为了巩固和发展社会主义，必须坚持依法治国，建设社会主义法治国家。

综上所述，苏联剧变的现实直接原因，主要是前四个，更重要的是第一个原因，即改革的错误导向，而这个错误导向，是和二、三、四原因，即党的蜕化和变质、领袖的背叛、国内外敌对势力的渗透和颠覆有着直接联系，第五个原因即缺乏法治的保障，属于间接原因。把历史和现实原因概括起来说，以前的僵化和后来的自由化，导致了苏联剧变。苏联剧变不是历史的必然，本来可以避免的事未能避免，这是历史的不幸。苏联剧变后，世界格局发生重大变化，美国缺乏制约它的超级大国，更加有恃无恐地推行霸权主义，威胁世界和平。

资本主义在20世纪为什么能“死里逃生”、“转危为安”

资本主义在其发生发展的500多年中经历了原始资本积累、自由资本主义、垄断资本主义和国家垄断资本主义四个阶段。20世纪的资本主义，上半叶处在垄断阶段，下半叶处在国家垄断阶段。资本主义在20世纪的前半个世纪和后半个世纪，也就是在垄断资本主义阶段和国家垄断资本主义阶段，形势发生了很大变化。在20世纪的前50年，有两件大事给资本主义以沉重的打击。第一件事是1929—1933年的经济大危机。这次危机从美国纽约华尔街证券起源，股票急剧下跌，迅速蔓延到全国的工业、农业、商业，然后席卷了整个资本主义世界，持续四年之久。危机使资本主义世界的工业下降了44%，使资本主义各国的生产倒退了二三十年。这是资本主义“大萧条”、“大恐慌”、“大崩溃”的年代。第二件事是在30年内发生了由帝国主义为重新瓜分殖民地而引发的两次世界规模的大战。即从1914—1918年的第一次世界大战和从1939—1945年的第二次世界大战。第一次世界大战，参战国33个，卷入战争的人口在15亿以上，受伤人数约2000万以上，死亡人数1000万人左右，参战国的直接战费和战争造成的损失达3400多亿美元。第二次世界大战的规模更大，持续时间更长，遭受损失也更大，战火蔓延欧、亚、非三大洲2200万平方公里的辽阔土地，先后有60多个国家和地区的17亿人口即占世界3/4以上的人口被拖入战争的漩涡，仅死亡人数就达5000多万人，比第一次世界大战多5倍，其中苏联死亡人数最多达2700万，波兰为600万人，中国为1000多万人。战争所消耗的资财和战争所造成的破坏达4万亿美元这样大的天文数字。这两件大事过后，资本主义世界元气大伤，一片萧条，一片恐慌，全世界各国各方面人士都在讨论西方社会制度垮台的可能性，人们预感到资本主义“末日来临”，很快就要“寿终正寝”了。

但是，历史的发展不是直线式的。出乎人们预料的是，从20世纪下半叶的50年代开始，资本主义从困境和危机中走出来，“死里逃生”、“绝处逢生”、“起死回生”，并“转危为安”，五六十年代经历了一个经济有较快发展的“黄金时期”，这个期间资本主义国家年均增长6%以上，以后虽然不能保持这种势头，但仍持续发展，表现出具有很大的弹性和活力，没有任何死亡的迹象。这是为什么？资本主义这种变化的原因是什么，本文着力探讨这个问题。

一、实行国家对经济的宏观调控

资本主义经济在其发生发展的一个很长过程是一种自由经济，只有“看不见的手”——市场调节，国家不作任何干预。虽然进入垄断资本主义阶段以后，国家开始对经济进行一些干预，但是很少。1929—1933年爆发的经济危机，对资本主义各国都是一个沉重的打击。危机过后，各国都在寻找根治危机的出路。当时找到的出路有两条。一条是德、意、日三国找到了法西斯主义，用对内残酷镇压、对外发动战争的办法，转移视线，维护国内政局稳定和经济回升。另一条就是美国的罗斯福“新政”。在1929—1933年的危机爆发期间，美国当时失业工人约有1500万人，满街都是衣貌不整的失业者，整个美国经济面临崩溃。这时美国民主党总统候选人富兰克林·罗斯福立下诺言，如若当选将实行“新政”，以结束经济大萧条的状况，结果他以压倒多数当选。罗斯福的新政是什么？就是他从苏联于1928年实行第一个五年计划的计划经济中受到启发，断然实行国家对经济的宏观调控。政府通过举办公共工程，扩大内需，刺激经济增长，为公民提供充分就业机会，提高公众购买力。当时，美国的右翼势力攻击罗斯福的“新政”是在美国实行“社会主义”，指的就是国家对经济的宏观调控。从此以后，在美国的经济生活中，不仅有“看不见的手”，还有“看得见的手”，两只手调节经济。这一招果然见效，美国的经济迅速复苏，走出了“大萧条”的阴影。其他民主国家也效法美国，实行国家对经济的宏观调控，都取得了明显的效果。可以说，这一举措不仅拯救了美国，而且也拯救了整个资本主义世界。

1936年，英国经济学家凯恩斯发表了《就业、利息和货币通论》一书，从理论上总结了资本主义国家“反危机”的经验，提出了完整的国家对经济实行宏观调控的理论。这一理论成为战后几乎所有资本主义国家所接受和采纳的主流经济理论。各国根据这一理论，普遍通过计划管理、财政调节、税收调节和货币政策等手段，对经济进行调节和干预。从此资本主义的发展从垄断资本主义阶段进入国家垄断资本主义的新阶段。所谓国家垄断资本主义，就是垄断资本主义和国家政权相结合，政府由前一阶段不干预经济的“守夜人”转变为对经济、社会各个方面全面地进行调控和干预，并逐步建立起一整套有别于以往体制的日益完善的新体制的新的管理者。也可以说，这一措施是在保持资本主义基本经济、政治制度不变的前提下，通过体制改革，缓解了制度危机。资本主义需要自我调节也具有自我调节能力。马克思、恩格斯在《共产党宣言》中指出：“资产阶级除非对生产工具，从而对生产关系，从而对全部社会关系不断地进行革命，否则就不能生存下去。”[①] 现在资本主义的自我调节能力大大增强了。在1929—1933年的经济危机中，一个“黑色星期一”，就把美国和整个资本主义世界搅得天昏地暗，战后这样的“星期一”经常发生，也没有引起资本主义多大震荡。资本主义比以前更富有弹性和活力了。尽管撒切尔、里根80年代上台以后，打出“新保守主义”旗号，但并没有否定和取消国家对经济的宏观调控。

二、推行社会福利政策和制度

资本主义在其发展初期，残酷地剥削和压榨工人和劳动群众，实行的是野蛮的资本主义。随着资本主义经济的发展和工人反抗的加强，这

① 《马克思恩格斯选集》第1卷，人民出版社1995年版，第275页。

种野蛮性虽然有所减轻，但是一直延续到二战前。野蛮的资本主义，必然导致劳资矛盾激化，社会处于不稳定状态。战后，西方资本主义国家又从社会主义国家关心广大群众利益和其他因素中得到启示，在进行自我调节的过程中，普遍实行了以“高工资、高消费、高福利”为标志的社会福利政策和制度。从战后到50年代中期，形成的是低标准的社会福利制度；从50年代中期到70年代，进一步发展为由一系列社会福利措施和项目所形成的具有较高水平的社会福利制度；70年代以后，这一制度更加趋于完善。社会福利政策和制度的基本内容包括：①社会保障制度。社会保障是职工出现和遇有年老、失业、疾病、伤残等事故，造成收入中断或丧失时，政府给予一定补助的制度，这种补助的给予是以领取者在就业期间交纳一定的社会保险税为前提。社会保障包括医疗保险、老年保险、失业保险和家庭补助。②社会救济制度。社会救济是指政府向贫困者或贫困家庭提供的带有救济性质的补助，这种提供不以领取者事先交纳社会保险税为前提。对象是针对生活在贫困线以下的人。③公共教育事业。战后，西方发达资本主义国家，由政府拨款和补助的公共教育事业发展迅速。

社会福利政策和制度的实施和出现，是资本主义发展到一定阶段，社会生产力的发展、劳资之间矛盾的激化、社会主义国家的影响等诸多因素共同作用的必然结果。社会福利政策和制度的实质，就是政府从资本家以各种手段带来的高额利润中，从财政收入中，从职工和资本家交纳的社会保险税中，拿出一部分，用以改善和提高全社会特别是底层劳动人民的生活水平，以缓解劳资之间的矛盾，为资产阶级顺利地进行剥削和统治创造一个安定的社会环境。此外，有些西欧国家在企业中实行有劳资双方面代表参加的“共决”制度；在政府运作上搞以社会民主党为主体的“中左政治”作为其一种统治的管理方法。这是战后西方资本主义国家，阶级冲突趋于缓解、社会相对稳定、没有出现革命形势的一个重要原因。

三、掀起新的科技革命

20世纪有两大潮流，一个是科技革命潮流，一个是社会革命潮流——社会主义革命和民族解放革命的潮流。这两大潮流从生产力和社会制度两个层面推动世界的急剧变化，极大地改变了社会面貌和人类生活。第二次世界大战期间，军事斗争的激化，推动了科学技术在这个领域的突破。在战争期间，英国发明了雷达，德国发明了V2（导弹雏形），美国发明了原子弹。战后，军事领域的尖端技术转移到民用生产，于是出现了核电站等。这些都预示着正在孕育一场新的科技革命。

战后，在西方各国政府及其科技界的推动下，首先在西方发达国家，而后在世界范围内兴起了以信息技术为先导的包括生物工程技术、新能源技术、新材料技术、航天技术、海洋工程技术等领域的全方位的新科技革命，即历史上第三次科技革命。信息技术以其巨大的渗透力和辐射力，将使一些传统产业得到根本改造，并在科技创新的基础上形成一些新的产业群。在当代，“科学—技术—生产”的周期日益缩短，18世纪为100年，19世纪为50年，20世纪只需要3—5年；科学技术在经济增长因素中的比重日益加大，已由20世纪初的5%～20%，到五六十年代的50%，80年代则上升到60%～80%。世界科学技术的突飞猛进，对经济和社会发展的作用越来越重要和直接。面对这个新的情况，邓小平在1988年的一次谈话中指出：“马克思说过，科学技术是生产力，事实证明这话讲得很对。依我看，科学技术是第一生产力。”①科学技术本身没有阶级性，谁掌握了它就为谁服务。由于西方发达国家在科学技术领域中始终处于领先地位，因而它的得益最大。战后，西方发达资本主义国家的经济之所以能够迅猛发展，主要是依靠先进的科学技术支撑的。所谓美国的新经济，就是指高科技的经济，其经济的科技含量高于其他国家。

四、不再用战争手段解决资本主义各国之间的矛盾

人类社会自从有了私有制以后，不断地发生战争。战争是政治用另一种手段的继续。政治发展到一定阶段，再不能照旧前进，于是爆发了战争，用以扫除政治道路上的障碍。资本主义制度在地球上确立以后，由于资本主义私有制引起的各种矛盾的激化，在资本主义国家之间多次发生过战争，如英荷战争、普法战争、美西战争、日俄战争等，在资本

① 《邓小平文选》第3卷，人民出版社1993年版，第274页。

主义列强和殖民地半殖民地国家之间也频繁地发生过战争。进入 20 世纪的垄断资本主义阶段以后，帝国主义国家之间为了重新瓜分殖民地，组成了两个对立的军事集团，互相厮杀，并最终酿成两次世界大战。世界大战的结果，一方面，资本主义元气大伤，甚至两败俱伤；另一方面，为一系列国家无产阶级革命的胜利提供了难得的机遇。

20 世纪的下半期，在战争问题上出现了与上半期不同的现象：新的世界大战没有发生，但局部战争一直没有停止，一共发生 200 多起。局部战争大量地发生在发展中国家，有的表现为国内战争，有的是国与国之间的战争；少数发生在发达资本主义国家和发展中国家的战争；也有的是资本主义和社会主义国家之间的战争；甚至在社会主义国家之间也发生了武装冲突和战争。但是，唯独在西方发达资本主义国家之间没有发生战争。这是为什么？主要是两次世界大战给他们的教训太大了。尽管现在他们之间的矛盾也很尖锐，如愈演愈烈的经济战、贸易战。但是，为了不同归于尽，似乎它们达成共识或默契，不再用战争手段解决它们之间的矛盾。在信息传播极其发达的今天，直到现在也没有得到一起在发达资本主义国家之间因为出现某种矛盾而意欲动武的解密文件。相反，它们通过总结经验教训，却借用无产阶级的一些概念和口号，移花接木，大讲所谓的“国际主义”，强调团结合作，共同对外。我们必须辩证地理解马克思主义关于私有制是战争的根源、资本主义是现代战争根源的原理。无疑，资本主义是现代战争的根源，资本主义制度不知给人类带来多少战争灾难。毛泽东指出：“人类一经消灭了资本主义，便到达永久和平的时代，那时候再也不要战争了。……从此以后，人类将亿万斯年看不见战争。”① 但是，战争根源不一定都演变为战争，在二者之间有一些中间环节，如形势的发展和变化、矛盾的激化程度和统治阶级的决策等。如果双方都能比较克制，遇到矛盾相互妥协，就有可能避免重蹈战祸。就资本主义各国来说，一方面，由于旧殖民主义体系的瓦解，它们失去了用武力瓜分和占领发展中国家而引发它们之间战争的可能；另一方面，通过总结以往的经验教训而做出尽可能不再用战争手段解决它们之间矛盾的决策。反之，社会主义国家消灭了私有制，没有战争的根源。但是，社会主义国家之间如果不能冷静地处理它们之间

① 《毛泽东著作选读》上册，人民出版社 1986 年版，第 226 页。

的矛盾，也可能动用武器和军队，发生本来不该发生的武装冲突和战争。二战后，发达资本主义国家之间没有重新发生战争，这是它们顺利发展的一个重要条件。

五、把危机和灾难转嫁给发展中国家

资本主义作为一种社会形态出现在历史舞台，从来就不是一种局限于个别国家和地区的孤立现象，而是一种世界规模的、联系日益密切的世界体系。资本主义的产生和发展，一方面，靠在国内野蛮地剥削广大劳动人民，另一方面，则靠在国外无偿地掠夺落后国家即殖民地国家和人民的财富。殖民主义是资本主义的派生物，是资本主义生产方式的一部分。马克思指出：“当我们把目光从资产阶级文明的故乡转向殖民地的时候，资产阶级文明的极端伪善和它的野蛮本性就赤裸裸地显现在我们面前，它在故乡还装出一副体面的样子，而在殖民地它就丝毫不加掩饰了。”① 资本主义世界体系从一开始就是一副世界范围的两极分化图像，即强大富裕的一极和贫穷落后的一极共存。资产阶级学者把这种现象概括为资本主义世界的“中心—外缘”结构。所谓“中心”，即美欧日加等发达资本主义国家；“外缘”，即亚非拉广大发展中国家。“中心—外缘”体系的构建和运作，以“中心”的利益为最高原则，“外缘”则服从和服务于“中心”，完全处于从属和附庸地位。

第二次世界大战以后，在社会主义运动的支持和影响下，民族解放运动风起云涌，亚、非、拉三大洲人民通过各种不同方式的斗争，取得了民族独立，经营了几个世纪的资本主义的殖民主义体系彻底崩溃了。但是，“中心—外缘”的构成和格局并没有改变。以美国为首的20多个发达资本主义国家，利用其居于支配地位的国际经济旧秩序，运用现代经济机制和手段，推行新殖民主义，“文明”、“精巧”地剥削和控制发展中国家。它们通过不合理的生产分工、不平等的对外贸易、跨国公司的经济控制、跨国银行的重利盘剥、技术转让的高额勒索等手段，加强对发展中国家的剥削，使发展中国家同发达国家的差距进一步拉大。据联合国《2000年人类发展报告》统计，世界上最富国与最穷国的收入

① 《马克思恩格斯选集》第1卷，人民出版社1995年版，第772页。

差距，1950 年大约是 35：1，到 1992 年则扩大为 72：1。世界带着有史以来最悬殊的贫富差距进入 21 世纪。发达国家这样做的结果，一方面，把灾难转嫁给发展中国家，让危机在那里释放，使这些国家经济困难，债台高筑，通货膨胀，民不聊生，社会矛盾加剧，甚至战乱连年不断，人民群众流离失所；另一方面，又从广大发展中国家搜刮大量财富，攫取高额利润，并从这些巨额利润中分割出一定份额，在本国实行社会福利政策，以缓解国内阶级矛盾，促进社会稳定。"原生"的资本主义是靠"派生"的资本主义维持生命、生存和发展的。

综上所述，资本主义在 20 世纪后半叶之所以发生这么大的变化，从客观上看，生产力的发展还有很大余地，经济发展还远没有达到铲除资本主义生产方式的程度；从主观上看，资产阶级所采取的上述措施反映了资产阶级比以前更加成熟了，统治经验更加丰富了。它能够不断地总结经验，借鉴和吸收不同社会制度和国家的长处。但是，这些措施并没有也不可能解决资本主义的基本矛盾，资本主义的周期性经济危机和结构性经济危机仍然不可避免。资本主义被社会主义所代替的历史大趋势是不以人的意志为转移的，是不可逆转的。

社会主义在20世纪为什么没能保持住大好形势、走向低潮

社会主义在其发生发展进程中经历了从空想到科学、由理想变为现实、从一国实践到多国实践、从传统体制到现代体制四个发展阶段。社会主义和资本主义是两种既相互联系又相互对立的社会制度。社会主义在20世纪经历了一个波澜壮阔、大起大落的曲折发展过程，上半个世纪形势大好，下半个世纪逐渐从高潮转向低潮，特别是通过苏东剧变，出现了社会主义大挫折和历史大倒退。所以说社会主义在上半个世纪形势大好，主要是两次世界大战带来了两次社会主义高潮。第一次高潮，从1914年爆发第一次世界大战到1923年欧洲革命失败。大战爆发后，在蓬勃兴起的各国反战运动中，在列宁的领导下，俄国无产阶级于1917年取得了十月社会主义革命的伟大胜利，开辟了人类历史的新纪元。在十月革命的推动和影响下，欧洲一些国家出现了革命形势，并在匈牙利、德国等几个国家一度建立了全国的或省的苏维埃政权。到1923年，除苏维埃俄国外，其余国家均被国内外反动势力所镇压和窒息。这次高潮的最大成果，是十月革命的成功和社会主义制度在俄国的建立。十月革命还架起了一座西方工人运动和东方殖民地半殖民地民族解放运动的桥梁，它极大地推动了殖民地半殖民地人民的民族解放运动，中国、朝鲜、越南、印度等国的民族解放运动就是在这种形势下发展起来的。第二次高潮，是从1945年第二次世界大战结束到1959年古

巴革命成功。这个时期，再度掀起世界无产阶级革命和民族解放革命风暴，形成了以苏联为中心包括欧亚大陆在内的世界社会主义阵营，之后古巴革命成功，又在欧洲、亚洲、拉丁美洲三大洲的 15 个国家形成了一个可以和世界资本主义体系相抗衡的世界社会主义体系。这是新的更大的社会主义高潮，是社会主义胜利大进军的辉煌年代。这次高潮的最大成果，是中国革命的胜利。当时，世界社会主义的形势不是小好而是大好，国际反动势力闻风丧胆，谈社色变。大好形势，来之不易，应倍加珍惜。但是，好景不长。由于种种因素作用的结果，从 60 年代起高潮转向低潮，量变发展到一定程度就引起质变，出现了 80 年代末和 90 年代初的苏东剧变，一大批社会主义国家演变为资本主义，又由低潮跌到谷底，以后缓缓有所回升。本文从客观事实出发，着力探讨社会主义在 20 世纪为什么没能保持住大好形势、从高潮转向低潮，理出几条线索，并力图做到主观认识接近客观实际。

一、现实的社会主义国家在探索中发生重大失误

建设社会主义是前无古人的崭新事业，没有任何现成的理论、经验可资借鉴，只能在实践中探索。特别是社会主义制度处在幼年时期、初创阶段，各方面都不成熟，探索带有很大的艰难性。列宁把建设社会主义比作攀登一座崎岖险阻、未经勘察、人迹罕见的高山。波兰革命家卢森堡把社会主义视为一块有待人们奋力开拓和辛勤耕耘的“处女地”。建设社会主义既然是一个不断探索、反复实践的过程，就会既有成功，又有失误，还要付出学费和代价，而且这几方面往往是相互伴随、相互交织的。错误和失误是不可避免的。如果思想路线对头，工作做得好，可以少犯错误和不犯重大错误。遗憾的是，很多社会主义国家在探索中没能避免这种情况的发生。

中苏两个社会主义大国都发生过失误。毛泽东是伟大的马克思主义者，他一生辉煌，但晚年由于指导思想过“左”，在成绩面前骄傲自满，脱离实际和脱离群众，对世界形势和国情的判断不够准确，特别是对社会主义的基本理论问题没有完全搞清楚，从 1957—1976 年的 20 年间在决策上不断出错，连续发生“大跃进”和“文化大革命”两个全局性的重大失误。“大跃进”就集中力量发展生产力和急于改变中国的贫穷落

后面貌是好的，但是严重违背了客观经济规律，结果欲速则不达，事与愿违，受到规律的惩罚。“文化大革命”，主要是在探索中受到国内外形势的干扰，把出现的问题估计过重，走偏了方向。这两个重大失误，使中国社会主义事业遭到重大挫折，元气大伤。同一时期，苏联也发生很大失误。尽管苏联没有出现中国忽视发展生产力、忽视科学技术这一类的失误，但是它长期没有处理好一些重大关系。一是没有处理好经济结构中的农、轻、重的关系。苏联的重工业太重，属于世界一流；轻工业太轻，发展缓慢；农业极其落后，甚至粮食等农产品还需要进口；三者之间很不协调。苏联解体前，人均国民生产总值已达到5000美元左右，比西方低，但在社会主义国家中排在前列。但是由于这种不合理的经济结构，不能满足人民日益增长的物质生活需要，人民得不到什么实惠。二是没有处理好同西方特别是和美国的关系。苏联在对外政策方面，长期搞大国主义、霸权主义，特别是不从苏联国力这个实际出发，同美国进行了长达40多年的马拉松式的军备竞赛，最后国力财力耗尽，终于被综合国力比苏联强的美国拖垮，成为大输家。这是一个严重的失误和教训。需要指出的是，社会主义国家权力集中，因而决策方面的每一个失误，往往都要殃及全国，招致全局性的损失和灾难。现实的社会主义国家尤其是中苏两个大国的重大失误，给世界社会主义事业带来巨大挫折，使社会主义在同资本主义较量中处于不利地位。

二、没有及时跟上新科技革命大潮

第二次世界大战以后，在以美国为首的西方各国政府和科技界的推动下，首先把在战时产生和发展起来的军事科学技术运用于民用生产，如原子能、半导体、计算机、激光、喷气式飞机等；接着迅速在世界范围兴起了以微电子技术和信息技术为先导的包括生物工程技术、新能源技术、新材料技术、航天技术、海洋工程技术等领域的全方位科技革命，即历史上第三次科技革命，并将其广泛运用到生产和生活的各个方面，从而极大地提高了各国的劳动生产率，极大地推动了经济和社会的发展和进步。在这次科技革命中，美国起着主导的作用，它拥有世界上最庞大的科技队伍，几乎独占了所有科技新领域，成为第三次科技革命的发源地。美国在战后几十年所以能够保持经济的持续增长，并形成所谓的“新经济”，主要是政府不断加大对科技的投资力度，形成了基于现代科技基础上的高科技产业。纵观美国 20 世纪的历史，不难发现每隔 20 年左右就会发生基于技术创新而带来的产业结构的升级和调整，而产业结构的优化升级又大大地推动了美国经济的发展。在这次科技革命中，以美国为首的西方国家经过一段调整，逐步形成了以民用需求为主要动力，以民用产业为主导的经济优先、民用为主、军民结合的新技术发展模式。随着新科技革命的发展，从 70 年代以后，科学技术在综合国力中的地位越来越高，逐渐取代军事实力而实际成为国际竞争力的制高点。如果说，在以美苏对峙为特征的旧的世界格局下，国际竞争的焦点是在军事领域，经济和科技仅作为其基础；那么，在冷战结束后的新的世界格局中，国际竞争的主要战场已转到经济和科技领域，军事较量虽然仍是重要方面，但已退居次要地位。科学技术越来越显示出其第一生产力的地位和作用。战后资本主义的发展，首先得益于科学技术的发展。

反观社会主义国家在发展新科技革命方面的情况同西方发达国家相比则有很大差距。一是发展落后，起步较晚。走上社会主义道路的大多是原来经济文化比较落后的国家，它们的科技发展水平较低，在开展新科技革命方面是尾随西方国家之后，除苏联、民主德国、捷克斯洛伐克以外皆起步较迟，一般要晚一二十年。在科技的某些领域里实现跨越式发展是有可能的，但是实现全面赶超则是长期的过程。二是在发展中受到的干扰太多。社会主义国家科学技术的发展，受到经济文化发展水平，理论、路线、政策特别是教育科技政策与知识分子政策诸多因素的制约。在我国，“文化大革命”的十年，受到“以阶级斗争为纲”和批判所谓资产阶级反动权威的干扰，科学技术发展缓慢，甚至可以说处于停滞状况，而这个期间西方国家科学技术突飞猛进，从而导致我国同西方国家在科学技术发展方面已经缩小了的差距又重新拉大开来。三是体制僵化，观念落后。这里以苏联为例。苏联在战后头 20 年，科技发展很快，特别是 1957 年第一颗人造卫星上天，震动了全世界。但是，苏联在高度集权的僵化体制和封闭的经济结构的影响下，为了同美国较量和争霸，长期固守军事科学技术优先的发展模式，没能转到适应新科技革命所要求的经济优先、民用为主、军民结合的发展模式上来，结果军事科技高度发展的同时民用技术和生产相当落后，二者很不协调。受这种体制影响，苏联的观念也很落后。60年代初，苏联受传统社会主义目标模式的影响，提出10年内在工农业的主要产品方面全面赶超美国的要求。经过10年努力，到70年代初，苏联的这一目标实现了。但是，历史对苏联开了个玩笑。同一时期，美国不断实现观念更新，大力发展高新技术及其产业群，特别是信息技术，这一招把苏联在现代科技方面远远甩在后面。这种情况，正如前苏共领导人利加乔夫所指出的，苏联70年代所谓的停滞，不是出自在工作上，而是出自在党和国家领导人的观念上，他们集中精力论证“发达社会主义”，在工农业的主要产品方面赶超美国，结果国家没能转入科技发展的新阶段，而是站在入口处。而在这一时期，世界发达国家完成了这一转变。这是国家领导人和社会科学家的一个不小的罪过。科学技术的相对落后，使社会主义的发展及其与资本主义的较量处于不利地位。

三、没能及时跟上改革大潮

第二次世界大战以后，世界范围内兴起了改革大潮。西方发达国家在改革方面一直走在前面。它们为了适应新科技革命的需要，从50年代开始，普遍对资本主义自身进行了一系列调节即改革，使得资本主义的生产关系和上层建筑的一些环节比较适应现代生产力的发展。战后资本主义国家的改革，几乎没有遇到多大阻力，其深层次原因是经历了1929—1933年的经济危机，如不改革就不能摆脱制度危机。

社会主义国家的改革同资本主义国家相比，有三个不及：一是起步晚，进展慢，从50年代初一直延续到80年代。社会主义国家的改革，构成规模、具有影响的有四次。第一次是50年代初南斯拉夫的改革。南改革的背景是，苏南分歧，情报局对南斯拉夫的两个错误决议。南斯拉夫盛怒之下，不学苏联模式，探索自己的自治社会主义道路。第二次是50年代中期苏联赫鲁晓夫的改革。苏共二十大之后，赫鲁晓夫在苏联进行改革。这个改革是对苏联模式的第一次冲击，暴露了这种模式有严重弊端，动摇了它的神圣不可侵犯性。但是，由于缺乏改革经验，尤其是赫鲁晓夫作风鲁莽，这场改革是蹩脚的，不成功的，最后草草收场。第三次是60年代中后期匈牙利和捷克斯洛伐克的改革。经过十多年酝酿，匈牙利比较成功地进行了经济体制改革，在改革进程中创造了介于苏联模式和南斯拉夫模式之间的匈牙利模式。接着捷克斯洛伐克宣布要进行包括政治体制改革在内的全面改革，由于改革的步子大，引起苏联当局的误解，误认为是“离经叛道”，背离“社会主义发展的共同规律性”，于是动用约50万大军把这场轰轰烈烈的改革运动镇压下去。以上三次改革，都是在传统的社会主义计划经济的框架内进行的，在体制上没有突破。进入到70年代以后，许多国家的经济发展日益缓慢，积累的经济和社会问题成堆，可以说陷入困境。在这种形势下，出现了第四次社会主义改革浪潮。在这次浪潮中，中国和苏联两个社会主义大国相继投入并带动了一批社会主义国家进行改革，除了几个观念保守的社会主义国家外，其余12个国家都程度不同地进行了改革。二是阻力很大，步履艰难。由于长期思想僵化，盲目地自认为社会主义具有不可比拟的优越性，许多社会主义国家的改革遇到很大阻力。例如，苏联的改革经历了几起几落。中国是个例外，从十一届三中全会以后的改革，没有遇到很大阻力，其原因是有个“文化大革命”，中国走进了死胡同，人们认识到再不改革只能是死路一条。三是一些国家的改革走偏了方向。在80年代的社会主义改革浪潮中，在复杂的国内外背景下，出现了两种不同性质、不同方向、不同结果的改革。一种是苏联和东欧的改革，在内外势力和思潮的压力和影响下，以“更新”、“重建”为名，照抄照搬西方的经济、政治模式，结果改革变成了改向，从社会主义演变为资本主义。另一种是中国的改革。它是在中国共产党的领导下，在坚持社会主义基本制度的前提下，改革社会主义的具体制度即体制，是社会主义制度的自我完善，是解放和发展生产力的必由之路，就引起社会变革的广度和深度来说是“中国的第二次革命”。改革的结果，极大地增强了中国的社会主义实力，中华大地发生巨变，社会主义事业欣欣向荣。实践证明，不改革不行，改革不坚持社会主义方向也不行。只有坚持社会主义方向和选择适合本国国情的正确路子的改革，社会主义本身所具有的生机和活力才能体现出来，社会主义的优越性才能发挥出来。

四、国际共产主义运动的争论和破裂

从1956—1966年发生由苏共挑起，以中苏两党为核心的国际共产主义运动大论战。中苏两党发生论战的原因，主要是意识形态的分歧和对立。此外，党与党、国与国的关系和领土问题也助长了这场争论的发展。从中苏两党争论的起因看，中国共产党占理要比苏共多得多。这场争论有正负两个方面。正面是指，争论推动了各国党独立自主地探索本国的革命道路和社会主义建设道路。这一点，对中国后来社会主义事业不受外来因素干扰起了至关重要的作用。但是，争论的负面后果很多。

第一，国际共产主义运动的分裂。过去，国际共产主义运动比较团结，甚至在争论初期还能于1957年和1961年在莫斯科两次召开各国共产党、工人党会议，通过《莫斯科宣言》和《莫斯科声明》，作为必须遵守的行动准则。但是，争论的进一步发展，在中苏两个大党面前，各国党开始站队，或是倒在苏共一方，或是站在中共这一面，整个国际共产主义运动就彻底破裂了。

第二，中国社会主义事业受挫。我们党认为，中苏两党争论的实质是马克思主义反对现代修正主义的斗争。在争论过程中，双方都认为自己正确，互不相让，给对方无限上纲。我们党在争论中先后发表了四组反修文章。为了防止这类事件在中国重演，势必把斗争的锋芒从反外修转到反内修，于是开展“四清”运动，并逻辑地发展到“文化大革命”。而“文化大革命”对我们党和国家乃至整个民族是一场灾难，我们自己吃尽了苦头。

第三，苏联处境不利。受中苏两党意识形态争论的影响，苏联在60年代初在计划经济体制内的有限的改革停滞不前。中苏两国分裂后，在苏、美、中大三角中，几乎是苏联一国对付美国，这对苏联来说是十分沉重的负担。

综上所述，社会主义在20世纪曾经有过辉煌的年代，后来之所以未能保持来之不易的大好形势，不是社会主义制度不好，而是这种制度太年轻，各方面很不成熟，而且来势太快太猛太急，思想上、政治上、组织上准备不够，执政的共产党在几件大事上没有处理好，就从高峰上滑下来。恩格斯说：“伟大的阶级，正如伟大的民族一样，无论从哪方面学习都不如从自己所犯错误的后果中学习来得快。”[①] 毛泽东强调，对于马克思主义政党，只有正面经验不够，还要有反面经验。邓小平指出：社会主义出现挫折和曲折，“人民经受锻炼，从中吸取教训，将促使社会主义向着更加健康的方向发展。”“社会主义经历一个长过程发展后必然代替资本主义。这是社会历史发展不可逆转的总趋势。”[②] 社会主义道路曲折，但前途是光明的。

① 《马克思恩格斯选集》第4卷，人民出版社1995年版，第432页。

② 《邓小平文选》第3卷，人民出版社1993年版，第382—383页。

社会主义是前进性和曲折性的统一

——如何认识社会主义发展的历史进程

马克思、恩格斯于1848年合著的《共产党宣言》的发表，标志着马克思主义、科学社会主义的正式诞生。从那时到现在，在一个半世纪的历史过程中，在马克思主义的旗帜下，在共产党领导下，社会主义在理论和实践两个方面都取得了历史性的伟大成就。20世纪，社会主义已从理想变成现实，从一国实践发展为多国实践，开辟了人类社会最伟大变革的历史进程。但是，社会主义的发展并不是一帆风顺的。20世纪，社会主义在取得长足发展和辉煌成就之后，从80年代后期开始出现了若干国家从社会主义向资本主义的演变和倒退。社会主义面临着资本主义的严峻挑战。现实在人们面前提出了许多新的问题，集中起来就是：世界的大潮和趋势是社会主义还是资本主义？当代世界和当代中国向何处去？社会主义制度究竟有没有优越性和生命力？社会主义的旗帜能不能在中国大地上永远飘扬？社会主义的历史命运将如何？人类的前途会怎样？为了从理论上回答这些问题，有必要回顾一下社会主义发展的历史进程，看看它是怎样发生发展的，走着一条怎样艰难曲折的道路，应从中得出一些什么结论。

一、社会主义的兴起是合乎规律的历史进程

社会主义是合乎规律的“历史的必然”还是违背规律的“历史的误会”？这是必须从理论上回答的一个重大问题。

社会主义作为一种社会实践，它的发生发展和真正兴起是在20世纪。但这不是突然出现的，而是几个世纪的历史逐步准备起来的。社会主义作为一种思潮，最早发生在资本主义初期。西欧是资本主义发源地。在西欧，资本主义生产方式刚一诞生，就暴露出这是一种“人吃人”的病态社会。这里，是资本家和富人的“乐园”，是工人和劳苦群众的“地狱”。资产阶级的每一个铜板都包含着劳动人民的血和汗。从资本主义私有制中派生出资本主义一系列固有弊病：剥削、压迫、失业、贫困、痛苦、欺骗、舞弊、卖淫、敌对、犯罪等等。资本主义的历史是一部肮脏和罪恶的历史，是用火和血的文学写在人类的编年史中的。事实表明，资本主义社会制度并不像资产阶级启蒙学者所说的是什么“理性和永恒正义的王国”，而是“一幅令人极度失望的讽刺画”。群众的贫困和苦难，激起先进思想家的同情，他们开始研究造成劳动者痛苦生活的原因，探索消除社会混乱和弊病的途径。于是代表早期无产者和劳动人民的利益和愿望，反映对资本主义社会不满情绪并幻想建立一个消除贫富对立的美好社会的思潮，应运而生。这就是16—17世纪以莫尔、康帕内拉为代表的“有理想社会制度的空想的描写”，18世纪以摩莱里、马布利、巴贝夫为代表的“直接共产主义的理论”，19世纪初圣西门、傅立叶、欧文三大空想家的空想社会主义。这种进步社会思潮在欧美地区传播了三个多世纪。尽管这种学说是一种很不成熟的社会主义理论，但是它包含有不少天才的见解：它对资本主义社会制度的基础作了无情的揭露，提供了启发工人觉悟的极为宝贵的材料；对未来社会提出了积极的主张，提供了一些有价值的设想。

科学形态的社会主义理论只有资本主义发展到一定阶段才能诞生。19世纪40年代的西欧，资本主义大工业有很大发展，英、法等国相继进行了产业革命，经济在社会生活中作用日益明显；资本主义弊病的暴露和经济危机的发生；英、法、德三大工人运动的兴起，现代无产阶级作为一支独立的政治力量登上历史舞台。创立科学社会主义的历史条件

成熟了。任何一种思想理论，都有其借以产生的源和流。科学社会主义的源，即源泉，是19世纪40年代西欧的社会历史条件；科学社会主义的流，即这种思想学说之前社会上已有的思想材料和思想成就，是圣西门、傅立叶和欧文三大空想家的社会主义理论。在这种历史条件下，人类最伟大的思想家马克思、恩格斯发现了唯物史观和剩余价值学说，从而把社会主义"置于现实的基础之上"，使其从空想发展为科学。这是社会主义史上一次质的飞跃，不实现这个飞跃，就不会有以后的从理想变成现实。马克思、恩格斯在科学社会主义理论上的最大贡献就是揭示了资本主义必然灭亡、共产主义必然胜利。与空想社会主义者不同，他们提出这一科学论断，不是出于对资本主义的痛恨，也不是出于对社会主义的向往，而是基于对资本主义经济运动的科学分析。他们从资本主义繁纷复杂的矛盾中发现了它的基本矛盾。资本主义社会的基本矛盾——生产社会化与资本主义私人占有之间的矛盾的发展，必然导致用社会主义公有制代替资本主义私有制。为了实现这一科学论断，马克思、恩格斯在19世纪着重做了三个方面的工作。一是传播科学社会主义。马克思、恩格斯是科学社会主义的创始人，他们既是革命家又是理论家，长期潜心研究，著书立说，创立和传播科学社会主义。科学社会主义在40年代刚刚诞生的时候还只是无数社会主义派别中的一个派别，但是到七八十年代已在工人运动中广泛传播开来，为多数工人所接受。二是创建社会主义政党。马克思、恩格斯为创建这样的政党而奋斗了一生。他们最初在1847年所建立的"共产主义者同盟"就是工人阶级政党的雏形，但这是国际性的，因为那时在民族国家范围内建立这样政党的条件还不成熟。到七八十年代条件具备了，欧美主要资本主义国家先后建立了社会主义政党。三是开展社会主义运动。在马克思、恩格斯的关心和指导下，各国党建立以后，着手制定正确的纲领、路线和政策，并组织它的党员及其领导下的广大群众，开展阶级斗争和广泛的社会主义运动，为实现党的纲领而斗争。特别是在欧洲1848年资产阶级民主革命和1871年法国巴黎公社的无产阶级革命这两场风暴中，锻炼了群众，总结了经验。这一切为后来社会主义的发展准备了必要的条件。

社会主义的兴起和真正大发展是在20世纪。19世纪末和20世纪初，世界从自由资本主义发展为垄断资本主义阶段，即帝国主义阶段。帝国主义的最主要特征是垄断。经济上的垄断，政治上的金融寡头统治，导致资本主义所固有的三大矛盾，即无产阶级和资产阶级、殖民地半殖民地人民和帝国主义、帝国主义国家之间的矛盾达到空前尖锐的程度，使得无产阶级革命成为直接实践的问题。其中，像俄国、中国等经济文化比较落后的国家，虽然不完全具备搞社会主义的条件，但这里社会矛盾、阶级矛盾更加突出，成为世界矛盾的集中点，正在孕育一切革命风暴。以列宁为代表的俄国共产党人和以毛泽东为代表的中国共产党人，高举马克思主义旗帜，用科学社会主义这个火炬，点燃了这里存放的一堆堆干柴，燃成熊熊烈火，把资本主义旧世界化为灰烬。社会主义首先在这里诞生，使多少个世纪人们梦寐以求的理想变成活生生的现实。革命是不能制造和定做的，它是否发生和在哪里发生是不以人的意志为转移的。应当说，革命首先是自下而上的举动，是广大群众在无法照旧生活的情况下的奋起反抗，是一个阶级推翻另一个阶级的暴烈行动。但同时，革命也有个自上而下的引导，共产党人的使命就是组织领导广大群众干革命。社会主义在 20 世纪就是这样兴起的。

综上所述，广义上的社会主义从诞生到现在已有近五个世纪的历史。从 1516 年莫尔的《乌托邦》到 1848 年马克思、恩格斯《共产党宣言》发表的 332 年，社会主义只是一种社会思潮，它和工人运动没有联系，是两股道上跑的车；从 1848 年《共产党宣言》的发表到 1917 年俄国的十月革命的 69 年，由于马克思、恩格斯在“两大发现”的基础上使社会主义从空想发展成为科学并把科学社会主义和工人运动结合起来，社会主义已不只是一种社会思潮，而且还是一种社会运动；从 1917 年十月革命到现在的 83 年，社会主义既是社会思潮，又是社会运动，还是社会制度，是思想、运动、制度的统一。社会主义就是这样一步一步发展起来的。可以说，社会主义之所以在 20 世纪兴起，发展成为一种崭新的社会制度，这是五个世纪以来，特别是一个半世纪以来，在科学社会主义的旗帜下，社会主义先驱者和后继者们同亿万群众顺乎历史发展的潮流，为实现崇高的共产主义理想长期不懈地进行战斗并付出巨大的牺牲和代价所换取的伟大成果。这完全是合乎规律的历史进程，不像某些“精英”所说的一样是少数激进分子煽动起来的“历史误会”。社会主义是资本主义的对立物，是继承了资本主义精华、克服了资本主义弊病的新的更高类型的社会制度。社会主义是现时代历史发展的总趋势，代表人类的未来。

二、社会主义对20世纪人类历史和人类文明的重大贡献

20世纪社会主义的崛起，对人类历史和人类文明是促进还是促退，这是目前思想理论界有争议的一个问题。我们坚持前者，否定后一种错误观点。

1. 建立和发展了新的更高类型的社会主义文明

20世纪社会主义制度的建立和发展经历了三个阶段。一是十月革命的胜利，在世界1/6的土地上推翻了人剥削人、人压迫人的社会制度，实现了从资本主义旧世界向社会主义新世界的转变，开辟了人类历史的新纪元；二是中国革命的胜利，突破了帝国主义在东方的战线，极大地改变了世界政治力量的对比；三是欧亚一系列国家走上社会主义道路和古巴革命的成功，使社会主义从一国实践发展为多国实践，形成了世界社会主义体系。

马克思主义在研究人类进化史的基础上，提出了人类社会在经历了原始社会的蒙昧时代和野蛮时代以后，步入了奴隶社会的文明时代。从人类进入文明时代以后，相继出现了奴隶社会的文明、封建社会的文明和资本主义社会的文明。这三个阶级对抗社会的文明特别是资本主义文明，都曾放射出灿烂的光芒，对自己的时代做出巨大的贡献。但是，这三个对抗社会的文明都具有两重性：既推动社会进步，又产生和扩大阶级对抗。劳动人民所创造的物质文明和精神文明，却被剥削阶级所占有，并把它作为压榨和奴役劳动人民的手段。文明和社会主义是不可分割的，文明的发展需要社会主义，社会主义的建立和完善需要高度的文明。在社会主义制度的基础上，本世纪建立了比资本主义高得多的新的更高类型的社会主义文明。

2. 战胜了穷凶极恶的法西斯主义

1929—1933年发生了世界性的经济危机。这次危机导致资本主义的“大萧条”、“大崩溃”，使资本主义世界损失2600多亿美元，比第一次世界大战的1700亿美元还多很多。资本主义世界生产急剧下降，各项工业生产倒退了二三十年。德国、意大利、日本等国的垄断资产阶级为了寻找出路，实行法西斯主义。法西斯主义对内就是血腥屠杀，对外

就是残酷战争。在亚洲，日本法西斯先后侵占我国东北，全面发动侵华战争和太平洋战争；在欧洲和北非，德意法西斯先后侵犯埃塞俄比亚，进攻捷克斯洛伐克、波兰，随后大举侵犯苏联。第二次世界大战全面展开了。法西斯主义严重威胁着人类和文明。与第一次世界大战不同，这场战争后来演变为世界人民的反法西斯战争。在战胜德意日法西斯强盗的斗争中，苏联红军起了决定性作用，中国共产党领导的人民武装也做出了巨大贡献。法西斯主义的覆灭，标志着正义战胜了邪恶，光明代替了黑暗。

3. 驱使最野蛮的殖民主义退出历史舞台

社会主义革命和民族解放革命是我们时代的两大历史潮流。资本主义的兴起是和它推行殖民主义分不开的。殖民主义是资本主义的附属品、派生物，构成资本主义生产方式的一部分。与资本主义从原始资本积累时期——自由竞争的资本主义时期——垄断资本主义的帝国主义时期相适应，殖民主义也经历了开端时期——扩张时期——瓜分时期。资本主义推行殖民主义的结果，世界上出现了压迫民族和被压迫民族、宗主国和殖民地，一个国家内部的民族问题变成了世界范围的民族殖民地问题。

有民族压迫必然有民族反抗，有资本主义的殖民主义必然有被压迫民族的民族解放运动。被压迫民族反对殖民主义的斗争大体上经历了如下三个时期：从资本主义生产方式产生到1917年十月革命，是被压迫民族的反抗时期；十月革命以后，苏联在西方工人运动和东方被压迫民族之间架起了一座桥梁，并以自己的榜样鼓舞了被压迫民族的斗争，从此以后，被压迫民族的民族解放斗争进入觉醒时期；第二次世界大战以后，欧亚一系列国家走上社会主义道路，在它们的影响和支援下，被压迫民族的革命斗争步入解放时期。国家要独立、民族要解放，已成为不可抗拒的历史潮流。民族解放风暴的中心，50年代在亚洲，六七十年代扩展到拉丁美洲和非洲。通过各种不同方式的斗争，亚、非、拉先后有100多个国家宣告独立，帝国主义的殖民主义体系彻底崩溃了。这是改变20世纪面貌具有划时代意义的事件，是继十月革命、中国革命之后世界历史进程中有决定意义的事件。资本主义、帝国主义的两个最野蛮的产物——殖民主义和法西斯主义，都是在20世纪猖獗一时而后崩溃的。这说明在社会主义的推动下，人民在觉醒，历史在进步，这是不以任何人的意志为转移的。第三世界国家的人民正以“历史民族”的崭新姿态出现在历史舞台上。

4. 维护了二战后的世界和平

20 世纪前半期发生了两次世界大战。第一次世界大战，参战国 33 个，卷入战争的人口在 15 亿以上，伤亡人数达 3000 万人。第二次世界大战，卷入战争的计有 61 个国家和地区，死亡竟达 5500 万之众。其中苏联牺牲 2700 万人，占人口总数的 13%以上；波兰死亡人数达 650 万人，占人口总数的 20%。帝国主义是现代战争的根源。帝国主义在短短的 20 年间，给人类带来两次史无前例的世界规模的战争惨祸，至今人们谈起两次世界大战，仍在“谈战色变”。第二次世界大战以后，东西方关系长期紧张，几个大国掌握了杀伤力极强的现代化核武器。据科学家统计和预测，现在世界上核弹头的总量已达 5 万个以上，爆炸力相当于 15000 千米加（百万）吨。如果打起核大战来，会有 10 亿以上人口当时死亡，并出现一个“核冬天”，许多地区成为如南极一样的冰雪世界，人们难以适应、生存，那将是人类的浩劫。因此，维护世界和平，防止新的世界大战，这是全世界人们最关注的问题。第二次世界大战以后，社会主义国家的存在和发展，是制止和战胜帝国主义侵略战争、保卫世界和平的强大力量和中流砥柱。在美国发动的侵朝、侵越战争中，中国人民同朝鲜人民、越南人民一起，粉碎了帝国主义的侵略，保卫了社会主义制度，维护了亚洲和世界和平。第二次世界大战结束后的近半个世纪，之所以没有发生新的世界大战，和平与发展之所以成为当前世界的主题，决定性的因素就是社会主义力量的发展和在其影响、支持下第三世界的兴起。世界和平已出现了现实的前景。

5. 促进了资本主义的进步与发展

在 20 世纪，存在着社会主义和资本主义两种文明制度，它们之间既有相互矛盾和对立的一面，又有相互联系和协作的一面，共同推动人类历史和人类文明的发展。资本主义在其发展过程中，不仅从马克思主义特别是马克思的经济学说中汲取了许多养分，而且还从社会主义国家中借鉴了很多有益的经验。在这个基础上，不断地进行调节和改革，以此推动自身的发展。值得特别提出的，一是在 1929—1933 年危机过后，资本主义一片萧条，人们预感到资本主义末日来临。在这种形势下，罗斯福当选美国总统，实行“新政”，他出台的一个大政策，就是借鉴了苏联的计划经济，实行了国家对经济的宏观调控，即所谓的凯恩斯主义，从而挽救了美国，拯救了整个资本主义世界。二是在第二次世界大战结束后的初期，资本主义势力严重削弱，许多国家处在社会动荡、动乱和风雨飘摇之中。在这种危难关头，它们从社会主义国家关心广大群众的生活和利益得到启发，普遍推行了以“高工资、高消费、高福利”为标志的福利主义政策，从而有力地缓解了劳资之间的矛盾，为资产阶级顺利地进行剥削和统治创造了一个安定的社会环境。

6. 为人类留下了珍贵的社会主义文明遗产

在20世纪二三十年代所建立的第一个苏联社会主义模式，由于受到各种内外因素的制约和影响，存在着不少弊端，但就其性质来说是社会主义的。由于种种原因，苏联社会主义模式经过几十年的曲折发展后失败了，但是这种模式创造了许多文明成果，如人人有劳动权，无失业现象；免费保健和教育；实行退休金保障制度；国家对儿童和母亲的保护；向居民开放托儿所、幼儿园和少先队夏令营；社会安定；举世瞩目的科学文化成就，等等。所有这一切，至今人们仍然难以忘怀，仍然是有吸引力的。俄罗斯学者斯拉温在《俄罗斯现状与社会主义前景》一文中说：“今天，当俄罗斯的失业、贫困和儿童无家可归的现象变得越来越严重时，当成千上万的劳动者数月领不到工资时，逝去的苏维埃时代所取得的社会性成就尤具现实意义。许多人虽然拒绝‘社会主义’这个词，但认为必须恢复1991年资产阶级复辟前曾经存在过的一切好的东西。应当客观地说，残存的苏联时期的社会性成就直至今日还在对俄罗斯社会的稳定起着作用。”①

综上所述，20世纪在马克思主义旗帜下，社会主义应运而生，创造了新的更高类型的文明。社会主义在推动人类历史和人类文明的发展，在驱使最反动的法西斯主义、殖民主义退出历史舞台，在维护世界和平和人类尊严，起了主导的决定性的作用，而绝不能不顾事实地说它阻碍了历史的发展和破坏了人类文明。

---

① 《社会主义与21世纪》，中央编译出版社2000年版，第313页。

三、20世纪社会主义运动的基本特征、历史难题和苏东剧变

80年代末和90年代初所发生的苏东剧变，使社会主义遭受前所未有的重大挫折。为什么一批有几十年历史的社会主义国家像多米诺骨牌一样顷刻间就垮掉了？是不可避免还是可以避免？在这个问题上同样存在着不同认识和争论。重要的是，我们必须把苏东剧变放在20世纪历史的大背景下来考察。

20世纪社会主义运动的发展与19世纪有什么不同的特点？20世纪社会主义运动有如下三个基本特征：

第一个特征：社会主义从一种科学理论、社会运动转变为现实的社会制度，崭新的社会主义制度破土而出，在一些国家建立起来。这是社会主义史上一次巨大飞跃，是人类历史的崭新篇章和真正开端。20世纪是以社会主义制度的建立和发展而载入史册的。

第二个特征：20世纪社会主义运动经历了两次高潮和两次低潮的曲折变化。第一次是以第一次世界大战和俄国十月革命为起点，欧洲一些国家的无产阶级革命运动和殖民地半殖民地民族解放运动的蓬勃兴起，形成了1917—1923年风起云涌的世界革命高潮，而后除苏维埃俄国外，其余均被国内外反动势力所镇压和窒息，革命运动随即转入低潮和沉寂状态。第二次是以第二次世界大战结束和欧亚一些国家走上社会主义道路为起点，无产阶级革命和民族解放运动再次掀起革命风暴，形成了从1945年至1959年世界无产阶级革命新高潮，社会主义从一国实践发展为多国实践，出现了一个可以和世界资本主义相抗衡的世界社会主义体系。这是社会主义凯歌行进、胜利大进军的年代。从60年代以后，由于种种因素，高潮逐渐转向低潮，到80年代末和90年代初出现东欧剧变和苏联解体，社会主义运动遭到前所未有的重大挫折，由低潮跌至谷底。

第三个特征：20世纪社会主义运动突破了19世纪社会主义的传统观念，首先走上社会主义道路的不是西方发达国家而是经济文化比较落后的国家，即社会主义制度不是首先诞生在英、美、法、德等主要的发达资本主义国家，而是在世界资本主义体系的薄弱环节、不够发达的国

家取得了突破、胜利和发展。西欧北美等发达资本主义国家在 20 世纪内始终未能突破资本主义，这就形成了“两个体系并存”和“一球两制”的世界大格局。

在这三个基本特征中具有关键意义和决定作用的是第三个特征，它决定了第二个特征，社会主义运动的波澜起伏、大起大落，是和首先走上社会主义道路的是经济文化比较落后的国家以及由此而形成的“一球两制”和资本主义包围的格局分不开的。如果首先走上社会主义道路的是主要西方发达资本主义国家，社会主义运动的发展将会是比较顺利的，至少不会发生苏东剧变那样的严重挫折。

列宁在十月革命后多次指出：“我们的革命是开始容易，继续比较困难，而西欧的革命是开始困难，继续比较容易。”① 两个“困难”指的是 20 世纪社会主义的两大历史难题。后来历史的发展充分证明了列宁这个估计和预见的正确性。

第一个历史难题是西方发达国家无产阶级夺取政权的问题。十月革命以后，欧洲有一些国家曾效仿俄国，试图用“暴力攻打冬宫”的方式夺取政权，但没有取得成功；第二次世界大战胜利后，在内外压力下，法国、意大利共产党向资产阶级政府交了枪，放弃了武装斗争；50 年代以后，在西方国家缺少革命形势的条件下，各国共产党普遍放弃了暴力革命道路，试图通过和平民主道路向社会主义过渡。西方最大最有影响的意大利前共产党人曾先后提出各种方案进行“和平过渡”的探索：五六十年代的“结构改革论”，70 年代的“历史性妥协”，80 年代的“民主替代”、“建立欧洲左翼联盟”。但是迄今为止，没有取得任何重大成果和进展。列宁说过，一个国家越文明，就越不容易革命。总之，在 20 世纪，没有一个西方发达国家无产阶级通过自身斗争取得政权。

第二个历史难题是经济文化比较落后的国家建设社会主义的问题。这里所说的经济文化比较落后的国家，包括两种不同类型。一种是苏东类型的国家，它们比西欧落后，比东方国家发达；另一种就是中国、朝鲜、越南等帝国主义的殖民地半殖民地，经济文化更为落后。20 世纪先后发生俄国十月革命、中国革命以及其他一些国家无产阶级革命并取得胜利，说明无产阶级夺取政权问题在这类国家得到比较圆满的解决。

① 《列宁全集》第 34 卷，人民出版社 1985 年版，第 343 页。

但是，这只是文章的上篇。下篇是：这些国家建立社会主义制度以后，怎样建设社会主义，怎样巩固、发展社会主义，却遇到了困难。这些国家是在外有资本主义包围，国际环境险恶，内部经济文化落后，和发达资本主义国家有很大差距的条件下进行建设社会主义的探索，这是一个难度很大的历史课题。经过几十年的探索，虽然积累了一些宝贵经验，但是从总体上并没有很好回答和解决，也就是说没有闯出一条好的路子，致使许多国家的社会主义建设长期处在一种徘徊、困难和困惑的境地。

苏东剧变就是在这个历史大背景下出现的。一个强大的苏联和牢固的东欧，在外无战争内无抵抗下“一夜之间”骤然倒塌和解体，从一种社会制度演变为另一种社会制度，这种情况在历史上也是罕见的。难怪后来研究者把苏东剧变视为20世纪的“历史之谜”。苏东剧变，绝不是单一原因引起的，而是多种原因交错在一起作用的结果。恩格斯曾经提出一个重要论断，即任何一个重大历史事件的出现，都不是单一原因，而是“一个总的平均数，一个总的合力”① 的结果。后人称为“历史合力”论。这个观点同样适用分析苏东剧变。这里，仅就苏联剧变和演变的几个深层次原因略加分析。

1. 苏联模式日益缺乏生机和活力

苏联二三十年代在临战状态下所建立的高度集中和集权的社会主义模式，是一种战时体制，能够把有限的人力、物力、财力用到最急需的建设和防务上来，在当时起了积极作用。但是，进入正常建设年代，这种模式的弊端就明显暴露出来。斯大林不改革，延误了一些宝贵时日；他的后继者进行了一些改革，但都没有突破高度集中的计划经济体制。久而久之这种模式就成为一种僵化模式，越来越阻碍生产力的发展，难以同资本主义的现代市场经济竞争。苏联的演变是苏联社会主义模式的失败，但不是社会主义的失败，更不是社会主义的死亡。其他社会主义国家要从中吸取教训，跳出苏联模式，在实践中探索适合本国国情的社会主义新模式。

2. 戈尔巴乔夫时期的错误理论、路线和政策

戈尔巴乔夫上台以后，看到苏联社会问题成堆，顺乎历史潮流，坚持搞改革是对的。但是，他在改革中背离了马克思列宁主义的基本原

---

① 《马克思恩格斯选集》第4卷，人民出版社1995年版，第697页。

则，偏离了社会主义方向。他所提出的理论、路线和政策主要是：鼓吹苏联版的民主社会主义的所谓“新思维”、“人道的民主的社会主义”；全盘否定苏共和苏联的历史作用，否定以往社会主义的历史，照搬西方经济、政治模式，实行议会制、总统制、多党制；推行无限制的民主化、公开性、意识形态多元化，把反社会主义势力和民族分裂主义势力释放出来。所有这些对社会主义制度都是带有摧毁性的，使苏联从失控到解体。戈尔巴乔夫的这条机会主义理论和路线，架起了一座从社会主义演变为资本主义的桥梁，最终葬送了社会主义。

3. 执政党的蜕化和变质

苏共作为执政党，长期不重视党的建设，党内生活涣散。苏共的各级领导，包括中央政治局成员，大多是在战后和平时期成长起来的，在赫鲁晓夫“三和两全”和全盘否定斯大林的熏陶中高升的。他们本来就不是马克思主义者，在国内外各种思潮的影响下，有的演变为民主社会主义者，有的蜕变为资产阶级自由主义者。其中有些人对马克思主义、社会主义极尽诬蔑、攻击之能事，比西方反共政客有过之而无不及。被称为苏联改革之父的雅科夫列夫在其所著《一杯苦酒》中，放肆地攻击马克思主义为“新宗教”，是“原罪”；否定一切革命，宣扬革命就是“破坏生产力”，就是“不人道的”。还有一个问题就是苏共作为执政党，官僚主义日益滋长，有些领导干部以权谋私，不关心群众疾苦，严重脱离群众。列宁曾经指出：如果说有什么能够把我们党毁掉的，那就是官僚主义。从苏联演变过程中，党员和群众没有抵制，说明官僚主义足以亡党亡国。绝不能低估官僚主义的危害性。还有两个事实值得正视：一是在变革中俄罗斯所出现的众多政党，大多不是由反对派所组建，而是由俄共中分化出来的那部分人所建立，成为今日政界要人。二是变革中涌现的“暴发户”、“经济巨人”，也多是前苏共党员。变革中的前持不同政见者——一批知识分子并没有得到什么“实惠”。近年来，国际上有一种看法，认为苏联剧变是苏共所搞的一场自我政变。这可以作为一家之言。正如邓小平所指出：苏东问题“首先出自内部”。“内部”指的就是共产党。是党的危机带来社会危机。

4. 推行霸权主义和进行军备竞赛

苏共长期坚持大党大国主义，分不清国际主义和霸权主义的界限，必然从国际主义滑向霸权主义。苏联为维护超级大国地位，不从国情出发，同各方面实力比自己强的美国进行了长达40多年的马拉松式的水涨船高的军备竞赛，尤其是核军备竞赛，耗资过大，最后终于被综合国力比自己强的美国将其国民经济拖垮，成为大输家。苏联还自不量力，到处插手，四面出击，过度扩张，超负荷运转，导致疲惫不堪，走向解体和灭亡。

5. 民族政策的失误

苏联是一个有着100多个民族的国家。斯大林时期，尽管在消除民族事实上的不平等方面做了大量工作，缩小了俄罗斯民族同各少数民族之间在经济文化发展水平的差距，但是大俄罗斯民族主义猖獗，不尊重少数民族，甚至出现把某个民族整个迁徙，严重挫伤了少数民族的民族自尊心。戈尔巴乔夫上台以后，从一个极端走向另一个极端，放松并纵容民族分裂主义势力。民族政策的一硬一软，最终导致苏联解体。

6. 西方的和平演变战略得手

50年代美国国务卿杜勒斯认识到，对社会主义国家，尤其是对苏联、中国这样的大国，用过去的“扼杀”战略，从外部强攻是攻不破的，而且越攻凝聚力越强。因此，必须变换战略，从内部攻，因为堡垒最容易从内部攻破。这是杜勒斯的一大发明。这就是对社会主义国家的“和平演变”战略。美国等西方国家在80年代，利用苏联的改革和暂时困难，发动了和平演变的强大攻势。美国总统叫嚷：“我们西方各国要打一场没有硝烟的‘新的世界大战’，可能要用二三十年时间，届时我们将有可能融化掉社会主义，从而建立起一个以我们西方文明为指导的新世界。”而戈尔巴乔夫的“新思维”、“人道的民主的社会主义”适应了西方的战略要求，使它得手，苏联被和平演变了。

近一个时期，不断有一些最新信息，披露苏联剧变的深层次原因。一个是美国学者大卫·科茨所著的《来自上层的革命》一书，阐述1990年前后，美国等西方国家的许多民意测验机构在苏联进行的多次民意测验，结果表明：支持实行资本主义的人在5%～20%之间，高达80%的人民都希望坚持社会主义。但是，在大约10万人的占据着党政机关重要领导岗位的“精英集团”，调查结果与上述相反：9.6%的人主张坚持社会主义，12.3%的人鼓吹搞民主社会主义，76.7%的人希望实行资本主义。科茨说：“作为一个在世界上存在最长、影响最大的社会主义苏联，党的干部队伍内竟有那么多的人主张实行资本主义，实在令人震惊。”另一个是雷日科夫（戈尔巴乔夫时期的苏联部长会议主席）在他所写的反思著作中揭露的。他说：戈尔巴乔夫“身上还有一种魔鬼般喜欢背叛的特性。”“经过若干年以后，戈尔巴乔夫‘早年’的所有战友都已被他一个个地赶出了政界或国务活动的舞台……原来，总书记在他整个历史时期内，都是为了消灭它，消灭国家，并把那些反对这种目的和行为的活动家们一个个罢免掉。”“可以原谅错误，但不能饶恕蓄谋的背叛。”前一信息表明，苏联共产党已蜕化变质；后一资料暴露，以戈尔巴乔夫为首的一伙人有意背叛社会主义事业。

综上所述，苏联的剧变本来是可以避免的，但是没能避免，关键在党，特别是党的最高领导层。可以说，那时的苏联得了重病，但还不是“不治之症”。如果医生的药方开对了，能够治好病人；药方开错了或药的剂量过大，就会置人于死地。戈尔巴乔夫开出的“新思维”药方，等于用毒品给人治病。

四、世界社会主义的现状和中国社会主义的发展前景

在发生了苏东剧变之后的千年和世纪之交，瞻望21世纪的社会主义，是一片光明还是步入黄昏，这是人们关注和必须回答的一个问题。

从1989年下半年到1991年底，苏东各国发生剧变，使世界社会主义事业遭到最严重的挫折。挫折的广度和深度，就社会主义国家来说，由原来的15家减少到5家，土地面积损失70％，由原来占世界陆地面积的24％减少到现在的7.5％，人口损失32％，由原来的16亿，占全球人口32％，减少到现在的12.7亿，占全球人口的23.5％；就世界各国共产党来说，从原来的180家左右减少为130家左右，少了50家，党员人数由原来的9100万减少为现在的6600万（其中我国有5600万党员）。这50家原共产党，有的解散了，有的更名改姓了，有的无声无息了。剧变已过去10年左右，从一些迹象看，可以说社会主义运动跌入谷底后已缓缓有所回升，震荡期已经过去，但走出低潮还有待时日。

第一，五个社会主义国家坚持住社会主义阵地。苏东剧变后，社会主义国家从15个减少为5个，有人称之为“一大四小”。“一大”就是中国。中国在邓小平理论的指引下，不仅顶住了这股逆流，而且社会主

义事业又有进一步发展。当今世界各国普遍看好中国，认为到下个世纪中国将成为世界级的大国。“四小”的情况：朝鲜，采取一系列防范措施，对内对外政策有所调整，提出农业第一主义、轻工业第一主义和贸易第一主义；越南，大胆坚持革新事业和进行经济体制改革，同时注意坚持社会主义方向，政局稳定，经济发展很快；老挝，立场坚定，旗帜鲜明，重申坚持六项基本原则，即坚持社会主义方向、马列主义、党的领导、人民民主专政、民主集中制、爱国主义与国际主义相结合；古巴，无所畏惧，敢于同美国霸权主义斗争，为了生存，大胆地进行改革开放，渡过了1993年的困难期、危险期，形势有很大好转。其中特别是中国具有举足轻重的作用。在探索中所创立的邓小平理论和所开拓的建设有中国特色的社会主义发展新道路，为经济文化比较落后的国家建设社会主义闯出了一条新路。中国坚持社会主义，意味着世界1/5的人口在坚持社会主义。

第二，原苏东一些国家的共产党和左翼势力开始抬头。苏东剧变后，右翼势力掌权，实行白色恐怖，打击迫害共产党尤其是高层领导人，党的处境极为艰难。右翼势力执政数年，并没有把国家治理好，经济继续下滑，两极分化日趋严重，社会问题层出不穷。在这种形势下，社会情绪逐渐“左”倾，共产党和左翼势力开始抬头。俄罗斯现有五六个共产党，由于意识形态分歧很大，一时难以联合，其中人数最多的是久加诺夫的俄罗斯联邦共产党有55万党员，比全俄所有其他政党的人数加在一起还多一倍，经过大选，成为议会第一大党。事实说明，共产主义思想在原苏东各国人民心中并没有泯灭。原共产党大部分更名改姓为社会党或社会民主党，通过大选，立陶宛、波兰、匈牙利、保加利亚的社会党已成为执政党。以美国为首的西方国家对前苏东各国向何处去心中无数，宣称“前共产党人重新掌权是东欧面临的真正威胁”。

第三，西方发达资本主义国家共产党的状况有所改善。苏东剧变后，受冲击最大的是西方发达国家的共产党。表现为：党员人数锐减，一些党的领导层激进派和传统派的斗争明朗化；有七八个共产党改名为社会党；有些党销声匿迹。冲击波过后，共产党的状况有所好转。①党内矛盾有所缓和，在中央确立的路线基础上重新团结起来。②凝聚力、支持率、吸引力有所提高，一年一度的党报节，参加的人较前多了。③扼制住了共产党社会党化的势头。④很长一段时间没有消息和声音的共产党，突然恢复和重新出现了，如芬共、丹共。

第四，亚非拉地区发展中国家的共产党有的有发展，甚至大发展。苏东剧变后，这部分地区国家的共产党受的冲击要小一些。经过几年的工作和斗争，其中有一些国家的共产党有很大发展，如乌拉圭共产党、印度共产党（马）、南非共产党、突尼斯共产党、尼泊尔共产党。尼共于1994年后通过大选两度执政。

第五，马克思主义的研究和宣传有所加强。目前，社会主义处在低潮。但是，马克思主义的研究和宣传并不是低潮。在西方许多大学里都开设了马克思学说这门课，选学的人很多，有一股马克思热。从1995年以后，几乎每年都有一次国际性的规模很大的关于马克思学说的研讨会，盛况空前。1999年底，适逢千年之交，英国相继在广播公司和路透社进行千年伟人评选活动。投票结果显示，马克思是千年最伟大的思想家，爱因斯坦是千年最伟大的科学家。

上述情况说明，苏东剧变后，马克思主义没有消失，社会主义没有消失，跌入谷底后，逐渐缓慢地有所回升。正如邓小平所说的："一些国家出现严重曲折，社会主义好像被削弱了，但人民经受锻炼，从中吸取教训，将促使社会主义向着更加健康的方向发展。因此，不要惊慌失措，不要认为马克思主义就消失了，没用了，失败了。哪有这回事！"①

1999年是中华人民共和国成立50周年。50年来，在以毛泽东、邓小平、江泽民为核心的党的三代集体的领导下，中国始终沿着社会主义道路前进，取得了举世瞩目的历史性伟大成就，并经受了像"八九风波"、苏东剧变、东南亚金融危机等大风大浪的考验。在苏东剧变，社会主义跌入谷底的形势下，社会主义中国巍然屹立在世界的东方，这对世界进步人类是一个巨大鼓舞。在当今世界西强东弱的大背景下，中国能不能坚持住社会主义，是国内外很多人关注的一个热点问题。中国坚持社会主义有许多有利条件：中国的社会主义是老一辈无产阶级革命家领导广大群众通过浴血战斗、付出巨大牺牲和代价打出来的，这种威势至今仍然存在；大多数中国人民是拥护社会主义，反对走资本主义道路的；在长期革命和建设实践中所产生的中国化的马克思主义——毛泽东思想、邓小平理论，是指引我们沿着社会主义道路前进的伟大旗帜；经

① 《邓小平文选》第3卷，人民出版社1993年版，第383页。

过50年的社会主义建设，我国社会主义的物质基础已相当可观，年国民生产总值已达到1.2万亿美元，比二战前的苏联要强大得多；有以江泽民为核心的党的第三代领导集体的正确和坚强领导。

我国既有坚持社会主义的有利条件，也有不利条件。后者主要是指社会主义处在低潮，同资本主义相比是弱势；经济全球化的趋势对我们既有机遇又有挑战，关键是我们一定要全面正确地坚持党的基本理论、基本路线、基本纲领，并处理好如下几个问题。一是必须坚持以公有制为主体。公有制是社会主义经济制度的基础，是社会主义的命根子，绝不是可有可无的。坚持搞好公有制经济，既是关系到国民经济发展的重大经济问题，又是关系到社会主义制度命运的重大政治问题。江泽民指出："在建立社会主义市场经济体制的过程中，国有经济和整个公有制经济只能搞好，只能加强，而决不能削弱；只能使它形成新的优势，而决不能使它们失去优势。"二是必须坚持反对和惩治腐败。腐败是肌体上的毒瘤，如不根除，就会夺去生命。江泽民指出："反对腐败是关系党和国家生死存亡的严重政治问题。我们党是任何敌人都压不倒、摧不垮的。堡垒最容易从内部攻破，绝不能自己毁掉自己。如果腐败得不到应有惩治，党就会丧失人民群众的信任和支持。"三是各级领导必须对"西化"和"分化"在思想上有清醒的认识，筑起一道思想上的防线和长城。西方敌对势力对我"西化"和"分化"的图谋是不会放弃和改变的。可怕的不是"两化"图谋，而是领导干部思想麻痹没有防线。四是必须加强思想理论和意识形态工作。现在经济是多元的，利益也是多元的，但是指导思想不能多元只能一元。否则，思想理论就会被搞乱。切记苏联的教训。苏联是从思想理论的混乱，到政局失控，到最后解体的。我们只要能沿着这个方向去做，中国坚持社会主义就有了可靠的保证，我们就有信心于21世纪在社会主义的基础上实现中华民族的伟大复兴。邓小平指出：到下个世纪中叶，中国基本上实现了社会主义现代化，"这不但是给占世界总人口四分之三的第三世界走出了一条路，更重要的是向人类表明，社会主义是必由之路，社会主义优于资本主义。"① 事物的发展不是沿着直线式而是沿着螺旋式上升的。历史的规律总是这样：历史既是前进的，又是在曲折中前进的，是前进性和曲折

① 《邓小平文选》第3卷，人民出版社1993年版，第225页。

性的统一。中国社会主义的复兴必将促进世界社会主义从低潮走向复兴。我们是认识论的乐观主义者，认为任何事物都会被认识的，没有不可知之物；我们也是历史的乐观主义者，认为社会主义最终必将战胜资本主义，这是社会历史发展不可逆转的总趋势。社会主义必将重振雄风，再创辉煌。

冷战结束后世界社会主义的态势和走向

20 世纪 80 年代末和 90 年代初的东欧剧变和苏联解体，标志着冷战时代的结束。冷战结束后世界社会主义运动的态势和走向如何，这是世人尤其是心系社会主义的人们所关注的问题。

一、东西方两大政治势力的力量对比严重失衡

苏东剧变，一大批社会主义国家，包括它的中心——苏联在地球上消失了，这是社会主义历史上从来没有过的重大挫折。挫折的广度和深度，就社会主义国家来说，由原来的 15 家减少为 5 家，土地面积损失 70%，人口损失 22%；就世界各国共产党来说，由原来的 180 家左右减少为 130 家左右，少了 50 家左右，党员人数由原来的 9100 万左右减少为 6600 万左右（其中当时中国有 5600 万）。这个挫折，虽然不是全局性的而是局部性的，但是局部的空间和范围过大；这个挫折，虽然不是社会主义的失败，但是它代表着苏联社会主义模式的失败。这就犹如在一个战略要地的重大战役中，几乎全军覆没；犹如发生一场七、八级以上的大地震，在震中和地震所波及的地区，建筑物几乎全部倒塌。我们不能过高但也不应过低估计苏东剧变对世界社会主义的负面影响。

在近现代历史上，资本主义对社会主义始终具有优势，只是在不同

时期这种优势的程度有所不同。从16世纪上半叶到19世纪上半叶的空想社会主义时期，社会主义只是一种思潮，它还没有同工人运动相结合，没有形成运动，传播范围主要在欧洲。从1848年《共产党宣言》的发表到1917年的俄国十月革命，由于社会主义同工人运动相结合，它已从一种思潮发展为强大的运动。社会主义真正在世界上产生巨大影响是在十月革命胜利、建立了社会主义制度以后。这时社会主义已从思潮、运动发展为制度，是思潮、运动和制度的统一。苏联的出现，社会主义破土而出，开辟了社会主义新纪元，对世界产生重大而深远的影响，但由于它只在一国存在，还只是资本主义世界体系中的一个孤岛。第二次世界大战以后，形势发生重大变化，社会主义从一国实践发展为多国实践，并形成包括欧洲、亚洲、拉丁美洲三大洲15个国家在内的世界社会主义体系，一度可以和世界资本主义体系相抗衡，力量对比接近均势，略弱一点，但已对资本主义构成严重挑战，那时许多资产阶级政治家“谈社色变”。但好景不长，后来由于许多社会主义国家决策上频频失误和国际共产主义运动的破裂，社会主义又从高潮转向低潮，苏东剧变又从低潮跌入谷底，从此东西方两种政治势力在力量对比上严重失衡。

苏东剧变后的这10多年，社会主义已从谷底走出来，缓慢有所回升。这主要表现在：五个社会主义国家坚持住了社会主义阵地；原苏东一些国家和地区的共产党和左翼势力开始抬头；西方发达国家共产党状况有所改善；亚非拉地区发展中国家的共产党有的有发展，甚至大发展。“震荡期”已经过去。但社会主义仍处在低潮，走出低潮有待时日，绝不是一朝一夕的事情。在这种形势下，既要“韬光养晦”，又要“有所作为”，以迎接未来的社会主义高潮。

二、在认真总结苏东剧变历史教训的基础上进行新的探索

一个有70多年和40多年社会主义历史的苏联和东欧各国，在外无敌人入侵、内无人民起来推翻，顷刻之间共产党丧失执政地位，社会主义土崩瓦解，这种情况不仅在历史上罕见，就是在社会主义史上也是绝无仅有的，它成为20世纪的一个“历史之谜”。苏东剧变后，世界各种

政治力量，尤其是各国共产党都在认真研究和总结苏东剧变的历史教训，以免这类事件再次重复发生。这是一个具有战略眼光的举措。90年代的前5年，西欧六国（法、意、希、西、葡、德）共产党的多次定期会晤，1993年6月印共（马列）召开的为纪念马克思逝世110周年的国际理论研讨会，1993年10月在莫斯科召开的争取民主和社会主义的学者的国际会议，1994年5月在拉丁美洲瓜德罗普召开的国际理论研讨会，主要内容都是探讨和总结苏东剧变的历史教训。苏东剧变后，前苏东尤其是苏联一些党和国家领导人写了不少回忆录。在这些回忆录中，有的坚持以马克思主义为指导，以沉痛的心情，回顾了剧变的历程，认真和深刻总结了苏东剧变的历史教训；有的用“轻飘飘”的语言和笔调，写的是背叛社会主义的“自白”，是活生生的反面教材。无论是正面的还是反面的，都是我们研究苏东剧变难得的珍贵资料。

在认真总结苏东剧变历史教训的基础上，前苏东地区、西欧等国共产党，通过历史反思和政策调整，进行了新的探索。其中最典型的是法共。法共彻底否定斯大林主义和苏联模式，坚持共产主义奋斗目标，坚决反对资本主义“为了金钱而金钱”的逻辑，以“新共产主义”取代“法国色彩的社会主义”，主张超越资本主义，在现有的资本主义社会的框架内实行深刻的社会变革，依靠发展现有社会的“成果、需求和潜力”，来否定乃至取消资本主义的“剥削、异化和统治”，以过渡到“另一种社会组织”。社会主义是前无古人的崭新事业，人们只能在实践中不断地总结历史经验，反复地进行探索，才能找到通向社会主义的最佳途径。

三、在社会主义低潮中西方出现“马克思热”

当前，就世界范围来说，社会主义是低潮。但是，马克思主义的研究和宣传并不是低潮，特别是从20世纪90年代中期以后，在西方国家悄悄出现一波又一波的“马克思热”。主要表现是：①在西方发达国家的高等学校中很多都开设了马克思学说尤其是马克思的经济学说课，选学的人很多。②从1995年以后，几乎每年都有1～2次关于马克思的国际学术讨论会，如1995年在巴黎召开的“世界第一届马克思大会”，1996年在美国纽约召开的世界社会主义学者第一届大会，同年在英国伦敦召开的“96伦敦马克思大会”，1998年在巴黎召开的纪念《共产党宣言》发表150周年学术研讨会，2000年在美国纽约召开的“世界社会主义学者第二届大会”，每次会议都盛况空前，少则1500人左右，多则达到6000人以上。③1999年底，时逢世纪之交和千年之交，英国相继在英国广播公司和路透社进行千年伟人、风云人物评选活动，投票结果显示，马克思是千年最伟大的思想家，爱因斯坦是千年最伟大的科学家。路透社在报道评选结果时，特别提出《共产党宣言》和《资本论》这两本书曾对过去一个多世纪资本主义的政治和经济思想产生了巨大的深刻的影响。

对西方国家出现的“马克思热”，要有正确估价，它主要是由西方左翼学者掀起的，在群众中产生一定影响，基本限定在学术理论层面，而不是政治政党层面，不宜估计过高。它的出现反映了，一方面，资本主义在冷战中虽然是赢家，但是资本主义的基本矛盾和其他各种矛盾并没有解决，而且有新的发展，资本主义制度无力解决它。资产阶级自己也承认，“资本主义最坏的敌人就是它自身”，“马克思对于资本主义的所见应该再度获重视，他不应为其他人对其学说所作的解释背黑锅”；另一方面，人们对资本主义已经失望，期待用马克思的学说解决当代人类所面临的诸多问题。早在10年前苏东发生“政治地震”时，邓小平就曾指出：“不要认为马克思主义就消失了，没用了，失败了，哪有这回事!”“世界上赞成马克思主义的人会多起来的，因为马克思主义是科学。”

四、西方发达资本主义国家中的社会主义因素在增长

无论在自然界和人类社会都没有纯粹的事物。任何一个社会都不是也不可能是纯而又纯的。除了有该社会的本质特征外，还有前一个社会的残余和后一个社会的萌芽。在奴隶社会，有封建主义的萌芽因素；在封建社会，有资本主义的萌芽因素；在资本主义社会，也会有社会主义的萌芽因素。马克思早在19世纪60年代写作《资本论》时就已发现，西方资本主义社会正在经历一场“自我扬弃”的过程。这里的“扬”就包括社会主义的萌芽因素。资本主义经过几个世纪的发展，目前已出现的社会主义因素是：

——合作经济。这是没有资本家参与，工人和劳动群众通过合作所建立的经济组织。合作经济已有几百年的历史，特别是在20世纪50年代以后，在西方发达国家和拉美国家有长足的发展。

——社会福利政策和制度。这是第二次世界大战以后在西方各国普遍实行的一种政策。它包括社会保障、社会救济和公共教育事业。虽然社会福利政策的实质，是资本家为了缓解劳资之间的矛盾，为其剥削和统治创造一个安定的社会环境，但它有利于底层劳动群众。

——高额累进税。战后西方发达国家为社会稳定和制止“两极分化”的进一步扩大，对资本家征收高额累进所得税，即高收入高税收。这种税收政策，限制了富人，有利于穷人。1998年，正值《共产党宣言》发表150周年之际，在美国《华盛顿邮报》上发表了署名詹姆斯·格拉斯曼的文章，题为《卡尔·马克思无形的手》。他写道：“不错，马克思主义——在苏联、阿尔巴尼亚和一些东方国家实行的那种马克思主义——确已不复存在了，但是，马克思的影响依旧相当大。事实上，包括我们自己的政治制度在内的世界各国的政治制度都是极其恭维马克思的。”这里所说的“恭维”主要是指美国和西方各国都在实行的高额累进所得税。

——企业管理的“共决制”。战后在德国和一些西欧国家，工人通过斗争，资本家不得不做出一些让步，在一些重工业部门实行的一种制度。董事会和监事会的组成，不再是资本家一方，而是资方和劳方（工会）共同组成，参与企业的一些决策和解决企业的重大问题。

——国家对经济的宏观调控。过去，资本主义是自由经济，国家不作任何干预。1933年美国民主党人罗斯福当选总统，实行“新政”，其主要措施是借鉴苏联的计划经济，国家对经济实行宏观调控。这一举措，在战后几乎被所有西方国家所接受和实施。现在，西方国家不仅有市场，同时也有计划。西方国家的社会生产已不再是无政府状态。对国民经济的计划调节和宏观调控已贯穿于社会再生产的全过程。

——三大差别的缩小。马克思、恩格斯认为，在资本主义社会中发展和扩大的三大差别，将在未来社会中消灭，这是向共产主义高级阶段过渡的重要条件。战后西方发达国家，随着生产力的发展和政策调整，工农差别、城乡差别、脑力劳动和体力劳动的差别已大大缩小，甚至逐步走向消灭。

上述这些社会主义因素，有的是资本主义在其发展进程中自发产生的，有的是通过政府的政策调整出现的，还有的是通过工人阶级和劳动群众的斗争争得的，此外，还有学习和借鉴社会主义国家的。这些社会主义因素，在今后还要发展。当然，社会主义因素与社会主义性质不能等同。在资本主义社会，只有不断扩大和发展社会主义因素，通过量的增加，到一定时候经过深刻的社会变革，即生产关系和上层建筑的巨大变革，才能引起质变，实现社会主义。马克思主义者不是“算命先生”，但是从西方国家出现的“马克思热”和社会主义因素的增长，21 世纪的社会主义有可能在发展中国家和发达国家齐头并进。

五、科学社会主义和民主社会主义仍然是左右社会主义全局的两大政治力量

社会主义从来是一个广义的概念，这包括一切否定资本主义（无论是全局还是局部）的政治派别。当代，社会主义除了科学社会主义，还有民主社会主义、无政府主义社会主义、托派（极左）社会主义、生态社会主义、民族主义的社会主义、西方马克思主义的社会主义等等。在世界社会主义运动中，科学社会主义是主干和中坚力量；民主社会主义是一支具有相当实力不可忽视的政治力量；民族主义的社会主义内部复杂，冷战结束后总体分化和衰落；其他社会主义派别在各国政治生活中还难有很大作为。

一个多世纪以来，科学社会主义和民主社会主义始终是左右社会主义全局的两大政治力量。科学社会主义和民主社会主义的“老祖宗”是一个，即科学社会主义创始人马克思、恩格斯。但是，后来它们分道扬镳了。民主社会主义的发展脉络是：第二国际的右派和中派——1923 年建立的“社会民主工人国际”——1951 年建立的“社会党国际”——各国社会党、社会民主党。民主社会主义在 20 世纪上半个世纪经历了一个萧条时期，下半个世纪有很大发展。民主社会主义的中心在西欧，1977 年鼓吹“非欧洲化”，极力向第三世界发展中国家扩张，苏东剧变以后又在东欧有较大发展。目前，社会党国际有成员党和组织 140 多个，党员近 3000 万人，在 30 多个国家执政和参政，是一支不可忽视的力量。科学社会主义的发展线索是：第二国际的左派——列宁创

建的第三国际——各国共产党、工人党。科学社会主义在20世纪经历了波澜壮阔、大起大落的过程，“大起”就是两次世界大战带来两次社会主义高潮，“大落”就是苏东剧变后从低潮跌至谷底。但是，它目前并没有被击溃，仍有相当实力，约有7600万党员，在世界上仍具有很大实力。科学社会主义和民主社会主义在社会主义运动中左右全局的地位和格局在苏东剧变后并没有改变。

在历史上，科学社会主义和民主社会主义的关系微妙而复杂，两种政治力量既有长期敌视与对抗，又有短时的缓和与对话，甚至还有过一定程度的合作。科学社会主义在总结历史经验的基础上，应该采取“超越意识形态差异”，谋取团结合作的方针，在党际关系四项准则的基础上，发展同世界上一切进步政党，包括社会民主党的关系。对民主社会主义在资本主义社会内一切有微小进步的举措应当肯定，但严防对社会主义国家的渗透，决不能再次上当。中国绝不能搞民主社会主义。

六、中国特色社会主义一枝独秀并成为世界社会主义运动的中流砥柱

苏东剧变，社会主义处在低潮，但低潮中也有局部复兴，这就是通过党的三代领导人的长期探索，中国特色社会主义逆流而上，在实践中有了很大发展，成为世界社会主义的一枝独秀。经过20年的发展，我国已经实现温饱，步入全面建设小康社会阶段。我国从20世纪70年代进行经济体制改革以来，国民生产总值增长了6倍，达1.2万亿美元，人均国民生产总值达800美元，居民储蓄总额达8万亿元以上。我国无论从人民生活水平、国民经济发展、综合国力和国际地位，都上了一个大台阶。沿着这条道路走下去，再过20年，即到2020年，将和日本不相上下；再过50年，即2050年，将接近美国。邓小平指出：到21世纪中叶，中国社会主义现代化的基本实现，“这不仅给占世界总人口四分之三的第三世界走出一条路，更重要的是向人类表明，社会主义是必由之路，社会主义优于资本主义”。俄罗斯学者阿·雅科夫列夫说：“恰恰是中国特色社会主义注入了在目前世界条件下体现社会主义的生命力。”他认为，建设有中国特色社会主义的胜利发展，不仅扭转了20世纪后期世界社会主义运动陷入低潮的趋势，而且必将对下世纪社会主义

的发展产生不可估量的影响。许多共产党人和进步人士都认为，只有中国能给21世纪带来希望。中国已成为世界社会主义的中流砥柱。21世纪，中华民族必将在社会主义基础上实现伟大复兴。中国社会主义的复兴必将促进世界社会主义的振兴!

20年来，一方面，我们取得了举世瞩目的历史性成就，这是主流；另一方面，为取得这些成就也付出许多代价，如生态环境恶化、失业人数增加、贫富差距拉大、腐败滋长蔓延、奢靡之风盛行等等，这是支流。我们在关注和肯定主流的同时，也必须高度重视和认真解决支流的问题，这样才能把中国特色社会主义推进到一个新的更高的阶段。

社会主义运动的世纪思索

20 世纪是人类最伟大的世纪之一。在这个世纪里，多少个世纪人们所梦寐以求的理想，变成活生生的现实。社会主义从无到有，从小到大，从一国实践发展为多国实践，在坎坷和曲折中不断前进，开辟了人类社会最伟大变革的历史进程。20 世纪的社会主义运动对人类进步和世界文明做出了不可估量的重大贡献。

人类即将告别 20 世纪，迈向 21 世纪。在第二个千年之交这个不平凡的时刻，我们站在世纪历史的高度，重新审视和梳理 20 世纪社会主义运动的一些重大事件和问题，并对其做出客观估计和理论思考，是十分必要的。这是迎接 21 世纪社会主义新高潮的一个不可缺少的前提条件。

一、社会主义运动的三个基本特征

20 世纪社会主义运动的发展与 19 世纪有什么不同特点？现在是世纪末，回过头来看，一切都一目了然。20 世纪社会主义运动有如下三个基本特征。

第一个特征：社会主义从一种科学理论转变为现实的社会制度，崭新的社会主义制度破土而出，在一些国家建立起来。现在，社会主义已不只是思想理论、社会运动，还包括社会制度，是理论、运动、制度的统一。这是社会主义史上一次巨大飞跃，是人类历史的崭新篇章和真正开端。20 世纪是以社会主义制度的建立和发展而载入史册的。

第二个特征：20 世纪社会主义运动经历了两次高潮和两次低潮的曲折变化。第一次是以第一次世界大战和俄国十月革命为起点，欧洲一些国家的无产阶级革命运动和殖民地半殖民地民族解放运动的蓬勃兴起，形成了 1917—1923 年风起云涌的世界革命高潮，而后除苏维埃俄国外，其余均被国内外反动势力所镇压和窒息，革命运动随即转入低潮和沉寂状态。第二次是以第二次世界大战结束和欧亚一些国家走上社会主义道路为起点，无产阶级革命和民族解放运动再次掀起革命风暴，形成了从 1945 年至 1959 年世界无产阶级革命新高潮，社会主义从一国实践发展为多国实践，出现了一个可以和世界资本主义相抗衡的世界社会主义体系。这是社会主义凯歌行进、胜利大进军的年代。从 60 年代以后，由于种种因素，高潮逐渐转向低潮，到 80 年代末和 90 年代初出现东欧剧变和苏联解体，社会主义运动招致前所未有的重大挫折，由低潮跌至谷底。

第三个特征：20 世纪社会主义运动突破了 19 世纪社会主义的传统观念，首先走上社会主义道路的不是西方发达国家而是经济文化比较落后的国家，即社会主义制度不是首先诞生在英、美、法、德等主要的发达资本主义国家，而是在世界资本主义体系的薄弱环节、不够发达的国家取得了突破、胜利和发展。西欧北美等发达资本主义国家，20 世纪内始终未能突破资本主义，这就形成了“两个体系并存”和“一球两制”的世界大格局。

在这三个基本特征中具有关键意义的是第三个特征，它决定了第二个特征，社会主义运动的波澜起伏、大起大落，是和首先走上社会主义道路的是经济文化比较落后的国家以及由此而形成的“一球两制”和资本主义包围的格局分不开的。如果首先走上社会主义道路的是西方发达资本主义国家，社会主义运动的发展将会是比较顺利的，至少不会发生苏东剧变那样的严重挫折。

二、两个大革命和两个社会主义大国

在 20 世纪的社会主义运动中，具有全局性和决定性意义的是发生了两个无产阶级革命。第一个是俄国十月革命，第二个是中国革命。革命前的俄国和中国，都是经济文化比较落后的大国，中国比俄国更加落后。这两个革命，都是由社会基本矛盾所引起，都有深刻和深厚的社会基础和阶级基础。这两个革命，都是通过暴力革命，武装夺取政权。但是，具体的方式有所不同，前者是通过城市武装起义，先夺取大城市，而后向中小城市、广大农村发展，最后取得全国政权；后者是通过长期武装斗争，在农村建立革命根据地，用农村包围城市，最后夺取全国政权。列宁在回顾十月革命时指出："不仅同1789年和1793年相比，而且同1871年相比，俄国无产阶级在自己的革命中都达到了极高的高度。"① 十月革命是人类历史上最广泛最深刻的社会革命，它推翻了人剥削人、人压迫人的社会制度，在世界六分之一的土地上破天荒第一次建立了工人阶级的政治统治，实现了从资本主义旧世界向社会主义新世界的转变，开辟了人类历史的新纪元。在十月革命的影响和推动下，在中国共产党的领导下，中国工人阶级和广大劳动群众经过28年艰苦卓绝的斗争，终于在1949年推翻了国民党反动统治，取得了中国人民大革命——新民主主义革命的伟大胜利。中国革命的胜利，突破了帝国主义在东方的战线，极大地改变了世界政治力量的对比，使天平向社会主义方面倾斜。中国革命的胜利是十月革命以后最重大的历史事件，是十月革命的继续和发展。这两个革命犹如两个车轮子，有力地推动20世纪社会主义运动的发展。

这两个革命的领导力量——苏联共产党和中国共产党，是世界无产阶级的两个突击队，是世界上两个最大、最有经验、有影响的共产党；这两个革命的产儿——苏联和中华人民共和国是世界上两个最大、力量最强的社会主义国家；这两个革命的领袖和两个社会主义国家的开国元勋——列宁和毛泽东，是20世纪最伟大最有魅力的无产阶级革命家和马克思主义理论家，是20世纪世界级乃至世纪级的历史巨人，他们的思想、观点、主张、风格以及语言都对20世纪的社会主义运动产生很大的影响。20世纪的各国社会主义运动，都直接或间接地，或大或小地受到这两个革命、两个共产党、两个社会主义国家、两位领袖的影响，都深深地打上了他们的烙印。苏联和中国（包括建国前中国共产党领导的革命武装），在战胜法西斯主义、推动亚非拉民族解放运动的发

---

① 《列宁全集》第42卷，人民出版社1987年版，第449页。

展、维护世界和平等方面，起了主导的决定性的作用。世界进步人类，把苏联和中国视为社会主义的化身。因而它们的任何一个举措，无论是正确的还是错误的，都直接关系到社会主义的形象。中国和苏联在发展进程中的胜利和挫折、成功和失败以及它们之间的团结和分裂，对20世纪的世界社会主义事业有着举足轻重的作用。后来两个社会主义大国分道扬镳了，苏联滑向资本主义，中国继续坚持社会主义并有很大发展，成为世界社会主义的中流砥柱。东欧社会主义的失败，从一定意义上说，是苏联推行一系列错误的对内对外政策的结果，因为这场风暴的"风源"和地震的"震中"在苏联。而亚洲几个社会主义国家所以能够在逆境中坚持下去，关键是自身清醒和坚定，中国作为近邻大国，也是其坚持社会主义的有利条件。

三、建设社会主义的四次探索

建设社会主义是前无古人的崭新事业，没有任何现成的理论、经验、方案可资借鉴，只能在实践中长期探索。20世纪建设社会主义的探索，构成规模的主要有四次：苏联的列宁时期、斯大林时期，中国的毛泽东时期、邓小平时期。

1. 列宁时期

万事开头难。列宁在十月革命以后只有6年多的社会主义实践，时间不长，但探索成效明显。由于列宁指导思想正确，他在总结战时共产主义政策的基础上，从1921年3月俄共（布）十大实行新经济政策以后，社会主义思想有个飞跃和升华。列宁于1924年1月54岁过早逝世，他没有年龄意义上的晚年，但是有社会主义思想成熟的晚年。列宁晚年的社会主义思想有三重涵义，包括三个层次的内容：新经济政策，建设社会主义的构想，建设社会主义的基本思路。列宁晚年社会主义思想的第一个层次内容体现为政策，即实行新经济政策。新经济政策的基本内容是：用粮食税代替余粮征集制；在工业领域，允许私人经营和多种经济并存；大力发展商业，建立工业和农业的结合点；实行租让制，加强同资本主义国家的经济交往。第二个层次，是通过总结一年多实行新经济政策的经验，提出了有科学依据的在苏联建设社会主义的崭新构想。它的基本内容是：通过合作化实现对农业的社会主义改造；实行工业化和电气化；加强国家政权建设和执政党建设；大力开展文化建设和文化革命。这个构想实际上成为后来苏联建设社会主义的纲领。第三个层次内容是建设社会主义的思路。①把建设社会主义作为一个长期探索和反复实验的过程。列宁说：为了建设社会主义，“我们准备作几千次尝试，而且，我们在作了一千次尝试以后，准备去作一千零一次尝试”。[①] ②建设社会主义首先是对社会主义重新认识的过程。列宁指出：“我们对社会主义的整个看法根本改变了。”[②] ③从俄国小农占优势出发，向社会主义不能直接过渡而只能迂回过渡。④把大力发展生产力和提高劳动生产率始终摆在首位。他指出：“劳动生产率，归根到底是使新社会制度取得胜利的最重要最主要的东西……资本主义可以被最终战胜，而且一定会被最终战胜，因为社会主义能创造新的高得多的劳动生产率。”[③] ⑤允许多种经济成分存在，利用和发展商品交换。⑥利用资本主义，建设社会主义。列宁指出：“我们应该利用资本主义（特别是把它纳入国家资本主义的轨道）作为小生产和社会主义之间的中间环节，作为提高生产力的手段、途径、方法和方式。”[④] 所谓国家资本主义就是国家能够控制和监督的资本主义。这里的关键是“国家”变了，它已不是资本主义的国家，而是无产阶级的国家。这种国家资本主义就能为社会主义服务。⑦夺取政权以后要及时把改革提到日程上来。这七条，以利用资本主义、建设社会主义最为重要。这三个层次的内容相互联系，密不可分，第一个层次是现实政策，第二个层次是建设纲领，第三个层次是指导思想，一个层次高过一个层次，建设社会主义思路是其中的最精华部分。在列宁晚年社会主义思想的指引下，苏联通过实行新经济政策，国民经济得到迅速地恢复和发展。遗憾的是，斯大林把新经济政策看作是权宜之计，到 1928 年从“左”的方面将其中止了。

2. 斯大林时期

斯大林在列宁之后，继续建设社会主义的探索。他在领导苏联 29 年的过程中，对巩固和发展苏联的社会主义事业做出了不可磨灭的重大

---

① 《列宁全集》第 34 卷，人民出版社 1985 年版，第 329 页。

② 《列宁选集》第 4 卷，人民出版社 1995 年版，第 773 页。

③ 《列宁选集》第 4 卷，人民出版社 1995 年版，第 16 页。

④ 《列宁选集》第 4 卷，人民出版社 1995 年版，第 510 页。

贡献。苏联是在斯大林时期强大起来，成为世界一流强国的。但是，斯大林在建设社会主义的探索中也犯了严重错误，而实践上的错误又和理论上的失误分不开。①关于阶级斗争问题，1934 年基洛夫事件后，斯大林从一个极端走向另一个极端，从大讲苏联人民政治上道义上的一致到提出社会主义事业越发展，“阶级斗争越尖锐化”的错误论断，从而导致肃反扩大化，错杀了许多无辜，至今仍有很大后遗症，严重影响了社会主义的形象。②关于工业化的资金来源，斯大林强调内部积累是对的，但过多地取之于农民，向农业投入太少，导致农业长期落后，和工业发展很不协调。③关于社会主义社会基本矛盾，斯大林作出在社会主义条件下“生产关系完全适应生产力的性质”的论断，这就堵塞了改革之路。斯大林不搞改革，他的后继人所进行的改革又没有跳出原有模式，致使苏联模式成为僵化模式。④关于对外经济关系，斯大林在战后提出“两个世界，两个平行市场”的论断，导致只在社会主义市场内交流，不同资本主义交流，不能吸收资本主义文明成果，经济发展减速和缓慢。上述这些又为苏联后来的剧变和演变留下伏笔。

3. 毛泽东时期

50 年代中期，苏联模式暴露出许多弊端，自己也揭开了盖子，我们在实践中也感到苏联某些经验并不好。在这种形势下，毛泽东经过慎重考虑，提出要“以苏为鉴”，探索一条有别于苏联模式，适合中国国情的中国工业化道路，即中国社会主义建设道路。在毛泽东的领导下，从 1957—1976 年，我们用了 20 年时间艰辛探索中国社会主义建设道路。在探索中，理论和实践两方面都取得很大成就。就实践上来说，在这 20 年中我们为建设一个独立的比较完整的工业和国民经济体系，打下了坚实的基础，社会主义各条战线都有所发展和进步。就理论方面来说，毛泽东为正确指导这场探索，提出要“创造新的理论，写出新的著作”，并针对苏联学术界的错误观点和苏联模式的弊端，提出了社会主义社会是有矛盾的社会，社会主义社会的生产关系和生产力、上层建筑和经济基础既相适应又相矛盾，必须严格区分和正确处理两类不同的矛盾特别是人民内部矛盾，权力下放和发挥中央和地方两个积极性，农轻重的建设安排，科学和文学艺术领域的“百花齐放、百家争鸣”等有价值的观点。这些都反映了毛泽东急欲摆脱苏联模式的强烈愿望和深刻理论思考，为后人继续探索和突破苏联模式奠定了基础。但是，毛泽东由于在成绩面前骄傲自满，脱离实际和群众，指导思想过“左”，对时代和基本国情判断不够准确，在探索中又发生了“大跃进”，特别是“文化大革命”这种全局性的重大失误，使中国社会主义事业招致严重挫折。

4. 邓小平时期

1978年底召开的党的十一届三中全会，实现了伟大的历史转折。全会以后，邓小平高举毛泽东思想伟大旗帜，以“建设有中国特色的社会主义”为总题目，在毛泽东探索的基础上继续进行新的探索。在探索中，继承了毛泽东正确的成果，纠正了毛泽东的错误，同时又有许多新的创造，特别是社会主义的改革开放的伟大创造，逐步形成了以“什么是社会主义，如何建设社会主义”为主题和主线的当代中国的马克思主义——邓小平理论，并在这一理论的指引下，又逐步形成了以“一个中心、两个基本点”为主要内容的党在社会主义初级阶段的基本路线，而这条基本路线在各方面的进一步展开就是建设有中国特色社会主义的新道路。三中全会以后，我们沿着这条道路走下去，国民经济持续、快速、健康发展，各项工作取得了举世瞩目的历史性成就。这条新道路同毛泽东探索的中国社会主义建设道路既有连续性又有变革性，是连续性和变革性的统一，是对毛泽东探索的继承和发展。

综上四次探索，每次都有程度不同的成绩和失误，都付出不少学费和代价；相比较而言，第一次探索列宁开了个好头，邓小平在第四次探索中取得的成绩最大，上了一个大台阶。在人类历史特别是社会主义史上将永远留下这些探索者们的足迹。

四、一场争论和几个直接后果

从1956—1966年发生的由苏共挑起，以中苏两党为核心的国际共产主义运动大论战，是20世纪社会主义运动从来潮到退潮、高潮到低潮的一个转折点。这场争论的起因，不是两党历史上的恩恩怨怨，而是一些现实原因。首先是意识形态问题。中苏两党在意识形态、理论观点上有很大分歧，双方都有对有错，但都认为自己是正确的，对方是错误的，互不相让，互相批判。一般说来，我们党的理论水平远远高于苏共，所发表的理论文章也比较有分量，尤其在初期阶段所发表的“一论再论”，在国际共产主义运动中产生了较大的影响。但是后来在争论中，由于对国际形势的变化认识不足，观点越来越“左”，就逐渐走样了。邓小平在《结束过去，开辟未来》中指出：“经过二十多年的实践，回过头来看，双方都讲了许多空话。”[①] 其次是党与党、国与国之间的关系问题。苏共长期以老子党自居，大党大国主义十分严重，赫鲁晓夫作风粗暴蛮横，他们在中苏关系上提出建立“长波电台”，搞“联合舰队”，企图控制中国；在兄弟党的会议上搞突然袭击，组织对我国围攻。我们坚持原则，坚持真理，顶住了这种霸道作风是完全正确的。上述是主要起因。此外，还有一个原因，就是边界划分和领土问题。过去帝国主义侵略中国，得利最大的主要是两个国家，即日本和沙俄。二战后由于日本是战败国，它所侵占的土地已归还中国，悬案只剩下一个钓鱼岛。我们党从历史和现实的情况考虑，并不想收回被沙俄侵占的超过150万平方公里的土地。但是苏方不承认这是不平等的，这使“中国人感到受屈辱”。（邓小平语）从这几个起因看，中国党占理较多。

我们党在这10年中，为捍卫马克思主义，把争论当作头等大事来抓，做了大量工作，写出和发表了好几组文章。现在需要以实践为标准，梳理一下哪些是正确的，哪些是错误的，哪些是思想深刻做法不当。但是，这场争论事与愿违，动机和效果不一致。争论的消极后果可以概括为“三个导致”。一是导致国际共产主义运动的破裂。这场争论把世界上大多数国家的共产党都卷进去了，其中多数支持苏共，少数支持中国。大争论导致大破裂，整个国际共产主义运动分裂了。二是导致社会主义从高潮转向低潮。“转向”的原因有几个，但争论是很重要的一个。争论前，世界社会主义的形势大好，中苏联手，国际共产主义运动团结合作，帝国主义很恐慌很畏惧。争论以后，“亲者痛，仇者快”，大好形势不复存在。三是导致中国的“文化大革命”。这场争论有很多经验教训值得认真总结。

---

① 《邓小平文选》第3卷，人民出版社1993年版，第291页。

五、前所未有的大挫折

80 年代末和 90 年代初，一个强大的苏联和牢固的东欧，在外无战争内无抵抗下“一夜之间”骤然倒塌和解体，从一种社会制度演变为另一种社会制度。这种情况在历史上也是罕见的。社会主义招致前所未有的重大挫折，从低潮跌至谷底。历史学家认为苏东剧变是 20 世纪的“历史之谜”。为了解开这个“谜底”，近 10 年来许多国家的学者和政治家都在研究这一问题，出版了不少专著。恩格斯曾经提出一个重要论断，即任何一个重大历史事件的出现，都不是单一原因，而是“一个总的平均数，一个总的合力”① 的结果。后人称为“历史合力”论。这个观点同样适用分析苏东剧变。这里，仅就苏联剧变和演变的几个深层次原因略加分析。

1. 苏联模式日益缺乏生机和活力

苏联二三十年代在临战状态下所建立的高度集中和集权的社会主义模式，是一种战时体制，能够把有限的人力物力财力用到最急需的建设和防务上来，在当时是起了积极作用的。但是，进入正常建设年代，这种模式的弊端就明显暴露出来。斯大林不改革，延误了一些宝贵时日；他的后继者进行了一些改革，但都没有突破高度集中的计划经济体制。久而久之这种模式就成为一种僵化模式，越来越阻碍生产力的发展，难以同资本主义的现代市场经济竞争。苏联的演变是苏联社会主义模式的失败，但不是社会主义的失败。其他社会主义国家要从中吸取教训，跳出苏联模式，在实践中探索适合本国国情的社会主义新模式。

2. 戈尔巴乔夫时期的错误路线和政策

戈尔巴乔夫上台以后，看到苏联社会问题成堆，顺乎历史潮流，坚持搞改革是对的。但是，他在改革中背离了马克思列宁主义的基本原则，偏离了社会主义方向。他所鼓吹和推行的“新思维”、“人道的民主的社会主义”，全盘否定苏共和苏联的历史作用，照搬西方经济、政治模式，实行议会制、总统制、多党制，实行无限制的民主化、公开化、

① 《马克思恩格斯选集》第 4 卷，人民出版社 1995 年版，第 697 页。

意识形态多元化，这些对社会主义制度都是带有摧毁性的，使苏联从失控到解体。戈尔巴乔夫的这条机会主义路线，架起了一座从社会主义演变为资本主义的桥梁，最终葬送了社会主义。

3. 执政党的蜕化和变质

西方敌对势力推行“和平演变”战略固然是苏联演变的不可忽视的重要因素，但更重要的是苏共自身的蜕化、演变以及由此引起的苏联社会的演变。苏共作为执政党，长期不重视党的建设，党内生活涣散。苏共的各级领导，包括中央政治局成员，大多是在战后和平时期成长的，在赫鲁晓夫“三和两全”和全盘否定斯大林的熏陶中高升的。他们本来就不是马克思主义者，在国内外各种思潮的影响下，有的演变为民主社会主义者，有的蜕变为资产阶级自由主义者。其中有些人对马克思主义、社会主义极尽诬蔑、攻击之能事，比西方反共政客有过之而无不及。只要我们看看雅科夫列夫的《一杯苦酒》，对苏联所发生的一切就不会感到意外了。还有一个问题就是苏共作为执政党，官僚主义日益滋长，有些领导干部以权谋私，不关心群众疾苦，严重脱离群众。列宁曾经指出：如果说有什么能够把我们党毁掉的，那就是官僚主义。从苏联演变过程中，党员和群众没有抵制，说明官僚主义足以亡党亡国。绝不能低估官僚主义的危害性。还有两个事实值得正视：一是在剧变中苏联所出现的众多政党，大多不是由反对派所组建，而是由俄共中分化出来的那部分人所建立，成为今日政界要人；二是剧变中涌现的“暴发户”“经济巨人”，也多是前苏共党员。近年来，国际上有一种看法，认为苏联剧变是苏共所搞的一场自我政变。正如邓小平所指出：苏东问题“首先出自内部”。

4. 推行霸权主义和进行军备竞赛

苏共长期坚持大党大国主义，放弃国际主义，推行霸权主义，用霸权主义代替国际主义。苏联为维护超级大国地位，不从国情出发，同各方面实力比自己强的美国进行了长达40多年的马拉松式的水涨船高的军备竞赛，尤其是核军备竞赛，耗资过大，最后终于被综合国力比自己强的美国将其国民经济拖垮，成为大输家。苏联还自不量力，到处插手，四面出击，过度扩张，超负荷运转，导致疲惫不堪，走向解体和灭亡。这也是一个重要原因。

六、两大历史难题和一大突破

20 世纪的社会主义面对着两方面的重大课题。

第一，西方发达资本主义国家，无产阶级和劳动群众怎样夺取政权，向社会主义过渡的探索。20 世纪上半期，一些国家的共产党人曾效仿俄国，试图用“暴力攻打冬宫”的方式夺取政权，但最终都招致失败。第二次世界大战以后，这些国家的共产党在暴力革命搞不下去的形势下，普遍放弃了武装夺取政权的道路，试图通过和平民主道路走向社会主义。西方最大最有影响的意大利前共产党人曾先后提出各种方案进行探索：五六十年代的“结构改革论”，70 年代的“历史性妥协”，80 年代的“民主替代”“建立欧洲左翼联盟”。但是迄今为止，没有取得任何重大成果和进展。这是 20 世纪没有解决而留给后世后人继续探索的问题。

第二，经济文化比较落后的国家，无产阶级怎样领导广大群众夺取政权，向社会主义过渡的探索。这里所说的经济文化比较落后的国家，包括两种不同类型。一种是苏东类型的国家，它们比西欧落后，比东方国家发达；另一种就是中国、朝鲜、越南等帝国主义的殖民地半殖民地，经济文化更为落后。20 世纪这类国家先后发生俄国十月革命、中国革命以及其他一些国家无产阶级革命并取得胜利，这个问题得到比较圆满的解决。但是，这只是文章的上篇。下篇是：这些国家建立社会主义制度以后，怎样建设社会主义，怎样巩固、发展社会主义，经过几十年的探索，虽然积累了一些宝贵经验，但是从总体上并未做出回答，因而社会主义事业长期处在困惑和困难的境地。列宁在十月革命后多次指出：“我们的革命是开始容易，继续比较困难，而西欧的革命是开始困难，继续比较容易。”① 后来历史的发展充分证明了列宁这个估计和预见的正确性。一个是西方发达资本主义国家无产阶级夺取政权，一个是经济文化比较落后的国家建设社会主义，这是 20 世纪社会主义的两大历史难题。邓小平在和平与发展成为时代主题的新的历史条件下，在我国改革开放和社会主义现代化建设的实践中，在总结我国社会主义胜利

① 《列宁全集》第 34 卷，人民出版社 1985 年版，第 343 页。

和挫折的历史经验并借鉴其他社会主义国家兴衰成败的历史经验的基础上，第一次比较系统、初步地回答了经济文化比较落后的国家建立社会主义制度以后，怎样建设、巩固和发展社会主义一系列重大课题，从而在这方面取得重大历史性突破。这是我们党对世界社会主义运动做出的重大贡献。

七、中国社会主义的发展前景

1999 年是中华人民共和国成立 50 周年。50 年来，在以毛泽东、邓小平、江泽民为核心的党的三代集体的领导下，中国始终沿着社会主义道路前进，取得了举世瞩目的历史性伟大成就，并经受了像“八九风波”、苏东剧变、东南亚金融危机这样大风浪的考验。在苏东剧变，社会主义跌入谷底的形势下，社会主义中国巍然屹立在世界的东方，这对世界进步人类是一个巨大鼓舞。在当今世界西强东弱的大背景下，中国能不能坚持社会主义，这是国内外很多人关注的一个热点问题。中国坚持社会主义有许多有利条件：中国的社会主义是老一辈无产阶级革命家领导广大群众通过浴血战斗、付出巨大牺牲和代价建立起来的，这种威势至今仍然存在；中国人民的大多数是拥护社会主义，反对走资本主义道路的；在长期革命和建设实践中所产生的中国化的马克思主义——毛泽东思想、邓小平理论，是指引我们沿着社会主义道路前进的伟大旗帜；经过 50 年的社会主义建设，我国社会主义的物质基础已相当可观，年国民生产总值已达到 1.1 万亿美元，比二战前的苏联要强大得多；有以江泽民为核心的党的第三代领导集体的正确和坚强领导。

我国既有坚持社会主义的有利条件，也有不利条件。后者主要是指社会主义处在低潮，同资本主义相比是弱势；经济全球化的趋势对我们既有机遇又有挑战，挑战甚至大于机遇。关键是我们一定要全面正确地坚持党的基本理论、基本路线、基本纲领，并处理好如下几个问题：一是必须坚持以公有制为主体。公有制是社会主义经济制度的基础，是社会主义的命根子，绝不是可有可无的。坚持搞好公有制经济，既是关系到国民经济发展的重大经济问题，又是关系到社会主义制度命运的重大政治问题。二是必须坚持反对和惩治腐败。腐败是肌体上的毒瘤，如不根除，就会夺去生命。三是各级领导必须对“西化”和“分化”在思想上有清醒的认识，筑起一道思想上的防线和长城。我们只要能沿着这个方向去做，中国坚持社会主义就有了可靠的保证，我们就有信心于21世纪在社会主义的基础上实现中华民族的伟大复兴。邓小平指出："到下个世纪中叶，中国基本上实现了社会主义现代化，这不但是给占世界总人口四分之三的第三世界走出了一条路，更重要的是向人类表明，社会主义是必由之路，社会主义优于资本主义。"① 中国社会主义的复兴必将促进世界社会主义从低潮走向复兴。社会主义将重振雄风，再造辉煌。

① 《邓小平文选》第3卷，人民出版社1993年版，第225页。

社会主义如何破题

每一个时代都有自己的重大课题。从理论和实践上解决了它，就能把人类历史向前推进一大步。从 19 世纪 40 年代科学社会主义的诞生特别是 20 世纪初的十月革命胜利以后，我们时代的总课题就是社会主义。科学社会主义已经成为我们时代无产阶级和劳动群众争取解放的伟大旗帜。在科学社会主义的指引下，一个半世纪以来世界的经济政治形势发生巨大变化，社会主义从无到有，从小到大，从理想变为现实，从一国实践发展为多国实践，与此同时又发生了重大挫折，在坎坷和曲折中不断前进，开辟了人类社会最伟大变革的历史进程。

社会主义发展进程中经常会提出一些新的问题，需要在实践中从理论上给以回答。回答得正确，社会主义就会顺利发展；回答得不对，社会主义就将招致挫折和失败，这就是说社会主义需要不断地破题。那么，社会主义怎样才能破题呢？马克思主义创始人与继承者和社会主义的历史经验为我们提供了基本线索，关键是做好三个“坚持”。

一、坚持把科学社会主义基本原理和本国的具体实际相结合

科学社会主义创始人反复告诫人们，我们的理论不是教条而是行动的指南，它只是提出了一般的原理原则，它所提供的不是现成的教条和

让人们背诵的教义，而是进一步研究的出发点和供这种研究使用的方法。马克思、恩格斯在《共产党宣言》1872 年德文版序言中指出："这个《宣言》所阐述的一般原理整个说来直到现在还是完全正确的。"但是，"这些原理的实际运用，正如《宣言》所说的，随时随地都要以当时的历史条件为转移。"① 列宁坚持和发展了马克思、恩格斯的思想。他早在 1899 年建党过程中所写的《我们的纲领》一文中指出："我们完全以马克思的理论为依据。"但是，"我们决不把马克思的理论当作某种一成不变的和神圣不可侵犯的东西。""对于俄国社会党人来说，尤其需要独立地探讨马克思的理论，因为它所提供的只是总的指导原理，而这些原理的应用具体地说，在英国不同于法国，在法国不同于德国，在德国不同于俄国。"② 这段话结合俄国的实际，讲得更进了一步。1920 年，列宁于《共产主义运动中的"左派"幼稚病》一书中在批判考茨基时指出："马克思和恩格斯说过，我们的理论不是教条，而是行动的指南；卡尔·考茨基、奥托·鲍威尔这类'正宗的'马克思主义者的最大错误和最大罪恶，就是他们不懂得这一点，不善于在无产阶级革命最紧要的关头按此行事。"③ 上述几段引文，总的意思都是强调在运用科学社会主义基本原理时，要结合本国实际，反对照抄照搬。

中国从 1840 年鸦片战争以后，逐渐沦为半殖民地半封建社会。帝国主义和封建主义的联合统治，是近代中国长期贫穷落后的总根源。中国人民为了推翻帝国主义和封建主义的统治，拯救民族危亡，使中国成为一个独立富强的国家，曾前赴后继，进行了可歌可泣的斗争，期间有三次大的斗争：第一次是历时 14 年之久的太平天国农民运动和以后的义和团反帝爱国运动；第二次是 1898 年，以康有为、梁启超、谭嗣同为代表的资产阶级改良派在光绪皇帝支持下所实行的"戊戌变法"，百日维新；第三次是以孙中山为代表的资产阶级革命派在连续不断地发动反对清王朝武装起义的基础上于 1911 年所发生的辛亥革命，但最终都失败了。其中第二、三次斗争，都试图在中国走资本主义道路，但都没有成功。历史表明，无论是洪秀全的"天朝田亩制"，康有为的《大同

① 《马克思恩格斯选集》第 1 卷，人民出版社 1995 年版，第 248 页。

② 《列宁选集》第 1 卷，人民出版社 1995 年版，第 273、274—275 页。

③ 《列宁选集》第 4 卷，人民出版社 1995 年版，第 180 页。

书》，还是孙中山的“三民主义”，都不能救中国。十月革命一声炮响，给中国人民送来了马克思列宁主义。中国的先进分子从各种各样的主义中选择了马克思的科学社会主义。这是中国人民作出的郑重历史选择。有了这个选择，在中国工人运动和马克思主义相结合的基础上，在共产国际的帮助下，1921 年建立了中国共产党。在党的一大，即从党诞生之日起，中国共产党就把马克思列宁主义确立为自己的指导思想。在党的初创和幼年时期，党的一些领导人还不会运用马克思主义的基本原理指导中国革命，遇事照抄照搬，存在着较为严重的马克思主义教条化的倾向。例如，右倾领导照抄俄国孟什维克理论，认为既然是资产阶级民主革命就应由资产阶级领导，放弃无产阶级领导权，导致大革命的失败；“左”倾领导照搬俄国布尔什维克理论，主张中国也应首先攻打大城市，不懂得在中国应先农村后城市，走农村包围城市的道路，致使革命招致惨重损失。毛泽东是伟大的马克思主义者，他在反对党内教条主义的斗争中，创造性地提出了把马克思主义的普遍真理同中国革命的具体实际相结合的原则。他依据科学社会主义的基本原理，分析了中国社会的性质，既不是原来单一的封建主义统治，也没有步入西方的资本主义社会，在帝国主义和封建主义勾结下，是一个半殖民地半封建社会；分析了中国革命的性质、对象、动力、步骤和前途，认为中国革命是无产阶级领导的、以工农联盟为基础的、团结小资产阶级和民族资产阶级，反对帝国主义、封建主义、官僚资本主义的新民主主义革命，这个革命完成后就可以及时转变为无产阶级的社会主义革命；分析了中国革命的方式，认为只能通过暴力革命武装夺取政权，但是不能走法国巴黎公社和俄国革命中在大城市举行武装起义的道路，而要坚持在农村建立巩固的根据地，经过长期的农村包围城市，最后取得全国政权。通过“结合”，逐步形成了一整套新民主主义革命的理论、路线、方针和政策，并在其指引下取得了新民主主义革命的伟大胜利。这是毛泽东对中国共产党、中国革命和国际共产主义的独创性贡献。老一辈无产阶级革命家林伯渠在 1956 年召开的党的八大发言中把这个问题提到一个新的高度。他说，在中国人民没有找到马克思主义以前，中国革命不免招致失败。在找到了马克思主义以后，由于不会和中国革命具体实际相结合，中国革命仍不免招致失败。而一旦把马克思主义与中国革命的具体实际相结合，中国革命则无往而不胜，毛泽东就是这个“结合”的能手。

在社会主义时期，建国前7年各方面之所以进展顺利，取得令人满意的成就，最主要的是坚持了“结合”，如为把我国从落后的农业国转变为先进的工业国，实行了社会主义工业化，在对我国私有制的社会主义改造中，对农业、手工业用合作化的方式，对资本主义工商业用和平赎买方式，没用暴力剥夺，这些都体现了创造性的“结合”。从1957年以后的20年，之所以在取得社会主义建设成绩的同时又发生两个重大失误，其根本原因也在于由于指导思想过“左”，脱离实际，对形势的判断错误，离开了“结合”。“大跃进”就集中力量发展生产力是对的，急于改变中国贫穷落后面貌的愿望也是好的，但是15年赶超英国的目标和为此提出的高指标是脱离实际的，过分强调人的主观能动性，导致国民经济各方面的比例关系失调，严重违背了客观经济规律，最后事与愿违，欲速则不达，造成三年困难。“文化大革命”之所以发生，一方面是对国内主要矛盾的判断有误，把过渡时期两个阶级、两条道路的矛盾不恰当地沿用到社会主义社会，并习惯性地把党内外的不同意见和社会上的“阶级斗争”联系在一起；另一方面，在国际上中苏两党关系方面，顶住苏共的大党大国主义和霸道作风是完全正确的，与此同时两党在意识形态方面的分歧越来越大，在“对什么是修正主义没有作出准确的解释”（叶剑英语）的情况下，把这种意见分歧视为马克思主义同现代修正主义的斗争，双方互不相让，给对方上纲越来越高，最关键的一步是把苏联上纲为复辟了的资本主义制度，这就过了头，真理跨越了一步就变成谬误。为了防止这类事件在中国重演，很自然地把反修矛头从反外修转到反内修，为此开展城乡社会主义教育运动并逻辑地发展为“文化大革命”，这就走偏了方向，离开了“结合”。而“文化大革命”无论对党、国家和民族都是一场灾难。十一届三中全会以后的20多年，中国之所以发生了翻天覆地的变化，也主要是因为我们党在重新确立实事求是思想路线的基础上，更好地实现了“结合”。实现这个结合，关键在于深刻认识和掌握马克思主义，深刻认识和掌握中国的国情，并把两者正确地统一于革命和建设的实践之中。在坚持“结合”的过程中，我们党对社会主义经济实质的认识有了根本性的变化，理论上做出重大突破。马克思、恩格斯和19世纪以前的所有社会主义者，都认为在生产资料归全社会占有的基础上，社会实行的是产品经济，商品和货币将从社会上消失。这个理论几乎被后来所有的社会主义者所接受。列宁在认识上坚持马克思主义创始人的观点，在 1919 年俄共（布）八大的党纲中认为，社会主义社会是没有商品货币关系的社会，仍把商品和货币看成是资本主义范畴，他还试图在战时共产主义时期取消商品和货币，但在实践中碰了壁，后来在实行新经济政策时采取了灵活的政策，强调要发展商品交换，提倡自由贸易，还没有来得及从理论上对社会主义经济的实质做出概括，就过世了。斯大林时期的苏联实际上是按计划产品经济模式搞建设的，只是到了晚年，在《苏联社会主义经济问题》一书中，提出了社会主义条件下还有商品生产，而且这种商品生产与资本主义商品生产不同。这是一个重大进展，理论上突破了马克思的设想，但不够彻底，他把商品生产仅限于某些消费品领域，认为生产资料只具有商品外壳。以后，我国和前苏东一些国家在这个问题上都没有进一步突破，经济体制改革始终是在计划经济的框架内进行，这就严重阻碍了经济的发展。十一届三中全会以后，我们党在总结实践经验的基础上，先后提出了社会主义经济是在公有制基础上有计划的商品经济、建立社会主义市场经济体制等新的科学论断，这是对传统马克思主义经济理论的重大突破，是对马克思主义经济理论的一大贡献。这个理论的突破，使科学社会主义更深地植根于社会主义现实之中，而彻底摆脱了原来难以实现的某些理想化的成分。从以阶级斗争为纲到以经济建设为中心，从纯粹的公有制到以公有制为主体多种经济共同发展，从单一按劳分配到以按劳分配为主体多种分配方式并存，从计划经济到社会主义市场经济，反映了我们党在“结合”的大道上大踏步地前进。江泽民同志于 1991 年《在庆祝中国共产党成立七十周年大会上的讲话》中这样说道：“在七十年的斗争中，我们党积累了极其丰富的经验，归结到一点，就是把马克思主义的基本原理同中国革命和建设的具体实际相结合，走自己的道路。”总之，只有坚持“结合”，实现马克思主义的民族化和时代化，社会主义才能不断破题。

二、坚持搞清楚什么是社会主义和如何建设社会主义

邓小平于 1985 年在总结我国社会主义历史经验时深刻指出：“问题是什么是社会主义，如何建设社会主义。我们的经验教训有许多条，最

重要的一条，就是要搞清楚这个问题。”① 什么是社会主义，是对社会主义的认识问题；如何建设社会主义，主要是社会主义实践问题，是建设社会主义的方法和道路问题。这两个问题有密不可分的联系，也可以说是一个问题的两个不同方面，但不能把二者相混淆，说成是一而二、二而一的同一个问题。建设社会主义，必须在探索中把这个主题的方方面面搞清楚。邓小平的这段话，不仅是对中国社会主义历史经验的深刻总结，也是对世界社会主义历史经验的基本总结。1993 年，江泽民同志在学习《邓小平文选》第 3 卷报告会的讲话中把它称为社会主义首要的基本理论问题。他说：“总结历史经验，我们可以看到，坚持社会主义，首先是要搞清楚什么是社会主义、怎样建设社会主义这个基本的理论问题。我国社会主义改革开放前所经历的曲折和失误，归根到底就在于对这个问题没有完全搞清楚；改革开放以来在前进中遇到的一些犹疑和困惑，归根到底也在于对这个问题没有完全搞清楚。”两个“归根到底”说明了搞清楚这个问题的极端重要性，说明了社会主义破题应从何着手和始终关注什么。

从社会主义发展史来看，对这个主题的认识有个逐步前进的过程。马克思、恩格斯一生著述甚丰，但是他们总是把自己的理论置于现实的基础之上，著作的大部分是论述资本主义的发生发展、无产阶级的历史使命、无产阶级政党和无产阶级革命等问题，而对资本主义以后的未来社会始终慎之又慎，论述极少。只是在《共产党宣言》《哥达纲领批判》特别是《社会主义从空想到科学的发展》等几本著作中在分析资本主义的发展趋势时，对未来社会的第一阶段，从宏观上进行了预测，其基本特征是：①生产力的巨大增长和高度发展。②生产资料全社会占有。③对社会生产进行有计划的指导和调节。④等量劳动领取等量报酬。⑤产品经济代替商品经济。⑥工人阶级意识形态占统治地位。⑦消灭阶级和阶级差别。⑧每个人都将得到自由而全面的发展。马克思、恩格斯生活在资本主义社会，没有社会主义实践，这些科学预测完全是通过逻辑推理、一环扣一环得出的，如从分析资本主义基本矛盾的发展和激化得出社会主义必然要代替资本主义，从分析社会化生产力的高度发展得出要求实行生产资料全社会占

① 《邓小平文选》第 3 卷，人民出版社 1993 年版，第 116 页。

有，从坚持实行生产资料公有制推论出社会主义其他方面的特征。分析虽然总体上是科学的，但是需要实践检验和修正。综上，马克思、恩格斯关于未来社会的科学预测，只涉及什么是社会主义，没有也不可能谈论怎样建设社会主义。

列宁在十月革命以后有 6 年多的社会主义实践，虽然时间不长，但他对社会主义的认识不仅比前人前进了一大步，而且更加实际。他的贡献，一是强调要以实践而不是书本作为认识社会主义的标准。列宁在十月革命以前对社会主义的认识完全是根据马克思、恩格斯的认识，十月革命后的初期也是按照这些认识去做的。但之后他发现其中有些理论并不符合俄国的实际。在这种情况下，列宁讲了两句至理名言："现在一切都在于实践，现在已经到了这样一个历史关头：理论在变为实践，理论由实践赋予活力，由实践来修正，由实践来检验。""对俄国来说，根据书本争论社会主义纲领的时代已经过去了，我深信已经一去不复返了。今天只能根据经验来谈论社会主义。"① 二是实现了一次对社会主义的深刻再认识。他在逝世前夕所写的《论合作化》一文中说："我们不得不承认我们对社会主义的整个看法根本改变了。"② 这种改变，从对合作社性质认识的变化，到工作重心从政治斗争、革命、夺取政权转变为和平组织经济文化建设，建设新社会。三是通过实践认识到，一个国家经济文化越落后，过渡时期的时间就越长，在小农占人口多数的国家里，向社会主义不能直接过渡，只能迂回过渡。四是实行了新经济政策，利用商品货币关系和市场，建立城乡之间的经济联系，着重探索社会主义和市场经济的结合，之后又提出在苏联建设社会主义的构想，包括社会主义工业化、农业合作化、开展文化革命、改革国家机关等。在列宁这里既有什么是社会主义的问题，又有怎样建设社会主义的问题，当然后者只是初步的构想，还没有来得及实践，列宁就与世长辞了。列宁的探索时间虽然很短，但开了个好头，邓小平给予高度评价："社会主义究竟是个什么样子，苏联搞了很多年，也并没有完全搞清楚。可能列宁的思路比较好，搞了个新经济政策，但是后来苏联模式僵化了。"

---

① 《列宁全集》第 33 卷，人民出版社 1985 年版，第 208 页。

② 《列宁选集》第 4 卷，人民出版社 1995 年版，第 773 页。

斯大林在列宁逝世后领导苏联党和人民建设社会主义中做出巨大贡献。一是发展了列宁的社会主义建设理论。斯大林在同党内反对派的斗争中，坚持一国能够建成社会主义，并把一国建成和最终胜利区别开来。这个论断，在当时历史条件下，既坚定了苏联人民建设社会主义的信心，又使人们对资本主义随时可能发动武装干涉保持警惕。二是实现了社会主义工业化，在短短 15 年中苏联就从一个落后的农业国变为先进的工业国。三是在帝国主义包围和临战状态下，建立了世界上第一个社会主义制度和模式。四是领导人民打败了德国法西斯，保卫了社会主义制度及其成果。但是，斯大林在取得历史性成就的同时，又发生几个重大失误，主要是：在肃反中严重扩大化，混淆了两类不同性质的矛盾；农业发展滞后，与工业发展不协调；把在特定历史条件下所建立的以经济高度集中、政治过分集权为特征的苏联社会主义模式凝固化，并向其他社会主义国家推广。这就阻碍和影响了社会主义的发展。斯大林所取得的历史性成就和所发生的重大失误，说明他对社会主义的首要基本理论问题既有清楚的方面，也有不清楚的地方。

中华人民共和国建立以后，毛泽东在领导全党和全国人民进行建设社会主义的探索中，既取得历史性的伟大成就，又发生重大失误和挫折。他对中国社会主义的最大贡献，一是建立起社会主义基本制度，奠定了中国社会主义的基础。二是提出了完整的关于社会主义社会矛盾的崭新学说，精辟地论述了社会主义社会的基本矛盾和两类不同性质的矛盾，批评了苏联学术界长期居统治地位的社会主义社会“无冲突论”的形而上学观点，把对社会主义的认识提高到一个新境界。三是独立地探索有别于苏联模式，适合中国国情的中国社会主义建设道路，并在这方面提出了许多有价值的思想和观点，如农轻重的建设安排、发展社会主义商品生产和商品交换、文化领域实行“双百”方针等。毛泽东是伟大的马克思主义思想家、理论家，坚定的共产主义者，他的成功和失误，都与理论指导有关，他的晚年实践说明他对社会主义首要的基本理论问题的认识，既有正确的理解和把握，也有不够清醒的地方。尽管他晚年发生重大失误，但仍不失为中国特色社会主义道路探索的开拓者，中国特色社会主义理论的奠基人。

我们党通过拨乱反正，总结历史经验，在十一届三中全会以后继续进行新的探索，在探索中逐步形成了邓小平理论和“三个代表”重要思想。党的十六大以来，党中央又提出了科学发展观。这些理论成果在中国特色社会主义理论体系中既一脉相承又与时俱进，其主要内容都是围绕探讨什么是社会主义和怎样建设社会主义这个首要的基本理论问题的。邓小平所提出的四项基本原则和社会主义本质对什么是社会主义，做了最好的回答。四项基本原则是对社会主义基本制度的理论概括，是社会主义区别于其他社会形态的主要标志。中国共产党的领导和人民民主专政是社会主义的基本政治制度；马克思列宁主义、毛泽东思想是社会主义的基本思想文化制度；社会主义道路的含义较广，包括社会主义的基本经济制度。社会主义的基本制度也就是社会主义基本特征。邓小平所揭示的社会主义本质是“解放生产力，发展生产力，消灭剥削，消除两极分化，最终实现共同富裕”。一方面，要快速发展生产力；另一方面，要实现社会公平，并使二者保持平衡，从而才能实现共同富裕，这是社会主义长期以来没有解决好的一个重大问题。社会主义本质是比社会主义特征更高层次的概念。以后我们党提出的以人为本、促进人的全面发展，进一步深化了对社会主义本质的认识。社会主义的本质和特征，科学地揭示了什么是社会主义。怎样建设社会主义，也就是社会主义发展道路问题。党在社会主义初级阶段的基本路线，确立了中国特色社会主义发展道路的基本点，即：①坚持以经济建设为中心，全面建设社会主义，实现社会主义现代化。②坚持改革，解放和发展生产力，实现社会主义的自我完善。③坚持全方位对外开放，努力吸收世界文明成果，拿来为我所用，发展自己。④坚持四项基本原则，为改革开放和现代化建设提供坚强的政治保证。胡锦涛同志把中国特色社会主义建设的总体布局概括为：进行社会主义物质文明建设、政治文明建设、精神文明建设、和谐社会建设的“四位一体”的建设布局，是我们党对怎样建设社会主义的新认识和新概括。我们党所提出的一系列理论概括和创新，如社会主义本质和根本任务，社会主义市场经济，社会主义初级阶段，科学发展观及其统领下的社会主义和谐社会等，表明我们党对什么是社会主义和怎样建设社会主义这个首要基本理论问题的认识不仅很清醒而且更加深化了。

三、坚持正确认识和对待社会主义、资本主义、封建主义和共产主义

正确认识社会主义自身和处理好与资本主义、封建主义、共产主义的关系，是社会主义破题的一个重要方面。过去，社会主义国家在这个问题上存在一些通病。

首先，是如何认识社会主义自身。马克思认为，代替资本主义的未来社会将经历两个发展阶段，即第一阶段和高级阶段。后来列宁把第一阶段称为社会主义社会，把高级阶段称为共产主义社会。以往社会主义国家，在这个问题上带有普遍性的失误有两个，一个是把社会主义发展阶段看得很短暂，既然很短就不去划分阶段，后来认识提高了，又对本国所处的社会主义发展阶段估计偏高。如，苏联 1936 年宣布进入社会主义，三年后就提出从社会主义向共产主义过渡，以后又提出全面开展共产主义建设，计划用 20 年时间进入共产主义社会，后来认识到不实际，就逐步降温，定位在发达社会主义阶段。我国 1956 年结束过渡时期，进入社会主义社会，可是两年后就提出提前建成社会主义和向共产主义过渡，并大刮“共产风”。这样，既混淆了社会主义与共产主义的界限，又混淆了社会主义较低阶段与较高阶段的界限，从而做出许多超越阶段的事情，严重违背了社会主义发展的客观规律。我国通过总结历史经验，在党的十一届三中全会之后正确地定位在社会主义初级阶段，这个阶段至少要 100 年。这是我们观察和处理一切问题的出发点和落脚点。有了这个认识，我们的各项工作就一顺百顺了。至于整个社会主义历史阶段，时间要更长，邓小平认为要经历几代、十几代，甚至几十代人。另一个是对社会主义优越性的估计过高。应当理直气壮地说，社会主义总体上比资本主义优越，并能解决中国的社会问题。不然先辈们就不会选择社会主义。但是，现实的社会主义国家都是原来比较落后的国家通过革命走上社会主义道路的，还很不及格，因而优越性的发挥要有一个过程。过去，许多社会主义国家认识不清醒，盲目乐观，宣传社会主义和资本主义相比具有不可比拟的优越性。既然“不可比拟”，就必然一方面，固步自封、不思进取；另一方面，看不到他国的长处，不去借鉴资本主义的文明成果，最后导致落后。改革开放以后，有些人又走

向另一个极端，将“弊端”说过了头，把社会主义说得一无是处，什么都是西方的好，从盲目乐观走向悲观失望。人们自然会问：如果社会主义确实不如资本主义优越，那为什么还要坚持社会主义呢？

其次，是怎样认识和对待资本主义。过去的主要问题有两个。一是低估了资本主义的生命力。资本主义在它发生发展的几百年间，确实暴露出许多社会弊病，经历了无数次经济危机，对外推行殖民主义，发动战争尤其两次世界大战，给人类带来巨大灾难。但是，我们对它的生命力估计不足，宣传上有片面性，只讲“两个必然”，不讲“两个决不会”，误认为资本主义已陷入经济政治的“总危机”，现在是帝国主义走向全面崩溃的时代。二战后，资本主义经过调整改革，社会稳定，经济持续发展，显现出很强的生命力，不会在近期内死亡，进入“博物馆”。在这种情况下，我们的宣传工作不仅显得苍白无力，而且产生不小的负面效应。二是把社会主义和资本主义绝对地对立起来。受思维方式影响，过去把社会主义和资本主义简单看成是两种根本对立的社会制度和社会模式，因而资本主义是这样，社会主义就得那样，甚至不仅鼓吹和资本主义“对着干”，对“文化大革命”前的17年也要“对着干”。这种认识和做法是很片面的，是一种极端，不可取。其实，社会主义和资本主义既有相互对立和斗争的一面，又有相互联系和协作的一面，是两面而不是一面。就相互对立和斗争这面来说，这是客观事实，西方敌对势力亡我之心不死，要严加防范，但也不能不停地斗。就相互联系和协作这一面来说，这也是客观事实，两种社会制度共同生活在一个星球上，不能相互隔绝，只能相互联系和协作，而且这是社会主义国家和资本主义国家发展的必要条件。这点对社会主义国家来说尤为重要，因为现实的社会主义，不是马克思原来设想在充分发展的资本主义社会的基础上经过变革建立起来的在各方面都高于资本主义的那种社会主义，而是在经济文化落后国家通过革命建立的社会主义，它在很多方面还落后于资本主义，在这样的国家里要使社会主义快速发展，就必须汲取资本主义所创造的文明成果。改革开放以后，与资本主义绝对对立的观念已不多见，但是在一部分人中又出现另一个极端，即认为什么都是资本主义的好，月亮也是西方的圆，要求一切都与世界（即西方）接轨，从言必称“希腊”（意指苏联）变为言必称“美国”。对这种错误倾向也值得警惕。

再次，是如何认识和对待封建主义。20 世纪诞生的社会主义国家，大多发生在经济文化落后的国家，在这些国家里资本主义现代文明的成果较少，封建主义余毒很深。就我国来说，有几千年的封建主义历史，在新民主主义革命中，经过土地改革，彻底摧毁了封建主义经济制度，但在上层建筑的思想文化领域并没有开展对封建主义的批判，致使封建主义余毒对各方面的影响还很大很深，甚至渗透到体制和风气中。例如，官僚主义，权力过分集中，家长制作风，干部领导职务终身制，特权制和特殊化，宗法观念，等级观念，人身依附，特别是“文化大革命”中“一人得道，鸡犬升天，一人打倒，株连九族”等等，均带有封建主义色彩。这些都严重影响社会主义的健康发展，需要在今后政治体制和文化体制改革中逐步解决。邓小平在 1980 年《党和国家领导制度的改革》的讲话中，特别强调批判和肃清封建主义余毒，划清社会主义和封建主义的界限，既不允许一些人用假社会主义来搞封建主义，也不允许借反对封建主义来反社会主义。

最后，是如何认识和对待共产主义。如前所述，共产主义是新社会发展的高级阶段，只有社会主义得到高度发展，才能进入共产主义社会。过去，我们把社会主义看短了，把共产主义看近了。在苏联和我国，都曾经发生过急于向共产主义过渡的急性病，结果事与愿违，欲速则不达，反而影响社会主义的发展。实践和社会主义的历史经验告诉我们，社会主义是一个很长的历史阶段，它要经过充分和高度发展以后，才能迈向共产主义的大同世界。我们必须坚持最高纲领和现阶段纲领的统一。

综上所述，社会主义是我们时代的总课题。建设社会主义是前无古人的崭新事业。无产阶级革命家卢森堡把社会主义视为一块“未开垦的处女地”。列宁把它看作是“一座未经勘察、人迹未到的高山”。建设社会主义没有任何现成的方案和经验可资借鉴，带有很大的探索性、开拓性，在前进道路上会遇到各种难题。要想把社会主义事业搞好并不断向前推进，就必须以实践为基础，认真研究新情况，通过总结经验和理论创新，回答和解决新问题，也就是要不断破解难题，做好社会主义这篇大文章。这样，社会主义事业才能顺利发展，取得一个又一个胜利。社会主义如何破题，涉及的方面很多，但是最重要的就是如前所述的“三个坚持”。这“三个坚持”就其实质来说，是如何遵循客观规律问题。

参与破题的不是区区几个人，而是千千万万人民群众，实际工作者和理论工作者也都有份，而且能够有所作为，但是做出最大贡献的只能是社会主义事业的领导核心——党中央。它集中了全党和全国人民的智慧，既是政治权威又是理论权威。1949 年 3 月，毛泽东在西柏坡率领中共中央机关赴北京时，曾形象地将其比喻为“进京赶考”。考题是什么?就是社会主义。考卷不是一次性的，而是长期的，破题也不是一次合格一劳永逸，而是一个长期不间断的过程。应试者主要是党的各级领导干部和部分学术理论工作者。

世界社会主义的复兴是大势所趋和历史必然

社会主义的兴起是合乎规律的历史进程，它经历了从空想到科学、从理论到实践、从一国到多国、从传统模式到现代模式的四次历史性飞跃，在坎坷和曲折中不断前进。在经历了苏东剧变又经历了金融危机后，人们最关心的是怎样认识当前世界社会主义的现状和它的趋势与走向，这就涉及回顾和总结过去、分析和评估现在以及预测和展望未来。说清楚这个问题并不容易，有许多难点，这是学术理论界应当着重研讨的一个重大问题。

一、20世纪世界社会主义的基本特征

20世纪是人类最伟大的世纪之一。在这个世纪里，多少个世纪人们梦寐以求的理想变成活生生的现实。社会主义从无到有、从小到大，在坎坷和曲折中不断前进，开辟了人类社会最伟大的变革历程，对人类进步和世界文明作出不可估量的重大贡献。20世纪的社会主义运动有以下三个基本特征：

第一个特征：社会主义从一种科学理论转变为现实的社会制度，崭新的社会主义制度破土而出，在一些国家建立起来。现在，社会主义已不只是思想理论、社会运动，还包括社会制度，是理论、运动、制度的

统一。这是社会主义史上一次巨大飞跃，是人类历史的崭新篇章和真正开端。20 世纪是以社会主义制度的建立和发展而载入史册的。

第二个特征：20 世纪社会主义运动突破了 19 世纪社会主义的传统观念，首先走上社会主义道路的不是恩格斯在《共产主义原理》中所预言的英、法、美、德等主要的西方发达资本主义国家同时革命和同时胜利，而是在资本主义体系的薄弱环节、经济文化比较落后的国家取得突破、胜利和发展。欧美等发达资本主义国家，在 20 世纪内始终未能突破资本主义，这就形成了“两个体系并存”和“一球两制”的世界大格局。

第三个特征：20 世纪社会主义运动经历了两次高潮和两次低潮的曲折变化。第一次是以第一次世界大战和俄国十月革命为起点，形成了 1917—1923 年的欧洲无产阶级革命和亚洲民族解放运动高潮，之后纷纷被镇压和窒息转为低潮。第二次是以第二次世界大战结束为起点，欧、亚、拉美十几个国家走上社会主义道路，形成了世界社会主义体系；与此同时，亚、非、拉三大洲再一次掀起民族解放运动高潮，通过不同形式的斗争，100 多个国家宣布了民族独立，经营了几个世纪的帝国主义殖民体系彻底崩溃。60 年代以后，由于传统社会主义模式长期不改革日益僵化，西方加大了“和平演变”的力度，特别是苏共领导集团的改旗易帜，导致 90 年代初的苏联解体和东欧剧变，社会主义跌入了谷底。

在这三个基本特征中具有关键意义和决定作用的是第二个特征，它决定了第一个特别是第三个特征。社会主义的波澜起伏、大起大落，是和首先走上社会主义道路的是经济文化比较落后的国家以及由此而成的“一球两制”和资本主义包围的格局分不开的。

二、21 世纪初的世界社会主义现状

认识世界上任何一个事物都离不开全局。只有从世界大局的变化出发，才能正确认识和把握世界社会主义的现状。20 世纪末所发生的苏东剧变是一场“政治大地震”，导致世界社会主义前所未有的重大挫折。挫折的广度和深度，就社会主义国家来说，由原来的 15 家减少为 5 家，土地面积损失 70%，人口损失 20%；就世界各国共产党来说，由原来

的180家减少为130家左右，党员人数由原来的9100万减少为6500万左右（其中当时中国有5600万共产党员）。世界社会主义中心苏联的消失，表明以美苏对峙为标志的雅尔塔体系彻底崩溃，美国成为世界上唯一的超级大国，东西方两大政治势力的力量对比严重失衡。剧变后，西方敌对势力欢呼雀跃，利令智昏，弹冠相庆，竭力鼓吹马克思主义“陈旧论”和“过时论”、资本主义“再生论”和“永恒论”、社会主义“失败论”和“终结论”。但是，乐极生悲，苏东剧变后的20年，发生了许多重大事件，特别是2008年的金融危机，导致世界格局发生重大深刻变化，其中影响最大的是：

1. 美国霸权从顶峰上跌落

美国建国300多年，从19世纪起飞，20世纪崛起，二战后称霸。苏联解体后，美国成为唯一超级大国，有恃无恐地推行霸权主义和强权政治，世界变得更不安宁。小布什上台后，以反恐和大规模杀伤性武器为由，先后发动了阿富汗和伊拉克战争，虽然推翻了塔利班和萨达姆政权，但牺牲士兵6000人左右，花掉军费近3万亿美元，经济尚未复原，2008年又爆发了金融危机和经济危机，一大批金融机构倒闭，股市纷纷暴跌，企业大量破产，经济急剧下滑。对应1929年的“大萧条”，这次是“大衰退”。美国通过两场战争和一场金融和经济危机，政府、公司和私人欠债总额已高达200多万亿美元的天文数字，导致国力下降，不得不削减政府和军费开支，随之美国的霸权地位开始动摇，从顶峰上跌落下来。与此同时，第三世界国家的反美浪潮一浪高过一浪，在今年联合国大会上有好几个国家的总统在发言中炮轰美国，斥责美国霸权“可耻”。这里说的“跌落”是说从顶峰上的跌落，目前美国在经济实力、军事实力、文化实力、科技实力、人才实力等方面仍具有优势，经济反弹力也比他国要强，它也不会自动放弃霸权主义，但昔日风光已不再。21世纪中期或后期，美国的霸权或难以继续，最高统治权或将终结。

2. 欧洲发达资本主义国家经济严重衰退

由美国闯的这场祸，各国都难逃拖累，跟着遭殃，欧盟各国首当其冲。美债危机余波未了，另一波又起，接着发生欧债危机，希腊、爱尔兰、西班牙、意大利等国负债累累，急需“输血”和救助，除德国稍好外，各国经济呈现零增长或负增长，南欧大量失业工人到非洲去打工，欧元区面临土崩瓦解的危险，全球经济或陷入二次衰退。金融危机的中心已从美国转移到欧洲，欧盟各国陷入严重衰退或重蹈日本经济“失去二十年”的覆辙。欧洲是资本主义的发源地，是资本主义文明的象征，今日落到如此地步，表明资本主义的衰落。新加坡前总理李光耀曾说：“欧洲的衰落不可避免，看到这一点，我没有看笑话的意思，而更多的是感到悲伤。”

3. 发展中的新兴市场国家异军突起

资本主义是靠对内残酷剥削工人阶级和劳动群众、对外无偿掠夺落后国家人民的财富的基础上发展起来的，有资本主义就必然有殖民主义，殖民主义是资本主义派生物，是资本主义生产方式的一部分。到了垄断资本主义时期，资本主义已把世界瓜分完毕，世界分成两大营垒，即一端是欧美等宗主国，另一端是亚非拉殖民地和半殖民地。资产阶级学者把这种现象概括为资本主义世界的“中心—外缘”结构。“中心—外缘”体系的构建和运作，以“中心”的利益为最高原则，“外缘”则服从和服务于“中心”，完全处于从属和附庸地位。第二次世界大战以后，在世界社会主义国家和运动的支持和影响下，民族解放运动风起云涌，亚、非、拉三大洲先后有100多个国家宣布了民族独立，经营了几个世纪的资本主义殖民主义体系彻底崩溃了。这是改变20世纪面貌的一个重大历史事件。但是，以美国为首的20几个发达资本主义国家，联手利用它们所主导和控制的经济全球化和国际经济旧秩序，通过不合理的生产分工、不平等的对外贸易、跨国公司的经济控制、跨国银行的重利盘剥、技术转移的高额勒索等手段，推行新殖民主义，加强对发展中国家的剥削，南北差距进一步扩大。在经历“9·11”事件和金融危机后，美欧等发达国家遭到重创、实力衰减的情况下，发展中国家受影响较小，出现了转机。一些发展中国家时来运转，否极泰来，利用起点低，资源丰富，人口众多、劳动力廉价等优势，在经济全球化中吸收外资和引进先进技术，迅速发展起来，成为新兴市场国家。新兴市场国家的兴起不是一枝独秀，而是多点开花。从兴起的进程和发展潜力来看，可分三个梯队：第一梯队是美国前财长保尔森提出的由中国、印度、俄罗斯、巴西组成的“金砖四国”。这四个国家都是大国，10多年来发展势头很猛，平均增长速度远高于发达国家，四国均已跻身世界十大经济体。第二梯队是日本人门仓贵史提出的由越南、印尼、土耳其、南非和阿根廷组成的“展望五国”。这五国都是中等国家，是继“金砖四国”

之后下一个层次有潜力的新兴市场国家，近年经济增长率明显高于世界平均增长率。第三梯队是由巴基斯坦、孟加拉国、韩国、印度尼西亚、菲律宾、埃及、伊朗、越南、土耳其、墨西哥、尼日利亚等国组成的“新钻 11 国”，其发展潜力与“展望五国”不相上下。在上述三个梯队中，南非已加入“金砖国家”，土耳其、印度尼西亚在二、三梯队中重叠出现。这三个梯队的经济快速发展与复苏乏力的美欧形成鲜明对比，成为世界经济的新的增长点。据美国国家情报委员会 2012 年 12 月 10 日公布的《2030 年全球趋势：不一样的世界》报告预测，中国经济可能会在 2030 年之前几年就超过美国，成为“全球第一”；到 2030 年，亚洲将成为世界中心，其实力和全球影响力将超过美国和欧洲的总和。那时，世界经济格局将重新洗牌和变脸，全球六大经济体的顺序将是中国、美国、印度、日本、俄罗斯、巴西。世界多极化的加速演进，不仅表现为新兴市场国家的兴起，还表现为区域一体化组织的发展。在巴西的带领和委内瑞拉的推动下，2011 年 12 月 3 日在委内瑞拉首都加拉加斯闭幕的拉美加勒比第三次元首峰会，宣告拉美加勒比共同体正式成立，实现了 19 世纪拉美民族英雄玻利瓦尔生前的最大愿望：建立一个联合所有拉美国家在内的“大家庭”。这一没有美国、加拿大参加的独立共同体，最终将成为类似欧盟、非盟、东盟的拉美国家地区组织。此外，在经济治理方面，继七国集团之后于 1999 年成立二十国集团，反映了由发达国家独享主导权过渡到发展中国家也参与的分享主导权，提升了发展中国家在国际经济管理方面的话语权。总之，新兴市场国家的出现，区域一体化组织的形成和发展，二十国集团的确立，将极大地深刻地改变世界格局和国际经济形势，标志着“后殖民主义”时代走向终结，世界权力加速向新兴国家转移。

4. 社会主义中国的和平崛起

苏东剧变后的 20 年，世界上发生最大变化和最引人注目的是中国的崛起。在建国前 30 年提供的物质基础、理论准备和丰富经验的基础上，1979 年党的十一届三中全会以后，中国实行改革开放，进行了一场世界规模最大的经济革命，走上快车道，经济持续快速发展，年均增长 9.8%，居世界第一位，经济总量从改革开放前的第 11 位，到 2000 年上升到第 7 位，2004 年超过法国，2005 年超过英国，2007 年超过德国，2010 年超过日本，成为世界上第二大经济体。现在年总产值已达 6

万亿美元，外汇储备已达到3.5万亿美元，成为外汇储备之首。中国建国60年、改革开放30年所取得的历史性伟大成就，不亚于工业革命时期的英国和19世纪、20世纪美国的起飞和崛起。西班牙前驻华大使欧亨尼奥·布雷戈拉特说，世界银行的数据显示，GDP翻一番，英国用了60年，美国用了50年，日本用了35年，韩国用了11年，中国仅用了9年，“中国经济的飞速发展才是真正的历史性事件，其余都是插曲”。中国的崛起，改变了自己，也改变了世界。西方国家深感“中国崛起”的速度大大超过西方预期，中国总体影响力“不可阻挡”，中国推动了亚洲地区经济回暖和尽早走出困境，并以经济合作扩大了在非洲和拉美的影响力。中国的崛起极大地提高了中国的国际地位和扩大了中国在国际事务中的影响。

上述四条反映的是当代世界的发展趋势。邓小平在1985年以战略家的眼光曾经说过：“现在世界上真正大的问题，带全球性的战略问题，一个是和平问题，一个是经济问题或者说发展问题。和平问题是东西问题，发展问题是南北问题。概括起来，就是东西南北四个字。南北问题是核心问题。”① 综上，就现实力量对比来说，仍是“西强东弱”、“北强南弱”，但发展趋势则是“东升西降”、“南升北降”。观察历史，既要看现实，又要看趋势，趋势比现实更重要，因为现实转瞬即逝，而趋势代表未来。总体上来说，当前世界社会主义的现状是：在低潮中逐步回升，在回升中局部复兴，目前正处在回升中积蓄力量、谋求发展、走向复兴的阶段。

三、21世纪世界社会主义的趋势和走向

从世界社会主义的现状出发，对21世纪世界社会主义的趋势和走势作如下预测：

1. 社会主义新理念更加客观和实际

社会主义理念，就是人们对社会主义的理性认识和规律把握。社会主义理念是在社会主义实践的基础上产生的，随着社会主义实践的发展而不断发展和深化。通过对20世纪社会主义胜利和挫折历史经验的总

① 《邓小平文选》第3卷，人民出版社1993年版，第105页。

结，21 世纪社会主义新理念将更加客观和实际。社会主义新理念主要表现在以下五个方面：

（1）社会主义的探索性和开拓性。社会主义最终要实现消灭一切剥削、压迫，实现人的自由全面发展和全人类的彻底解放，是前无古人的崭新事业，是人类历史上最伟大的探索过程，带有很大的探索性和开拓性。列宁把建设社会主义比作攀登一座崎岖险阻、未经勘察、人迹罕至的高山。社会主义既然是长期探索、反复实验的过程，就会既有成功和成就，又会有失误和失败，而且这两方面往往是相互伴随和相互交织的。对探索提出“只许成功，不许失败”的要求，是不切实际的。要用这个观点去认识和评价探索开拓者的是非功过。必须同“告别革命”、否定探索、自己给自己历史抹黑的历史虚无主义划清界限。还要看到探索是无止境的，当探索每前进一步，开拓新境界以后，又会在前进中出现新的问题。在当前，探索的最大课题有两个，一个是在西方发达资本主义国家无产阶级和劳动者怎样夺取政权这个世纪性的重大课题，另一个是经济文化落后国家走上社会主义道路以后怎样更好地建设、巩固和发展社会主义的一系列问题。

（2）社会主义的长期性和曲折性。人类历史的发展，既是前进的又是在曲折中前进的，是前进性和曲折性的统一。社会主义的发展是一个长过程，在这个长过程中会出现很多曲折和挫折。过去我们对这两点都认识不够。就长期性来说，我们过去把社会主义看成是一个短暂历史时期，斯大林的“向共产主义过渡”，赫鲁晓夫的“20 年进入共产主义”，我们党决议中的“共产主义在我国的实现已经不是什么遥远将来的事情了”，就是这种认识的集中反映。在经历了“急于过渡”的失误以后，人们的认识开始清醒了，毛泽东提出“社会主义是一个相当长的历史阶段”的重要论断。但是，到底有多长？邓小平回答了。他指出：“我们搞社会主义才几十年，还处在初级阶段。巩固和发展社会主义制度还需要一个很长的历史阶段，需要我们几代人、十几代人，甚至几十代人坚持不懈地努力奋斗。”① 这就使我们清醒了。试想奴隶社会和封建社会都有几千年的历史，比这两个社会具有活力的资本主义社会从 1640 年英国资产阶级革命算起还不到 500 年的历史，怎样可能在短时期内就被

① 《邓小平文选》第 3 卷，人民出版社 1993 年版，第 379—380 页。

社会主义取代呢？就曲折性来说，过去我们的认识也很不足，常说从一个胜利走向另一个胜利，好像只有胜利没有失败。后来出现挫折，我们清醒一点了。但是挫折有小挫折、中挫折和大挫折。毛泽东作为战略家提出的“警惕资本主义复辟”就属于大挫折。毛泽东的这句话由于后来出现苏东剧变不幸而被言中。邓小平指出：“资本主义代替封建主义的几百年间，发生过多少次王朝复辟？所以，从一定意义上说，某种暂时复辟也是难以完全避免的规律性现象。”① 社会主义国家必须深刻吸取这个教训，坚持正确的思想路线，尽量减少工作中的失误，避免被国内外敌对势力所利用，酿成“复辟”这样的大祸。

(3) 社会主义的世界性和民族性。社会主义取代资本主义不是一个国家问题而是世界范围的问题。就这点来说，它具有世界性。马克思、恩格斯在《共产党宣言》中提出了“全世界无产者联合起来”的国际主义战斗口号。它要求各国无产者和劳动群众联合起来、相互支持、团结合作、共同对敌。但是，社会主义取代资本主义的过程却不是各国同时进行而是在民族国家范围内逐个实现的。就这方面来说，它又具有民族性。实践证明，过去第三国际时期，以“国际领导中心”名义，向各国党发号施令，以及后来各国共产党、工人党会议强调遵循“共同规律”，坚持一条道路、一个模式的做法，都不利于各国革命和建设事业的发展。革命不能输出，搞“世界革命”行不通，实行什么主义是各国人民的选择。各国共产党只有独立自主地坚持把马克思主义基本原理和本国的具体实践相结合，才能走出一条正确的革命和建设道路。邓小平指出：“我们认为国际共产主义运动没有中心，不可能有中心。我们也不赞成搞什么‘大家庭’，独立自主才真正体现了马克思主义。”② 现在仅存的“共产党和工人党国际会议”和“国际共产党人研讨会”，就其性质来说是各国共产党之间经验交流和学术研讨的平台，有利于加强各国党之间的相互联系和团结合作，但不具有约束力。

(4) 社会主义的一元性和多样性。社会主义产生在资本主义制度以后，是反对和否定资本主义的一种社会思潮和派别。柏拉图的《理想国》和我国古代儒家学说的大同思想，不能称为社会主义。马克思的一

① 《邓小平文选》第3卷，人民出版社1993年版，第383页。

② 《邓小平文选》第3卷，人民出版社1993年版，第191页。

个历史性贡献就是在发现唯物史观和剩余价值学说的基础上，使社会主义从空想变成科学，创立了科学社会主义。科学社会主义令人信服地揭示和阐明了社会主义代替资本主义的历史必然性，并被以后的实践所证明。社会主义就科学性来说，只有科学社会主义这一家具有完整的世界观和崭新的科学体系，因而我们把它作为党的指导思想。就这一点来说是一元的。我们必须坚持一元主导。但是，社会主义思潮和派别从来不是一家而是多家，而且越来越多样化，即一元主导和多样并存。科学社会主义之外，还有各种各样的社会主义思潮和流派。马克思、恩格斯创立第一国际期间，就存在法国的蒲鲁东主义，德国的拉萨尔主义和杜林主义，英国的工联主义，以及俄国的巴枯宁无政府主义等。在列宁、斯大林时期，有伯恩斯坦修正主义，考茨基主义，俄国孟什维主义，托洛茨基主义，西欧“左派”共产主义等。第二次世界大战以后，有社会党国际的民主社会主义，不同称呼的民族社会主义，西方马克思主义的社会主义，无政府主义的社会主义，以及生态社会主义等。社会主义的思潮、派别、模式越来越多样化。对这些社会主义流派，我们一方面要旗帜鲜明地与其划清界限，以保持思想理论的纯洁性；另一方面又不能唯我独社，要在求同存异和党际关系四项原则的基础上建立和发展同这些左翼社会主义政党的关系。可以预测，在未来全球社会主义取代资本主义过程中，不会只有科学社会主义一家。

（5）社会主义的规定性和开放性。社会主义社会有区别于资本主义以及其他社会的基本特征，这就是社会主义性质的规定性。它体现为科学社会主义创始人所阐述的科学社会主义基本原则。坚持了科学社会主义的基本原则，就保证了社会的性质是社会主义而不是什么别的主义。就这方面来说，它具有质的规定性。但是，社会主义不是封闭的，而是开放的，它没有离开世界文明大道，而是在克服资本主义的糟粕和弊病、吸收资本主义精华的基础上，经过发展在各方面都高于资本主义的更高类型的社会制度。就这方面来说，它又具有开放性。列宁在十月革命以后曾经说过，我不知道别的什么社会主义，只知有一种社会主义，即接受了资本主义一切优秀成果的那样一种社会主义。但是，由于复杂的历史原因，过去曾经出现过把社会主义看成是和资本主义绝对对立的，资本主义是这样，社会主义就应是那样，鼓吹和资本主义“对着干”的形而上学口号。在走了一段弯路后，才逐渐清醒。其实，社会主义和资本主义既相互矛盾和对立又相互联系和借鉴。两种文明制度都在借鉴和吸收对方的文明成果和精华。邓小平指出，社会主义要赢得与资本主义相比较的优势，就必须大胆吸收和借鉴人类创造的一切文明成果，包括当今世界资本主义发达国家的文明成果。在资本主义的文明成果中，有一些反映全人类文明发展的特征，有一些具有西方社会的阶级特征，要严格区分，对后一种不能借鉴和吸收。21 世纪的社会主义将是更加开放的社会主义。

2. 共产党执政国家社会主义再造辉煌

这是世界社会主义的主干和中坚力量。目前，全世界共有 130 多个共产党，总人数一个亿左右，其中社会主义国家，中国有 8500 万，朝鲜有 400 万，越南有 300 万，古巴有 100 万，老挝有 10 多万，总计约 9300 万；资本主义国家有 120 多个共产党，总人数 800 万左右。被称为“一大四小”的社会主义国家，“四小”的越南、老挝、朝鲜、古巴都站稳了阵脚，通过改革和革新，巩固和发展了社会主义。

“一大”的中国在这 20 年中发展最快，已成为世界第二大经济体。中国站在历史的新起点上，既有机遇又有挑战。机遇是指和平与发展的时代主题没变，国内有巨大的消费需求增长潜力，中国还有二三十年的快速发展机会，仍处在战略机遇期。挑战有国内的也有国外的。国内的主要是在经济快速发展的同时，在社会转型中，出现了腐败蔓延、贫富差距过大、生态环境恶化和经济发展方式落后等深层次问题。以习近平为总书记的新的中央领导集体，狠抓党的作风建设和反腐败斗争，深化改革开放，正在着力解决这些问题，取得明显效果，深得党心民心。国外挑战主要来自于西方敌对势力。美国从助推“阿拉伯之春”，完成“民主改造”、政权更迭之后，提出重返亚太和“亚太再平衡”，全球战略重点已从中东移至亚太，其目的就是在这个最富活力的地区维持霸权地位和封堵、遏制、打压中国的崛起。美国由于国力下降，实现这一目的，需要借助日本；日本右翼军国主义势力欲重温“大东亚共荣圈”的美梦，也需要美国的支持；于是形成美日联手共同遏制中国崛起的局面。但这只是一厢情愿，很难实现，因为中国日益强大，而美国的实力衰退，影响力在下降，真正跟着跑的国家不多，已力不从心，难以阻挡历史车轮滚滚向前。中美两国的关系是 21 世纪最重要最复杂的双边关系。中美之间需要构建相互尊重、和平发展、互利共赢的新型大国关系。总起来说，机遇大于挑战。中国在21世纪和平崛起是任何力量也阻挡不住的。中国有双重身份，既是发展中国家，又是社会主义国家，一句话是发展中的社会主义国家。在党中央领导下，8000多万党员和13亿多人民，万众一心，团结奋斗，到建党100年实现全面建成小康社会，到建国100年基本上实现社会主义现代化。那时，我们的祖国必将繁荣富强，中华民族必将实现伟大复兴，“中国梦”必将成真。中华民族的伟大复兴，必将促进世界社会主义的复兴。正如邓小平所指出的，到21世纪中叶，中国社会主义现代化的基本实现，“这不但是给占世界总人口四分之三的第三世界走出了一条路，更重要的是向人类表明，社会主义是必由之路，社会主义优于资本主义”。[①] 这就是说，中国的作用，一个是给发展中国家走出一条路，另一个是表明社会主义是优于资本主义的必由之路，那时社会主义的复兴就为期不远了。西班牙社会活动家米格尔·曼萨内拉·萨拉韦特说：“未来最可能的情况是，中国模式在三四十年时间内占据主导地位，这将意味着全球向社会主义制度过渡的进程开始。”

3. 发展中国家社会主义蓬勃发展

这是继社会主义国家之后21世纪社会主义最有希望的地区。现时有四大亮点，即“三南一北”。“三南”之一是南亚的印度。印度是南亚大国，近年发展很快，印度的社会主义形势也相当不错。印度共产党于1920年成立，从20世纪60年代到90年代逐步分裂为四个共产党，即印共、印共（马）、印共（马列）、印共（毛）。印共是印度共产主义运动中的右翼，印共（马）是中左翼，印共（马列）和印共（毛）是极左翼。印共（马）人数最多，影响最大，有100万党员，群众组织成员约为5000万，是印度最大的左翼政党，也是资本主义国家中人数最多的共产党，是印度议会第三大党，曾在西孟加拉邦执政30年，在喀拉拉邦执政多年，目前虽遇到挑战，但仍有很大影响力。印共也表现不俗，有60多万党员，下属群众组织约为600万。这两个党走的是议会道路，取得一定成绩。印共（马列）、印共（毛）于2004年，决定效仿中国，在农村建立革命根据地和人民游击解放军，走武装夺取政权的道路。到目前为止，印度的28邦中的22个都有毛派武装，是当前世界社会主义

① 《邓小平文选》第3卷，人民出版社1993年版，第225页。

运动中实力最强大的一支武装力量。“三南”之二是南美即拉美。拉美被视为美国的后院。在拉美，古巴是社会主义的旗帜，委内瑞拉最为活跃。查韦斯1999年通过选举就任委内瑞拉总统以来，以拉美独立运动英雄玻利瓦尔的思想为指导，高举“21世纪社会主义”的大旗，积极探索委内瑞拉的社会主义道路，经济社会发展很快，人均国内生产总值已达1万美元，是拉美幸福指数最高的国家。他于2008年当选委统一社会主义党主席，该党现有党员700多万，占全国总人口2900万的1/4左右。他崇拜马克思、列宁、毛泽东，熟读毛泽东著作，把古巴的菲德尔·卡斯特罗视为自己的精神导师，在国际事务中积极支持拉美各国的左翼势力，敢于向美国叫板和美国对抗。在他执政时期，拉美33个国家中，左翼力量在13个国家通过选举执政，其人口和面积分别占拉美的70%和80%，极大地壮大了拉美地区的左翼力量，其中还有几个国家也坚持走社会主义道路，如厄瓜多尔提出建设“具有厄瓜多尔特色的社会主义”、玻利维亚提出“社群社会主义”、巴西执政的劳工党提出“劳工社会主义”等等。这些都属于民族社会主义范畴。查韦斯逝世以后，马杜罗继承查韦斯的遗志，继续推进委内瑞拉和拉美地区的社会主义事业，形势一片大好。“三南”之三是南非。南非是非洲最发达的国家。南非共产党成立于1921年，现在党员有13万人，是当今非洲各国共产党中力量最强、影响最大的党，是世界社会主义运动中一支重要力量。南非共经过90多年的艰苦探索，在向社会主义过渡问题上，选择了“革命性改良”的策略，在国内和非国大有很大的影响力。

“一北”就是俄罗斯。俄罗斯在苏联解体后虽然已从超级大国跌落为被西方国家挤压的二、三流国家，但是在普京的领导下，经济有所恢复，而且它的潜力巨大，具有许多国家不具备的优越条件。一是领土辽阔，资源丰富，这条优势今后越来越重要。二是教育、科学、技术发达，人才资源雄厚。三是军事实力强大，是当今世界唯一能够摧毁美国的国家。四是民族强悍，从未屈服于任何强权和外来势力，是历史上打败过所向披靡、不可一世的拿破仑军队和希特勒法西斯军队的民族。从社会主义复兴的角度看，俄罗斯是列宁主义的故乡，有深厚的社会主义传统，苏联时代的一些社会福利制度和措施，如住房、用水、医疗、教育免费等至今都完好地保持下来，任何人都不敢废除，许多俄罗斯人都怀念昔日的苏联。俄共现有16万党员，在历次杜马选举中的得票率都在20%以上，曾是杜马中的第一大党，现为第二大党。俄共的纲领目标分两步走，第一步推翻现存社会制度，重建苏维埃人民政权，第二步实现革新的社会主义。普京提出建立“欧亚联盟”的宏伟目标，给俄罗斯人带来了民族复兴的梦想和豪情，激发了俄罗斯重整旗鼓、再造辉煌的强国梦，俄罗斯的复兴指日可待。俄罗斯的复兴或将伴随着社会主义的复兴。

“三南一北”中的印度、俄罗斯如今都是“金砖国家”，它们在世界社会主义运动中的作用，正如列宁在逝世前夕所说的：“斗争的结局归根到底取决于如下这一点：俄国、印度、中国等等构成世界人口的绝大多数。正是这个人口的大多数，最近几年非常迅速地卷入争取自身解放的斗争。所以在这个意义上说，世界斗争的最终解决将会如何，是不可能有丝毫怀疑的。在这个意义上说，社会主义的最终胜利是完全和绝对有保证的。”①

4. 发达国家社会主义奋力推进

这次金融危机，对欧美发达资本主义国家的打击最大，就持续时间之长、辐射范围之广，仅次于20世纪30年代的大萧条。危机爆发五年后，除德国经济稍好、美国经济有些反弹外，其余国家仍在零增长线上挣扎，经济减速和衰退，周期性变成长期性。在危机期间出现两个引人注目的现象。一个是沉寂已久的群众运动和工人运动再次在欧洲各国兴起。示威游行、大罢工和全国大罢工此起彼伏，从未间断。2010年5月，希腊300万人全国大罢工，同年6月法国200万工人全国大罢工，意大利200万人大罢工，震动了欧洲和世界。2011年9月，美国纽约群众走上街头，发起“占领华尔街运动”，此后“占领”浪潮迅速蔓延到1000多个大中小城市，矛头直接对准金融寡头和高管阶层，其实质是99%对1%，反对分配不公的资本主义制度，击中美国要害。“占领”运动甚至蔓延到欧洲一些国家。人们对资本主义制度已完全失望，认为它已病入膏肓、不可救药。另一个是“马克思热”。苏东剧变后，西方国家把马克思“扫地出门”，这次危机，西方“重新发现马克思”，“马克思又回来了”，“在金融危机和接下来的经济萧条中，马克思的幽灵已经从坟墓中复活”。斯图尔特·杰弗里斯在英国《卫报》上发表文章指

① 《列宁选集》第4卷，人民出版社1995年版，第796页。

出："在全球资本主义陷入危机时，人们重新对马克思和马克思主义产生兴趣，尤其是西方的年轻一代。因为马克思主义为他们提供了分析资本主义，尤其是像目前这种资本主义危机的工具。"在这种背景下，马克思仍旧"人气最高"，《资本论》成为畅销书，再次掀起学习和研究马克思主义热潮。上述情况，为发达国家的共产党带来机遇。一些发达国家的共产党借机振作起来，在批判资本主义危机和领导工人运动中做出贡献并有一定发展。

但是，发达国家的社会主义运动比起发展中国家始终艰难得多。马克思是从分析资本主义基本矛盾着手，预言发达国家将首先突破资本主义的。但 20 世纪社会主义实践表明，首先走上社会主义道路的不是资本主义基本矛盾激化的富国，而是阶级矛盾、民族矛盾激化的穷国，因为那里的人们生活在水深火热之中，不革命没有出路。从这次金融和经济危机看，发达国家的资本主义基本矛盾已激化到极点，社会主义代替资本主义已经完全成熟，资本主义早该寿终正寝了。但是，那里仍然没有出现革命形势和社会变革的危机。其原因至少有如下几点：一是资本主义经过几百年尤其是二战后黄金时期的发展，已达到相当高的水平，群众的物质文化生活水平大为提高，多数人希望有些变革，但又安于现状，害怕动乱，不愿意革命。二是从 20 世纪 30 年代的大危机中，多数发达国家从美国罗斯福的新政中，学会用凯恩斯的办法，在资本主义体制框架内进行自我调节、自我更新，虽然它只能治标不能治本，但资本主义的寿命延长了。三是垄断资产阶级具有丰富的统治经验，战后各国普遍实行改良主义、福利主义政策，从科学技术的高度发展所赚得的高额利润和税收中拿出一部分来改善工人阶级和劳动群众的生活，从而使劳资矛盾得到一定缓和，造成了顺利进行剥削和统治的安定社会环境。四是民主社会主义在发达国家具有广泛影响。民主社会主义是世界社会主义运动中一个改良主义的思潮和派别，是西方国家社会党、社会民主党意识形态和思想体系的总称。从布莱尔提出"第三条道路"以后，民主社会主义越来越右倾化，它早已放弃了马克思主义的指导地位，放弃了社会主义代替资本主义，把"社会主义"视为在资本主义框架内无止境的基本价值目标（自由、公正、互助）追求。它在发达国家推行的社会福利政策和民主化措施比起右翼有一定进步意义。但是，民主社会主义始终局限在资本主义框架内，充当"资本主义病床边的医生和护士"，维护资本主义制度。民主社会主义二战后在欧美发展很快，1951 年成立的社会党国际，目前有 169 个成员党，约有 4000 多万党员，现实执政和参政的有 20 多个，但时上时下，很不稳定。而发达国家的各国共产党目前虽然也有 120 多个，但只有几百万党员，人数和影响力远不如民主社会主义。在 20 世纪，发达国家的一些共产党，尤其是法共和意共这两个大党，曾提出各种不同方案，执着地探索如何向社会主义过渡，不但没有成功，反倒因受苏共 20 大和苏东剧变的影响两次受到打击，党员人数锐减，党的影响力下降。这次金融危机后，发达国家的共产党又在分析形势的基础上提出不同探索方案，其共同点是：要创造性地对待马克思主义和分析资本主义的新变化；坚持各国共产党的独立探索；把党从工人阶级先锋队组织转变成工人阶级和劳动群众的群众性组织；在向社会主义过渡上，不采取暴力革命方式，而坚持走和平民主道路。历史表明，一个新社会制度取代旧制度并不一定在旧制度最发达的国家发生，如封建主义在中国最发达，但是首先走上资本主义道路的却是封建主义并不发达的西欧。总起来说，发达国家向社会主义过渡的探索会扎实地一步一步地向前推进，但由于条件的限制，现实难以有发展中国家那么大的作为。发达国家的社会主义要取得重大突破，需要出现杰出的社会主义理论家和实践家。马克思说："如爱尔维修所说的，每一个社会时代都需要有自己的大人物，如果没有这样的人物，它就要把他们创造出来。"①

综上所述，21 世纪世界社会主义的趋势和走向是：从回升到复兴。依次是：社会主义国家、发展中国家、发达资本主义国家。这是合乎规律的大势所趋和历史必然。大势所趋是指历史潮流不可阻挡。历史必然是说社会发展规律不可逆转。但全球社会主义代替资本主义是整个历史时代的问题，需要许多代人前赴后继、共同努力才能完成。展望未来，我们抱着历史的乐观主义，对社会主义必然取代资本主义和最终实现共产主义充满信心。

---

① 《马克思恩格斯选集》第 1 卷，人民出版社 1995 年版，第 432 页。

下篇

中国特色社会主义的理论与实践

社会主义实践在中国

1999年是伟大的中华人民共和国建国50周年。1949年10月1日，中华人民共和国的诞生，是中国社会主义实践的开始。半个世纪以来，在以毛泽东、邓小平、江泽民为核心的三代中央领导集体的领导下，中国人民沿着探索建设有中国特色社会主义道路不断前进。50年在中华民族5000年文明史中可谓“弹指一挥间”，但是，神州大地却“旧貌换新颜”，发生了翻天覆地的变化。实践证明，中国的社会主义实践是最成功的。社会主义制度在中国表现了巨大的优越性和强大的生命力。

一、中国走社会主义道路的郑重历史选择

1840年鸦片战争以后，中国逐渐沦为半殖民地半封建社会。帝国主义和封建主义的联合统治，是近代中国长期贫穷落后的总根源。中国人民为了推翻帝国主义和封建主义的统治，拯救民族的危亡，使中国成为一个独立富强的国家，解决近代中国历史的这个主题，曾前赴后继，进行了可歌可泣的斗争，但都没有成功。其间有三次大的斗争。第一次是历时14年之久的太平天国农民革命运动和以后的义和团反帝爱国运动，它显示了中国农民阶级反侵略、反强暴的英勇精神和巨大力量，但终因提不出彻底的民主革命纲领而失败。第二次是1898年，以康有为、

梁启超、谭嗣同为代表的资产阶级改良派，在光绪皇帝的支持下所实行的“戊戌变法”，试图走日本“明治维新”君主立宪的道路，但不过百日就失败了。第三次是以孙中山为首的资产阶级革命派，在连续不断地发动反对清王朝武装起义的基础上，终于通过1911年的辛亥革命，推翻了清王朝，结束了中国2000多年的封建统治，但随后不久，革命果实被代表帝国主义和封建主义利益的北洋军阀头子袁世凯所篡夺，这场革命也失败了。此外，还有一些倡导“实业救国”、“教育救国”的爱国人士，在旧社会一筹莫展。其中第二次和第三次斗争，即戊戌变法和辛亥革命，都曾试图在中国走资本主义道路，但都没有成功。这说明，不仅洪秀全的“天朝田亩制”不能救中国，就是康有为的《大同书》和孙中山的三民主义也不能救中国。实践证明，在中国走资本主义道路是根本行不通的。

为什么在近代中国仿效西方走资本主义道路行不通？一是帝国主义不允许，他们不愿意中国成为资本主义国家，成为他们的竞争对手。二是封建势力强大和顽抗，他们不甘心退出历史舞台，让资本主义取而代之。三是民族资本脆弱，民族资产阶级软弱，没有能力领导民主革命取得胜利。特殊的历史条件，排除了中国走西欧资本主义道路的可能。

历史重任落在中国无产阶级身上。中国无产阶级虽然人数不多，但却是先进生产力的代表，具有彻底的革命性；由于大多数来自农民，和广大农村有天然的联系，因此便于和农民结成亲密联盟。十月革命一声炮响，给中国人民送来了马克思列宁主义。中国的先进分子从各种各样的主义中选择了社会主义。这是中国人民作出的郑重的历史选择。有了这个选择，在中国工人运动和马克思列宁主义相结合的基础上，于1921年建立了中国无产阶级政党——中国共产党。在中国共产党和毛泽东的领导下，中国人民经过28年艰苦卓绝的斗争，终于在1949年取得了新民主主义革命的伟大胜利，建立了中华人民共和国。中华人民共和国的成立，标志着“资产阶级共和国”在中国土地上的彻底破产。毛泽东在1949年建国前夕所写的《论人民民主专政》一文中，从最高的层次上总结了新民主主义革命的历史经验。他指出：“总结我们的经验，集中到一点，就是工人阶级（经过共产党）领导的以工农联盟为基础的人民民主专政。……这就是我们的公式，这就是我们的主要经验，这就是我们的主要纲领。”① 夺取全国政权这一点是具有决定意义的，从此就有了在中国大地上进行社会主义实践的条件，中国由此进入了创立和发展社会主义的历史时期。

二、中国社会主义改造的成功实践

毛泽东早在民主革命时期就曾指出：“中国共产党领导的整个中国革命，是包括民主主义革命和社会主义革命两个阶段在内的全部革命运动；这是两个性质不同的革命过程，只有完成了前一个革命过程才有可能去完成后一个革命过程。民主主义革命是社会主义革命的必要准备，社会主义革命是民主主义革命的必然趋势。”② 在旧中国，存在人民大众同帝国主义、封建主义的矛盾和无产阶级和资产阶级的矛盾。因此，既存在着民主革命的条件，也具备从民主革命向社会主义革命转变的前提。无产阶级在民主革命中的领导权，没收官僚资本后所建立的强大国营经济，人民民主专政国家政权的巩固，加上有利的国际环境，所有这一切就决定了我国在新民主主义革命胜利后，从 50 年代初就可以立刻着手向社会主义革命转变，中间不需要横着一个独立的资本主义发展阶段。

中华人民共和国成立到所有制社会主义改造基本完成，这是我国由新民主主义向社会主义的过渡时期。党中央和毛泽东在 1953 年提出了过渡时期的总路线，这就是要在一个相当长的时期里，逐步实现社会主义工业化，并逐步实现国家对农业、手工业和资本主义工商业的社会主义改造，即简称为“一化三改”、“一体两翼”的总路线。这是一条社会主义建设和社会主义改造并举的路线，使建设和改造互为条件，相互促进。在社会主义改造中，我们通过合作社的形式实现了对农业、手工业的改造，是对列宁的合作化思想的创造性运用和发展；对资本主义工商业的社会主义改造，没有采取强力剥夺而实行和平赎买，采取了一系列逐步过渡和改造的形式，把对制度的改造和人的改造结合起来，将民族资产阶级的绝大多数人改造成为自食其力的劳动者，这是社会主义运动

① 《毛泽东著作选读》下册，人民出版社 1986 年版，第 687 页。

② 《毛泽东著作选读》上册，人民出版社 1986 年版，第 343 页。

史上的一大创举。这场社会大变革没有引起大的社会动荡，工农业生产没有减产还保持继续增长的势头，这是一个了不起的成就。在总路线的指引下，从1953年到1956年，我国基本上完成了对私有制的社会主义改造，同时提前胜利完成了第一个五年计划的建设任务，奠定了我国工业化的初步基础。同一期间，全国工业总产值每年递增19.6%，农业总产值每年递增4.8%，发展速度是相当快的。这说明党在过渡时期的总路线是符合中国国情的，社会主义改造是符合我国历史发展的趋势和要求的。不可否认，在社会主义改造后期，我们在工作中出现了过急过快过粗、形式过于简单划一的缺点，但这毕竟是第二位的。社会主义改造的基本完成，标志着我国社会主义基本制度的建立，从此我国进入了社会主义社会。这场我国历史上最伟大最深刻的社会变革，是我国后来一切进步和发展的基础。

三、中国社会主义建设道路的艰辛探索

毛泽东历来主张独立探索，反对照抄照搬别国的经验。但是，在建国初我们缺乏建设经验的情况下，他还是主张认真学习第一个社会主义国家—苏联的经验。因此，我国的体制和政策，都有不少苏联模式的烙印。到50年代中期，我们在实践中感到苏联某些经验并不适用于中国的实际情况。因此毛泽东经过慎重思考，提出要“以苏为鉴”，探索一条有别于苏联模式、适合中国情况的中国工业化道路，即中国社会主义建设道路。

在毛泽东领导下，从1957年到1976年，我们用了20年时间艰辛探索中国社会主义建设的道路。在探索中既取得很大成就，又发生了重大曲折和挫折。成就包括实践和理论两个方面。就实践上来说，在这20年中，我们为建设一个独立的比较完整的工业体系和国民经济体系打下了坚实的基础，社会主义各项事业都取得很大进展。开采大庆油田，原子弹、氢弹爆炸，发射和回收卫星，建设南京长江大桥，修建成昆铁路，都发生在这个时期。就理论方面来说，毛泽东为正确指导这场探索，提出要“创造新的理论，写出新的著作”，并针对苏联模式的弊端，提出了许多有价值的理论观点。例如，针对苏联学术界长期占统治地位的社会主义社会“无冲突论”，提出了社会主义社会存在矛盾的观

点；针对斯大林的社会主义社会生产关系与生产力“完全适应”的观点，提出了在社会主义社会，生产关系与生产力、上层建筑与经济基础又相适应、又相矛盾的观点；针对苏联的肃反扩大化，提出了严格区分两类矛盾特别是正确处理人民内部矛盾的观点；针对苏联体制权力过分集中的弊端，提出了权力下放、发挥中央和地方两个积极性的观点；针对苏联的优先发展重工业，提出了农轻重的建设安排；针对苏联文化界死气沉沉，提出了“百花齐放，百家争鸣”的方针，等等。上述观点，反映了毛泽东急欲摆脱和跳出苏联模式的强烈愿望和深刻理论思考，尽管受当时“左”的指导思想的干扰，这些观点在实践中未能很好贯彻，有的甚至向相反的方向发展，但是这些观点的提出是在理论探索方面迈出的第一步，为之后系统的理论探索奠定了基础，为后人继续探索提供了宝贵的思想资料和精神财富，为突破苏联模式架设了一座桥梁。其中一些观点至今仍闪烁着真理的光芒。

毛泽东晚年的重大失误，是在探索建设社会主义中发生的。这是我们正确认识这个问题的出发点。社会主义是前无古人的崭新事业，既没有可资借鉴的现成成功经验，也没有适用于一切国家的固定模式，只能依据前人的指引，在实践中不断探索，带有很大的探索性、开拓性。波兰革命家卢森堡把社会主义视为一块有待人们奋力开拓和辛勤耕耘的“处女地”。列宁在十月革命以后对社会主义要在实践中长期探索有清醒的认识。他指出：“对俄国来说，根据书本争论社会主义纲领的时代已经过去了，我深信已经一去不复返了。今天只能根据经验来谈论社会主义。”① 列宁在这里强调，在有了社会主义实践的条件下，不应从书本出发而应从实际出发，探索建设社会主义。他还说：“为了建设社会主义，我们准备作几千次尝试，而且，我们在作了一千次尝试以后，准备去作一千零一次尝试。”② 建设社会主义既然是一个长期探索、反复实验的过程，就会既有成功和成就，又有失误和失败，而且这两方面往往是相互伴随、相互交织的。对探索提出“只许成功，不许失败”的要求，是不切实际的。当然，指导方针正确，就有可能少犯错误和不犯重大错误。这种错综复杂和艰难曲折的探索历程，从正反两方面都留下深

---

① 《列宁全集》第 34 卷，人民出版社 1985 年版，第 466 页。

② 《列宁全集》第 34 卷，人民出版社 1985 年版，第 379 页。

刻的历史经验。毛泽东晚年尽管有重大失误，但仍不失为中国社会主义建设道路的开拓者。

四、奋力开拓建设有中国特色社会主义的新道路

于1978年底召开的党的十一届三中全会实现了伟大的历史转折。这次全会，在邓小平的领导和其他老一辈无产阶级革命家的支持下，实现了党在思想、政治、组织等领域的全面拨乱反正，确立了社会主义的改革开放，从此中国的社会主义建设进入一个新的发展时期。十一届三中全会以后的21年，是我国经济快速发展时期，也是我国社会主义历史的最好时期。在这次历史转折的整个过程中起关键作用的邓小平，作为党的第二代领导核心，他一贯重视对社会主义基本理论问题的研究，善于总结历史经验和新鲜经验，有强烈的改革意识和开拓进取精神，能够敏锐把握时代发展的脉搏和契机，既继承前人又突破陈规，具有开拓马克思主义的巨大理论勇气和开创社会主义建设新道路的巨大政治勇气。十一届三中全会以后，邓小平高举毛泽东思想的伟大旗帜，以“建设有中国特色的社会主义”为总题目，在毛泽东探索的基础上继续进行新的探索。在探索中，他继承了毛泽东正确的，纠正了毛泽东错误的，同时有许多新的创造；在探索中，他逐步形成了以“什么是社会主义，如何建设社会主义”为主题和主线的邓小平理论，在邓小平理论的指引下又逐步形成了以“一个中心、两个基本点”和“建设富强、民主、文明的社会主义现代化国家”为主要内容的党在社会主义初级阶段的基本路线，这条基本路线的进一步展开就是具有中国特色社会主义的新道路。这条新道路同毛泽东探索的中国社会主义建设道路既有连续性又有变革性，是连续性和变革性的统一，是对毛泽东探索的继承和发展。

这条新道路的思想理论基础是解放思想、实事求是的思想路线。可以说，社会主义怎么搞，走什么发展道路，首先是个思想路线问题。解放思想、实事求是思想路线的确立，为全面纠正“左”的错误，正确总结社会主义的历史经验，重新探索和开拓建设有中国特色的社会主义发展新道路奠定了坚实的思想基础。这条新道路的基本内容是：

——坚持以经济建设为中心，集中力量发展生产力。社会主义的根本任务是发展生产力。这个根本任务的确立，就决定了必须以经济建设

为中心。我们只能有一个中心，而不能搞两个中心或多中心。一切工作都要服从和服务于这个中心。牢牢把握这个中心，实现国民经济持续、快速、健康发展，是推动各项社会主义事业加快发展和保障国家长治久安的基础性工程。

——坚持改革，实现社会主义现代化。改革是中国的第二次革命，其实质和目标，是要从根本上改变束缚我国生产力发展的经济体制，确立充满生机和活力的社会主义新经济体制，同时，相应地改革政治体制和其他方面的体制，以实现中国的社会主义现代化。现代化是当今世界不可阻挡的历史潮流，顺者昌、逆者亡。中国的命运，社会主义的前途，系于现代化建设的成败。

——坚持对外开放，大胆吸收世界文明成果。对外开放是实现社会主义现代化的必要条件。在当今世界，各国经济一日千里地前进，科学技术突飞猛进地发展，各国之间经济和科学技术的交流越来越频繁，任何一个国家关起门来都不能实现现代化。对外开放的实质就是借鉴和吸收世界文明的一切成果，特别是现代资本主义的文明成果，拿来为我所用，发展自己。

——坚持两个文明建设协调发展，促进社会全面进步。社会主义社会有物质生产和精神生产、物质文明和精神文明两个方面、两大领域。邓小平指出，搞不好物质文明建设不是有中国特色的社会主义，搞不好精神文明建设也不是有中国特色的社会主义，只有两个文明建设都搞好才是有中国特色的社会主义。社会主义精神文明建设最后要落实到人的建设上，它的根本任务是培育有理想、有道德、有文化、有纪律的“四有”公民，提高全民族的教育科学文化素质和思想道德素质。坚持两个文明协调发展，目的是促进社会的全面进步，这是社会主义社会发展的鲜明特点和社会主义优越性的重要体现。

——坚持四项基本原则，为改革开放和现代化建设提供强有力的思想政治保证。改革开放和现代化建设有两种，一种是资本主义的，一种是社会主义的。为使我国的改革开放和现代化建设沿着社会主义方向发展，必须为其提供强有力的思想政治保证。这就要坚持四项基本原则，即坚持社会主义道路，坚持人民民主专政，坚持中国共产党的领导，坚持马克思列宁主义、毛泽东思想。四项基本原则是统一的不可分割的整体。在不同时期，可以侧重强调某一两项，但不能削弱和动摇任何一项。

——坚持正确处理改革、发展、稳定的关系，为改革开放和现代化建设提供安定的社会环境。在现代化的长过程中，必须处理好改革、发展、稳定的相互关系。改革是动力，发展是目的，稳定是前提。任何时候，都要把握好改革的力度、发展的速度、稳定的程度，使三者之间相互配合、相互促进。中国的问题压倒一切的是需要稳定，没有稳定的环境什么都搞不成，已经取得的成果也会丢失。我们搞改革开放，搞现代化建设，关键是稳定。中国不能乱，中国的大局是稳定。只有社会、政治稳定，我们的改革开放和现代化建设的步伐才能迈得更快、更稳、更好。

——坚持正确估计国际形势和实行和平对外政策，为我国改革开放与现代化建设提供和平的国际环境和良好的周边环境。和平与发展是当代世界的两大主题。苏东剧变以后，世界格局发生重大变化，双极已被打破，单极也不可能，多极是发展趋势。但是，天下仍很不太平。霸权主义、强权政治在国际政治、经济和安全领域中依然存在，并有新的发展。我们必须坚持独立自主的对外总政策，坚持和平外交政策，发展同世界各国的友好合作关系，反对霸权主义，维护世界和平。

——坚持自力更生、艰苦创业。我国是个发展中国家，又是世界第一人口大国，搞社会主义现代化建设，必须走自力更生、艰苦创业的道路。自力更生是坚持把立足点放在依靠自己力量的基础上，强调中国的事情主要靠自己的力量去解决；对外开放和争取外援也是为了增强自力更生的能力。艰苦创业是要求人们在我国创业时期，具有一种艰苦创业的精神去干事业。

——坚持中国共产党的领导和依靠全国各族人民。中国共产党是中国社会主义事业的领导核心。共产党的领导核心地位是历史形成的，是中国人民在长期斗争中的选择。中国的社会主义事业必须由共产党领导，这是建设有中国特色的社会主义的一个很重要的特点。随着中国社会主义事业的发展，它的依靠力量越来越广泛。建设有中国特色的社会主义有三个层次的依靠力量：依靠工人、农民、知识分子，充分发挥他们的历史主动精神；依靠各族人民的团结，汉族和少数民族同呼吸，共命运，心连心，谁也离不开谁；依靠全体社会主义劳动者、拥护社会主义的爱国者和拥护祖国统一的爱国者的最广泛的统一战线，团结一切可以团结的力量。

——坚持把执政的共产党建设好。共产党是社会主义国家的执政党，社会主义的兴旺或衰败，根源主要在共产党。在新的历史时期，我们党肩负着建设有中国特色社会主义的历史重任，必须加强自身建设，不断提高领导水平和执政水平。邓小平指出，中国问题的关键是把共产党建设好。振兴中华、振兴社会主义，必须在国内外新的历史条件下，坚持把中国共产党建设成为一个用邓小平理论武装起来、全心全意为人民服务、思想上政治上组织上完全巩固、能够经受住各种风险、始终走在时代前列、领导全国人民建设有中国特色社会主义的马克思主义政党。这是新的历史时期的新的"伟大的工程"。

上述十项内容就是邓小平开拓的具有中国特色的社会主义发展新道路。邓小平在探索中所创立的建设有中国特色社会主义理论，党在社会主义初级阶段的基本路线，有中国特色的社会主义发展道路，这些都是我们的无价之宝。近 21 年来，我们坚持走这条道路，我国各项工作取得了举世瞩目的历史性成就，中华大地发生巨变，社会主义事业欣欣向荣，到处是一派兴旺繁荣景象。现在，我国的国民生产总值已跃居世界第七位，居发展中国家首位，人均折合 770 美元；工农业的许多产品，如钢、煤炭、水泥、谷物、肉类、棉花等产量均居世界第一位。中国社会主义的发展和进步，得到世界舆论广泛赞誉。历史说明，社会主义能够救中国，也能发展中国。

以江泽民为核心的党的第三代领导集体，高举邓小平理论的伟大旗帜，坚持用邓小平理论武装全党、教育人民和指导工作，确立依法治国的基本方略，实施科教兴国战略，绘制迈向新世纪的宏伟蓝图，致力打造一支适应时代要求的高素质干部队伍，加强执政党的建设，正满怀信心地领导全党和全国人民把建设有中国特色社会主义事业全面推向 21 世纪。

20 世纪社会主义的发展，突破了 19 世纪的传统社会主义观点，首先走上社会主义道路的不是西方发达国家，而是经济文化比较落后的国家。面对这个实际，列宁在十月革命以后曾经多次指出："我们的革命是开始容易，继续比较困难，而西欧的革命是开始困难，继续比较容易。"① 20 世纪的历史发展，充分证明了列宁这个预见的正确性。一个

① 《列宁全集》第 34 卷，人民出版社 1985 年版，第 343 页。

是西方发达国家无产阶级夺取政权探索了一个世纪没有成功，一个是经济文化比较落后的国家建设社会主义长期处在徘徊、困难和困惑的境地，可以说这是20世纪社会主义的两大历史难题。值得欣慰的是，我们党三代领导集体经过半个世纪的探索，终于找到了一条建设社会主义的成功之路，这不仅对中国今后的社会主义事业而且对世界社会主义运动都做出了不可磨灭的贡献。沿着这条道路走下去，21世纪中华民族必将在社会主义基础上实现伟大复兴。邓小平指出：到下个世纪中叶，中国社会主义现代化的基本实现，“这不但是给占世界总人口四分之三的第三世界走出了一条路，更重要的是向人类表明，社会主义是必由之路，社会主义优于资本主义”。① 社会主义必将走出低潮，重振雄风，再造辉煌，为人类历史作出更大贡献。

① 《邓小平文选》第3卷，人民出版社1993年版，第225页。

毛泽东开启了马克思主义中国化的历史进程

2011 年是中国共产党建党 90 周年。自从有了中国共产党，中国的面目就为之一新。90 年来，在中国共产党领导下，中国发生了翻天覆地的变化，已从一个受人凌辱、任人宰割的半殖民地半封建国家变为一个独立自主、充满生机和活力、欣欣向荣的社会主义强国。回顾这一切成绩的取得，固然原因很多，但最重要的是中国共产党人有坚定的马克思主义信仰，并善于在运用中结合中国实际，推进马克思主义中国化，用中国化的马克思主义指导实践。而新民主主义理论的形成和以这一理论为标志的毛泽东思想的确立，开启了马克思主义中国化的历史进程，并对以后中国的发展和进步产生了广泛而深远的影响。

一、新民主主义理论的形成

中国共产党是在 1917 年俄国十月革命之后，马克思主义在中国广泛传播，1919 年爆发五四反帝爱国运动，在中国工人运动和马克思主义相结合的基础上，于 1921 年建立的。中国共产党从建立那一天起，就以中华民族的伟大复兴和最终实现共产主义为己任，为实现民族独立和人民解放、国家繁荣富强和人民共同富裕两大历史任务进行了坚持不懈的斗争。当时摆在中国共产党人面前的首要问题，就是领导中国人民进行反对帝国主义和封建主义的民主主义革命。在民主革命斗争中，逐步形成了崭新的新民主主义理论。新民主主义理论是中国共产党人集体智慧的结晶，其中毛泽东对这个理论作出了最突出的贡献。早在大革命时期，毛泽东就代表了中国革命的正确方向，他在《中国社会各阶级的分析》和《湖南农民运动考察报告》中就提出了在中国革命中不容忽视的两个重要问题。一是分清敌友。他说“谁是我们的敌人？谁是我们的朋友？这个问题是革命的首要问题。中国过去一切革命斗争成效甚少，其基本原因是因为不能团结真正的朋友，以攻击真正的敌人”①。并运用阶级分析方法，分辨了真正的敌和友。二是农民问题的重要性。在党中央领导人把主要精力集中从事工人运动时，毛泽东就深入到农村考察农民运动，在考察报告中深刻阐述了农民问题是中国革命的中心问题和无产阶级政党领导农民运动的极端重要性。1927 年，蒋介石发动“四一二”反革命政变，在一年多时间里杀害了共产党人和革命群众达 31 万多人。在这种形势下，中国共产党人清算了陈独秀右倾投降主义的错误，清醒地认识到武装斗争的重要性，高举革命大旗，进行武装抵抗，并仿效俄国的城市武装暴动，先后发动了南昌起义、广州起义，但最后都失败了。在这个过程中，毛泽东另辟新路，及时组织和领导了秋收起义，把队伍带到井冈山，创建了党领导的第一个农村革命根据地，掀起了土地革命的风暴，开辟了中国革命的正确道路。在土地革命时期，毛泽东在他所起草的《井冈山的斗争》《关于纠正党内的错误思想》《星星之火，可以燎原》等报告和决议中，从武装斗争、土地革命、农村根据地的政权建设和党的建设四位一体地深入探讨了中国革命道路这个主题。大革命和土地革命这两个时期，可以说是新民主主义理论的孕育和准备阶段。在抗日战争的延安时期，一方面，我们党有了“两次胜利和两次失败”的正反两方面历史经验；另一方面，由于西安事变促成国共第二次合作，有了陕甘宁边区相对安定的根据地环境，这是以前从未有过的，毛泽东就有了较好的条件从事理论研究和著述。这个时期，他深入研究了马克思主义哲学，写出了《实践论》《矛盾论》等哲学名著，从哲学上总结了中国革命经验，还写了一些哲理性很强的军事、政治著作，如《中国革命战争的战略问题》《论持久战》等。特别是 1939—

① 《毛泽东著作选读》上册，人民出版社 1986 年版，第 4 页。

1940年，他先后撰写和发表了《〈共产党人〉发刊词》《中国革命和中国共产党》《新民主主义论》三篇巨著，从论述中国革命的三大法宝，到第一次明确提出“新民主主义革命”概念，再到系统地阐述新民主主义的政治、经济和文化，至此完整的新民主主义理论已经形成。新民主主义理论，是我们党在民主革命时期的一个伟大理论创造，是我们党政治上理论上走向成熟的重要标志。延安时期，可以说是新民主主义理论正式形成和走向成熟的阶段。邓小平指出：“延安时期那一段，可以说是毛泽东思想比较完整地形成起来的一段。”①

新民主主义理论是一个完整的科学体系，其基本内容包括两部分。第一部分是新民主主义革命理论。其主要内容是：①关于近代中国社会的性质，既不是原来单一的封建主义统治的社会，也没有步入西方的资本主义社会，而是帝国主义和封建主义勾结下的半殖民地半封建社会。②关于中国革命的对象、任务、动力和性质，中国革命的对象是帝国主义和封建主义；就革命的动力来说，工人阶级是领导阶级，农民阶级是主力军，小资产阶级和民族资产阶级是同盟者；革命的性质是资产阶级民主革命，但由于工人阶级掌握了领导权，是新民主主义革命而不是旧民主主义革命。③关于中国革命的步骤和前途，中国革命要分两步走，第一步进行新民主主义革命，第二步转变为社会主义革命。④关于中国革命的道路，在探索中开辟了一条在农村建立巩固的革命根据地，经过长期的农村包围城市，最后夺取全国政权的道路。⑤关于中国革命的基本问题，就是统一战线、武装斗争和党的建设三大法宝，正确地理解了这三个问题及其相互关系，就等于正确地领导了全部中国革命。第二部分是新民主主义社会理论。新民主主义革命胜利后，有一个建立什么样的国家和社会的问题，毛泽东提出了建立“新民主主义共和国”和“新民主主义社会”的构想和新民主主义社会的三大纲领。政治纲领：新民主主义的国家政权，既不是资产阶级专政，也不是无产阶级专政，而是无产阶级领导的、以工农联盟为基础的、包括小资产阶级和民族资产阶级在内的几个革命阶级联合专政的国家政权。经济纲领：新民主主义的经济，既不是完全的资本主义经济，也不是完全的社会主义经济，而是以社会主义国营经济为领导的多种经济成分。文化纲领：新民主主义文

---

① 《邓小平文选》第2卷，人民出版社1994年版，第292页。

化，既不是资产阶级文化，也不是完全的无产阶级文化，而是无产阶级领导的适应新民主主义经济政治发展需要并为之服务的反帝反封建的文化，也就是“民族的、科学的、大众的文化”。这三大纲领，在 1949 年建国前夕制定的《共同纲领》中得到充分体现。新民主主义社会不是一个独立的社会形态，是从新民主主义向社会主义的过渡时期。

二、毛泽东思想的确立

新民主主义理论是我们党在民主革命中的一个伟大理论创造。为了使这一理论在实践中发挥更大的作用，要求给这个理论命名并将其确立为党的指导思想。促进这一历史进程的是党史上的两大事件：

第一，遵义会议。1935 年 1 月在长征路上所召开的遵义会议，是民主革命时期具有转折意义的会议。会议最重要的成果，是增选毛泽东为政治局常委，解决了当时关系党和红军生死存亡的军事路线问题。遵义会议以后，党中央逐渐成熟起来，逐步形成了以毛泽东为核心包括刘少奇、周恩来、朱德、任弼时在内的第一代领导集体。遵义会议在极其危急的情况下挽救了中国共产党、中国红军和中国革命，成为党的历史上一个生死攸关的转折点。

第二，整风运动。根据党中央的决定，从 1942 年春天起，中国共产党在全党范围内开展了一场整风运动。这次整风运动的任务是：反对主观主义特别是教条主义以整顿学风，反对宗派主义以整顿党风，反对党八股以整顿文风，以整顿学风为重点。整风的方法，是从认真阅读整风文件着手，联系个人的思想、工作实际，开展批评和自我批评，以肃清“左”倾教条主义的流毒，真正达到在马克思主义基础上的思想一致。整风运动分三个阶段进行。第一阶段是在中央政治局扩大会议范围，时间是在 1941 年 9—10 月，即在全党整风运动之前。第二阶段是从 1942 年春天以后，全党范围进行整风。第三阶段是从 1943 年 10 月以后，主要是在高级干部中讨论党的历史问题。在整风中，毛泽东先后做了《改造我们的学习》《整顿党的作风》和《反对党八股》三个报告。在整风运动中，全党高度评价毛泽东的革命功绩和对马克思主义的创造性发展。共产国际经过长期观察，也充分肯定毛泽东。1938 年 6 月，季米特洛夫在同任弼时、王稼祥的谈话中指出：“中共的政治路线是正确的，中共在复杂的环境及困难的条件下真正运用了马列主义。”“在领导机关中要在毛泽东为首的领导下解决”①。这就为评价毛泽东的理论贡献提供了有利条件。1941 年 3 月至 1942 年 2 月，著名理论家张如心先后发表《在毛泽东旗帜下前进》《学习和掌握毛泽东的理论和策略》等文章，首次提出“毛泽东同志的思想”概念，并对毛泽东创造性地发展马克思主义理论作了系统论述。王稼祥于 1943 年 7 月 8 日在《解放日报》上发表的《中国共产党与中国民族解放的道路》一文中，首次使用了后来被全党接受的“毛泽东思想”这一概念，并且论述了毛泽东思想成长、发展与成熟起来的过程。经过全党整风，特别是党的领导机关和党的高级干部对历史问题的讨论，实现了在马克思主义基础上全党认识的高度统一。1945 年 4 月召开的党的六届七中（扩大）全会通过的《关于若干历史问题的决议》指出：“中国共产党自 1921 年产生以来，就以马克思列宁主义的普遍真理和中国革命的具体实践相结合作为自己的指针，毛泽东同志关于中国革命的理论和实践便是此种结合的代表。”随后召开的党的七大在党章中明确规定：“中国共产党，以马克思列宁主义的理论与中国革命的实践之统一的思想……毛泽东思想，作为自己一切工作的指针”。刘少奇在党的七大关于修改党章的报告中指出：“毛泽东思想，就是马克思列宁主义的理论与中国革命的实践之统一的思想，就是中国的共产主义，中国的马克思主义。”② 上述情况表明，无论是毛泽东在党内的领导地位和以毛泽东思想为党的指导思想，既不是自封和自定的，也不是委任和指定的，而是全党审慎选择和历史形成的。

三、马克思主义中国化历史进程的开启

马克思主义是科学的世界观和社会革命论，是放之四海而皆准的普遍真理。但是，马克思主义不是教条，而是行动的指南，在运用时不能照抄照搬，必须结合实际。马克思、恩格斯在《共产党宣言》1872 年德文版的序言在肯定马克思主义一般原理的正确性时指出：“这些原理

① 《王稼祥选集》，人民出版社 1989 年版，第 138、141 页。
② 《刘少奇选集》上卷，人民出版社 1981 年版，第 333 页。

的实际运用，……随时随地都要以当时的历史条件为转移。”① 这是马克思、恩格斯最早的经典表述。列宁坚持和发展了这一思想。他指出：“我们完全以马克思的理论为依据”。但是，“我们决不把马克思的理论看作某种一成不变和神圣不可侵犯的东西。……因为它所提出的只是总的指导原理，而这些原理的应用具体地说，在英国不同于法国，在法国不同于德国，在德国又不同于俄国”②。毛泽东在民主革命期间，在反对党内教条主义，即反对把马克思主义教条化和对共产国际决议与苏联经验神圣化的错误倾向斗争中，于 1938 年 10 月党的六届六中全会《论新阶段》的报告中，创造性地提出了“马克思主义中国化”的命题和概念。他说：“没有抽象的马克思主义，只有具体的马克思主义。所谓具体的马克思主义，就是通过民族形式的马克思主义，就是把马克思主义应用到中国具体环境的具体斗争中去而不是抽象地应用它。”“因此，马克思主义的中国化，使之在其每一表现中带有中国的特性，即是说，按照中国的特点去应用它，成为全党亟待了解并亟待解决的问题”③。这是毛泽东对马克思主义的独创性贡献。党的其他领导人如张闻天、刘少奇、朱德等也都赞同和使用了“马克思主义中国化”。此后，毛泽东在《〈共产党人〉发刊词》和《新民主主义论》中，没有再用“马克思主义中国化”，而是使用了“把马克思主义的普遍真理和中国革命的具体实践相结合”一词，并在以后称它是“我们党的一贯的思想原则”，成为中国共产党对待马克思主义的标准用语。“中国化”和“相结合”是什么关系？二者含义相同，一个普遍一个具体，二者统一就是中国化。“中国化”简洁通俗，“相结合”更加精确。为什么毛泽东后来强调“相结合”而没用“中国化”？有人认为是怕被外国党扣上“民族共产主义”的帽子。这种解释的根据并不充分。笔者认为，毛泽东之所以强调“相结合”是因为只有“相结合”，才能“中国化”，才能有“中国特性”。实现马克思主义中国化，涉及三个重要环节：一是对马克思主义特别是它的思想体系、基本原理、精神实质了解和把握的程度。二是对中国实际特别是对中国基本国情认识的广度和深度。三是“相结合”的能力，

---

① 《马克思恩格斯选集》第 1 卷，人民出版社 1995 年版，第 248 页。

② 《列宁选集》第 1 卷，人民出版社 1995 年版，第 273—275 页。

③ 《中共中央文件选集》第 11 册，中共中央党校出版社 1991 年版，第 657—659 页。

即理论联系实际的能力，主要体现为理论创新、理论指导实践的能力。毛泽东这几方面都是强项。他一生酷爱读书，博览群书，读了古今中外的许多名著，特别是坚信马列，在马列经典著作上下了很大功夫，从中取经，把它作为治党治国的根本；他没有出国留学，长期坚持在国内进行斗争，注意调查研究，比别人更熟悉中国国情；他不是教条主义者而是创造性的马克思主义者，具有超强的理论创新和理论指导实践的能力。林伯渠在1956年党的八大发言中说："我们可以看到，在没有认识马克思列宁主义以前，中国革命不能免于失败；在有了马克思列宁主义以后，如果不与中国革命实际相结合，也还是不能免于失败；而一经把马克思列宁主义与中国革命实际相结合，则无往而不胜。"① 毛泽东就是"相结合"的能手。历史经验证明，"相结合"和"中国化"不是一劳永逸的，而是一个无休止的过程。一旦离开它，就要发生失误和错误。

综上所述，中国共产党在90年的历程中，始终致力于把马克思主义基本原理和中国的具体实际相结合，推进马克思主义中国化。以毛泽东为核心的党的第一代领导集体，在民主革命实践中形成了以新民主主义理论为标志的毛泽东思想并将其确立为党的指导思想，实现了马克思主义中国化的第一次历史性飞跃，创造了马克思主义中国化的第一个理论成果，开启了马克思主义中国化的历史进程，为后人继续推进马克思主义中国化提供了许多可资借鉴的历史经验。尤其值得大书特书的是，20世纪上半叶，是中国新旧两种思潮、两种势力生死搏斗的时期，在这个大变动、大变革年代，英雄辈出，群星灿烂，其中大多数在中国共产党内，涌现了像毛泽东那样雄才大略、力挽狂澜的大政治家、军事家、理论家、战略家和世纪伟人，像周恩来那样公而忘私、顾全大局、集中华民族传统美德和共产党人高尚品德于一身、具有崇高人格魅力、感人至深的伟人和楷模，这是中华民族和中国共产党的骄傲。他们为实现中华民族的伟大复兴和最终实现共产主义所树立的丰功伟绩，所表现的奋不顾身、不怕牺牲的革命英雄主义和只讲贡献、不求索取的无私奉献精神，所创造的思想理论，所形成的优良传统、思想作风、工作作风和道德风范，为后人所景仰、敬佩和感动，永远是我们取之不尽、用之不竭的精神财富。

---

① 《中国共产党第八次全国代表大会文献》，人民出版社1957年版，第377页。

对社会主义的再认识

对社会主义进行再认识，这是一个十分重要的马克思主义课题。十一届三中全会以后，我们党对社会主义实现了一次深刻的再认识。十二届三中全会通过的《中共中央关于经济体制改革的决定》进一步把对社会主义进行再认识作为一个重大课题提出来，要求全党全国人民破除在对社会主义理解上形成的“若干不适合实际情况的固定观念”，以“加深对社会主义的科学理解”。值得自豪的是，从十一届三中全会以来，我们党坚持实事求是、解放思想的思想路线，使马克思主义的科学精神和创造活力得到恢复和发扬，对社会主义的认识突破一系列僵化观念而提高到新的水平。这是我国今后胜利地进行社会主义现代化建设的重要前提和保证。

一、对社会主义为什么需要进行一次再认识

对社会主义的再认识既是时代的要求，也是社会主义事业的需要。具体来说，有如下几点：

首先，是建设有中国特色的社会主义的需要。建设有中国特色的社会主义，是我们党积几十年社会主义建设经验而得出的科学结论。它既是出发点又是目的。“有中国特色的社会主义”，既具有社会主义的共性，又具有中国国情的个性，是普遍性和特殊性的统一。邓小平 1985

年在接见外宾的一次讲话中指出：中国 30 多年的社会主义实践，积累了很多经验，但最重要的就是搞清什么是社会主义，以及如何建设社会主义的问题，这就是说，要建设有中国特色的社会主义，必须解决如何认识社会主义和如何建设社会主义的问题。而如何认识社会主义又是如何建设社会主义的前提条件和基础。因为对社会主义社会的认识是否正确，直接关系到我们党制定的建设社会主义的路线、方针、政策是否正确、是否对头。总结新中国成立 30 多年社会主义的历史经验，我国社会主义事业的前进或后退、成功或失败，都与我们对社会主义社会的认识是否正确有关。比如，从 1957 年至 1978 年十一届三中全会之前，在这 20 多年的历程中，我们之所以在取得巨大成绩的同时，发生了阶级斗争扩大化和经济建设急于求成这样重大的失误，归根结底是由于我们对社会主义社会的认识不正确造成的。这就是说，我们犯错误，并不是主观上想把社会主义事业搞坏，而是由于对社会主义的认识上出了偏差和问题。1984 年，邓小平在同国际友好人士的一次谈话中指出："对于什么是马克思主义，什么是社会主义，我们过去的认识不是完全清醒的。"这里，邓小平明确指出了我们过去对社会主义的认识有不够清醒、不够正确的地方。再比如，十一届三中全会以来，我们之所以能在短短的七八年时间里取得这样伟大的成绩，在外国人的眼睛里，"中国发生了奇迹般的变化"，已是"另外一个中国"，归根结底是由于我们党通过总结历史经验，实现了一次深刻的对社会主义的再认识，使得我们现在对社会主义有了比较科学的理解。

其次，是社会主义体制改革的需要。十一届三中全会以来，我们党主要抓了几件大事：一是拨乱反正，二是建设，三是改革。改革是继革命之后，新的历史时期共产党人的主要任务。我们目前正在进行的经济体制改革，和与其相配套的，正在准备进行的政治体制改革以及其他方面的改革，需要为其进行理论上的论证。而理论论证的首要课题，就是改革的必要性。一般说来，改革的必要性应当从社会主义社会的基本矛盾中去寻找答案，即改革是由于生产关系和上层建筑的某些环节不能适应生产力的发展而提出来的；改革的目的，就是使生产关系和上层建筑的所有环节都适应生产力的发展。这是改革的理论基础。对此，人们的认识是清楚的、一致的。但是，改革还有一个理论基础，这就是对社会主义的再认识。对社会主义的重新认识，说明改革是社会主义制度自我完善，社会主义社会自我成熟的根本途径。社会主义社会向前发展，离开改革，没有别的出路和办法。对于这一点，很多人都还没有认识到。

最后，也是思想理论建设的需要。思想理论建设既指导又服务于社会主义现代化建设。整个社会主义历史时期（而不是哪一个发展阶段）思想理论建设面临的任务很多，但是其中最根本的就是对社会主义的再认识。毛泽东在《实践论》中指出：人们对任何一个事物要取得比较完全和比较正确的认识，都要通过实践、认识、再实践、再认识，循环往复，逐步深化。这就是说，人们对客观事物的认识，要有一个过程；正确的认识，不可能一次完成，而要经过多次反复才能完成。对于社会主义社会这个崭新而复杂的事物的认识，特别是对于社会主义社会发展规律性的认识，更是如此。社会主义将是人类社会发展中一个很长的历史阶段。只要这个客观历史过程没有完结，人们对社会主义再认识的过程也不会终结。

二、对社会主义再认识的基本内容

从十一届三中全会以来，我们党对社会主义经历了一个深刻的再认识过程，其基本内容大体上包括如下一些问题。

（一）关于过渡时期

马克思的过渡时期理论是逐步形成的。1848 年发表的《共产党宣言》提出了无产阶级夺取政权后的十条过渡措施。《1848 年至 1850 年的法兰西阶级斗争》一书进一步提出了“过渡阶段”。1875 年的《哥达纲领批判》一书则提出了完整的过渡时期的理论，并首次提出了共产主义社会两个阶段的学说。马克思说：“在资本主义社会和共产主义社会之间，有一个从前者变为后者的革命转变时期，同这个时期相适应的也有一个政治上的过渡时期，这个时期的国家只能是无产阶级的革命专政。”[①] 马克思在这本著作发表之前，经常把社会主义和共产主义作为同一概念使用。马克思在这本著作中把共产主义社会划分为第一阶段和高级阶段，这是社会主义认识史上的一次飞跃。马克思在这里所说的

① 《马克思恩格斯选集》第 3 卷，人民出版社 1995 年版，第 314 页。

“共产主义社会”，虽然没有注明是第一阶段还是高级阶段，但按一般道理来说，应当理解为第一阶段，即后来列宁所说的社会主义社会。因为任何一种事物转化为另一种事物的中间阶段或过渡时期，都是从前一事物的终点到后一事物的起点。这是普通常识。

列宁对马克思的过渡时期理论作了完整、准确的解释。他在《国家与革命》这部名著中，发挥了在这之前所写的《马克思主义论国家》这本笔记的思想，把从资本主义向共产主义的过渡，共产主义社会的第一阶段，共产主义社会的高级阶段，分作三节，作为三个不同时期加以论述。这就明确了过渡时期是从资本主义向社会主义的过渡。十月革命以后，列宁在谈到俄国状况时说道：俄国已经建立了社会主义国家，但没有建立社会主义社会，仍处在从资本主义向社会主义的过渡时期。他指出：“看来，也没有一个共产主义者否认过社会主义苏维埃共和国这个名称是表明苏维埃政权有决心实现向社会主义的过渡，而决不是表明承认新的经济制度是社会主义的制度。”①

我们党坚持和发展了马克思、列宁的思想。毛泽东早在新中国成立初期就曾指出：“从中华人民共和国成立，到社会主义改造基本完成，这是一个过渡时期。”② 1953 年 12 月，经毛泽东审阅和修改、由中宣部主编的过渡时期总路线的宣传提纲——《为动员一切力量把我国建设成为一个伟大的社会主义国家而斗争》中指出：“中国革命第一阶段的任务胜利完成后建立起来的新民主主义社会，是一个过渡性质的社会。由中华人民共和国成立到建成社会主义社会，是我国由新民主主义社会过渡到社会主义社会的历史时期。”“党在过渡时期总路线的实质，就是使生产资料的社会主义所有制成为我们国家的唯一的经济基础。”这个“过渡时期”的提法，后来写入 1954 年我国的第一部宪法中。我们党所创立的由新民主主义向社会主义转变的理论，是马克思主义关于从资本主义向社会主义转变的理论在中国的具体化，比较充分地体现了我国历史发展的特点。但是，后来我们偏离了马克思列宁主义的轨道，把过渡时期说成是从资本主义向共产主义高级阶段的过渡。1963 年发表的《关于国际共产主义运动总路线的建议》说：“马克思列宁都认为，在进

① 《列宁选集》第 3 卷，人民出版社 1995 年版，第 521 页。

② 《毛泽东著作选读》下册，人民出版社 1986 年版，第 704 页。

入共产主义的高级阶段以前，都是属于从资本主义到共产主义的过渡时期，都是无产阶级专政时期。”

十一届三中全会以后，我们党通过对社会主义的再认识，在过渡时期的问题上又重新回到马克思列宁主义的正确轨道。1979 年，叶剑英在庆祝新中国成立三十周年大会的讲话中说：中国已经“进入了社会主义社会。”十一届六中全会通过的《关于建国以来党的若干历史问题的决议》（以下简称《决议》）指出：“我国已经建立了社会主义制度，进入了社会主义社会。”这就是说，我国从 50 年代中期就胜利地渡过了“过渡时期”，确立了社会主义基本制度，进入了社会主义社会。必须抛弃“大过渡”观点，把过渡时期和社会主义社会严格区别开来。如果把这两个性质不同的历史时期加以混淆，就有可能导致将过渡时期的一些经济、政治范畴，如两个阶级、两条道路的斗争是社会的主要矛盾等等，错误地用于现阶段的社会主义社会，继续搞以阶级斗争为纲，导致阶级斗争的扩大化。这不只是逻辑的推论，而是已被证明的历史的深刻教训。

（二）关于社会主义社会的长期性和发展的阶段性

马克思预见到，共产主义社会要分第一阶段和高级阶段，至于每个大的发展阶段是否还要划分阶段并没有论及。列宁在十月革命以后发展了马克思的思想，提出并论证了社会主义社会的长期性和发展阶段性的问题。他说：我们所向往的社会主义社会，“是需要很长时间才能建设起来的。”① 他指出：有“初级形式的社会主义”，也有“发达的社会主义”。他还使用过“完全的社会主义”、“达到完备形式的社会主义”、“彻底胜利和巩固了的社会主义”、“完全巩固的社会主义”等提法。这些提法和“发达社会主义”是同一个意思。

后来苏联社会主义建设的成就和胜利，使人们忽略了社会主义的长期性，把实现共产主义看得简单化了。斯大林在 1936 年宣布苏联基本建成了社会主义不久，就在 1938 年苏共十八大的报告中提出逐步向共产主义过渡。伟大的卫国战争胜利以后，苏共十九大又重新提出了这一问题。苏共十九大的新党章指出：现在苏共的主要任务是“从社会主义逐渐地过渡到共产主义，最后建成共产主义社会”。赫鲁晓夫更把它推

① 《列宁全集》第 36 卷，人民出版社 1985 年版，第 308 页。

向极端，在1961年苏共二十二大上宣布：苏联要用20年时间基本上建成共产主义社会。他还规划了20年的进程，前10年，在按人口平均计算的产量方面超过美国；后10年结束时，将建立起共产主义的物质技术基础，并保证全体居民得到丰裕的物质和文化财富，从按劳分配原则逐步过渡到按需分配的共产主义原则。苏共新纲领说："我们这一代人将在共产主义的制度下生活。"实践说明，这个计划和设想是多么的不切实际。勃列日涅夫为了纠正赫鲁晓夫的牛皮大话，在1967年重新提出了列宁的"发达社会主义"的概念，说苏联处在发达社会主义的成熟阶段，并在其后把它系统化理论化了。安德罗波夫执政以后，又降温了。他提出了"苏联处在发达社会主义社会这一漫长历史阶段的起点"的理论。戈尔巴乔夫上台以后，在苏共二十七大上提出了"完善社会主义"的理论。东欧大多数国家继续使用"建设发达的社会主义"的提法。而波兰在不久前通过的统一工人党新纲领中指出，波兰"正处于从资本主义向社会主义过渡时期的最后阶段。在最重要的生活领域，社会主义的基础已经建立"。这表明，波兰已修改了九大以前使用的"建设发达社会主义社会"的提法。这些提法，比较符合苏联东欧等国现阶段社会发展的进程。

我国也发生过类似的情况。1958年党的八大二次会议以后，我们在社会主义建设中出现了把社会主义看成是短暂时期的倾向。1958年8月关于建立人民公社的决议中说：共产主义在我国的实现已经不是什么遥远将来的事情了。当时，有些地方和单位，甚至提出了在几年内进入共产主义的口号和规划。后来，毛泽东认识到了社会主义的长期性，他有一个著名的提法："社会主义是一个很长的历史阶段。"无疑，这是一个正确的论断。但是，就内容来说，却走向另一个极端，这就是他认为在这个很长的历史阶段里始终存在着阶级、阶级矛盾和阶级斗争、存在着社会主义同资本主义两条道路的斗争、存在着资本主义复辟的危险性。十一届三中全会以后，我们通过认真总结历史经验，对社会主义社会的长期性和阶段性有了充分的认识。十一届六中全会通过的《关于建国以来党的若干历史问题的决议》深刻指出："我们的社会主义制度还是处于初级的阶段"，"我们的社会主义制度由比较不完善到比较完善，必然要经历一个长久的过程"。这个认识同列宁的思想和毛泽东1959年读苏联政治经济学教科书的读书笔记的提法是一致的。当时，毛泽东写道："社会主义这个阶段，又可能分为两个阶段。第一阶段是不发达的社会主义，第二阶段是比较发达的社会主义。后一阶段可能比前一阶段需要更长的时间。"实践证明，这个认识是正确的。现在，所有社会主义国家，普遍认识到社会主义社会的长期性及其发展的阶段性。

（三）关于社会主义社会的矛盾

马克思、恩格斯没有去论证未来新社会的矛盾。列宁在十月社会主义革命以后，提出了在社会主义条件下，要把对抗和矛盾加以区别的思想。他指出："对抗和矛盾完全不是一回事。在社会主义下，对抗将会消失，矛盾仍将存在。"在过渡时期，列宁就能提出这种科学预见，是难能可贵的。斯大林长期以来宣传社会主义社会人们在政治上道义上的一致，并不承认社会主义社会有矛盾，只是到了晚年，在《苏联社会主义经济问题》一书中，他才承认了社会主义社会的生产力和生产关系、经济基础和上层建筑之间有矛盾。

在科学社会主义思想史上，强调社会主义社会各方面都存在着矛盾，并对这种矛盾做过透辟分析的第一个人，是毛泽东。毛泽东把《矛盾论》的观点彻底运用于社会主义社会。他在《关于正确处理人民内部矛盾问题》这篇划时代的著作中，提出并论述了社会主义社会的矛盾问题。其一是社会主义社会的两类矛盾问题。毛泽东指出，社会主义社会存在着人民内部矛盾和敌我矛盾这两类不同性质的社会矛盾，要严格区分和正确处理两类矛盾；在社会主义条件下，不属于阶级斗争范围的人民内部矛盾是大量的主要的。因此，必须把正确处理人民内部矛盾作为国家政治生活的主题。其二是社会主义社会的基本矛盾问题。毛泽东指出，社会主义社会的基本矛盾仍然是生产关系和生产力、上层建筑和经济基础之间的矛盾；只是由于社会性质的不同，这种基本矛盾在社会主义社会表现为又相适应又相矛盾，适应是主要的，这就使得对这种矛盾的解决，不是通过推翻这种社会制度的办法，而是通过社会制度本身，自觉地有计划地去解决。上述两点，是毛泽东在社会主义矛盾问题上的重要贡献。当然，毛泽东在这里只是开了一个头，提出了一个重大问题，并对社会主义社会的某些矛盾问题进行了分析。他没有也不可能把社会主义社会的所有矛盾都解决了，而且在理论和实践上还有失误。这就指：一是毛泽东把“团结—批评—团结”作为解决人民内部矛盾的唯一公式。客观事实是，有些矛盾，如人民内部某些思想上的分歧，用这个公式是可以解决的；有些矛盾，如人民内部一些经济上的纠葛，用这个公式是无济于事的。二是毛泽东提出的辨别香花或毒草的六条标准，通过实践检验证明是不正确的，它导致1957年反右斗争的扩大化。三是毛泽东对社会主义社会基本矛盾的论述是正确的，但是对由基本矛盾所决定和制约的主要矛盾的论述则又是不正确的。既然在社会主义社会，生产关系和生产力、上层建筑和经济基础之间“相适应”是主要的，怎么能得出主要矛盾仍然是无产阶级和资产阶级的阶级斗争呢？对基本矛盾和主要矛盾的论断是自相矛盾的。总之，毛泽东在他的晚年，在社会主义建设上虽然有过很多失误，但是他也提出过一些宝贵思想，社会主义社会的矛盾问题，人民民主专政问题，就属于这一类。关于社会主义社会的矛盾问题，在毛泽东开始提出时，很多社会主义国家的共产党人不仅不接受和承认，甚至公开反对，但是经过一段时间之后，现在他们也越来越多地讲起社会主义社会的矛盾了。这个事实本身，就充分说明了毛泽东在这个问题上的巨大贡献。

实践证明，对社会主义社会的矛盾处理和解决的好坏，关键在于党内。社会主义在几十年中所出的一些乱子，归根结底是由于党内矛盾没有处理好造成的。认识社会主义社会的矛盾是认识社会主义一切问题的基础和出发点。

（四）关于社会主义社会的主要矛盾

社会主义社会的主要矛盾是什么？在马克思、恩格斯、列宁的著作中，并没有提出和论证过这个问题。这是在后来社会主义实践中提出的，对社会主义事业带有全局性的重大理论问题。

我们党对这个问题的认识经历了一个反复。在我国，对私有制的社会主义改造基本完成、社会主义制度建立以后，社会的主要矛盾是什么？这是实践提出的、迫切需要回答的理论问题。1956年召开的党的八大从理论上回答了这个问题。八大政治报告决议指出：社会主义改造基本完成以后，国内的主要矛盾已不是工人阶级和资产阶级的矛盾，而是“人民对于经济文化迅速发展的需要同目前经济文化不能满足人民需要的状况之间的矛盾”，“这一矛盾的实质，在我国社会主义制度已经建立的情况下，就是先进的社会主义制度同落后的社会生产力的矛盾”。应当说，这个论断的基本精神是对的，它明确提出了社会主义社会的主要矛盾，已不是工人阶级和资产阶级之间的阶级斗争，而是大力发展生产力，以满足人民的需要。

八大结束不久，毛泽东鉴于国内外的某些情况开始否定八大的正确分析。在1957年10月八届三中全会上，他仍然坚持认为无产阶级和资产阶级的矛盾是我国社会的主要矛盾。这就把社会主义社会的主要矛盾和过渡时期的主要矛盾混淆了。列宁曾经说过：“我们从马克思和恩格斯的所有著作中确切地知道，他们是把还有阶级的时期和已经没有阶级的时期非常严格地区别开来的。”[①] 抹杀社会主义社会和过渡时期这两个不同历史阶段的本质区别，认为两个时期存在同一性质的主要矛盾，受着同一规律的支配，这就既脱离了历史的实际，也背离了科学社会主义的基本原理。毛泽东的这个观点，对以后20年我国社会政治生活发生了很大的影响，它为阶级斗争扩大化和“文化大革命”的发生提供了理论依据。

1978年12月召开的具有伟大历史意义的十一届三中全会，由于忙于处理和解决历史上遗留的一些重大问题，确定并着手把党和国家的工作重点转移到社会主义现代化建设上来，因而来不及在理论上澄清这些问题。但是，正像不久以后邓小平在理论工作务虚会上所讲的：“至于什么是目前时期的主要矛盾也就是目前时期全党和全国人民所必须解决的主要问题或中心任务，由于三中全会决定把工作重点转移到社会主义现代化建设方面来，实际上已经解决了。”[②] 1981年6月，党的十一届六中全会通过的《关于建国以来党的若干历史问题的决议》，运用科学社会主义的原理，分析了我国社会主义社会建立以来的历史情况，重新肯定了八大对我国社会主要矛盾的科学分析，并做出新的理论概括。《决议》指出：“在社会主义改造基本完成以后，我国所要解决的主要矛盾，是人民日益增长的物质文化需要同落后的社会生产之间的矛盾。党和国家工作的重点必须转移到以经济建设为中心的社会主义现代化建设上来，大大发展社会生产力，并在这个基础上逐步改善人民的物质文化

① 《列宁全集》第41卷，人民出版社1986年版，第89页。

② 《邓小平文选》第2卷，人民出版社1994年版，第182页。

生活。”简言之，社会主义社会的主要矛盾就是需要和生产之间的矛盾。这个概括是科学的、准确的，它提的是“社会生产”，而不是社会生产力，它同社会需要构成一对矛盾。为了发展生产，不仅要提高和发展生产力，而且还要改革生产关系和上层建筑。这个表述，反映了我们党对社会主义的深刻的再认识。

正确认识社会主义社会的主要矛盾，是一个十分重要的战略规定，在实践上具有重大的意义。它决定了：一是必须抛弃把阶级斗争作为国家政治生活的主题。主要矛盾既然不是阶级斗争，就必须停止“以阶级斗争为纲”的口号，废除“无产阶级专政下继续革命”的错误理论，结束连续不断的政治运动。诚然，社会上还有阶级斗争，但已退居次要地位，而正确处理人民内部矛盾就成为国家政治生活的主题。二是必须把大力发展生产力作为社会主义社会的最根本任务。主要矛盾决定根本任务。只有大力发展生产力，才能逐步解决社会需要和社会生产的矛盾。三是必须把党和国家的工作重点转移到以经济建设为中心的社会主义现代化建设上来。工作重点的转移，是解决主要矛盾、完成根本任务的前提条件。四是必须把提高人民的物质文化生活水平作为社会主义现代化建设的指导方针。对社会主义时期主要矛盾的这一规定，明确揭示了发展生产是手段，改善人民的物质文化生活是目的。

（五）关于社会主义社会的根本任务

党和国家在社会主义历史阶段的根本任务是什么？马克思主义经典作家虽然没有在这方面提出问题，但是他们的思想还是比较明确的。马克思、恩格斯在《共产党宣言》中指出：“无产阶级将利用自己的政治统治，一步一步地夺取资产阶级的全部资本，把一切生产工具集中在国家即组织成为统治阶级的无产阶级手里，并且尽可能快地增加生产力的总量。”[①] 列宁在十月革命以后进一步指出：“无产阶级取得国家政权以后，它的最主要最根本的利益就是增加产品数量，大大提高社会生产力。”[②] 这里，“最主要最根本的利益”比“尽可能快地增加”的提法更明确。

---

① 《马克思恩格斯选集》第 1 卷，人民出版社 1995 年版，第 293 页。

② 《列宁选集》第 4 卷，人民出版社 1995 年版，第 632 页。

但是，我们后来在社会主义实践中，由于对社会主义社会主要矛盾的理解出了偏差，致使对社会主义社会根本任务的认识也模糊起来，甚至发生错误。这种模糊和错误的认识反映在以下几个方面：

第一，所谓的“穷过渡”。由于受“左”的思想影响，从50年代后期开始，就有一种错误认识，即认为社会主义社会的发展，从社会主义向共产主义的过渡，主要标志不是大力发展生产力，使社会财富极大丰富，而是生产关系的变革和完善，因而就在生产力发展水平没有改变的条件下，一味地追求生产关系的改变，搞“一大二公”。到十年动乱期间，林彪、江青两个反革命集团进一步把它推向极端，大肆鼓吹所谓的“穷过渡”，在农村大搞并队并社活动，企图把基本核算单位由小队过渡到大队再过渡到公社，严重地破坏了农村生产力的发展。历史唯物主义告诉我们，生产关系的“过渡”是一种历史的必然，只能在生产力有了较大发展的前提下，生产关系才能适应生产力的发展而改变，而决不能人为地搞什么“穷过渡”。搞“穷过渡”的结果只能是越过渡越穷。

第二，坚持“以阶级斗争为纲”。从1957年反右派斗争开始，特别是从1962年八届十中全会重提阶级斗争以后，由于指导思想上“左”的错误，把阶级斗争提得越来越高，认为社会主义整个历史阶段的根本任务就是阶级斗争。在这种错误理论的指导下，导致了阶级斗争的严重扩大化，甚至把社会上的阶级斗争搬到共产党内，从而制造了大量冤假错案，给我国社会主义事业带来了严重的损害。

第三，追求所谓的“平等”。很长一个时期以来，国内外都有这样一种极左思潮，即认为社会主义社会的主要任务，不是大力发展生产力，而是离开发展生产力去实现社会成员之间的所谓平等。这种平等实际上就是人们生活上的平均，即平均主义。在“文化大革命”期间，“四人帮”就是按照这个理论，去批判资产阶级权利，要求知识分子和工农画等号，鼓吹缩小差别的。根据这种说教，我国在“文化大革命”期间的社会，才是理想的平等社会。这完全是对历史事实的颠倒。这种平均主义的小资产阶级的社会思潮，早已被马克思主义批得体无完肤。早在20世纪30年代，斯大林就指出：平均主义是根本违反马克思主义平等观的，“这种谬论适合于某种原始的禁欲主义的教门，但是不适合于按照马克思主义组织起来的社会主义社会，因为不能要求所有的人的需要和口味都一样，所有的人的个人生活方式都一样。”① 马克思主义所了解的平等，并不是个人需要和日常生活的平均，而是阶级的消灭。

第四，批判“唯生产力论”。在“文化大革命”期间，林彪、江青、康生之流，荒谬地批判起所谓的唯生产力论。根据这种谬论，谁要把生产抓上去，谁就犯了唯生产力论的错误，就是所谓走资本主义道路的当权派。在马克思主义的词汇中是没有唯生产力论这个概念的，如果硬要增添这个概念的话，那么，它和唯物论一样，是一种褒词，是不能批判的。马克思主义最注重发展社会生产力，因为社会的发展首先是生产力的发展。

十一届三中全会以后，我们党通过拨乱反正，总结历史经验，对上述错误认识一一做了清理。邓小平精辟地指出：“马克思主义最注重发展生产力。共产主义讲各尽所能、按需分配，这就要求社会生产力高度发展，社会物质财富极大丰富。所以，社会主义阶段的最根本任务就是发展生产力。”把发展生产力作为最根本任务，这是社会主义发展阶段所必需的。首先，它是解决社会主义社会主要矛盾的需要。社会需要和社会生产的矛盾，从根本上来说，只能靠发展生产力来解决。其次，是建设社会主义强国的需要。我国是个不发达的国家，走上社会主义道路以后，面临两大任务。一要消灭剥削，二要消灭贫困。前者靠所有制的改造，后者主要靠发展生产力来解决。一个国家只有生产力发展了，社会财富才能丰富，人民生活才能富裕，社会制度才能巩固，国家才能强大，国际影响才能扩大。再次，它是消灭阶级和阶级差别的需要。我国私有制的社会主义改造基本完成后，消灭了剥削阶级，但是并没有消灭阶级。消灭阶级是一个长期的历史任务。恩格斯指出：阶级的划分是以生产的不够发展为基础的，而社会阶级的消灭是以生产的高度发展为前提的。没有生产力的高度发展，就不可能消灭阶级和阶级差别。最后，它也是从社会主义向共产主义社会过渡的需要。只有生产力高度发展，社会财富才能极大丰富，也只有在这个基础上才能实行各尽所能、按需分配。

---

① 《斯大林全集》第 13 卷，人民出版社 1956 年版，第 313 页。

（六）关于社会主义社会的所有制

生产资料从私有制转变为公有制，这是社会主义社会最基本的特征。恩格斯指出，社会主义“同现存制度的具有决定意义的差别当然在于，在实行全部生产资料公有制（先是单个国家实行）的基础上组织生产。”① 马克思、恩格斯认为，在发达资本主义国家基础上建立起来的社会主义社会将实行生产资料的单一的全社会占有。列宁从俄国经济落后的现实出发，认为无产阶级在掌握了政权和基本生产资料的前提下，合作社也是社会主义经济。斯大林在苏联建立了全民和集体两种公有制的模式。我国是按照苏联模式建立社会主义经济的。我们过去对公有制的理解有些简单化，把公有制只看成是目的，没有看成是过程，从而把社会主义社会看成是纯粹公有制的社会，因而只能有两种公有制经济存在，不允许其他经济形式存在，把个体经济看成是资本主义的尾巴，总想割掉它。

经过总结几十年正反两方面的经验，现在我们在社会主义所有制上破除了几个固定观念。首先，破除了在社会主义所有制上纯而又纯的观念。我们深切认识到生产关系必须适合生产力性质和水平的规律，在社会主义社会同样不可忽视。原来经济落后的国家，进入社会主义社会以后，在相当长时间内，公有制只能是一种占主导地位的所有制形式，必须在公有制占主体的同时，坚持多种经济形式和多种经营方式共同发展，以适应生产力的多层次的复杂情况。其次，破除了集体经济是过渡性经济的观念。长时期以来，我们一直认为集体经济只能容纳较低的生产力，当生产力水平提高以后，集体经济就应过渡到全民所有制。所以，总想把小集体过渡到大集体，大集体过渡到全民所有制。实践证明，这种认识不符合实际情况。有一些集体企业的生产力水平，甚至比全民所有制企业还要高。因此，没有理由认为集体经济是过渡性经济，更没有理由要逐步取消它。再次，破除了所有权和经营权不能分开的观念。我们过去的传统观念是，把全民所有制和国家机构直接经营混为一谈。十二届三中全会《决定》提出，必须把生产资料的所有权和经营权适当分开。生产资料所有权归国家，企业的经营管理由企业自己来办。

---

① 《马克思恩格斯选集》第4卷，人民出版社1995年版，第693页。

这样就把国家机构的职能和企业的经营管理职能分开了。

（七）关于社会主义社会的分配原则

社会主义社会对个人消费品必须实行按劳分配，这是没有疑义的，因为再找不出比它更好的分配原则。问题是对按劳分配有不同的理解。马克思在《哥达纲领批判》一书中指出，在共产主义的第一阶段，个人消费品的分配只能实行等量劳动领取等量报酬的社会主义原则。按照这个原则，在社会成员之间由于体力强弱不同，智力高低不同，赡养人口不同而出现的富裕程度的差别，是一种资产阶级权利。尽管它在社会主义时期是不可避免的，但从未来共产主义的最终目标来看，却是一种“弊病”。马克思在这里没有把体现等量劳动相交换的形式上的“资产阶级权利”，与反映资本主义生产关系的本来意义上的资产阶级权利加以区别。加上后来我们对这段话作了教条化理解和误解，从 1958 年以后，特别是在“文化大革命”期间，我们曾多次错误地批判这种“资产阶级权利”，认为会产生贫富差距，主张在贯彻按劳分配中尽量缩小差别，在“无产阶级专政下加以限制”。结果导致平均主义，吃“大锅饭”的弊病，严重影响了人们劳动积极性的发挥和生产的发展。

总结吃“大锅饭”的深刻教训，我们深切地懂得了按劳分配的真正含义，那就应该是多劳多得，少劳少得，拉开档次，奖勤罚懒，反对平均主义。这样，才能充分调动人们的劳动积极性。据此，十二届三中全会《决定》确定：企业的奖金，可根据企业的经营状况自行决定，今后还要在适当时候进一步采取措施使企业的工资和奖金同企业的经济效益的提高挂起钩来；在企业内部，要扩大工资差额，拉开档次，奖勤罚懒，奖优罚劣，体现各种不同劳动之间的差别。这些都反映了对按劳分配认识上的深化。

（八）关于社会主义社会的经济实质

社会主义社会是产品经济社会还是商品经济社会，是社会主义的理论与实践长期相矛盾的一个问题。马克思、恩格斯认为，对社会生产进行自觉的计划调节，按照社会上的需要有比例地分配社会劳动与合理利用资源，这是对资本主义社会生产无政府状态的否定，是社会主义经济优越性的表现。社会主义社会在生产资料公有制的基础上实行计划经济，这一点是没有分歧的。问题是，19 世纪以前的一切社会主义者，几乎都对被资本主义高度畸形发展了的商品货币关系抱有鄙视的成见，马克思、恩格斯也未能摆脱这种影响。他们在预测未来社会时，认为在生产资料归全社会占有的基础上，社会实行的是产品经济，商品和货币将从社会上消失。这个理论对实践有着长期的影响。

列宁在认识上坚持马克思、恩格斯的思想，在 1919 年八大的党纲中认为社会主义社会是没有商品和货币关系的社会，仍把商品和货币看成是资本主义范畴，他还试图在战时共产主义时期取消商品和货币，但是在实践中碰了壁。后来在 1921 年实行新经济政策时，他采取了灵活的政策，没有按产品经济模式来搞社会主义建设，强调要发展商品交换，提倡贸易自由。但他去世过早，没有来得及从理论上对社会主义经济的性质做出概括。斯大林实际上是按计划产品经济模式搞建设的，只是到了晚年，在《苏联社会主义经济问题》一书中，提出了社会主义条件下还有商品生产，而且这种商品生产与资本主义的商品生产不同。这是一个很大的进展，在理论上突破了马克思的设想。但是，这个突破不够彻底，他把商品生产仅限于某些消费品领域，认为生产资料只具有商品外壳。因此，在许多社会主义国家的建设中，一直把计划经济与商品经济对立起来。

十一届三中全会以后，我国经济学界对这个问题一直存在着争论。一方在探讨中大胆提出了社会主义经济是有计划的商品经济的观点，另一方则坚持社会主义经济是有商品的计划经济的思想，这实际上是斯大林的观点。党的十二届三中全会的《决定》，突破了这个传统观念，明确提出社会主义经济是在公有制基础上的有计划的商品经济，这是在马克思主义理论上的一大突破和一大贡献。这个理论的突破，使科学社会主义更深地植根于社会主义现实之中，彻底摆脱了原来难以完全实现的某些理想化的成分，因为它是实践经验的科学总结。根据我们对人类社会发展的现实认识，社会经济的发展是沿着自然经济、商品经济、产品经济这三个不同阶段顺序前进的。实践证明，人类从自然经济经商品经济到产品经济，是一个不可逾越的阶段。社会主义是一个相当长的历史阶段，在这个历史阶段内，从经济方面来说，既不是资本主义的商品经济，也不是共产主义的产品经济，当然也不是社会主义的产品经济，而是在公有制基础上的社会主义有计划的商品经济。把这个历史过程看得简单化，想在不发达国家用几年或几十年的时间就走完资本主义几百年所走过的路程，这完全是脱离实际的主观幻想。唯物辩证法认为，事物经过发展才能消亡。只有在社会主义条件下商品经济大发展，才能在共产主义社会实行产品经济。社会制度在一定条件下可以跳越，但商品经济发展阶段是不可能跳跃的。

（九）关于社会主义社会的阶级和阶级斗争

怎样认识社会主义时期的阶级斗争，是一个非常重大的理论和实践问题。如果认识和处理得不对，就会犯错误，给社会主义事业带来严重危害。苏联和中国在这个问题上都有重大教训。

马克思、恩格斯从分析发达资本主义国家出发，认为在未来的社会主义社会里，在生产资料归全社会占有的条件下，消灭了资产阶级和一切剥削阶级，因而这个社会是没有阶级斗争的。列宁有 6 年多的社会主义实践，但严格地说那是从资本主义到社会主义的过渡时期。苏联的过渡时期，由于当时国内外阶级力量的对比，发生了 14 个帝国主义强盗所进行的武装干涉和白卫反革命所发动的国内战争，因而阶级斗争是异常尖锐、激烈的。因此，不能把列宁关于苏联过渡时期阶级斗争的论述，乱套到其他国家的过渡时期，更不能乱套到社会主义社会。斯大林虽有较长时间的社会主义实践，但他对苏联社会主义制度建立后的阶级斗争问题，在理论上也没能给予正确的回答。他一方面强调剥削阶级消灭以后，人们在政治上、道义上的一致；另一方面对当时出现的一些社会矛盾，甚至有的纯属于党内的意见分歧，一概不加分析地上纲为阶级斗争，并提出了随着社会主义事业的发展，阶级斗争将越来越尖锐的错误论断。在这个错误理论的指导下，苏联发生了肃反扩大化的严重错误。

在我国社会主义制度建立以后，我们没有吸取苏联斯大林时期的教训，1957—1976 年犯了阶级斗争扩大化的错误。实际上，这是斯大林的错误在我国条件下的再版。我们在社会主义时期阶级斗争问题上所犯的错误，比起斯大林时期的苏联，一是更具有理论形态，我们有一套从政治思想战线上的社会主义革命到无产阶级专政下继续革命的完整理论，有所谓的社会主义时期的基本理论、基本路线。二是创造了一系列阶级斗争的形式，而且一浪高过一浪，从反右派斗争—反对右倾机会主义的斗争—四清运动—“文化大革命”。阶级斗争扩大化的错误，给我国的社会主义事业带来了灾难性的后果。

严酷的事实教育了我们。党的十一届三中全会果断地停止了“以阶级斗争为纲”的口号。我们党通过对历史经验的科学总结，在十一届六中全会所通过的《历史决议》中，对社会主义时期的阶级斗争进行了新的理论概括。它的基本点是：在社会主义条件下，由于国内的因素和国际的影响，阶级斗争还将在一定范围内长期存在，在某种条件下还有可能激化。所谓“一定范围”，就是说在现阶段我国的社会矛盾中，大量存在的是不属于阶级斗争的社会矛盾，一部分是阶级斗争在人民内部的反映，只有少量的是属于我们同各种敌视和破坏社会主义的分子之间的阶级斗争。这比过去认为阶级斗争“无时不在，无处不有”，在范围上要小得多。所谓“长期存在”是说阶级斗争在社会主义社会的很长一段时间都将存在，不会转瞬即逝；但是，长期存在不等于“始终存在”，如果“始终存在”能够成立的话，那么社会主义社会就永远没有消灭阶级斗争的时候，列宁的“社会主义就是消灭阶级”这句名言就失效了。至于在社会主义的哪一个发展阶段才能消灭阶级斗争，这只能由未来的实践来回答。所谓“激化”，就是矛盾发展到尖锐程度，造成比较大的政治动乱；但激化并不等于阶级斗争又一定要重新成为主要矛盾。社会主义时期阶级斗争的地位和作用发生重大变化，已由主要矛盾退居为次要矛盾，因而进行这种阶级斗争必须服从和服务于四化建设这个中心。《历史决议》发表以后，根据实行对外开放、对内搞活经济所出现的新情况和新问题，党的十二大又及时提出：我们在社会主义新时期，从思想到行动上一定要坚持两手：一手是坚持对外开放、对内搞活经济的政策，另一手是坚决打击经济领域和政治文化领域中危害社会主义的严重犯罪行为。今后，我们要不客气地重点打击两种人：一种是严重刑事犯罪分子，一种是严重经济犯罪分子。在社会主义时期阶级斗争问题上，坚持上述理论观点，在实践上具有重大意义，它既可防止重犯阶级斗争扩大化的“左”的错误，又能防止认为阶级斗争已经熄灭了的右的错误。

（十）关于社会主义的社会力量

马克思、恩格斯不仅揭示了社会主义代替资本主义的历史必然性，而且找到了实现这个变革的社会力量。他们认为，无产阶级承担着推翻资本主义，建设社会主义，解放全人类的伟大历史使命。列宁在新的历史条件下，坚持了马克思、恩格斯的思想，在阐述无产阶级伟大历史作用的同时，又强调了工农联盟。斯大林在社会主义时期，比较好地解决了社会主义社会的依靠力量问题，明确指出苏联社会主义建成后，社会上存在的是新的工人阶级、新的农民阶级、新的知识界。

但是在实践上，依靠谁来建设社会主义，无论苏联和我国都曾出现过问题，主要是发生在怎样认识和对待知识分子的问题上。30 年代，苏联社会上有一些人把知识分子看成是“敌对分子”、“异己力量”。在这些人看来，人一有了知识就要变质，就应降到“二等公民”。我国也有类似情况，在一段时间里，我们曾把知识分子和工农对立起来，轻视知识和歧视知识分子，甚至曾在“文化大革命”中把知识分子当作革命对象加以打击。这就极大地挫伤了他们的积极性，严重地损害了社会主义事业。

粉碎“四人帮”以后，特别是十一届三中全会以来，我们党从理论到实践上有步骤地解决了这个问题。第一步，通过拨乱反正，邓小平提出了知识分子的大多数是工人阶级的一部分，是依靠的力量，这就解决了他们是“自己”，而不是“异己”的问题。第二步，强调尊重知识，尊重人才。英国哲学家培根有一句名言：“知识就是力量”。列宁深刻指出：“劳动者渴求知识，因为知识是他们获得胜利所必需的”，“知识是他们争取解放的武器。”① 斯大林说：“要建设就必须有知识，必须掌握科学。”② 革命需要知识，建设更需要知识。在当前知识急剧增长的年代，知识的生产力越来越重要。尊重知识，就要尊重知识分子，尊重人才。因为知识分子是从事脑力劳动的文化工作者，现代科学文化知识掌握在他们的头脑里和手中。列宁把知识分子看成是文化因素。他指出：“只有利用大资本主义文化因素才能建设社会主义，而知识分子就是这样的因素。”③ 在体力劳动和脑力劳动的本质差别没有消灭的条件下，社会主义社会只能分成工人、农民、知识分子三部分劳动者，科学文化

---

① 《列宁全集》第 35 卷，人民出版社 1985 年版，第 78 页。

② 《斯大林全集》第 11 卷，人民出版社 1955 年版，第 65 页。

③ 《列宁全集》第 35 卷，人民出版社 1985 年版，第 215 页。

知识必然相对集中在知识分子身上。知识分子中有真才实学的就是人才。当然，人才在工农中也有，但在知识分子中更多一些。人才关系到四化的成就。一个国家的兴旺发达首先表现在人才的兴旺发达上。尊重知识，尊重人才，是当务之急，是四化建设的需要。我们这几年所取得的每一个成就，都是和尊重知识、尊重人才分不开的。所以，邓小平说十二届三中全会《决定》的第九条最重要。这一条概括地说，就是“尊重知识，尊重人才”八个字，事情成败的关键就是能不能发现人才，能不能用好人才。在社会主义建设中工人、农民、知识分子是三支基本的社会力量。它们之间的联盟，是社会平等成员的联盟，是相互团结、相互尊重、相互学习、相互服务的联盟，是谁也离不开谁的联盟。

（十一）关于社会主义国家的职能

国家是原始社会解体以后所出现的阶级统治机器。任何国家都有镇压、管理、保卫三个方面的职能。马克思、恩格斯在资本主义条件下，从国家的实质是“一定阶级的统治机关”出发，突出强调了它的镇压职能。他们认为，无产阶级在推翻资产阶级统治之后，在从资本主义到社会主义的过渡时期，国家政权只能是无产阶级专政。无产阶级专政的任务是镇压已被推翻的敌对阶级的反抗，发展社会生产力，逐步消灭私有制、消灭阶级，建立新的社会制度。恩格斯还认为：“随着社会主义制度的建立，国家就会自行解体和消失。”① 他们在当时也只能讲到这个程度。现在西方国家一些学者如阿尔都塞，以马克思没有强调国家的管理作用为借口，说马克思没有完整的国家学说，这是不公正的。列宁领导苏联人民建立了世界上第一个无产阶级专政的国家，他从实践中看到国家在共产主义第一阶段还不能完全消亡，认为这时的国家管理职能将得到充分发挥。这是他在 20 世纪初对马克思主义国家学说的创造性运用和发展。斯大林在社会主义实践中，一方面强调随着社会主义制度的建立，国家管理经济和文化的职能要加强，这是他的不朽功绩；但另一方面他把国家管理经济的职能变成国家直接经营管理企业。

我们过去学习苏联，把它照搬过来，把国家管理经济的职能看成是国家直接经营管理企业，造成政企职责不分、条块分割，国家对企业管

---

① 《马克思恩格斯选集》第 3 卷，人民出版社 1995 年版，第 324 页。

得太多太死，形成了僵化的经济体制，混淆了上层建筑和经济基础。十二届三中全会《决定》总结了历史经验，提出国家的经济职能是从宏观上管理经济，即国家主要是搞好宏观经济决策和从全局上把握经济活动的基本方向并组织领导、协调经济建设事业，要实行政企职责分开，简政放权，扩大企业自主权，使企业成为真正相对独立的自主经营、自负盈亏的经济实体。这是社会主义上层建筑的一次深刻改造，是对马克思主义国家学说的新贡献。这就把社会主义的上层建筑和经济基础分开了，解决了上层建筑要为经济基础服务的问题，而不能像过去那样把它颠倒过来。

（十二）关于社会主义的特征和模式

社会主义社会是个什么样子？有哪些特征？一个多世纪以来，人们对这个问题的认识有个发展过程。马克思、恩格斯在没有社会主义实践的条件下，曾对社会主义特征作过某些科学的预测和论证。列宁在俄国刚刚走上社会主义道路的情况下，也曾对这个问题作过一些探索。列宁在十月革命前夕有一个著名提法：社会主义就是“生产资料公有和按每个人的劳动量分配产品”①。无疑，这里讲的是社会主义的经济特征，而不是社会主义的全部特征。甚至在十月革命之后，列宁还认为尚不具备条件对社会主义的特征进行全面的探讨，作出科学的概括。1918 年 3 月，布哈林在俄国共（布）七大上提出在党纲中要全面阐述社会主义的特征。列宁不同意布哈林的意见，指出：“要论述一下社会主义，我们还办不到；达到完备形式的社会主义会是个什么样子——这我们不知道，也无法说。”因为“建设社会主义的砖头现在还没烧好”，所以“我们现在还不能论述社会主义”②。第二次世界大战以后，欧亚一系列国家走上了社会主义道路，实践着社会主义事业，这就为人们全面探讨社会主义特征提供了现实条件。我们党在总结我国社会主义实践和国际社会主义历史经验的基础上，对社会主义特征进行了深入探讨。胡耀邦在十二大报告中，明确把社会主义的特征概括为七条：①消灭剥削制度。②生产资料公有制。③按劳分配。④计划经济（十二届三中全会的《决

---

① 《列宁选集》第 3 卷，人民出版社 1995 年版，第 64 页。

② 《列宁全集》第 34 卷，人民出版社 1985 年版，第 60—61 页。

定》把这个特征概括为“有计划的商品经济”)。⑤工人阶级和劳动人民的政权。⑥最终会有高度发达的生产力和比资本主义更高的劳动生产率。⑦社会主义精神文明。这是马克思主义文献上，迄今对社会主义特征所做的最全面、最完整的科学概括。

苏联在20世纪30—50年代，在斯大林的领导下，在内有已被推翻的反动阶级的顽抗，外受帝国主义包围和武装干涉的条件下，建立了经济上高度集中、政治上高度集权的苏维埃社会主义模式。但是，那时只有苏维埃一个社会主义国家，人们自然把它当成社会主义的样板，因此还没有提出社会主义模式一词。第二次世界大战以后，一些欧亚国家先后走上了社会主义道路，它们开始普遍按照苏联模式建立了自己的政治经济体制。后来在实践中看到这种僵化模式的弊端，又先后进行了不同程度的改革，因而出现了各种各样的社会主义模式和类型。有被称为“市场型”的南斯拉夫模式，有被称为“计划集权和市场分权相结合的中间型”的匈牙利模式等等。50年代以后，“社会主义模式”一词就被越来越多的人所接受和使用。

必须把社会主义特征和社会主义模式这两个不同的概念区别开来。特征是事物的本质的具体表现，是区别于其他事物的标志所在。社会主义的特征，就是对社会主义社会区别于其他社会形态的主要标志和理论概括。它是社会主义制度的共性，具有普遍真理的性质。社会主义模式，是不同国家在不同发展阶段上，各国建设社会主义道路的不同特点，以及体现社会主义本质、特征的具体的经济政治体制的特色。它是社会主义的个性，带有更多的民族特色。过去，在世界共运中，某些国家的党之所以长期不承认社会主义模式这个概念，一方面是把自己的模式当作样板，要别的国家照抄照搬；另一方面也是把“模式”和“特征”混淆了，误认为承认了社会主义模式，就等于否定了社会主义特征这个共同规律。我们反对只能有一个统一的固定的模式，承认多种多样的模式。今后，社会主义的发展将越来越丰富、越来越多样化。将来必将出现更多的社会主义模式。

（十三）关于社会主义制度的发展和完善

社会主义社会怎样发展和完善，有个不断再认识的过程。由于缺乏社会主义的实践，恩格斯只能从原则上指出：“所谓‘社会主义社会’

不是一种一成不变的东西，而应当和任何其他社会制度一样，把它看成是经常变化和改革的社会。”① 这里，并没有指出改革在社会主义社会和其他社会有什么不同。列宁由于有了十月革命的经验，对这个问题就有了进一步的论述。他在1921年所写的《论黄金在目前和在社会主义完全胜利后的作用》一文中，在总结苏联刚刚开始实行新经济政策的历史经验时，及时地把改革问题提了出来。他说：“目前的新事物，就是我国革命在经济建设的一些根本问题上必须采取‘改良主义’的、渐进主义的、审慎迂回的行动方式。”他还进一步指出：无产阶级夺取政权后，改良已不是革命的阶级斗争的副产品，而是一种解决任务的主要手段。这里，列宁突破了过去马克思主义者的传统观念。按照过去马克思主义者的观点，无产阶级夺取政权时，主要手段是革命和阶级斗争，改良只不过是革命和阶级斗争的副产品。列宁认为无产阶级夺取政权后，要改变这种观点，不能继续无休止地进行“革命和阶级斗争”，而要把改良作为解决社会主义建设任务的最主要最根本的手段。他甚至对什么是革命和改良作了如下定义式的论述。他说：“革命是一种最彻底最根本地摧毁旧事物”，而改良则是“审慎地、缓慢地、逐渐地改造旧事物，力求尽可能少加以破坏。”② 在俄文中，改良和改革是同义语。他在1923年所写的最后几篇论文中还提出了国家机关的改革问题，要求“对我们的政治制度实行一系列的变动”。③ 斯大林领导苏联取得了社会主义建设的伟大成就，但是他没有重视改革。毛泽东在50年代后期和60年代初，讲到了改革，但主要讲的是中央和地方的关系，即中央向地方放权多少的问题，但随后又重提阶级斗争，并把它摆在最主要的位置上，改革也就停下来了。

从20世纪50年代后期开始，一些国家在实践中认识到，按苏联模式建立起来的社会主义体制有很多弊端。为了克服这些弊端，各国普遍地进行了一些改革，并掀起了四次改革浪潮。现在，改革已成为社会主义国家的一股强大潮流。十一届三中全会以后，邓小平依据马克思、恩格斯、列宁的思想，在总结我国和国际社会主义历史经验的基础上，把

① 《马克思恩格斯选集》第4卷，人民出版社1995年版，第693页。

② 《列宁选集》第4卷，人民出版社1995年版，第610—613页。

③ 《列宁选集》第4卷，人民出版社1995年版，第743页。

改革作为一个重大问题提了出来。他要求我们要用唯物辩证法的发展观点看待社会主义社会，树立社会主义社会经常需要改革的科学指导思想。改革要改变长期历史形成的僵化的旧经济体制，建立充满生机和活力的社会主义经济体制，这是对的。但是仅仅这样讲是不够的。必须认清改革是社会主义进一步发展的内在要求，是社会主义制度自我完善和发展的根本途径，是推动国民经济持久发展的强有力手段。社会主义社会就是通过改革不断前进和日趋完善的。邓小平在谈到改革的意义时深刻指出："改革是第二次革命"。这句话的意思，绝不是说改革就是革命，不是继新民主主义革命或社会主义革命之后的另一次革命，而是说在本来意义上的革命结束以后，只有改革才能带来社会生活各个方面的深刻变化，才能推动社会主义和共产主义事业的发展，就这个意义上来讲，"改革是第二次革命"。改革不是本来意义上的政治革命，更不是"无产阶级专政下的继续革命"，但它的意义不亚于革命。我们的任务是进行全面改革，包括经济体制、政治体制和其他方面的体制。确切地说，我们的改革是在坚持社会主义基本制度的前提下，全面地改革社会主义生产关系和上层建筑中那些不适应生产力发展的各种具体制度。

经过几年的酝酿和实践，我国的改革先从经济体制改革着手，而经济体制改革又首先从农村开始，接着进行了以城市为重点的整个经济体制的改革。通过经济体制改革，我国经济生活开始出现了多年未有的活跃局面。改革需要配套。为了保证经济体制改革的胜利进行，相应地也要求进行政治体制的改革。目前，我国正在积极准备政治体制的改革，其目标是在坚持党的领导和人民民主专政的基础上，改革和完善党和国家的领导体制、改革和精简行政机构，改革和完善干部制度和其他具体制度，以发展社会主义民主，健全社会主义法制，提高工作效率，促进经济发展。

综上所述，就是我们党对社会主义再认识的主要方面和基本内容。通过再认识，社会主义在人们的心目中是一个什么形象呢？概括地说，它不是僵死的，而是充满生机和活力的；不是凝固的，而是不断改革和前进的；不是平均主义的，而是有差别的；不应该是贫穷的，而应该是富裕的；不是单调的，而是丰富多彩的；不是纯而又纯的，而是多样化的。这就恢复了社会主义的本来面貌，使社会主义在人们心中的形象变得越来越美好。

三、对社会主义再认识的几个问题

以上阐述了我们党对社会主义再认识的主要方面和基本内容以后，下面我们就有必要进一步探讨一下对社会主义再认识的几个问题：

第一，对社会主义再认识的含义。社会主义发展史经历了几次重大的突破和飞跃：第一次是社会主义从空想发展为科学，以19世纪40年代为开端。第二次是社会主义从理想变为现实，它发生在1917年列宁领导的俄国十月革命之后。第三次是社会主义从一国变为多国胜利，这是第二次世界大战胜利以后的事情。我们所说的对社会主义的再认识，主要是指科学社会主义创立之后，人们通过反复实践，对社会主义在认识上有较大深化和在理论上有重大突破。因为我们对社会主义的了解，是来自于科学社会主义。不能把人们对社会主义的认识，今天有一点前进，明天有一点深化，都叫作一次再认识。按照这种理解，我们可以说，就世界范围来说，对社会主义的再认识，第一次发生在十月革命之后，第二次发生在第二次世界大战后欧亚一系列国家走上社会主义道路之后。就我国来说，新中国成立后在社会主义实践中有一次对社会主义的再认识，但那一次的认识不仅不够深刻，而且还有许多错误之处。从党的十一届三中全会以来，通过总结历史经验，我们党又经历了一次对社会主义的深刻的再认识。这一次对社会主义的再认识，涉及范围之广、内容之深、意义之大，都是以前不可比拟的。

第二，对社会主义再认识的性质。我们对科学社会主义，一要坚持，二要发展，坚持才能发展，发展才能更好地坚持。确切地说，对社会主义再认识的性质就是在坚持中发展科学社会主义。这里，涉及如何看待马克思、恩格斯对社会主义的设想。一般说来，大体上有如下两种情况。第一种，属于基本原理，实践证明都是正确的。这里至少包括马克思、恩格斯所阐述的如下内容：共产主义社会要分第一阶段和高级阶段，社会主义社会也要划分阶段；实行生产资料公有制，消灭私有制；对个人消费品实行按劳分配；必须对社会生产实行有计划的指导；社会还要有分工，劳动还是谋生的手段，不会变成游戏；劳动的消耗，生产资料的消耗，劳动的效益，都要有计算等等。马克思、恩格斯对社会主义社会设想中最本质的东西，过去、现在、将来都是有效的。第二种，属于个别原理，其中部分内容和后来社会主义的实践不一致，需要修正。比如，社会主义社会要取消商品和货币，要消灭分工，就是属于这一类。马克思、恩格斯是辩证唯物主义者，他们从来不把自己关于社会主义的预测当作终极真理。恩格斯强调说："我们还差不多处在人类历史的开端，而将来会纠正我们的错误的后代，大概比我们有可能经常以极为轻蔑的态度纠正其认识错误的前代要多得多。"① 他们一旦发现自己的认识有误，便立即纠正。我们不能苛求前人，不能要求经典作家所讲的句句是真理。如若是那样，马克思、恩格斯就是神了。此外，还有一些属于没有遇到和提出的问题。实践在前进，科学社会主义理论也需要在实践的基础上丰富和发展。像社会主义的主要矛盾、社会主义的商品经济、社会主义国家的经济职能、社会主义精神文明建设等问题，就都是在实践的基础上提出的新的理论问题。现实的科学社会主义比历史上的科学社会主义，内容要丰富得多。由此可见，对社会主义的再认识，决不是某些人所理解的对科学社会主义的否定，而是坚持科学社会主义，发展科学社会主义，破除那些不适合实际情况的"固定观念"。这些"固定观念"，有一些是科学社会主义的个别原理，但大量的是我们过去的"左"的观念和对社会主义的误解。因此，对社会主义进行再认识，不仅不会影响而且还能增强人们对科学社会主义的信心。恩格斯把三大空想社会主义者说成是"属于一切时代最伟大的智士之列的"，认为他们的作品"天才地预示了我们现在已经科学地证明了其正确性的无数真理"。空想社会主义中尚且有无数真理颗粒，那么对科学社会主义是客观真理就更不应当有任何怀疑了。

第三，对社会主义再认识的目的和意义。十二届三中全会《决定》指出，我们对社会主义再认识的目的有两个：一是在理论上"加深对社会主义的科学理解"。这就是说，从十一届三中全会以来，通过拨乱反正，总结历史经验，我们对社会主义的理解已经比较科学了，这次是要在已有的基础上加深认识。二是在实践上"自觉地投身到改革的伟大实践"。既然加深了对社会主义的科学理解，就要身体力行，自觉地投身到当前以城市为重点的整个经济体制改革的伟大实践中去，做改革的促进派。社会主义将是人类社会发展中一个很长的历史阶段。社会主义的客观历史过程没有完结，

① 《马克思恩格斯选集》第3卷，人民出版社1995年版，第428页。

人们对社会主义再认识的过程也不会完结。但是，这次《决定》提出社会主义再认识的课题，一方面，是在我们经历了30多年的实践，取得了伟大的成就又遭到严重挫折，深切地感到需要对过去指导我们实践的一些思想理论加以重新探讨；另一方面，是在我们从十一届三中全会以后，解放思想，拨乱反正，大胆地进行探索和改革，取得了许多显著实效的新鲜经验和对社会主义有了新的科学认识这样一些情况下得出来的。所以，这次再认识，就其提出问题的彻底性、深刻性和涉及范围的广泛性、系统性来说，都远非以前可比。列宁在十月革命以后，通过6年实践，在1923年所写的《论合作制》一文，曾谈到他对社会主义有个再认识的问题。他说："我们不得不承认我们对社会主义的整个看法根本改变了。"[①] 列宁在这里说的对社会主义整个看法的根本改变，只涉及两个问题：一是合作社在社会主义条件下的性质和作用与在资本主义社会根本不同；二是无产阶级在夺取和巩固政权以后，党和国家的工作重心要从阶级斗争转向"文化建设"，即转向经济建设。我们这次再认识，比列宁那个时期涉及的问题要多得多，也深得多。我们对社会主义的认识，不是根本改变，而是在一部分问题上深化了，在一部分问题上改变了。

第四，对社会主义再认识的标准。我们对社会主义的再认识，不能以理论，以马克思、恩格斯对未来社会的设想为标准，也不能以后来列宁、斯大林、毛泽东对社会主义社会的论述为标准，而只能以实践，以社会主义的实践为标准。列宁在十月革命以后，即有了社会主义实践以后，讲了两句至理名言。他说："现在一切都在于实践，现在已经到了这样一个历史关头：理论在变为实践，理论由实践赋予活力，由实践来修正，由实践来检验。"[②] 他还说："对俄国来说，根据书本争论社会主义纲领的时代已经过去了，我深信已经一去不复返了。今天只能根据经验来谈论社会主义。"[③] 我们不能把社会主义只看成是伟大思想家的预言和塑造。从根本上说，社会主义是在马克思主义的科学社会主义学说指导下广大劳动群众的自觉创造。因此，要依据实践来检验和发展理论，不断地重新认识社会主义。

---

① 《列宁选集》第4卷，人民出版社1995年版，第773页。

② 《列宁全集》第33卷，人民出版社1985年版，第208页。

③ 《列宁全集》第34卷，人民出版社1985年版，第466页。

对社会主义认识的拓展和深化

——改革开放30年社会主义十大理论创新

马克思、恩格斯是人类历史上最伟大的思想家和社会主义理论家，他们在发现唯物史观和剩余价值学说的基础上，使社会主义从空想发展为科学，创立了科学社会主义。马克思、恩格斯生活在资本主义社会，那时没有社会主义实践，他们只能运用唯物辩证法的发展观，去分析资本主义社会的基本矛盾及其发展趋势，对未来社会作出科学预测。正如他们自己所说的在批判的世界中发现新世界，从而把社会主义"置于现实的基础之上"。这是他们与空想社会主义者从阶级感情出发，从伦理道德原则去认识社会主义的根本区别。马克思、恩格斯的科学社会主义理论，为后人实践社会主义提供了重要理论依据。但是，社会主义绝不是伟大思想家预言的简单塑造，而是人民群众在实践探索中的伟大创造。列宁在十月革命以后，即在有了社会主义实践以后，特别强调实践对认识社会主义的意义。他有两句名言，一句是："对俄国来说，根据书本争论社会主义纲领的时代已经过去了，我深信已经一去不复返了。今天只能根据经验来谈论社会主义。"① 另一句是："现在一切都在于实践，现在已经到了这样一个历史关头，理论在变为实践，理论由实践赋

① 《列宁全集》第34卷，人民出版社1985年版，第466页。

予活力，由实践来修正，由实践来检验。”① 这两句话应该作为我们认识社会主义的重要指导原则。

改革开放已30年有余。通过30年改革开放的伟大实践，我们对社会主义的认识不断变化和深化，涉及的问题几乎是全方位的，将其加以概括为如下十个方面，如果从成果说可称为十大理论创新。这十大理论创新构成中国特色社会主义理论体系的重要组成部分和重要理论支撑。

一、社会主义的发展阶段

马克思经过长期探索，在1875年所写的《哥达纲领批判》中，首次提出未来社会将经历第一和高级两个阶段的学说。这个设想很留有余地，因为在第一阶段和高级阶段之间还可以有其他阶段。列宁后来把第一阶段称为社会主义社会，高级阶段称为共产主义社会。列宁在十月革命以后，从俄国实际出发，着重探讨了经济文化比较落后的国家怎样向社会主义、共产主义过渡的问题，提出每一个发展阶段都有一个多级发展过程，即大阶段里有小阶段。他在《共产主义运动中的“左派”幼稚病》一书中，把无产阶级夺取政权以后的发展分为四个阶段，即“最初阶段”、“低级阶段”、“中级阶段”、“高级阶段”。这里说的“最初阶段”相当于过渡时期，“低级阶段”和“中级阶段”属于社会主义社会的两个发展阶段，“高级阶段”指的是共产主义社会。这些是马克思没有论及的。后来，社会主义国家在实践中出现的带有普遍性的失误，一是把社会主义社会看得很短暂，因而不去划分阶段，并急于向共产主义过渡。二是当认识到社会主义是一个很长的历史阶段后，又对本国社会主义所处的发展阶段估计偏高，如认为是“发达社会主义社会”等。这两个失误有一个共同特点，就是没有把社会主义社会看成是相对独立的发展阶段，既混淆了社会主义较低发展阶段和较高发展阶段，又混淆了社会主义和共产主义发展阶段的界限，从而做出一些超越阶段的事情。这种情况表明，清醒、准确地判断本国所处的社会主义发展阶段是一个科学问题，没有足够的实践经验是难以做到的。

---

① 《列宁全集》第33卷，人民出版社1985年版，第208页。

十一届三中全会以后，我们党认真总结历史经验，提出在我国这样经济文化比较落后的国家进入社会主义社会以后必须经历一个很长的初级阶段的马克思主义的新的科学论断。初级阶段的主要特征是各方面不发达，主要任务是发展商品经济，实现社会主义现代化，时间至少要一百年。初级阶段还可以划分为若干小阶段，如温饱、总体小康、全面小康、基本上实现现代化等。初级阶段的含义有两层：其一是就社会性质来说，我国已经是社会主义社会，而不是过渡时期，因而必须坚持社会主义方向，而不能倒退回去补什么“资本主义的课”；其二从发展程度来说，我国社会主义社会的成熟程度还很低，还很不发达，仅是初级阶段，而不是较高阶段，因而我们必须从这个基本的客观实际出发，搞改革和建设，而不能要求过高，操之过急，急于求成，做超越阶段的事情。这是一个重大的理论创新。这个科学论断的提出，既同过渡时期划清了界限，又同社会主义的较高阶段划清了界限，这就把我们党的路线、方针、政策置于现实的科学的基础上，从而避免了右的和重蹈过去超越阶段的“左”的错误。

二、社会主义经济的实质和经济体制

社会主义经济的实质和经济体制，属于社会主义经济的运行机制范畴，是长期以来理论与实践相矛盾、学术界争论不休的一个问题。马克思主义创始人和19世纪同时代的几乎所有社会主义者，都把商品经济和私有制联系在一起，认为未来社会在全社会占有生产资料的基础上社会实行的是产品经济，商品和货币将退出历史舞台。列宁坚持马克思恩格斯的思想，在1919年俄共（布）八大的党纲中认为社会主义社会是没有商品和货币的社会，仍把商品和货币看作资本主义的范畴，他还试图在战时共产主义时期取消商品和货币，但在实践中碰了壁，后来在实行新经济政策时期，采取了灵活和务实的政策，强调商品生产和交换，试图通过市场向社会主义过渡。上述思想，对国际共产主义运动有着长期影响，社会主义各国普遍实行高度集中的计划经济体制，按计划产品经济模式搞建设，经济缺乏弹性和活力，又由于长期不改革，成为僵化的经济体制，严重阻碍生产力的发展。

第二次世界大战以后，社会主义国家实行计划经济，并没有像想象的那么顺利，产品质量低，品种少，缺乏活力；相反，西方发达国家实行有宏观调控的现代市场经济，普遍发展较快，经济富有活力。严酷的现实逼得我们不得不进行反思。对这个问题认识得最早和最透彻的是邓小平。他在1979年以后多次提出社会主义也可以搞市场经济，认为市场和市场经济不带有社会制度的属性，计划和市场都是方法，是中性的，“它为社会主义服务，就是社会主义的；它为资本主义服务，就是资本主义的”。在他的指导和影响下，1984年10月党的十一届三中全会通过的《中共中央关于经济体制改革的决定》明确提出社会主义经济的实质是“公有制基础上有计划的商品经济”的科学论断；1992年10月党的十五大进一步提出建立社会主义市场经济体制。我国从传统的高度集中的计划经济体制向社会主义市场经济体制的转变，是一个根本转变，是经济体制的破旧立新和彻底转型。我国所创建的社会主义市场经济体制，把社会主义基本制度和市场经济结合起来，既发挥了社会主义制度的优越性，又充分体现了市场经济的活力，它在资源配置中的灵活性和有效性，极大地调动了人们的积极性，促进了生产力的发展，是人类历史上的伟大创举。我们现实所实行的经济体制，深深地植根于我国的土壤之中，对传统理论是一个重大修正。

三、社会主义的主要矛盾和根本任务

社会主义的主要矛盾是什么？这完全是一个在实践中提出的具有全局性意义的重大问题，认识得是否正确，关系社会主义的兴衰成败。我们党在这个问题上经历了一段曲折的认识过程。1956年，对私有制的社会主义改造基本完成以后，标志着我国已由过渡时期进入社会主义社会。党的八大明确指出：社会主义改造基本完成以后，国内的主要矛盾已不是工人阶级和资产阶级的矛盾，而是“人民对于经济文化迅速发展的需要同目前经济文化不能满足人民需要的状况之间的矛盾”。这个回答应当说是正确的，但文字表述不够科学准确。后来受毛泽东“左”的指导思想影响，1957年10月党的八届三中全会否定了八大的这一正确提法，认为我国社会的主要矛盾仍然是无产阶级和资产阶级、社会主义和资本主义两个阶级、两条道路的矛盾。基于这种错误认识，我们长期坚持“以阶级斗争为纲”，不断地开展政治运动，从1957年的反右派斗争，到1959年的反对右倾机会主义，到1964年的城乡社会主义教育运动，再到1966年持续10年之久的“文化大革命”，整整全力以赴、聚精会神地搞了20年人为的阶级斗争，使社会主义事业遭受严重挫折。

1978年12月召开的具有历史性转折意义的党的十一届三中全会，确定把党和国家的工作重点从以阶级斗争为纲转移到以经济建设为中心的社会主义现代化建设上来，虽然没有提及对主要矛盾的错误认识，但随着工作重点的转移，实际上已经得到了解决。1981年党的十一届六中全会通过的《关于建国以来党的若干历史问题的决议》，重新肯定了八大对我国社会主要矛盾的科学分析，进一步指出：“在社会主义改造基本完成以后，我国所要解决的主要矛盾，是人民日益增长的物质文化需要同落后的社会生产之间的矛盾。党和国家工作的重点必须转移到以经济建设为中心的社会主义现代化建设上来，大大发展社会生产力，并在这个基础上逐步改善人民的物质文化生活。”正确认识社会主义社会的主要矛盾在实践上具有重大的战略意义：一是必须抛弃把阶级斗争作为国家政治生活的主题。主要矛盾既然不是阶级斗争，就必须停止“以阶级斗争为纲”的口号，废除“无产阶级专政下继续革命”的错误理论，结束连续不断的政治运动。诚然，社会上还有阶级斗争，但已退居次要地位，而正确处理人民内部矛盾就成为国家政治生活的主题。二是必须把大力发展生产力作为社会主义社会的最根本任务。主要矛盾决定根本任务。只有大力发展生产力，才能逐步解决社会需要和社会生产的矛盾。三是必须把党和国家的工作重点转移到以经济建设为中心的社会主义现代化建设上来。工作重点的转移是一个全局性的历史转折，它是解决主要矛盾、完成根本任务的前提条件。四是必须把改善和提高人民的物质文化作为社会主义现代化建设的指导方针。它揭示了发展生产是手段，改善人民的物质文化生活是目的。

四、社会主义的本质和特征

社会主义是个什么样子，怎样认识社会主义社会，是一个重大的理论问题，要由社会主义的本质和特征来回答。我们知道，人们对任何一个事物的认识，总是由浅入深、由表及里、由现象到本质，透过现象才能捕捉到本质。对社会主义的认识也是如此。人们探讨社会主义，是从社会主义特征开始的。马克思主义创始人在分析资本主义社会的矛盾及其发展趋势时，运用严格和严密的逻辑推理，对未来社会的“特征”作出科学预测，其中包括生产力的高度发展，生产资料公有制，按劳分配，对社会生产进行有计划的指导和调节，用产品经济代替商品经济，国家逐步消亡，人的自由全面发展等。这是人们认识未来社会的一个蓝图。列宁在十月革命前夕，曾经探讨过社会主义的经济特征，而不是全部特征。1918年，在俄共（布）七大上，布哈林主张在新党纲中全面阐述社会主义的特征，列宁不同意他的意见，认为现实条件不成熟。他指出：“要论述一下社会主义，我们还办不到；达到完备形式的社会主义是个什么样子，——这些我们不知道，也无法说”，因为“建设社会主义的砖头现在还没有烧好。”① 第二次世界大战以后，社会主义从一国实践发展为多国实践，这就为全面探讨社会主义的特征提供了条件。

1982年，我们党在十二大报告中第一次把社会主义的特征概括为：剥削制度的消灭，生产资料公有制，按劳分配，国民经济有计划按比例的发展，工人阶级和劳动人民的政权，社会主义精神文明，最终要有高度发达的生产力和比资本主义更高的劳动生产率。这七条概括，既很实际，较马克思主义创始人的预测前进了一大步，又有历史局限，反映了我们党在全面改革开放前对社会主义的认识，有某种“纯粹”的痕迹。必须指出，随着社会主义实践的发展，社会主义的专用名词越来越多，各有各的特定内涵，现在讲社会主义的特征已不是一个无所不包的概念，而主要是对社会主义制度的理论概括，是社会主义区别于资本主义和其他一切社会形态的主要标志。邓小平是一位伟大的无产阶级战略家，他并不满足于对社会主义特征的认识，而更关注于对社会主义本质的探讨，因为本质比特征更宏观、更集中、更深层、更重要。他针对多年来离开发展生产力，抽象谈论社会主义的历史教训，在坚持社会主义特征即社会主义基本制度的前提下，在社会主义发展史上首次提出了社会主义本质。他指出：“社会主义的本质，是解放生产力，发展生产力，消灭剥削，消除两极分化，最终达到共同富裕。”这个科学论断的现实针对性很强，它揭示了社会主义摆在首位的，既不是变革和完善生产关系的“穷过渡”，也不是反修防修、防止资本主义复辟巩固无产阶级专

---

① 《列宁全集》第34卷，人民出版社1985年版，第60—61页。

政，更不是离开生产力的发展追求所谓的“公平”和“平等”，而是解放和发展生产力，发展经济和文化；只有解放和发展生产力，并在公有制和按劳分配的基础上，才能消灭剥削和消除两极分化；只有把解放和发展生产力同消灭剥削、消除两极分化结合起来，才能通过先富带后富最终实现共同富裕。邓小平关于社会主义本质的科学论述，把人们对社会主义的认识提高到一个新的境界。

五、社会主义的发展动力

这个问题属于社会的动力机制。我国经过 30 年的长期探讨，到 1978 年十一届三中全会才找到这种动力，这就是改革开放。先谈改革，恩格斯在他的晚年，认识到社会主义社会也需要改革，他在 1890 年致奥·伯尼克的信中指出：“所谓‘社会主义社会’不是一成不变的东西，而应当和任何其他社会制度一样，把它看成是经常变化和改革的社会。”[①] 在社会主义史上第一个明确提出社会主义必须改革的人是列宁。他在 1921 年为纪念十月革命四周年所写的《论黄金在目前和社会主义完全胜利后的作用》一文中指出：无产阶级夺取和巩固政权以后，对于革命者最大甚至是唯一危险，就是把“革命”奉为神明，他要求必须把改革及时提到日程，并对什么是革命、什么是改革从理论上做出界定。他还在最后几篇论文中提出了改革国家机关的主张。但是，还没有实施，列宁就过世了。列宁的后继者斯大林领导苏联取得了社会主义建设的伟大胜利，但他思想上有许多形而上学，把刚刚建立起来的社会主义制度和模式看成是尽善尽美的，讳言和拒绝改革。毛泽东坚持和发展了对立统一规律，认为这是宇宙的根本规律；强调社会主义社会还存在矛盾，批评了苏联学术界长期居统治地位的关于社会主义社会“无冲突论”的形而上学观点；他不同意斯大林关于社会主义社会的生产力和生产关系、经济基础和上层建筑“完全适应”的观点，认为它们之间又相适应又相矛盾。这些都是正确的，极大地解放了人们的思想，打开了改革这个闸门。但是，他对“又相矛盾”的环节做了错误判断，把它归结为生产关系领域的非纯粹公有制、上层建筑领域的资产阶级意识形态和

① 《马克思恩格斯选集》第 4 卷，人民出版社 1995 年版，第 693 页。

国家机关的官僚主义。于是，为了适应，他所采取的措施就是“兴无灭资”、“斗私批修”、“继续革命”。结果，不仅未能“适应”，反而更加“矛盾”。邓小平继承毛泽东的未竟事业，他对中国社会主义改革的一个重大贡献，就是找到了“又相矛盾”的环节，这就是体制问题，也就是原有的高度集中的计划经济体制由于长期不改革已变成僵化的经济体制，严重地阻碍生产力的发展。中国的经济体制改革，就是要变僵化的计划经济体制为充满生机和活力的社会主义市场经济体制。从十一届三中全会以后，中国进行了大规模的改革，包括经济体制、政治体制、文化体制，成效异常明显。

与改革相联系的是对外开放。马克思、恩格斯在《共产党宣言》中提出了世界市场论。他们指出，由于资本主义商品经济的发展，海陆交通的发达，不仅破坏了一个国家和民族内部的封建割据状态，而且开拓了世界市场。从此，一切国家的生产和消费都成为世界性的，物质的生产是如此，精神的生产也是如此。进入 20 世纪，随着自由资本主义向垄断资本主义过渡，世界经济日趋全球化。面对这种形势，列宁在十月革命以后特别重视苏俄同资本主义国家的经济交往，指出：“社会主义共和国不同世界发生联系是不能生存下去的，在目前情况下应当把自己的生存同资本主义的关系联系起来。”① 他还提出实行租让制等举措。这是最早的对外开放思想。后来在社会主义实践中，由于受到资本主义的包围，以及斯大林的“一国建成论”、“两个世界、两个平行市场”等理论的负面影响，导致社会主义国家很少同资本主义国家交往，长期处于封闭、半封闭状态。党的十一届三中全会打破了这种局面，我们实行了一个大政策，把对外开放作为长期不变的基本国策。邓小平深刻总结了长期的历史经验，指出中华民族在人类文明史中的大部分时间处于领先地位，只是近几百年落后了。落后的一个重要原因是闭关自守，没有实行对外开放。他还指出，当代世界是开放的世界，经济全球化趋势日益明显，新科技革命席卷全球，在这种情况下，任何一个国家关起门来都不可能实现现代化。经过 30 年的努力，我国已经形成从沿海到内地的全方位、宽领域、深层次的对外开放格局。我国对外开放的结果，引进了大量资金、先进的科学技术和管理方法，促进了国内改革和与世界

---

① 《列宁全集》第 41 卷，人民出版社 1986 年版，第 167 页。

经济接轨，推动了中国的发展。实践证明，改革开放是社会主义基本矛盾运动的客观要求，是发展中国特色社会主义的强大动力。

六、社会主义与人类文明

“文明”一词，是从近代以来资产阶级启蒙学者和空想社会主义者大量使用的一个概念，并在社会上广泛传播开来。马克思在《1844 年经济学哲学手稿》、《摩尔根〈古代社会〉一书摘要》，恩格斯在《家庭、私有制和国家的起源》等著作中，借鉴了启蒙学者、空想社会主义者特别是美国考古学家、进步历史学家摩尔根的研究成果，在深入研究人类进化史的基础上，阐述了马克思主义的文明观。①科学地阐明了文明和文明时代，认为文明是人类社会发展到一定阶段的进步状态，人类社会的发展分为三大时代，即原始社会的蒙昧时代、野蛮时代和从奴隶社会开始进入文明时代。人类进入文明时代的决定性条件是生产力的发展，它的主要标志是手工业的出现，文字的发明和广泛使用，国家的诞生等等。从人类进入文明时代以后，依生产方式的划分，相继出现了奴隶社会的文明、封建社会的文明和资本主义社会的文明，即恩格斯所谓的文明时代的三大时期。②深刻地揭露了资本主义文明的两重性，它一方面，推动社会进步，创造了巨大的物质财富和辉煌的精神财富；另一方面，又扩大社会对抗，在把一切权力赋予一个阶级的同时又把一切义务推给另一个阶级。③从理论上论证了文明和社会主义是不可分割的，文明的发展需要社会主义，社会主义的建立和完善也需要高度的文明。列宁指出：“马克思主义同‘宗派主义’毫无相似之处，它绝不是离开世界文明发展大道而产生的一种固步自封、僵化不变的学说。”① 十月革命以后，列宁开创了不发达国家建设社会主义文明的崭新道路。我们党一贯坚持马克思主义创始人的思想。毛泽东早在新中国成立前夕就曾预言：“随着经济建设高潮的到来，不可避免地将要出现一个文化建设的高潮。中国人被人认为不文明的时代已经过去了，我们将以一个具有高度文化的民族出现于世界。”② 新中国成立以后，我们一方面，取得了

---

① 《列宁选集》第 2 卷，人民出版社 1995 年版，第 309 页。

② 《毛泽东著作选读》下册，人民出版社 1986 年版，第 692 页。

建设社会主义文明的巨大成就；另一方面，又发生了有悖于社会主义文明的失误。

恩格斯指出："伟大的阶级，正如伟大的民族一样，无论从哪方面都不如从自己所犯错误的后果中学习来得快。"① 文明和野蛮是对立的。针对"文化大革命"的种种野蛮行径，有了切肤之痛以后，我们党倍加珍惜文明，更加重视社会主义文明建设。先是提出物质文明和精神文明，要求两个文明建设都要搞好，才是中国特色社会主义，而后进一步提出政治文明建设。十一届三中全会以后，我们党关于社会主义文明建设的主要贡献有如下几个方面：一是把建设社会主义文明作为社会主义现代化建设的重要目标和重要任务。社会主义文明是以往文明的高度发展，是在社会主义基础上新的更高类型的文明。二是首次把文明区分为物质文明、精神文明和政治文明。文明和文化不同，二者既有联系又有区别，文化不一定是成果，文明必须表现为成果。依据这个认识，物质文明表现为物质生产的进步和物质生活的改善；精神文明表现为教育、科学、文化知识的发达和思想道德水平的提高；政治文明表现为民主政治的进步和法制的实施和完善。三是把社会主义文明建设和社会主义现代化建设相统一。物质文明建设就是社会主义现代化经济建设；政治文明建设就是社会主义民主政治建设；精神文明建设就是社会主义文化建设。这三大文明都是属于社会形态的文明。此外，还有非社会形态的文明，即生态文明。四是强调世界上各种文明不要相互排斥而要协调发展。世界各种文明应相互交流和相互借鉴，在竞争比较中取长补短，在求同存异中共同发展。总括起来，十一届三中全会以后，我们的社会主义文明建设大大向前推进了。

七、社会主义和谐社会

实现社会和谐，建设美好社会，是人类长期孜孜以求的一个社会理想。古今中外不少思想家都曾提出过有关社会和谐的思想。中国传统文化的核心思想和核心价值就是和谐思想。儒家学说以"人"为中心，追求人与社会的和谐，道家学说以"自然"为中心，追求人与自然的和

① 《马克思恩格斯选集》第4卷，人民出版社1995年版，第432页。

谐，儒道两家各把握一端，以其相互对立和补充，构成中国传统文化发展的一条基本线索。但是，这些美好主张，在我国几千年的封建社会无法实现，因为那是一个阶级矛盾和等级矛盾十分尖锐的社会。19 世纪的一些空想社会主义者把这个思想提得更高，明确提出建立和谐社会。傅立叶将代替资本主义的未来社会称为“和谐制度”；欧文把在美国印第安纳州建立的共产主义劳动公社称为“新和谐村”；魏特林把取代资本主义的未来社会称为“和谐、自由和共有共享的制度”。马克思、恩格斯在《共产党宣言》中批判空想社会主义的同时，也充分肯定了他们关于未来社会的积极主张，其中包括“提倡社会和谐”。

在马克思主义创始人的著作中没有明确提出建立“和谐社会”的主张，因为“和谐”是一种状态，而不是社会形态。但是，他们在《共产党宣言》中关于未来社会是“自由人联合体”那一段表述中，充分体现了社会和谐状态，不过这指的是高级阶段的共产主义社会。以胡锦涛同志为总书记的党中央，在新世纪新阶段，立足现实，面向长远，为实现国家和社会的长治久安，创造性地提出了构建社会主义和谐社会的战略思想。构建社会主义和谐社会的关键是把握住“构建”二字，在这个方面做文章。胡锦涛同志还提出了社会主义和谐社会的六条标准，以便有所遵循，即按照民主法治、公平正义、诚信友爱、充满活力、安定有序、人与自然和谐相处的总要求，努力形成全体人民各尽所能、各得其所而又和谐相处的局面。和谐社会的和谐度有高、中、低之分。我国现在所构建的和谐社会是社会主义初级阶段低度的和谐社会，基本上实现社会主义现代化以后才能向中度、高度的和谐社会推进。构建社会主义和谐社会是一个长期过程，社会主义社会有多长它就有多长。

八、社会主义的最高价值目标

马克思、恩格斯十分重视人和人的全面发展，在这方面有许多精辟论述。他们在《共产党宣言》中指出：“代替那存在阶级和阶级对立的资产阶级旧社会的，将是这样一个联合体，在那里，每个人的发展是一切人自由发展的条件。”① 这段话表明，在未来社会中，人是社会的主

① 《马克思恩格斯选集》第 1 卷，人民出版社 1995 年版，第 294 页。

人，具有至高无上的地位。后来马克思把这段话称为“自由人的联合体”。1894 年 1 月，意大利友人卡内帕给恩格斯写信，希望他为《新纪元》周刊找一段题词，用简短的字句来表述未来的社会主义新纪元的基本思想，以别于但丁曾说的“一些人统治，另一些人受苦难”的旧纪元。恩格斯回答他，就是《宣言》中关于“自由人的联合体”这段话，此外，再找不到合适的语言了。可见，实现人的自由全面发展是人类社会发展的必然趋势，是共产主义社会的本质特征。后来，马克思主义创始人的这个重要思想遭到误解和曲解。由于过分地强调阶级和阶级斗争，“人”、“人性”、“人道”、“人道主义”遭到批判，成为“忌词”和禁区。

十一届三中全会通过拨乱反正，正本清源，重新恢复了人是社会主义的最高价值目标。江泽民同志创造性地运用马克思主义创始人的思想，提出在社会主义初级阶段就要脚踏实地地推动人的全面发展。所谓人的全面发展，现阶段就是指教育方针上所规定的德、智、体、美的全面发展，而不是“大跃进”时期的“多面手”。这个标准比马克思、恩格斯所说的人的自由全面发展，层次要低。以胡锦涛同志为总书记的党中央，提出“以人为本”的科学发展观，又把人的全面发展提到最为重要的位置上。“本”就是事情的本源或根基。“以人为本”就是把人的发展作为根本。这是科学发展观的核心和灵魂，也是发展的实质，它反映了我国社会主义现代化建设指导思想的重大转变。这就是说，发展不只是经济社会的发展，更重要的是人的发展。我们必须坚持，发展为了人民，发展依靠人民，发展成果由人民共享。总之，经济社会的发展为人的全面发展提供了前提，人的全面发展反过来又会极大地推动社会的发展和进步。这些充分体现了人的价值目标在逐步实现。

九、社会主义的对外关系

这是社会主义的一个重要方面。马克思、恩格斯在其一生中，在提出“两个必然”的基础上，思索未来的社会主义将在哪里突破时，始终把注意力放在西方发达资本主义国家。他们曾经设想，社会主义革命首先在英、法、美、德等最发达的资本主义国家同时发生并同时胜利，接着其他国家也会效法这些国家走上社会主义道路，这就不存在社会主义和资本主义长期并存的问题。到 20 世纪初，列宁通过分析资本主义经济政治发展不平衡规律和资本主义体系的薄弱环节，认为“社会主义不可能在所有国家内同时获得胜利，它将首先在一个或几个国家内获得胜利，而其余的国家在一段时间内仍然是资产阶级的或者资产阶级以前的国家”①。由此就产生了社会主义和资本主义两种制度长期并存的问题。十月革命以后，苏俄在经历了三年国内战争和粉碎帝国主义武装干涉这场两种制度的殊死搏斗之后，国际形势出现了某种“均势”，在这种形势下，列宁提出著名的和平共处原理，强调两种制度应和平共处而不要战争共处。中华人民共和国成立以后，为建立和发展对外关系，打开对外关系局面，我们做了大量工作，最主要的，一是把列宁的和平共处思想具体化了，周恩来创造性地提出了和平共处五项基本原则，即互相尊重主权和领土完整、互不侵犯、互不干涉内政、平等互利、和平共处。这就有了共同遵循的原则，并得到世界各国的认同。二是毛泽东、周恩来为我们制定了独立自主的和平外交政策。所谓独立自主，就是既不屈从某些资本主义大国，也不屈从某个社会主义大国，一切从本国利益出发，确定自己的外交政策，不受任何国家所左右。其主要内容就是和平政策，因为社会主义制度的本性要求和平，中国的发展需要和平，中国人民热爱和平。

十一届三中全会以后，随着改革开放和社会主义现代化建设的进展，我国的对外关系进入到一个新的阶段。最主要的进展：一是国家关系，彻底抛弃了战争年代形成的“敌、友、我”思维方式，坚持在和平共处五项原则的基础上，建立和发展同世界各国的友好关系。二是党际关系，突破了过去只与共产党和进步政党联系的局限，在遵守独立自主、完全平等、互相尊重、互不干涉内部事务四项原则的基础上，建立和发展中国共产党同世界各国一切政党的友好合作关系。当代世界各国大多实行政党政治，党际关系是国家关系的基础。三是坚持走和平发展道路。中国既争取和平的国际环境来发展自己，又通过自己的发展促进世界的和平与发展，这是一条既有利于中国，又有利于世界各国，实现“互利共赢”的阳光大道。过去没有这个条件，帝国主义、霸权主义封锁、孤立甚至想扼杀我们。20 世纪 70 年代中期以后，世界的主题由战

① 《列宁选集》第 2 卷，人民出版社 1995 年版，第 722 页。

争与革命转化为和平与发展，在这种条件下，邓小平不失时机地带领中国人民成功地走上了和平发展道路。四是顺应和平、发展、合作的历史潮流，积极促进世界多极化，维护世界多样化，提倡国际关系民主化和发展模式多样化，坚持国家不分大小、强弱、贫富一律平等，树立互信、互利、平等、协作的新安全观，主张通过对话和合作解决争端，反对诉诸武力或以武力相威胁，反对各种形式的霸权主义和强权政治，反对一切形式的恐怖主义，推动建立公正合理的国际政治经济新秩序，推动建设持久和平、共同繁荣的和谐世界。综上所述，30 年的改革开放和现代化建设，已把我们的对外关系推进到一个新的更高的阶段。

十、社会主义的领导核心

中国共产党是中国特色社会主义事业的领导核心，这个核心地位的确立，是人民的选择，是历史形成的。要坚持和发挥好党的领导作用，关键是搞好党的建设，实现从革命党向执政党的转变。马克思、恩格斯认识到，无产阶级要实现推翻资本主义、建设社会主义、解放全人类的伟大历史使命，必须建立无产阶级革命政党。为建立这样的政党，他们奋斗了一生。从 1847 年在国际范围内建立共产主义者同盟，到 70 年代以后欧美一些国家建立民族国家范围内的社会主义政党，再到 1889 年建立第二国际，就是这样的政党。1895 年恩格斯逝世后，伯恩斯坦修正主义的出现，第二国际内部分化为左、中、右三派，各国党逐步蜕化为迎合资产阶级需要的改良主义政党。在 20 世纪新的历史时期，列宁在俄国建立了一个以职业革命为核心的广泛联系群众的新型无产阶级革命政党。在俄国布尔什维克党的领导下，取得了 1917 年十月社会主义革命的伟大胜利。在十月革命的影响和 1919 年建立的第三国际的帮助下，许多国家建立了共产党。就是在这个大背景下，在中国工人运动和马克思主义相结合的基础上，1921 年建立了中国共产党。在中国共产党这个无产阶级革命政党的领导下，中国经过 28 年艰苦卓绝的斗争，取得了新民主主义革命的伟大胜利。1949 年 3 月，在党的七届二中全会上，毛泽东在报告中提出夺取全国政权后，党的工作重心要从农村转到城市，城市工作要以发展生产为中心，牢记“两个务必”，说明他当时已有执政党意识。新中国成立以后，我们党已成为执政党，但是从

1957年反右派斗争到“文化大革命”长期坚持“以阶级斗争为纲”，不停顿地开展政治运动，表明对从革命党到执政党的转变认识得并不十分清醒。

自觉实行从革命党到执政党的历史转变，是在十一届三中全会以后，其标志是从坚持“以阶级斗争为纲”到坚持以经济建设为中心。十一届三中全会以后，党的建设取得了重大成绩，主要是指：一是自觉认识到党所处的历史方位，这就是从1949年在全国范围执政以来，特别是1978年改革开放之后，已经从一个领导人民为夺取全国政权而奋斗的党，转变为一个领导人民掌握全国政权并长期执政的党；从一个受到外部封锁和实行计划经济条件下领导国家建设的党，转变为一个在对外开放和发展社会主义市场经济条件下领导国家建设的党。这个转变，是根本性的转变，是从1921年建党以来最重要、最深刻的转变。二是逐步形成了具有中国特色的马克思主义执政党建设的理论。这个理论，以“建设什么样的党、怎样建设党”为主题，以党的执政能力建设和先进性建设为主线，加强党的思想、组织、作风、制度和反腐倡廉建设，实行科学执政、民主执政、依法执政，目的是使我们党在复杂多变的国内外环境下长期执政。这两条表明，我们党已牢牢把握了共产党执政规律。

概括上述十条，就是改革开放30年对社会主义认识的拓展和深化，是科学社会主义的新成果和新发展，是中国特色社会主义理论体系的重要内容。对这些理论创新，广大群众的实践活动，理论工作者的学术研讨，从不同角度和侧面都做出了贡献。但是，做出最大贡献的是党中央。在我国，党中央集中了全党全国人民的智慧，不断在实践基础上做出新的理论概括，既是政治权威又是理论权威，而且能够用创新理论直接指导实践的也只有党中央。对社会主义的认识，不可能一次完成，要通过实践—认识—再实践—再认识的多次反复过程才能完成。社会主义是一个很长的历史阶段，只要这个客观历史过程没有完结，人们对社会主义的认识过程就不会终结。

中国特色社会主义道路的艰辛探索和奋力开辟

2009 年是伟大的中华人民共和国成立 60 周年。60 年前中国人民革命的胜利，标志着一百多年来帝国主义殖民主义和封建统治者勾结起来奴役中国人民的历史和内外战乱不断、国家四分五裂的局面从此结束，标志着一个多世纪中华民族面临的民族独立和人民解放、国家富强和人民富裕这两大历史性课题的第一个课题已基本得到解决，今后的主要任务是解决第二个课题。实现国家富强和人民富裕，最重要的是通过探索找到一条适合本国国情、快速高效的发展道路。60 年来，以毛泽东、邓小平、江泽民、胡锦涛为主要代表的几代中国共产党人，领导全国人民，经过为新道路奠定政治前提与制度基础和探索中国社会主义建设道路，终于开辟了中国特色社会主义道路。这是新中国成立 60 年在实践上所取得的最大成就。一个是开辟中国特色社会主义道路，一个是形成中国特色社会主义理论体系，这是当代中国取得一切成绩和进步的根本原因。

一、探索和开辟新道路的政治前提和制度基础

马克思在 1875 年所写的《哥达纲领批判》中，提出了过渡时期的理论。他认为从资本主义私有制社会不可能直接进入社会主义公有制社会，中间需要有一个革命转变的过渡时期。中国没有经历过资本主义社

会，是从半殖民地半封建社会经过新民主主义革命后所建立的新民主主义社会向社会主义社会过渡。毛泽东在 1953 年 10 月指出："从中华人民共和国成立，到社会主义改造基本完成，这是一个过渡时期。"他还为党制定了"一化三改"、"一体两翼"的过渡时期总路线，其基本精神就是社会主义建设和社会主义改造同时并举。从 1949 年 10 月新中国成立到 1956 年社会主义改造基本完成的前 7 年，我们党以"两个务必"、"进京赶考"的精神状态，从事新中国的建设，各项工作都取得很大成绩，其中最有价值和意义的是如下三项：

第一，建立了社会主义政治制度。社会主义政治制度是先于社会主义经济制度建立的。首先是国体，我们没有照搬苏联的无产阶级专政，而是实行工人阶级领导的，以工农联盟为基础的人民民主专政，它直接表明政权具有民主与专政两个方面，鲜明地体现了政权的民主性质和人民在国家中当家作主的地位，有利于激发人民群众的主人翁责任感，有利于实现政治民主化，有利于避免对无产阶级专政的歪曲的滥用，是具有中国特色的无产阶级专政。其次是政体，我们没有采纳西方的三权分立，也没有照搬苏维埃，而是实行人民代表大会制度，使政体和国体相适应，它既能充分反映广大人民的意愿，又能保障人民当家作主的权利，更适合中国的国情。再次是政党制度，我们既不搞西方的多党制，也不搞苏联的一党制，而是实行共产党领导的多党合作和政治协商制度，这是一个崭新的政党制度。最后是民族政策和制度。中国是一个有 56 个民族的多民族国家，实行什么样的民族政策和制度是一个重大问题。列宁和孙中山都提出过"民族自决"的口号，苏俄于 1924 年实行联邦制，我们党在国民党统治时期也赞同过"民族自决"。但是，当形势已发生根本的变化，是实行联邦制，还是搞统一的共和国，在少数民族聚居区实行区域自治，这个问题在 1949 年 9 月制定《共同纲领》时，毛泽东和周恩来鉴于帝国主义者分裂我国的图谋，毅然决然确定不搞联邦制，在统一的共和国内实行民族区域自治。从后来事态的发展看，这是非常有远见的。它对国家的统一、民族的团结和社会的稳定起了至关重要的作用。上述四项基本政治制度，是我们党创造性地运用马克思主义基本原理于我国的具体实际，具有独创性，对我国社会主义的发展起了积极作用。

第二，建立社会主义经济制度。新中国成立后，通过没收官僚资本主义，建立了国营经济；通过实行土地改革，消灭了封建土地所有制。当时有五种经济成分，即以社会主义经济为主导的，包括社会主义性质的国营经济、半社会主义性质的合作社经济、个体经济、私人资本主义经济、国家与私人合作的国家资本主义经济等五种经济成分并存的综合经济结构。从1953年提出过渡时期总路线以后，对农业、手工业、资本主义工商业的社会主义改造就提到日程上来了。对农业的社会主义改造，我们没有采取苏联全盘集体化的途径，而是遵循列宁的合作化思想，通过从临时互助组、常年互助组，到初级社，再到高级社的过渡形式，实现了农业的社会主义改造。对手工业的社会主义改造，主要采取供销合作小组、供销生产合作社、生产合作社三种形式，逐步把大量分散的个体手工业者组织起来，实现由分散到集中、由低级到高级的社会主义改造。对资本主义工商业的社会主义改造，我们没有采取苏联暴力剥夺的办法，而是用和平赎买的办法，通过加工订货、统购包销为主的初级形式到公私合营的高级形式，逐步实现了对资本主义工商业的社会主义改造，并把对制度的改造和人的改造结合起来，将民族工商业者的绝大多数人改造成为自食其力的劳动者，这是社会主义运动史上的一大创举。三大改造基本完成以后，我国建立了全民所有制和集体所有制两种公有制形式的社会主义基本经济制度；建立了与其相适应的各尽所能、按劳分配的分配制度；与此同时，在实行第一个五年计划期间，建立了计划经济体制。此外，还建立了以马克思主义为指导的文化制度。这样，从经济基础到上层建筑都发生重大变革，一个人们梦寐以求的、优于旧社会和资本主义的崭新的社会主义制度在我国建立起来了。在这场破旧立新的社会大变革中，没有引起大的社会震荡，工农业生产没有减产，保持继续增长的势头，这是一个了不起的伟大成就。但是，也暴露出一些缺点和问题，主要是：由于把原来的过渡时间由18年变为7年，社会主义改造中出现了过急过快过粗，形式过于简单划一等缺点；由于受苏联模式的影响，尽管社会主义改造的方法具有独创性，但建立起来的是纯粹公有制，不允许其他经济成分存在，以及只要计划，不要市场，这些不适合我国国情，不利于生产力的发展。但这毕竟是第二位的。

第三，恢复和发展国民经济。早在新中国成立前1949年3月召开的党的七届二中全会上，毛泽东在报告中就曾指出：从现在起，党的工作重心由农村移到了城市。“从我们接管城市的第一天起，我们的眼睛就要向着这个城市的生产事业的恢复和发展”。由于多年战乱，1949 年新中国成立时的全国生产，同历史上最高生产水平相比，工业总产值下降了 50%，农业生产下降了 25%，人均国民收入只有 27 美元，相当于亚洲国家平均值的 2/3。中国共产党从国民党政府手里接收下来的是一个烂摊子。新中国成立初期，外有帝国主义封锁和抗美援朝战争，内有社会动荡，物价暴涨，我们就是在这种情况下恢复和发展生产的。通过实行“公私兼顾、劳资两利、城乡互助、内外交流”的“四面八方”的经济政策，到 1952 年，工农业总产值比 1949 年增长 77.5%，比新中国成立前最高水平的 1936 年增长了 20%，与此同时国营经济的比重在上升，私营经济的比重在下降，提前两年完成了国民经济的恢复工作。从 1953 年 1 月开始，执行国家建设的第一个五年计划，重点是社会主义工业化。经过全党和全国人民的努力，“一五”计划顺利完成，1957 年全国工业总产值达到 783.9 亿元，超过原订计划的 21%，比 1952 年增长 128.1%，平均每年增长 18%。同年农业生产值达到 604 亿元，比 1952 年增长 25%，平均每年增长 4.5%。总之，“一五”时期我国经济建设所取得的成就，为社会主义工业化奠定了初步基础。

综上所述，正如胡锦涛同志在党的十七大报告中所指出的：“新民主主义革命的胜利，社会主义基本制度的建立，为当代中国的一切发展进步奠定了根本政治前提和制度基础。”也为探索中国社会主义建设道路提供了前提条件。

二、中国社会主义建设道路的艰辛探索

我国从新民主主义社会过渡到社会主义社会以后，进入了社会主义建设时期。无论是革命还是建设，毛泽东历来主张独立探索，反对照抄照搬外国经验。但是，在新中国成立之初我们缺乏建设经验的情况下，他还是主张学习第一个社会主义国家苏联的经验。因此，我们的制度、体制和政策，都有不少苏联模式的烙印。到 50 年代中期，苏联自己揭开了盖子，我们在实践中也感到苏联有些经验并不好。在这种情况下，毛泽东经过慎重思考，提出要“以苏为鉴”，独立探索一条有别于苏联模式、适合中国国情的中国社会主义建设道路，从此开始了长达 20 年的艰辛探索。在探索中既取得很大成绩，又发生了重大曲折和挫折。从

探索中国社会主义建设道路的角度来看，有两个时期比较好。一是探索初期，毛泽东有两次重要讲话和召开了党的八大。被称为探索中国社会主义建设道路的开篇之作的《论十大关系》是毛泽东于1956年2—4月听取国务院34个部门汇报基础上形成的，十大关系就是和苏联模式的十个不同。《关于正确处理人民内部矛盾的问题》是毛泽东在1957年2月27日在最高国务会议上的讲话。他在讲话中，把他对中国社会主义建设道路的初探理论化了，并从哲学世界观的高度即矛盾论的高度认识什么是社会主义社会。这两次讲话，标志着毛泽东对中国社会主义建设道路的探索开始形成一个初步的但是比较系统的思路。1956年9月召开的党的八大，正确地分析了中国社会的主要矛盾，指出已不是阶级斗争，而是“人民对于经济文化迅速发展的需要同当前经济文化不能满足人民需要的状况之间的矛盾”，明确提出党和国家的主要任务是“保护和发展社会生产力”。二是“大跃进”遭受重大挫折后的反“左”特别是反右倾斗争后强调全党认真读书，读苏联《社会主义政治经济学》教科书反思中，提出了许多有价值的观点。毛泽东在探索中所形成的中国社会主义建设道路的基本轮廓是：

——关于区别于苏联模式的中国工业化道路。主要区别有三：一是坚持以农业为基础和以工业为主导。鉴于苏联长期不变地优先发展重工业所造成的产业结构不合理和畸形发展，毛泽东提出调整产业结构和投资比例，强调对轻工业和农业多投资，以后进一步提出以农业为基础和以工业为主导，作出农轻重的建设安排，并把它作为经济建设的总方针。二是坚持沿海工业和内地工业共同发展。鉴于苏联工业主要集中在欧洲领土的某几个地区和我国工业过去主要集中在沿海一带，缺乏经济发展的合理布局，毛泽东提出，沿海的工业基地必须充分利用，但是，为了平衡工业发展的布局，内地工业必须大力发展。三是坚持国防建设必须以经济建设为基础。针对苏联军事开支过大，影响经济发展，毛泽东提出要正确处理经济建设和国防建设的关系。他指出，国防不可没有，国防建设必须加强，我们不但要有飞机、大炮，还要有原子弹。但是，国防建设必须以经济建设为基础，“只有经济建设发展得更快了，国防建设才能够有更大的进步”。

——关于中国社会主义现代化的目标和步骤。实行工业化，使中国从落后的农业国变为先进的工业国，这只是第一步，更高的目标是实现社会主义现代化，这是当今世界的大潮。党中央提出社会主义现代化的目标要求有个不断规范和丰富的过程。最早是周恩来在1954年一届人大一次会议上《政府工作报告》中提出的工业、农业、交通运输业和国防的“四个现代化”，到1964年周恩来在三届人大一次会议上的《政府工作报告》中将其调整为“全面实现农业、工业、国防和科学技术的四个现代化”。实行两步走的发展战略，第一步建立独立的、比较完整的工业体系和国民经济体系，第二步是实现“四个现代化”，使我国经济走在世界的前列。

——关于发展社会主义的商品生产和商品交换。针对苏联和我国某些经济学家害怕和反对商品生产的错误倾向，毛泽东严厉地批评了这些“可怜的马克思主义者”。他赞同斯大林《苏联社会主义经济问题》一书中所阐述的观点，认为社会主义社会还有商品生产，主张大力发展商品生产和商品交换。他还指出，价值法则是一个伟大学校，只有利用它，才有可能教会我们几千万干部和几万万人民，才有可能建设我们的社会主义和共产主义。

——关于在文化领域实行“百花齐放，百家争鸣”的方针。社会主义建设不仅包括经济建设，也包括文化建设。苏联在文化方面管得过死，常常用行政方法管理学术，给不同学派贴政治标签，说米丘林学派是唯物主义的，摩尔根学派是唯心主义的，以米丘林学派为学术权威，不允许摩尔根学派生存和发展。这样做，必然影响和窒息科学的发展。在我国，有人说中医是封建医，西医是资本主义医，苏联的巴甫洛夫是社会主义医。根据这种认识，就应反对中医和西医，取消一切现存的医院，用巴甫洛夫的药来医治百病。这是极其愚蠢的。鉴于这种情况，毛泽东提出在文化上实行“百花齐放，百家争鸣”的方针。这是促进艺术发展和科学进步的方针，是促进我国社会主义文化繁荣的方针。利用行政力量，强制推行一种风格、一种学派，禁止另一种风格、另一种学派，只能有害于艺术和科学的发展。实行“双百”方针，必须处理好两个关系。一是百家和一家的关系。无疑，马克思主义是百家中的一家，但它不是普通的一家，而是具有指导地位的一家。实行“双百”方针，必须坚持以马克思主义为指导，否则就会变成自由化。二是“双百”和“二为”的关系。“双百”是方针，“二为”即为人民服务、为社会主义服务是方向。方针服务于方向，“双百”必须为“二为”服务。

——关于社会主义社会的发展阶段。马克思运用唯物辩证法的发展观，分析未来社会将经历第一和高级两个发展阶段，但没有论及每个发展阶段还要不要划分细小阶段。列宁在有了社会主义实践以后提出每个发展阶段都有一个多级发展过程，即大阶段中有小阶段。受苏联模式的影响，过去几乎所有社会主义国家都有一个通病，就是把社会主义社会看成是一个短暂阶段，因而不去划分阶段，并急于向共产主义过渡。总结这个经验教训，毛泽东后来提出“社会主义是一个相当长的历史阶段”的重要论断。1959 年底，毛泽东在读书谈话中，提出社会主义可以划分为两个阶段，第一阶段是不发达的社会主义，第二阶段是发达的社会主义阶段，后一阶段可能比前一阶段需要更长的时间。这是对社会主义比较清醒的认识。

——关于坚持以自力更生为主、争取外援为辅。毛泽东认为，中国是一个大国，又是一个穷国，在这样的国家里建设社会主义，必须坚持以自力更生为主、争取外援为辅。自力更生是坚持把立足点放在依靠自己力量的基础上，强调中国的建设主要靠自己的力量去解决；自力更生并不排斥外援，要尽可能多地争取一些外援，但争取外援也是为了增强自力更生的能力。

——关于实行独立自主的和平外交政策。新中国成立以后，毛泽东、周恩来为我国制定了不受资本主义也不受某个社会主义大国左右的独立自主的和平外交政策，周恩来依据列宁的两个体系和平共处的思想，进一步提出和平共处五项原则，作为不同社会制度国家相互关系的准则，为我国的现代化建设提供良好的国际环境。

——关于调动一切积极因素建设社会主义。毛泽东是一位伟大的战略家，他认为建设社会主义必须化消极因素为积极因素，调动一切积极因素，团结一切可以团结的力量。这就涉及必须处理好如下五个关系。一是中央和地方。在管理体制上，苏联模式的特点是中央权力过大，地方权力很小，影响地方积极性的发挥。针对这种情况，毛泽东主张在巩固中央统一领导的前提下，中央的权力要下放，让地方有更多的权力，以发挥中央和地方两个积极性。二是党和非党。这里说的“党”是共产党，“非党”是民主党派。苏俄在十月革命以后，由于特殊的历史情况，只有一个党，即执政的俄共（布）。中国在民主革命时期，在反对国民党的斗争中，除共产党外，还有一些民主党派。这样，新中国成立后就形成了共产党领导的多党合作的政党体制。毛泽东指出："究竟是一个党好，还是几个党好？现在看来，恐怕是几个党好。不但过去如此，而且将来也可以如此，就是长期共存，互相监督"。三是国家、集体和个人。苏联模式重视国家、集体，对个人利益重视不够，不利于调动个人的积极性。针对这种情况，毛泽东指出："不能只顾一头，必须兼顾国家、集体和个人三个方面，也就是我们过去常说的'军民兼顾'、'公私兼顾'。"四是汉族和少数民族。中国是一个具有 56 个民族的多民族国家。过去说，中国地大物博、人口众多，实际上是汉族"人口众多"、少数民族"地大物博"。新中国成立后，我们的民族政策强调汉族要帮助少数民族，加强民族团结，着重反对大汉族主义；也反对地方民族主义，但不是重点。毛泽东说："我们要诚心诚意地积极帮助少数民族发展经济建设和文化建设。在苏联，俄罗斯民族同少数民族的关系很不正常，我们应当接受这个教训。"五是中国和外国。苏联长期搞大党大国主义，从不提向外国学习的口号，放不下戏台上的那个架子。毛泽东认为，每个民族都有它的长处，不然它为什么能存在和发展？同时，每个民族也都有它的短处。他指出："我们的方针是，一切民族、一切国家的长处都要学，政治、经济、科学、技术、文学、艺术的一切真正好的东西都要学。但是，必须有分析有批判地学，不能盲目地学，不能一切照抄，机械搬运。他们的短处、缺点，当然不要学。"正确处理上述关系的意义，正如毛泽东所指出的："我们一定要努力把党内党外、国内国外的一切积极因素，直接的、间接的积极因素，全部调动起来，把我国建设成为一个强大的社会主义国家。"

——关于社会主义社会矛盾学说的理论构建。这是毛泽东关于中国社会主义建设道路的理论支撑，是他在社会主义时期的最大理论创造。马克思、恩格斯创立了历史唯物主义，认为任何社会都是通过生产力与生产关系、经济基础与上层建筑的社会基本矛盾运动推动向前发展的。对于代替资本主义的未来社会的发展动力是什么，他们没有论及。列宁不愧为唯物辩证法大师，他在 1920 年批注和评论布哈林的《过渡时期经济学》一书时指出："对抗和矛盾完全不是一回事。在社会主义下，对抗将会消失，矛盾仍将存在。"① 斯大林有许多形而上学，他在 20 世

① 《列宁全集》第 60 卷，人民出版社 1990 年版，第 281—282 页。

纪30年代初，曾对苏联社会存在的矛盾作过分析，使用过“内部矛盾”（指工农之间的矛盾）和“外部矛盾”（指苏联和资本主义国家之间的矛盾）。但是，在1936年宣布苏联进入社会主义社会以后，他却认为苏联社会主义社会的生产力和生产关系“完全适应”。受斯大林的影响，苏联学术界长期居统治地位的是社会主义社会“无冲突论”的形而上学观点。针对这种情况，毛泽东在《关于正确处理人民内部矛盾的问题》中，把他的名著《矛盾论》的观点全面运用于社会主义社会，强调社会主义社会各方面都存在着矛盾，矛盾才是社会主义社会发展的动力。在社会主义思想史中，毛泽东是对社会主义社会的矛盾作过透辟分析的第一人。他着重分析了如下两种矛盾。一是社会主义社会的基本矛盾。他认为仍然是生产关系和生产力、上层建筑和经济基础的矛盾，它与旧社会所不同的是，两者之间既相适应又相矛盾，这比斯大林的“完全适应”前进了一大步，这个论述极大地解放了人们的思想，为后来的改革打开了闸门，提供了最重要的理论依据。所谓社会主义改革，就是从本国国情出发，根据社会生产力的现实水平和进一步发展的客观要求，自觉调整生产关系中与生产力不相适应的部分，调整上层建筑中与经济基础不相适应的部分。二是关于社会主义社会的两类不同性质的矛盾。针对苏联的肃反扩大化，混淆两类矛盾，毛泽东提出社会主义社会存在着人民内部矛盾和敌我矛盾这两类不同性质的矛盾。他强调要严格区分和正确处理这两类矛盾，用不同方法处理不同性质的矛盾。在革命时期大规模的急风暴雨式的阶级斗争基本结束后，大量的是属于人民内部矛盾，要把正确处理人民内部矛盾作为国家政治生活的主题。这就为调动一切积极因素建设社会主义提出了重要理论论证。

上述九条，就是在艰辛探索中所初步形成的中国社会主义建设道路的基本轮廓。应当说，这条道路既针对和有别于苏联模式，又没有突破苏联模式。之所以说没有突破，因为苏联模式在经济方面的一些基本点仍然存在，如所有制结构的纯粹公有制，管理体制的单一计划经济，以及封闭式发展等，我们只是在这个大框架内，结合中国实际，做了一些重大修补。没有突破，不应归咎于一个人，而是那个时代几乎所有人认识的局限。即使如此，坚持走这条道路也取得了重大成就，如开采大庆油田，原子弹、氢弹爆炸，发射和回收卫星，建设武汉、南京长江大桥，修建成昆铁路，建立起独立的比较完整的工业体系和国民经济体系，都发生在这个时期。遗憾的是，这条建设道路由于受到“左”的干扰，没有一以贯之地走下去，“大跃进”冲击了这条道路，“文化大革命”中断了这条道路。尽管这条建设道路并不很理想和成功，但是探索者们所提出的一些有价值的观点和所形成的中国社会主义建设道路，为后人开辟新道路架起了一座桥梁。

三、中国特色社会主义道路的奋力开辟

社会主义是前无古人的崭新事业，是一个长期探索过程。既然过去的探索不够成功，就要继续探索，开辟一条成功的新道路。探索新道路的起点，是具有历史转折意义的党的十一届三中全会。1976 年 10 月，在华国锋和叶剑英等老一辈无产阶级革命家的共同努力下，采取断然措施，一举粉碎“四人帮”，结束了持续 10 年的“文化大革命”。从粉碎“四人帮”到党的十一届三中全会徘徊前进的两年中，在中国今后走什么道路问题上存在继续走老路、改走资本主义的路和探索新道路三种不同主张，说明当时中国正处在十字路口。正是在这个关键时刻，1978 年 12 月召开的党的十一届三中全会，在邓小平、陈云、叶剑英等老一辈无产阶级革命家的引导下，全会决定停止使用“以阶级斗争为纲”的错误口号，把党和国家的工作重点转移到以经济建设为中心的社会主义现代化建设上来，并提出改革开放的战略决策。这是中国共产党在历史转变关头，顺乎历史潮流、代表人民意愿所作出的决定当代中国命运的关键抉择。十一届三中全会以后，以改革开放为标志的探索新道路的航船扬帆起程了。经过几年探索，邓小平在 1982 年 9 月党的十二大的开幕词里明确提出了新探索的指导思想。他说：“我们的现代化建设，必须从中国的实际出发。无论是革命还是建设，都要注意学习和借鉴外国经验。但是，照抄照搬别国经验、别国模式，从来不能得到成功。这方面我们有过不少教训。把马克思主义的普遍真理同我国的具体实际结合起来，走自己的道路，建设有中国特色的社会主义，这就是我们总结长期历史经验得出的基本结论。”① 这段话有几个要点：一是强调现代化建设，必须从中国实际出发，而不能离开中国实际，照抄照搬外国经验

① 《邓小平文选》第 3 卷，人民出版社 1993 年版，第 2—3 页。

和模式，这是基础和出发点。二是必须坚持把马克思主义的基本原理和中国的具体实际相结合，没有马克思主义不行，马克思主义不同中国实际相结合也不行，只有“结合”才能成功和胜利，这是指导原则。三是强调走自己的道路，基本精神是鼓励大胆探索，开辟新路，这是核心和根本；四是主张建设有中国特色的社会主义，也就是扎根当代中国大地上的科学社会主义，这是主题和落脚点。

以邓小平为主要代表的中国共产党人，从十一届三中全会特别是十二大以后，依据上述原则，在毛泽东探索的基础上继续进行新的探索，在探索中坚持了毛泽东正确的东西，纠正了毛泽东晚年的错误，并有许多新的创造，如改革开放、社会主义市场经济等。邓小平通过总结经验深刻指出：“问题是什么是社会主义，如何建设社会主义。我们的经验教训有许多条，最重要的一条，就是要搞清楚这个问题。”① 这就是说，过去我们发生重大失误的最深层次原因，就是在理论上没有完全搞清楚这个问题。通过新的探索，逐步形成了邓小平理论，它以中国特色社会主义为主题，以“什么是社会主义，怎样建设社会主义”为主线，第一次比较系统地初步回答了在中国这个经济文化比较落后的国家建立社会主义制度以后怎样建设、巩固和发展社会主义一系列基本问题；与此同时，开辟了中国社会主义建设新道路，即中国特色社会主义道路。这条道路的主要标志：一是实现了从“以阶级斗争为纲”到以经济建设为中心的历史性转变，一心一意谋发展，聚精会神搞建设，集中力量搞社会主义现代化。这是关系中国特色社会主义的千秋大业。二是实行改革开放的战略决策。有两种不同的改革观，我们坚持的是马克思主义的改革观。中国的改革是在坚持社会主义基本制度的前提下具体制度的改革即体制改革，其实质是社会主义制度的自我完善。对外开放的实质是大胆吸收和借鉴人类文明成果，特别是资本主义的文明成果，拿来为我所用，发展自己。中国改革开放的实践意义，是中国新的革命，也就是邓小平所说的中国的第二次革命。这就是说，改革开放虽然不是本来意义上的政治革命，但就其引起的社会变革的广度和深度来说，并不亚于革命，其实质和目标，是通过改革开放，实现社会主义现代化。三是坚持四项基本原则。四项基本原则就是社会主义道路、人民民主专政、共产

---

① 《邓小平文选》第3卷，人民出版社1993年版，第116页。

党的领导和马列主义、毛泽东思想。这四项原则老祖宗都讲过，我们也一直坚持，不是新创造，问题是邓小平在 1979 年 3 月理论工作务虚会的讲话中重申这四项，并且连在一起，作为不可分割的整体，称为四项基本原则，在历史新时期具有重大意义。四项基本原则，就是社会主义基本制度。坚持四项基本原则，表明改革开放和现代化建设是在社会主义制度的范围内和框架中进行的，从而保证了它的社会主义性质和方向。邓小平的一个重大贡献，就是把构成这条道路的三项基本内容在党的十三大以基本路线的形式确定下来，作为党在社会主义初级阶段全局性的根本指导方针，以保证始终不渝地坚持走这条道路。邓小平在 1992 年的“南方谈话”强调，坚持党的基本路线一百年不动摇，就是坚持走中国特色社会主义道路不动摇。

以江泽民同志为主要代表的中国共产党人，坚持以邓小平理论为指导，在 13 年的实践中，把中国特色社会主义成功地推向 21 世纪，并形成了“三个代表”重要思想。在 20 世纪 80 年代末 90 年代初，资本主义世界一些大党老党先后从执政党变成在野党，特别是苏东剧变共产党丧失执政地位，这种严峻形势把党如何执政尖锐地提上日程。“三个代表”重要思想进一步回答了“什么是社会主义，怎样建设社会主义”，创造性地回答了“建设什么样的党，怎样建设党”，是对马克思列宁主义、毛泽东思想、邓小平理论的继承和发展。党的第三代中央领导集体所采取的几个重大举措，进一步拓宽了中国特色社会主义道路。一是依据邓小平关于社会主义也可以搞市场经济的论断，江泽民同志于 1992 年 6 月 9 日在中央党校省部级领导干部进修班的讲话和之后召开的党的十四大报告中提出了社会主义市场经济理论，积极构建社会主义市场经济新体制，把社会主义基本制度和市场经济结合起来，既发挥了社会主义制度的优越性，又充分体现了市场经济的活力，这是人类历史上的一个伟大创举。二是在经济全球化的大趋势下，做出趋利避害，既参与经济全球化，加入世界贸易组织，又坚持独立自主，努力维护国家经济安全的战略，这对我国的发展至关重要。三是在党的十五大和以后的一些会议上，江泽民同志提出了依法治国的基本方略，坚持法治和德治紧密结合，建设社会主义法治国家。这是社会文明进步的重要标志。

以胡锦涛同志为总书记的党中央，在新世纪新阶段，坚持以邓小平理论和“三个代表”重要思想为指导，面对前所未有的机遇和挑战，站在历史的新起点，从我国经济社会发展的阶段性特征出发，提出了科学发展观等一系列重要战略思想。它进一步回答了“什么是社会主义，怎样建设社会主义”、“建设什么样的党，怎样建设党”，创造性地回答了“实现什么样的发展，怎样发展”。它是对党的三代中央领导集体关于发展思想的继承和发展，是马克思主义发展理论的最新成果，是同马克思列宁主义、毛泽东思想、邓小平理论、“三个代表”重要思想既一脉相承又与时俱进的科学理论。以胡锦涛同志为总书记的党中央，对中国特色社会主义道路的新贡献有如下几点：一是坚持科学发展。胡锦涛同志在2003年10月召开的党的十六届三中全会上，首次提出了科学发展观。科学发展观的内涵，第一要义是发展，核心是以人为本，基本要求是全面协调和可持续，实质是又好又快的发展。坚持以科学发展观统领经济社会发展全局，才能把发展引上科学发展轨道。二是坚持和谐发展。根据胡锦涛同志于2005年2月在中央党校省部级主要领导干部专题研讨会讲话中提出构建社会主义和谐社会的思想，2006年10月党的十六届六中全会审议通过《中共中央关于构建社会主义和谐社会若干重大问题的决定》。《决定》提出，要按照民主法治、公平正义、诚信友爱、充满活力、安定有序、人与自然和谐相处的总要求，构建社会主义和谐社会，推动人与社会、人与自然和谐相处，推动经济社会和谐发展。三是坚持和平发展。胡锦涛同志把邓小平从20世纪70年代中期以后在世界主题由战争与革命转化为和平与发展的条件下，不失时机地带领中国人民所走的道路，概括为和平发展道路，并坚持走这条道路。这就是说，中国既争取和平的国际环境来发展自己，又通过自己的发展来促进世界的和平与发展，这是一条既有利于中国又有利于世界各国“互利双赢”的阳光大道。这几项重大战略举措，进一步拓宽、深化和提升了中国特色社会主义道路。

在30年探索和开辟新道路的基础上，胡锦涛同志在党的十七大报告中对中国特色社会主义道路的科学内涵作了如下概括：“中国特色社会主义道路，就是在中国共产党领导下，立足基本国情，以经济建设为中心，坚持四项基本原则，坚持改革开放，解放和发展社会生产力，巩固和完善社会主义制度，建设社会主义市场经济、社会主义民主政治、社会主义先进文化、社会主义和谐社会，建设富强民主文明和谐的社会主义现代化国家。”这个概括和表述，基本上是社会主义初级阶段的基本路线加中国特色社会主义事业的总体布局。依据这个表述，我们可以把中国特色社会主义道路分解为四个层面，一是党的领导。现代社会普遍实行政党政治，国家建设由执政党来领导。中国特色社会主义道路是中国共产党领导全国人民经过长期探索，奋力开辟的。党的领导是坚持走这条道路的根本政治保证。离开中国共产党的领导，中国走的将不会是这条道路。二是核心内容。就是基本路线中的“一个中心，两个基本点”。坚持党的基本路线，首先是以经济建设为中心不动摇。经济是基础，经济发展了，才有条件发展政治、文化、社会各项事业。党和国家的各项工作都要服从和服务于经济建设这个中心，而不能离开、更不能干扰这个中心。其次是坚持两个基本点。四项基本原则是立国之本，是我们党和国家生存和发展的政治基石，是中国特色社会主义道路的制度依托；改革开放是强国之路，是我们党和国家发展进步的活力源泉，是发展中国特色社会主义的强大动力。两个基本点是一个中心的两个支点和支柱。总起来说，党的基本路线是一个中心而不是两个中心，是两个基本点而不是一个基本点。三是发展内涵。一个国家最重要的是发展。发展才是硬道理，是执政兴国的第一要务，问题是实现什么样的发展和怎样发展。我们党通过长期探索，对发展内涵的认识不断拓展和深化，从两个文明建设到三个文明建设，特别是在党中央提出构建社会主义和谐社会以后，把中国特色社会主义事业的总体布局从经济建设、政治建设、文化建设三位一体拓展为经济建设、政治建设、文化建设、社会建设四位一体。在这个总体布局中，必须坚持以经济建设为中心，全面推进社会主义市场经济、社会主义民主政治、社会主义先进文化和社会主义和谐社会建设，促进社会全面进步。它反映了我们党对社会主义尤其是中国特色社会主义发展规律的认识更加深化了。四是目标指引。从党的十三大到十七大，在富强、民主、文明之后又加上和谐，这就是为把我国建设成为富强民主文明和谐的社会主义现代化国家而奋斗。这是一个全面的社会主义现代化目标，涵盖了经济、政治、文化、社会各个方面。

综上所述，中国特色社会主义道路，就是毛泽东开始探索的，邓小平奋力开拓的，江泽民同志、胡锦涛同志不断拓宽的道路。这是一条能够使民族振兴、国家富强、人民幸福、社会和谐的康庄大道，是中国发展进步的唯一正确道路。中国坚持走这条道路，新中国成立 60 年，特别是改革开放 30 年，我们取得了举世瞩目的历史性成就。改革开放 30 年，我国经济以年均 9.8%的速度快速增长，国内生产总值由 1978 年的 3645 亿人民币上升到 2007 年的 24.95 亿人民币，30 年增长了 67 倍，在世界上的排名也由第 11 位跃升为第 3 位，仅次于美国、日本。中国人均 GDP 也由 1978 年不足 100 美元上升到 2007 年的 2200 美元以上，人民生活总体上实现了由温饱到小康。在这个基础上，民主政治建设、文化建设、社会建设、党的建设全面向前推进，综合国力上了一个大台阶，国际地位和影响不断提高和扩大。新中国 60 年的成就，已超过了工业革命时期的英国和 19 世纪美国的崛起，国际社会许多有识之士，称赞和看好“中国模式”及发展道路，惊叹中国的发展正以“最快速度”改变世界。毋庸置疑，在当代中国大发展中，也出现了一些负面问题，如各方面发展很不平衡、贫富差距过大、环境污染严重、一些党政干部腐败、社会道德水准下降等。以胡锦涛同志为总书记的党中央提出以人为本的科学发展观，坚持改革开放，推动科学发展，促进社会和谐，大力加强社会建设，着力改善民生，加大反腐力度，就是要切实解决这些问题。胡锦涛同志指出，在前进的道路上，要“不为任何风险所惧，不被任何干扰所惑”，既不走老路即回头路，也不改旗易帜走资本主义或民主社会主义的邪路，而是坚定不移地走中国特色社会主义道路，以实现国家富强、人民富裕和中华民族的伟大复兴。

论中国特色社会主义理论体系

胡锦涛在党的十七大报告中指出："改革开放以来我们取得一切成绩和进步的根本原因，归结起来就是：开辟了中国特色社会主义道路，形成了中国特色社会主义理论体系。高举中国特色社会主义伟大旗帜，最根本的就是要坚持这条道路和这个理论体系。"报告中提出的这两个关系中国特色社会主义全局性的重大问题，需要学术理论界深入探讨。这里仅就后一个问题，谈谈认识和体会。

一、中国特色社会主义理论体系的形成

我们党是一个重视科学理论，并坚持用科学理论指导实践的马克思主义政党。要完整准确地理解马克思主义，并以其指导实践，最重要地是全面系统地把握它的科学理论体系。正如列宁所说："马克思主义的全部精神，它的整个体系，要求人们对每一个原理只是（α）历史地，（β）只是同其他原理联系起来，（γ）只是同具体的历史经验联系起来加以考察。"① 这就是说，对马克思主义必须作为一个科学体系来把握，它要求对每一个原理，一是不能离开当时的历史条件和背景，它是在这个基础上产生的，并在这种条件下才适用的。二是不能割裂各原理之间

① 《列宁全集》第47卷，人民出版社1990年版，第464页。

的联系，因为正是不同原理之间的相互联系才构成理论的科学体系。三是不能忽视具体的历史经验，因为诸多原理都是在总结具体的历史经验的基础上通过理论升华而形成的。

中国特色社会主义理论体系的形成，有它的时代背景和实践基础。马克思、恩格斯曾经说过：一切划时代的体系的真正内容都是由于产生这个体系的时期的需要而形成起来的。一个新的理论体系的出现，往往是和国内外形势的变化，和对这种变化做出科学的回答分不开的。江泽民在党的十四大报告中深刻地说明了中国特色社会主义理论体系形成的历史条件。他指出："建设有中国特色社会主义的理论，是在和平与发展成为时代主题的历史条件下，在我国改革开放和社会主义现代化建设的实践过程中，在总结我国社会主义胜利和挫折的历史经验并借鉴其他国家社会主义兴衰成败的历史经验的基础上，逐步形成和发展起来的。"这个论断说明了如下三点：一是国际环境发生重大变化，时代主题已从战争与革命转化为和平与发展，争取较长时期的国际和平环境是可能的，这种环境对我们一心一意搞建设是有利的。从时间上来说，这种转化是在 20 世纪 70 年代中期以后。二是国内情况也发生重大变化，党和国家的工作重点已从坚持以阶级斗争为纲转移到以经济建设为中心的社会主义现代化建设上来，实行了改革开放的战略决策，实践基础发生了重大变化，随之理论内容和形态也必然发生重大变化。三是总结了从 1848 年《共产党宣言》发表、科学社会主义诞生，特别是 20 世纪社会主义从理想变为现实，一系列国家走上社会主义道路和建立社会主义制度以后正反两方面的历史经验，尤其是反面经验，其中包括我国的"文化大革命"和苏东剧变。我们党是一个善于总结历史经验的党，通过总结经验，坚持正确的，纠正错误的，使之成为党的宝贵财富。总起来说，中国特色社会主义理论体系，是在十一届三中全会以后，在世界主题由战争与革命转化为和平与发展，国内实行改革开放和社会主义现代化建设的历史条件下，通过不断地总结我国和世界社会主义的历史经验的基础上，逐步形成和发展起来的。

党的十七大报告明确指出："中国特色社会主义理论体系，就是包括邓小平理论、'三个代表'重要思想以及科学发展观等重大战略思想在内的科学理论体系。"其中，邓小平理论是中国特色社会主义理论体系的开拓和奠基之作，"三个代表"重要思想是中国特色社会主义理论体系中承上启下的中间环节，科学发展观是中国特色社会主义理论体系的最新理论成果。它们之间既一脉相承又与时俱进，既有建设中国特色社会主义这一共同主题，又科学地回答了不同时期不同阶段所面临的新矛盾和新问题，是一个相互衔接、相互贯通的科学理论体系。中国特色社会主义理论体系是个大体系、大范畴。社会主义是一个很长的历史阶段，在今后社会主义历史阶段中所形成的马克思主义中国化的理论成果也都属于中国特色社会主义理论体系的范畴。

党的十七大报告关于中国特色社会主义理论体系是在十一届三中全会和改革开放以后实践的基础上逐步形成的科学界定，是和十一届三中全会以后党的历次代表大会的权威论述相一致，是有它的依据的。首先，从实践上看，中国特色社会主义理论体系的形成是和中国特色社会主义道路的开辟相一致的，并且以后者为基础。党的十三大报告明确指出："马克思主义与我国实践的结合，经历了六十多年。在这个过程中，有两次历史性飞跃。第一次飞跃，发生在新民主主义革命时期，中国共产党人经过反复探索，在总结成功和失败经验的基础上，找到了有中国特色的革命道路，把革命引向胜利。第二次飞跃，发生在十一届三中全会以后，中国共产党人在总结新中国成立 30 多年来正反两方面经验的基础上，在研究国际经验和世界形势的基础上，开始找到一条建设有中国特色的社会主义的道路，开辟了社会主义建设的新阶段。"其次，从理论上来说，党的十五大报告指出："马克思列宁主义同中国实际相结合有两次历史性飞跃，产生了两大理论成果。第一次飞跃的理论成果是被实践证明了的关于中国革命和建设的正确的理论原则和经验总结，它的主要创立者是毛泽东，我们党把它称为毛泽东思想。第二次飞跃的理论成果是建设有中国特色社会主义理论，它的主要创立者是邓小平，我们党把它称为邓小平理论。这两大理论成果都是党和人民实践经验和集体智慧的结晶。"十三大报告和十五大报告讲的是同一个问题，即两次革命实现两次历史性飞跃，但侧重点不同。十三大报告，讲的两次革命、两次历史性飞跃，指的是实践上开辟了两条道路，即具有中国特色的革命道路和具有中国特色的社会主义道路。十五大报告说的两次革命、两次历史性飞跃，指的是形成两大理论成果，即毛泽东思想和邓小平理论即中国特色社会主义理论。但是，无论是中国特色社会主义道路还是中国特色社会主义理论体系都产生在十一届三中全会和改革开放之后。第一次历史性飞跃早已结束，毛泽东思想属于第一次历史性飞跃的理论成果；第二次历史性飞跃 29 年前就已开始，至今仍在继续，还远没有结束。

党的十七大报告关于中国特色社会主义理论体系的界定，虽然不包括毛泽东思想、毛泽东对中国社会主义建设的探索，但不能把二者割裂开来，更不能把二者对立起来；中国特色社会主义理论体系正是在继承我们党以往的理论成果和新的实践的基础上形成和发展起来的。毛泽东是伟大的无产阶级革命家、军事家、战略家，伟大的马克思主义理论家、哲学家、思想家，才华横溢的学者和诗人，是中国共产党、中国人民解放军、中华人民共和国的主要缔造者。以毛泽东为核心的党的第一代领导集体，对中国社会主义事业做出了重大贡献。一是通过社会主义改造，建立了社会主义制度，包括生产资料公有制度、按劳分配制度、人民民主专政制度、人民代表大会制度、共产党领导的多党合作和政治协商制度、民族区域自治制度、马克思主义在意识形态领域的指导地位等等。二是提出“以苏为鉴”，独立地探索一条有别于苏联模式，适合中国国情的社会主义建设道路，在这条道路上取得了社会主义建设的重大成就。三是重视探索社会主义建设规律，提出在把握规律的基础上“创造新的理论，写出新的著作”。毛泽东在探索初期发表了《论十大关系》和《关于正确处理人民内部矛盾的问题》两篇光辉著作，提出了关于社会主义社会的矛盾这样崭新的重大理论问题，也还提出许多有价值的观点，但没有继续下去，形成一个新的理论体系。尽管后来由于指导思想越来越“左”，对社会主义时期的主要矛盾判断有误，使中国社会主义事业遭受严重挫折，但这些并不能抹杀那一段的成就。总起来说，新民主主义革命的胜利，社会主义制度的建立，建设社会主义的探索，为当代中国一切发展进步奠定了根本政治前提和制度基础，也为而后中国特色社会主义道路的开辟和中国特色社会主义理论体系的形成奠定了重要基础。

二、中国特色社会主义理论体系的构建

中国特色社会主义不存在是否形成一个理论体系的问题。因为判断一个理论是否成为科学体系，标准主要有两条：一条是理论是系统的还

是没有形成系统；另一条是它对所研究的领域是回答了一系列基本问题还是没有做出这种回答。属于前者，就构成了理论的科学体系。按照这种标准，邓小平理论、“三个代表”重要思想、科学发展观都有自己的理论体系，现在的问题是怎样把三者整合在一起，在这个基础上来构建。在整合中，应以奠基之作为基础，从最新理论成果的高度，将三者贯通起来，形成科学体系。

中国特色社会主义理论体系的构建，是当前全党特别是思想理论界的一件大事。从事理论工作的学者在这个问题上都应有所作为，但是，在如何构建中国特色社会主义理论体系问题上，学术理论界有不同见解。有的主张按基本观点构建，有的主张按基本理论构建，有的主张按基本范畴构建，有的主张按理论板块构建，有的主张按理论的不同层次构建。我个人倾向于后者，因为它能够更加客观更加准确地反映这个理论体系的特点。

中国特色社会主义理论的科学体系包括如下四个不同层次的内容：

第一个层次：主题和主线。中国特色社会主义理论有一个鲜明的主题，就是建设有中国特色的社会主义。这个主题要求我们既要坚持科学社会主义的基本原则，又要将其同中国的具体实践和时代特征相结合，体现鲜明的中国特色。它说明我们已不再一般谈论建设社会主义，而是探索在中国这个经济文化比较落后的大国建设社会主义的客观规律。中国特色社会主义理论还有一条清晰的主线即基本线索贯穿其中。以邓小平为核心的党的第二代领导集体，坚持以“什么是社会主义，怎样建设社会主义”为主线，并以社会主义本质论和党在社会主义初级阶段的基本路线，科学地回答了这个问题。以江泽民为核心的党的第三代领导集体，在新的实践基础上不断探索中提出“建设什么样的党、怎样建设党”的问题，并以创立“三个代表”重要思想为标志，从始终代表中国先进生产力的发展要求、中国先进文化的前进方向和中国最广大人民的根本利益，创造性地回答了这个问题。以胡锦涛为总书记的党中央，在新世纪新阶段，从我国经济社会发展的阶段性特征出发，提出“实现什么样的发展、怎样发展”的问题，并在继承党的三代中央领导集体关于发展的重要思想的基础上提出科学发展观，深刻地回答了这个问题。以上三个重大问题是在实践中依次提出的。总的来说，中国特色社会主义理论是以“什么是社会主义、怎样建设社会主义”为主线，在发展过程中不断延伸和展开，体现为社会主义、党和发展三大问题的辩证统一。也可以把它称之为中国特色社会主义的三个基本问题。中国特色社会主义的所有理论问题，都是围绕这个主题和贯穿这条主线的。这是中国特色社会主义理论的一个很重要的特点。

第二个层次：理论基础和哲学基础。中国特色社会主义理论有深厚的理论基础和哲学基础。理论基础是马克思主义，特别是马克思主义中国化的第一个理论成果——毛泽东思想。毛泽东的思想理论及工作作风和治党治国方略，在中国共产党和广大人民群众中产生了长期、深远的影响。毛泽东所创立的关于社会主义社会矛盾的理论，是正确认识社会主义社会一切问题的理论基础，是中国特色社会主义理论的理论基石。中国特色社会主义理论和马克思主义的关系是活水与源头的关系，没有源头就不会有活水。老祖宗不能丢，丢了就丧失根本。中国特色社会主义理论的哲学基础是马克思主义的辩证唯物论和历史唯物论，它是支撑理论基础的哲理部分，是更高、更深层次的内容，它不仅能够给人们以智慧，而且能够帮助人们在观察问题时具有一种穿透力。毛泽东不仅是伟大的马克思主义理论家，而且是一位卓越的马克思主义哲学家。他一生读了很多中外哲学著作，思考了很多哲学问题，并用哲学观点总结中国革命的历史经验，在延安时期写出了《实践论》、《矛盾论》等著名的哲学著作和许多充满哲理思想的政治和军事著作。他精通马克思主义哲学，把它的精髓用"实事求是"四个字加以概括，作为我们党的思想路线。实事求是最早是东汉大史学家班固在《汉书》中提出的，原文是"修学好古，实事求是"。意思是要真诚地依据事实去探求古书真意。毛泽东将其古为今用，赋予马克思主义的解释。毛泽东说："'实事'就是客观存在着的一切事物，'是'就是客观事物的内部联系，即规律性，'求'就是我们去研究。"[①] 邓小平坚持毛泽东的哲学思想，指出："实事求是，是无产阶级世界观的基础，是马克思主义的思想基础。过去我们搞革命所取得的一切胜利，是靠实事求是；现在我们要实现四个现代化，同样要靠实事求是。"[②] 邓小平依据他的政治智慧和丰富经验，在实事求是前面加上"解放思想"四个字，作为新时期我们党的思想路线

① 《毛泽东著作选读》下册，人民出版社1986年版，第478页。

② 《邓小平文选》第2卷，人民出版社1994年版，第143页。

的完整表述。所以要特别强调解放思想，因为当代中国和当代世界都发生了巨大的深刻的变化，可是人们的认识往往落后于实践，处于僵化和半僵化状态，跟不上变化了的客观形势，而只有解放思想，才能摆脱这种状态，实现主观认识和客观实际相一致，达到实事求是。解放思想、实事求是是马克思主义的思想路线，是中国特色社会主义理论的精髓。解放思想、实事求是思想路线的确立，为全面纠正"左"的错误，正确总结社会主义的历史经验，开辟中国特色社会主义道路奠定了坚实的思想基础。胡锦涛指出：解放思想是党的思想路线的本质要求，是我们应对前进道路上各种新情况新问题、不断开辟事业新局面的一大法宝。

第三个层次：核心内容和核心思想。中国特色社会主义理论体系有一个核心内容，这就是党在社会主义初级阶段的基本路线。提出和制定党的总路线，毛泽东是首创。党的基本路线（即总路线）是党在每一个历史发展阶段全局性的根本指导方针，它是关系全局、指导全局、决定全局的。党的基本路线正确，我们的事业就发展、前进、胜利；党的基本路线错误，我们的事业就将招致挫折和失败。在每一个历史发展阶段制定党的基本路线，是我们党在世界社会主义运动中的一个伟大创造。这个创造是和毛泽东关于抓主要矛盾的哲学思想分不开的。虽然最早提出主要矛盾这个哲学概念的不是毛泽东，而是在20世纪30年代苏联哲学教科书中首次出现的。但是，从哲学思想上真正重视主要矛盾，运用主要矛盾的观点和方法研究历史发展阶段，并确定每个历史发展阶段党的基本路线，是无产阶级战略家毛泽东的首创和功绩。我们党在各个不同历史发展时期的基本路线，都是为了解决这一历史时期的主要矛盾，从而推动历史前进的。十一届三中全会以后，邓小平依据社会主义初级阶段的主要矛盾是人民日益增长的物质文化需要同落后的社会生产的矛盾的认识，在实践中逐步形成了党在社会主义初级阶段的基本路线：领导和团结全国各族人民，以经济建设为中心，坚持四项基本原则，坚持改革开放，自力更生，艰苦创业，为把我国建设成为富强、民主、文明、和谐的社会主义现代化国家而奋斗。它的核心内容就是一个中心，两个基本点。以经济建设为中心，标志着党和国家工作重点的历史性转移，经济是基础，是发展社会主义各项事业的基础性工程，经济发展了，社会主义现代化建设就有了牢固的物质基础；坚持四项基本原则，就是坚持社会主义基本制度，使改革开放在社会主义制度的框架内进行，以保证改革开放的社会主义性质和方向；坚持改革开放，能够解放和发展生产力，使社会主义的生机活力和优越性能够发挥出来，就它引起社会变革的广度和深度来说是一场新的革命，其实质和目标，是实现社会主义现代化。一个中心、两个基本点，都是为了实现社会主义现代化。1992年春，邓小平在视察南方谈话中讲得最多和最重要的就是坚持党的基本路线一百年不动摇。它既是中国特色社会主义道路的核心内容，也是中国特色社会主义理论体系的核心内容。基本路线这个核心内容的确立，要求各项工作都要服从和服务于这个核心内容。以胡锦涛为总书记的党中央，在新世纪新阶段，针对我国发展中出现的新情况和新问题，在继承党的三代领导集体关于发展的重要思想和借鉴国外发展积极成果的基础上，提出了以人为本的科学发展观。"本"就是事物的本源和根基。"以人为本"就是把人的发展作为根本。这是科学发展观的核心和灵魂，也是发展的实质。它反映了我国社会主义现代化建设根本指导思想的重大转变。这就是说，发展不只是经济社会的发展，更重要的是人的发展，发展为了人民，发展依靠人民，发展成果由人民共享。"以人为本"这个核心思想，不仅在发展问题上要贯彻，在各项工作中都要贯彻。总括起来说，在中国特色社会主义理论体系中，"一个中心、两个基本点"的基本路线是核心内容，各项工作都要服从和服务于它；"以人为本"是核心思想，各项工作都要贯彻它，因此它又是核心的核心。

第四个层次：基本理论和重要观点。在上述三个层次之上，形成了中国特色社会主义一整套崭新的基本理论。基本理论之间相互联系、相互贯通，构成一个统一的科学体系。在基本理论中，有的具有全局性的指导意义，有的指导意义仅限于某一领域。在每个基本理论中还包括一些新思想、新观点和新论断，如改革也是解放生产力，改革是中国的第二次革命，发展是硬道理，稳定压倒一切，科学技术是第一生产力，教育是一个民族最根本的事业，创新是一个民族进步的灵魂，教育必须以提高民族素质为根本宗旨，坚持依法治国与以德治国相结合，人民民主是社会主义的生命，社会和谐是中国特色社会主义的本质属性，社会主义核心价值体系，等等。一系列相互联系的观点构成某一个基本理论。只有观点，论断，没有基本理论，不可能构建理论的科学体系。那种以基本观点构建理论体系的主张是不可取的。中国特色社会主义理论体系中有一系列基本理论，其中有的是对科学社会主义的继承和发展，有的是在实践基础上的创新和突破。

（一）社会主义本质理论

社会主义本质，是解放生产力，发展生产力，消灭剥削，消除两极分化，最终达到共同富裕。这一科学论断，从生产力、生产关系，最终目的三个层面阐述了社会主义本质，加深了人们对什么是社会主义认识，对社会主义建设具有全局性的指导意义。

（二）社会主义初级阶段理论

十一届三中全会以后，党中央通过总结历史经验，提出了我国这样经济文化比较落后的国家进入社会主义以后必须经历一个很长的初级阶段的新的科学论断，其时间至少100年。初级阶段的主要特征是各方面不发达，主要任务是发展商品经济和实现现代化。这是对我国现阶段基本国情和社会主义发展阶段最准确的估计。这就把我们党的路线、方针、政策置于现实的科学的基础之上，从而避免了右的和重蹈过去超越阶段“左”的错误。这个理论，同样具有全局性的指导意义。

（三）社会主义改革开放理论

十一届三中全会以后，顺应世界的改革潮流，中国进行了一场史无前例的改革。中国的改革是在坚持社会主义基本制度的前提下具体制度的改革，是社会主义制度的自我完善。就我国改革引起社会变革的广度和深度来说，可以说是开始了一场新的革命。与改革相互联系和并行的是对外开放。经验证明，任何一个国家关起门来搞建设都不能成功，中国的发展离不开世界。社会主义对外开放的实质，是吸收人类文明的一切成果，拿来为我所用，坚持和发展社会主义。改革是解放和发展生产力的必由之路，对外开放是实现社会主义现代化的必要条件。改革开放是决定中国命运的关键一招，是决定当代中国命运的关键抉择。

（四）社会主义市场经济理论

中国共产党通过长期探索，打破了把市场经济视为资本主义的专利品和社会主义的异己物的偏见。邓小平的一个重大贡献，就是认识到并提出计划和市场不具有社会制度的属性，二者都是中性的，都是发展经济的手段，资本主义有计划，社会主义也有市场，社会主义和市场经济不存在根本矛盾。江泽民进一步提出建立社会主义市场经济体制。搞社会主义市场经济，这在人类历史上是首次和创举，它在理论上丰富和发展了社会主义经济理论，在实践上极大地推动了社会主义经济的发展。

（五）社会主义民主政治建设理论

民主是社会主义题中应有之义。没有民主就没有社会主义，就没有社会主义现代化。人民民主是社会主义的生命。发展社会主义民主，最重要的是使民主制度化、法律化，坚持依法治国，建设社会主义法治国家。坚持党的领导、人民当家作主、依法治国的统一，走中国特色社会主义政治发展道路。建设社会主义民主政治，必须不断推进政治体制改革。在政治体制改革进程中，对资产阶级民主的某些有益经验，如权力制衡和有效监督机制，我们可以借鉴，但是对资产阶级的政治模式，如多党制、议会制、总统制等，决不能学。

（六）社会主义文化建设理论

当今时代，文化越来越成为民族凝聚力和创造力的重要源泉，成为综合国力竞争的重要因素。要大力推进社会主义核心价值体系建设，把依法治国与以德治国结合起来，坚持社会主义先进文化的前进方向，推动社会主义文化的大发展大繁荣，提高国家文化软实力。中国特色社会主义不但要建设物质文明、政治文明、精神文明，还要建设生态文明，要坚持走文明发展道路。

（七）社会主义和谐社会理论

社会和谐是中国特色社会主义的本质属性。要按照民主法治、公平正义、诚信友爱、充满活力、安定有序、人与自然和谐相处的总要求，努力形成全体人民各尽所能、各得其所而又和谐相处的局面。社会建设是中国特色社会主义的一个重要方面，也是一个崭新课题。

（八）社会主义民族宗教理论

民族和宗教问题是当今世界普遍存在而且日益引人关注的一个重要

社会问题。我国是一个统一的多民族国家，各民族同呼吸，共命运，心连心，谁也离不开谁。坚持和完善民族区域自治制度，进一步实现民族大团结。坚持和发展马克思主义宗教观，正确对待社会主义条件下的宗教问题，积极引导宗教与社会主义社会相适应。

（九）社会主义对外关系理论

和平与发展仍然是时代的主题。中国将始终不渝地走和平发展道路，既争取和平的国际环境来发展自己，又通过自己的发展来促进世界的和平与发展。中国坚持在和平共处五项原则的基础上同所有国家发展友好合作：继续同发达国家加强战略对话，增进互信，妥善处理分歧；继续加强同发展中国家的团结合作，深化传统友谊，提供力所能及的援助；继续贯彻与邻为善、为伴的周边外交方针，搞好周边环境。中国反对一切形式的恐怖主义，也反对各种形式的霸权主义和强权政治。

（十）国防和军队建设理论

加强以现代化为中心的国防建设，坚持把我军建设成为革命化现代化正规化的人民军队。始终坚持党对军队绝对领导的根本原则，按照政治合格、军事过硬、作风优良、纪律严明、保障有力的总要求，在全面建设小康社会进程中实现富国和强军的统一。努力实现机械化和信息化建设的双重历史任务，加快中国特色的新军事变革。

（十一）“一国两制”和祖国和平统一的理论

“一国”就是只有一个中国，这是基础和前提；“两制”就是在大陆主体部分继续坚持实行社会主义，在香港、澳门、台湾继续实行资本主义。这一科学构想，已在香港、澳门顺利实现。必须保持香港、澳门的长期繁荣稳定。我们必须坚持一个中国原则，同台湾当局达成和平协议，结束两岸敌对状态，为实现台湾与祖国大陆的统一而努力。

（十二）社会主义的领导力量和依靠力量理论

中国共产党是中国社会主义事业的领导核心。中国的社会主义事业必须由共产党领导，这是中国特色社会主义的一个很重要的特点。中国既不搞西方的多党制，也不搞传统的一党制，而是坚持共产党领导的多党合作和政治协商制度。坚持党的领导必须改善党的领导，不断改善党的领导制度、领导作风和领导方法。随着中国特色社会主义事业的发展，它的依靠力量越来越广泛：依靠工人、农民、知识分子，依靠改革开放以后形成的新的社会阶层，充分发挥他们的历史主动精神；依靠各族人民的团结，汉族和少数民族同呼吸，共命运，心连心，谁也离不开谁；依靠社会主义劳动者，拥护社会主义的爱国者和拥护祖国统一的爱国者的最广泛的统一战线，团结一切可以团结的力量。

（十三）马克思主义执政党建设理论

社会主义的兴旺或衰败，根源主要在共产党。我们党面临着长期执政、市场经济、改革开放的严峻考验。中国问题的关键是把共产党建设好。坚持把执政能力建设和先进性建设作为主线，以改革创新精神全面推进党的建设新的伟大工程，做到科学执政、民主执政、依法执政。

上述十三条，就是中国特色社会主义的基本理论，它系统地科学地回答了在中国这个经济文化比较落后的国家建立社会主义制度以后，怎样建设、巩固、发展社会主义一系列重大问题。

综上所述，中国特色社会主义理论体系包括四个不同层次的内容：一是有一个鲜明的主题和主线。二是有一个深厚的理论基础和哲学基础。三是有一个核心内容和核心思想。四是围绕主题和主线有一系列崭新的中国特色社会主义基本理论。这四个不同层次内容的总和就构成了中国特色社会主义理论体系。

三、中国特色社会主义理论体系的历史地位

中国特色社会主义理论体系在马克思主义和社会主义发展史上具有极其重要的历史地位。

首先，它是马克思主义中国化的最新理论成果。毛泽东在民主革命时期，在反对党内教条主义的斗争中，创造性地提出了把马克思主义普遍真理同中国革命的具体实践相结合的原则，实现马克思主义的中国化。中国共产党在80多年的奋斗历程中，坚持把马克思主义的基本原理同中国的具体实践相结合，在两次革命中，实现了两次历史性飞跃，产生了两大理论成果。以毛泽东为主要代表的中国共产党人，在新民主

主义革命中，实现了第一次历史性飞跃，形成了毛泽东思想，毛泽东关于新民主主义的理论。以邓小平、江泽民、胡锦涛为主要代表的中国共产党人，在十一届三中全会以后改革开放的革命中，实现了第二次飞跃，先后形成了邓小平理论、“三个代表”重要思想和科学发展观，即中国特色社会主义理论体系。这是马克思主义中国化的最新理论成果。这个理论成果在马克思主义发展史上具有重要的地位。恩格斯说：“我们的理论是发展着的理论，而不是必须背得烂熟并机械地加以重复的教条。”① 一个半多世纪以来，随着无产阶级革命和社会主义运动的发展，马克思主义在世界五大洲得到广泛的传播与发展。但是，在马克思主义发展历程中始终有一条主线，它和世界革命中心、社会主义运动中心紧密地联系在一起，不断从西往东移。这里说的“中心”，不是运动指导中心，而是运动最活跃的地方。18 世纪末，中心在法国；19 世纪中叶，中心转到了德国；20 世纪初，中心又移到了俄国；随后，中心又移到中国。随着世界革命、社会主义运动中心从西往东移，在这条主线上形成的列宁主义、毛泽东思想、中国特色社会主义理论体系是马克思主义发展中的最重要成果，对马克思主义的发展作出了最卓越的贡献。

其次，它是社会主义建设理论的一个重大突破。列宁在十月革命以后多次指出：“我们的革命是开始容易，继续比较困难，而西欧的革命是开始困难，继续比较容易。”② 这里所说的“开始”指的是夺取政权，“继续”指的是建设社会主义。后来历史的发展充分证明了列宁这个预见的正确性。20 世纪，社会主义出现了两大历史难题。一个是发达资本主义国家无产阶级夺取政权的问题。在这个世纪，无论是通过暴力革命，还是试图和平过渡，没有一个国家获得成功。另一个是经济文化落后的国家建设社会主义的问题。在这个世纪，这类国家先后发生了俄国革命、中国革命以及其他一些国家的无产阶级革命并取得胜利。它说明了在这类国家中无产阶级夺取政权的问题获得了解决。但是，这只是文章的上篇。下篇是，这些国家在建立社会主义制度以后，怎样建设、巩固和发展社会主义，经过几十年的探索，虽然积累了一些宝贵经验，但是从总体上始终未能很好解决，致使许多社会主义国家长期处于困难和

---

① 《马克思恩格斯选集》第 4 卷，人民出版社 1995 年版，第 681 页。

② 《列宁全集》第 34 卷，人民出版社 1985 年版，第 343 页。

困惑的境地。中国特色社会主义理论体系的重大意义就在于，它首次比较系统地回答了像中国这样经济文化比较落后的国家在建立社会主义制度以后，怎样建设、巩固和发展社会主义的一系列重大问题，从而在这个难题上取得了历史性的突破。这个理论体系，在中国指导实践，获得了成功；对其他发展中的社会主义国家，也具有重要借鉴意义。这是我们党对世界社会主义运动的一大贡献。

再次，它是 21 世纪中华民族实现伟大复兴的指针。中华民族是一个伟大的民族，在人类历史上大部分时间里处于领先地位，只是从近代以后落后了。在中国特色社会主义理论体系的指引下，20 世纪最后 20 年中国社会主义事业大发展，21 世纪必将在中国特色社会主义道路上实现中华民族的伟大复兴。邓小平曾说过，按照“三步走”的发展战略，解决温饱只是“小变化”；实现小康是“中变化”；基本上实现社会主义现代化才是“大变化”。他在 1987 年时指出：到 21 世纪中叶，中国基本上实现了社会主义现代化，“这不但是给占世界总人口四分之三的第三世界走出了一条路，更重要的是向人类表明，社会主义是必由之路，社会主义优于资本主义”①。中国特色社会主义的大发展，必将促进世界社会主义的复兴。社会主义必将重振雄风，再造辉煌！

---

① 《邓小平文选》第 3 卷，人民出版社 1993 年版，第 225 页。

社会主义模式的历史回顾和理论思考

改革开放30年，中国经济持续快速发展，引起国际社会的普遍关注。特别是2004年5月，美国《时代》周刊高级编辑、高盛公司顾问雷默在伦敦《金融时报》上首次把中国模式比喻为与“华盛顿共识”相对应意义上的“北京共识”，此后中国模式就成为世界各国学界、政界、商界热议的重大课题，但褒贬不一。与此同时，近年来国内学术界也发表了不少有关中国模式的文章，但意见分歧很大，甚至有人根本反对中国模式的提法。要搞清中国模式，不能局限于自身的反复论证，必须站在历史的高度，通过对社会主义史中对社会主义模式的曲折认识和后来达成的共识，以及中国模式和苏联模式的比较和突破，才能更好地理解和把握中国模式的实质和价值。

一、社会主义模式一词提出的来龙去脉及其科学内涵

社会主义模式提出的过程。“模式”一词的提出和广泛使用有个长期的历史过程。在社会主义史中最早提出“模式”一词的是杜林。杜林（1833—1921年）是德国人，柏林大学讲师，没有参加德国社会民主党。他在19世纪60年代曾经发表文章，攻击马克思《资本论》第1卷的一些论述；进入70年代以后，他摇身一变，宣称改信社会主义，俨然以社会主义“改革家”自居，宣称要对社会主义进行全面革新。他著

书立说，先后撰写和出版了《国民经济学和社会主义批判史》、《国民经济学和社会经济学教程》、《哲学教程》等著作，妄图用他的“新社会主义理论”取代马克思主义。当时，德国社会民主党出现了一股“杜林热”，不仅伯恩斯坦、莫斯特等人狂热吹捧杜林，而且党的实际领导人倍倍尔也在党的机关报上赞扬杜林的新社会主义理论。在这种情况下，恩格斯征得马克思的同意和支持，放下《自然辩证法》的写作，从1876年5月到1878年7月，用两年多的时间写了一系列批判杜林的文章，发表在党的机关报《前进报》上，后来汇集成书，以《反杜林论》为名发表。恩格斯在《反杜林论》的哲学编中重点批判了杜林的“世界模式论”。杜林认为，在自然界和人类社会存在之前，就存在原则，这些原则构成“世界模式”，自然界和人类社会应适应这些原则，遵循这个“世界模式”，在他看来是先有思想、原则，后有物质世界，显然这是唯心论的先验论。这里，恩格斯批判杜林先验论的“世界模式”和后来在实践中形成的社会主义模式完全不是一回事，一个在天上，一个在人间。但是，由于恩格斯的这一批判，导致国际共产主义运动长期慎用甚至忌讳“模式”一词。苏联在列宁、斯大林时期，只有社会主义制度这个概念，从来没有使用过社会主义模式一词，其中包括革命模式和发展模式。1953年3月5日斯大林逝世，情况发生变化。就在这一年，英国研究苏东问题学者休·塞顿—沃森所发表的《从列宁到马林科夫》一书导言中，首次提出了苏联模式一词，之后经过一番不同意见的争论，认识逐渐趋于一致，不仅西方学者，而且为许多国家共产党领导人和马克思主义理论工作者所接受和使用，成为在社会生活中广泛使用的一个新概念。恩格斯指出：“一门科学提出的每一种新见解都包含这门科学的术语的革命。”① 现在所说的“模式”就是某种事物的一种类型和行为方式，而不是现代汉语语义上的“某种事物的标准形式或使人可以照着做的标准形式”，没有“样板”和“照抄照搬”的意思。就社会主义国家来说，我们反对社会主义只能有一个统一固定的模式，承认多种多样模式。由于各国国情的差别很大，可以说一个国家一种模式，但有的具有典型性，有的不具有典型性。就具有典型性模式的社会主义国家来说，有苏联模式（集中型）、南斯拉夫模式（分散型）、匈牙利模式

① 《马克思恩格斯文集》第5卷，人民出版社2009年版，第32页。

（中间型）的称谓。资本主义国家具有典型性的模式有自由传统的自由市场经济的美国模式、要求个人自由与社会义务相结合的社会市场经济的德国模式、强调社会福利的市场经济的瑞典模式、把东方文化传统和西方现代市场经济相结合的日本模式等等。我国改革开放以后，邓小平多次使用了“模式”一词。他在 1988 年 5 月 18 日接见莫桑比克总统希萨诺的谈话中指出：“我们过去照搬苏联搞社会主义的模式，带来很多问题。”“世界上的问题不可能都用一个模式解决。中国有中国自己的模式，莫桑比克也应该有莫桑比克自己的模式。”[①] 我国是一个大国，不同地区有不同特点，改革开放以来，各地区在实现社会主义现代化的方法和道路上有很大不同，于是出现了深圳模式、苏南模式、温州模式等，现在“模式”一词已成为人们惯用的难以避开的名词概念。

社会主义模式的科学内涵。科学社会主义创始人马克思、恩格斯在其一生中，其主要精力是用于对资本主义社会的发展规律和无产阶级反对资产阶级斗争规律的研究，而对资本主义社会以后的未来社会始终涉笔很少，慎之又慎。他们在其篇幅不多的对未来社会的预测中，只使用了“特征”一词[②]。后来随着社会主义从理想变为现实，从一国实践发展为多国实践，社会主义的名词概念就越来越多了，如社会主义制度、社会主义国家、社会主义政党、社会主义模式、社会主义特征、社会主义文明、社会主义国民经济、社会主义计划经济等等。党的十一届三中全会以后，我国改革开放和社会主义现代化建设的总设计师邓小平在领导全党和全国人民开创社会主义现代化建设新局面的同时，在理论上也做出重大贡献，提出了不少社会主义新概念，如社会主义的根本任务、社会主义的根本原则、社会主义本质，还把社会主义制度区分为基本制度和具体制度（即体制），把社会主义文明区分为物质文明和精神文明等等。现在社会主义的专用名词很多，各有各的特定科学内涵。例如，就社会主义特征来说，在马克思、恩格斯的词汇里，它是未来社会的一个无所不包的综合性概念。但是，现在则不同了，它只是社会主义社会区别于资本主义和其他社会形态的主要标志和理论概括，和社会主义制度是同义语。对于什么是社会主义模式和中国模式，在国外由于意识形

① 《邓小平文选》第 3 卷，人民出版社 1993 年版，第 261 页。

② 《马克思恩格斯选集》第 4 卷，人民出版社 1995 年版，第 676 页。

态的不同，几乎没有人在理论上去探讨它，讲中国模式无非是指改革开放30年的中国实践，和中国经验并列，一般不提中国道路。在国内，虽然有统一的意识形态即马克思主义，但认识很不一致，有些学者不赞成甚至根本反对使用社会主义模式一词，主张用社会主义实践形式一词取代它。坚持这种意见的可取之处是强调“实践”。没有实践，不能称为模式。例如，在社会主义发展史上，凡是对未来社会预测和设想而没有付诸实践的，如莫尔的“乌托邦”、康帕内拉的“太阳城”、傅立叶的“法伦斯泰尔”，以及马克思、恩格斯对未来社会的预测，都不能称为模式。英国空想社会主义者欧文重视实践，他在1824年带着1000多名信徒到美国印第安纳州购买了8万英亩土地，兴办“新和谐村”，进行共产主义实验，可以称为模式。但是，坚持使用社会主义实践形式的意见行不通，因为国内外多数学者都使用社会主义模式，各执一词，无法对话研讨。那么，社会主义模式的科学内涵到底包括哪些内容？我认为基本内容有三：一是制度。这里说的制度就是社会制度。一个国家选择什么社会制度对该国的发展至关重要。中国的社会制度就是优于资本主义的社会主义制度。制度是体制的基础，是发展的依托。二是体制。制度就是基本制度，体制就是具体制度。基本制度的优越性能否充分发挥，关键在于选择和实行什么体制。体制是基本制度的体现。三是道路，即发展道路。发展是硬道理，任何国家最重要的是通过探索找到一条适合本国国情的快速发展道路。发展道路包括为实现发展目标而实施的发展战略和发展路径。总起来说，发展模式是社会制度、体制和发展道路的统一。发展模式包括发展道路，比发展道路宽泛。此外，我国学术界对发展模式还有两种不同意见：一种意见认为，发展模式包括社会制度和体制或体制和道路，如果说前面三条内容是大模式，这两条内容就属于中模式。另一种意见认为，模式就是道路，中国模式就是中国道路，这种意见可称为小模式。社会主义模式的科学内涵到底应怎样概括，还需要学术界深入研讨，以取得共识。

二、苏联模式的回顾和反思

（一）苏联模式的历史地位

苏联在1924年列宁逝世以后，从20世纪20年代中期到30年代末，大约十几年时间，在苏联共产党和斯大林领导下，依据科学社会主义创始人马克思、恩格斯关于未来社会的思想，打破了第二国际关于落后国家不能先于发达国家建设社会主义的教条，在一个经济文化比较落后的国家，通过实行社会主义工业化、农业集体化、文化革命和文化建设，消灭了私有制，实现了国家工业化，建立了社会主义制度和世界上第一个社会主义模式。这是人类历史上的一个伟大创举。它既然是世界上第一个社会主义模式，就具有两重性，既具有开创性、启示人们走社会主义道路的一面，又具有不完善性、带有诸多弊端的一面。美化或丑化、全面肯定或全面否定都不符合客观事实。回顾历史，最早建立的几个资本主义模式，如荷兰模式、英国模式、法国模式等大体上也都如此，它既有开创性一面，开辟了通向资本主义之路，又很不完善，暴露出早期资本主义的许多社会弊端，后来在漫长的岁月中不知经过多少次变革才发展和完善到今天的程度。

（二）苏联模式的特征和性质

苏联模式是在特殊历史条件下创立的，它在经济、政治、文化、对外关系等方面都具有鲜明的特征。经济方面：所有制结构，实行纯粹的公有制，建立了全民和集体两种公有制形式，不允许非公有制经济成分存在；经济结构，实行产品经济，排斥商品货币关系，试图超越商品经济充分发展阶段，从自然经济和半自然经济直接过渡到产品经济阶段；经济体制，实行单一的计划经济，依靠行政指令办法管理国民经济，排斥市场调节，不要经济杠杆，把指令性计划当成社会主义计划经济的唯一标志；分配制度，对个人消费品实行按劳分配，但这一分配原则在实践中并未得到很好贯彻执行，在广大干部和职工中实行低薪制，具有严重的平均主义倾向，后来对少数高级干部和部分科技人员实行高薪制，逐渐形成了一个高薪特权阶层，这些人享有特权，成为苏联模式的掘墓人；管理体制，实行所有权和经营权的统一，认为国家直接管理企业才是社会主义公有制，从而出现群众吃企业、企业吃国家的“大锅饭”的局面，使企业缺乏活力；发展道路，为实现从落后的农业国变为先进的工业国，通过优先发展重工业的方式实现社会主义工业化。政治方面：在国家的本质属性上，坚持无产阶级专政、无产阶级管理国家，但把民主和专政割裂和对立起来，片面强调专政和国家的镇压职能，轻视民主和法制建设，群众缺乏主人翁感；在党和国家的关系上，把党对国家的领导作用变成党对国家直接发号施令，党政不分，以党代政，苏维埃这个国家权力机关被架空了；权力结构上，各种权力高度集中在各级党委书记手里，尤其是党中央主要领导人手里。文化方面：意识形态，坚持马克思主义的指导地位，以工人阶级的意识形态作为社会的统治思想，但对其他文化和社会思潮多持否定态度，缺少文化宽容和文化自由；干部教育，强调对广大干部和群众进行共产主义、爱国主义、集体主义教育，忽视个人利益，混淆个人主义和利己主义的界限，坚持批判个人主义；学术领域，以权力干预学术，在各个领域开展对所谓资产阶级学术观点的学术批判，扼杀学术自由；舆论宣传，强调舆论一致，不允许有和党中央不同意见，竭力宣扬对党和领袖的歌功颂德和个人崇拜，具有文化垄断和文化专制主义倾向；发展战略，通过创立和发展社会主义教育，培养了大批工农知识分子，在教育、科学、文艺等方面取得显著成绩。对外关系方面：苏联长期坚持无产阶级国际主义，支援过许多国家的无产阶级革命和民族解放运动，对世界社会主义事业作过重大贡献，与此同时，又有大党大国主义倾向，对外扩张，战后又走上霸权主义道路，同美国争夺世界霸权，严重损害了苏联的社会主义形象。总括上述苏联模式的四个方面，经济上的公有制、政治上的无产阶级专政、文化上的马克思主义指导、对外关系上的国际主义，说明苏联模式的性质是社会主义的，但在具体实践中，没有很好地把科学社会主义的基本原则和本国国情相结合，机械教条，过于纯而又纯。而从经济上的高度集中、政治上的过分集权、文化上的垄断专制、对外关系上的大党大国主义和霸权主义，又反映了这种模式或多或少带有封建主义的烙印和影响。俄国具有360年左右封建专制主义的历史，对苏联模式不能不产生一定的影响。一句话，苏联模式的性质是社会主义的，但不完善，有许多弊端，如不改革，发展下去就有可能变质和毁掉社会主义的成果。

（三）苏联模式的历史作用

我们一定要坚持用唯物辩证的观点，认识苏联模式在不同历史时期、不同历史条件下起着不同的作用，全盘肯定和全盘否定都不可取，都不符合客观实际。苏联模式在创立初期，确实起过积极作用。那时，苏联是世界上唯一的社会主义国家，不仅受资本主义包围，而且处在临战状态。这种高度集中、过分集权的模式，使苏联能够把有限的人力、物力、财力用到最急需的建设和防务上来。同时，被压迫被剥削的无产阶级和劳动群众由于获得解放而迸发出的革命热情，弥补了这种模式的缺陷，使它能得以运转并取得相当的成功和发展。当时，苏联和其他发达资本主义国家相比，经济发展速度是快的。苏联从1917年到1936年，仅仅用了19年时间，经济总量就从世界第6位上升到第2位，仅次于美国，略高于德国。在反法西斯战争年代，这种模式经受住了历史的考验。战后，这种模式对苏联恢复被破坏的国民经济也起了重要作用。但是，在进入正常建设时期以后，在革命转变年代群众所特有的那种激情消失之后，这种模式的弊端就充分暴露出来，并酿成一系列经济政治危机。这种高度集中、管得太严、统得过死的经济模式，既易使国家机关工作人员滋生官僚主义、唯意志论、瞎指挥等不良倾向，又使企业的管理者和劳动者缺乏改善经营、发展生产的内在动力，妨碍其积极性和创造性的发挥，导致生产效益低、产品品种少、质量差，不能满足人们的需要；这种过分集权的政治模式，严重阻碍了社会主义民主政治建设和法制建设，影响广大劳动群众发挥政治积极性。到20世纪60年代以后，苏联和几乎所有社会主义国家，经济发展缓慢，普遍陷入困境，在同资本主义进行历史性竞争中处于下风，最后败下阵来，就是这种模式造成的。

（四）苏共在苏联模式问题上的两个重大失误

一是向他国推广。苏共认为，社会主义只能有一个统一固定的模式，把在特定历史条件下所建立的苏联模式，向其他社会主义国家推广，谁若不照搬接受，就给谁扣大帽子，甚至动用武力镇压。南斯拉夫共产主义联盟不接受苏联模式，探索自己的社会主义模式，苏共在1949年就通过情报局给南共联盟扣上民族主义大帽子。1969年，捷克斯洛伐克搞全面改革，试图摆脱苏联模式，探索新模式，苏共不理解，就以违背社会主义共同规律性为名，动用华约50万大军，扑灭了这场改革。二是改革迟缓不力。苏联模式是在特定历史条件下建立的传统社会主义模式，带有早期社会主义模式的特点，随着二战后世界范围内掀起新科技革命潮流，为顺应这股势不可挡的潮流，大多数西方发达国家都在进行改革，走在前面。但苏共领导人从赫鲁晓夫到勃列日涅夫，思想僵化，在长达 30 多年的时间里，动作缓慢，时改时停，并且始终是在原有模式的框架内进行的，没有根本性的突破，没有转到现代社会主义模式上，时间长了，这种体制就僵化了，而且越来越不好改，严重阻碍生产力的发展。苏联一些官员和学者把它称为“阻碍机制”。正如邓小平所说：“社会主义究竟是个什么样子，苏联搞了很多年，也并没有完全搞清楚。可能列宁的思路比较好，搞了个新经济政策，但是后来苏联的模式僵化了。”①

三、中国模式的定位和价值

（一）中国模式的形成过程

中国模式从探索到形成经历了三个阶段。第一阶段，从 1949 年建国到 1955 年，这是中国学习苏联、基本照搬苏联模式的阶段。当时，我们没有搞社会主义的经验，认识上有很大局限性，认为“苏联的今天，就是我们的明天”。第二阶段，从 1956 年到 1978 年。这是中国独立探索自己的模式和道路，但是又没有突破苏联模式的阶段。1953 年斯大林逝世后，苏联国内和党内出现了许多新情况、新问题，一系列深层次的矛盾暴露出来。毛泽东察觉到苏联模式的某些弊端，发现苏联模式和苏联的一些经验并不适合中国国情。在这种情况下，他向全党郑重提出，要在中国实现马克思主义与中国实际的第二次结合，独立探索有别于苏联模式、适合中国国情的社会主义建设道路。在长达 20 多年的艰辛探索中，由于没有完全搞清楚“什么是社会主义，怎样建设社会主义”这个重大课题，既取得伟大成绩，又发生重大失误，既和苏联模式有所区别，又没有从根本上突破苏联模式。第三阶段，从 1978 年 12 月党的十一届三中全会至今，这是具有鲜明中国特色的中国模式形成的阶段。党的十一届三中全会实现历史性的转变，提出改革开放的战略决策，邓小平在 1982 年党的十二大开幕词中，首次提出“建设有中国特色的社会主义”的科学命题，新的探索开始了。在探索中，党中央在总结正反两方面历史经验的基础上，提出了一系列重大理论创新和战略举

① 《邓小平文选》第 3 卷，人民出版社 1993 年版，第 139 页。

措，例如，“一个中心、两个基本点”的党在社会主义初级阶段的基本路线，建立和完善社会主义市场经济体制，改革开放是中国的第二次革命，建设民主和法制互动的社会主义法治国家，建设以马克思主义为指导的社会主义核心价值体系，实施以改善民生为重点的社会建设，四位一体的中国特色社会主义事业的总体布局，以人为本、全面协调可持续的科学发展观，坚持走互利双赢的和平发展道路，建设富强、民主、文明、和谐的社会主义现代化国家的奋斗目标等。这些重大理论创新和战略举措的实施，代表着中国开辟了社会主义新道路和发展新模式，实现了从传统社会主义模式向现代社会主义模式的转轨和转变。

（二）中国模式的基本特征

中国模式是通过总结历史经验转型而形成的，具有如下一些基本特征。经济方面：所有制结构，既不搞西方的私有化，也不搞纯粹的公有制，而是实行以公有制为主体的多种经济成分并存和共同发展，不再把公有制经济和非公有制经济绝对地对立起来；分配原则，既不搞西方的按资分配，也不搞单一的按劳分配，而是坚持以按劳分配为主体的多种分配方式，确立劳动、资本、技术和管理等生产要素按贡献参与分配，鼓励一部分人和一部分地区先富裕起来，带动全社会共同富裕；经济体制，既不搞西方的自由市场经济，也不搞传统社会主义的计划经济，而是建立和完善社会主义市场经济体制，充分发挥市场在资源配置中的基础性作用，这是对马克思主义经济理论的重大突破和人类历史上的伟大创举；发展道路，坚持以人为本的“四位一体”的中国特色社会主义事业的总体布局，实现富强、民主、文明、和谐的社会主义现代化国家的战略目标。政治方面：国体，既拒绝西方的资产阶级专政，也不照搬传统社会主义的无产阶级专政，而是坚持人民民主专政，这一国体标志和体现政权具有民主和专政两个方面职能，不断扩大民主范畴，并避免无产阶级专政的滥用；政体，既不搞西方的议会制、总统制，也不照搬苏维埃，而是实行在革命战争年代创造的、符合中国国情的人民代表大会制度；政党制度，既不搞西方的多党制，也不搞传统社会主义的一党制，而是实行共产党领导的多党合作和政治协商制度；发展战略，坚持走党的领导、人民当家作主、依法治国有机统一的中国特色社会主义政治发展道路，保障人权，发展民主，从人治走向法治，建设社会主义政治文明。文化方面：意识形态，既要坚持马克思主义的一元统领，确立指导地位，防止思想混乱、社会动荡，又要多元兼容并存，防止封闭僵化、一潭死水，提高意识形态的吸引力和凝聚力；思想教育，既要坚持爱国主义、社会主义、集体主义教育，又要关心和照顾个人利益，我们不提倡个人主义，但不反对一般的个人主义，而是反对极端个人主义，兼顾国家、集体、个人三个方面利益，使各方面的积极性和创造性都能得到充分发挥；学术领域，实行“百花齐放、百家争鸣”的方针，反对权力干预学术，强制推行一种风格和学派，禁止另一种风格和学派，艺术和科学中的是非问题，由艺术界和科学界的自由讨论和实践去解决；文化发展战略，世界上的文化和文明是多样的，文化工作必须坚持以马克思主义为指导和党在革命、建设、改革年代所创造的主流文化为主体，纵向继承和弘扬中华民族传统文化的精华，横向借鉴和吸收世界文化中的优秀成果，在不同文化之间进行交流和对话，促进文化的大发展和大繁荣。对外关系方面：坚持独立自主的外交政策，坚定不移地维护国家主权与领土完整和核心利益，在和平共处五项原则的基础上，发展同世界各国的友好合作关系；坚持走和平发展道路，既争取和平的国际环境来发展自己，又以自己的发展促进世界的和平，中国绝不走“国强必霸”的路子。综上所述，中国在改革开放 30 年中对原有的体制和道路作了很大调整、改革和提升，中国模式已完全不同于传统的苏联模式。从经济上坚持以公有制为主体、政治上坚持人民民主专政、文化上坚持马克思主义为指导、对外关系上坚持走和平发展道路，说明中国模式的性质是社会主义的，并没有变，其中变化的部分是变得更加符合中国的国情和实际。国内外都有一种舆论，说中国特色社会主义就是中国特色资本主义，是没有根据的。

（三）中国模式的定位

一是现代社会主义模式，即为适应当代世界和当代中国的新变化，从传统社会主义转轨而来的现代社会主义模式，因而具有典型性。二是坚持把科学社会主义的基本原则和中国的具体实践和时代特征相结合取得历史性伟大成就的成功模式。改革开放的 30 年，中国进行了一场世界上规模最大的经济革命，经济社会持续快速发展，年均增长 9.8%，居世界第一，经济总量改革开放前居世界第 11 位，进入新世纪的 2000

年上升到第7位，仅次于6个最发达的资本主义国家，2002年超越意大利位居第6位，2004年超越法国位居第5位，2005年超越英国位居第4位，2007年超越德国位居第3位，2010年超越日本位居第2位，成为世界上第二大经济体。中国国内生产总值已从1978年的3645亿元人民币增加到2007年的24.95万亿元人民币。在这个基础上，人民生活水平和综合国力上了一个大台阶，国际地位和影响空前提高和扩大，中国已实现了由解决温饱到总体上达到小康的历史性跨越。中国在建国60年、特别是改革开放30年所取得的举世瞩目的历史性伟大成就，已超过了工业革命时期的英国和19世纪美国的崛起。所有这一切，都得益于中国模式。但是，我们在取得巨大成绩的时候，必须清醒地认识到，中国是世界第一人口大国，按人均国内生产总值2010年也只有3600多美元，排在世界第105位，还有1.5亿人口生活在联合国设定的贫困线之下，中国仍是一个发展中国家，仍处在社会主义初级阶段。三是在世界上具有比较优势的模式。当今世界有200个国家左右，如果分类，按社会性质有资本主义和社会主义，按发展程度可分发达国家和发展中国家。就模式来说，比较成功的是少数，如二战后的德国模式、日本模式、瑞典模式、美国模式等。在比较成功的发展模式中，有的单一不够全面，有的快速发展时期较短，有的经不起国际金融、经济危机的冲击。中国模式在这几方面都有很大超越和突破，创造了世界奇迹。正如美国华盛顿大学著名国际问题学者何汉理所说："二战后崛起的大国包括苏联和日本，但是这两个国家都是单一强国，苏联是一个军事强国，而日本只是在经济上称雄。但中国不仅仅是在军事和经济领域突飞猛进，而且在国际舞台上的'软实力'也大大增强。""中国以一种过去许多年来我们从未见过的方式崛起为一个全方位的大国"。中国模式的比较优势，得到国际社会越来越多的政治家和学者的共识。总起来说，中国模式是在当今世界中一种比较好的模式，但也不能把它看得尽善尽美，更不会对各国普遍适用。它既成绩瞩目又面临挑战，从在社会转型中所暴露出来的一些问题，如粗放落后的经济发展方式导致资源紧缺、环境污染、生态恶化而难以为继，分配不公、贫富差距过大威胁社会和谐，公权力失范引发社会诸多负面问题等，说明中国模式尚不完善，还未定型，有待通过深化改革逐步完善。

中国模式的当代价值。从历史角度看，中国模式在当今世界具有很高价值，主要表现在如下几个方面：①在本国增强了走自己道路的信心。我国在毛泽东时代的探索，虽然发生过重大失误，付出很大代价，但独立探索本身，摆脱苏联模式，不受苏联控制，具有不可估量的意义，再加上十一届三中全会以后在邓小平领导下所开辟的新道路，经济快速发展。靠这两条，中国安然度过了20世纪末苏东剧变所造成的社会主义危机，免遭一场灾难。此后29年，中国在这条道路上越走越快，年均增长在10%以上，经济特区发展速度更快，深圳年均增长20%以上，创造了世界奇迹。中国崛起是21世纪头10年世界上发生的最重大事件。美国摩根士丹利公司亚洲区主席罗奇认为："中国过去30年的经济运转良好，证明其发展模式是有效的。"① 胡锦涛总书记于2010年9月6日在深圳经济特区建立30周年庆祝大会讲话中说："我们要胜利实现既定战略目标，必须坚定不移坚持中国特色社会主义道路，坚定不移坚持中国特色社会主义理论体系，勇于变革、勇于创新、永不僵化、永不停滞，不为任何风险所惧，不被任何干扰所惑，继续奋勇推进改革开放和社会主义现代化建设的伟大事业。"② ②对社会主义国家是巨大的鼓舞和支持。上个世纪末所发生的苏东剧变，使世界社会主义遭到前所未有的重大挫折，15个社会主义国家只剩下5个，即"一大四小"，"一大"是中国，"四小"是朝鲜、越南、老挝和古巴。中国当时在那种黑云压城城欲摧的气氛中，顶住压力和逆流，力挽狂澜。邓小平以无产阶级革命家的坚定语言向世人宣告："中国的社会主义是变不了的。中国肯定要沿着自己选择的社会主义道路走到底。谁也压不垮我们。只要中国不垮，世界上就有五分之一的人口在坚持社会主义。我们对社会主义的前途充满信心。"③ 中国在这场社会主义危机中起了顶梁柱的作用，稳住了自己的阵脚，同时也就稳住了其他几个社会主义国家的阵脚。危机过后，变过去的国家轻易变不回来，没变的国家也轻易变不过去。此后20年，中国社会主义不但没有停滞和倒退，反而大发展，成为世界社会主义的中流砥柱和希望所在。俄罗斯学者阿·雅可夫列夫说："恰恰是中国特色社会主义注入了在目前条件下体现社会主义的生命力"。

---

① 《参考消息》2010年9月9日。

② 《人民日报》2010年9月7日。

③ 《邓小平文选》第3卷，人民出版社1993年版，第320—321页。

他认为，中国特色社会主义不仅扭转了 20 世纪后期世界社会主义陷入低潮的趋势，而且必将对 21 世纪社会主义的发展产生不可估量的影响。许多国家的共产党人和进步人士认为，只有中国能给 21 世纪带来希望。③对西方发达资本主义国家是一种挑战。苏东剧变后，资本主义的卫道士们被暂时的胜利冲昏了头脑，他们欢呼雀跃、利令智昏、弹冠相庆，宣告社会主义已“历史终结”，资本主义获得彻底胜利。但事实并非如此，苏东剧变只是苏联模式的失败，而不是整个社会主义的失败，更不是社会主义的死亡和终结。曾几何时，正在西方一些人士紧锣密鼓宣扬“华盛顿共识”、美国模式的时候，美国闯了大祸，2008 年发生了由美国次贷危机引发的百年罕见的世界性金融危机和经济危机，之后又发生欧洲的债务危机，欧美一些国家普遍遭到重创，恢复乏力，有的国家有可能再度恶化出现“二次探底”，经济复苏的不确定性很大。资本主义在全球引发一片批评声。中国在这场危机中，虽然也受到很大影响，但由于党和政府采取了一系列有力措施，经济持续快速发展，年增长率仍在 8%以上，为世界经济的复苏作出最大贡献。西方国家深感，“中国崛起”速度大大超越西方预期，中国总体影响力“不可阻挡”，中国拉动了亚洲地区经济回暖和尽早走出困境，并以经济合作扩大了在拉美的影响力。西方对中国“刺耳的崛起”忧心忡忡。在这种形势下，西方舆论密集攻击中国，制造所谓的“中国威胁论”、“中国扩张论”、“中国责任论”、“中国傲慢论”等怪论，集中力量围堵中国模式。外国媒体报道，中国“计划市场经济”模式挑战西方。在许多人看来，美国模式已衰落，中国模式正在兴起。谁优谁劣，一目了然。④对广大发展中国家提供了快速发展的借鉴。当今世界有 200 个国家左右，除近 30 个属于发达国家外，其余都是发展中国家。这些国家大部分是在二战后通过各种不同形式的斗争从资本主义殖民主义的野蛮统治下获得解放成为独立国家的。这些国家的经济、文化发展落后，摆在面前的首要任务就是发展。近一个时期，由西方发达国家主导的经济全球化，使南北差距更加扩大，致使这些国家的发展问题更加迫切，急需寻找一种好的模式和道路，提升自己的发展速度，尽早摆脱贫穷落后和与发达国家的差距。在新的形势下，许多发展中国家都表示，中国模式给世界带来启迪，值得发展中国家借鉴和效仿。新加坡国立大学东亚研究所所长、著名学者郑永年说：“中国不拒绝一切先进的东西，而是把西方和他国成功的经验融合到自己的模式，这使得中国模式对发展中国家有特别的吸引之处”①。俄罗斯科学院著名学者亚历山大·萨利茨基说：“中国模式、中国经济的未来在于继续博采众长。该模式在于他国的合作中逐步完善，它顺应时代所需、效率极高。”“中国的社会主义并非他国模式的拷贝，而是人类社会众多成就的创造性集大成者。”② 美国著名语言学家、哲学家、认知科学之父、世界 10 位最伟大的科学家之一——齐姆斯基 2010 年 8 月 13 日在北京大学百年讲堂的讲演中，充分肯定了中国模式。他说：“中国在上世纪 70 年代后期进行的改革开放实践，成绩显著，特别是东南沿海地区形成了成功的发展模式，在经济上、社会上都取得了重大突破”③。总括上述，正如邓小平在 1987 年时所指出的，坚持走中国特色社会主义道路，到下个世纪中叶，中国社会主义现代化的基本实现，“这不但是给占世界总人口四分之三的第三世界走出了一条路，更重要的是向人类表明，社会主义是必由之路，社会主义优于资本主义”④。一个是为第三世界国家走出了一条路，一个是证明社会主义是必由之路，这就是中国模式的当代价值。

---

① 《参考消息》2009 年 9 月 10 日。

② 《参考消息》2010 年 10 月 2 日。

③ 《深圳特区报》2010 年 8 月 14 日。

④ 《邓小平文选》第 3 卷，人民出版社 1993 年版，第 225 页。

邓小平与当代社会主义

邓小平是伟大的马克思主义者，伟大的无产阶级的政治家、军事家、战略家，我国社会主义改革开放和现代化建设的总设计师。他是中国20世纪继孙中山、毛泽东之后又一世纪伟人。他在伟大光辉、波澜壮阔的一生中，为我们党、国家和民族立下了不朽的功绩，可以说一生功勋卓著，威望如日中天，但是他最大的贡献是晚年在理论上和实践上的巨大成就。他不仅对中国特色社会主义，而且对世界社会主义运动都做出不可磨灭的贡献。当代社会主义和邓小平的名字是联系在一起，分不开的。

一、通过开拓中国特色社会主义发展道路把中国从灾难中引上社会主义建设的快车道

建设社会主义是前无古人的崭新事业，没有任何现成的理论、经验可资借鉴，只能在实践中探索，难度是很大的。尤其是在经济文化落后的国家建设社会主义，外受资本主义包围，内受经济文化落后的困扰，难度就更大。列宁看到了这一点，他在十月革命以后就曾多次指出，俄国与西方国家“开始困难，继续比较容易”相反，是“开始容易，继续比较困难”①。这里说的“开始”指的是夺取政权，“继续”指的是建设

① 《列宁全集》第34卷，人民出版社1985年版，第343页。

社会主义。列宁的这个预见和论断被后来的历史所证实。20 世纪的社会主义面临着两大历史难题：一个是西方发达资本主义国家无产阶级夺取政权的问题，另一个是经济文化落后国家无产阶级夺取政权以后建设社会主义的问题。

为了解决后一个历史难题，走上社会主义道路的各国普遍进行了探索，其中规模巨大、具有重大影响的有四次，即苏联的列宁时期、斯大林时期，中国的毛泽东时期、邓小平时期。列宁开了个好头，他在探索中用新经济政策代替了战时共产主义政策。邓小平非常肯定列宁时期的探索，指出："社会主义究竟是个什么样子，苏联搞了很多年，也并没有完全搞清楚。可能列宁的思路比较好，搞了个新经济政策，但是后来苏联的模式僵化了。"① 斯大林在 29 年的探索中，建立了苏联社会主义制度和模式，实现了社会主义工业化，战胜了德国法西斯，取得了伟大的胜利，但是在肃反、农业等问题上犯了重大错误。毛泽东看到苏联模式的弊端，提出要"以苏为鉴"，独立地探索中国社会主义建设道路。在探索中，理论上提出许多有价值的观点，实践上取得很大成就，但同时又发生了"大跃进"、"文化大革命"两个全局性的重大失误。总起来说，斯大林、毛泽东时期的探索，既取得了历史性成就，又发生了重大失误，始终没有找到一条好的发展道路。

到 20 世纪 70 年代末和 80 年代初，几乎所有社会主义国家都处在困难境地，有的国家甚至出现了危机。这时，中国刚刚结束"文化大革命"，经济处在崩溃边缘；苏联推行霸权主义，出兵阿富汗，5 万红军葬身异国他乡；波兰受到"团结工会"的困扰；匈牙利民主社会主义思潮泛滥，党面临着分裂的危险。在这种形势下，几乎多数社会主义国家在寻找出路，试图通过改革，摆脱困难和危机。当时，找到的出路有两个：一个是苏联和东欧一些国家，试图通过改革走出困境，但在国内外各种势力和思潮的影响下，全盘照搬西方经济政治模式，最后改革变成改向，葬送了社会主义事业。这是一条失败的道路。另一个就是在邓小平领导下中国在十一届三中全会以后的探索。这次探索，坚持了毛泽东正确的东西，纠正了毛泽东的错误，同时又有许多新的创造，特别是社会主义改革开放的伟大创造。在探索中，创造了邓小平理论，在这个理

① 《邓小平文选》第 3 卷，人民出版社 1993 年版，第 139 页。

论指导下又形成了中国特色社会主义发展道路。从而找到了在中国这样经济文化落后的国家建设社会主义的成功之路。这样，邓小平就把中国从危难中引上了建设社会主义的快车道。

二、通过提出正确处理党际关系和国家关系的准则使世界社会主义运动走上健康发展道路

在国际共产主义运动历史上曾建立过第一国际、第二国际和共产国际（即第三国际）三个国际组织。在第二国际、第三国际中，不仅有国际和各国党的上下级关系，而且还有一个在国际上居中心地位的党，第二国际是德国社会民主党，第三国际是苏联共产党。1943 年，第三国际解散后虽然已无国际组织，但苏共仍在国际共产主义运动中居特殊地位，不时对各国党的内部事务和其他社会主义国家的内政问题表态和发号施令，从而导致党际关系和国家关系的矛盾和紧张。中国共产党是一个善于总结经验的党。邓小平是坚持实事求是思想路线的典范，也是善于总结历史经验的典范。他在经历了以中苏两党为核心的国际共产主义运动大争论之后，不断进行反思，在党际关系、国家关系上提出了许多重要原则：

——不以本国经验作为判断别国党是非的标准。一个政党和一个人一样，往往容易根据已有的公式特别是自己的经验作为判断是非的标准。第二次世界大战以后，西方资本主义国家的国内形势发生很大变化，广大群众对内图稳、对外思和，不愿意用暴力改变现存制度。适应这种形势，首先是英国共产党提出和平过渡，接着许多西方国家的共产党接受了这种意见，放弃暴力革命，试图通过和平民主道路走向社会主义。他们这样做，也是迫不得已的，再坚持暴力革命就越来越脱离本国实际和群众。至于“和平过渡”能否行得通，他们也无把握，只是探索。后来赫鲁晓夫在苏共二十大的报告中，把它作为一个重大理论问题提出，说战后由于阶级力量对比的变化，在资本主义国家无产阶级完全有可能通过议会夺取政权。实践证明，这个论断也不正确，直到今天为止还没有一个资本主义国家通过和平民主道路走向社会主义。但是，我们根据已有的公式和中国自己的经验，反对探索，并把这种探索上纲为

现代修正主义，也过头了。邓小平指出："一个党评论外国兄弟党的是非，往往根据的是已有的公式或者某些定型的方案，事实证明这是行不通的。"又说："欧洲共产主义是对还是错，也不应该由别人来判断，不应该由别人写文章来肯定或者否定，而只能由那里的党、那里的人民，归根到底由他们的实践做出回答。人家根据自己的情况去进行探索，这不能指责。即使错了，也要由他们自己总结经验，重新探索嘛!"① 这里说的欧洲共产主义的探索，就是指"和平过渡"问题。

——不对别国党的内部事务和别国内政问题表态。过去很多党，也包括我们党，在对外关系中，没有严格区分是内政问题还是外交政策，有时对内政问题也表态，实践证明这样做效果不好。因为，一是最了解情况的是本国党和人民，外国党表态未必正确。二是即使意见正确，效果也不好，人家会认为这是在"教训"他。三是从根本上讲，这是干涉内政。邓小平指出："各国党的国内方针、路线是对还是错，应该由本国党和本国人民去判断。最了解那个国家情况的，毕竟还是本国的同志。但是，一个党和由它领导的国家的对外政策，如果是干涉别国内政，侵略、颠覆别的国家，那末，任何党都可以发表意见，进行指责。我们一直反对苏共搞老子党和大国沙文主义那一套。他们在对外关系上奉行的是霸权主义的路线和政策。"②

——不搞意识形态划线。过去所有共产党都强调意识形态，在党际关系和国家关系上按意识形态划线。但是，这样做在实践上往往行不通，常常出现同一社会制度的国家关系未必很好，有的甚至很紧张，而不同社会制度的国家却可以把关系搞得很好，这里有一个民族和国家利益的问题。按意识形态划线，发展到极端，就会把所有西方国家都称为帝国主义；把与我们有不同意见的党和国家视为修正主义；把一些第三世界的国家视为反动派。按照这种划分，曾经提出过"打倒帝修反"的口号，这就等于包打天下，自己把自己孤立起来。邓小平强调"我们谁也不怕，但谁也不得罪，按和平共处五项原则办事"。③ 十一届三中全会以后，我们通过总结历史经验，纠正了这一做法，在党际关系、国家

① 《邓小平文选》第 2 卷，人民出版社 1994 年版，第 318、319 页。

② 《邓小平文选》第 2 卷，人民出版社 1994 年版，第 318—319 页。

③ 《邓小平文选》第 3 卷，人民出版社 1993 年版，第 363 页。

关系上不再搞意识形态划线，强调要以国家和民族的利益为重，把国家主权和安全摆在第一位。但是，也不能不讲意识形态、淡化意识形态，因为西方国家很重视意识形态，不讲意识形态就等于自我解除武装，只是不能再以意识形态划线，要把国家和民族利益摆在首位。

——不进行争论。在20世纪五六十年代国际共产主义运动发生了一场大争论。这场争论是苏共挑起的，我们被迫同苏共进行了十年论战。实践证明，争论没有好处，不可能一方压倒和战胜另一方，只能使矛盾激化，关系越闹越僵，“亲痛仇快”，而且把很多大好时间和机遇丢掉了。根据这个经验，后来我国在改革开放中，邓小平强调不能再搞争论。他指出：“不搞争论，是我的一个发明。不争论，是为了争取时间干。一争论就复杂了，把时间都争掉了，什么也干不成。”① 当然，不争论，并不等于不能表态，没有是非。

——不纠缠历史旧账。在党际关系和国家关系方面，过去遗留不少问题，其中不是没有是非的。但是，我们党强调不要纠缠历史旧账，不要计较历史上的恩怨，否则就很难实现重新团结起来。邓小平多次强调，过去的问题一风吹，团结起来向前看。这是一个重要原则。

——不当头。过去在国际共产主义运动中，苏共的地位特殊，它以头自居，搞老子党，挥舞指挥棒，不断发号施令，我们党顶住这种霸道作风是完全正确的。中苏争论以后，有些“左派”共产党把我们党也当作头。国际共产主义运动从破裂后，特别是前苏共消失后，已无头了。后来，随着美国成为世界上唯一超级大国，有恃无恐地推行霸权主义和强权政治，对社会主义和第三世界国家施压，第三世界有些国家希望中国当头，帮助他们抵制美国霸权主义。在这种形势下，邓小平告诫我们绝不能当头。其一是当不起头，我们没有那么大的力量。其二是一当头就会把所有矛盾都吸引到我们身上，对我们不利。邓小平说：“第三世界有一些国家希望中国当头。但是我们千万不要当头，这是一个根本国策。这个头我们当不起，自己力量也不够。当了绝无好处，许多主动都失掉了。中国永远站在第三世界一边，中国永远不称霸，中国也永远不当头。但在国际问题上无所作为不可能，还是要有所作为。”②

---

① 《邓小平文选》第3卷，人民出版社1993年版，第374页。

② 《邓小平文选》第3卷，人民出版社1993年版，第363页。

依据上述认识，我们党在党际关系上提出在遵守独立自主、完全平等、互相尊重、互不干涉内部事务四项原则的基础上，发展同世界上各国共产党和其他工人阶级政党的关系。以后发展为同世界上进步政党的关系，又进一步发展为同所有政党的关系，从而党际关系的范围扩大了。在国家关系上仍坚持50年代周恩来所倡导的互相尊重主权和领土完整、互不侵犯、互不干涉内政、平等互利、和平共处五项原则。在50年代，我们党还有一些执政的共产党，把和平共处五项原则作为社会主义国家同不同社会制度国家相互关系的准则，而把体现相互联合、相互团结、相互支持、相互合作的国际主义作为社会主义国家之间相互关系的准则。但是，在实践中对什么是国际主义却有不同的理解。苏联曾把出兵捷克斯洛伐克、阿富汗说成是国际主义，把霸权主义同国际主义相混淆，这是对国际主义的扭曲。邓小平指出："总结国际关系的实践，最具有强大生命力的就是和平共处五项原则。""这五项原则非常明确，干净利落，清清楚楚。我们应当用和平共处五项原则作为指导国际关系的准则。"① 现在，和平共处五项原则已成为指导所有国家关系（包括社会主义国家之间）的准则。在上述党际关系和国家关系准则的基础上，世界社会主义运动逐步走上健康发展的道路。

三、以坚持和发展中国特色社会主义为基点推动世界社会主义的振兴

20世纪80年代末和90年代初发生的苏东剧变，使社会主义遭到前所未有的大挫折。这是世界社会主义最严峻、最危险的时期。当时，西方敌对势力对我施压，企图一鼓作气攻克中国这个共产主义的最后堡垒。有的反动政治家叫嚷，每天都要敲打中国的大门，让他们吃不好饭、睡不好觉，企图以压促变。在这种形势下，余下的几个社会主义国家会不会出现像多米诺骨牌式地一个个倒下去，甚至有些共产主义老战士也心里没底。邓小平则不同，他对自己的事业充满信心，指出："别人的事情我们管不了，只讲一个道理：中国的社会主义是变不了的。中国肯定要沿着自己选择的社会主义道路走到底。谁也压不垮我们。只要

① 《邓小平文选》第3卷，人民出版社1993年版，第96、283页。

中国不垮，世界上就有五分之一的人口在坚持社会主义。我们对社会主义的前途充满信心。”又说：“只要中国社会主义不倒，社会主义在世界将始终站得住。”① 这就给世界上所有坚持社会主义的人们以必胜信心。

1992 年春，邓小平的视察南方谈话，进一步推动了中国的改革开放和现代化建设。中国不仅坚持住了社会主义，而且在这以后又有很大发展。2003 年，中国的国内生产总值已达 1.4 万亿美元，居世界第 6 位，人均国内生产总值 1090 美元。沿着这条道路走下去，再过十几年，即到 2020 年，将和日本不相上下；再过 30 年，即到 2050 年，将接近美国。邓小平指出：到 21 世纪中叶，中国现代化的基本实现，“这不但给占世界总人口四分之三的第三世界走出了一条路，更重要的是向人类表明，社会主义是必由之路，社会主义优于资本主义”②。中国是近 25 年内世界上发展最快、变化最大的国家。俄罗斯学者阿·雅科夫列夫说：“恰恰是中国特色社会主义注入了在目前世界条件下体现社会主义的生命力。”他认为，建设中国特色社会主义的胜利，不仅扭转了 20 世纪后期世界社会主义运动陷入低潮的趋势，而且必将对 21 世纪社会主义的发展产生不可估量的影响。许多共产党人和进步人士认为，只有中国能够给 21 世纪带来希望。中国已成为世界社会主义的中流砥柱。现在世界上到处都在讲中国模式、北京共识。21 世纪，中华民族必将在社会主义的基础上实现伟大复兴。中国社会主义的复兴必将促进世界社会主义的振兴。社会主义必将重振雄风、再造辉煌！

---

① 《邓小平文选》第 3 卷，人民出版社 1993 年版，第 320—321、346 页。

② 《邓小平文选》第 3 卷，人民出版社 1993 年版，第 225 页。

坚持以科学发展观统领经济社会发展全局

以胡锦涛为总书记的党中央，在十六大以后领导全党全国人民全面建设小康社会的实践中，高举邓小平理论和“三个代表”重要思想的伟大旗帜，审时度势，高瞻远瞩，提出科学发展观和许多新的战略思想，形成了一套新的治国方略，把中国特色社会主义事业不断向前推进。

一、以科学发展观为统领的一系列重大战略思想

正确地认识和把握以胡锦涛为总书记的党中央提出的以科学发展观为统领的一系列重大战略思想，必须了解提出这些新的战略思想的历史条件和时代背景。这就是我国进入新世纪、新阶段，出现了新情况和新问题。新世纪，就是进入了21世纪；新阶段，就是全面建设小康社会的历史阶段。在新世纪、新阶段，出现了新情况和新问题。改革开放20多年来，中国发生翻天覆地的变化，取得了举世瞩目的历史性成就：经济快速发展，年均增长9%以上，人均国内生产总值已超过1000美元，经济总量迅速前移，中国已成为全球的经济驱动力之一；文化、教育、科技、体育、卫生、军事等领域也有长足进步，综合国力上了一个大台阶；国际地位空前提高，国际影响日益扩大，中国的许多主张得到国际社会的广泛赞同。但是，与此同时在发展中也出现了许多新情况和

新问题。最突出的：一是在城乡之间、地区之间、经济和社会之间发展很不平衡，差距有越来越大的趋势。二是贫富之间的差距在扩大，在不同社会阶层和不同群体之间因收入分配不均而引起的利益矛盾日益突出，是矛盾的多发期和活跃期。三是高投入、高消耗、高排放、低效益的经济发展方式，导致资源能源紧缺，环境污染严重，需要改变经济发展方式。面对发展进程中出现的上述问题，如果不能及时采取得力措施，就有可能走向反面，走上一些拉美国家的老路，出现“拉美化”的危险。一些国家和地区的发展历程表明，在人均国内生产总值突破1000美元（至3000美元）以后，一方面，进入黄金发展期；另一方面，也进入矛盾凸显期，二者高度重合，总体来说经济社会进入一个关键时期。在这个阶段，既有举措得当，从而促进经济快速发展和社会平稳进步的成功经验，也有因为失误而导致经济徘徊不前和社会动荡的教训。我国从总体小康到全面小康大体上就处在这个阶段。我国是一个人口众多的发展中大国，从我国的实际情况看，在当前和今后相当长一段时间内，经济社会面临的问题和矛盾更为复杂、更为突出，形势也更为严峻。

以胡锦涛为总书记的党中央，站在历史的新起点，励精图治，开拓创新，从十六大以后到十七大，先后提出了一系列相互联系的新的战略思想，如科学发展观、加强党的执政能力建设、党的先进性建设、构建社会主义和谐社会、实施马克思主义理论研究和建设工程、建设社会主义新农村、建设创新型国家、建设社会主义核心价值体系等。这些重大战略思想和战略举措是相互联系、相互促进的，形成了一个以科学发展观为统领的新的治国方略。这个新的治国方略既针对现实又面向长远，涉及到我国经济社会如何发展、应该构建一个什么样的社会主义社会和社会主义国家、如何改变农村落后面貌和城市发展相协调、怎样推动社会主义文化的大发展大繁荣、怎样巩固和提高党的执政地位和执政水平，以及坚持走什么样的发展道路等等。在这些战略思想和治国方略中具有全局性意义的是如下一些重大问题。

二、开拓科学发展的新局面

发展是硬道理，也是中国今后很长一个时期的主旋律。建国半个多世纪，特别是改革开放的二十几年，中国实现了跨越式的大发展，这是历史的巨大进步。但是这种跨越式的大发展也付出了相当的代价。主要问题是：过分追求速度和量的增长，轻视质的提高；重视经济发展，轻视社会发展；为追求高指标，不止一次地出现经济过热现象，发展跌宕起伏；粗放型的发展方式，导致资源紧缺、环境污染、生态恶化。所有这一切，在一个落后国家发展的初期不仅是不可避免的，而且在某些方面甚至是必要的。但是，发展到一定阶段，就应当把发展变为科学发展，这就要转变发展观念、创新发展模式、提高发展质量。任何国家在发展进程中，不付出一定社会代价是不可能的，但是应当逐渐把社会代价减少到最低限度，缩小到最低范围。

以胡锦涛为总书记的党中央在总结我国建国以来特别是改革开放以来的历史经验和吸收世界文明成果的基础上，从新世纪新阶段的发展全局出发，在十六届三中全会决议中创造性地提出了科学发展观。科学发展观，是对党的三代中央领导集体关于发展的重要思想的继承和发展，是同马克思列宁主义、毛泽东思想、邓小平理论和“三个代表”重要思想既一脉相承又与时俱进的科学理论，是我国经济社会发展的重要指导方针。我们要以科学发展观统领经济社会发展全局，把它贯彻到改革开放和社会主义现代化建设的全过程。科学发展观提出以后，最重要的是贯彻落实，引导我国经济社会发展转入科学发展轨道，开拓科学发展的新局面，促进国民经济又好又快的发展。科学发展观的第一要义是发展。发展，是执政兴国的第一要务，对于全面建设小康社会、加快推进社会主义现代化，具有决定性的意义。要牢牢扭住经济建设这个中心，坚持聚精会神搞建设，一心一意谋发展，不断解放和发展生产力。科学发展观的基本要求是全面协调可持续发展。所谓科学发展，首先，是全面发展。马克思指出，任何一个社会形态，都有一个与一定生产力相适应的社会经济结构，在这个经济结构上竖立起来的政治的法律的上层建筑，以及与这些经济、政治相适应的社会意识形态。这就是说，任何一个社会形态都包括经济、政治、文化三大领域，此外还有一个三大领域包括不了又覆盖三大领域的社会层面。经济是基础，唯发展经济为大，我们要坚持以经济建设为中心，但中心不是唯一，要同时进行经济建设、政治建设、文化建设和社会建设，促进社会全面进步。其次，是协调发展。依据毛泽东“统筹兼顾”思想，做到“五个统筹”：一是统筹城乡发展。过去我们重城市发展，对农村的支持和对农业的投入不够，致使农村各项事业发展滞后，“三农”问题长期得不到解决。科学发展观，把城市和农村视为经济社会发展不可分割的整体，要求打破城乡壁垒，改变城乡二元结构，建立城乡互动机制，工业反哺农业，城市支持农村，调节城乡发展和收入差距，使城乡相互促进，协调发展。二是统筹区域经济发展。改革开放以来，东部沿海地区发展很快，中部和西部边远地区发展滞后，二者很不协调。科学发展观，要求加大西部大开发的力度，振兴东北老工业基地，促进中部地区崛起，形成东中西互动、优势互补、相互促进、共同发展的新格局。三是统筹经济、社会发展。过去我们重经济发展是对的，但轻社会发展则导致教育、文化、卫生、住房等社会事业发展滞后，城市弱势群体增加，社会问题层出不穷，反过来又扯经济发展的后腿。科学发展观，要求经济、社会同步和平衡发展，使二者互为条件、相互促进。四是统筹人与自然和谐发展。自然界为人类提供了生存和发展的条件，同时无形中也制约着人类的行为，如果只开发自然而不保护自然，甚至破坏自然，就会遭到自然规律的惩罚。长期以来，我们过度放牧、掠夺性采矿和滥伐森林，引起北方的沙尘暴、江河流域的水旱灾害、城市环境质量的急剧下降等，都是自然界对人类的报复。科学发展观，要求协调人与自然的关系，遵循自然规律，在合理开发自然中保护自然，在征服自然界的同时回馈自然，在经济发展的同时，使生态环境得到改善，资源利用效率得到提高，人与自然进一步和谐，整个社会走上生产发展、生活富裕、生态良好的文明发展道路。五是统筹国内发展和对外开放。中国是一个大国，发展基点要放在自力更生上，依靠自己的力量解决自己的问题。但是，应当力争外援，以加快自己的发展，这就需要实行全方位的对外开放。再次，是可持续发展。这是人类付出巨大代价所取得的关于发展路径的新认识，是人类文明成果。社会的生存与发展，人类的生存与发展，都需要有一个良好的自然环境。人类在征服大自然的过程中，不应破坏资源，污染环境，不仅要满足当代人的需要，还要为子孙后代着想。我国是一个人口大国、资源小国，重要资源占有量大大低于世界平均水平，人口资源环境压力越来越大。尤其是在 20 多年的经济大发展中，一些地区生态破坏和环境污染令人发指，工业废气、大气污染、水污染、水土流失以及土地荒漠化、草区沙化等现象日趋严重。要彻底改变这种面貌，必须走可持续发展道路。这是立足现实、面向未来所作出的战略选择。科学发展观的核心是以人为本。这是我们在发展问题上的新认识和新观念，是社会主义现代化建设指导思想的重大转变。这就是说，发展不只是经济社会的发展，更重要的是人的发展。我们所讲的以人为本与我国历史上的民本主义和欧洲文艺复兴时期的人本主义不同。民本主义是以民权反对皇权，人本主义是以人权反对神权，二者在历史上都有进步意义。在我国社会主义条件下已无皇权和神权，我们讲的以人为本，针对的是传统的发展观，其科学内涵有两个方面：其一是人对物，即不能只见物不见人，把发展仅看成是经济的快速运行和国内生产总值（GDP）的增长，更重要的是满足人们的现实需要，推进人的全面发展。其二是民对官，要摆正社会主人和社会公仆的关系，变“官本位”为“民本位”。总体来说就是，发展为了人民，发展依靠人民，发展成果由人民共享。当前，我们应当“更加注重社会公平”，把着力点放在关心和帮助弱势群体和困难群众身上，从“群众利益无小事”的认识高度，维护他们的权益，切实解决他们的问题，亲民爱民，才更能体现和显示“以人为本”的实践价值。我们党以人为本的思想是对马克思主义人学理论和人的自由而全面发展的思想的重大发展。实施《第十一个五年规划》，是使发展转入科学发展的关键时期。只有使发展转入科学发展轨道，经济社会才能更好更快的发展。

我们讲发展要转入科学发展轨道，并没有否定前人在发展问题上所做出的成绩和贡献。任何事物的发展都有一个从不成熟到比较成熟、从不健全到比较健全、从不完善到比较完善的发展过程。不经过较长时间的实践探索，分清正确的和错误的，而后再进行经验总结，发展就不能上升到一个新的阶段。作为指导发展的世界观和方法论的集中表现，科学发展观凝聚了建国以来几代共产党人领导广大群众建设中国特色社会主义的心血和智慧，吸收和借鉴了多少年来世界各国的发展经验和教训，它在发展问题上继承和发展了毛泽东思想、邓小平理论和“三个代表”重要思想。

三、构建社会主义和谐社会

以胡锦涛为总书记的党中央不只立足现实，思考如何应对发展中日益增长的各种矛盾，更重要的是面向未来，思考构建一个什么样的社会主义社会，以实现国家和社会的长治久安。胡锦涛同志于2005年春在中央党校省部级领导干部高级研讨班的讲话中，提出要构建社会主义和谐社会。这是一个新的重大战略举措。

提出这个重大的战略构想借鉴了前人所提供的优秀思想资料。实现社会和谐，建设美好社会，是人类长期孜孜以求的一个社会理想，古今中外不少思想家曾经提出过有关社会和谐的思想。首先，是中国传统文化的和谐思想。具有几千年悠久历史的中国传统文化，通过百家争鸣，逐渐形成了儒家和道家两大学派。这两大学派都曾提出和论证过和谐思想，但侧重点不同。儒家学说重社会，轻自然，其伦理型哲学，更多地致力于人生道德问题的探讨，提出并论证仁、义、礼、智、信（即“五常”）等道德规范，强调“和为贵”（孔子）、“天时不如地利，地利不如人和”（孟子），提倡宽和处世，协调好人际关系，以求人与社会的和谐，而不甚追求自然之所以。道家学说与儒家学说正相反，它重自然，轻社会，所建立的自然型哲学，着力探索宇宙和自然界的规律，以求人与自然的和谐，而对于人生纷争和人与社会的关系则采取消极逃避的态度。道家在人与自然的关系上提出了许多有价值的思想。如老子提出“人法地，地法天，天法道，道法自然”，强调人要以尊重自然规律为最高准则，以崇尚自然效法天地作为人生行为的基本依归。张载提出“天人合一”思想，肯定人与自然界的统一，强调人类应当认识自然，尊重自然，保护自然，而不应破坏自然，反对一味地向自然界索取，以求人类的生存与发展。总起来说，儒家学说以“人”为中心，追求人与社会的和谐，道家学说以“自然”为中心，追求人与自然的和谐。儒道两家各把握了一端，以其相互对立和补充，构成了中国传统文化发展的一条基本线索。可以说，和谐是中国传统文化的核心思想和核心价值。其次，是空想社会主义的和谐社会思想。在空想社会主义史上最早提出和谐社会思想的是傅立叶。他在1803年发表的《新世纪》一书中，在批判资本主义“文明制度”的基础上，将代替它的未来社会称之为“和谐制度”。但是，傅立叶的和谐制度与圣西门的实业制度一样，还有许多资本主义因素，这个未来社会还不是完全的社会主义制度。欧文比圣西门、傅立叶前进了一大步，主张用公有制代替私有制。他设想未来社会实行劳动公社制度，劳动果实属于劳动阶级。为了实践这种共产主义理想，欧文变卖了所有家当，带着他的信徒于1824年来到美国，在印第安纳州购买了8万英亩土地，建立了共产主义劳动公社，进行共产主义试验，将其命名为“新和谐村”，约有1000多人参加。后来虽然失败了，但至今此地仍有遗迹。1842年，德国空想社会主义者魏特林出版了他的代表作《和谐与自由的保证》。他在这本书的第二部分《一个社会改革的理想》中，描绘了代替资本主义的新的社会制度的轮廓。他把这种新的社会制度叫作和谐、自由和共有共享的制度。马克思称这本书是工人阶级“史无前例的光辉灿烂的处女作”。恩格斯说，魏特林“可以算是德国共产主义创始人的人”。总之，这几位空想社会主义大师都认为和谐是未来社会的最主要特征。再次，是马克思主义的和谐社会思想。马克思、恩格斯在发现唯物史观和剩余价值学说的基础上，使社会主义从空想发展成为科学。他们预计，在打碎资产阶级国家机器，消灭私有制，消灭阶级和阶级差别，消除“三大差别”的基础上，社会财富极大丰富，人们的精神境界极大提高，每个人都将得到自由而全面的发展，不仅掌握了社会发展规律，而且掌握了自然发展规律，“人们第一次成为自然界的自觉的和真正的主人”，并形成“自由人的联合体”。《共产党宣言》指出：“代替那存在着阶级和阶级对立的资产阶级旧社会的，将是这样一个联合体，在那里，每个人的自由发展是一切人的自由发展的条件。”这就是未来的共产主义社会，那时在人与社会、人与自然之间都将形成和谐的关系。总括上述，古今中外一些思想家为我们构建社会主义和谐社会提供了思想资料，马克思主义经典作家则为我们构建社会主义和谐社会奠定了理论基础。

诚然，马克思主义创始人所说的和谐社会指的是未来的共产主义社会而不是现在的社会主义社会。但是，我们不能教条式地对待马克思主义，认为将来的事不可以提前着手去做。今天我们已经基本具备构建社会主义和谐社会的条件。一是我国现阶段存在的工人阶级、农民阶级、知识分子以及改革开放以后出现的一些新的社会阶层，都是社会主义建设者。它们之间尽管存在着这样那样的矛盾，但不具有对抗性。正如列宁在1920年所预言的：“对抗和矛盾完全不是一回事。在社会主义下，对抗将会消失，矛盾仍将存在。”二是改革开放以来，人民生活水平大幅度提高，普遍都得到实惠，他们都希望社会安定和谐，有构建和谐社会的思想基础。三是领导中国社会主义事业的中国共产党，深刻领悟列宁关于工人阶级在斗争中“除了组织以外，别无其他武器”的教导，是一个具有高度组织能力的政党，在社会主义条件下，它通过建立政权组织、各种群众组织、学术组织以及其他组织，把整个社会都组织得井然有序。这是化解矛盾，实现和谐的重要条件，是其他国家难以做到的。四是思维方式发生变化。改革开放以来，人们的思维方式发生重大变化，已不再认同通过斗争一方克服另一方，而是愿意照顾矛盾着的双方面的利益，获得双赢互利。和谐社会不是没有矛盾，而是通过人们之间的和谐，不断地化解矛盾。和谐社会的和谐度有高、中、低之分。我们现在所构建的和谐社会是社会主义初级阶段低度的和谐社会，基本上实现社会主义现代化以后，才能向中度、高度的和谐社会推进。

构建社会主义和谐社会的关键是把握住"构建"二字。首先要了解它的科学内涵，把握在哪些方面构建。人是主体，大的方面是人要实现三个方面的和谐：一是人与社会的和谐，其中包括个人与个人、群体与群体、个人与群体、个人与政府、个人与社会的和谐，实现它们之间的和谐相处。二是人与自然的和谐，要重视自然规律，既要征服自然，又要保护自然，这就要求改善生态环境，发展循环经济，提高资源利用效率，使生产发展、生活富裕、生态良好，走人与自然和谐发展之路。三是人自身的和谐。人自身也有个和谐和不和谐的问题。要实现人自身的和谐发展，就要坚持人的全面发展，在现阶段也就是德、智、体、美的全面发展，树立正确的世界观、人生观、价值观，能正确地处理个人与自然、个人与社会的关系，真正融入自然和社会。其次是了解目标要求，把握构建应向哪个方面努力。目标要求也是基本特征：一是"民主法治"，这是社会主义和谐社会的政治基础。没有民主就没有和谐。法治的功能是保护和推进民主，就这个意义上说，没有法治也没有和谐。二是"公平正义"，这是社会主义和谐社会的价值目标。资本主义强调效率，社会主义强调公平。公平和平等既有联系又有区别。马克思主义认为，平等只有在消灭阶级的条件下才能实现。公平是比平等低一个层次的社会主义原则。没有公平就谈不上社会主义。在当前，更要注重社会公平。三是"诚信友爱"，这是社会主义和谐社会的道德规范。"诚信"包括个人诚信、社会诚信，但最重要的是政府诚信特别是领导干部诚信。"友爱"要求人们有爱心，在不同利益群体之间要共生共荣、互补互惠互利。四是"充满活力"，这是社会主义和谐社会的精神动力。和谐社会不是固步自封，更不是死水一潭，而是能够化解矛盾，调动一切积极因素，使人们积极进取，社会充满活力。五是“安定有序”，这是社会主义和谐社会的社会秩序。它要求社会组织机构健全，社会管理完善，社会秩序良好，人民安居乐业，社会安定团结。六是“人与自然和谐相处”，这是社会主义和谐社会的自然条件。上述六条是相互联系、相互促进的。

四、建设创新型国家

从现实和长远两个方面考虑，社会要以和谐为特征，那么国家以什么作为目标呢？这也是党中央经常思考的问题。2006 年 1 月，胡锦涛同志在全国科技大会的讲话中提出了建设创新型国家的奋斗目标。之后，又公布了《中共中央国务院关于实施科技规划纲要增强自主创新能力的决定》和《国家中长期科学和技术发展规划纲要》两个建设创新型国家的纲领性文件。这是党中央又一个重大战略决策。提出这个战略决策的背景是如何应对新科技革命的挑战。第二次世界大战结束以后，世界掀起两大潮流。一个是科技革命潮流，一个是改革潮流。这两个潮流从生产力和体制两个层面推动世界急剧变化，极大地改变了社会面貌和人类生活。这次在世界范围内兴起的以信息技术为先导的包括生物工程技术、新能源技术、新材料技术、航天技术、海洋工程技术等领域的全方位科技革命，即历史上第三次科技革命。信息技术以其巨大的渗透力和辐射力，使一些传统产业得到根本改造，并在科技创新的基础上形成一些新的产业群。在当代，“科学—技术—生产”的周期日益缩短，18 世纪为 100 年，19 世纪为 50 年，20 世纪只需要 3—5 年。科学技术在经济增长因素中的比重日益加大，在发达国家已由 20 世纪初的 5%～20%，到五六十年代的 50%，80 年代则上升到 60%～80%。科学技术对经济社会发展的作用越来越重要和直接。邓小平指出，在当代，“科学技术是第一生产力”，是推动经济社会发展的最强大的动力。

我国在建国以后特别是改革开放以来，顺应新科技革命潮流，实施科教兴国和人才强国战略，科学技术有了快速发展，特别是在“两弹一星”、航天技术等尖端领域有重大突破，取得了举世瞩目的巨大成就，科技队伍也进一步壮大，总人数已达到 3200 万人，居世界第一位。但是，我国科技自主创新的能力还不强，对外技术依存度高达 50%以上，关键技术自给率低，一些产业的核心技术掌握在跨国公司手中，这不仅把许多产品的高额利润被外国公司赚走，而且严重影响国家的经济安全和国防安全。面对这种形势和挑战，党中央提出了建设创新型国家，这是事关社会主义现代化建设全局的重大战略决策。这个战略决策的核心，就是把增强自主创新能力作为发展科学技术的战略基点，大力提高原始创新能力、集成创新能力和引进消化吸收再创新能力，走出中国特色自主创新道路，推动科学技术的跨越式发展；就是把增强自主创新能力作为调整产业结构、转变发展方式的中心环节，推动国民经济又好又快发展。这是科技发展的新模式，在此之前是由美国、日本、瑞典、芬兰等少数国家所开拓的模式。

建设创新型国家，最重要的是要有：①创新型企业。这是科技创新的基础和依托。长期以来，我国的科技活动主要集中在科研院所，企业被边缘化。我国不仅小企业，而且大中型企业大多数缺乏研发能力，因而我国工业基本上是依附型的。而今天在国际上展现国家竞争实力的恰恰是企业，国际上有 6 万多家跨国企业，控制了世界技术转移的 90%、投资的 80%。这个问题必须从根本上解决。要建设以企业为主体、市场为导向、产学研相结合的技术创新体系，使企业真正成为研究开发投入的主体、技术创新的主体和创新成果应用的主体，全面提升企业的自主创新能力。②创新型人才。建设创新型企业，关键是有创新型人才。人才离不开教育，有什么样的教育就会培养出什么样的人才。我们要继续全面推进素质教育，把教育工作的重点放在增强民族创造能力和培养创新型人才上面，并通过推进国家创新体系建设、科研和各种学术活动，造就一批科技尖子人才、科技大师和世界级科技领军人物。③创新型思维。创新型人才几乎都有创新型思维。在当代，随着经济全球化的深入发展和知识经济的到来，更新观念和创新型思维方式越来越重要。总之，党中央提出用 15 年时间使我国进入创新型国家行列，是一项极其繁重而艰巨的任务，它的实现将使我国在激烈的国际竞争中把握先机、赢得主动、立于文明民族之林。

五、建设社会主义新农村

在党的三代领导集体一以贯之的关注下，新中国成立以来，特别是改革开放以来，我国农业和农村发生了历史性的深刻变化，农村经济社会的发展取得了举世瞩目的伟大成就。但是，由于那时的工作侧重点放在工业和城市的发展上，国家的财力有限，对农业的投入不够，加上历史形成的城乡二元结构等诸多原因，致使农村经济社会发展滞后，城乡之间的发展越来越不平衡、不协调，这是当前我国经济社会发展阶段性的一个突出问题。尤其是我国是一个人口大国、农业大国，13 亿人口中有 8 亿多农民，解决这个问题的难度也就更大，形势是相当严峻的。这个问题如不解决，将严重影响我国社会主义现代化建设的发展。“三农”问题始终是关系我国社会主义事业发展的全局性和根本性问题。没有农业的现代化，就不可能有整个国民经济的现代化；没有农村的稳定，就不可能有整个社会的稳定；没有农民的小康，就不可能有全国人民的小康。党中央关于高度重视农业、农村、农民的战略主张，完全符合马克思主义创始人的思想。马克思、恩格斯针对资本主义发展初期所出现的城市与农村、工人与农民、脑力劳动与体力劳动之间的巨大差别和畸形发展，曾设想在未来社会生产力高度发展的基础上，消灭“三大差别”，并将其作为向共产主义高级阶段过渡的重要条件之一。西方发达资本主义国家经过几百年的发展，城乡之间已无很大差别，在这方面取得了历史性的进展。现时，世界上广大的发展中国家和社会主义国家，城乡之间仍有很大差别，今后在这方面还有很长的路要走。

缩小城乡差距，解决“三农”问题，用以往常规的办法很难奏效，因此必须有新思路和大举措。以胡锦涛为总书记的党中央在深刻分析当前国际国内形势、全面把握我国经济社会发展阶段性特征的基础上，从党和国家事业发展的全局出发，在十六届五中全会的决议中，创造性地提出了建设社会主义新农村，这是党中央又一新的重大战略举措。这个战略举措要求，必须把解决“三农”问题作为全党工作的重中之重。在世界历史上，也曾有一些国家提出过建设新农村。但是，我们与它们不同，我们所要建设的是社会主义新农村。这就是说，在新农村建设中必须坚持社会主义原则和方向。胡锦涛同志把社会主义新农村建设的目标要求概括为五条，即“生产发展、生活富裕、乡风文明、村容整洁、管理民主”。这五句话 20 个字相互联系、相互贯通，体现了协调推进农村经济、政治、文化、社会和党的建设“五位一体”的建设思路，涵盖了社会主义新农村建设的各个方面，生动地展现了未来社会主义新农村的美好图景。实施这项民心工程，最重要的是：①要把发展摆在首位。新农村建设必须以发展农村经济为中心，只有经济发展了，物质基础雄厚了，才能兴办教育、科学、文化等农村各项事业。②要重视农民利益。“三农”问题的核心是农民。工程要体现“以人为本”，也就是以农民利益为本。要坚持把农民利益作为一切工作的出发点和落脚点，关心农民疾苦，尊重农民意愿，维护农民利益，增进农民福祉。只有把农民的积极性调动起来，农业、农村问题的解决才有坚实的基础和保证。③要改革城乡的结构体系。必须改变原有的城乡二元结构，建立城乡一体化的互动机制，消除城乡的不平等因素，使城市和乡村相互促进、共同发展。④要建设好农村的基层党组织和政权组织。建设社会主义新农村，不是农民的个人行为，而是在乡镇党政组织领导下有序进行的。这就要求建设好农村基层党组织和政权组织。⑤要加大政府的财政支持力度。建设新农村需要大量资金。过去搞工业化，是农业支持工业，现在要倒过来，实行工业反哺农业、城市支持农村，坚持“多予少取放活”，尤其是在“多予”上下功夫。建设社会主义新农村，是一项惠及8亿农民群众的民心工程，其特点就是实实在在，必须通过扎扎实实的工作，一步一步地向前推进，来不得半点虚假和水分。这项工程的完成，需要几十年的时间。那时，农村的贫困落后面貌将不复存在，“三农”问题将基本解决，一个崭新的欣欣向荣的社会主义新农村将屹立在中国大地上。

六、建设社会主义核心价值体系

任何一个社会，通过长期实践，都逐步形成了它的基本价值。这些基本价值对那个社会凝聚人心和稳定社会起了重大作用。以胡锦涛为总书记的党中央，在总结历史经验的基础上，在十六届六中全会的《决定》中，创造性地提出了建设社会主义核心价值体系的重大战略思想。它对于凝聚党心民心，推进思想道德建设，构建社会主义和谐社会，必将发挥越来越大的作用。

社会主义核心价值体系包括如下四个不同层面：

第一，坚持马克思主义指导思想。这是从理论层面说的。理论带有根本性，所有问题的最终解决都离不开理论指导。马克思主义是当今世界最先进的思想理论。它是马克思、恩格斯的观点和学说体系，是无产阶级的意识形态和科学世界观，是无产阶级及其政党认识世界和改造世界的强大思想武器。马克思主义创始人指出，我们的学说不是教条而是行动的指南；它的运用，随时随地都要以当时的历史条件为转移。我们党在 80 多年的奋斗历程中，坚持按照毛泽东的教导，把马克思主义的基本原理同中国革命具体实践相结合，使马克思主义中国化，形成了毛泽东思想和中国特色社会主义理论体系。必须坚持马克思主义在意识形态领域的指导地位，用中国特色社会主义的理论体系武装干部和群众，指导改革开放和社会主义现代化建设。

第二，坚持中国特色社会主义共同理想。这是从理想层面说的。任何一个国家和民族，都需要有一个精神支柱，理想信念是最重要的精神支柱。科学社会主义创始人在他们的著作中，通过对资本主义的深刻分析，提出资本主义必然灭亡、社会主义必然胜利的科学论断，用“两个必然”思想武装了世界各国一代又一代共产党人和革命者。在新的历史时期，我们党在总结历史经验的基础上，把理想层次化了。对于共产党人来说，最高理想是实现共产主义；在现阶段，全社会的共同理想是建设中国特色社会主义。这个共同理想，昭示我们在新世纪前 20 年全面建设小康社会，到世纪中叶基本上实现社会主义现代化，把我国建设成为富强、民主、文明、和谐的社会主义国家，具有强大的感召力和凝聚力。

第三，坚持以爱国主义为核心的民族精神和以改革创新为核心的时代精神。这是从精神层面说的。中华民族是一个伟大的民族，在五千多年的历史洗礼中，形成了以爱国主义精神为核心的团结统一、爱好和平、勤劳勇敢、自强不息的民族精神。在新的历史时期，在继承和发扬革命和建设年代优良传统的基础上，又引领全社会形成了以改革创新为核心的时代精神。这两大精神是中华民族生生不息、薪火相传的精神支撑，是当代中国不断创造崭新业绩和世界奇迹的力量源泉。

第四，坚持社会主义荣辱观。这是从道德层面说的。道德观念是社会意识形态的一部分。它是调整人与人、个人与集体、个人与社会之间相互关系的行动规范。道德建设的核心是荣辱观。胡锦涛同志提出的以“八荣八耻”为主要内容的社会主义荣辱观，涵盖了社会风尚、人生态度的方方面面，体现了中华民族传统美德、党的优良传统和社会主义道德三者的完美结合。它旗帜鲜明地指出了应当坚持什么、反对什么，提倡什么、抵制什么，告诫人们不能荣辱不分，更不能以耻为荣。它深化了我们党对于社会主义道德建设规律的认识，成为社会主义核心价值体系的重要组成部分。

社会主义核心价值体系，以理论层面为主导，统领理想、精神、道德等不同层面，四者相辅相成，相互促进，缺一不可，构成一个完整的体系。要主动做好意识形态工作，积极探索社会主义核心价值体系引领社会思潮的有效途径，既尊重差异，包容多样，又有力抵制各种错误和腐朽思想的影响。

七、加强党的先进性建设和执政能力建设

促进科学发展、构建社会主义和谐社会、建设创新型国家、建设社会主义新农村、建设社会主义核心价值体系是当前和今后很长一个时期的战略任务。实现这五大历史任务的重要前提和根本保证是巩固和提高党的执政地位和执政水平。在党执政问题上过去有认识误区，即认为我们和资本主义国家不同，是共产党打天下、共产党坐天下，一经取得政权就会一劳永逸。20 世纪末，世界上一批大党老党相继失去政权，特别是苏东剧变中共产党“一夜之间”丧失执政地位，震动了全世界，说明了这种认识是肤浅的和错误的。历史经验说明：“无产阶级夺取政权不容易，执掌好政权尤其是长期执掌好政权更不容易。”“党的执政地位不是与生俱来的，也不是一劳永逸的。”近几年来，在俄罗斯周边的一些独联体国家又相继发生了格鲁吉亚、乌克兰、吉尔吉斯斯坦的“颜色革命”。所谓“颜色革命”，是由美国导演的通过“街头政治”方式实现的一种亲美的政变。这两件事，对我们是一种警示和挑战。以胡锦涛为总书记的党中央在新的形势下，不仅要应对现实的挑战，更重要的是从长远全面建设小康社会、实现社会主义现代化和中华民族的伟大复兴，把巩固党的执政地位和提高党的执政水平提到战略高度，从党执政的历史方位出发，为巩固和提高党的执政地位和执政水平，采取了许多重大举措。

——党的先进性建设。先进性是党的生命。在执政党的建设中，先进性建设是最根本的建设。前苏东各国共产党之所以丧失执政地位，固然原因很复杂，但最根本的是丧失了先进性。我们党一直高度重视先进

性，过去是通过党的思想、政治、组织、作风等建设实现党的先进性。以胡锦涛为总书记的党中央鉴于先进性如此重要和紧迫，依据十六大精神，提出并实施在全党范围内大约用一年半时间普遍进行一次保持共产党员先进性教育活动，以发挥党员的先锋模范作用。这是党的建设的一个新举措，是党的先进性建设的一个新创造。在先进性教育中，最重要的是通过学习党章和有关文件和论述，搞清楚党的先进性和党员的先进性应当表现在哪些方面。我们的党是工人阶级的党，党的先进性主要表现在以下三个方面：一是阶级的先进，工人阶级是现代社会最先进的阶级，而党又是由工人阶级中的先进分子所组成。二是理论的先进，我们党是以人类历史上最先进的思想理论——马克思主义作为指导思想和行动指南的。三是纲领的先进，我们党以实现共产主义作为最高纲领，以建设中国特色社会主义作为最低纲领，并且把二者统一起来，这是人类历史上最伟大最壮观的事业。党员的先进性和党的先进性既有联系又有区别，是党的先进性在党员身上的体现。它具有质的规定性：一是坚持用马克思主义武装自己的头脑，党员必须“认真学习马克思列宁主义、毛泽东思想、邓小平理论和‘三个代表’重要思想”。二是具有坚定的共产主义理想信念，为实现共产主义奋斗终生。三是坚持全心全意为人民服务的宗旨，个人利益服从党和人民的利益，克己奉公，多做贡献。四是与广大群众保持密切联系，一刻也不脱离群众，做党和群众之间的纽带。五是在生产、工作、学习和社会生活中发挥先锋模范作用。党员只有把握住上述标准，才能发挥先进作用。通过一年多的实践，先进性教育已积累的经验是：以党章为准绳，认真学习党章，自觉遵守党章，切实贯彻党章，坚决维护党章，以增强党的创造力、凝聚力、战斗力，保持党的先进性；以学习实践“三个代表”重要思想为主线，认真落实科学发展观，努力在用科学理论武装头脑、指导实践、推动工作上下功夫；坚持正面教育和自我教育为主，引导党员自觉学习、自觉解剖、自觉整改、自觉提高；坚持边学边改，注意解决党员在理想信念、党性党风等方面存在的突出问题，增强针对性和实效性。保持党员先进性教育活动不可能长期搞下去，重要的是建立健全长效机制。

——加强党的执政能力建设。一个党的执政能力如何，对于能否长期执政至关重要。前苏东各国共产党丧失执政地位，虽然原因是多方面的，但是很重要的一条是在长期执政条件下，执政体制僵化，执政能力衰退，出台的重大决策失误，执政成绩不能令人满意，最后被群众所抛弃。在新形势和新任务面前，以胡锦涛为总书记的党中央，为提高全党的领导水平和执政水平，在十六届四中全会上通过了《中共中央关于加强党的执政能力建设的决定》。《决定》在我们党的历史上第一次全面总结了党的执政经验，并在这个基础上从党组织的角度，提出不断提高驾驭社会主义市场经济、发展社会主义民主政治、建设社会主义先进文化、构建社会主义和谐社会、应对国际局势和处理国际事务五种能力。《决定》中的“五大执政能力”建设，不仅对各级领导干部提出了更高的要求，而且是我国建国以来领导思维和发展路径的一次大跳跃，其亮点在于首次提出了“社会主义和谐社会”，从而形成了“四位一体”的建设思路，拓展和深化了社会主义现代化建设的总体布局，即从过去的“两位一体”到“三位一体”再发展为现在的社会主义经济建设、政治建设、文化建设和社会建设“四位一体”。这个重大举措，对我们党和中国特色社会主义事业具有极其重大的现实意义和深远的历史意义。

——党风廉政建设和反腐败斗争。执政党的党风，决定政风、民风，党风好坏关系民心向背，而民心向背决定党的命运。陈云把党风建设提到这样的高度：“执政党的党风问题是有关党的生死存亡的问题。”十一届三中全会以来，我们党着力抓党风建设，党的“三大作风”有所恢复，但一些不正之风在蔓延和滋长，很不尽如人意。实践说明，党风与政策不同，政策错了，出了问题不要紧，通过总结经验认识了，很快就能改正；党风则不同，一旦党风社会风气变坏了，就不是短时期能够解决的，需要长期坚持不懈地努力才能恢复。廉政就是政治廉洁，这是社会主义国家题中应有之义。现时，实现政治廉洁，必须大力开展反腐败斗争。党风问题和腐败既有联系又有区别。所谓联系，就是各种不正之风是腐败的温床；所谓区别，就是不能把不正之风和腐败画等号，前者要靠教育来解决，不能绳之以法。我们讲的腐败是和权力相联系的腐败。权力本身不是腐败，但权力能够滋生和诱发腐败，对权力的滥用、以权谋私则是腐败。改革开放以来，一些党政干部以权谋私，腐败问题愈演愈烈，已成为“改革”挥之不去的痛处，虽然腐败分子是少数，但严重败坏了党的形象，成为关系党生死存亡的大事。世界上任何一个执政党下台，几乎没有一个与腐败无关。针对这种情况，党中央坚持开展反腐败斗争，并且取得一个又一个阶段性成果，但距离大获全胜还甚远。为什么腐败分子像韭芽一样割了一茬又长一茬，其深层原因是条件变了。一是我们现在实行的不是计划经济，纯粹公有制，而是市场经济，多种经济并存，还保护私有财产，一些不坚定分子想钻这个空子，利用手中的权力，为自己聚敛财富。二是我们党作为执政党，拥有比西方国家执政党大得多的权力，几乎能够控制全国的所有资源，一些私心重的人便想利用权力，为自己捞好处。三是苏东剧变以后，一些干部的理想信念发生动摇，不再相信社会主义和共产主义，精神倒了，把“人不为己，天诛地灭”作为信条。所以，反腐败不是短期就能解决的，必须打长期战持久战。问题的关键是建立和健全有效的监督机制。以胡锦涛为总书记的党中央在党的第二代、第三代领导集体坚持开展党风廉政建设和反腐败斗争的基础上，一手大力抓党风廉政建设，在西柏坡重温毛主席的“两个务必”，开展保持共产党员先进性教育，其目的就是恢复和发扬党的优良传统和作风；另一手加大反腐败斗争的力度，除继续狠抓违法违纪的案件特别是大案要案外，还用了很大力气纠正损害群众利益的不正之风，如征收征用土地、城镇房屋拆迁、企业重组或破产中损害群众利益，以及拖欠农民工工资等问题，使其得到遏制。

此外，党中央还在强化执政理念、改革和完善执政体制、巩固执政基础等方面做了大量工作。上述举措，对于巩固党的执政地位和提高党的执政水平，完成新时期党的各项重大任务提供了可靠的保证。党的十七大强调，要以改革创新精神全面推进党的建设新的伟大工程。国际共产主义运动的历史经验证明：共产党执政以后，最重要的课题就是为人民掌好权，执好政；执好了，就能巩固政权，把社会主义事业不断向前推进；执不好，政权就会易手，得而复失，并断送社会主义前程。

八、坚持走和平发展道路

全面建设小康社会，开拓科学发展新局面，构建社会主义和谐社会，建设创新型国家，建设社会主义新农村、建设社会主义核心价值体系，还需要有一个外部条件，即和平的国际环境。和平与发展是不可分割的，没有和平的国际环境就不可能集中力量进行大规模建设。胡锦涛同志从 2004 年以后的多次讲话中庄重地宣布，中国坚持走和平发展道路。这是中国共产党的一个重大战略选择。和平发展道路的基本科学内涵是，中国既争取和平的国际环境来发展自己，又通过自己的发展来促进世界的和平与发展。应当说，自从20世纪70年代末改革开放以来，在邓小平的领导下，中国成功地走上了一条与本国国情和时代特征相适应的和平发展道路。这条道路是一步步走出来的。此前，我们坚持和执行的是列宁的和平共处思想和中国共产党独立自主的和平外交政策，前者是理论，后者是政策。列宁在十月革命以后提出了正确处理社会主义国家和资本主义国家相互关系的和平共处思想。列宁认为两种制度存在同一地球上，共处是必然的，但应争取和平共处而不要战争共处。应当指出，就列宁当时的认识，这种共处是短期策略性的，是“阶级斗争的特殊形式”。在很长一段时间，和平共处思想没有细化，缺乏双方必须遵循的原则。在实践列宁的和平共处思想上，周恩来总理做出重大贡献。在20世纪50年代初期，周恩来总理把它具体化了，提出了著名的和平共处五项原则，即互相尊重主权和领土完整、互不侵犯、互不干涉内政、平等互利、和平共处。这就有了共同遵循的原则，并得到世界各国认同。那时，社会主义国家普遍把和平共处五项原则作为社会主义国家与资本主义国家相互关系的准则，而认为社会主义国家之间相互关系的准则应当是国际主义。可是在实践中对什么是国际主义却有不同的理解。苏联曾把出兵捷克斯洛伐克、阿富汗说成是国际主义，把霸权主义同国际主义相混淆，这实际上是对国际主义的扭曲。实践证明，只有和平共处五项原则是靠得住、行得通的。现在我们把和平共处五项原则，不仅看成是社会主义国家同一切不同社会制度国家相互关系的准则，也是社会主义国家之间相互关系的准则。就对资本主义国家来说，现在我们讲和平共处已不是短期策略性的，而是长期战略性的。建国初期，毛泽东、周恩来为我国制定了独立自主的和平外交政策。所谓独立自主，就是既不屈从某些资本主义大国，也不屈从于某个社会主义大国，一切从本国利益出发，确定自己的对外政策，不受任何国家所左右。其主要内容就是和平政策，因为社会主义制度的本性要求和平，中国的发展需要和平，中国人民热爱和平。两句加在一起，就是独立自主的和平外交政策。那时，只能讲和平共处，讲独立自主的和平外交政策，还不可能谈和平发展道路，因为当时世界的主题还是战争与革命，不具备和平发展的条件。

20世纪70年代中期以后，国际形势发生了重大变化，世界主题已由战争与革命转化为和平与发展。邓小平敏锐地察觉到世界主题的转换，不失时机地带领中国人民走上和平发展道路。为什么过去二十几年前就实践了的事情现在才讲？这是因为实践在前，理论概括在后。不过，现在讲这个问题的意义非比寻常，比过去要大得多。因为在20多年前，中国还只是一个政治大国，经济实力还不够强，在国际上的影响力也有限，没有那么引人注目。今天就不同了，经过二十几年的大发展，中国已经是一个政治、经济强国，而且发展潜力巨大，在国际上的影响也越来越大，成为人们最为关注的国家。中国的情况，正如美国华盛顿大学国际问题研究院前院长、著名中国问题专家何汉理所说："二战后崛起的大国包括苏联和日本，但是这两个国家都是'单一强国'。苏联是一个军事强国，而日本只是在经济上称雄。但中国不仅仅是在军事和经济领域突飞猛进，而且在国际舞台上的'软实力'也大大增强。""中国以一种过去许多年来我们从未见过的方式崛起为一个全方位的大国"。他认为，中国的崛起，对其他国家不是威胁，而是挑战。现在世界各国都在关注中国走什么样的发展道路，是和平发展，还是搞霸权主义？中国既不走西方列强侵略扩张，又不走苏联霸权主义的老路，坚持走和平发展道路，对各国平等相待、友好合作，积极促进世界的和平与发展，就会消除一些国家的疑虑，"中国摩擦论"、"中国威胁论"是没有根据的。中国的和平发展，对世界是大好事，把它视为"威胁"，叫嚷"遏制"，是冷战思维在作怪。

中国走和平发展道路已有20多年的实践，这条道路的基本轮廓已日渐清晰，它是由方方面面的具体工作和具体方针政策来保证的。①坚持独立自主的和平外交政策，在和平共处五项原则的基础上，建立和发展同世界各国的友好合作关系。②奉行与邻为善、以邻为伴的周边外交方针，改善周边环境，搞好同周边国家关系。③坚持我国对外政策的基本点，加强同广大发展中国家的团结与合作。④加强同世界上大国的联系，增进了解，扩大共识，加深互信，努力发展大国间长期稳定的友好合作关系。⑤坚持对外开放的基本国策，在互惠互利的基础上，扩大贸易往来，实现各国优势互补的共赢局面。⑥建立和发展党际关系，在遵守独立自主、完全平等、互相尊重、互不干涉内部事务四项原则的基础上，建立和发展中国共产党同世界各国一切政党的友好合作关系。⑦顺应和平、发展、合作的历史潮流，积极促进世界多极化，维护世界多样化，提倡国际关系民主化和发展模式多样化，坚持国家不分大小、强弱、贫富一律平等，树立互信、互利、平等、协作的新安全观，主张通过对话和合作解决争端，反对诉诸武力或以武力相威胁，反对各种形式的霸权主义和强权政治，反对一切形式的恐怖主义，推动建立公正合理的国际政治经济新秩序。上述七条，贯穿一条红线，就是"和平发展"。中国坚持走和平发展道路，既有利于自己，又有利于世界各国，是一条"互利双赢"的阳光大道。

九、实施马克思主义理论研究和建设工程

全面建设小康社会，推进社会主义现代化建设，开拓科学发展的新局面，构建社会主义和谐社会，建设创新型国家，建设社会主义新农村，都离不开马克思主义的理论指导。以胡锦涛为总书记的党中央，高度重视马克思主义理论研究和建设，从 2004 年起实施了马克思主义理论研究和建设工程，参加工程的学者，直接的 500 多人，间接的 5000 多人。工程涉及和所要解决的问题是：

——坚持马克思主义在意识形态领域的指导地位。意识形态是由经济基础所决定的上层建筑中的社会理论观点和思想体系，在阶级社会中具有鲜明的阶级性。当今世界正发生深刻变化，我们既面临着国际形势总体对我国有利的良好机遇，也面临着西方敌对势力对我国进行意识形态渗透的严峻挑战。当前，在意识形态领域里，各种文化、思潮、理论应有尽有。改革开放以后，我国文化已是多元的了，但是指导思想不能多元化，只能一元化。如果在意识形态领域搞多元化，放弃马克思主义指导地位，就要亡党亡国。苏联已有前车之鉴。我们必须坚持马克思主义在意识形态领域的指导地位，其实质就是坚持用无产阶级的意识形态和科学世界观作为我国社会主义社会的统治思想。党中央在这方面采取一个新举措，就是加强学科建设，坚持用马克思主义指导哲学社会科学的教材编写工作，并把马克思主义提升为一级学科。无数事实说明，学科建设不抓紧，让各种非马克思主义甚至反马克思主义观点渗透和充斥到各学科领域，所谓坚持马克思主义在意识形态领域的指导地位就是一句空话。

——繁荣发展哲学社会科学。自然科学和哲学社会科学是人类知识

体系的两大类，前者是认识和把握自然规律的科学，后者是认识和把握人类社会发展规律的科学。科学的这两大类，犹如车之两轮、鸟之两翼，共同推动着人类社会的进步与发展。古今中外，历史上所有有作为和远见卓识的政治家和统治者无不重视哲学社会科学，并将它作为立国治国之道的理论依据。以胡锦涛为总书记的党中央，从中国特色社会主义发展全局的战略高度，把繁荣发展哲学社会科学作为一项重大而紧迫的战略任务，于2004年1月以中共中央的名义，下发了《关于进一步繁荣发展哲学社会科学的意见》。这是继江泽民同志关于哲学社会科学三次讲话之后又一个重大举措。中央实施的理论工程，首要任务是组织编写马克思主义理论和哲学社会科学教材。第一批九本：《马克思主义哲学概论》、《政治经济学概论》、《科学社会主义概论》、《政治学概论》、《法学概论》、《社会学概论》、《新闻学概论》、《文学概论》、《史学概论》；第二批是高校的新四门政治理论课：《马克思主义基本原理概论》、《毛泽东思想、邓小平理论和“三个代表”重要思想概论》、《中国近现代史纲要》、《思想道德修养和法律基础》。这两批13本书，有的已出版，有的正在撰写和等待审批。今后还要陆续组织编写150种左右教材，基本覆盖各学科专业的基础理论课程和专业主干课程。从中可见，其基本精神就是以加强马克思主义理论建设带动和推动哲学社会科学的发展。

——着力研究马克思主义中国化的理论成果和现实重大问题。我们党领导中国人民80多年的奋斗历史，反复证明了无论是战争年代还是建设时期，理论都带有根本性，理论建设是党最根本的建设。理论对了，一切皆对；理论错了，一切皆错。我们是坚持和发展马克思主义的统一论者，既不丢老祖宗，又要讲新话。理论工程既坚持研究马克思主义基本原理，又着力研究发展着的马克思主义中国化的理论成果特别是最新成果。为配合马克思主义基本理论研究，中央编译局着手编译和出版十卷本的马恩文集，五卷本的列宁专题文集，还组织一批学者研究18个重要理论观点，以分清哪些是必须长期坚持的马克思主义基本原理，哪些是需要结合新的实际加以丰富和发展的理论判断，哪些是必须破除的对马克思主义的教条式理解，哪些是必须澄清的附加在马克思主义名下的错误观点。同时要组织力量重点研究马克思主义中国化的三大理论成果——毛泽东思想、邓小平理论和“三个代表”重要思想，还有科学发展观，以及一些重大现实问题。全国七个中国特色社会主义理论体系研究中心，主要承担这方面的任务。

——加强马克思主义理论人才队伍建设。人才是一个国家和各项事业的最重要资源。理论建设，人才为本。在理论工程中实行老中青三结合，理论工作者和实际工作者相结合，以老带新，促进中青年理论工作者尽快成长。通过举办骨干研修班、“四个一批”和其他各种形式，培养和造就一批政治强、业务精、作风正的理论人才和少数高水平的拔尖理论人才以及学贯中西、在国内外有广泛影响的理论大家。当然，这样的局面不会在短期内出现，十年磨一剑，经过努力，持之以恒，总会实现的。我国有句古语：“树谷一年，树木十年，树人百年”。在理论建设中，所谓“树人”，就是培养理论人才，这是百年大计。

参加工程的人数有限，工程仅仅是党的思想理论工作的一部分，不宜把工程的作用和意义说得过满，还有许多工作要在工程外进行。理论建设最高层次的任务是理论发展和理论指导。理论工作者通过扎实的理论研究，写出高水平的理论联系实际具有新思想新观点的著作和文章，在理论创新方面能够做出一定贡献，大有可为。我们党的几代领导人都把马克思主义作为指导思想和行动指南，坚持用马克思主义指导实践，这是中国革命、建设、改革不断取得胜利的法宝。北宋大臣赵普曾说，其生平所托都在《论语》书中，过去以半部《论语》定天下，今天以另半部治天下。这就是后人所说的“半部《论语》治天下”。我国几千年的封建社会，统治阶级都是以《论语》和儒家学说治天下的。今天，我们的《论语》是马克思主义。我们要坚持用马克思主义治党治国。马克思主义是我国社会主义意识形态中最重要的组成部分，它不仅是哲学社会科学的根本，也是治党治国的根本。从这个意义上来说，实施马克思主义理论研究和建设工程，繁荣发展哲学社会科学，是关系中国社会主义前途命运的基础工程、战略工程、生命工程。

综上所述，以胡锦涛为总书记的党中央在十六大以后，在全面建设小康社会的实践中，立足现实，面向未来，站在新的历史起点上，创造性地提出了许多相互联系的重大战略举措。这些战略举措也是理论创新。就其基本内容来讲可以分解为三个不同层次。第一个层次是科学发展观，它处于统领地位，统领经济社会发展全局，统领各项工作，之所以如此是因为发展是执政兴国的第一要务，摆在各项任务的首位，任何时候都要坚持用发展和改革解决前进中的问题。科学发展观的核心——以人为本像一条红线贯穿在各项任务之中，是各项工作的根本指导思想。第二个层次，是在科学发展观指导下，为全面建设小康社会、加快社会主义现代化建设、实现中华民族伟大复兴而提出的五大战略思想和战略部署，即开拓科学发展的新局面、构建社会主义和谐社会、建设创新型国家、建设社会主义新农村、建设社会主义核心价值体系。这五大战略举措都具有前瞻性、战略性、全局性。第三个层次，是实现上述战略任务的条件和保证。一是通过党的先进性建设、加强执政能力建设等举措，巩固党的执政地位和提高党的执政水平。二是坚持走和平发展道路，为实现上述任务提供一个良好的国际环境。三是实施马克思主义理论研究和建设工程，加强马克思主义理论建设和理论指导。把上述三个层次的内容汇总起来看，是在全面建设小康社会实践中马克思主义中国化的最新理论成果，是一个比较系统、完整的新的治国方略，是中国特色社会主义理论体系的新发展。它反映了我们党对“三大规律”的认识更加深化。我们党在80多年的奋斗历程中，坚持把马克思主义基本原理和中国的具体实践相结合，致力于马克思主义中国化，创造了两大理论，即新民主主义理论和中国特色社会主义理论体系。这个伟大理论体系将一代一代传下去，并在实践中得到进一步丰富和发展。

对社会主义初级阶段理论的再认识及其重大意义

江泽民在十五大报告中把社会主义初级阶段作为一个重大问题提出并作了有很强针对性的阐述，内涵深刻，意味深长。在历史即将进入21世纪的关键时刻，重新认识和正确理解社会主义初级阶段理论，对坚持走有中国特色社会主义发展道路，实现跨世纪宏伟大业，具有重大现实意义。

一、社会主义社会发展阶段的马克思主义新论断

马克思主义经典作家关于社会主义发展阶段的论述。关于社会主义社会的发展阶段问题，这是当代社会主义实践所提出的重大理论问题。20世纪60—80年代，几乎所有社会主义国家都在不断探讨和重新认识本国社会主义社会所处的发展阶段。马克思主义关于社会主义、共产主义社会发展阶段的学说是我们正确认识这一问题的指南。马克思在《哥达纲领批判》中，探讨了无产阶级和全人类怎样从资本主义制度及其所造成的后果束缚下获得彻底解放的途径，把未来社会划分为第一阶段和高级阶段，首次提出了完整的共产主义两个阶段的学说。列宁在十月革命以后，从俄国实际出发，着重探讨了经济文化比较落后的国家怎样向社会主义、共产主义过渡的问题，提出并科学地阐述了马克思没有预见

到的论断：在每一个发展阶段本身都有一个多极的发展过程或阶段，即大阶段包括小阶段。他曾有“发达的社会主义”和“社会主义的最初级形式”等不同提法。列宁在《共产主义运动中的“左派”幼稚病》一书中，把无产阶级夺取政权以后社会的发展分为四个阶段，即“最初阶段”、“低级阶段”、“中级阶段”、“高级阶段”。一般说来，“最初阶段”相当于过渡时期，“低级阶段”和“中级阶段”属于社会主义社会的两个发展阶段，“最高阶段”指的是共产主义社会。这表明列宁已认识到不发达国家进入社会主义社会以后要经历“低级”和“中级”两个阶段。马克思主义经典作家的这些教导，为一切走上社会主义道路的国家指明了前进的方向。但是，如何理论结合实际，清醒地、准确地判断本国社会的发展阶段，并不是一件容易的事情，没有足够的实践经验是做不到的。

在社会主义发展阶段问题的历史经验。后来，社会主义国家在实践中出现的带有普遍性的失误，一是把社会主义社会看得很短暂，因而不去划分阶段，并急于向共产主义过渡；二是当认识到社会主义是一个很长的历史阶段以后，又对本国社会主义所处发展阶段估计偏高，如认为是“发达社会主义社会”等等。这两个失误有一个共同特点，就是没有把社会主义社会看成是相对独立的发展阶段，既混淆了社会主义较低发展阶段和较高发展阶段，又混淆了社会主义和共产主义发展阶段的界限，从而做出一些超越阶段的事情。这是导致指导思想“左”的一个重要原因。

社会主义发展阶段的新论断。十一届三中全会以后，我们党认真总结历史经验，提出在我国这样经济文化比较落后的国家进入社会主义以后必须经历一个很长的初级阶段。这是马克思主义的新的科学论断。这个初级阶段，不是泛指的，而是特指的，即我们不是在商品经济充分发展和现代化的基础上搞社会主义，而是先建立了社会主义制度，然后再来发展商品经济和搞现代化建设。邓小平深刻指出：“中国社会主义是处在一个什么阶段，就是处在初级阶段，是初级阶段的社会主义。社会主义本身是共产主义的初级阶段，而我们中国又处在社会主义初级阶段，就是不发达的阶段，一切都要从这个实际出发，根据这个实际来制订规划。”① 所谓我国处在社会主义初级阶段，其含义有两层，其一是

① 《邓小平文选》第3卷，人民出版社1993年版，第252页。

从社会性质来说，我国已经是社会主义社会，而不是过渡时期，因而必须坚持社会主义方向和道路，而不能倒退回去，搞“全盘西化”和“私有化”，任何倒退和走回头路的企图，任何偏离社会主义轨道的倾向，都是和社会主义社会的性质不相容的。其二是从社会发展程度来说，我国社会主义社会的成熟程度还很低，还很不发达，仅是初级阶段，而不是较高阶段，因而我们必须从这个最基本的客观实际出发，搞改革和建设，而不能要求过高、求之过急、急于求成，做超越阶段的事情。社会主义初级阶段这个科学论断的提出，既同过渡时期划清了界限，又同社会主义的较高阶段划清了界限，这就把我们党的路线、方针、政策置于现实的科学的基础上，从而避免了右的和重蹈过去超越阶段的“左”的错误。十三大报告对于社会主义初级阶段理论作了全面论述。

二、邓小平理论的基石

社会主义初级阶段理论是邓小平理论的重要内容。十五大整个大会和报告的灵魂就是高举邓小平理论的伟大旗帜。邓小平理论是马克思主义基本原理同当代中国实际和时代特征相结合的产物，是毛泽东思想在新的历史条件下的继承和发展，是当代中国的马克思主义，是马克思主义在中国发展的新阶段。邓小平理论是一个博大精深并不断发展的科学体系。社会主义初级阶段理论，是对中国基本国情和社会主义发展阶段的最准确的估计，是制定路线、方针、政策的基本出发点，是邓小平理论的基石和立论基础。它同社会主义本质论、社会主义市场经济论一样，共同构成邓小平建设有中国特色社会主义理论体系这座大厦的基石。这个理论基石的重要，如同恩格斯所说，马克思所创立的科学社会主义的理论基石有两个，即唯物史观和剩余价值学说，由于这两大发现，社会主义从空想发展成为科学。

社会主义初级阶段理论的实践意义在于，能否把握这一理论，关系到能否把马克思主义的基本原理同中国的具体实际相结合，关系到中国社会主义事业的成败。毛泽东在民主革命时期，提出了把马克思主义普遍真理同中国革命实际相结合的思想原则。这是他对中国革命和国际共产主义运动的独创性贡献。历史经验证明，什么时候坚持了“结合”这个原则，中国革命和建设事业就发展和胜利；什么时候离开了“结合”

这个原则，中国革命和建设事业就遭到挫折和失败。邓小平在新的历史时期，坚持和发展了毛泽东思想，把马克思主义基本原理同中国实际相结合作为建设有中国特色社会主义的根本指导原则。他在十二大开幕词中指出："把马克思主义的普遍真理同我国的具体实际结合起来，走自己的道路，建设有中国特色的社会主义，这就是我们总结长期历史经验得出的基本结论。"① 江泽民在庆祝中国共产党七十周年大会上的讲话中指出："在七十年的斗争中，我们党积累了极其丰富的经验，归结到一点，就是把马克思主义的基本原理同中国革命和建设的具体实际相结合，走自己的道路。"实现结合，一端是要完整准确地理解马克思主义基本原理，另一端是要正确认识和把握中国实际即国情。中国的实际、国情是个广义的概念，内容很多，包括人口、土地、资源、经济文化发展水平、社会和国家制度、宗教信仰以及历史传统等等，关键是抓住最大的实际，即基本国情。江泽民同志指出，最大的实际就是中国不仅现在，而且今后很长时期都将处在社会主义初级阶段。它的起点是所有制社会主义改造基本完成，终点是社会主义现代化基本实现，至少需要100年左右的时间。根据十五大报告的论述，我国社会主义初级阶段总的特点是不发达，具体表现为九个方面，即：是逐步摆脱不发达状态，基本实现社会主义现代化的历史阶段；是由农业人口占很大比重、主要依靠手工劳动的农业国，逐步转变为非农业人口占多数、包含现代农业和现代服务业的工业化国家的历史阶段；是由自然经济半自然经济占很大比重，逐步转变为市场化程度较高的历史阶段；是由文盲半文盲人口占很大比重，科技教育文化落后，逐步转变为科技教育文化比较发达的历史阶段；是由贫困人口占很大比重、人民生活水平比较低，逐步转变为全体人民比较富裕的历史阶段；是由地区经济文化很不平衡，通过有先有后的发展，逐步缩小差距的历史阶段；是通过改革和探索，建立和完善比较成熟的充满活力的社会主义市场经济体制、社会主义民主政治体制和其他方面体制的历史阶段；是广大人民牢固树立建设有中国特色社会主义共同理想，自强不息，锐意进取，艰苦奋斗，勤俭建国，在建设物质文明的同时努力建设精神文明的历史阶段；是逐步缩小同世界先进水平的差距，在社会主义基础上实现中华民族伟大复兴的历史阶段。

① 《邓小平文选》第3卷，人民出版社1993年版，第3页。

这九条概括比十三大的五条概括更加明确、具体，说明我们党对社会主义初级阶段的认识又前进了一大步。总起来说，就是实现社会主义现代化，建设富强、民主、文明的社会主义现代化国家的阶段。

从这个最大的实际出发建设社会主义，是我们党总结历史经验所得出的基本结论。十一届三中全会以前，我们在社会主义建设中出现的一系列失误的根本原因，就在于提出的一些任务和政策超越了初级阶段，如在发展生产力方面，对我国经济文化的落后性认识不足，不从实际出发，提出违背客观经济规律的高指标，急于求成；在生产关系方面，调整和变革离开了生产力的实际情况，追求“一大二公”，急于求纯；在社会发展阶段方面，没有认识到社会主义是由低级向高级、由不成熟到逐步成熟的发展过程，混淆不同阶段质的界限，急于过渡。三个“急于”是超越阶段的主要表现。十一届三中全会以后的近20年，我国社会主义改革开放和现代化建设之所以不断取得成功，最根本的原因就是一切从初级阶段的实际出发。社会主义初级阶段的特征有三：一是生产力不发达，二是生产关系不成熟，三是上层建筑不完善。基于这种认识，我们在发展生产力方面，坚持以经济建设为中心，提出三步走的发展战略，国民经济呈现持续、快速、健康发展的势头；在生产关系方面，适应生产关系一定要适应生产力性质和水平的规律，把原来的纯粹公有制调整为以公有制为主体的多种经济成分共同发展，把原来的单一按劳分配调整为以按劳分配为主体的多种分配方式并存；在上层建筑方面，不再提出一些不切实际的口号和要求，而是稳步推进政治体制改革和切实加强精神文明建设。坚持上述三个方面，使我们既克服了过去那些超越阶段的错误观念和政策，又拒绝了抛弃社会主义基本制度的错误主张。实践证明，我们这样做，没有离开社会主义，而是在脚踏实地建设社会主义，从而使社会主义在中国真正兴旺和发展起来，广大人民从切身感受中更加拥护、热爱社会主义。

三、把中国特色社会主义事业全面推向21世纪的思想武器

社会主义是全面发展、全面进步的社会。为把我国社会主义事业全面推向21世纪，经济体制改革要有新的突破，政治体制改革要继续深

入，精神文明建设要切实加强。在走向新世纪的时候，无论从开创新局面，还是从把握主要矛盾和社会矛盾的全局，以及摆正各项任务和根本任务的位置，都需要有社会主义初级阶段理论的指引，它像指路明灯一样，照亮了我们前进的道路。

我国的改革开放和现代化建设正处于重要历史时期。根据2010年远景规划，到那时我国国民生产总值将比现在再翻两番，我国将从现在潜在的经济大国变成事实上的经济大国，国际地位和影响将越来越大。在实现跨世纪宏伟纲领的进程中，面对前所未有的机遇和挑战，面对改革攻坚和开创新局面的艰巨任务，包括像搞好、搞活国有经济这场攻坚战，无论从解决前进道路上的各种新矛盾，还是从澄清在各种矛盾面前出现的各种疑惑，关键还是要对我国所处社会主义初级阶段的基本国情有统一认识和准确把握，使大家认清为什么必须实行现在这样的路线和政策，而不能实行别样的路线和政策，在这个基础上，把建设有中国特色社会主义的伟大事业全面推进到21世纪。

在迈向21世纪的征途上，国际风云变幻莫测，国内也会发生一些意想不到的事件。因此，必须保持清醒的头脑，善于处理各种矛盾和问题，这就必须牢牢把握社会主义初级阶段的主要矛盾。毛泽东指出："不能把过程中所有的矛盾平均看待，必须把它们区别为主要的和次要的两类，着重于捉住主要的矛盾。"他还形象地说："捉住了这个主要矛盾，一切问题就迎刃而解了。"① 社会主义初级阶段的主要矛盾，已不是阶级斗争，而是人民日益增长的物质文化需要同落后的社会生产之间的矛盾。这个主要矛盾，贯穿在我国社会主义初级阶段的整个过程和社会生活的各个方面。只有牢牢抓住主要矛盾，才能清醒地认识和把握社会矛盾的全局，才能有效地解决主要矛盾和促进各种社会矛盾的解决。例如，由于国内的因素和国际的影响，阶级斗争还将在一定范围内长期存在，在某种条件下还有可能激化，必须认真对待，妥善处理，不能掉以轻心。但是，一般而言，阶级斗争不会再上升为主要矛盾，解决这类矛盾决不应干扰对主要矛盾的认识与把握。我国社会内部还存在着大量不属于阶级斗争范围的各种社会矛盾，如党与非党，干部与群众，国家、集体、个人之间，不同利益群众之间，不同地区之间，其中某种矛

---

① 《毛泽东著作选读》上册，人民出版社1986年版，第162页。

盾在一段时间会显得比较突出，成为人们关注的热点，对于这些矛盾，必须高度重视，摆在国家政治生活主题的位置上，积极的而不是消极的，及时的而不能拖延的，采取不同于阶级斗争的方法，采取经济的、行政的、思想教育等等手段，正确地予以解决。这类矛盾处理不好，也会影响社会的安定团结；同时，这类矛盾的解决在一定程度上也取决于主要矛盾的解决。

主要矛盾决定根本任务。社会需要同社会生产的矛盾，从根本上来说只能靠发展生产力来解决。所以，社会主义的根本任务就是集中力量大力发展生产力，并在这个基础上逐步改善人民的物质文化生活。邓小平指出："社会主义的任务很多，但根本一条就是发展生产力，在发展生产力的基础上体现出优于资本主义。"① 这是解决当代中国所有一切问题的关键。国家的富强，人民的富裕，教育科学文化事业的繁荣，公有制和人民民主专政的巩固与发展，建设社会主义法治国家，实现"一国两制"祖国统一，社会主义优越性的发挥和吸引力的增强，反对霸权主义和维护世界和平，实现中华民族的伟大复兴，无一不取决于发展。所以，"发展才是硬道理"②。从现在起到下个世纪中叶，我国社会生活的主题就是发展，加速实现社会主义现代化。

四、毫不动摇地坚持党的基本路线、基本纲领的理论根据

我们党在每个历史时期确立一条基本路线（或总路线），即全局性的根本指导方针，这同毛泽东哲学思想有密切关系。主要矛盾的哲学概念，最早是在30年代苏联哲学教科书中提出的。但是，突出地强调主要矛盾的意义，运用主要矛盾的方法来研究中国革命和建设的发展阶段，并确立每个发展阶段的基本路线，是毛泽东的首创和功绩。毛泽东在其一生的不同时期曾经提出过四条总路线或基本路线，即：无产阶级领导的，人民大众的，反对帝国主义、封建主义、官僚资本主义的新民主主义的总路线；在一个相当长的时期内，逐步实现国家的工业化并逐

① 《邓小平文选》第3卷，人民出版社1993年版，第137页。

② 《邓小平文选》第3卷，人民出版社1993年版，第377页。

步实现国家对农业、手工业和资本主义工商业的社会主义改造的过渡时期总路线；鼓足干劲、力争上游、多快好省地建设社会主义的总路线；坚持“以阶级斗争为纲”的党在整个社会主义历史阶段的基本路线。实践证明，第一条完全正确，第二条基本正确，第三条违背客观经济规律，第四条完全错误。

邓小平坚持毛泽东的哲学思想，在十一届三中全会以来新的探索中，适应初级阶段的实际，提出和形成了党在社会主义初级阶段的基本路线。十三大报告对这条基本路线作了如下表述：“领导和团结全国各族人民，以经济建设为中心，坚持四项基本原则，坚持改革开放，为把我国建设成为富强、民主、文明的社会主义现代化国家而奋斗。”这就是我们通常所说的“一个中心、两个基本点”的基本路线。邓小平最关心这条路线长期坚持不变，他指出：“基本路线要管一百年，动摇不得。”[①] 江泽民重新强调社会主义初级阶段，最重要的是要全党保持清醒头脑，排除各种干扰，毫不动摇地坚持党在社会主义初级阶段的基本路线。党的基本路线是我国社会主义初级阶段社会建设规律的集中反映，是邓小平理论的核心内容。实践证明，过去 18 年我们所取得的举世瞩目的成就靠的是它，今后向 21 世纪迈进要想取得新的更大成就也还是要靠它，别的都是靠不住的。这是关系中国社会主义事业兴衰成败的问题。能不能在任何情况下始终坚持党的基本路线不动摇，现在仍然是一个需要反复强调的问题。

坚持党的基本路线不动摇，首先是坚持以经济建设为中心不动摇。确定以经济建设为中心，是我们党实现的最根本的拨乱反正。能否坚持以经济建设为中心，这是关系我国社会主义现代化的千秋大业、我国社会主义前途命运的大问题。我们只能有这一个中心，而不能搞两个中心，更不能搞多中心，其他各项工作都要服从和服务于这个中心。如果中心发生动摇，两个基本点就失去依托，整个基本路线就会被动摇。

坚持党的基本路线不动摇，必须把四项基本原则同改革开放统一起来。四项基本原则是立国之本，改革开放是强国之路，二者统一在建设有中国特色社会主义的实践中。“两个基本点”是“一个中心”的支点、支柱，是为了更好更快地解放和发展生产力。

---

① 《邓小平文选》第 3 卷，人民出版社 1993 年版，第 370—371 页。

坚持党的基本路线不动摇，必须巩固和发展团结稳定的政治局面。稳定压倒一切，没有稳定就没有一切；中国的最大利益是稳定。在社会主义现代化建设的长过程中，必须处理好改革、发展、稳定的关系，要使改革的力度、发展的速度、稳定的程度相适应，使三者相互配合、相互促进。

坚持党的基本路线不动摇，关键在党。我们党肩负着建设有中国特色社会主义的历史重任。各级领导干部必须提高执政能力和领导水平，提高贯彻党的基本路线的自觉性和坚定性。中国问题的关键是把共产党内部搞好。

江泽民同志在十五大报告中，通过总结历史经验，在社会主义初级阶段基本路线的基础上，又提出基本纲领。这样就将“为把我国建设成为富强、民主、文明的社会主义现代化国家而奋斗”的目标具体化了。基本纲领从经济、政治、文化三个方面展开，即经济纲领、政治纲领、文化纲领，包括社会主义初级阶段有中国特色社会主义的经济、政治和文化，以及怎样建设这样的经济、政治和文化。

——建设有中国特色社会主义的经济，就是在社会主义条件下发展市场经济，不断解放和发展生产力。这就要坚持和完善社会主义公有制为主体、多种所有制经济共同发展的基本经济制度；坚持和完善社会主义市场经济体制，使市场在国家宏观调控下对资源配置起基础性作用；坚持和完善按劳分配为主体的多种分配方式，允许一部分人先富起来，带动和帮助后富，逐步走向共同富裕；坚持和完善对外开放，积极参与国际经济合作和竞争。保证国民经济持续快速健康发展，人民共享经济繁荣成果。

——建设有中国特色社会主义的政治，就是在中国共产党领导下，在人民当家作主的基础上，依法治国，发展社会主义民主政治。这就要坚持和完善工人阶级领导的，以工农联盟为基础的人民民主专政；坚持和完善人民代表大会制度和共产党领导的多党合作、政治协商制度以及民族区域自治制度；发展民主，健全法制，建设社会主义法治国家。实现社会安定、政治廉洁高效、全国各族人民团结和睦、生动活泼的政治局面。

——建设有中国特色社会主义的文化，就是以马克思主义为指导，以培育有理想、有道德、有文化、有纪律的公民为目标，发展面向现代化、面向世界、面向未来的，民族的科学的大众的社会主义文化。这就要坚持用邓小平理论武装全党，教育人民；努力提高全民族的思想道德素质和教育科学文化水平；坚持为人民服务、为社会主义服务的方向和百花齐放、百家争鸣的方针，重在建设，繁荣学术和文艺。建设立足中国现实，继承历史文化优秀传统，吸取外国文化有益成果的社会主义精神文明。

江泽民指出，建设有中国特色社会主义的经济、政治、文化的基本目标和基本政策，有机统一，不可分割，构成党在社会主义初级阶段的基本纲领。这个纲领，是邓小平理论的重要内容，是党的基本路线在经济、政治、文化等方面的展开，是这些年来最主要经验的总结。这样，我们党有了基本理论、基本路线，又有了基本纲领，就更加充实、更加完整了。

五、明辨我国现阶段社会性质的科学依据

学习理论要联系实际，坚持理论联系实际原则。实际包括工作实际和思想认识实际。在思想认识实际中，有一个如何正确认识我国现阶段的社会性质问题。这是一个关系我国形象的重大问题，必须认真对待，正确回答。

从我国处在社会主义初级阶段出发，以社会主义初级阶段理论为指导，与这个阶段生产力状况相适应，在这个历史阶段既有社会主义因素，又有非社会主义因素，而以社会主义因素为主导地位，也可以说，初级阶段是存在着资本主义因素的社会主义。这里的关键是社会主义因素的主导地位，由它决定社会的性质。有些人之所以对我国现阶段的社会性质产生怀疑，关键是没有认清社会主义初级阶段社会主义因素和非社会主义因素的地位和作用。

一方面，他们忽视和低估了社会主义因素的作用。这些因素是指：①以公有制为主体。十一届三中全会以后，从我国处在社会主义初级阶段出发，我们调整了所有制结构，既不搞传统社会主义的纯粹公有制，也不搞资本主义的私有化，而是坚持以公有制为主体的多种经济成分并存和共同发展。以公有制为主体，就是公有制资产在社会总资产中占优势；国有经济在关系国民经济命脉的重要部门和关键领域占支配地位；

国有经济对整个经济发展起主导作用，尽管由于复杂因素，这些年来国有资产的比重下降，但是国有企业加集体经济仍居主体地位。根据马克思主义的基本观点，决定社会性质的是占统治地位的经济成分。②人民政权。通过长期斗争建立的人民民主专政，被毛泽东称为人民“护身的法宝”，被邓小平称为保卫和建设社会主义新制度的工具。人民民主专政是具有中国特色的无产阶级专政。但是，它更适合中国国情，具有更多优点，既能直接表明政权具有民主和专政两个方面，使人民易于理解政权的民主性质，避免对无产阶级专政的歪曲和滥用，又能鲜明地体现人民在国家中当家作主的地位，有利于激发广大人民的主人翁责任感和促进政治民主化。人民民主专政的基本政治制度和人民代表大会的基本政治体制是决定我国社会主义性质的重要因素。③共产党的领导。我们在政治和政党制度上，既不搞传统社会主义的一党制，也不模仿西方的“政治多元化”、“多党制”，而是坚持共产党领导的多党合作和政治协商制度。中国的社会主义事业必须由共产党领导，这是建设有中国特色社会主义的一个很重要的特点。共产党的领导地位，是决定我国社会性质的重要因素。④以马克思主义为指导的社会主义意识形态。马克思、恩格斯指出，任何一个时代的统治思想始终都不过是统治阶级的思想；马克思主义是马克思、恩格斯的理论和学说体系，是工人阶级的科学世界观。社会主义意识形态的内容很多。马克思主义是社会主义意识形态的一部分，是具有指导地位和作用的一部分。我们在意识形态领域中始终坚持以马列主义、毛泽东思想、邓小平理论为指导。上述四条，是决定我国社会性质的决定性因素。

另一方面，他们又对初级阶段的非社会主义因素估计过高，看得过重，并且对这种因素的具体内容不加分辨，缺乏具体问题具体分析。非社会主义因素带有资本主义烙印是指：①资本主义文明成果。马克思主义创始人指出，资本主义在它发生和发展的几百年中所创造的物质文明成果，超过了以往一切世代的总和。在资本主义时期，人类历史发展的速度明显加快了。在经济文化比较落后的国家，没有经历过资本主义的发展阶段，要想建设比资本主义更高、更先进的社会制度，就必须大胆吸收和借鉴资本主义所创造的物质文明和精神文明成果，拿来为我所用，发展自己。在资本主义文明成果中，有一些带有明显的西方社会的阶级特征，有一些则在很大程度上具有人类文明发展的共同特征，要有所区别。邓小平指出：现在的世界是开放的世界，中国的发展离不开世界。“社会主义要赢得与资本主义相比较的优势，就必须大胆吸收和借鉴人类社会创造的一切文明成果，吸收和借鉴当今世界各国包括资本主义发达国家的一切反映现代社会化生产规律的先进经营方式、管理方法。”① 这样做，不是引进资本主义，而是吸收人类文明成果，是为了更好坚持和发展社会主义。这是我们必须长期坚持做的。②资本主义私有制经济。我们实行的以公有制为主体的多种经济共同发展，多种经济中就包括私人企业和外资企业这些资本主义私有制经济。但是，它不是主体。多种经济并存和容许资本主义经济一定程度的发展，并没有也不会改变我国社会的社会主义性质，因为问题的关键在于我们始终坚持以公有制为主体和共同富裕这两条社会主义的根本原则。实践证明，经济文化比较落后的社会主义国家，建立和发展以公有制为主体的多种经济成分，是发展生产力，摆脱贫穷落后和不发达状态的必由之路。这是我们在初级阶段必须坚持的。③资本主义腐朽丑恶的东西。如黄、赌、毒之类，随着上述两种情况的出现而滋生蔓延开来，正在毒害我们的社会。对西方社会中的糟粕，我们的态度很明确，坚决剔除，绝不能学。对这类情况和现象，我们任何时候都坚决反对。

总括上述，正确认识我国初级阶段的社会主义，必须确立辩证唯物主义的思维方法，既坚持两点论，看到社会主义因素和资本主义因素两个方面并存，又坚持重点论，认识到社会主义因素的主导地位和决定性作用。因此，必须坚定我国初级阶段的社会主义，是具有中国特色的社会主义。

最后，我们再用马克思主义理论观点说明这个问题。中国特色社会主义的基本内涵包括两个方面：科学社会主义的基本原理同中国的基本国情。二者有机结合就是中国特色社会主义。也可以说，中国特色社会主义就是科学社会主义基本原理在中国社会主义初级阶段的创造性运用和发展。因此，中国特色社会主义既具有社会主义的共性，又具有中国国情的个性，是共性和个性、普遍性和特殊性的统一。总结历史经验，搞社会主义要防止两种偏向。一种偏向是离开个性讲共性，即只坚持科学社会主义基本原理，忽视本国国情，这样做的结果是，社会主义建设

---

① 《邓小平文选》第3卷，人民出版社1993年版，第373页。

不仅难以成功，甚至要遭到严重挫折。因为社会主义从来不存在适用于不同历史条件和不同民族特点的统一方案和模式。科学社会主义基本原理的实际运用，“随时随地都要以当时的历史条件为转移”①。另一种偏向是离开共性讲个性，即只强调民族特点与本国国情，不遵循甚至背离科学社会主义基本原理，这样发展下去，就会迷失方向，走到邪路上去。建设有中国特色社会主义的理论与实践，把科学社会主义的基本原理同中国基本国情辩证、有机地结合起来，为社会主义创造出新的实现形式注入新的内容和活力，成为当代坚持和发展科学社会主义的新的范例。

① 《马克思恩格斯选集》第1卷，人民出版社1995年版，第248页。

当代中国社会思潮透视

一、社会思潮是重要的社会意识现象

现在人们经常提起社会思潮。所谓社会思潮，一般是指在一定时期内、反映某一阶级或阶层利益和要求的、得到广泛传播并对社会生活产生某种影响的思想趋势或思想潮流。它从一个层面反映社会生活的变化，对社会发展和人们的精神信念产生不同性质、不同程度的影响。其中，既有顺应历史前进方向的正确思潮，又有与历史前进方向相悖的错误思潮。它与时俱变，是社会生活的晴雨表。透视社会思潮的波澜起伏、潮起潮落，我们可以洞察社会历史的情况及其走向。

透视社会思潮，必须坚持以马克思主义为指导，最重要的是把握历史唯物主义关于经济基础和上层建筑相互关系的原理。一是社会思潮有其社会历史性。人类历史是不断向前发展的，社会思潮也是与时俱变的，它总是反映一定时代、一定历史发展阶段的特点。二是社会思潮作为一种社会意识现象，根源于它的经济基础。社会思潮是社会的经济生活、经济发展和人们的经济利益所引起的社会生活中突出矛盾的反映。没有完全脱离经济基础、经济生活、经济利益的社会思潮。三是社会思潮是一定阶级或阶层利益和愿望的反映。在分裂为阶级的社会里，社会生产关系是对抗的，社会思潮也是对抗的。社会思潮总是和一定的阶级或阶层的利益和要求联系在一起的。超阶级的，代表全社会所有成员利益和要求的社会思潮是不存在的。要通过阶级分析，认清每一种社会思潮的阶级实质。四是社会思潮作为一种社会意识，既具有理论形态，又具有心理形态，是社会意识的综合表现形式。理论形态是以一定的学说为主体，甚至包括这个学说的代表人物，用理性征服人心，以理论支撑思潮；心理形态是以一定的信念为主体，用情感激动人心，用非理性的自发性影响人们。总起来说，社会思潮是以一定的理论作主导，又与人们的社会心理相结合，表达一定阶级或阶层的情感和愿望，从而对社会生活的变化能够产生直接的影响。五是社会思潮在一定阶级、阶层或人群中得到较为广泛的传播。思潮与学派不同。学派是指一种学术思想，或拥护某种学说思想的基本成员组成的学术团体，具有明显的学术色彩，但不一定在广大群众中传播。社会思潮则不同，它在一部分人中有较为广泛的传播与影响。不能混淆二者之间的界限。有人把不同学派的学术思想作为社会思潮介绍是不对的。

社会思潮是社会意识的一个重要现象，它在任何社会和任何时代都存在，特别是在社会大变动、大变革年代，各种社会思潮尤为突出和活跃，可以说思潮万千、思潮起伏、思潮澎湃。例如，1919 年五四运动时期，中国社会正处在大变革之中，新旧思潮的斗争异常激烈。当时，主要社会思潮有三种。一种是维护封建旧秩序的“孔学”思潮。另一种是提倡“德先生”和“赛先生”即民主和科学的资产阶级自由主义思潮。张东荪、梁启超、胡适是这种思潮的代表人物。第三种是以变革社会为己任的社会主义思潮。在社会主义思潮中，有无政府主义的社会主义思潮，有第二国际改良主义的社会主义思潮，还有彻底革命的马克思主义的社会主义思潮。以李大钊、陈独秀为代表的我国早期马克思主义者，是这个时期社会主义思潮的正确代表。再如，在当前我国从传统农业社会向工业社会后工业社会、从计划经济体制向社会主义市场经济体制转型时期，各种社会思潮激荡和碰撞，是社会思潮最为活跃的时期。当前我国社会思潮的主要特点：

第一，正确思潮和错误思潮的同时并存。在我国改革开放和社会主义现代化建设的新时期，既有正确的、进步的、积极的、向上的社会思潮，如爱国主义思潮、社会主义改革思潮、科学社会主义思潮、生态主义思潮、科技革命思潮，也有错误的、落后的、消极的、保守的、反动的社会思潮，如资产阶级自由化思潮、极左思潮等等。它们彼此对立、互动、激荡、消长，活跃于社会思想上层建筑之中，对社会和人们产生不同的影响。

第二，潮来潮去的相互变动。社会思潮具有一种变动性。它是在一定社会历史条件下形成和传播的，随着社会条件的改变，一种社会思潮将为另一种社会思潮所取代，显现出潮来潮退、潮起潮落的现象。例如，我国在“文化大革命”期间，受当时政治环境和政治气候的影响，出现了盛极一时的极左思潮和否定一切、打倒一切的无政府主义思潮。粉碎“四人帮”以后，随着纠正“左”的错误指导思想和社会条件的改变，又出现了右的资产阶级自由化思潮。正如邓小平所指出：“中国在粉碎‘四人帮’以后出现一种思潮，叫资产阶级自由化，崇拜西方资本主义国家的‘民主’、‘自由’，否定社会主义。”①

第三，国外思潮向国内思潮的不断转化。社会思潮有国外舶来的，也有国内土生土长的。国外思潮和国内思潮在一定条件下可以相互转化。在当代中国，有许多社会思潮是从国外主要是从西方通过移花接木转化而来的。列宁曾经指出，资本主义有几百年的历史，资产阶级思想体系源远流长，它比社会主义思想体系要强大得多。特别是在苏东剧变，社会主义招致重大挫折之后，西方社会思潮就更加强劲有力地影响整个世界。在我国实行改革开放、同资本主义国家有了更多接触的条件下，西方社会思潮就在中国广泛传播和蔓延开来。如资产阶级自由化思潮、经济私有化思潮、利己主义思潮、拜金主义思潮、享乐主义思潮，比比皆是。这些思潮在一部分人中很有影响，如果不能有效地扼制其发展，广泛传播蔓延开来，将会动摇社会主义的根基。

第四，沉渣泛起的反复出现。有资本主义就必然有殖民主义。殖民主义是资本主义的派生物。在1840年鸦片战争以后中国沦为半殖民地半封建社会期间，曾经出现并流行过殖民文化思潮。当中国革命取得胜利和资本主义的殖民主义体系崩溃之后，这股思潮已经销声匿迹，被送进历史垃圾堆。但是，在西方发达国家借国际经济旧秩序、推行新殖民主义和我国实行对外开放后，殖民文化思潮又借尸还魂，改头换面，死灰复燃，沉渣泛起，显现出社会思潮的反复性。

第五，思想侵蚀的潜移默化。消极的、落后的、错误的社会思潮，

---

① 《邓小平文选》第3卷，人民出版社1993年版，第123页。

对人们具有一种潜移默化的腐蚀作用。例如，从20世纪50年代以后，西方敌对势力对苏、中等社会主义国家推行美国国务卿、反共政治家杜勒斯发明的“和平演变”战略，妄图从内部攻破堡垒；80年代以后，西方敌对势力又利用社会主义国家的困难和危机，加大了和平演变的力度；冷战结束后，它们又把社会主义中国作为和平演变的重点。

二、当代中国的社会思潮

自由主义、社会主义、民族主义是当今世界三大主流意识形态和社会思潮。在这个层次下，在众多学科如哲学、经济、政治、文艺、伦理等领域又有许多具体的社会思潮。在当代中国，社会思潮不仅异常活跃，而且呈现出空前的多样性。从巩固和发展社会主义事业的角度，如下一些社会思潮特别需要注意和研究。

第一，愚昧迷信、伪科学思潮。我国经济文化发展水平比较低，一部分群众缺乏科学知识，愚昧落后。在社会转型，各种矛盾增多而政治环境又比较宽松的情况下，愚昧迷信、伪科学思潮沉渣泛起，一度泛滥成灾。受这种思潮的影响，有的请神降仙，巫医治病；有的扬幡招魂，滥造坟墓；有的乱建庙宇，修造露天大佛成风；有的打着“周易研究”的幌子，兜售算命术；有的打着“气功”和“人体科学”的旗号，鼓吹人有所谓的“特异功能”的神秘主义；更有甚者，还出现了“法轮功”这样的邪教组织和李洪志“法轮大法”反科学、反人类、反社会、反政府的歪理邪说。这种思潮的泛滥，在一个时期里，严重地冲击了社会主义精神文明建设，污染了社会环境，伤害了群众的身心健康，甚至破坏和影响了社会稳定。

第二，经济私有化思潮。在我国改革开放以后，尽管私有化思潮有其滋生和发展的土壤，但主要是从国外传播来的。首先，是从西方国家传来的。在第二次世界大战期间和战后的五六十年代，西方一些国家包括英国、法国、意大利、挪威等国家大力推行国有化政策，一个时期很有成效。后来，国有企业日益亏损，西方国家于七八十年代掀起的私有化浪潮，主要是针对国有企业的。这种思潮迅速蔓延为世界性的政治思潮。其次，是从苏东一些国家传来的。受西方私有化思潮的影响，苏东一些国家在80年代的改革中，放弃社会主义方向，通过各种形式，大肆推行私有化。受上述两个方面的影响，我国在改革中也有人鼓吹私有化。有人公开叫嚷“人间正道私有化”，宣扬5000年中华民族的文明史是私有化的历史，认为没有私有制的浇灌、培育就没有中国的今天。这种思潮同我国的改革方向是背道而驰的。我国的改革之所以成功，是因为一贯坚持社会主义方向，坚持以公有制为主体、多种经济共同发展的基本经济制度，决不搞私有化。如果公有制的主体地位动摇了，就动摇了中国社会主义的根基，动摇了整个社会主义事业。

第三，新自由主义思潮。自由主义起源于西方，是以鼓吹自由主义、个人主义为核心的资产阶级思潮，其代表人物是霍布斯、斯宾诺莎、洛克、孟德斯鸠等资产阶级启蒙学者，从文艺复兴开始，经过17世纪的英国资产阶级革命、18世纪的法国大革命，到19世纪发展到顶峰。至20世纪上半叶，由于西方社会出现日趋严重的经济危机，以及列强为争夺世界霸权爆发的两次世界大战，自由主义衰落了一个阶段。第二次世界大战以后，随着社会主义从一国实践发展为多国实践，两极格局形成，自由主义回潮。新自由主义，意识形态色彩浓厚，大肆宣扬资产阶级的自由、民主、人权，宣扬资产阶级的意识形态、经济政治模式、价值观念和生活方式，实际上成为西方敌对势力对社会主义国家实行“和平演变”战略，颠覆社会主义国家的思想武器。在我国，自由主义思潮的输入已有近百年的历史。北京大学第一任校长严复，翻译了西方启蒙学者的一些著作，介绍了西方的自由主义思想。胡适尾随其后，鼓吹“全盘西化”，主张中国走资本主义道路。但是，这条道路不符合中国国情，在中国行不通，因而这种思潮虽然在学术界具有一定影响，但作为社会思潮在群众中没有得到广泛传播。新中国建立以后，坚持走社会主义道路，自由主义思潮在很长一个时期处于沉寂状态。十一届三中全会以后，随着我国实行全方位对外开放，自由主义思潮在我国复苏。新自由主义鼓吹西方的民主、自由和人权，主张照搬西方的经济和政治模式，实行“自由市场经济”、议会制、多党制、总统制和所谓的“直接选举”。自由主义对封建专制主义是历史上一大进步，但对社会主义则是一种倒退。自由主义的某些主张和措施，有值得借鉴之处，但不能照抄照搬。

第四，保守主义思潮。保守主义作为资产阶级自由主义的对立面产生于18世纪末。英国政治思想家柏克于1790年发表了他的著作《法国大革命反思录》，标志保守主义的诞生。他在这部书里，猛烈地抨击了法国大革命，要保封建等级制度。保守主义在19世纪的欧洲很不合乎时宜，因而没有多大发展。到20世纪，在社会主义取得历史性飞跃的条件下，保守主义经过修饰，改变了它所要保的制度，从保封建主义到保资本主义，在第二次世界大战以后，成为同自由主义相辅相成的资本主义的两大主流意识形态。作为一种思潮，保守主义来到中国是很晚的事情。中国共产党领导中国人民经过长期武装斗争夺取了全国政权，六七十年代发生“文化大革命”，80年代出现学潮和“八九”政治风波，在经历了这一系列“左”的和右的激进主义之后，人们对激进主义产生反感。在这种条件下，保守主义于90年代悄悄来到中国。中国的保守主义很复杂，可以分为文化保守主义、新保守主义、保守的自由主义。文化保守主义，是指90年代以来受日本、“四小龙”的影响，我国学术界所出现的面向中国、面向古典的一种纯学术的文化潮流，即学术上的新儒家、文化上的国学热，“中国价值”、“亚洲价值”的重新发现。90年代的新保守主义是80年代新权威主义的更名和继续，反对激进主义，认为不能简单地搬用西方的自由市场制度和民主政体，肯定传统与权威，强调加强国家和中央政府的权威。上述两种保守主义思潮，都有正负两方面的作用和影响。第三种是保守的自由主义。它以“告别革命”为标志，反对“左”的和右的一切激进主义。它所指的思想上的激进主义就是马克思主义，政治上的激进主义就是革命。它不仅反对中国共产党领导的新民主主义革命，而且还反对孙中山领导的旧民主主义革命，甚至反对世界上一切革命，认为革命就是破坏生产力，革命就是不人道的。这种否定一切革命的错误思潮，是反对历史唯物主义的历史唯心主义观点，如果蔓延开来，后患无穷。

第五，历史虚无主义思潮。历史是从低级向高级阶段的发展过程，它的发展有其自身规律，不以任何人的意志为转移。“历史虚无主义”作为一个新潮，是20世纪80年代以后诞生的。最早在苏联改革进程中出现了否定苏联社会主义历史的虚无主义思潮，说以往的社会主义是“官僚专制”的社会主义、“扭曲变形”的社会主义，给苏联历史抹黑。而后这种风行一时的政治思潮又传播和蔓延到中国。所谓“历史虚无主义”，其实并不否定以往所有历史，而是从反对社会主义的政治需要出发，否定某一阶段或某几个阶段的历史。90年代中国历史虚无主义思潮的内涵是：否定近现代以来的一切革命，包括太平天国革命、旧民主主义革命、新民主主义革命；反对社会主义制度，主张中国走资本主义道路，实行“全盘西化”；攻击和诬蔑中国共产党，说党的历史是“不断犯错误”的历史，党把中国引上“灾难的深渊”；给领袖人物抹黑，从洪秀全—孙中山—毛泽东—周恩来—邓小平。显而易见，这种社会思潮的政治倾向是十分鲜明的，是一种违反历史事实和历史唯物主义的反社会主义思潮。必须加倍警惕这种社会思潮。如果这种思潮蔓延传播开来，将会严重损害中国共产党、社会主义制度和领袖人物的形象，动摇人们的理想信念，对社会主义事业产生极其有害的作用和影响。

第六，民主社会主义思潮。民主社会主义和科学社会主义是当今世界两大社会主义思潮和派别。应该说，民主社会主义和科学社会主义的“老祖宗”是一个，即科学社会主义的创始人马克思与恩格斯。但是，后来它们分道扬镳了。科学社会主义的发展线索是：马克思、恩格斯—列宁—斯大林—毛泽东—邓小平，以及各国共产党对科学社会主义的坚持和发展。民主社会主义的发展脉络是：马克思、恩格斯—拉萨尔—伯恩斯坦—考茨基—当代民主社会主义的思想家，它经历了从社会民主主义—民主社会主义—社会民主主义的发展历程。中国共产党的优点之一是历史上没有民主社会主义的传统，这是因为我们党是在十月革命之后，在第三国际的指导和帮助下，按照列宁的建党思想和建党路线建立起来的，一开始就划清了同第二国际机会主义的界限。但是，这并不等于当代中国没有民主社会主义思潮。在 1895 年恩格斯逝世以后，民主社会主义经历了从那时起一直到第二次世界大战大约半个世纪的衰落过程，在第二次世界大战之后出现了一个新的发展时期。民主社会主义重新崛起的社会历史条件是：二战中同法西斯主义进行了英勇的斗争并维护了本民族的利益，在群众中赢得了声誉；社民党倡导和实行的福利主义政策深得民心；社民党的改良主义思想和妥协主义路线与战后兴起的改革潮流合拍。80 年代以后，民主社会主义思潮迅速向东欧和苏联蔓延。苏联和东欧一些国家的共产党，原来就有民主社会主义的传统，在新的形势下民主社会主义开始回潮。苏联戈尔巴乔夫提出和推行人道的民主的社会主义，匈牙利党以波日高伊为代表的激进派把匈牙利社会主义工人党改建为匈牙利社会党，导致共产党丧失执政地位，社会制度演变为资本主义。总结苏联和匈牙利剧变和演变的教训，我们一定要警惕民主社会主义思潮的滋生和泛滥。实践证明，在资本主义条件下，民主社会主义比起自由主义和保守主义是一个进步，但是微小的进步；在社会主义条件下，民主社会主义只能成为社会主义向资本主义演变的一座桥梁，这是历史的倒退。有人认为，在世界性的改革潮流下，科学社会主义同民主社会主义的界限在缩小并且逐渐模糊。这不符合实际。必须认清，二者是有质的区别。一是在指导思想上，科学社会主义坚持马克思主义的一元化指导，而民主社会主义主张多元化的指导思想。二是在如何对待革命和改良的问题上，科学社会主义既坚持革命也不否定改良，而民主社会主义只主张改良而否定革命。三是在如何对待资本主义问题上，科学社会主义坚持用社会主义取代资本主义，而民主社会主义把社会主义看成是在资本主义条件下无止境的价值目标追求，即不主张超越资本主义，仍然是伯恩斯坦的“运动就是一切，目的是微不足道的”。在新的形势下，江泽民同志提出要划清七个界限，其中就包括科学社会主义同民主社会主义的界限。

第七，殖民文化思潮。在近代中国，殖民文化是指伴随着资本主义列强的军事入侵和文化侵略而产生的崇洋媚外、丧失国格人格的一种文化现象。新中国成立以后，随着中国革命的胜利和帝国主义在华势力的被驱逐，这种殖民文化已经消失，退出历史舞台。但是，在我国实行对外开放以后，殖民文化又沉渣泛起。新殖民文化思潮，是在西方敌对势力推行新殖民主义和和平演变战略，推行文化侵略、文化渗透、文化霸权主义的产物，它是丧失民族尊严和优秀民族文化传统的畸形文化形态，是一种“瘫塌了民族脊梁的疲软文化”、畸形文化、混血儿文化。这种思潮表现为：盲目崇洋、崇美，洋名称、洋招牌满天飞，如“凯撒”、“诺亚蒂”、“劳伦斯”、“阿特曼”、“东方华尔街”、“东方夜巴黎”、“东方威尼斯”比比皆是；文坛轮流出现尼采热、萨特热、韦伯热、弗洛伊德热，各领风骚三五天；尤其使人不能容忍的是，有人竟颠倒黑白、歪曲历史，竭力为近代殖民者唱赞歌，说西方推行殖民主义，“从根本上改变了东方历史的发展进程，成为东方民族走上现代文明的唯一现实良机。”“近代西方殖民国家不管干出了多大的罪行，它还是起了一种革命的作用。”在殖民主义者面前，呈现出一副奴颜婢膝的丑态。针对这种情况，江泽民同志指出：“现在有的人只看到我国与西方发达国家的物质生产和生活水平的差距，就以为一切都是外国的好，对外国盲目崇拜，对祖国妄自菲薄。有的人甚至为了个人的私利，不惜丧失国格、人格，不惜损害国家和民族的利益。历史上遗留下来的殖民文化的影响，也在一些地方沉渣泛起。这必须引起我们的高度注意。”①

第八，民族分裂主义思潮。民族分裂主义是一种极端民族主义。它竭力鼓吹民族分离，分裂国家。民族分裂主义与民族主义既相联系，又有原则区别。民族主义，强调本民族的特殊性，维护本民族的利益，但不主张民族分离，分裂国家。而民族分裂主义势力总是利用民族关系中的种种矛盾和问题，极力煽动民族分离，分裂国家。民族主义往往为民族分裂主义提供思想上的支持。民族分裂主义和民族分立主义基本含义相似，但使用范围不同。民族分裂主义一般是指国内某个民族要求分离出去，建立独立的民族国家。民族分立主义有时又称民族分离主义，往往是指国外一些多民族国家在一定历史条件下提出的解决民族问题的基本主张，认为每个民族均应有自己的国家，实现民族自决。我国是一个具有 56 个民族的多民族国家。在我国，民族分裂主义思潮滋生和蔓延有它的历史原因和国际背景。历史原因是：帝国主义在长期的侵华行径中，一直觊觎中国的边疆领土，培养亲西方势力，妄图把这些地方从中国领土中分割出去。国际背景是：冷战后出现了 20 世纪第三次民族主义浪潮。这次民族主义浪潮发端于苏联、东欧 80 年代的改革，根植于这些国家在处理民族问题上的失误，借助西方敌对势力的煽动和支持，席卷苏东地区并向西欧和世界蔓延。在民族分裂主义思潮的冲击下，苏联一分为十五，南联盟一分为五，捷克斯洛伐克一分为二。受这种国际因素的影响，我国国内早已存在的民族分裂主义势力受到鼓舞，竭力鼓吹“西藏独立”、“东突厥斯坦独立”的政治纲领，妄图把西藏、新疆、甚至内蒙古从祖国大家庭中分割出去。民族分裂主义已成为西方敌对势力对我国实行“西化”、“分化”的政治图谋，破坏我国边疆地区政治稳定和危害中华民族大团结的主要危害。1992 年 1 月 14 日，江泽民在中央民族工作会议的讲话中指出：“警惕和反对国际上某些政治势力支持逃亡国外的分裂主义分子，利用‘泛伊斯兰主义’、‘泛突厥主义’或打着其他旗号，在我国某些地区煽动分裂的图谋。”② 我们一定要认真贯

① 《江泽民文选》第 1 卷，人民出版社 2006 年版，第 582 页。
② 《江泽民文选》第 1 卷，人民出版社 2006 年版，第 190 页。

彻江泽民讲话的精神，从理论上、政治上揭露民族分裂主义思潮的实质，彻底粉碎民族分裂主义势力。

第九，拜金主义思潮。这种思潮在我国的滋生和蔓延是近20年的事情。十一届三中全会以后，随着实行对外开放政策，西方的价值观念渗透到我国社会，同时我国经济体制改革的目标模式是大力发展社会主义市场经济，这就为拜金主义提供了滋生的土壤。马克思指出："劳动产品一旦作为商品来生产，就带上拜物教性质，因此拜物教是同商品生产分不开的。"① 在商品经济条件下，物欲横流，人们把某种物当作神来崇拜，带有一种宗教迷信性质，这就是商品拜物教。货币产生以后，商品拜物教又发展为货币拜物教，认为金钱万能，拜金主义盛行。货币转化为资本后，又进一步发展为资本拜物教，一些人追求拥有更多的资本。在这种情况下，我们一定要加强精神文明建设，运用马克思主义这个思想武器，透视拜金主义，引导人们抵御拜金主义思潮，使这种思潮缩小到最低限度。

第十，利己主义思潮。利己主义是极端的个人主义，是一种对社会有害无益的社会思潮。自从人类社会出现私有制，也就产生了个人主义倾向。但是，个人主义作为一种社会思潮，兴起于14—15世纪欧洲文艺复兴时期，它作为资本主义时代的旗帜，以反对封建神权统治为目标登上历史舞台，具有一种社会进步性。而在资本主义的发展过程中，个人主义作为一种道德原则在实践上表现出自私自利、唯利是图的利己主义的倾向和特点。我国在改革开放和发展社会主义市场经济过程中，由于各种因素的影响，利己主义也出现滋长的势头。有些人以"人不为己，天诛地灭"为信条，个人主义恶性发展，损人利己，损公肥私，为达到一己私利不择手段。利己主义如得不到抵制，泛滥成灾，就会瓦解人们的共同理想，干扰社会经济秩序，毒化社会风气，对社会的危害将是巨大的。我们要坚持集体主义，反对利己主义，尊重和维护个人的正当利益，正确处理国家、集体和个人三者之间的关系。

上述列举的只是我国当前社会思潮的部分内容，并没有涵盖所有方面。针对这些错误思潮的侵蚀和泛滥，江泽民强调："要用马克思主义和社会主义思想去指导理论、宣传、教育、新闻、出版、文学艺术等部

① 《马克思恩格斯全集》第23卷，人民出版社1972年版，第89页。

门的工作，去占领思想文化阵地和舆论阵地，丰富群众的精神生活。要积极引导广大群众自觉地抵制各种错误思潮和腐朽思想的影响，培养科学的健康的文明的生活方式，使他们成为奋发进取的社会主义劳动者和建设者。”①

三、研究社会思潮是新时期加强精神文明建设的一项重要内容

马克思主义经典作家一向关心和重视社会思潮。马克思、恩格斯把他们创立的学说称之为“新思想”、“新理论”。马克思于 1843 年在《“德法年鉴”的书信》中指出：“新思潮的优点恰恰在于我们不想教条式地预料未来，而只是希望在批判旧世界中发现新世界。”②

列宁刚刚走上革命征途，在 1903 年俄国社会民主工党第二次代表大会建党过程中，结合俄国当时的实际，曾经号召俄国青年学生认真关注和研究，一方面是马克思主义，另一方面是俄国的民粹主义和西欧的机会主义，这些当前正在斗争“先进派别之中的主要思潮。”③ 列宁赞同恩格斯在《反杜林论》一书中对马克思主义科学体系的概括，认为马克思主义哲学、政治经济学和科学社会主义是马克思主义的三个基本组成部分。他指出：“马克思主义是马克思的观点和学说的体系。马克思是 19 世纪人类三个最先进国家中的三种主要思潮——德国古典哲学、英国古典政治经济学以及同法国所有革命学说相联系的法国社会主义——的继承者和天才的实践者。”④ 列宁在 1913 年所写的《马克思学说的历史命运》一书中，把马克思主义的发展分为三个时期：①从 1848 年革命到 1871 年巴黎公社。②从 1871 年巴黎公社失败到 1905 年俄国革命。③从 1905 年俄国革命至今。他认为：“在第一个时期的开头，马克思学说决不是占统治地位的。它不过是无数社会主义派别或思潮中的一个而已。”到第二个时期，通过发展和不断斗争，“马克思学说

---

① 《江泽民重要讲话选编》中共中央党校函授学院 2000 年编，第 24 页。

② 《马克思恩格斯全集》第 1 卷，人民出版社 1956 年版，第 416 页。

③ 《列宁全集》第 7 卷，人民出版社 1986 年版，第 235 页。

④ 《列宁选集》第 2 卷，人民出版社 1995 年版，第 418 页。

获得了完全的胜利，并且广泛传播开来。”① 列宁认为，通过布尔什维克党和俄国马克思主义者坚持不懈地宣传，“马克思主义在俄国成为群众性的社会思潮。”② 上述论述说明，列宁把马克思主义看作是一个进步思潮，并且特别重视这个思潮在俄国的广泛传播。

毛泽东的青年时期，在他创办的《湘江评论》上发表的文章中，提出要特别关心和重视新思潮。他认为，马克思主义、社会主义是新思潮，陈独秀是“新思潮的明星”。毛泽东对青年寄予厚望，他在 1958 年多次提出要研究青年马克思、青年恩格斯、青年列宁、青年黑格尔、青年达尔文、青年牛顿、青年孔夫子，以及诸葛亮、李世民、康有为、梁启超、邹容等青年人。他认为，老年人保守，青年人对新事物敏感，“自古以来，创立新思想、新学派、新教派的，都是学问不足的青年人，他们一眼看去就抓起新东西，同老古董作战斗，博学家老古董总是压迫他们而他们总是能战而胜之。”③ 毛泽东的上述论述，说明他重视新思潮，特别是马克思主义这个新思潮，希望青年们在研究马克思主义新思潮方面，在创立新学科新学派方面，做出新贡献。

邓小平在十一届三中全会以后的多次讲话中，强调要关注和研究社会思潮。1983 年，他在十二届二中全会上的讲话中批评了思想战线的软弱无力，指出：“现在有些同志对于西方各种哲学的、经济学的、社会政治的和文学艺术的思潮，不分析、不鉴别、不批判，而是一窝蜂地盲目推崇。”④ 1985 年，邓小平在同台湾学者陈鼓应教授等的谈话中指出：“中国在粉碎‘四人帮’以后出现一种思潮，叫资产阶级自由化，崇拜西方资本主义国家的‘民主’、‘自由’，否定社会主义。这不行。中国要搞现代化，绝不能搞自由化，绝不能走西方资本主义道路。”又说“自由化思潮一发展，我们的事业就会被冲乱。”⑤ 1986 年，邓小平在党的十二届六中全会讨论《中共中央关于社会主义精神文明建设指导方针的决议》时，批评了不赞成把反对资产阶级自由化写入决议的错误

① 《列宁选集》第 2 卷，人民出版社 1995 年版，第 305、307 页。

② 《列宁全集》第 25 卷，人民出版社 1990 年版，第 126 页。

③ 《建国以来毛泽东文稿》第 7 册，中央文献出版社 1992 年版，第 116 页。

④ 《邓小平文选》第 3 卷，人民出版社 1993 年版，第 44 页。

⑤ 《邓小平文选》第 3 卷，人民出版社 1993 年版，第 123、124 页。

观点，指出："现在群众中，在年轻人中，有一种思潮，这种思潮就是自由化。""这股思潮的代表人物是要把我们引导到资本主义方向上去。"① 在1986年底出现了中国学潮后的第二年，邓小平在会见西班牙工人社会党副总书记格拉时指出："中国搞现代化，只能靠社会主义，不能靠资本主义。历史上有人想在中国搞资本主义，总是行不通。我们搞社会主义虽然犯过错误，但总的说来，改变了中国的面貌。我们既有'左'的干扰，也有右的干扰，但最大的危险还是'左'。……对青年人来说，右的东西值得警惕，特别是他们不知道什么是资本主义，什么是社会主义，因此要对他们进行教育。"② 从上述谈话中可以看出，在新的形势下，邓小平在社会思潮问题上的观点，主要已不是宣传和发展马克思主义新思潮，而是在坚持以马克思主义为指导的前提下，警惕和抵制西方各种错误思潮，尤其是资产阶级自由化思潮。

以江泽民为核心的党的第三代领导集体，高举邓小平理论的伟大旗帜，十分重视了解、鉴别社会思潮，并把研究社会思潮和加强社会主义精神文明建设紧密结合起来。1989年，中国发生政治风波。在这一年里，江泽民先后在党的十三届四中全会和党建理论研究班的讲话中指出：最近几年，"各种错误思潮特别是西方资产阶级腐朽思想纷至沓来，暴露出来的问题相当严重。""一个时期以来，资产阶级自由化思潮的泛滥，资产阶级'民主、自由、人权'口号的蛊惑，利己主义、拜金主义、民族虚无主义和历史虚无主义的滋长，严重腐蚀党的肌体，把党内一些人的思想搞得相当混乱。……有些党员在大是大非面前分不清是非，迷失方向，跟着错误思潮跑。"③ 1999年9月，在《中共中央关于加强和改进思想政治工作的若干意见》中，他特别强调批判、抵制错误思潮和加强精神文明建设。《意见》指出，目前，"有少数党员甚至领导干部理想淡漠、信念动摇、意志衰退、精神空虚，有的被错误思潮所俘虏。"因此，"要大力弘扬社会正气，对各种错误思潮和社会丑恶现象及时给予有力的揭露和批判，决不能给它们提供舆论阵地。""要坚持以马克思主义指导教学工作，绝不能为错误思潮提供讲台和阵地。"否则，

① 《邓小平文选》第3卷，人民出版社1993年版，第181页。
② 《邓小平文选》第3卷，人民出版社1993年版，第229页。
③ 《江泽民文选》第1卷，人民出版社2006年版，第94页。

"对各种社会思潮掉以轻心，任其泛滥，我们就会犯历史性的错误"。

研究社会思潮，是加强社会主义精神文明建设的一项重要内容。

第一，研究社会思潮，有助于了解社情民意。执政党应当及时了解我国社会各阶级、阶层的广大群众在想什么、关心什么、希望什么，而这些社情民意往往是同社会心理、社会思潮交织在一起的。通过透视社会思潮，能够更好地了解和把握群众的心态和社情民意，这就为执政党制定和调整政策提供了重要参考资料，也使我们的思想政治工作能够更加有的放矢。

第二，研究社会思潮，有助于调节社会矛盾。社会思潮是社会的晴雨表，也是和缓解决社会矛盾的调节器。通过研究社会思潮，可以了解和把握社会各阶级、阶层的心态、动向，发现社会矛盾的热点和焦点。社会思潮具有一种社会预警器的功能，它可以帮助党和国家了解群众的社会心理和呼声，及时调整自己的政策，化解一些比较尖锐的社会矛盾。

第三，研究社会思潮，有助于提高人们的政治鉴别力和政治敏感性。任何社会思潮都和政治与政治斗争相联系的，具有鲜明的政治性，完全脱离政治的社会思潮几乎是没有的。研究社会思潮，可以透过思潮现象，把握思潮的实质，从而有力地提高干部特别是各级领导干部的政治鉴别力和政治敏感性。

第四，研究社会思潮，有助于抵制落后的和腐朽的思想的侵蚀。在思想文化战线上没有真空地带。实践表明，对于思想文化阵地，如果马克思主义不去占领，反马克思主义的东西就必然会去占领；先进的思想文化、社会思潮不去占领，落后的腐朽的思想文化、社会思潮就必然会去占领。只要我们坚持抵制和揭露落后的腐朽的社会思潮，就一定能抵制其在群众中的侵蚀作用。

第五，研究社会思潮，有助于建设有中国特色社会主义的文化。社会越向前发展，文化（即精神文明）对社会发展作用越大。现在，在一个国家的综合国力中，文化力决不亚于经济力，甚至高于经济力。建设有中国特色社会主义的文化，必须坚持以马克思主义为指导，弘扬中华民族传统文化的精华，吸收世界文化中的优秀成果，继承和发展我们党在长期革命斗争中所创造的革命文化和光荣传统，抵制落后的腐朽的文化。而这几个方面都同解剖社会思潮正负两方面、"剔除其糟粕，吸取其精华"有关系。

大力推进社会主义核心价值体系建设

党的十六届六中全会是以建设社会主义和谐社会作为标志性和里程碑意义的会议而载入史册的。全会《决定》中提出的建设社会主义核心价值体系，既是重要的战略举措，又是重大的理论创新，是马克思主义中国化的最新成果。它对于凝聚党心民心，推进思想道德建设，建设社会主义和谐文化，构建社会主义和谐社会，必将发挥越来越大的作用。

一、社会主义思想道德建设的总任务和新思路

要了解建设社会主义核心价值体系的理论和实践意义，必须从我国文化建设特别是意识形态领域的现状说起。十一届三中全会以后，我们党通过认真总结社会主义的历史经验，十分重视文化建设，提出建设社会主义精神文明这个崭新课题。二十几年来，一方面文化建设中的实体部分，即教育科学文化建设，取得长足的进步与发展：教育方面，在全国范围内大力推进九年义务制教育，中等教育尤其是职业教育发展迅速，高等教育近几年突飞猛进，在校大学生已达到2300万，跃居世界首位；科学方面，自然科学和哲学社会科学都有很大发展，科技进步很快，特别是在“两弹一星”、航天技术等尖端领域有重大突破，取得了举世瞩目的重大成就，科技队伍已达到3200万人，居世界第一位；文

化方面，文学艺术、新闻出版、体育卫生等事业都在大踏步地前进，现在中国每年出版的书籍达十余万种，呈现一派繁荣景象。随着教科文的发展和文化力的跃升，人的素质、民族的素质在提高。另一方面，文化建设中的意识形态部分，即思想道德建设则不同，正面及负面的都有。正面的态势包括：①观念不断更新。随着社会主义市场经济的建立与发展，破除了与其相违背的陈旧观念，建立了与其相适应的改革、开放、求新、务实、民主、法制、平等、自主、公正、时效、人才等新观念，人们的观念变化很大，思维方式也在改变，变得更加适应改革开放和社会主义现代化建设。②理论创新加快。十一届三中全会以后，我们党在总结社会主义历史经验特别是新鲜经验的基础上，提出了许多新思想、新观点、新论断，并不断将其系统化、理论化，用创新理论有力地指导和推动了中国特色社会主义实践的发展。③民族精神得到发扬。中华民族是一个伟大的民族，有爱国主义的光荣传统，以勤劳勇敢、团结统一、爱好和平、自强不息著称于世。在新的历史时期，我们党领导广大群众，进一步弘扬了民族精神，各条战线都涌现了一些先进人物。④重视人的价值。十一届三中全会以后，通过拨乱反正，重新恢复了人是最高价值目标，坚持以人为本，切实保障人权，推进人的全面发展。负面的问题有：①拜金主义盛行。有商品经济，必然有商品和货币拜物教。由于市场经济的二重性，市场调节的自发性和盲目性，市场竞争中的利益驱动，助长了利己主义、享乐主义、拜金主义在一部分人中的蔓延。正如一位西方学者所说：市场经济会“提高生产效率”，但也会“带来可怕的心理问题”，“很多人都在变，越来越爱钱，成为金钱的狂热追求者”。少数人为了聚敛财富，以权谋私，权钱交易，从而走上犯罪道路。②不良风气滋长蔓延。十一届三中全会以来，我们党重新恢复了正确的思想路线和政治路线，在改革开放和社会主义现代化建设方面取得了举世瞩目的历史性成就。但是，在新的历史条件下，一些不良风气，如庸俗人情之风、封建迷信之风、大吃大喝之风、奢靡之风、拜金之风、赌博之风等在日益滋长和蔓延，侵蚀了党的肌体。实践说明，党风与政策不同，政策错了，出了问题不要紧，通过总结经验，很快就能纠正；党风则不同，一旦党风变坏了，出了问题，就不是短时期内能够恢复的。③理想信念淡化。在市场经济的“商潮”、资本主义的“西潮”和社会主义“低潮”的强烈冲击下，讲理想的人少了，讲“实惠”的人多起来，整个社会理想信念淡化，少数人的理想信念发生动摇。④道德水准下降。当前我国正处在体制转型时期，旧的道德规范已被破坏，新的道德规范尚未建立，一些人的道德缺失和沦丧。这是社会风气不尽如人意、早已绝迹的社会丑恶现象重新泛起、假冒伪劣产品屡禁不止、大案要案有增无减的一个直接原因。

为什么思想道德领域在取得一定成绩的同时出现了这么多负面问题？主要原因：一是条件变了。过去搞的是计划经济，纯粹公有制。与此相适应，意识形态领域相对封闭，马克思主义的指导地位比较牢固，尽管也存在着这种那种非无产阶级意识形态，但并不活跃，处于沉寂状态，对人们的影响较小。那时，意识形态工作比较简单好做，容易见成效。现在我们实行市场经济，多种经济成分并存，加上改革开放，在上层建筑的意识形态领域中就出现了一元主导和多元并存的错综复杂局面，各种各样的社会思潮不仅应有尽有，而且异常活跃，并对主流意识形态构成挑战。这就不能不对一些人的思想产生较大影响。现在，领导意识形态工作比过去的难度大多了，可以说这是执政党最艰难的工作。在这种形势下，执政党要适应形势的变化，提高驾驭意识形态工作的能力。如果适应能力强，举措得当，可以在一元主导与多元并存的形势下，把思想搞得很活跃，以利于执政党从其他社会思潮中吸取有价值的内容，并提高鉴别力，增强抵抗力，注入免疫力；如果对形势的变化不适应，举措不当，或主流意识形态虽居主导地位，但思想教条僵化，或主流意识形态失去主导地位，思想十分混乱，这两种局面都是不好的。二是从主观方面来说，我们对新时期的意识形态工作有个适应过程，有些应对措施与时俱进和创新不够。过去我们主要是用世界观、人生观这“两观”去教育干部和群众。“观”就是对某一问题总的、根本的看法。所谓世界观，即宇宙观，就是人们对世界总的根本的看法。毛泽东特别重视树立正确的世界观，认为“世界观的转变是一个根本的转变”。他要求知识分子和各级干部“逐步地抛弃资产阶级的世界观而树立无产阶级、共产主义的世界观”[①]。毛泽东所讲的世界观，不只是从自然观中物质和意识的相互关系角度讲的小世界观，而是包括历史观在内的，“是英雄创造历史，还是奴隶们创造历史”的大世界观。所谓人生观，是关于对人

① 《毛泽东著作选读》下册，人民出版社 1986 年版，第 779 页。

生的根本看法和态度，包括人生理想、人生目的、人生态度、人生道路等，一句话人活着是为了个人的荣华富贵，还是为社会和他人做贡献。那时，用“两观”对干部和群众进行教育很管用。在我国改革开放以后，随着经济的多元化、文化的多样化，不同阶级、阶层、群体因利益矛盾引起价值尺度、目标的碰撞，以及人的个性的充分释放，价值观念越来越多元化，价值观作用也越来越大。在这种情况下，我们党又提出了价值观。所谓价值观，是指对一定信念、信仰、理想、倾向等总的态度和观点，起着行为取向、评价标准、评价原则和尺度的作用。从“两观”到“三观”前进了一步，起了一定作用，但总体上成效并不十分明显。

我们党遵循“实践—认识—再实践—再认识”的认识规律，在深刻总结思想道德建设经验的基础上，创造性地提出了建设社会主义核心价值体系这一重大崭新课题。建设社会主义核心价值体系既是当前和今后很长一个时期思想道德建设的总纲领总任务，又是思想道德建设的新思路。建设社会主义核心价值体系的特点：一是就性质来说，是社会主义的，但是有共产主义因素。二是就构成来说，只是核心部分的精华，不包括非核心部分。三是就内容来说，它已不是单一性的，而是综合性的，形成了一个基本方面相互联系、相互贯通的科学体系。这意味着我国的思想道德建设已从单一性进入和上升为整体性、综合性。实践证明，单一性建设的效果是有限的，思想道德的各方面是相互联系、相互促进的，整体性建设的成效将会全面跃升。回顾历史，我国封建社会的基本价值，如法典化了的纲常名教——“三纲”、“五常”等，西方资本主义社会的基本价值，如早期的自由、平等、博爱，当代的民主、自由、人权等，都是整体性、综合性的。这些基本价值在它们那个时代对凝聚人心和稳定社会起了非常大的作用。建设社会主义核心价值体系，是当前全党和全国人民一项重大战略任务。这项建设，对统一全党全国人民的思想，提高全社会在思想道德上的进步，建设社会主义和谐文化，构建社会主义和谐社会，必将起着巨大的推动作用。

二、四位一体的社会主义核心价值体系

《中共中央关于构建社会主义和谐社会若干重大问题的决定》指出，建设社会主义核心价值体系包括如下四个方面的基本内容：

第一，坚持马克思主义指导思想。这是从理论层面说的。理论带有根本性，理论对了，一切皆对；理论错了，一切皆错。所有问题的解决，都离不开理论指导。它是社会主义核心价值体系的核心和灵魂。马克思主义是当今世界最先进的思想理论。它是马克思、恩格斯的观点和学说体系，是无产阶级的意识形态和科学世界观，是无产阶级及其政党认识世界和改造世界的强大思想武器。马克思主义创始人不止一次地指出，我们的学说不是教条而是行动的指南；它的运用，随时随地都要以当时的历史条件为转移。毛泽东在民主革命时期的一个独创性贡献，是提出了把马克思主义普遍原理同中国革命的具体实践相结合的原则。我们党在80多年的奋斗历程中，坚持把马克思主义的基本原理同中国的具体实践相结合，使马克思主义中国化，形成了毛泽东思想、邓小平理论、“三个代表”重要思想，还有科学发展观。这是我们党最宝贵的财富。在我国社会意识形态中，马克思主义只是其中一部分，但它不是普通的一部分，而是具有指导地位和作用的一部分。坚持马克思主义指导思想，就实质来说就是坚持以工人阶级的意识形态作为我国社会的统治思想。坚持马克思主义指导思想包括如下三个不同层次的内容，即：坚持以马克思主义指导中国特色社会主义的实践，推动改革开放和社会主义现代化建设；坚持马克思主义在意识形态领域的指导地位，用一元统领多元，使马克思主义成为主流社会思潮；坚持用马克思主义尤其是中国化的马克思主义武装广大干部和群众。从建设社会主义核心价值体系的角度，更重要的是后两个层次的内容。

第二，坚持中国特色社会主义共同理想。这是从理想层面说的。理想是人们的社会政治立场和世界观在奋斗目标上的集中表现，它表示着人们对未来的向往和追求。列宁说：对于觉悟的工人来说，社会主义是一个庄严的信念。任何一个国家和民族，都需要有一个精神支柱。理想信念是最重要的精神支柱。科学社会主义创始人在《共产党宣言》这本名著中，通过对资本主义的深刻分析，提出资本主义必然灭亡、社会主义必然胜利的科学论断，用“两个必然”思想武装了世界各国一代又一代共产党人和革命者。过去我们有一个传统优势，就是精神力量强大。邓小平指出：“光靠物质条件，我们的革命和建设都不可能胜利。过去我们党无论怎样弱小，无论遇到什么困难，一直有强大的战斗力，因为我们有马克思主义和共产主义的信念。……无论过去、现在和未来，这都是我们的真正优势。”① 在新的历史时期，我们党在总结经验的基础上，把理想层次化了。对于共产党人来说，最高理想是实现共产主义；在现阶段，全社会的共同理想是建设中国特色社会主义。这个共同理想，昭示了我们在20世纪前20年全面建设小康社会，到世纪中叶基本上实现社会主义现代化，把我国建设成为富强、民主、文明、和谐的社会主义国家，具有强大的感召力和凝聚力。

第三，坚持以爱国主义为核心的民族精神和以改革创新为核心的时代精神。这是从精神层面说的。毛泽东说：人总是要有一点精神的。对于一个民族来说也是这样。民族精神和时代精神是一个民族赖以生存和发展，自立于世界民族之林的精神支撑。在俄国革命中，列宁、斯大林特别强调要把俄国人的革命胆略和美国人的求实精神结合起来。中华民族是一个伟大的民族，在5000多年的历史洗礼中，涌现了像岳飞、文天祥、林则徐等一批伟大的爱国主义者，其数量之多如满天星斗，哺育了像孔子、老子、屈原、司马迁、李白、杜甫、关汉卿、曹雪芹那样足以使我们民族引以为自豪的思想家、文学家，形成了以爱国主义为核心的团结统一、爱好和平、勤劳勇敢、自强不息的民族精神。在新的历史时期，人类文明和社会进步的速度明显加快。我们党紧跟时代前进的步伐，在继承和发扬革命和建设年代优良传统的基础上，又引领全社会形成了以改革创新为核心的时代精神。这两大精神是中华民族生生不息、薪火相传的精神支撑，是当代中国不断创造崭新业绩和世界奇迹的力量源泉，成为社会主义核心价值体系不可或缺和不可分割的重要组成部分。

第四，坚持社会主义荣辱观。这是从道德层面说的。道德观念是社会主义意识形态的一部分。它是调整人与人、个人与集体、个人与社会之间相互关系的行动规范。任何社会的安定与和谐，都需要用法律制度和道德规范来维系。法制是通过强制手段，道德是通过良心、信仰、舆论等非强制手段实现。道德建设是任何一个社会最重要的思想建设。苏联学者费迪说：“道德规范之于人，犹如远行者的面包、沙漠上的水，没有它们便没有生命。倘若失去良好的道德气氛，人类社会就可能变成一群野兽。”日本人西田几多郎说：“我们经常怀着无限的赞美和敬畏心

---

① 《邓小平文选》第3卷，人民出版社1993年版，第144页。

来看待的东西有二：一个是高悬在上的星斗灿烂的星空；另一个是内心里的道德世界。”道德建设的核心是荣辱观。邓小平指出：“中国人民有自己的民族自尊心和自豪感，以热爱祖国、贡献全部力量建设社会主义祖国为最大光荣，以损害社会主义祖国利益、尊严和荣誉为最大耻辱。”① 胡锦涛提出的以“八荣八耻”为主要内容的社会主义荣辱观，涵盖了社会风尚、人生态度的方方面面，体现了中华民族传统美德、党的优良传统和社会主义道德三者的完美结合。它旗帜鲜明地指出了应当坚持什么、反对什么，提倡什么、抵制什么，告诫人们不能荣辱不分，更不能以耻为荣。它深化了我们党对社会主义道德建设规律的认识，成为社会主义核心价值体系的重要内容之一。

综上所述，社会主义核心价值体系，以理论层面为主导，统领理想、精神、道德等不同层面，四者相辅相成、相互促进，缺一不可，构成一个完整的体系。

三、推进社会主义核心价值体系建设

建设社会主义核心价值体系，是在意识形态领域，在存在多种社会思潮的情况下进行的。搞好这项建设，必须加强对我国意识形态问题的研究。当前，我国意识形态领域的主要特点：一是改革开放以后，随着经济领域确立以公有制为主体和多种经济成分并存的基本经济制度，在上层建筑的意识形态领域出现了一元主导和多元并存的错综复杂局面，反映不同阶级、阶层的利益和愿望的社会思潮应有尽有、层出不穷，其中既有正确的、进步的、积极的、向上的社会思潮，也有错误的、消极的、落后的、甚至是腐朽的社会思潮。所谓社会思潮，是一种根源于经济基础的社会意识现象，是一定阶级、阶层、群体的利益和愿望的反映，既具有理论形态，又具有心理形态，是社会意识的综合表现。社会思潮与学术思想不同，学术思想只影响于学术界，而社会思潮则传播于一部分群众之中。二是我国正处在从计划经济向社会主义市场经济、从农业社会向工业社会与信息社会过渡的社会转型时期，也是社会大变动时期，现在是思潮万千、思潮起伏、思潮澎湃，是社会思潮活跃期，它

① 《邓小平文选》第3卷，人民出版社1993年版，第3页。

们彼此对立、互动、激荡、消长，活跃于社会上层建筑的意识形态领域里，对社会和人们产生不同的影响。社会主义核心价值体系的建设正是在这种条件下进行的。

建设社会主义核心价值体系，必须遵循和适应意识形态领域的工作特点和规律。一是建设社会主义核心价值体系的根本前提是坚持马克思主义在意识形态领域的指导地位。马克思主义是我国意识形态中具有指导地位和意义的部分。确立马克思主义在意识形态领域的指导地位和确立共产党在政治生活的领导地位既有相似又有不同。思想理论的指导地位除靠制度保证外，还需要理论本身的科学性和真理性以及由此而产生的说服力和影响力。二是建设社会主义核心价值体系的基本原则是在意识形态领域既要坚持一元主导统领又要坚持多元兼容共存。没有兼容并存，意识形态清一色，就会封闭僵化，一潭死水，丧失思想活力和文化创造力；失去一元主导统领，意识形态必然陷入一片混乱，进而导致社会动荡。一元主导下的多元并存有积极意义。在这种格局下，便于人们了解、熟悉各种社会思潮，并借鉴和吸纳其中的优秀成果和有价值的内容。中国化的马克思主义，社会主义核心价值体系，正是在多元化的文化生态中产生和发展的。纵向的继承和横向的借鉴是思想理论和核心价值发展的普遍规律。三是建设社会主义核心价值体系的重要条件是加强宣传教育工作和积极引领社会思潮。建设社会主义核心价值体系，要在全社会大造舆论，加大宣传力度，并将其纳入国民教育之中，为公民的大多数所认同和接受。所谓积极引领社会思潮，就是支持正确和进步的，改造消极和落后的，抵制腐朽和有害的，努力营造以社会主义核心价值体系为内核的和谐思想文化氛围。“引领”就包含不论对哪种社会思潮，都不采取行政手段，不搞无限上纲的“大批判”。行政干涉和“大批判”只能产生逆反心理，结果事与愿违。我们党要利用执政的优势，通过掌握舆论宣传教育等工具，提高引领社会思潮的本领和能力，这是执政能力的一个极其重要的方面。具体来说，主要是四种能力：①鉴别力。要通过马克思主义的科学分析方法，透过思潮现象，把握思潮的实质，以提高各级领导干部的政治敏感性和政治鉴别力。②吸纳力。马克思主义和社会主义核心价值是开放的体系，它没有离开世界文明大道，不断从各种社会思潮中吸取其优秀成果，经过批判、消化和吸收，充实、丰富和发展自己。③创造力。主文化和主流意识形态要在吸纳优秀成果和新的实践基础上，不断有所创新，增强创造力，避免疲软状态，以扩大在广大群众中的影响。④抵制力。对各种社会思潮，要区分马克思主义和非马克思主义、反马克思主义界限；对非马克思主义社会思潮，可以和睦相处；对反马克思主义思潮，尤其是有碍社会主义核心价值体系建设的，则要坚决抵制，以削弱其影响。

从坚持马克思主义在意识形态领域的指导地位和建设社会主义核心价值体系的角度，最重要的是引领好如下几种社会思潮：

第一，“西化论”。我国实行对外开放打开国门以后，形态不一、纷至沓来的西方各种学术流派进入我国的学术界。它以喧宾夺主之势一时成为文化热的主潮。它是我国社会转型期和现代化进程中一个重要文化学术思潮和社会思潮。我们从西方各种学术流派中，学习和借鉴了许多先进的科学、技术和经营管理方法，这是我国实现社会主义现代化的一个必要条件。我们强调大胆地借鉴和吸收人类文明的一切成果，最主要的就是学习和借鉴资本主义所创造的人类文明成果。问题是，有些人认为现代化就是西方化，他们在现代化的幌子下竭力鼓吹“西化论”，一切照抄照搬西方的，尤其是新自由主义的。新自由主义鼓吹西方的民主、自由和人权，照搬西方的经济和政治模式，主张私有化，实行“自由市场经济”、议会制、多党制、总统制和所谓的“直接选举”。自由主义是当今世界三大思潮中的一种思潮，是以鼓吹自由主义、个人主义为核心的资产阶级思潮，其中某些非意识形态的操作性意见有一定参考价值，但不能照抄照搬。如果照抄照搬，就将把中国引向资本主义道路，实现“和平演变”。必须认清，当代的新自由主义，意识形态色彩浓厚，是一种文化扩张主义，是西方敌对势力对社会主义国家进行和平演变的思想武器。受西方学术和社会思潮影响，盲目崇拜西方文明、羡慕西方文化甚至模仿和追求西方生活方式，以洋为荣为贵的风气也在整个社会中弥漫开来。我们在意识形态领域里，必须坚持以马克思主义为指导，在积极吸收西方文化优秀成果的同时，坚决抵制西方文化中对我有害的东西，尤其是新自由主义思潮，并回应各种“西化论”的挑战，以确保社会主义核心价值体系在意识形态领域的主导地位和作用。

第二，“新儒学”。由孔子创立的儒家学说，是中国传统文化的主流学派，它在中国传承了几千年，在学术界和群众中都具有广泛的影响。“新儒学”是与“西化论”相对峙的另一学术思潮。改革开放以后，特别是20世纪90年代以来，随着强调民族化、本土化，对文化激进主义的反弹，以及港澳回归后民族自信的重建，逐渐形成了一股强劲的以新儒学为代表的文化保守主义思潮。最近一个时期，创办孔子学院，推广学习汉语，研究和弘扬传统文化，继承和发扬中华民族的传统美德，把中华民族复兴和中国传统文化复兴相统一，这些都是对的，无可非议。传统文化底蕴深厚，有许多民主性精华，如“仁者爱人”、“和而不同”、“天人合一”、“刚健有为”、“敬德保民”、“民贵君轻”、“礼义廉耻”等，都可以古为今用。值得注意的是，在当代以新儒学为代表的文化保守主义思潮走俏中，虚骄自大的“中国中心论”重新抬头，预言21世纪是“中国文化世纪”，有损中国形象；各种变相的封建意识借机泛起，美化帝王，以帝王为中心的宫廷题材和作品从街头书摊到影视荧屏大量涌现；更有甚者，有人竟鼓吹把儒家学说当做一种宗教来复兴，甚至倡导把儒教定为国教，建立“儒家社会主义共和国”，用儒家学说代替马克思主义，儒化共产党，儒化社会主义，儒化马克思主义。在文化工作中，我们必须坚持以马克思主义为指导，以一种全新、全方位的视野，在复兴民族文化和吸纳传统文化民主性精华的同时，必须剔除其封建性糟粕，并抵制和回应新儒学和东方文化主义的种种挑战。在农业社会基础上形成的中国传统文化，可以在一定程度上抵制随现代化而来的西方思想文化和生活方式的侵袭和影响，但是这种逆向的文化成果如不加以改造，不可能促进现代化的生长。

第三，“民社潮”。民主社会主义是世界社会主义运动中的一个改良主义的派别和思潮，其前身可追溯到第二国际后期的社会民主党，主要代表人物和思想领袖是伯恩斯坦。它在20世纪上半期经历了一个萧条和衰落时期，在下半期取得很大发展，中心在西欧。在当代，民主社会主义是西方国家社会党、社会民主党意识形态和思想体系的总称。从社会民主主义（第二国际时期）——民主社会主义（第二次世界大战以后）——社会民主主义（苏东剧变以后），前后有很大变化。开头的社会民主主义是表明党的当前任务是民主主义，但最终目的是社会主义；最后的社会民主主义则表明党已放弃了社会主义，而是一种民主主义。当今说的民主社会主义是一种习惯性的称呼，它已放弃了马克思主义指导思想，放弃了社会主义代替资本主义，把“社会主义”视为在资本主义框架内无止境的基本价值目标（自由、公正、互助）追求。他们在资本主义国家中推行的社会福利政策和民主化措施有一定进步意义。但是，民主社会主义始终局限在资本主义框架内，实际上充当"资本主义病床边的医生和护士"，维护资本主义制度。在我国历史上，没有民主社会主义传统，这是中国工人运动的一个优势。但是，近些年来这种思潮也悄然来到中国。我国经过 20 多年的大发展，在进入新世纪以后，经济社会发展出现了阶段性特征，如在贫富差距拉大的基础上因收入分配不均而引起的利益矛盾日益突出，与经济快速发展相对应的民主政治建设相对滞后等。针对这种情况，在党和国家强调民主法制、公平正义、社会保障的时候，民主社会主义思潮就骤然升温。有人竭力宣扬民主社会主义，主张用民主社会主义代替马克思主义。还有人说，科学社会主义和民主社会主义尽管斗了一个世纪，但二者同根同祖，有许多相近的地方，不必划清界限，甚至可以合二而一。他们不了解科学社会主义和民主社会主义的差异很大，可谓泾渭分明。二者的原则区别，一是在指导思想上，科学社会主义坚持马克思主义的一元化指导，而民主社会主义主张多元化的指导思想，并且放弃了马克思主义；二是在如何对待革命和改良的问题上，科学社会主义既坚持革命也不否定改良，而民主社会主义只主张改良，根本否定革命，鼓吹改良主义；三是在如何对待资本主义问题上，科学社会主义坚持用社会主义取代资本主义，而民主社会主义则把"社会主义"看成是在资本主义条件下无止境的价值目标追求，即不主张超越资本主义，仍然是伯恩斯坦的"运动就是一切，目的是微不足道的"。只是在党际关系上，我们采取超越意识形态分歧，在五项原则的基础上，谋求相互了解与合作。当然，这也不是说民主社会主义一无是处，没有可取和可资借鉴的地方，但是绝对不能用民主社会主义取代科学社会主义，把共产党改名和改造为社会民主党。这是一个重大原则问题。江泽民曾经提出要划清七个界限，其中就包括科学社会主义和民主社会主义的界限。"民社潮"与"西化论"不同，"西化论"是舶来品和传染病，而"民社潮"虽然也有舶来的一面，但主要是体制内自生的，如不及早医治，将会危及生命。如果中国搞民主社会主义，决不是"民主＋社会主义"的简单相加，更不会是某些人所梦想的出现另一个"瑞典"，而只能是把民主社会主义在西方国家所搞的那一套照搬到中国来，搞指导思想多元化、多党制等。这样很快主体就会断裂，整个社会大乱，别说出不了"瑞典"，甚至 80 年奋斗的成果也要被葬送掉。前苏共和匈牙利社会主义工人党就是由于改旗易帜，通过推行民主社会主义，彻底改造经济基础和上层建筑，导致亡党、亡国、亡社会主义。只有把马克思主义基本原理同中国具体实践和时代特征相结合的中国特色社会主义能够救中国、发展中国。这条道路的正确性，已被我国取得的举世瞩目的历史性成就所证实。我国的社会主义民主政治建设还有很长的路要走，但绝不是通过民主社会主义的道路，而只能通过“自己的道路”。

第四，“宗教热”。这是当今的一种世界性现象。宗教是一种复杂的社会文化现象。宗教与哲学、宗教与科学、宗教与艺术之间，具有一种既对立又联结的复杂关系。许多社会人文学科的深入研究，如哲学、历史、文学、艺术等，都涉及宗教文化的一些问题。把宗教作为文化研究，可以拓展并深化某些人文学科的研究。宗教教义、宗教文化、宗教道德中也含有有利于社会发展、健康文明的内容。改革开放以后，随着纠正在宗教问题上“左”的错误、思想解禁和文化复苏，宗教问题越来越受到重视。继20世纪80年代掀起知识界的“宗教文化热”之后，90年代进一步升温为一些地方群众性的“宗教热”。一时间，修造露天大佛成风，烧香拜佛的信男信女络绎不绝。有些人不信马克思主义信鬼神，到处求神拜佛，请人算命看风水，除夕之夜争烧头炷香，大搞封建迷信活动。必须看到，当前的“宗教热”，主要不是热在“文化”上，而是热在“迷信”上。在新的历史条件下，江泽民针对这种情况，提出“宗教和社会主义社会相适应”的要求和原则。我们必须坚持马克思主义的宗教观和党的宗教政策，在尊重信教自由、团结信教群众和爱国宗教界人士、积极利用和深入开发宗教文化的同时，必须高筑科学精神和无神论的阵地，划清和区分“宗教文化”与“宗教迷信”的界限，以抵制在“宗教文化”掩护下的愚昧迷信思想和各种神秘主义的伪科学思潮在社会上的传播与影响。我们所要构建的社会主义和谐社会，不是建立在宗教信仰基础上的和谐，而是建立在社会主义核心价值观基础上的和谐。

建设社会主义核心价值体系，关键在党。各级党委必须大力加强对意识形态工作的领导，把建设社会主义核心价值体系放到最重要的位置上，开拓一条社会主义思想道德建设的新路。

中国社会主义改革30年

1978年12月召开的党的十一届三中全会，是建国以来党的历史上具有深远意义的伟大转折，由此开启了改革开放历史新时期。十一届三中全会以后的30年，是改革开放的30年，是中华大地发生巨变、社会主义欣欣向荣的30年，是中华民族在复兴道路上迈出坚实步伐的30年。改革开放是一个很大的题目，包括改革与开放两大方面，其中改革是重头。

一、决定当代中国命运的关键抉择

胡锦涛于党的十七大报告中在阐述改革开放的伟大历史进程之后，深刻指出："改革开放是决定当代中国命运的关键抉择。"这是一个极其重要的论断。要说明中国共产党是怎样在历史转变关头代表中国人民作出这个关键抉择的，这就涉及到十一届三中全会召开前夕当时的国内外形势及其所提出的问题。

国际形势最主要的有两个特点：一是世界主题发生转换。二战结束后，出现了强大的社会革命潮流——社会主义革命和民族解放革命的潮流。在马克思主义指导和共产党的领导下，亚洲、欧洲、拉丁美洲三大洲先后有15个国家走上社会主义道路，形成了世界社会主义体系；在世界社会主义运动的支持和影响下，掀起了民族解放革命高潮，通过各种不同形式的斗争，到70年代，有100多个国家宣告民族独立，资本主义经营了几百年的殖民主义体系彻底崩溃了，这是20世纪社会革命所取得的最彻底的胜利。到20世纪中期，以越南战争的结束和资本主义殖民主义体系的崩溃为标志，世界主题已由战争与革命转化为和平与发展。二战后，特别是到70年代以后，随着社会革命潮流成为过去，又兴起了势不可挡的两大潮流——新科技革命潮流和改革潮流。在世界主题转换为和平与发展的条件下，世界大战有可能避免，在这种形势下必须转变观念，不再依靠战争与革命，而是通过适应世界大潮，在科技革命和调节改革中，加快发展社会主义。二是东西方的形势向相反的方向发展。二战后国际形势最明显的特点是形成社会主义和资本主义两大体系对峙的格局。资本主义在二战后，整体实力有所下降，并经历一段社会动荡时期，但是通过新科技革命和调整改革，社会逐渐稳定，到五六十年代经济上有较快发展，出现了年均增长6%以上的“黄金时期”，以后虽然不能保持这种势头，但仍持续发展，表现出具有很大的弹性和活力，没有死亡迹象，它已“死里逃生”和“获得新生”。社会主义则与其相反。从战后到50年代末，是社会主义胜利大进军的年代，形势一片大好。但是，好景不长，由于探索中发生重大失误、没有及时跟上新科技革命和改革大潮以及国际共产主义运动的争论和破裂，到70年代，社会主义各国普遍陷入困境，有的国家甚至出现了危机。社会主义国家都有一个寻找出路，摆脱困境和危机的问题。

国内形势是：1976年10月在华国锋和叶剑英等老一辈无产阶级革命家的共同努力下，采取断然措施，一举粉碎“四人帮”，结束了持续10年的“文化大革命”。从这时起到1978年12月党的十一届三中全会，是徘徊中前进的两年。之所以说这两年处于“徘徊”，主要是指当时党中央的主要领导人，坚持“抓纲治国”，提出“两个凡是”，即“凡是毛主席作出的决策，我们都坚决维护，凡是毛主席的指示，我们要始终不渝地遵循”，没有摆脱“左”的指导思想和政治路线。之所以说这两年有所“前进”：一是揭批“江青集团”的斗争取得了决定性胜利。二是国民经济得到较快的恢复和发展，如农业生产1978年获得大丰收，粮食产量突破6000亿斤，超过历史最高水平，工业生产1977年和1978年分别比前一年增长14.3%和13.5%。三是开展了真理标准的大讨论，恢复了党的实事求是的思想路线，为正确总结社会主义的历史经验、纠正“左”的错误、开拓社会主义新道路奠定了思想基础。四是平反了大量冤假错案，特别是恢复了邓小平的工作，为开拓新局面提供了重要的组织保证。

从粉碎“四人帮”到党的十一届三中全会徘徊中前进的两年，政治局面相对稳定，但是党内外的思想认识却是相当混乱的。概括地说，在中国今后走什么道路的问题上有三种不同的意见和主张。第一种，主张沿着以往社会主义的老路继续走下去。这些人深受“左”的社会思潮的影响，思想僵化，坚持毛泽东晚年的无产阶级专政下继续革命的理论和路线，从十二大报告的“抓纲治国”到两报一刊社论的“两个凡是”，就是这种认识的集中表现。主张这种观点的大多是“文化大革命”中掌握实权的一部分人。第二种，主张改走西方资本主义道路。他们借拨乱反正，纠正“左”的错误，把矛头对准共产党的领导和社会主义制度，竭力鼓吹西方的经济政治模式，美化资本主义制度。持这种主张的主要是受西方思潮影响较深的少数知识分子。邓小平1985年在同台湾学者陈鼓应教授的谈话中指出：“中国在粉碎‘四人帮’以后出现了一种思潮，叫资产阶级自由化，崇拜西方资本主义国家的‘民主’、‘自由’，否定社会主义。这不行。中国要搞现代化，绝不能搞自由化，绝不能走西方资本主义道路。”① 第三种，主张探索社会主义的新路。他们认为，社会主义是一个长期探索过程，在探索中发生这种那种失误是不可避免的。既然过去的路子不成功，就应继续探索，在探索中闯出一条新路。持这种观点的是邓小平、一批老一辈无产阶级革命家和广大党员及群众。邓小平早在下放江西期间就开始思考这个问题，在第二次复出主持工作期间所提出的“三项批示为纲”、“全党讲大局，把国民经济搞上去”，以及1975年的全面整顿，都有改革思想，也可以说是改革的前奏。总括上述，在徘徊前进的两年中所提出的三条道路，第一条是老路，是实践证明不成功的路；第二条是邪路，是少数人主张走、多数人反对走的路；第三条是新路，是需要通过探索开拓的光明路，是正路。在举旗走路问题上出现的三种主张，说明当时中国正徘徊在十字路口。正是在这个关键时刻，1978年12月18—22日召开了党的十一届三中全会。在邓小平、陈云等老一辈无产阶级革命家的引导和坚持下，全会

① 《邓小平文选》第3卷，人民出版社1993年版，第123页。

决定停止使用“以阶级斗争为纲”的错误口号，把党和国家的工作重点转移到以经济建设为中心的社会主义现代化建设上来，并提出改革开放的重大战略决策。全会公报指出：“对经济管理体制和经济管理方法着手认真的改革，在自力更生的基础上积极发展同世界各国平等互利的经济合作，努力采用世界先进技术和先进设备，并大力加强实现现代化所必需的科学和教育工作。”从十一届三中全会以后，改革开放这条大船扬帆启程了。这是中国共产党顺乎历史潮流，代表人民意愿，在历史转折关头所作出的郑重抉择。从30年改革开放所取得的举世瞩目的历史性成就，说明这是决定当代中国命运的关键抉择。

二、中国改革的成功之路

第二次世界大战以后，在西方发达国家、发展中国家和社会主义国家掀起了一股势不可挡的改革潮流。它从社会制度和体制这个层面推动世界的变化，极大地促进了生产力的发展和社会面貌的改变。但是，改革的结果并非一样，其中有些国家的改革成效明显，经济持续发展，社会相对稳定，如美、日和一些西欧国家；有些国家的改革跌宕起伏，大起大落，刚开始时经济发展迅速，随后由于举措不当，导致经济徘徊不前和社会动荡，如拉美一些国家；还有一些国家的改革始终起色不大，后来由于导向和举措错误，导致社会制度演变，归于失败，如苏东一些国家。中国的改革是积极稳步向前推进的。30年的改革开放，使中国发生翻天覆地的变化，旧貌换新颜，其成就已超过了工业革命时期的英国和19世纪的美国崛起。中国改革成功的主要原因是：

第一，以解放思想为先导。历史上任何一次变革，都会有阻力，改革也不例外。应当说我国的改革和有些国家的改革比起来阻力不算很大，其原因是我国发生过“文化大革命”，经济上已达到崩溃边缘，走到了尽头，人们认识到不改革就没有出路。所以，在我国没有反对改革的政治势力，即邓小平所说的“反改革派”。但是，阻力是有的，主要来自于思想领域，即思想阻碍。怎样排除这种思想阻力，邓小平提出的办法就是解放思想，这是他对我国改革的一大贡献。通过解放思想，使一些人从教条主义、本本主义和僵化半僵化状态中解放出来，思想认识能够跟上不断发展变化的客观世界，实现主观认识和客观实际相一致，达到实事求是。实践证明，在新的历史时期，我们每一次思想解放，都必将扫除前进道路上的障碍，把改革开放大大向前推进。胡锦涛指出，解放思想是党的思想路线的本质要求，是我们应对前进道路上各种新情况新问题、不断开创事业新局面的一大法宝。苏联在改革中遇到阻力，不从思想上着手解决，而是采取组织措施，撤换了从中央到地方所谓改革不力的一大批领导干部，结果不但没有排除阻力，反而增加了阻力，这是一个严重教训。

第二，经济体制的破旧立新和彻底转型。马克思主义创始人和同时代的几乎所有社会主义者，都把商品经济和私有制联系在一起，认为未来社会在全社会占有生产资料的基础上社会实行的是产品经济，商品和货币将从社会上消失。这个理论观点，对社会主义国家有着长期的影响，各国普遍实行的是高度集中的计划经济，而且只有指令性计划，没有指导性计划，经济缺乏弹性和活力。后来实践迫使我们不得不反思的是：为什么社会主义国家实行计划经济，普遍发展不快和弊端很多？为什么二战后实行现代市场经济的西方国家，普遍经济发展较快，并具有活力？为什么在西方和东欧一些国家的学者中提出了“市场社会主义”？在我国，对这个问题认识最早和最透彻的当属邓小平。他从1979年以后多次提出社会主义也可以搞市场经济。他认为市场和市场经济不带有社会制度的属性，计划和市场都是方法，是中性的，“它为社会主义服务，就是社会主义的；它为资本主义服务，就是资本主义的”。通过他的一系列论述，人们已不再把商品经济和市场看成是资本主义的专利品和社会主义的异己物。计划经济和市场经济的区别，不是前者排斥市场，后者排斥计划，而在于对资源配置起基础性作用的是计划还是市场。我国从传统的高度集中的计划经济体制向社会主义市场经济体制的转变，是一个根本变革，是经济体制的破旧立新和彻底转型。我国所创建的社会主义市场经济新体制，把社会主义基本制度和市场经济结合起来，既发挥了社会主义制度的优越性，又充分体现了市场经济的活力，它在资源配置中的灵活性和有效性，极大地促进了生产力的发展，是人类历史上的一个伟大创举，是我国改革开放30年创造一个又一个奇迹的最根本原因。随着经济体制改革的不断深化，也必然要求政治体制、文化体制进行改革，以巩固经济体制改革的成果。总起来说，我国的改革是以经济体制改革为重点的全面改革。

第三，对内改革和对外开放相结合。我国的改革，是把对内改革和对外开放紧密结合在一起的，改革促进开放，开放反过来又促进改革，形成了改革与开放良性互动局面。改革是解放和发展生产力的必由之路，对外开放是实现社会主义现代化的必要条件。改革与开放相结合，是中国社会主义改革的一个鲜明特点，也是改革取得成功的重要原因。在社会化大生产条件下，任何一个国家，不论社会制度如何，都不能在与世隔绝的情况下发展自己的经济。闭关自守，关起门来搞建设是不能成功的，只能导致停滞和落后。只有充分利用国内国际两个市场、两种资源，吸收人类一切文明成果，自觉置身于国际市场的竞争，一国的民族经济才能更快地发展。我国对外开放有两个亮点：一是开办经济特区。二是吸引外资。经过 30 年的努力，我国已经形成了从沿海到内地的全方位、宽领域、深层次的对外开放格局。目前，我国贸易总额由 1978 年的 206 亿美元增长到 2007 年的 21738 亿美元，增长了 100 多倍，世界排名由第 32 位跃居到第 3 位，占全球贸易总额的近 8%；利用外资，几乎从零开始，到 2007 年累计外商直接投资逾 7500 亿美元，已连续多年居发展中国家之首；外汇储备由 1978 年的 1.67 亿美元跃升为 2007 年的 1.5 万亿美元，居世界第一位。总起来说，我国实行对外开放的结果，引进了大量资金、先进的科学技术和管理方法，促进了国内改革和与世界经济接轨，给中国特色社会主义事业带来强大动力和活力。

第四，选择适合中国国情的改革路子。改革必须适合本国国情，我们选择了一条适合中国国情的改革路子。首先，改革从何处着手？我国的改革是从经济体制改革开始的，经济体制改革又是从农村先起步的，而农村改革又以实行家庭联产承包责任制和废除人民公社制度为突破口。我国农民占人口的绝大多数，这项改革适合中国国情，极大地调动了农民的积极性，解放了农村生产力，农业连年增产，基本上解决了粮食问题，我们以世界 7%的耕地养活了世界 22%的人口，这是一个了不起的成绩。农村改革成功以后，到 80 年代中期，才向以城市为重点的全面经济体制改革推进。其次，经济体制怎样转型？我们没有采用苏联"500 天计划"的激进改革策略，而是按照积极而又稳步前进的原则，采取从计划经济——以计划经济为主、市场调整为辅——计划和市场相结合——建立社会主义市场经济体制的渐进改革策略，前后大约用了

20年时间。实践证明，这样做是成功的，避免了一场大的社会震荡。再次，政治体制改革怎么搞？我们是在经济体制改革取得明显成效的前提下，开始政治体制改革的。邓小平认为对权力过分集中的政治体制进行改革，比经济体制改革更复杂更艰难，因为它涉及千千万万人的利益，因此，“需要审慎从事”，否则会一着不慎，全盘皆输。与经济体制改革相比，政治体制不是“根本改革”，没有大破大立的问题。政治体制改革不能照抄西方国家的模式，而要发挥我们自己的优势。我国政治体制改革已出台的举措有：改善共产党的领导，完善人民代表大会制度、共产党领导的多党合作和政治协商制度，党政分开，权力下放，精简机构，实行公务员制度，改革干部制度、人事制度等。这些都是符合我国国情的。对政治体制改革既不能否定成绩，也不能说得很满，人们期盼要做的事还很多。

第五，保持改革、发展、稳定的良性循环。正确处理改革、发展、稳定三者之间的相互关系，是贯穿改革全过程中的一个重大问题。改革是动力，改革才能促进发展，从某种意义上说，经济发展问题实质上是改革问题；发展是目的，是“硬道理”，是“执政兴国的第一要务”，问题的最终解决还有赖于经济的发展，发展反过来又会促进改革，是社会稳定和国家长治久安的基础；稳定是前提，是发展经济文化和顺利进行改革的必不可少的条件，没有稳定的环境什么都搞不成，甚至已经取得的成果也会失掉。改革和发展、稳定，既统一又矛盾，处理得好，能相互促进，处理得不好，又能相互损害。中国改革成功的重要原因之一，就是把握好改革的力度、发展的速度、社会可承受的程度，使三者之间保持平衡和良性循环。

第六，重视经验总结和理论指导。改革是前无古人的崭新事业，没有任何现成的理论、经验可资借鉴，只能在实践中不断探索。改革初期，在缺乏经验和理论的情况下，我们只能“摸着石头过河”，在干中学，边实践，边总结经验。我们党是一个善于总结经验的马克思主义政党，通过总结经验，坚持正确的，纠正错误的，并对经验进行理性分析和加工，使之上升为理论。现在当我们谈论改革时，所谓“摸着石头过河”早已成为过去，我们已经有了崭新的社会主义改革理论并以其指导改革实践。其中包括：革命是解放生产力，改革也是解放生产力，改革的着眼点和落脚点是解放和发展生产力；改革是社会主义基本矛盾运动的客观要求，是社会主义社会发展的强大动力；改革是以经济体制改革为重点的全面改革，就经济体制改革而言是一种根本变革；改革是在坚持社会主义基本制度的前提下改革具体制度即体制，是社会主义制度的自我完善，而不是改变社会主义制度；判断改革开放是非得失的标准，要看其是否有利于发展社会主义社会的生产力，是否有利于增强社会主义国家的综合国力，是否有利于提高人民的生活水平，即“三个是否有利于”；改革是中国的第二次革命，其目的是实现社会主义现代化。我国的改革，就是在上述改革理论的指导下进行的，完全是一种有理论指导的自觉实践。

第七，坚持改革的社会主义方向。我国的社会制度和国家制度决定了我国的改革是社会主义改革。我国的改革是在中国共产党的领导下，在社会主义制度的范围内进行的，从其实质来说是社会主义制度的自我完善，即通过改革具体制度，逐步完善基本制度。当然，对基本制度也有调整，但是要保持正确的限度。邓小平一再强调，“在改革中坚持社会主义方向，这是一个很重要的问题”。十一届三中全会以来，我国的改革尽管受到种种干扰，但是始终是沿着这个方向，在这个范围内进行的。坚持改革的社会主义方向，最重要的是把握好邓小平所确立的社会主义初级阶段党的基本路线的两个基本点。一方面，改革开放赋予四项基本原则以新的时代内容；另一方面，四项基本原则又为改革开放提供了坚强的政治保证，二者相互制约、相互促进。坚持改革的社会主义方向，最重要的是两条：一是坚持社会主义的基本制度，包括以公有制为主体的基本经济制度、人民民主专政的基本政治制度和以马列主义、毛泽东思想为指导的基本文化制度。改革不是改变社会主义基本制度，而是完善基本制度，这是改革的底线。二是坚持共产党的领导。中国共产党是中国特色社会主义事业的坚强领导核心。改革是顺应社会发展和关系每一个公民利益的庞大社会系统工程，要把这样一个社会系统工程顺利完成，没有一个坚强的领导核心是根本不可能的。中国各阶段的改革方案，都是党中央制定和组织实施的，它代表了全国各族人民的利益，集中了社会各方面人士特别是知识界的智慧，得到了社会广泛的支持，之所以能够不断向前推进，是中国改革成功的关键所在。苏联，戈尔巴乔夫把苏共视为改革的阻力，为了搬走这块“绊脚石”，他一步步地削弱党的领导，最后取消党的领导，这是苏联改革失败、联盟解体的决定性原因。

上述七条就是中国改革成功的基本原因。改革作为社会主义基本矛盾运动的内在要求和社会主义社会发展的强大动力，关系社会主义的兴衰成败和生死存亡。联系社会主义各国的情况，不改革死路一条；改革如果举措不当，路子不对，迷失方向，就会变成改向；只有既坚持改革的社会主义方向又选择适合本国国情的改革路子，改革才能取得成功，中国和越南的改革就属于这一类。前苏共中央书记处书记利加乔夫和科雷舍夫于2001年2月3日在《苏维埃俄罗斯报》发表文章，在论述中国和苏联改革的截然不同后果时尖锐地提出："为什么我国的所谓改革导致一个世界大国的解体，使千百万人民陷入贫困，处于无权的地位，把我们俄罗斯抛到了资本主义一边；而中国的经济体制改革却把国家引导到建设、进步、改善人民生活的道路，使中国进入世界大国的行列。"

三、改变中国、影响世界的社会大变革

中国30年的改革，丰富和发展了马克思主义的改革思想，在社会主义改革史上具有重要的历史地位。马克思、恩格斯对历史唯物主义一个重要贡献，就是提出了社会基本矛盾论，认为生产力和生产关系、经济基础和上层建筑之间的矛盾构成社会基本矛盾，并在这个基础上形成了社会发展动力论。他们认为，矛盾是一切事物的发展动力，解决社会基本矛盾的基本形式是社会发展的重要动力。由于历史条件的限制，他们只能分析阶级社会，认为阶级社会的基本矛盾具有对抗性，因而解决这种基本矛盾的基本形式——阶级斗争和革命是阶级社会历史发展的动力，无产阶级反对资产阶级的阶级斗争是"现代社会变革的巨大杠杆。"① 至于取代资本主义的未来社会的发展动力是什么，他们没有论及。在1890年，即恩格斯逝世的前五年，他经过深思熟虑的思考，在致奥·伯尼克的信中说："所谓'社会主义社会'不是一种一成不变的东西，而应当和任何其他社会制度一样，把它看成是经常变化和改革的

① 《马克思恩格斯选集》第3卷，人民出版社1995年版，第685页。

社会。”[①] 从这句话中，我们可以认为恩格斯把未来无阶级的社会主义社会的发展动力视为改革，认为它是解决社会主义基本矛盾的基本形式。列宁在新的历史条件下，坚持了马克思主义创始人的思想。他给世人留下的主要形象，是伟大的无产阶级革命家，而不是社会主义改革家。这虽然大体上符合实际，但多少有些偏颇。实际上，列宁在十月革命后不久就提醒人们，要把改革提到日程上。他在1921年为纪念十月革命四周年所写的《论黄金在目前和社会主义完全胜利后的作用》一文中指出：无产阶级夺取和巩固政权以后，“对于一个真正的革命家来说，最大的危险，甚至也许是唯一的危险，就是夸大革命的作用，忘记了恰当地和有效地运用革命方法的限度和条件。真正的革命者如果开始把‘革命’写成大写，把‘革命’几乎奉为神明，丧失理智，不能极其冷静极其清醒地考虑、权衡和验证在什么时候、什么情况下、什么活动领域要善于采取革命的行动，而在什么时候、什么情况下、什么活动领域要善于改用改良主义的行动，那他们就最容易为此而碰得头破血流”。这里所说的“改良主义的行动”，也就是改革。列宁把它称为“目前的新事物”。列宁从理论上对革命和改革作了如下的界定：革命是一种自下而上的、急风暴雨式的，“最彻底、最根本地摧毁旧事物”，而改革则是自上而下的，“审慎地、缓慢地、逐渐地改造旧事物，力求尽可能少加以破坏。”[②] 这就是说，革命是广大群众自下而上兴起的，一般采取暴力革命手段，其结果是一种社会制度代替另一种社会制度。而改革则是自上而下的有领导有组织进行的，往往采取改良主义的方法，其结果是同一社会制度内部质的飞跃。列宁在他逝世前夕，还以政治遗嘱的形式，提出了改革国家机关的主张。列宁是马克思主义思想史上最早提出和论述改革的思想家和理论家。列宁的后继者斯大林领导苏联取得了社会主义建设的伟大成就，但由于受形而上学思维方法的影响，他认为社会主义社会的生产力和生产关系、经济基础和上层建筑之间没有矛盾，“完全适应”，并把刚刚建立的社会主义制度和模式看成是尽善尽美的，长期讳言和拒绝改革，致使体制僵化，问题越积越多。

毛泽东是伟大的马克思主义者。他坚持和发展了对立统一规律，认

---

① 《马克思恩格斯选集》第4卷，人民出版社1995年版，第693页。

② 《列宁全集》第42卷，人民出版社1987年版，第244—250页。

为这是宇宙的根本规律，不论在自然界、人类社会和人们的思想中，都是普遍存在的。矛盾着的对立面既统一，又斗争，由此推动事物的运动和变化。他强调社会主义社会还存在矛盾，批评了苏联学术界长期居统治地位的关于社会主义社会“无冲突论”的形而上学观点；他不同意斯大林关于社会主义社会的生产力和生产关系、经济基础和上层建筑“完全适应”的观点，认为它们之间既相适应又相矛盾。这些正确的理论极大地解放了人们的思想，为改革打开了闸门。邓小平继续毛泽东的未竟事业，他对中国社会主义改革的一个重大贡献，就是找到了“又相矛盾”的环节，即体制问题，也就是原有的高度集中的计划经济体制由于长期不改革已经成为僵化的经济体制，严重地阻碍生产力的发展。他总结了我国社会主义的历史经验，指出从1958年到1978年，是停滞和徘徊的20年。这个期间，经济没有大发展，人民生活水平没有大提高。其原因为，一是超越阶段的过“左”政策，二是僵化的经济体制。他的另一个重大贡献，是把社会主义制度区分为基本制度和具体制度，认为基本制度是好的，是适应生产力发展的；但是体现基本制度的具体制度即体制有弊端，又束缚和阻碍生产力的发展，需要改革。通过改革，变僵化的计划经济体制为充满生机和活力的社会主义市场经济体制。邓小平是改革开放的奠基人。以邓小平、江泽民、胡锦涛为主要代表的中国共产党人，在十一届三中全会以后改革开放30年的伟大实践中，在继承前人理论成果的基础上，逐步形成了崭新的系统的社会主义改革理论，这是我们党在新时期最珍贵的理论财富，其中既有继承和发展，又有创新的突破。我们党是一个重视理论指导和理论创新的马克思主义政党，现在我们不仅有了完整的革命理论、建设理论，而且又有了完整的执政理论、改革理论。

中国改革的实践意义，就是这场改革是中国新的革命，也就是邓小平所说的中国的第二次革命。十一届三中全会以后我国所进行的改革虽然不是本来意义的一个阶级推翻另一个阶级的政治革命，但就其引起社会变革的广度和深度来说，并不亚于革命，其实质和目标，是通过改革开放，实现社会主义现代化。如果说，我国第一次革命的实质和目标是建立社会主义制度，使中国发生翻天覆地的变化；那么第二次革命的实质和目标则是实现社会主义现代化，使社会主义优越性在我国得到充分发挥。邓小平指出：“现在我们干的是中国几千年来从未干过的事。这场改革不仅影响中国，而且会影响世界。”30年的改革开放，改变了中国，并影响世界。这30年，中国取得了举世瞩目的历史性成就。一是经济社会快速发展。改革开放30年，中国经济平均以9.75%的速度快速增长，国内生产总值由1978年的3600亿元人民币上升到2007年的24.66万亿元人民币，成为世界第四大经济体，经济总量已超过七国集团的加拿大、意大利、法国和英国，目前正在赶超德国；中国的人均GDP也由1978年不足100美元上升到2007年的2200美元以上，人民生活总体上实现了由温饱到小康。在这个基础上，民主政治建设、文化建设、社会建设、党的建设全面向前推进。早在20世纪90年代，美国前总统尼克松就曾预见到中国通过改革开放必将崛起。他在《1999年：不战而胜》一书中说：“我们时代的奇迹之一是中国在惨遭20世纪各种最可怕的天灾人祸之后，在21世纪必将成为一个头等强国。”又说：“如果中国继续走邓小平的道路，我们孙辈的世界会看到中华人民共和国将是世界超级大国”。美国华盛顿大学国际问题研究院前院长、著名中国问题专家何汉理曾说：“二战后崛起的大国包括苏联和日本，但是这两个国家都是‘单一强国’。苏联是军事强国，而日本只是在经济上称雄。但中国不仅仅是在军事和经济领域突飞猛进，而且在国际舞台上的‘软实力’也大大增强。”“中国以一种过去许多年来我们从未见过的方式崛起为一个全方位的大国”。二是挽救了世界社会主义。20世纪，资本主义和社会主义都曾发生过大危机。资本主义大危机发生在1929—1933年，危机期间社会处于萧条与恐慌之中，后来罗斯福在美国实行“新政”，经济迅速复苏，其他民主国家也效法美国，逐步走出了“大萧条”的阴影。从这个意义上说，罗斯福的新政，挽救了美国，也挽救了整个资本主义世界。社会主义大危机发生在80年代中期到90年代初，其间出现了苏东剧变，社会主义招致前所未有的“大挫折”，而中国通过改革开放社会主义出现“新局面”。邓小平指出：“谁也压不垮我们。只要中国不垮，世界上就有五分之一的人口在坚持社会主义”，世界社会主义就垮不了并充满希望。从这个意义上说，中国的改革开放不仅挽救了中国，也挽救了世界社会主义。俄罗斯学者阿·雅可夫列夫说：“恰恰是中国特色社会主义注入了在目前世界条件下体现社会主义的生命力。”他认为，中国特色社会主义的胜利发展，不仅扭转了20世纪后期世界社会主义运动陷入低潮的趋势，而且必将对21世纪社会主义的发展产生不可估量的影响。中国已成为世界社会主义的中流砥柱。三是改革开放和“中国模式”影响深远。中国经济30年的大发展不仅使中国从贫穷走向富裕，而且发展成果惠及全球，各国都从“中国制造”的廉价商品中得到好处，中国已成为全球的经济驱动力之一，中国发展模式也越来越有吸引力。正如英国伦敦政治经济学院亚洲研究中心主任阿塔尔·侯赛因所说：“改革开放30年的中国发展模式是历史上从来没有过的模式，它不同于20世纪六七十年代‘四小龙’的出口导向型快速发展的经济，也不同于以消费为主导的美国模式，或者是以德国和法国为代表的国家调节下的市场经济模式，中国的模式是一个幅员广阔、人口众多的国家在保持中国数千年的社会、文化传统的前提下，经济快速实现市场化，国内和国际市场迅速全球化的发展模式。从某种程度上说，中国模式是兼具‘四小龙’、美国和欧洲等经济模式的中国特有模式，也就是中国人常说的‘有中国特色的社会主义模式’。”在中国特色社会主义伟大旗帜下，坚定不移地走中国特色社会主义道路，到21世纪中叶必将基本上实现社会主义现代化，21世纪内必将实现中华民族的伟大复兴。

社会主义与民族复兴

——新中国60年的历史回顾和理论思考

2009年是中华人民共和国成立60周年。在中国共产党领导下，社会主义祖国在60年中取得了举世瞩目的历史性伟大成就，中华大地发生巨变，社会主义事业欣欣向荣，中国已从一个贫穷落后的国家变成繁荣富强的国家。回顾60年的历史，推动中国发展进步的因素和事件很多，但是给人们留下印象最深、分量最重、意义最大的是：新中国的诞生，社会主义基本制度的建立，中国社会主义建设道路的探索，中国特色社会主义道路的开辟。

一、新中国的诞生

要了解新中国诞生的重大意义，就要从上百年的中国近代史说起。中国是世界文明古国之一，在世界文明史中的大部分时间里处于领先地位，对人类文明做过重大贡献。但是，资本主义在西半球的兴起，改变了这种局面。资本主义是在对内残酷剥削本国劳动人民、对外无偿掠夺落后国家财富的基础上发展起来的。有资本主义就必然有殖民主义，殖民主义是资本主义的派生物和资本主义生产方式的一部分。自从1840年鸦片战争英帝国主义用洋枪大炮敲开中国大门以后，中国逐渐沦为半殖民地半封建社会。中国被众多西方列强所蚕食。帝国主义通过清朝统治者战败后的屈膝投降，签订了无数丧权辱国的不平等条约，强占和租借大片土地，获得驻兵权和治外法权，强行开辟通商口岸，占领中国市场，勒索大量赔款，控制中国经济命脉。中国已完全陷入任人宰割的境地。有些傲慢的殖民主义者声称中华民族是不创造历史的“非历史民族”、“劣等民族”，理应受他们这些“历史民族”的统治。帝国主义和封建主义的统治，是近代中国长期贫穷落后的总根源。

百年的屈辱和苦难，唤醒了中华民族的觉醒。为了拯救民族的危亡，实现中华民族的伟大复兴，中国无数仁人志士到处去寻找真理，曾前赴后继，进行了可歌可泣的斗争。其间有三次大的斗争。第一次是历时 14 年之久的太平天国农民革命运动，曾占领南京，纵横 18 个省份，它显示了中国农民阶级反侵略、反压迫的英勇精神和巨大力量，终因提不出彻底的民主革命纲领和内部争斗与腐败而失败。第二次是 1898 年，以康有为、梁启超、谭嗣同为代表的资产阶级改良派，在光绪皇帝支持下所实行的“戊戌变法”，主张兴民权，设议会，试图走日本“明治维新”君主立宪的道路，被慈禧太后发动的“宫廷政变”所扼杀，前后百日就失败了。第三次是以孙中山为代表的资产阶级革命派，提出了比较完整的资产阶级民主革命纲领——三民主义，并在连续 10 次反对清王朝武装起义的基础上，终于通过 1911 年的辛亥革命，推翻了清王朝，结束了 2000 多年的封建统治，但随后不久，革命果实被北洋军阀头子袁世凯所篡夺，袁死后，中国长期陷于军阀混战，国家四分五裂。此外，还有一些倡导“实业救国”、“教育救国”的爱国人士，在旧社会一筹莫展。其中第二三次斗争，都曾试图在中国走资本主义道路，但根本行不通。

1919 年 5 月 4 日，以北洋军阀政府准备在巴黎会议上屈辱地签字的卖国行径为导火线，爆发了五四爱国民主运动。受 1917 年俄国十月革命的影响，中国的先进分子在五四运动期间从各种各样的主义中，经过反复比较，选择了马克思主义的科学社会主义，这是郑重的历史选择，它对中国后来的发展起了至关重要的决定性作用。中国的社会主义运动是从五四运动开始的。五四运动促进了马克思主义在中国的传播，推动了中国共产党的成立。中国共产党自 1921 年建立，立即投入新民主主义的革命斗争。中国共产党在幼年时期，曾经犯过两次右倾、三次

“左”倾的重大错误。但是，在1935年遵义会议确立了毛泽东在全党的领导地位以后，日趋走向成熟，斗争得心应手。毛泽东一个重大贡献就是，坚持把马克思主义的普遍真理和中国革命的具体实践相结合，开辟了一条具有中国特色的革命道路，即广泛开展游击战争，在农村建立巩固的革命根据地，用农村包围城市，最后夺取全国政权。在中国共产党的领导下，中国人民经过10年土地革命战争、8年抗日战争和4年人民解放战争，即经过28年的浴血奋战，付出巨大牺牲和代价，终于推翻了帝国主义、封建主义、官僚资本主义“三座大山”，推翻了国民党反动统治，于1949年10月1日建立了中华人民共和国，可谓胜利来之不易。中国人民革命的胜利，新中国的诞生，标志着100多年来帝国主义、殖民主义和封建统治者勾结起来奴役中国人民的历史和国内战乱不断、国家四分五裂的局面从此结束，中国人民站起来了，自己掌握着自己的前途和命运，成为继五四运动之后实现中华民族伟大复兴的历史新起点，揭开了中国现代史新的篇章。

二、社会主义基本制度的建立

依据马克思关于过渡时期的理论，结合中国实际，中国不是从资本主义，而是从半殖民地半封建社会经过新民主主义革命后所建立的新民主主义社会向社会主义社会过渡。毛泽东在1953年10月指出：“从中华人民共和国成立，到社会主义改造基本完成，这是一个过渡时期”。他还为党制定了“一化三改”、“一体两翼”的过渡时期总路线，其基本精神就是社会主义建设和社会主义改造同时并举。从1949年10月新中国成立到1956年社会主义改造基本完成的建国前七年，在外有帝国主义封锁和内有社会动荡的形势下，我们党以“两个务必”、“进京赶考”的精神状态，从事新中国的建设，恢复和发展了国民经济，各项工作都取得很大成绩，其中最有价值和意义的是建立了社会主义基本制度。

首先，新中国成立后我们立即着手建立社会主义基本政治制度。一是国体，即国家的阶级属性。我们没有照搬苏联的无产阶级专政，而是实行工人阶级领导的，以工农联盟为基础的人民民主专政，它更适合中国国情。二是政体，即国家政权的组织形式，我们既没有照搬苏维埃，也没有采纳西方的三权分立，而是实行人民代表大会制度，使政体和国体相适应，有效地保障人民当家做主的权力。三是政党制度，我们既不搞西方的多党制，也不搞苏联的一党制，而是实行共产党领导的多党合作这一崭新的政党制度。四是国家的结构形式，即国家结构是复合制（联邦或邦联）还是单一制，在制定《共同纲领》、筹建新中国时，毛泽东、周恩来远见卓识，确定不搞复合制即联邦制，而是在统一的共和国内在民族聚居区实行民族区域制度。上述四项基本政治制度，是我们党创造性地运用马克思主义基本原理于我国的具体实际，完全是独创的，对我国社会主义的发展起了积极作用。

其次，建立社会主义基本经济制度。新中国成立初期，我国有五种经济成分，即国营经济、合作社经济、个体经济、私人资本主义经济和国家资本主义经济。从 1953 年提出过渡时期总路线以后，我们在实践中开辟了一条具有中国特色的社会主义改造道路。对农业，我们没有采取苏联全盘集体化的途径，而是遵循列宁的合作化思想，通过从临时互助组、常年互助组，到初级社，再到高级社的过渡形式，实现了对农业的社会主义改造。对手工业，主要采取供销合作小组、供销生产合作社、生产合作社三种形式，逐步把大量分散的个体手工业者组织起来，实现由分散到集中、由低级到高级的社会主义改造。对资本主义工商业，我们没有采取苏联暴力剥夺的办法，而是用和平赎买的办法，通过加工订货、统购包销为主的初级形式到公私合营的高级形式，逐步实现了对资本主义工商业的社会主义改造，并把对制度的改造和人的改造结合起来，将民族工商业者的绝大多数人改造成为自食其力的劳动者，这是社会主义运动史上的一大创举。三大改造基本完成以后，我国建立了全民所有制和集体所有制两种公有制形式的基本经济制度，建立了与其相适应的各尽所能、按劳分配的分配制度，以及计划经济体制。此外，还建立了以马克思主义为指导的文化制度。这样，从经济基础到上层建筑都发生重大变革，一个人们梦寐以求的、优于旧社会和资本主义的崭新的社会主义制度在我国建立起来了。在这场社会大变革中，没有引起大的社会震荡，工农业没有减产，保持继续增长的势头，这是一个了不起的伟大成就。但是，也暴露出一些缺点和问题，主要是社会主义改造过急、过快、过粗，特别是受苏联模式的影响，尽管社会主义改造的方法具有独创性，但建立起来的是纯粹公有制和单一计划经济，不适合我国国情，不利于生产力的发展。

综合上述，人民革命的胜利和新中国的诞生，社会主义基本制度的建立，标志着一个多世纪中华民族面临的民族独立和人民解放、国家富强和人民富裕这两大历史性课题的第一个课题已基本得到解决，今后的主要任务是解决第二个课题。正如胡锦涛同志在党的十七大报告中所指出的："新民主主义革命的胜利，社会主义基本制度的建立，为当代中国的一切发展进步奠定了根本政治前提和制度基础"。也为探索中国社会主义建设道路提供了前提条件。

三、中国社会主义建设道路的艰辛探索

我国从新民主主义社会过渡到社会主义社会以后，进入了社会主义建设时期。建国初期，我们在缺乏建设经验的情况下，提出学习苏联先进经验。因此，我们的制度、体制和政策，都有苏联模式的烙印。到50年代中期，苏联自己揭开了盖子，我们在实践中也感到苏联某些经验并不好。在这种情况下，毛泽东经过慎重考虑，提出要"以苏为诫"，独立探索一条有别于苏联模式，适合中国国情的社会主义建设道路，从此就开始了长达20年的艰辛探索。在探索中既取得很大成绩，又发生了重大失误和挫折。毛泽东在探索初期《论十大关系》、《关于正确处理人民内部矛盾的问题》的两次重要讲话，党的八大的有关论述，以及"大跃进"招致重大挫折后，在苏联《社会主义政治经济学》的反思后，毛泽东对中国社会主义建设道路的探索开始形成一个初步但是比较系统的思路。其主要内容是：

一是关于区别于苏联模式的中国工业化道路。主要是三个"坚持"，即以农业为基础和以工业为主导、沿海工业和内地工业共同发展、国防建设必须以经济建设为基础，其中第一条是经济建设的总方针。二是关于中国社会主义现代化的目标和步骤。现代化的目标是实现农业、工业、国防和科学技术的"四个现代化"。实行两步走的发展战略，第一步建立独立的、比较完整的工业体系和国民经济体系，第二步是实现"四个现代化"，使中国经济走在世界的前列。三是关于发展社会主义的商品生产和商品交换。毛泽东坚持斯大林的观点，突破了马克思主义创始人关于社会主义社会是实行产品经济而非商品经济的观点，主张大力发展商品生产和商品交换。四是关于文化领域实行"百花齐放，百家争

鸣”的方针。针对苏联在文化方面管得过死，常常用行政方法管理学术，给不同学派贴政治标签，影响和窒息科学的发展。毛泽东主张在文化上实行“百花齐放，百家争鸣”的方针。这是促进艺术发展和科学进步的方针，是促进我国社会主义文化繁荣的方针。五是关于社会主义社会的发展阶段。毛泽东通过总结苏联和所有社会主义国家把社会主义社会看得很短暂、急于向共产主义过渡的经验教训，提出社会主义是一个相当长的历史阶段的论断，之后进一步提出社会主义可以划分为不发达和发达两个阶段，后一阶段的时间更长，这个认识比较符合实际。六是关于坚持以自力更生为主、争取外援为辅的方针。中国的建设主要靠自己的力量去解决，但并不排斥外援。七是关于实行独立自主的和平外交政策。建国以后，毛泽东、周恩来为我国制定了不受资本主义也不受某个社会主义大国左右的独立自主的和平外交政策，周恩来依据列宁的两个体系和平共处的思想，进一步提出和平共处五项原则，作为不同社会制度国家相互关系的准则，为我国的现代化建设提供良好的国际环境。八是关于调动一切积极因素建设社会主义。毛泽东强调要处理好如下五个关系：中央和地方。中央的权力要下放，让地方有更多的权力，以发挥中央和地方两个积极性；党和非党。“非党”是民主党派，几个党比一个党好，坚持实行共产党领导的多党合作制度；国家、集体和个人。不应只强调国家和集体，忽视个人，三个方面都要兼顾；汉族和少数民族。强调汉族要帮助少数民族发展经济和文化，解决民族间事实上的不平等；中国和外国。要放下架子，学习一切民族和国家的长处。正确处理上述关系的意义，正如毛泽东所指出的，“我们一定要努力把党内党外、国内国外的一切积极因素，直接的、间接的积极因素，全部调动起来，把我国建设成为一个强大的社会主义国家”。九是关于社会主义社会矛盾学说的理论构建。毛泽东针对斯大林的社会主义社会的生产力和生产关系“完全适应”和苏联理论界长期居统治地位的社会主义社会“无冲突论”的形而上学观点，强调社会主义社会各方面都存在着矛盾，矛盾才是社会主义社会发展的动力。他还创造性地提出社会主义社会的基本矛盾和两类不同性质矛盾的学说，作为中国社会主义建设道路的理论支撑。

上述九条，就是在艰辛探索中所初步形成的中国社会主义建设道路的基本轮廓。应当说，这条道路既针对和有别于苏联模式，又没有突破苏联模式。之所以说没有突破，因为苏联模式在经济方面的一些基本点仍然存在，如所有制结构的纯粹公有制，管理体制的单一计划经济，以及封闭式发展等，我们只是在这个大框架内，结合中国实际，做了一些重大修补。没有突破，不应归咎于一个人，而是那个时代几乎所有人认识的局限。即使如此，坚持走这条道路也取得了重大成就，如开采大庆油田，原子弹、氢弹爆炸，发射和回收卫星，建设武汉、南京长江大桥，修建成昆铁路，建立起独立的比较完整的工业体系和国民经济体系，都发生在这个时期。遗憾的是，这条建设道路由于受到"左"的干扰，没有一以贯之地走下去，"大跃进"冲击了这条道路，"文化大革命"中断了这条道路。尽管这条建设道路并不很理想和成功，但是探索者们所提出的一些有价值的观点和所形成的中国社会主义建设道路，为后人开辟新道路架起了一座桥梁。

四、中国特色社会主义道路的奋力开辟

社会主义是前无古人的崭新事业，是一个长期探索过程。既然过去的探索不够成功，就要继续探索，开辟一条成功的新道路。探索新道路的起点，是 1978 年 12 月召开的具有历史转折意义的党的十一届三中全会。全会决定停止使用"以阶级斗争为纲"的错误口号，把党和国家的工作重点转移到以经济建设为中心的社会主义现代化建设上来，并提出改革开放的战略决策。这是中国共产党在历史转变关头所作出的决定当代中国命运的关键抉择。十一届三中全会以后，以改革开放为标志的探索新道路的航船扬帆启程了。经过几年探索，邓小平在 1982 年 9 月党的十二大的开幕词里明确提出了新探索的指导思想。他说："我们的现代化建设，必须从中国的实际出发。……把马克思主义的普遍真理同我国的具体实际结合起来，走自己的道路，建设有中国特色的社会主义，这就是我们总结长期历史经验得出的基本结论。"① 这段话的基本精神，就是坚持"结合"，鼓励大胆探索，开辟中国特色社会主义新路。

以邓小平为主要代表的中国共产党人，从十一届三中全会特别是十二大以后，依据上述原则，在毛泽东探索的基础上继续进行新的探索，

---

① 《邓小平文选》第 3 卷，人民出版社 1993 年版，第 2—3 页。

在探索中坚持了毛泽东正确的东西，纠正了其晚年的错误，并有许多新的创造，逐步形成了邓小平理论，开辟了中国社会主义建设新道路，即中国特色社会主义道路。这条道路的主要标志：一是实现了从“以阶级斗争为纲”到以经济建设为中心的历史性转变，一心一意谋发展，聚精会神搞建设，集中力量搞社会主义现代化。二是实行改革开放的战略决策，解放和发展生产力，吸收和借鉴人类文明成果，以实现社会主义现代化。三是坚持四项基本原则，即坚持社会主义基本制度，使改革开放和现代化建设在社会主义制度的范围内和框架中进行，从而保证它的社会主义性质和方向。邓小平的一个重大贡献，就是把构成这条道路的三项基本内容在党的十三大以基本路线的形式确定下来，作为党在社会主义初级阶段全局性的根本指导方针，以保证始终不渝地坚持走这条道路。以江泽民为主要代表的中国共产党人，坚持以邓小平理论为指导，在 13 年的实践中，形成了“三个代表”重要思想，并对中国特色社会主义道路作出新贡献。一是依据邓小平关于社会主义也可以搞市场经济的论断，提出社会主义市场经济理论，积极构建社会主义市场经济新体制，把社会主义基本制度和市场经济结合起来，既发挥了社会主义制度的优越性，又充分体现了市场经济的活力，这是人类历史上的一个伟大创举。二是在经济全球化的大趋势下，做出趋利避害，既参与经济全球化，加入世界贸易组织，又坚持独立自主，努力维护国家经济安全的战略。三是提出依法治国的基本方略，坚持法治和德治紧密结合，建设社会主义法治国家。以胡锦涛为总书记的党中央，在新世纪新阶段，坚持以邓小平理论和“三个代表”重要思想为指导，从我国经济社会发展的阶段性特征出发，提出了科学发展观等一系列重大战略思想，并对中国特色社会主义道路增添了三项新内容。一是坚持科学发展。科学发展观的内涵，第一要义是发展，核心是以人为本，基本要求是全面协调和可持续，实质是又好又快的发展。坚持以科学发展观统领经济社会发展全局，才能把发展引上科学发展轨道。二是坚持和谐发展。根据党的十六届六中全会的决定，要按照民主法治、公平正义、诚信友爱、充满活力、安定有序、人与自然和谐相处的总要求，构建社会主义和谐社会，推动人与社会、人与自然和谐相处，推动经济社会的和谐发展。三是坚持和平发展。中国既争取和平的国际环境来发展自己，又通过自己的发展来促进世界的和平与发展，这是一条既有利于中国又有利于世界各国

“互利双赢”的阳光大道。江泽民、胡锦涛所采取的上述几项重大战略举措，进一步拓宽、深化和提升了中国特色社会主义道路。

在30年探索和开辟新道路的基础上，胡锦涛在党的十七大报告中对中国特色社会主义道路的科学内涵作了如下概括：“中国特色社会主义道路，就是在中国共产党领导下，立足基本国情，以经济建设为中心，坚持四项基本原则，坚持改革开放，解放和发展社会生产力，巩固和完善社会主义制度，建设社会主义市场经济、社会主义民主政治、社会主义先进文化、社会主义和谐社会，建设富强民主文明和谐的社会主义现代化国家。”这个概括和表述，基本上是社会主义初级阶段的基本路线加中国特色社会主义事业的总体布局。依据这个表述，我们可以把中国特色社会主义道路分解为四个层面。一是党的领导。现代社会普遍实行政党政治，国家建设由执政党来领导。中国特色社会主义道路是中国共产党领导全国人民经过长期探索，奋力开辟的。党的领导是坚持走这条道路的根本政治保证。二是核心内容。就是基本路线中的“一个中心，两个基本点”。坚持党的基本路线，关键是以经济建设为中心不动摇。经济是基础，经济发展了，才有条件发展政治、文化、社会各项事业。党和国家的各项工作都要服从和服务于经济建设这个中心，而不能离开、更不能干扰这个中心。其次是坚持两个基本点。四项基本原则是立国之本，是我们党和国家生存和发展的政治基石，是中国特色社会主义道路的制度依托；改革开放是强国之路，是我们党和国家发展进步的活力源泉，是发展中国特色社会主义的强大动力。三是发展内涵。一个国家最重要的是发展，发展才是硬道理，是执政兴国的第一要务，问题是实现什么样的发展和怎样发展。我们党通过长期探索，对发展内涵的认识不断拓展和深化，从两个文明建设到三个文明建设，特别是在党中央提出构建社会主义和谐社会以后，把中国特色社会主义事业的总体布局从经济建设、政治建设、文化建设三位一体拓展为经济建设、政治建设、文化建设、社会建设四位一体。在这个总体布局中，必须坚持以经济建设为中心，全面推进社会主义市场经济、社会主义民主政治、社会主义先进文化和社会主义和谐社会建设，促进社会全面进步。它反映了我们党对社会主义尤其是中国特色社会主义发展规律的认识更加深化了。四是目标指引。从党的十三大到十七大，在富强、民主、文明之后又加上和谐，这就是为把我国建设成为富强民主文明和谐的社会主义现代化国家而奋斗。这是一个全面的社会主义现代化目标，涵盖了经济、政治、文化、社会各个方面。

综合上述，中国特色社会主义道路，是一条能够使民族振兴、国家富强、人民幸福、社会和谐的康庄大道，是中国发展进步的唯一正确道路。新中国成立60年，特别是改革开放30年，我们取得了举世瞩目的历史性成就。改革开放30年，我国经济以年均9.8%的速度快速增长，国内生产总值由1978年的3645亿人民币上升到2007年的24.95亿人民币，30年增长了67倍，在世界上的排名也由第11位跃升为第3位，仅次于美国、日本。中国人均GDP也由1978年不足100美元上升到2007年的2200美元以上，人民生活总体上实现了由温饱到小康。在这个基础上，民主政治建设、文化建设、社会建设、党的建设全面向前推进，综合国力上了一个大台阶，国际地位和影响不断提高和扩大。新中国60年的成就，已超过了工业革命时期的英国和19世纪美国的崛起。国际社会许多有识之士，称赞和看好“中国模式”和发展道路，惊叹中国的发展正以“最快速度”改变世界。毋庸置疑，在当代中国大发展中，也出现了一些负面问题，如各方面发展很不平衡、贫富差距过大、环境污染严重、一些党政干部腐败、社会道德水准下降等。以胡锦涛为总书记的党中央提出以人为本的科学发展观，坚持改革开放，推动科学发展，促进社会和谐，大力加强社会建设，着力改善民生，加大反腐力度，就是要切实解决这些问题。胡锦涛指出，在前进的道路上，要“不为任何风险所惧，不被任何干扰所惑”，既不走封闭僵化的回头路，也绝不改旗易帜走资本主义或民主社会主义的邪路，而是坚定不移地走中国特色社会主义道路。实践证明，社会主义和民族复兴是不可分割的，社会主义是民族复兴的强大动力和必由之路，只有社会主义才能救中国，只有中国特色社会主义才能发展中国，实现国家富强、人民富裕和中华民族的伟大复兴。

科学社会主义基本原则的创造性运用和发展

——中国特色社会主义的基本实践和基本经验

习近平在新进中央委员会的委员、候补委员学习贯彻党的十八大精神研讨班的讲话中指出："中国特色社会主义，既坚持了科学社会主义基本原则，又根据时代条件赋予其鲜明的中国特色。""科学社会主义基本原则不能丢，丢了就不是社会主义。"关于科学社会主义的基本原则及其运用，其创始人马克思、恩格斯在《共产党宣言》1872 年德文版序言中这样写道："不管最近 25 年来的情况发生了多大的变化，这个《宣言》中所阐述的一般原理整个说来直到现在还是完整正确的。"但是，"这些原理的实际运用，正如《宣言》中所说的，随时随地都要以当时的历史条件为转移"。这是科学社会主义基本原则必须同各国的实际情况相结合的第一次最经典的表述。毛泽东一贯倡导把马克思主义普遍真理同中国革命的具体实践相结合，并把它作为"我们党一贯的思想原则"。这是他对我们党和中国革命、建设事业的一大贡献。

现在需要搞清楚的是，什么是科学社会主义的基本原则，以及中国共产党怎样把这些基本原则同中国的具体实践和时代特征相结合，创造性地运用和发展。这是学术理论界应当着力探讨的重大问题。笔者认为，由马克思、恩格斯所创立的科学社会主义基本原理原则，其时间跨度很长，包括从分析资本主义的发生发展、无产阶级反对资产阶级的革命斗争，一直到共产主义的最终实现。中间应有一个分界线，即无产阶级夺取政权之前和之后，二者之间既有联系又有重大区别。马克思、恩格斯为了给工人阶级一个新的世界观和科学理论，一生著述甚丰。他们总是把自己的理论“置于现实的基础之上”，著作的绝大部分是批判旧世界，论述资本主义的发生发展规律、社会主义代替资本主义的历史必然性和无产阶级的历史使命以及无产阶级革命问题，而对缺乏实践的资本主义以后的未来社会始终慎之又慎，论述很少。他们不愿意做“未来学家”，认为空想社会主义者们愈醉心于对未来社会的细微描绘，他们的学说就愈陷入空想。当然，在他们的一些著作中，如《共产党宣言》、《资本论》、《哥达纲领批判》、《社会主义从空想到科学的发展》等著作中，出于绕不开的原因，对未来社会也有一些涉笔。这种涉笔不是来自于实践经验的总结，而是来自于在“批判旧世界”中“发现新世界”。确切地说，他们以发达资本主义国家和各国同时胜利为前提，运用唯物辩证法的发展观，在分析资本主义的基本矛盾及其发展趋势时，用严密的逻辑推理和最高层次的科学抽象，对未来社会作出某些预测，而且主要是经济方面的，具有前瞻性、典型性、抽象性和纯粹性的特点，属于理论上的社会主义，与实践中的社会主义会有较大差别，因为实践中的社会主义比理论上的社会主义要丰富和复杂得多，不可能那么典型、抽象和纯粹。马克思把自己坚信的“新思潮”同空想社会主义的分野归结为：“我们不想教条式地预料未来，而只是希望在批判旧世界中发现新世界。”① 后来的实践证明，马克思、恩格斯对未来社会的预测，基本上是正确的，能够经得住实践检验。当然，也应指出，由于历史条件的限制，他们的某些个别论断，如在未来社会的第一阶段，商品和货币就将退出历史舞台，国家也将消亡，以及将来要消灭社会分工等，这些通过实践应有所修正。和中国特色社会主义相联系和对应的科学社会主义的基本原则，基本上是马克思、恩格斯对未来社会的科学预想部分。党中央之所以用“原则”而不用“原理”，因为这样表述更加准确。“原

① 《马克思恩格斯全集》第1卷，人民出版社1956年版，第416页。

理”指的是对某一事物客观规律的理论概括，包括一系列相互联系的论点、论断、论证和论述，具有较强的理论性；而“原则”指的是对某一事物总的方向和规定，明确应如何做和不应如何做，要求人们在实践中按其规定行事，具有较强的刚性特点。下面从十一个方面，谈谈什么是科学社会主义基本原则，以及中国共产党在实践中对它的创造性运用和发展。

一、社会发展需要划分阶段

马克思经过长期思考，在 1875 年所写的《哥达纲领批判》中，首次提出过渡时期的理论和共产主义两个阶段的学说。他指出：“在资本主义社会和共产主义社会之间，有一个从前者变为后者的革命转变时期，”① 意即从资本主义私有制社会不能直接过渡到共产主义公有制社会，中间要有一个过渡时期，即从资本主义到共产主义的过渡时期。过渡时期之后的共产主义社会将经历第一和高级两个发展阶段。马克思指出这两个阶段的主要区别在于：第一阶段的共产主义社会，“它不是在它自身基础上已经发展了的，恰好相反，是刚刚从资本主义社会中产生出来的，因此它在各方面，在经济、道德和精神方面都还带着它脱胎出来的那个旧社会的痕迹”；而在高级阶段，随着生产力的高度发展，脑力劳动和体力劳动对立的消失，个人的全面发展以及劳动从谋生手段变为生活的第一需要，那时“社会才能在自己的旗帜上写上：各尽所能，按需分配”②。后来列宁在《国家与革命》这本著作中，把第一阶段称为社会主义社会，高级阶段称为共产主义社会，并成为马克思主义理论界的共识。列宁在十月革命以后，从俄国实际出发，着重探讨了经济文化比较落后的俄国怎样向社会主义、共产主义过渡的问题，提出每一个发展阶段都有一个多级发展过程，即大阶段里有小阶段。他在《共产主义运动中的“左派”幼稚病》一书中，把无产阶级夺取政权以后的社会发展划分为四个阶段，即“最初阶段”、“低级阶段”、“中级阶段”、“高级阶段”。这里所说的“最初阶段”相当于过渡时期，“低级阶段”和

① 《马克思恩格斯选集》第 3 卷，人民出版社 1995 年版，第 314 页。

② 《马克思恩格斯选集》第 3 卷，人民出版社 1995 年版，第 306 页。

“中级阶段”属于社会主义社会的两个发展阶段，“高级阶段”指的是共产主义社会。这些是马克思没有论及的。后来，苏联、中国和几乎所有社会主义国家出现的普遍性失误，是把社会主义社会看得很短暂，因而不去划分阶段，并急于向共产主义过渡；二是当认识到社会主义是一个很长的历史阶段后，又对本国社会主义的发展阶段估计得偏高，如认为是“发达社会主义社会”等。这两个失误有一个共同特点，就是没有把社会主义社会看成是相对独立的发展阶段，既混淆了社会主义较低发展阶段和较高发展阶段，又混淆了社会主义和共产主义的界限，从而做出一些超越阶段的事情。这种情况表明，清醒地、准确地判断本国所处社会主义发展阶段是一个科学问题，没有足够的实践经验是难以做到的。

十一届三中全会以后，我们党通过总结历史经验，在纠正“大过渡”（即把整个社会主义历史阶段都看成是过渡时期）的错误认识以后，提出在我国这样经济文化发展比较落后的国家进入社会主义以后必须经历一个很长的初级阶段新的科学论断。这里所说的“初级阶段”是特指的，即不是指发达国家而是指不发达国家进入社会主义的初始阶段。初级阶段的主要特征是各方面不发达，主要任务是发展生产力，实现社会主义现代化，时间至少100年。初级阶段又可以划分若干小阶段，如温饱、总体小康、全面小康、基本上实现社会主义现代化等。社会主义初级阶段的含义有两层：其一是就社会性质来说，我国已经是社会主义社会，而不是过渡时期，因而必须坚持社会主义方向，而不能倒退回去补什么资本主义的课；其二是就发展程度来说，我国社会主义社会的成熟程度还很低，还很不发达，仅是初级阶段，而不是较高阶段，因而我们必须从这个基本的实际出发，搞改革和建设，而不能要求过高，操之过急，急于求成，做超越阶段的事情。这个科学论断的提出，既同过渡时期划清了界限，又同社会主义的较高阶段划清了界限，这就把我们党的路线、方针、政策置于现实的科学的基础上。党的十八大报告将其称为“总依据”，从而避免了右的和重蹈过去超越阶段的“左”的错误。

二、生产力的巨大增长和高度发展

马克思、恩格斯认为，在社会化大生产和生产资料公有制基础上的未来社会，生产力将得到巨大增长和高度发展。他们在《共产党宣言》

中指出，工人阶级夺取政权以后，要“尽可能快地增加生产力的总量”。① 未来社会要消灭阶级，而“社会阶级的消灭是以生产高度发展的阶段为前提的”。② 高度发达的生产力是社会主义的物质基础，是社会主义向共产主义过渡的重要条件。列宁把问题提到这样的高度：“劳动生产率，归根到底是使新社会制度取得胜利的最重要最主要的东西。资本主义创造了在农奴制度下没有过的劳动生产率。资本主义可以被最终战胜，而且一定会被最终战胜，因为社会主义能创造新的高得多的劳动生产率。”③

毛泽东坚持马克思主义的历史唯物主义观点，在 1945 年党的七大《论联合政府》的报告中指出：“中国一切政党的政策及其实践在中国人民中所表现的作用的好坏、大小，归根到底，看它对中国人民的生产力的发展是否有帮助及其帮助的大小，看它是束缚生产力的，还是解放生产力的。”④ 1949 年 3 月，毛泽东在党的七届二中全会的报告中指出：从现在起，党的工作重心由乡村移到了城市，“从我们接管城市的第一天起，我们的眼睛就要向着这个城市的生产事业的恢复和发展”。⑤ 在这个思想指导下，我国在建国前七年，国民经济得到迅速的恢复和发展。后来由于复杂的原因，党的指导思想越来越“左”，坚持以阶级斗争为纲，不断地发动政治运动，严重影响了生产力的发展。党的十一届三中全会以后，通过拨乱反正，党和国家的工作重心从坚持以阶级斗争为纲转移到以经济建设为中心的社会主义现代化建设上来，国民经济得到长足的发展。邓小平指出：“马克思主义的基本原则就是要发展生产力。”“马克思主义最注重发展生产力。我们讲社会主义是共产主义的初级阶段，共产主义的高级阶段要实行各尽所能、按需分配，这就要求社会生产力高度发展，社会物质财富极大丰富。所以社会主义阶段的最根本任务就是发展生产力，社会主义的优越性归根到底要体现在它的生产力比资本主义发展得更快一些、更高一些，并且在发展生产力的基础上

---

① 《马克思恩格斯选集》第 1 卷，人民出版社 1995 年版，第 393 页。
② 《马克思恩格斯选集》第 3 卷，人民出版社 1995 年版，第 756 页。
③ 《列宁选集》第 4 卷，人民出版社 1995 年版，第 16 页。
④ 《毛泽东选集》第 3 卷，人民出版社 1991 年版，第 1079 页。
⑤ 《毛泽东著作选读》下册，人民出版社 1986 年版，第 655 页。

不断改善人民的物质文化生活。”① 总之，社会主义最终要创造高度发达的生产力和比资本主义更高的劳动生产率。

三、实行生产资料公有制

19 世纪初的一些空想社会主义者，深刻地揭露和批判了资本主义的经济制度，指出资本主义私有制是万恶之源，主张用财产公有代替私有制。这种主张是一个重大进步，但不够科学，因为财产公有不仅包括生产资料，还包括生活资料，而生活资料是不能公有的。马克思、恩格斯指出：在未来社会，必须用生产资料公有制代替资本主义私有制。这是科学社会主义的一个重要原则。他们在《共产党宣言》中说：“共产党人可以把自己的理论概括为一句话：消灭私有制。”后来恩格斯于 1890 年致友人的一封信中指出：社会主义社会“同现存制度的具有决定意义的差别当然在于，在实行全部生产资料公有制（先是单个国家实行）的基础上组织生产”。②

我们党坚持科学社会主义的这个基本原则，在 20 世纪 50 年代的社会主义改造中，成功地改造了资本主义工商业，并把小农经济引上合作化道路。但是，由于受苏联模式的影响和我们对公有制的教条式理解，把它只看成是目的，没看成是过程，认为社会主义是个纯粹公有制社会，追求一大二公三纯，只能有全民和集体两种公有制经济存在，不允许其他经济成分存在，走了一段弯路。十一届三中全会以后，通过总结正反两方面的历史经验，为适应社会主义初级阶段生产力的多层次情况，我们实行了以公有制为主体、多种经济成分并存和共同发展的基本经济制度，这是对科学社会主义基本原则的创造性运用和发展。

四、坚持按劳分配原则

马克思、恩格斯和同时代的社会主义者几乎都赞同未来社会通过生产力的高度发展和社会财富的极大丰富，最终实行各尽所能、按需分

① 《邓小平文选》第 3 卷，人民出版社 1993 年版，第 116、63 页。

② 《马克思恩格斯全集》第 37 卷，人民出版社 1971 年版，第 443 页。

配。至于在此之前实行什么样的分配原则，众说纷纭。马克思经过反复思考，到1875年所写的党内通信《哥达纲领批判》中，在批判拉萨尔的“不折不扣的劳动所得”的错误观点时，才肯定和赞同“等量劳动领取等量报酬”的按劳分配原则。但是，马克思对这个分配原则并不是百分之百的满意。他接着指出，按照这个原则，在社会成员之间由于体力强弱不同、智力高低不同、赡养人口不同而出现富裕程度的差别，是一种资产阶级权利。尽管在共产主义第一阶段是不可避免的，但从未来共产主义高级阶段的最终目标来看，却是一种“弊病”。马克思在这里并没有把体现等量劳动相交换的形式上的“资产阶级权利”与反映资本主义生产关系本来意义上的资产阶级权利加以区别。加上后来我们在翻译时把“资产阶级权利”误译为“资产阶级法权”，认为会产生贫富差距，主张在贯彻按劳分配中尽量缩小差距，在“无产阶级专政条件下加以限制”。结果导致吃“大锅饭”的平均主义弊病，影响了人们劳动积极性的发挥和生产的发展。

总结实践的深刻教训，我们对按劳分配有了新的理解，那就是多劳多得，少劳少得，拉开档次，不搞平均主义。以后适应以公有制为主体多种经济并存的基本经济制度，我们不能再搞传统的单一按劳分配，而是实行以按劳分配为主体的多种分配方式并存的分配制度，确立劳动、资本、技术和管理等生产要素按贡献参与分配，从而赋予鲜明的中国特色。现实存在的问题是，劳动报酬偏低，资本、管理等要素索取过高，需要在今后深化改革中加以解决。

五、对社会生产有计划的指导与调节

19世纪的多数社会主义者，几乎都被资本主义高度畸形发展了的商品货币关系造成生产的无政府状态和社会两极分化抱着鄙视的成见，马克思、恩格斯也未能摆脱这种影响。他们在预测未来社会时，认为在生产资料归全社会占有的基础上，社会实行的是产品经济，商品和货币将从社会上消失，随之社会生产的无政府状态将被对社会生产有计划的指导与调节所代替。恩格斯说：“一旦社会占有了生产资料，商品生产就将被消除，而产品对生产者的统治，也将随之消除。社会生产的无政府状态将为有计划的自觉的组织所代替。”① 这个理论原则对实践有着长期的影响。社会主义经济体制是产品经济还是商品经济，这是社会主义的理论与实践长期相矛盾的一个问题。列宁坚持马克思、恩格斯的观点，在 1919 年俄共（布）八大的党纲中认为社会主义是没有商品和货币的社会，仍把商品和货币看成是资本主义范畴，他还试图在战时共产主义时期取消商品和货币，但在实践中碰了壁，后来在 1921 年实行新经济政策时期，采取了灵活的务实的政策，强调商品生产和交换，试图通过市场向社会主义过渡。但他去世过早，没有来得及对社会主义经济体制作出概括。斯大林长期实际上是按计划产品经济模式搞建设的，只是到了晚年，在《苏联社会主义经济问题》一书中，提出了社会主义条件下也还有商品生产，而且这种商品生产与资本主义商品生产不同，在理论上有所突破，但这种突破不够彻底，他把商品生产仅限于消费品领域，认为生产资料只具有商品外壳。

第二次世界大战以后，走上社会主义道路的欧亚各国普遍实行高度集中的计划经济，按计划产品经济模式搞建设，发展并没有像预想的那么顺利，产品品种少，质量低，经济缺乏弹性和活力；相反，西方发达国家实行有宏观调控的现代市场经济，普遍发展较快，经济富有活力。严酷的现实逼得我们不得不进行反思。对这个问题认识得最早和最透彻的是邓小平。他在 1979 年以后多次指出，计划经济不等于社会主义，资本主义也有计划；市场经济也不等于资本主义，社会主义也有市场。他明确提出社会主义也可以搞市场经济，认为市场和市场经济不带有社会制度的属性，计划和市场都是手段，是中性的，“它为社会主义服务，就是社会主义的；它为资本主义服务，就是资本主义的”。在他的指导和影响下，1984 年党的十二届三中全会通过的《中共中央关于经济体制改革的决定》明确提出社会主义经济的实质是“公有制基础上有计划的商品经济”的科学论断；1992 年党的十四大进一步提出建立社会主义市场经济体制。我国从传统的高度集中的计划经济体制向社会主义市场经济体制的转变，是一个根本转变，是经济体制破旧立新的彻底转型。我国所创建的社会主义市场经济体制，把社会主义基本制度和市场经济结合起来，既发挥了社会主义制度的优越性，有效地对经济实行宏观调控，

① 《马克思恩格斯选集》第 3 卷，人民出版社 1995 年版，第 757 页。

又充分体现了市场经济的弹性和活力，它在资源配置中的基础性作用，极大地调动了人们的积极性，促进了生产力的发展，是人类历史上的伟大创举。市场经济会提高生产效率，但也要防范由求利原则、等价交换原则而带来的拜金主义、享乐主义、利己主义倾向。我们现行的经济体制，深深地植根于我国的土壤之中，对传统经济理论是一个重大修正。

六、全体社会成员共同富裕

建立在私有制基础上的资本主义社会，少数人富裕，多数人贫困，社会两极分化。建立在公有制基础上的社会主义社会，要实现全体社会成员共同富裕，这是社会主义优越性的重要体现。恩格斯指出：未来社会，“通过社会生产，不仅可能保证一切社会成员有富足的和一天比一天充裕的物质生活，而且还可能保证他们的体力和智力获得充分的自由的发展和运用”。①

过去我们对这个重要原则有过教条式的理解和走过弯路。一是怕富，认为“穷则革命，富则变修”。二是把共同富裕和同步富裕等同起来，搞平均主义，吃“大锅饭”，结果谁也富裕不起来。十一届三中全会以后，根据邓小平的意见，实行一个大政策，允许和鼓励一部分人、一部分地区先富裕起来，然后带动全社会共同致富。实行这个政策以后，一部分人、一部分地区先富裕起来了，多数人生活有所提高，但又出现了贫富差距拉大的趋势。针对这种情况，以习近平为总书记的党中央坚持把共同富裕作为中国特色社会主义的根本原则，强调调整国民收入分配格局，加大分配调节力度，着力解决收入分配差距较大问题，使发展成果更多更公平惠及全体人民，朝着共同富裕方向稳步前进。

七、无产阶级专政是达到消灭一切阶级和进入无阶级社会的过渡

马克思、恩格斯十分重视无产阶级夺取政权和实行民主。他们在《共产党宣言》中指出：“工人革命的第一步就是使无产阶级上升为统治

① 《马克思恩格斯选集》第3卷，人民出版社1995年版，第757页。

阶级，争得民主”。[1] 通过欧洲1948年革命，马克思、恩格斯把工人阶级政权称为无产阶级专政。1852年，马克思在给魏德迈的信中，从历史唯物主义的高度指出：“这个专政不过是达到消灭一切阶级和进入无阶级社会的过渡”。1875年，马克思在《哥达纲领批判》中进一步明确了过渡时期的国家政权“只能是无产阶级的革命专政”。[2] 恩格斯在1880年发表的《社会主义从空想到科学的发展》一书中指出：无产阶级专政的国家政权，在共产主义第一阶段实行生产资料公有制以后就逐步走向消亡。他说“国家真正作为整个社会的代表所采取的第一个行动，即以社会的名义占有生产资料，同时也是它作为国家所采取的最后一个独立行动。那时，国家政权对社会关系的干预在各个领域将先后成为多余的事情而自行停止下来。那时，对人的统治将由对物的管理和对生产过程的领导所代替。国家不是‘被废除的’，它是自行消亡的”。[3]

列宁通过新的历史条件下的实践，认为国家在共产主义的第一阶段还不能消亡，认为这时国家的管理职能将得到充分发挥。这是他对马克思主义国家学说的创造性发展。我们党坚持列宁的思想，强调无产阶级的国家政权不仅在过渡时期而且在整个社会主义历史阶段都将存在。只有到高级阶段的共产主义社会，国家和政党才会消亡。毛泽东在1949年所写的《论人民民主专政》一文中从最高层次上指出：“总结我们的经验，集中到一点，就是工人阶级（经过共产党）领导的以工农联盟为基础的人民民主专政。……这就是我们的公式，这就是我们的主要经验，这就是我们的主要纲领。”[4] 他还形象地说，这是一个“传家的法宝”、“护身的法宝”。邓小平在新的历史时期所提出的坚持四项基本原则，其中有一项就是坚持人民民主专政，其实质就是坚持无产阶级专政，也可以说是具有中国特色的无产阶级专政。但是，人民民主专政更适合中国国情，因为它鲜明地体现了人民范围的扩大和在国家政权中当家作主的地位，表明政权具有民主和专政两个方面的职能和政权的民主性质，从而有力地避免了对无产阶级专政的歪曲和滥用。人民民主专

---

① 《马克思恩格斯选集》第1卷，人民出版社1995年版，第293页。
② 《马克思恩格斯选集》第3卷，人民出版社1995年版，第314页。
③ 《马克思恩格斯选集》第3卷，人民出版社1995年版，第755页。
④ 《毛泽东著作选读》下册，人民出版社1986年版，第687页。

政，对内具有发展社会主义民主、镇压敌对势力的反抗、组织经济文化建设，对外具有维护国家主权和领土完整、保卫社会主义制度的职能。邓小平强调：在四个坚持中，坚持人民民主专政这一条不低于其他三条。

八、以工人阶级的意识形态作为社会的统治思想

马克思、恩格斯在《共产党宣言》中有一句名言："任何一个时代的统治思想始终不过是统治阶级的思想"。这就是说，任何社会的统治阶级要坚持自己的统治地位，在意识形态领域里必须坚持以本阶级的思想作为统治思想，否则在经济、政治领域的统治地位也坚持不住。这个思想同样适用于共产主义第一阶段的社会主义社会。

在社会主义国家，坚持马克思主义在意识形态领域的指导地位，其实质就是以工人阶级的意识形态作为社会的统治思想，因为马克思主义不只是马克思、恩格斯的观点和学说体系，而且是工人阶级的意识形态和科学世界观。毛泽东说："指导我们思想的理论基础是马克思列宁主义"。[①] 邓小平提出坚持四项基本原则中的坚持马列主义、毛泽东思想，就是强调马克思主义在意识形态领域的指导地位。在改革开放的新时期，在经济、利益等方面已经多元化，但意识形态不能多元化，只能一元化，用一元化的指导思想引领多样化的社会思潮。

九、社会主义社会是经常变化和改革的社会

未来社会怎样向前发展，恩格斯在他的晚年经过慎重思考说了一句很有原则又非常重要的一句话："所谓'社会主义社会'不是一种一成不变的东西，而应当和任何其他社会制度一样，把它看成是经常变化和改革的社会"。[②] 此外，再没有别的论述。列宁由于有了十月革命后的实践经验，对这个问题就有进一步的论述。他在1921年为纪念十月革命四周年所写的《论黄金在目前和社会主义完全胜利后的作用》一文中，及时地把改革提到日程。他说："目前的新事物，就是我国革命在

① 《毛泽东著作选读》下册，人民出版社1986年版，第715页。

② 《马克思恩格斯全集》第37卷，人民出版社1971年版，第443页。

经济建设的一些根本问题上必须采取‘改良主义的’、渐进主义的、审慎迂回的行动方式”。他对革命和改良作了科学界定之后，尖锐地批评了一些人。他指出：“对于一个真正的革命者来说，最大的危险，甚至也许是唯一的危险，就是夸大革命作用，忘记了恰当地和有效地运用革命方法的限度和条件。真正的革命者如果开始把‘革命’写成大写，把‘革命’几乎奉为神明，丧失理智，不能极其冷静极其清醒地考虑、权衡和验证在什么时候、什么情况下、什么活动领域要善于采取革命的行动，而在什么时候、什么情况下、什么活动领域里要善于改用改良主义的行动，那他们就最容易为此而碰得头破血流。”① 在俄文中，改良和改革是同义语。他还在 1923 年所写的最后几篇论文中提出了国家机关的改革问题。斯大林领导苏联人民取得了社会主义建设的伟大成就，但他思想上有许多形而上学，把刚刚建立起来的社会主义制度和模式看成是尽善尽美的，讳言和拒绝改革，致使后来苏联模式僵化了。

党的十一届三中全会以后，依照马克思、恩格斯、列宁的思想，在总结毛泽东探索中国社会主义建设道路正反两方面历史经验的基础上，党中央及时提出改革开放的战略决策。邓小平要求我们要运用唯物辩证法的发展观点看待社会主义社会，树立社会主义社会经常需要改革的指导思想。我国的改革是在坚持社会主义基本制度的前提下，全面地改革生产关系和上层建筑那些不适应生产力发展的具体制度，其实质是社会主义制度的自我完善。邓小平深刻指出：“改革是第二次革命。”这句话的意思，绝不是说改革就是革命，不是继新民主主义革命和社会主义革命之后的又一次革命，而是说在本来意义上的政治革命结束之后，只有改革才能带来社会生活各方面的深刻变化，才能推动社会主义事业的大发展。

十、党是社会主义事业的领导核心

马克思、恩格斯深刻认识到无产阶级要实现推翻资本主义、建设社会主义、解放全人类的伟大历史使命，必须建立无产阶级革命政党。恩格斯指出：“要使无产阶级在决定关头强大到足以取得胜利，无产阶级

---

① 《列宁选集》第 4 卷，人民出版社 1995 年版，第 610—612 页。

必须（马克思和我从1847年以来就坚持这种立场）组成一个不同于其他所有政党并与它们对立的特殊政党，一个自觉的阶级政党”。[①] 党的领导是无产阶级革命取得胜利的根本保证。马克思、恩格斯为建立这样的政党奋斗了一生。从19世纪40年代末在国际范围建立共产主义者同盟，到70年代以后在欧美一些国家建立民族国家范围的社会主义政党，这样的政党终于建立起来了。但是，在1895年恩格斯逝世以后，随着伯恩斯坦修正主义思潮的泛滥，这些党从坚持革命的政党变成迎合资产阶级需要的改良主义政党，蜕化变质了。

列宁在20世纪新的历史条件下，为在俄国建立新型的无产阶级政党而斗争。列宁建党思想的一个重要特点，是把无产阶级政党建设成为以职业革命家为核心的联系广大群众的工人阶级先锋队组织，强调党在革命和建设中的领导作用。在列宁和布尔什维克党的领导下，俄国工人阶级和广大群众取得了1917年十月革命的伟大胜利，党成为世界上第一个执政的工人阶级政党。中国共产党是以俄共（布）为榜样，在第三国际的帮助下，于1921年建立的。中华人民共和国成立以后，中国共产党经历了从革命党到执政党的重大转变。党执政以后，成为中国社会主义事业的领导核心。毛泽东说：“领导我们事业的核心力量是中国共产党。”[②] 邓小平提出的四项基本原则，其中有一项就是坚持共产党的领导。坚持共产党的领导是中国特色社会主义的一个重要原则和特点。

十一、人的全面发展是最高价值目标

马克思、恩格斯十分重视人和人的全面发展，在这方面有许多精辟论述。他们在《共产党宣言》中指出：“代替那存在着阶级和阶级对立的资产阶级旧社会的，将是这样一个联合体，在那里，每个人的发展是一切人自由发展的条件”。[③] 这段话表明，在未来社会中，人是社会的主人，具有至高无上的地位，而个人的自由发展又列在一切人自由发展之前。这就是共产党人的最终奋斗目标和最高价值原则。后来马克思把

① 《马克思恩格斯文集》第10卷，人民出版社2009年版，第578页。

② 《毛泽东著作选读》下册，人民出版社1986年版，第715页。

③ 《马克思恩格斯选集》第1卷，人民出版社1995年版，第294页。

这段话简称为“自由人的联合体”。1894 年，意大利友人卡内帕给恩格斯写信，希望他为《新纪元》周刊找一段题词，用简短的字句来表述未来社会主义新纪元的基本思想，以别于但丁曾说的“一些人统治，另一些人受苦难”的旧纪元。恩格斯回答他，就是《宣言》中关于“自由人的联合体”这段话，此外，再找不到合适的语言了。后来，马克思主义创始人的这个重要思想遭到误解和曲解。由于过分强调阶级和阶级斗争，“人”、“人性”、“人道”、“人道主义”遭到批判，成为“忌词”和禁区。

十一届三中全会以后，通过拨乱反正，重新恢复了人是社会主义最高价值目标。江泽民提出在社会主义初级阶段就要脚踏实地地推动人的全面发展。所谓人的全面发展，现阶段就是教育方针规定的德、智、体、美的全面发展。以胡锦涛为总书记的党中央提出以人为本的科学发展观。“本”就是事物的本源或根基。以人为本就是把人的发展作为根本，把人的全面发展提高到最重要的位置上。这就是说，发展不只是经济社会发展，更重要的是人的发展。总之，经济社会的发展为人的全面发展提供了前提，人的全面发展反过来又会极大地推动社会的发展和进步。这些充分体现了人的价值目标在逐步实现。

综上所述，中国共产党在中国具体实践中对科学社会主义的基本原则作了创造性地运用和发展，其中既有继承坚持，又有创新发展，也有对个别论断的修改变通。中国特色社会主义是科学社会主义理论逻辑和中国社会发展历史逻辑的统一。它既有科学社会主义基本原则的共性，决定了中国社会性质是社会主义的，而不是什么别的主义，又有中国具体实践和时代特征的个性，体现为鲜明的中国特色，它是在中国的土壤中生长起来的，而不是移植过来的，因而具有旺盛的生命力，使社会主义的优越性得到充分发挥。

中国特色社会主义与科学社会主义的差异，实质上是实践中的社会主义与理论上的社会主义的差异，它不可能像理论上社会主义那么典型和纯粹，在许多方面和领域都有主体与非主体之分，即主体是社会主义的，非主体有资本主义因素，甚至还存在着我们坚持反对的社会丑恶现象。决定社会性质的是主体部分，而不是非主体部分。实践证明，任何社会都不可能那么纯而又纯，它总会有前一个社会的残余和后一个社会的萌芽。无视主体部分，夸大非主体部分的作用，说我国是中国特色资本主义，是戴着有色眼镜看中国，是不符合客观事实的。

我们要树立正确的历史观。任何一个民族都要珍惜历史，它是自己的精神家园。中华民族是一个拥有 5000 年历史的伟大民族，在人类历史大部分时间里处于领先地位，只是从近代以后落后了。中华民族是在民族危亡、国难当头的关头，经过慎重考虑、反复比较，选择了社会主义，选择了中国共产党。如果从建党算起，是 90 多年历史；从新中国成立算起，是 60 多年历史；从改革开放算起，是 30 多年历史。党的十八大报告从 90 多年的高度，认识和评价中国特色社会主义，指出："中国特色社会主义道路，中国特色社会主义理论体系，中国特色社会主义制度，是党和人民 90 多年奋斗、创造、积累的根本成就，必须倍加珍惜、始终坚持、不断发展。"我们要珍惜历史，尊重前辈。对领袖人物，我们没有必要去神化，但也不能任听那些别有用心的人去妖化。历史没有如果和假设，不能随意诠释、篡改和编造。我们必须同"告别革命"、自己给自己的历史抹黑的历史虚无主义划清界限，决不能让西方敌对势力"欲灭其国，必先乱其史"的图谋得逞和在中国重演。